PASS

코레일
한국철도공사

철도관련법령

국내 최초 철도취업커뮤니티 드림레일 편저

다락원

이번에 출간하는 〈원큐패스 코레일 한국철도공사 철도관련법령〉은 철도 관련 분야 취업 준비생들에게 도움이 되고자 저희 드림레일에서 심혈을 기울여 기획한 교재입니다.

1. 드림레일

드림레일은 2015년에 개설된 국내 최초이자 최대의 철도취업커뮤니티 웹 사이트입니다. 철도 운영기관, 공기업, 사기업의 채용공고가 가장 빠르게 올라오는 웹 사이트이며 많은 회원들과의 정보공유를 통해 철도 관련 분야 취업 준비생들에게 도움을 드리고 있습니다.

드림레일은 "철도 취업 정보 공유"를 가장 중요한 가치로 생각하며 모든 의사결정은 "정보 공유"를 우선시하는 방향으로 운영하고 있습니다.
그렇기 때문에 회원가입을 하지 않아도 누구나 글과 댓글을 남길 수 있도록 운영하고 있으며 평등하고 자유로운 분위기를 추구하고 있습니다.

드림레일을 처음 개설하게 된 계기는 드림레일이 생기기 전에는 철도 채용 관련 정보가 전무하여 많은 철도 취업 준비생들이 취업 정보를 알아보기 어려웠습니다. 저 또한 그러한 점에 공감하여 제가 직접 철도 관련 채용공고, 연봉 등 여러 가지 정보를 수집하였고 수집한 정보들을 많은 사람들과 공유하고 의견을 나누면서 서로에게 도움이 될 것이라 생각하여 드림레일을 개설하게 되었습니다.

제가 평생 일하게 될지도 모르는 직장 취업을 준비함에 있어 어떠한 일을 하는지, 연봉은 얼마나 받는지도 모르고 취업하는 것은 옳지 않다고 생각하였기 때문에 사이트를 개설하여 많은 철도 관련 취업 준비생들과 정보를 공유하게 된 것입니다.
철도 관련 취업 준비생들 또한 저와 같은 마음이었고 초기에 많은 어려움이 있었지만 저의 진심을 이해해 준 취업 준비생들이 있었기 때문에 드림레일이 지금까지 같이 성장할 수 있었습니다.

드림레일과 철도 관련 취업 준비생들은 하나라고 생각합니다. 취업 준비생들이 성장하여 발전해 나갈 수 있어야 드림레일 또한 같이 발전할 수 있다고 생각합니다.

드림레일을 통해서 성장하고 취업에 성공하는 철도 관련 취업 준비생들을 보면 마음 한편에 항상 뿌듯함이 있습니다.

앞으로도 드림레일은 철도 관련 취업 준비생들을 위한 길잡이이자 등대로 성장하도록 노력하겠습니다. 드림레일은 성공적인 철도 관련 취업 준비생을 위해 항상 응원하고 도와드리겠습니다.

2. 책을 집필한 계기

드림레일을 운영하면서 철도관련법에 대하여 어려움을 느끼거나 고민을 가지는 사람을 많이 보았습니다. 모든 사람에게 동일한 퀄리티의 자료와 정보를 제공하려면 어떻게 하는 것이 좋을까 고민하던 중에 기회가 닿아 2020년 철도관련법, 2021년 철도차량 운전면허 교재까지 출판하며 본격적으로 철도와 관련된 수험서 시장에 발을 내딛었습니다.

기존 시장에 출판되어 있는 전공 교수나 메이저의 눈높이에서 어렵게 설명한 교재와 다르게 법 전문가로서 시험을 여러 번 응시해 본 수험생의 입장에서 취업 준비생들의 눈높이에 맞추어 집필하였고 엄청난 양의 문제로 높은 적중률을 달성하여 단숨에 베스트셀러가 될 수 있었습니다.

또한, 이번에 2024년 하반기부터 코레일(한국철도공사)의 채용제도 변경으로 철도관계법령이 시험에 추가되면서 더 많은 수험생에게 좋은 퀄리티의 교재를 제공하여, 채용시험의 바이블로 거듭나기 위해서 새로운 도전을 하게 되었습니다.

2024년 하반기 채용시험부터 철도관계법령이 추가되어 법이 낯선 많은 수험생이 불안해하면서 방향성을 잡기 어려워하는 모습을 많이 보았습니다.

이런 수험생들의 불안감을 악용해 만들어진 낮은 퀄리티의 자료나 강의에 수험생들이 현혹되어 필요없는 지출을 하지 않도록 제대로 된 교재가 필요하다고 생각하였습니다. 이에 철도 관련 분야 법 베스트셀러 집필 경험을 살려 〈원큐패스 코레일 한국철도공사 철도관련법령〉을 집필하게 되었습니다. 또한, 실제 시험 응시 경험이 있는 분들을 집필에 참여시켜 수험생 입장에서 필요한 부분과 출제된 문제를 토대로 방향성을 제시할 수 있다고 생각하여 교재 출판 프로젝트 팀을 구성하였습니다.

마지막으로, 저희 드림레일은 철도관계법령만큼은 〈원큐패스 코레일 한국철도공사 철도관련법령〉 한권으로 완벽대비할 수 있을 것이라 확신하며 수험생 여러분의 앞길을 응원합니다.

또한, 이 자리를 빌려 출판에 도움을 많이 주신 다락원 출판사와 철도종사자 자격준비 카페에 감사인사를 드립니다.

시험정보 및 공부방법

1 채용제도 변경

채용제도 변경으로 인하여 필기시험의 중요성이 더욱 커졌으며 신규 도입되는 철도관계법령의 경우 1문제당 1점, 즉 절대점수로 한문제로 합격과 불합격을 오갈 수도 있게 되었습니다. 직렬별 전공시험의 경우 선택과목이 있으면 조정점수가 있지만, 철도관계법령의 경우 전 직렬 공통과목으로 조정점수가 없고 절대점수에 해당되므로 10문제 모두 맞추거나 최소 8개 이상은 맞추어야 합격에 가까워집니다. 또한, 채용시험이 기존 50문항 60분에서 70문항 70분으로 변경되면서 1문제에 1분 정도로 문제 풀이시간이 부족한 상황입니다. 따라서, 법을 암기해서 10문제를 5분 안에 풀고 남은 시간에는 다른 과목 풀이에 할애해야 합니다.

	기존 채용제도	변경 후(2025년 상반기부터 시행)
서류 전형 도입	• 서류전형 평가를 계량화하여 고득점 순으로 채용인원의 10배수 이내 필기시험 기회 부여 • 서류전형 배점 : 자기소개서 78점+자격증 12점+어학 10점(단, 고졸, 장애인, 보훈 전형 등 사회형평적 채용은 자기소개서 88점+자격증 12점)	• 자기소개서 적부 평가 : 블라인드 AI 평가로 불성실 기재는 탈락 대상, 적부의 경우도 10배수가 유지될 수 있으므로 필히 채용공고를 확인할 것 ※ 2025년 1월 15일에 발표한 공기업 채용박람회 기준으로 작성되었으며, 향후 채용제도 변경이 될 수 있으므로 공고문을 참고 ※ 기존 채용제도를 현행 유지할 수도 있다는 점에 유의
필기 시험 개선	• 2024년 상반기까지 : NCS 25문항+직렬별 전공 25문항=총 50문항(60분 시험) • 필기시험 점수 산정방식 표 아래 참조	• NCS 30문항+직렬별 전공 30문항+철도관계법령 10문항=총 70문항(70분 시험) • 필기시험 점수 산정방식 표 아래 참조

필기시험 개선 (기존):

NCS 25문항	직렬별 전공 25문항	계	비고
50%	50%	100%	두점수의 평균점

• 각 과목별 40퍼센트 미만 정답 시 과락

필기시험 개선 (변경 후):

NCS 30문항	직렬별 전공 30문항	철도관계 법령 10문항	계	비고
45%	45%	10%	100%	법 문제 개당 1점 절대 점수 평가

• 자격제한 분야 중 전공 과목이 없는 직렬 : NCS 50문항(90%)+철도관계법령 10문항(10%)
• 각 과목별 40퍼센트 미만 정답 시 과락

	기존 채용제도	변경 후(2025년 상반기부터 시행)
최종 합격자 선정방식 개선	• 면접시험 점수와 가점의 합산점수 고득점 순	• 필기, 실기, 면접시험 점수와 가점의 합산 점수 고득점 순 • 최종 합격자 선정 시 필기시험 비율 50퍼센트 반영

구분		계	필기	실기	면접
실기 시행	필기 시행	100%	50%	25%	25%
	필기 미시행		–	50%	50%
실기 미시행			50%	–	50%
필기·실기 미시행			–	–	100%

※ 채용예정인원

구분	상반기	하반기
채용인원	2,243명	300명(예정)

2 학습방법

철도차량 운전면허를 취득한 사람이라면 이미 면허시험 과목 중 하나인 철도관련법을 공부해보았을 것입니다. 법 내용은 다르지만 법의 공부방향과 공부방법에 대해서 이미 알고 있기 때문에 본인만의 스타일로 준비하시면 됩니다. 하지만 다른 직렬을 준비하시는 수험생의 경우 법이 낯설기만 하고 다소 딱딱하여 어려움을 겪게 됩니다만, 너무 어렵게 생각하지 마시고 아래의 방법을 읽어보고 본인의 공부방법을 연계하여 한번 준비하시면 한달 내로 법을 마스터할 수 있을 것입니다.

1. 우선, 본인이 알고 있는 철도지식에 단순 접목, 연상시켜 천천히 읽기!

도시철도 및 철도를 이용한 경험이 있거나 매체를 통하여 본 경험이 있다면 그것을 연상시켜 법 내용을 이해하면서 천천히 읽어보자. 이때 너무 암기해야 한다는 강박감보다는 천천히 워밍업 한다는 느낌으로 학습하는 것이 좋습니다.

2. 한번 정독하고 다시 읽는다면 숫자와 주체에 유의해서 읽기!

① 법령을 읽다보면 주체(대통령, 국토교통부장관 등)가 있을 경우 주로 국토교통부장관 또는 대통령일 것입니다. 이 두 직책이 하는 일을 정리하면서 읽어보고 그 외 주체는 별도로 정리하면서 학습하는 것이 좋습니다.

② 숫자의 경우 "3년 이내에 ○○계획을 수립해야 한다" 이런 식으로 법령의 내용이 나올 것입니다. 그렇다면 3년 이내에 누가(주체) 무엇을 하는지 알아두는 것이 좋습니다. 출제자가 3년을 1년으로 변경하여 출제할 수 있기 때문입니다.

3. 언제나 법령 정독과 다독을 위주로 공부하기!

다양한 시험유형에 대비하기 위하여 철도관계법령 교재 중 최다문제를 포함하고 있지만 언제나 법의 올바른 공부방법은 법을 읽는 것에서 나옵니다. 문제 위주의 공부가 아닌 근본적인 법령을 읽으면서 공부하는 것이 훨씬 좋은 학습법임을 명심하시기 바랍니다.

4. 문제는 본인 확인용과 법을 다시 보는 계기가 될 것!

법령은 다독과 정독이 제일 중요합니다. 이 교재에 포함된 문제는 지엽적일 수도 있고 다소 난이도가 높은 문제일 수도 있습니다. 이에 여러분의 공부에 대해 회의감을 느낄 수도 있지만 본래 목적은 그것이 아닌 어떤 식의 함정으로 출제될 수 있는지, 포인트를 잡고 법을 완벽하게 숙지할 수 있도록 하기 위함입니다. 수험생분들의 의지가 꺾이거나 스트레스를 받게 하기 위한 문제가 아니라는 것을 다시 한번 알아두고 문제는 법령을 여러 번 읽고 어느 정도 숙지가 되었을 때 본인의 수준을 평가 및 확인하는 방법으로 활용하시길 바랍니다.

5. 출제자의 입장에서 한번 더 읽어보기!

문제의 틀린 부분을 단순 해설만 보는 것이 아닌 다시 법을 읽고 숙지합니다. 또한 다시 정독할 때는 본인이 출제자라면 어떤 부분에서 문제를 출제하기가 쉬우며, 어떻게 낼 것인지 머릿속에서 그리면서 읽는다면 어디가 중요한지, 어떻게 공부해야 될지 쉽게 감이 잡힐 것입니다.

위와 같은 방법과 본인만의 공부방법을 활용해 채용시험에서 철도관계법령은 100점을 맞고 합격하시기를 진심으로 응원합니다.

※ 저희 "드림레일"에서는 **책에 대한 궁금한 점, 모르는 부분에 대한 질문과 응답(24시간), 정오표, 추가로 개정되는 법령 내용, 철도운영기관 채용공고 등 철도취업에 관한 정보를 무료로 제공**해드리고 있으니 많은 이용바랍니다. 앞으로 철도관련 교재에 바이블이 될 수 있도록 지속적으로 노력을 기울일 예정입니다.

✚ 목차 ✚

PART **III**
한국철도공사법

부록 I

부록 II

핵심이론

법 및 시행령 암기팁과 함께 일목요연하게 정리

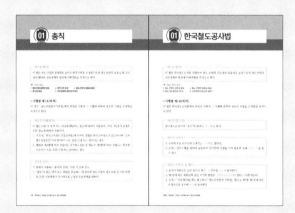

- 철도산업발전기본법
- 철도사업법
- 한국철도공사법

복습노트

법조문 학습의 완성도를 스스로 체크할 수 있도록 구성

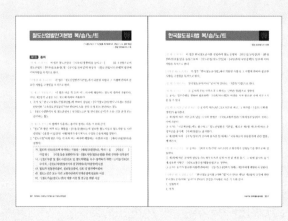

- 중요 포인트 OX 문제
- 정확한 학습 정도 테스트를 위한
  단답형 문제

단계별 문제

난이도에 따른 단계별 문제 무한반복학습

- 동일 분야 최다 문제 수록(720문제)
- 스텝 1 – 평이한 문제와 상세한 해설
- 스텝 2 – 중요 포인트 해설
- 스텝 3 – 고난이도 문제+NCS 복합
  문제

부록 I, II

최종 마무리학습을 위한 최신 기출복원문제 1회, 실전모의고사 5회

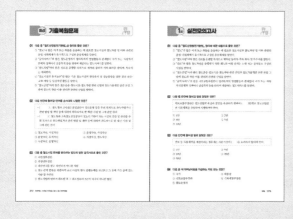

- 최신 기출복원문제 1회
- 실전모의고사 5회
- 정답 및 해설
- 벌칙 관련 핵심정리노트
- 타 법 인용 참고내용

PART I

철도산업발전기본법

철도산업발전기본법 : [시행 2022. 7. 5.] [법률 제18693호, 2022. 1. 4., 일부개정]
철도산업발전기본법 시행령 : [시행 2022. 7. 5.] [대통령령 제32759호, 2022. 7. 4., 일부개정]
철도산업발전기본법령 구성 : 6장 42조 51령 13칙

01 총칙

제1조(목적)

이 법은 철도산업의 경쟁력을 높이고 발전기반을 조성함으로써 철도산업의 효율성 및 공익성의 향상과 국민경제의 발전에 이바지함을 목적으로 한다.

TIP 목적 정리
1. **철도산업 경쟁력 상승**   2. **발전기반 조성**   3. **철도산업의 효율성 향상**
4. **공익성 향상**   5. **국민경제의 발전에 이바지**

● 시행령 제1조(목적)

이 영은 「철도산업발전기본법」에서 위임된 사항과 그 시행에 관하여 필요한 사항을 규정함을 목적으로 한다.

제2조(적용범위)

이 법은 다음 각 호의 어느 하나에 해당하는 철도에 대하여 적용한다. 다만, 제2장의 규정은 모든 철도에 대하여 적용한다.

1. 국가 및 「한국고속철도건설공단법」에 의하여 설립된 한국고속철도건설공단(이하 "고속철도건설공단"이라 한다)이 소유·건설·운영 또는 관리하는 철도
2. 제20조 제3항에 따라 설립되는 국가철도공단 및 제21조 제3항에 따라 설립되는 한국철도공사가 소유·건설·운영 또는 관리하는 철도

제3조(정의)

이 법에서 사용하는 용어의 정의는 다음 각 호와 같다.

1. "철도"라 함은 여객 또는 화물을 운송하는 데 필요한 철도시설과 철도차량 및 이와 관련된 운영·지원체계가 유기적으로 구성된 운송체계를 말한다.

2. "철도시설"이라 함은 다음 각 목의 어느 하나에 해당하는 시설(부지를 포함한다)을 말한다.

　가. 철도의 선로(선로에 부대되는 시설을 포함한다), 역시설(물류시설·환승시설 및 편의시설 등을 포함한다) 및 철도운영을 위한 건축물·건축설비
　나. 선로 및 철도차량을 보수·정비하기 위한 선로보수기지, 차량정비기지 및 차량유치시설
　다. 철도의 전철전력설비, 정보통신설비, 신호 및 열차제어설비
　라. 철도노선간 또는 다른 교통수단과의 연계운영에 필요한 시설
　마. 철도기술의 개발·시험 및 연구를 위한 시설
　바. 철도경영연수 및 철도전문인력의 교육훈련을 위한 시설
　사. 그 밖에 철도의 건설·유지보수 및 운영을 위한 시설로서 대통령령으로 정하는 시설

3. "철도운영"이라 함은 철도와 관련된 다음 각 목의 어느 하나에 해당하는 것을 말한다.

　가. 철도 여객 및 화물 운송
　나. 철도차량의 정비 및 열차의 운행관리
　다. 철도시설·철도차량 및 철도부지 등을 활용한 부대사업개발 및 서비스

4. "철도차량"이라 함은 선로를 운행할 목적으로 제작된 동력차·객차·화차 및 특수차를 말한다.
5. "선로"라 함은 철도차량을 운행하기 위한 궤도와 이를 받치는 노반 또는 공작물로 구성된 시설을 말한다.
6. "철도시설의 건설"이라 함은 철도시설의 신설과 기존 철도시설의 직선화·전철화·복선화 및 현대화 등 철도시설의 성능 및 기능향상을 위한 철도시설의 개량을 포함한 활동을 말한다.
　TIP 현대화, 직선화, 전철화, 복선화 → 현직전복
7. "철도시설의 유지보수"라 함은 기존 철도시설의 현상유지 및 성능향상을 위한 점검·보수·교체·개량 등 일상적인 활동을 말한다.
　TIP 점검·보수·교체·개량 → 점보교량
8. "철도산업"이라 함은 철도운송·철도시설·철도차량 관련 산업과 철도기술개발관련 산업 그 밖에 철도의 개발·이용·관리와 관련된 산업을 말한다.

9. "철도시설관리자"라 함은 철도시설의 건설 및 관리 등에 관한 업무를 수행하는 자로서 다음 각 목의 어느 하나에 해당하는 자를 말한다.

　가. 제19조에 따른 관리청

　나. 제20조 제3항에 따라 설립된 국가철도공단

　다. 제26조 제1항에 따라 철도시설관리권을 설정받은 자

　라. 가목부터 다목까지의 자로부터 철도시설의 관리를 대행·위임 또는 위탁받은 자

10. "철도운영자"라 함은 제21조 제3항에 따라 설립된 한국철도공사 등 철도운영에 관한 업무를 수행하는 자를 말한다.

11. "공익서비스"라 함은 철도운영자가 영리목적의 영업활동과 관계없이 국가 또는 지방자치단체의 정책이나 공공목적 등을 위하여 제공하는 철도서비스를 말한다.

● 시행령 제2조(철도시설)

「철도산업발전기본법」(이하 "법"이라 한다) 제3조 제2호 사목에서 "대통령령이 정하는 시설"이라 함은 다음 각 호의 시설을 말한다.

1. 철도의 건설 및 유지보수에 필요한 자재를 가공·조립·운반 또는 보관하기 위하여 당해 사업기간 중에 사용되는 시설

2. 철도의 건설 및 유지보수를 위한 공사에 사용되는 진입도로·주차장·야적장·토석채취장 및 사토장과 그 설치 또는 운영에 필요한 시설

3. 철도의 건설 및 유지보수를 위하여 당해 사업기간 중에 사용되는 장비와 그 정비·점검 또는 수리를 위한 시설

4. 그 밖에 철도안전관련시설·안내시설 등 철도의 건설·유지보수 및 운영을 위하여 필요한 시설로서 국토교통부장관이 정하는 시설

02 철도산업 발전기반의 조성

제1절 철도산업시책의 수립 및 추진체제

제4조(시책의 기본방향)

① 국가는 철도산업시책을 수립하여 시행하는 경우 효율성과 공익적 기능을 고려하여야 한다.

② 국가는 에너지이용의 효율성, 환경친화성 및 수송효율성이 높은 철도의 역할이 국가의 건전한 발전과 국민의 교통편익 증진을 위하여 필수적인 요소임을 인식하여 적정한 철도수송분담의 목표를 설정하여 유지하고 이를 위한 철도시설을 확보하는 등 철도산업발전을 위한 여러 시책을 마련하여야 한다.

③ 국가는 철도산업시책과 철도투자·안전 등 관련 시책을 효율적으로 추진하기 위하여 필요한 조직과 인원을 확보하여야 한다.

제5조(철도산업발전기본계획의 수립 등)

① 국토교통부장관은 철도산업의 육성과 발전을 촉진하기 위하여 5년 단위로 철도산업발전기본계획(이하 "기본계획"이라 한다)을 수립하여 시행하여야 한다.

② 기본계획에는 다음 각 호의 사항이 포함되어야 한다.

  1. 철도산업 육성시책의 기본방향에 관한 사항

  2. 철도산업의 여건 및 동향전망에 관한 사항

  3. 철도시설의 투자·건설·유지보수 및 이를 위한 재원확보에 관한 사항

  4. **각종 철도 간의** 연계수송 및 사업조정에 관한 사항

  5. 철도운영체계의 개선에 관한 사항

  6. 철도산업 전문인력의 양성에 관한 사항

  7. 철도기술의 개발 및 활용에 관한 사항

  8. 그 밖에 철도산업의 육성 및 발전에 관한 사항으로서 **대통령령**으로 정하는 사항

③ 기본계획은 「국가통합교통체계효율화법」 제4조에 따른 국가기간교통망계획, 같은 법 제6조에 따른 중기 교통시설투자계획 및 「국토교통과학기술 육성법」 제4조에 따른 국토교통과학기술 연구개발 종합계획과 조화를 이루도록 하여야 한다.

④ 국토교통부장관은 기본계획을 수립하고자 하는 때에는 미리 기본계획과 관련이 있는 행정기관의 장과 협의한 후 제6조에 따른 철도산업위원회의 심의를 거쳐야 한다. 수립된 기본계획을 변경(대통령령으로 정하는 경미한 변경은 제외한다)하고자 하는 때에도 또한 같다.

⑤ 국토교통부장관은 제4항에 따라 기본계획을 수립 또는 변경한 때에는 이를 관보에 고시하여야 한다.

⑥ 관계행정기관의 장은 수립·고시된 기본계획에 따라 연도별 시행계획을 수립·추진하고, 해당 연도의 계획 및 전년도의 추진실적을 국토교통부장관에게 제출하여야 한다.

⑦ 제6항에 따른 연도별 시행계획의 수립 및 시행절차에 관하여 필요한 사항은 대통령령으로 정한다.

● 시행령 제3조(철도산업발전기본계획의 내용)

법 제5조 제2항 제8호에서 "대통령령이 정하는 사항"이라 함은 다음 각 호의 사항을 말한다.

1. 철도수송분담의 목표
2. 철도안전 및 철도서비스에 관한 사항
3. **다른 교통수단**과의 연계수송에 관한 사항
4. 철도산업의 국제협력 및 해외시장 진출에 관한 사항
5. 철도산업시책의 추진체계
6. 그 밖에 철도산업의 육성 및 발전에 관한 사항으로서 국토교통부장관이 필요하다고 인정하는 사항

● 시행령 제4조(철도산업발전기본계획의 경미한 변경)

법 제5조 제4항 후단에서 "대통령령이 정하는 경미한 변경"이라 함은 다음 각 호의 변경을 말한다.

1. 철도시설투자사업 규모의 **100분의 1**의 범위 안에서의 변경
2. 철도시설투자사업 총투자비용의 **100분의 1**의 범위 안에서의 변경
3. 철도시설투자사업 기간의 **2년**의 기간 내에서의 변경

● 시행령 제5조(철도산업발전시행계획의 수립절차 등)

① 관계행정기관의 장은 법 제5조 제6항의 규정에 의한 당해 연도의 시행계획을 전년도 11월말까지 국토교통부장관에게 제출하여야 한다.

② 관계행정기관의 장은 전년도 시행계획의 추진실적을 매년 2월 말까지 국토교통부장관에게 제출하여야 한다.

제6조(철도산업위원회)

① 철도산업에 관한 기본계획 및 중요정책 등을 심의·조정하기 위하여 국토교통부에 철도산업위원회(이하 "위원회"라 한다)를 둔다.

② 위원회는 다음 각 호의 사항을 심의·조정한다.

1. 철도산업의 육성·발전에 관한 중요정책 사항
2. 철도산업구조개혁에 관한 중요정책 사항
3. 철도시설의 건설 및 관리 등 철도시설에 관한 중요정책 사항
4. 철도안전과 철도운영에 관한 중요정책 사항
5. **철도시설관리자와 철도운영자 간 상호협력 및 조정에 관한 사항**
6. 이 법 또는 다른 법률에서 위원회의 심의를 거치도록 한 사항
7. 그 밖에 철도산업에 관한 중요한 사항으로서 위원장이 회의에 부치는 사항

③ 위원회는 위원장을 포함한 **25인 이내**의 위원으로 구성한다.

④ 위원회에 상정할 안건을 미리 검토하고 위원회가 위임한 안건을 심의하기 위하여 위원회에 분과위원회를 둔다.

⑤ 이 법에서 규정한 사항 외에 위원회 및 분과위원회의 구성·기능 및 운영에 관하여 필요한 사항은 대통령령으로 정한다.

● 시행령 제6조(철도산업위원회의 구성)

① 법 제6조의 규정에 의한 철도산업위원회(이하 "위원회"라 한다)의 위원장은 국토교통부장관이 된다.

② 위원회의 위원은 다음 각 호의 자가 된다.

1. 기획재정부차관·교육부차관·과학기술정보통신부차관·행정안전부차관·산업통상자원부차관·고용노동부차관·국토교통부차관·해양수산부차관 및 공정거래위원회 **부위원장**

   참고 보건복지부, 환경부, 외교부, 통일부, 법무부, 국방부, 문화체육관광부, 국가보훈부, 여성가족부, 중소벤처기업부는 제외다. 철도와 연관된 부처가 위원회에 포함되지만 헷갈리기 쉬운 곳이 환경부와 문화체육관광부다.

2. 법 제20조 제3항의 규정에 따른 국가철도공단(이하 "국가철도공단"이라 한다)의 이사장
3. 법 제21조 제3항의 규정에 의한 한국철도공사(이하 "한국철도공사"라 한다)의 사장
4. 철도산업에 관한 전문성과 경험이 풍부한 자 중에서 위원회의 위원장이 위촉하는 자
③ 제2항 제4호의 규정에 의한 위원의 임기는 **2년**으로 하되, 연임할 수 있다.

● 시행령 제6조의2(위원의 해촉)

위원회의 위원장(=국토교통부장관)은 제6조 제2항 제4호에 따른 위원이 다음 각 호의 어느 하나에 해당하는 경우에는 해당 위원을 해촉(解囑)할 수 있다.

1. 심신장애로 인하여 직무를 수행할 수 없게 된 경우
2. 직무와 관련된 비위사실이 있는 경우
3. 직무태만, 품위손상이나 그 밖의 사유로 인하여 위원으로 적합하지 아니하다고 인정되는 경우
4. 위원 스스로 직무를 수행하는 것이 곤란하다고 의사를 밝히는 경우

● 시행령 제7조(위원회의 위원장의 직무)

① 위원회의 위원장은 위원회를 대표하며, 위원회의 업무를 총괄한다.
② 위원회의 위원장이 부득이한 사유로 직무를 수행할 수 없는 때에는 위원회의 위원장이 미리 지명한 위원이 그 직무를 대행한다.

● 시행령 제8조(회의)

① 위원회의 위원장은 위원회의 회의를 소집하고, 그 의장이 된다.
② 위원회의 회의는 재적위원 과반수의 출석과 출석위원 과반수의 찬성으로 의결한다.
③ 위원회는 회의록을 작성·비치하여야 한다.

● 시행령 제9조(간사)

위원회에 간사 1인을 두되, 간사는 국토교통부장관이 **국토교통부 소속** 공무원 중에서 지명한다.

● 시행령 제10조(실무위원회의 구성 등)

① 위원회의 심의·조정사항과 위원회에서 위임한 사항의 실무적인 검토를 위하여 위원회에 실무위원회를 둔다.
② 실무위원회는 위원장을 포함한 **20인 이내**의 위원으로 구성한다.
③ 실무위원회의 위원장은 국토교통부장관이 국토교통부의 **3급** 공무원 또는 고위공무원단에 속하는 일반직 공무원 중에서 지명한다.

④ 실무위원회의 위원은 다음 각 호의 자가 된다.

1. 기획재정부·교육부·과학기술정보통신부·행정안전부·산업통상자원부·고용노동부·국토교통부·해양수산부 및 공정거래위원회의 **3급** 공무원, **4급** 공무원 또는 고위공무원단에 속하는 일반직공무원 중 그 소속기관의 장이 지명하는 자 각 1인

2. 국가철도공단의 임직원 중 국가철도공단이사장이 지명하는 자 1인

3. 한국철도공사의 임직원 중 한국철도공사사장이 지명하는 자 1인

4. 철도산업에 관한 전문성과 경험이 풍부한 자 중에서 실무위원회의 위원장이 위촉하는 자

⑤ 제4항 제4호의 규정에 의한 위원의 임기는 **2년**으로 하되, 연임할 수 있다.

⑥ 실무위원회에 간사 1인을 두되, 간사는 국토교통부장관이 국토교통부소속 공무원 중에서 지명한다.

⑦ 제8조의 규정은 실무위원회의 회의에 관하여 이를 준용한다.

● 시행령 제10조의2(실무위원회 위원의 해촉 등)

① 제10조 제4항 제1호부터 제3호까지의 규정에 따라 위원을 지명한 자는 위원이 다음 각 호의 어느 하나에 해당하는 경우에는 그 지명을 철회할 수 있다.

1. 심신장애로 인하여 직무를 수행할 수 없게 된 경우

2. 직무와 관련된 비위사실이 있는 경우

3. 직무태만, 품위손상이나 그 밖의 사유로 인하여 위원으로 적합하지 아니하다고 인정되는 경우

4. 위원 스스로 직무를 수행하는 것이 곤란하다고 의사를 밝히는 경우

② 실무위원회의 위원장은 제10조 제4항 제4호에 따른 위원이 제1항 각 호의 어느 하나에 해당하는 경우에는 해당 위원을 해촉할 수 있다.

● 시행령 제11조(철도산업구조개혁기획단의 구성 등)

① 위원회의 활동을 지원하고 철도산업의 구조개혁 그 밖에 철도정책과 관련되는 다음 각 호의 업무를 지원·수행하기 위하여 국토교통부장관소속하에 철도산업구조개혁기획단(이하 "기획단"이라 한다)을 둔다.

1. 철도산업구조개혁 기본계획 및 분야별 세부추진계획의 수립

2. 철도산업구조개혁과 관련된 철도의 건설·운영주체의 정비

3. 철도산업구조개혁과 관련된 인력조정·재원확보대책의 수립

4. 철도산업구조개혁과 관련된 법령의 정비

5. 철도산업구조개혁추진에 따른 철도운임·철도시설사용료·철도수송시장 등에 관한 철도산업정책의 수립

6. 철도산업구조개혁추진에 따른 공익서비스비용의 보상, 세제·금융지원 등 정부지원정책의 수립

7. 철도산업구조개혁추진에 따른 철도시설건설계획 및 투자재원조달대책의 수립

8. 철도산업구조개혁추진에 따른 전기·신호·차량 등에 관한 철도기술개발정책의 수립

9. 철도산업구조개혁추진에 따른 철도안전기준의 정비 및 안전정책의 수립

10. 철도산업구조개혁추진에 따른 남북철도망 및 국제철도망 구축정책의 수립

11. 철도산업구조개혁에 관한 대외협상 및 홍보

12. 철도산업구조개혁추진에 따른 각종 철도의 연계 및 조정

13. 그 밖에 철도산업구조개혁과 관련된 철도정책 전반에 관하여 필요한 업무

② 기획단은 **단장 1인**과 단원으로 구성한다.

③ 기획단의 단장은 국토교통부장관이 국토교통부의 3급 공무원 또는 고위공무원단에 속하는 일반직 공무원 중에서 임명한다.

④ 국토교통부장관은 기획단의 업무수행을 위하여 필요하다고 인정하는 때에는 관계 행정기관, 한국철도공사 등 관련 공사, 국가철도공단 등 특별법에 의하여 설립된 공단 또는 관련 연구기관에 대하여 소속 공무원·임직원 또는 연구원을 기획단으로 파견하여 줄 것을 요청할 수 있다.

⑤ 기획단의 조직 및 운영에 관하여 필요한 세부적인 사항은 국토교통부장관이 정한다.

● 시행령 제12조(관계행정기관 등에의 협조요청 등)

위원회 및 실무위원회는 그 업무를 수행하기 위하여 필요한 때에는 관계행정기관 또는 단체 등에 대하여 자료 또는 의견의 제출 등의 협조를 요청하거나 관계공무원 또는 관계전문가 등을 위원회 및 실무위원회에 참석하게 하여 의견을 들을 수 있다.

● 시행령 제13조(수당 등)

위원회와 실무위원회의 위원 중 공무원이 아닌 위원 및 위원회와 실무위원회에 출석하는 관계전문가에 대하여는 예산의 범위 안에서 수당·여비 그 밖의 필요한 경비를 지급할 수 있다.

● 시행령 제14조(운영세칙)

이 영에서 규정한 사항 외에 위원회 및 실무위원회의 운영에 관하여 필요한 사항은 위원회의 의결을 거쳐 위원회의 위원장(=국토교통부장관)이 정한다.

제2절 철도산업의 육성

제7조(철도시설 투자의 확대)

① 국가는 철도시설 투자를 추진하는 경우 사회적·환경적 편익을 고려하여야 한다.
② 국가는 각종 국가계획에 철도시설 투자의 목표치와 투자계획을 반영하여야 하며, 매년 교통시설 투자예산에서 철도시설 투자예산의 비율이 지속적으로 높아지도록 노력하여야 한다.

제8조(철도산업의 지원)

국가 및 지방자치단체는 철도산업의 육성·발전을 촉진하기 위하여 철도산업에 대한 재정·금융·세제·행정상의 지원을 할 수 있다.

TIP 세제, 금융, 행정, 재정 → 세금행재

제9조(철도산업전문인력의 교육 · 훈련 등)

① 국토교통부장관은 철도산업에 종사하는 자의 자질향상과 새로운 철도기술 및 그 운영기법의 향상을 위한 교육·훈련방안을 마련하여야 한다.
② 국토교통부장관은 국토교통부령으로 정하는 바에 의하여 철도산업전문연수기관과 협약을 체결하여 철도산업에 종사하는 자의 교육·훈련프로그램에 대한 행정적·재정적 지원 등을 할 수 있다.
③ 제2항에 따른 철도산업전문연수기관은 **매년** 전문인력수요조사를 실시하고 그 결과와 전문인력의 수급에 관한 의견을 국토교통부장관에게 제출할 수 있다.
④ 국토교통부장관은 새로운 철도기술과 운영기법의 향상을 위하여 특히 필요하다고 인정하는 때에는 정부투자기관·정부출연기관 또는 정부가 출자한 회사 등으로 하여금 새로운 철도기술과 운영기법의 연구·개발에 투자하도록 권고할 수 있다.

제10조(철도산업교육과정의 확대 등)

① 국토교통부장관은 철도산업전문인력의 수급의 변화에 따라 철도산업교육과정의 확대 등 필요한 조치를 관계중앙행정기관의 장에게 요청할 수 있다.

② 국가는 철도산업종사자의 자격제도를 다양화하고 질적 수준을 유지·발전시키기 위하여 필요한 시책을 수립·시행하여야 한다.

③ 국토교통부장관은 철도산업 전문인력의 원활한 수급 및 철도산업의 발전을 위하여 특성화된 대학 등 교육기관을 운영·지원할 수 있다.

제11조(철도기술의 진흥 등)

① 국토교통부장관은 철도기술의 진흥 및 육성을 위하여 철도기술전반에 대한 연구 및 개발에 노력하여야 한다.

② 국토교통부장관은 제1항에 따른 연구 및 개발을 촉진하기 위하여 이를 전문으로 연구하는 기관 또는 단체를 지도·육성하여야 한다.

③ 국가는 철도기술의 진흥을 위하여 철도시험·연구개발시설 및 부지 등 국유재산을 「과학기술분야 정부출연 연구기관 등의 설립·운영 및 육성에 관한 법률」에 의한 한국철도기술연구원에 무상으로 대부·양여하거나 사용·수익하게 할 수 있다.

제12조(철도산업의 정보화 촉진)

① 국토교통부장관은 철도산업에 관한 정보를 효율적으로 처리하고 원활하게 유통하기 위하여 대통령령으로 정하는 바에 의하여 철도산업정보화기본계획을 수립·시행하여야 한다.

② 국토교통부장관은 철도산업에 관한 정보를 효율적으로 수집·관리 및 제공하기 위하여 대통령령으로 정하는 바에 의하여 철도산업정보센터를 설치·운영하거나 철도산업에 관한 정보를 수집·관리 또는 제공하는 자 등에게 필요한 지원을 할 수 있다.

• **시행령 제15조(철도산업정보화기본계획의 내용 등)**

① 법 제12조 제1항의 규정에 의한 철도산업정보화기본계획에는 다음 각 호의 사항이 포함되어야 한다.

  1. 철도산업정보화의 여건 및 전망
  2. 철도산업정보화의 목표 및 단계별 추진계획
  3. 철도산업정보화에 필요한 비용
  4. 철도산업정보의 수집 및 조사계획

5. 철도산업정보의 유통 및 이용활성화에 관한 사항

6. 철도산업정보화와 관련된 기술개발의 지원에 관한 사항

7. 그 밖에 국토교통부장관이 필요하다고 인정하는 사항

② 국토교통부장관은 법 제12조 제1항의 규정에 의하여 철도산업정보화기본계획을 수립 또는 변경하고자 하는 때에는 위원회의 심의를 거쳐야 한다.

• 시행령 제16조(철도산업정보센터의 업무 등)

① 법 제12조 제2항의 규정에 의한 철도산업정보센터는 다음 각 호의 업무를 행한다.

1. 철도산업정보의 수집·분석·보급 및 홍보

TIP 수집, 분석, 홍보, 보급 → 수분홍보

2. 철도산업의 국제동향 파악 및 국제협력사업의 지원

② 국토교통부장관은 법 제12조 제2항의 규정에 의하여 철도산업에 관한 정보를 수집·관리 또는 제공하는 자에게 예산의 범위 안에서 운영에 소요되는 비용을 지원할 수 있다.

제13조(국제협력 및 해외진출 촉진)

① 국토교통부장관은 철도산업에 관한 국제적 동향을 파악하고 국제협력을 촉진하여야 한다.

② 국가는 철도산업의 국제협력 및 해외시장 진출을 추진하기 위하여 다음 각 호의 사업을 지원할 수 있다.

1. 철도산업과 관련된 기술 및 인력의 국제교류

2. 철도산업의 국제표준화와 국제공동연구개발

3. 그 밖에 국토교통부장관이 철도산업의 국제협력 및 해외시장 진출을 촉진하기 위하여 필요하다고 인정하는 사업

제13조의2(협회의 설립)

① 철도산업에 관련된 기업, 기관 및 단체와 이에 관한 업무에 종사하는 자는 철도산업의 건전한 발전과 해외진출을 도모하기 위하여 철도협회(이하 "협회"라 한다)를 설립할 수 있다.

② 협회는 **법인**으로 한다.

③ 협회는 국토교통부장관의 인가를 받아 주된 사무소의 소재지에 설립등기를 함으로써 성립한다.

④ 협회는 철도 분야에 관한 다음 각 호의 업무를 한다.

　　1. 정책 및 기술개발의 지원

　　2. 정보의 관리 및 공동활용 지원

　　3. 전문인력의 양성 지원

　　4. 해외철도 진출을 위한 현지조사 및 지원

　　5. 조사·연구 및 간행물의 발간

　　6. 국가 또는 지방자치단체 위탁사업

　　7. 그 밖에 정관으로 정하는 업무

⑤ 국가, 지방자치단체 및 공공기관의 운영에 관한 법률에 따른 철도 분야 공공기관은 협회에 위탁한 업무의 수행에 필요한 비용의 전부 또는 일부를 예산의 범위에서 지원할 수 있다.

⑥ 협회의 정관은 국토교통부장관의 인가를 받아야 하며, 정관의 기재사항과 협회의 운영 등에 필요한 사항은 대통령령으로 정한다.

⑦ 협회에 관하여 이 법에 규정한 것 외에는 「민법」 중 사단법인에 관한 규정을 준용한다.

03 철도안전 및 이용자 보호

제14조(철도안전)

① 국가는 국민의 생명·신체 및 재산을 보호하기 위하여 철도안전에 필요한 법적·제도적 장치를 마련하고 이에 필요한 재원을 확보하도록 노력하여야 한다.

② 철도시설관리자는 그 시설을 설치 또는 관리할 때에 법령에서 정하는 바에 따라 해당 시설의 안전한 상태를 유지하고, 해당 시설과 이를 이용하려는 철도차량 간의 종합적인 성능검증 및 안전상태 점검 등 안전확보에 필요한 조치를 하여야 한다.

③ 철도운영자 또는 철도차량 및 장비 등의 제조업자는 법령에서 정하는 바에 따라 철도의 안전한 운행 또는 그 제조하는 철도차량 및 장비 등의 구조·설비 및 장치의 안전성을 확보하고 이의 향상을 위하여 노력하여야 한다.

④ 국가는 객관적이고 공정한 철도사고조사를 추진하기 위한 전담기구와 전문인력을 확보하여야 한다.

제15조(철도서비스의 품질개선 등)

① 철도운영자는 그가 제공하는 철도서비스의 품질을 개선하기 위하여 노력하여야 한다.

② 국토교통부장관은 철도서비스의 품질을 개선하고 이용자의 편익을 높이기 위하여 철도서비스의 품질을 평가하여 시책에 반영하여야 한다.

③ 제2항에 따른 철도서비스 품질평가의 절차 및 활용 등에 관하여 필요한 사항은 국토교통부령으로 정한다.

제16조(철도이용자의 권익보호 등)

국가는 철도이용자의 권익보호를 위하여 다음 각 호의 시책을 강구하여야 한다.

1. 철도이용자의 권익보호를 위한 홍보·교육 및 연구
2. 철도이용자의 생명·신체 및 재산상의 위해 방지
3. 철도이용자의 불만 및 피해에 대한 신속·공정한 구제조치
4. 그 밖에 철도이용자 보호와 관련된 사항

(04) 철도산업구조개혁의 추진

제1절 기본시책

제17조(철도산업구조개혁의 기본방향)

① 국가는 철도산업의 경쟁력을 강화하고 발전기반을 조성하기 위하여 철도시설 부문과 철도운영 부문을 분리하는 철도산업의 구조개혁을 추진하여야 한다.
② 국가는 철도시설 부문과 철도운영 부문간의 상호 보완적 기능이 발휘될 수 있도록 대통령령으로 정하는 바에 의하여 상호협력체계 구축 등 필요한 조치를 마련하여야 한다.

● 시행령 제23조(업무절차서의 교환 등)

① 철도시설관리자와 철도운영자는 법 제17조 제2항의 규정에 의하여 철도시설관리와 철도운영에 있어 상호협력이 필요한 분야에 대하여 업무절차서를 작성하여 정기적으로 이를 교환하고, 이를 변경한 때에는 즉시 통보하여야 한다.
② 철도시설관리자와 철도운영자는 상호협력이 필요한 분야에 대하여 정기적으로 합동점검을 하여야 한다.

● 시행령 제24조(선로배분지침의 수립 등)

① 국토교통부장관은 법 제17조 제2항의 규정에 의하여 철도시설관리자와 철도운영자가 안전하고 효율적으로 선로를 사용할 수 있도록 하기 위하여 선로용량의 배분에 관한 지침(이하 "선로배분지침"이라 한다)을 수립·고시하여야 한다.
② 제1항의 규정에 의한 선로배분지침에는 다음 각 호의 사항이 포함되어야 한다.
  1. 여객열차와 화물열차에 대한 선로용량의 배분
  2. 지역간 열차와 지역내 열차에 대한 선로용량의 배분
  3. 선로의 유지보수·개량 및 건설을 위한 작업시간
  4. 철도차량의 안전운행에 관한 사항
  5. 그 밖에 선로의 효율적 활용을 위하여 필요한 사항

③ 철도시설관리자·철도운영자 등 선로를 관리 또는 사용하는 자는 제1항의 규정에 의한 선로
배분지침을 준수하여야 한다.

④ 국토교통부장관은 철도차량 등의 운행정보의 제공, 철도차량 등에 대한 운행통제, 적법운행
여부에 대한 지도·감독, 사고발생시 사고복구 지시 등 철도교통의 안전과 질서를 유지하기
위하여 필요한 조치를 할 수 있도록 철도교통관제시설을 설치·운영하여야 한다.

제18조(철도산업구조개혁 기본계획의 수립 등)

① 국토교통부장관은 철도산업의 구조개혁을 효율적으로 추진하기 위하여 철도산업 구조
개혁기본계획(이하 "구조개혁계획"이라 한다)을 수립하여야 한다.

② 구조개혁계획에는 다음 각 호의 사항이 포함되어야 한다.

1. 철도산업구조개혁의 목표 및 기본방향에 관한 사항
2. 철도산업구조개혁의 추진방안에 관한 사항
3. 철도의 소유 및 경영구조의 개혁에 관한 사항
4. 철도산업구조개혁에 따른 대내외 여건조성에 관한 사항
5. 철도산업구조개혁에 따른 자산·부채·인력 등에 관한 사항
6. 철도산업구조개혁에 따른 철도관련 기관·단체 등의 정비에 관한 사항
7. 그 밖에 철도산업구조개혁을 위하여 필요한 사항으로서 대통령령으로 정하는 사항

③ 국토교통부장관은 구조개혁계획을 수립하고자 하는 때에는 미리 구조개혁계획과 관련
이 있는 행정기관의 장과 협의한 후 제6조에 따른 위원회의 심의를 거쳐야 한다. 수립한
구조개혁계획을 변경(대통령령으로 정하는 경미한 변경은 제외한다)하고자 하는 경우에
도 또한 같다.

④ 국토교통부장관은 제3항에 따라 구조개혁계획을 수립 또는 변경한 때에는 이를 관보에
고시하여야 한다.

⑤ 관계행정기관의 장은 수립·고시된 구조개혁계획에 따라 연도별 시행계획을 수립·추진
하고, 그 연도의 계획 및 전년도의 추진실적을 국토교통부장관에게 제출하여야 한다.

⑥ 제5항에 따른 연도별 시행계획의 수립 및 시행 등에 관하여 필요한 사항은 대통령령으
로 정한다.

● 시행령 제25조(철도산업구조개혁 기본계획의 내용)

법 제18조 제2항 제7호에서 "대통령령이 정하는 사항"이라 함은 다음 각 호의 사항을 말한다.

1. 철도서비스 시장의 구조개편에 관한 사항
2. 철도요금·철도시설사용료 등 가격정책에 관한 사항
3. 철도안전 및 서비스향상에 관한 사항

4. 철도산업구조개혁의 추진체계 및 관계기관의 협조에 관한 사항

5. 철도산업구조개혁의 중장기 추진방향에 관한 사항

6. 그 밖에 국토교통부장관이 철도산업구조개혁의 추진을 위하여 필요하다고 인정하는 사항

●시행령 제26조(철도산업구조개혁 기본계획의 경미한 변경)

법 제18조 제3항 후단에서 "대통령령이 정하는 경미한 변경"이라 함은 철도산업구조개혁 기본 계획 추진기간의 **1년**의 기간 내에서의 변경을 말한다.

●시행령 제27조(철도산업구조개혁 시행계획의 수립절차 등)

① 관계행정기관의 장은 법 제18조 제5항의 규정에 의한 당해 연도의 시행계획을 **전년도 11월 말**까지 국토교통부장관에게 제출하여야 한다.

② 관계행정기관의 장은 전년도 시행계획의 추진실적을 **매년 2월 말**까지 국토교통부장관에게 제출하여야 한다.

제19조(관리청)

① 철도의 관리청은 국토교통부장관으로 한다.

② 국토교통부장관은 이 법과 그 밖의 철도에 관한 법률에 규정된 철도시설의 건설 및 관리 등에 관한 그의 업무의 일부를 대통령령으로 정하는 바에 의하여 제20조 제3항에 따라 설립되는 국가철도공단으로 하여금 대행하게 할 수 있다. 이 경우 대행하는 업무의 범위·권한의 내용 등에 관하여 필요한 사항은 대통령령으로 정한다.

③ 제20조 제3항에 따라 설립되는 국가철도공단은 제2항에 따라 국토교통부장관의 업무를 대행하는 경우에 그 대행하는 범위 안에서 이 법과 그 밖의 철도에 관한 법률을 적용할 때에는 그 철도의 관리청으로 본다.

●시행령 제28조(관리청 업무의 대행범위)

국토교통부장관이 법 제19조 제2항의 규정에 의하여 국가철도공단으로 하여금 대행하게 하는 경우 그 대행 업무는 다음 각 호와 같다.

1. 국가가 추진하는 철도시설 건설사업의 집행

2. 국가 소유의 철도시설에 대한 사용료 징수 등 관리업무의 집행

3. 철도시설의 안전유지, 철도시설과 이를 이용하는 철도차량간의 종합적인 성능검증·안전상 태점검 등 철도시설의 안전을 위하여 국토교통부장관이 정하는 업무

4. 그 밖에 국토교통부장관이 철도시설의 효율적인 관리를 위하여 필요하다고 인정한 업무

제20조(철도시설)

① 철도산업의 구조개혁을 추진하는 경우 철도시설은 국가가 소유하는 것을 원칙으로 한다.

② 국토교통부장관은 철도시설에 대한 다음 각 호의 시책을 수립·시행한다.

    1. 철도시설에 대한 투자 계획수립 및 재원조달

    2. 철도시설의 건설 및 관리

    3. 철도시설의 유지보수 및 적정한 상태유지

    4. 철도시설의 안전관리 및 재해대책

    5. 그 밖에 다른 교통시설과의 연계성확보 등 철도시설의 공공성 확보에 필요한 사항

③ 국가는 철도시설 관련업무를 체계적이고 효율적으로 추진하기 위하여 그 집행조직으로서 철도청 및 고속철도건설공단의 관련 조직을 통·폐합하여 특별법에 의하여 국가철도공단(이하 "국가철도공단"이라 한다)을 설립한다.

제21조(철도운영)

① 철도산업의 구조개혁을 추진하는 경우 철도운영 관련사업은 시장경제원리에 따라 국가 외의 자가 영위하는 것을 원칙으로 한다.

② 국토교통부장관은 철도운영에 대한 다음 각 호의 시책을 수립·시행한다.

    1. 철도운영부문의 경쟁력 강화

    2. 철도운영서비스의 개선

    3. 열차운영의 안전진단 등 예방조치 및 사고조사 등 철도운영의 안전확보

    4. 공정한 경쟁여건의 조성

    5. 그 밖에 철도이용자 보호와 열차운행원칙 등 철도운영에 필요한 사항

③ 국가는 철도운영 관련사업을 효율적으로 경영하기 위하여 철도청 및 고속철도건설공단의 관련조직을 전환하여 특별법에 의하여 한국철도공사(이하 "철도공사"라 한다)를 설립한다.

제2절 **자산·부채 및 인력의 처리**

┌─ **제22조(철도자산의 구분 등)** ──────────────────────────

① 국토교통부장관은 철도산업의 구조개혁을 추진하는 경우 철도청과 고속철도건설공단의 철도자산을 다음 각 호와 같이 구분하여야 한다.

    1. 운영자산 : 철도청과 고속철도건설공단이 철도운영 등을 주된 목적으로 취득하였거나 관련 법령 및 계약 등에 의하여 취득하기로 한 재산·시설 및 그에 관한 권리

    2. 시설자산 : 철도청과 고속철도건설공단이 철도의 기반이 되는 시설의 건설 및 관리를 주된 목적으로 취득하였거나 관련 법령 및 계약 등에 의하여 취득하기로 한 재산·시설 및 그에 관한 권리

    3. 기타자산 : 제1호 및 제2호의 철도자산을 제외한 자산

② 국토교통부장관은 제1항에 따라 철도자산을 구분하는 때에는 기획재정부장관과 미리 협의하여 그 기준을 정한다.

┌─ **제23조(철도자산의 처리)** ──────────────────────────

① 국토교통부장관은 대통령령으로 정하는 바에 의하여 철도산업의 구조개혁을 추진하기 위한 철도자산의 처리계획(이하 "철도자산처리계획"이라 한다)을 위원회의 심의를 거쳐 수립하여야 한다.

② 국가는 「국유재산법」에도 불구하고 철도자산처리계획에 의하여 철도공사에 운영자산을 현물 출자한다.

③ 철도공사는 제2항에 따라 현물출자 받은 운영자산과 관련된 권리와 의무를 포괄하여 승계한다.

④ 국토교통부장관은 철도자산처리계획에 의하여 철도청장으로부터 다음 각 호의 철도자산을 이관 받으며, 그 관리업무를 국가철도공단, 철도공사, 관련 기관 및 단체 또는 대통령령으로 정하는 민간법인에 위탁하거나 그 자산을 사용·수익하게 할 수 있다.

    1. 철도청의 시설자산(건설 중인 시설자산은 제외한다)

    2. 철도청의 기타자산

⑤ 국가철도공단은 철도자산처리계획에 의하여 다음 각 호의 철도자산과 그에 관한 권리와 의무를 포괄하여 승계한다. 이 경우 제1호 및 제2호의 철도자산이 완공된 때에는 국가에 귀속된다.

    1. 철도청이 건설 중인 시설자산

    2. 고속철도건설공단이 건설 중인 시설자산 및 운영자산

    3. 고속철도건설공단의 기타자산

⑥ 철도청장 또는 고속철도건설공단이사장이 제2항부터 제5항까지의 규정에 의하여 철도자산의 인계·이관 등을 하고자 하는 때에는 그에 관한 서류를 작성하여 국토교통부장관의 승인을 얻어야 한다.

⑦ 제6항에 따른 철도자산의 인계·이관 등의 시기와 해당 철도자산 등의 평가방법 및 평가기준일 등에 관한 사항은 대통령령으로 정한다.

● 시행령 제29조(철도자산처리계획의 내용)

법 제23조 제1항의 규정에 의한 철도자산처리계획에는 다음 각 호의 사항이 포함되어야 한다.

1. 철도자산의 개요 및 현황에 관한 사항
2. 철도자산의 처리방향에 관한 사항
3. 철도자산의 구분기준에 관한 사항
4. 철도자산의 인계·이관 및 출자에 관한 사항
5. 철도자산처리의 추진일정에 관한 사항
6. 그 밖에 국토교통부장관이 철도자산의 처리를 위하여 필요하다고 인정하는 사항

● 시행령 제30조(철도자산 관리업무의 민간위탁계획)

① 법 제23조 제4항 각호 외의 부분에서 "대통령령이 정하는 민간법인"이라 함은 「민법」에 의하여 설립된 비영리법인과 「상법」에 의하여 설립된 주식회사를 말한다.

② 국토교통부장관은 법 제23조 제4항의 규정에 의하여 철도자산의 관리업무를 민간법인에 위탁하고자 하는 때에는 위원회의 심의를 거쳐 민간위탁계획을 수립하여야 한다.

③ 제2항의 규정에 의한 민간위탁계획에는 다음 각 호의 사항이 포함되어야 한다.

1. 위탁대상 철도자산
2. 위탁의 필요성·범위 및 효과
3. 수탁기관의 선정절차

④ 국토교통부장관이 제2항의 규정에 의하여 민간위탁계획을 수립한 때에는 이를 고시하여야 한다.

● 시행령 제31조(민간위탁계약의 체결)

① 국토교통부장관은 법 제23조 제4항의 규정에 의하여 철도자산의 관리업무를 위탁하고자 하는 때에는 제30조 제4항의 규정에 의하여 고시된 민간위탁계획에 따라 사업계획을 제출한

자 중에서 당해 철도자산을 관리하기에 적합하다고 인정되는 자를 선정하여 위탁계약을 체결하여야 한다.

② 제1항의 규정에 의한 위탁계약에는 다음 각 호의 사항이 포함되어야 한다.

1. 위탁대상 철도자산
2. 위탁대상 철도자산의 관리에 관한 사항
3. 위탁계약기간(계약기간의 수정·갱신 및 위탁계약의 해지에 관한 사항을 포함한다)
4. 위탁대가의 지급에 관한 사항
5. 위탁업무에 대한 관리 및 감독에 관한 사항
6. 위탁업무의 재위탁에 관한 사항
7. 그 밖에 국토교통부장관이 필요하다고 인정하는 사항

● 시행령 제32조(철도자산의 인계·이관 등의 절차 및 시기)

① 철도청장 또는 한국고속철도건설공단이사장은 법 제23조 제6항의 규정에 의하여 철도자산의 인계·이관 등에 관한 승인을 얻고자 하는 때에는 인계·이관 자산의 범위·목록 및 가액이 기재된 승인신청서에 인계·이관에 필요한 서류를 첨부하여 국토교통부장관에게 제출하여야 한다.

② 법 제23조 제7항의 규정에 의한 철도자산의 인계·이관 등의 시기는 다음 각 호와 같다.

1. 한국철도공사가 법 제23조 제2항의 규정에 의한 철도자산을 출자받는 시기 : 한국철도공사의 설립등기일
2. 국토교통부장관이 법 제23조 제4항의 규정에 의한 철도자산을 이관받는 시기 : 2004년 1월 1일
3. 국가철도공단이 법 제23조 제5항의 규정에 의한 철도자산을 인계받는 시기 : 2004년 1월 1일

③ 인계·이관 등의 대상이 되는 철도자산의 평가기준일은 제2항의 규정에 의한 인계·이관 등을 받는 날의 전일로 한다. 다만, 법 제23조 제2항의 규정에 의하여 한국철도공사에 출자되는 철도자산의 평가기준일은 「국유재산법」이 정하는 바에 의한다.

④ 인계·이관 등의 대상이 되는 철도자산의 평가가액은 제3항의 규정에 의한 평가기준일의 자산의 장부가액으로 한다. 다만, 법 제23조 제2항의 규정에 의하여 한국철도공사에 출자되는 철도자산의 평가방법은 「국유재산법」이 정하는 바에 의한다.

─ 제24조(철도부채의 처리) ─

① 국토교통부장관은 기획재정부장관과 미리 협의하여 철도청과 고속철도건설공단의 철도 부채를 다음 각 호로 구분하여야 한다.

    1. 운영부채 : 제22조 제1항 제1호에 따른 운영자산과 직접 관련된 부채

    2. 시설부채 : 제22조 제1항 제2호에 따른 시설자산과 직접 관련된 부채

    3. 기타부채 : 제1호 및 제2호의 철도부채를 제외한 부채로서 철도사업특별회계가 부담하고 있는 철도부채 중 공공자금관리기금에 대한 부채

② 운영부채는 철도공사가, 시설부채는 국가철도공단이 각각 포괄하여 승계하고, 기타부채는 일반회계가 포괄하여 승계한다.

③ 제1항 및 제2항에 따라 철도청장 또는 고속철도건설공단이사장이 철도부채를 인계하고자 하는 때에는 인계에 관한 서류를 작성하여 국토교통부장관의 승인을 얻어야 한다.

④ 제3항에 따라 철도부채를 인계하는 시기와 인계하는 철도부채 등의 평가방법 및 평가기준일 등에 관한 사항은 대통령령으로 정한다.

● **시행령 제33조(철도부채의 인계절차 및 시기)**

① 철도청장 또는 한국고속철도건설공단이사장이 법 제24조 제3항의 규정에 의하여 철도부채의 인계에 관한 승인을 얻고자 하는 때에는 인계 부채의 범위·목록 및 가액이 기재된 승인신청서에 인계에 필요한 서류를 첨부하여 국토교통부장관에게 제출하여야 한다.

② 법 제24조 제4항의 규정에 의한 철도부채의 인계 시기는 다음 각 호와 같다.

    1. 한국철도공사가 법 제24조 제2항의 규정에 의하여 운영부채를 인계받는 시기 : 한국철도공사의 설립등기일

    2. 국가철도공단이 법 제24조 제2항의 규정에 의하여 시설부채를 인계받는 시기 : 2004년 1월 1일

    3. 일반회계가 법 제24조 제2항의 규정에 의하여 기타부채를 인계받는 시기 : 2004년 1월 1일

③ 인계하는 철도부채의 평가기준일은 제2항의 규정에 의한 인계일의 전일로 한다.

④ 인계하는 철도부채의 평가가액은 평가기준일의 부채의 장부가액으로 한다.

─ 제25조(고용승계 등) ─

① 철도공사 및 국가철도공단은 철도청 직원 중 공무원 신분을 계속 유지하는 자를 제외한 철도청 직원 및 고속철도건설공단 직원의 고용을 포괄하여 승계한다.

② 국가는 제1항에 따라 철도청 직원 중 철도공사 및 국가철도공단 직원으로 고용이 승계되는 자에 대하여는 근로여건 및 퇴직급여의 불이익이 발생하지 않도록 필요한 조치를 한다.

제3절 철도시설관리권 등

제26조(철도시설관리권)

① 국토교통부장관은 철도시설을 관리하고 그 철도시설을 사용하거나 이용하는 자로부터 사용료를 징수할 수 있는 권리(이하 "철도시설관리권"이라 한다)를 설정할 수 있다.

② 제1항에 따라 철도시설관리권의 설정을 받은 자는 대통령령으로 정하는 바에 따라 국토교통부장관에게 등록하여야 한다. 등록한 사항을 변경하고자 하는 때에도 또한 같다.

제27조(철도시설관리권의 성질)

철도시설관리권은 이를 물권으로 보며, 이 법에 특별한 규정이 있는 경우를 제외하고는 민법 중 부동산에 관한 규정을 준용한다.

제28조(저당권 설정의 특례)

저당권이 설정된 철도시설관리권은 그 저당권자의 동의가 없으면 처분할 수 없다.

제29조(권리의 변동)

① 철도시설관리권 또는 철도시설관리권을 목적으로 하는 저당권의 설정·변경·소멸 및 처분의 제한은 국토교통부에 비치하는 철도시설관리권등록부에 등록함으로써 그 효력이 발생한다.

② 제1항에 따른 철도시설관리권의 등록에 관하여 필요한 사항은 대통령령으로 정한다.

제30조(철도시설 관리대장)

① 철도시설을 관리하는 자는 그가 관리하는 철도시설의 관리대장을 작성·비치하여야 한다.

② 철도시설 관리대장의 작성·비치 및 기재사항 등에 관하여 필요한 사항은 국토교통부령으로 정한다.

제31조(철도시설 사용료)

① 철도시설을 사용하고자 하는 자는 대통령령으로 정하는 바에 따라 관리청의 허가를 받거나 철도시설관리자와 시설사용계약을 체결하거나 그 시설사용계약을 체결한 자(이하 "시설사용계약자"라 한다)의 승낙을 얻어 사용할 수 있다.

② 철도시설관리자 또는 시설사용계약자는 제1항에 따라 철도시설을 사용하는 자로부터 사용료를 징수할 수 있다. 다만, 「국유재산법」 제34조에도 불구하고 지방자치단체가 직접 공용·공공용 또는 비영리 공익사업용으로 철도시설을 사용하고자 하는 경우에는 대통령령으로 정하는 바에 따라 그 사용료의 전부 또는 일부를 면제할 수 있다.

③ 제2항에 따라 철도시설 사용료를 징수하는 경우 철도의 사회경제적 편익과 다른 교통수단과의 형평성 등이 고려되어야 한다.

④ 철도시설 사용료의 징수기준 및 절차 등에 관하여 필요한 사항은 대통령령으로 정한다.

● 시행령 제34조(철도시설의 사용허가)

법 제31조 제1항에 따른 관리청의 허가 기준·방법·절차·기간 등에 관한 사항은 「국유재산법」에 따른다.

TIP 방법, 기준, 기간, 절차 → 방기기절

● 시행령 제34조의2(사용허가에 따른 철도시설의 사용료 등)

① 철도시설을 사용하려는 자가 법 제31조 제1항에 따라 관리청의 허가를 받아 철도시설을 사용하는 경우 같은 조 제2항 본문에 따라 관리청이 징수할 수 있는 철도시설의 사용료는 「국유재산법」 제32조에 따른다.

② 관리청은 법 제31조 제2항 단서에 따라 지방자치단체가 직접 공용·공공용 또는 비영리 공익사업용으로 철도시설을 사용하려는 경우에는 다음 각 호의 구분에 따른 기준에 따라 사용료를 면제할 수 있다.

1. 철도시설을 취득하는 조건으로 사용하려는 경우로서 사용허가기간이 **1년** 이내인 사용 허가의 경우: 사용료의 전부

2. 제1호에서 정한 사용허가 외의 사용허가의 경우: 사용료의 **100분의 60**

③ 사용허가에 따른 철도시설 사용료의 징수기준 및 절차 등에 관하여 이 영에서 규정된 것을 제외하고는 「국유재산법」에 따른다.

● 시행령 제35조(철도시설의 사용계약)

① 법 제31조 제1항에 따른 철도시설의 사용계약에는 다음 각 호의 사항이 포함되어야 한다.

1. 사용기간·대상시설·사용조건 및 사용료

TIP 사용조건, 사용기간, 대상시설, 사용료 → 조기시료

2. 대상 시설의 제3자에 대한 사용승낙의 범위·조건

3. 상호책임 및 계약위반 시 조치사항

4. 분쟁 발생 시 조정절차

5. 비상사태 발생 시 조치

6. 계약의 갱신에 관한 사항

7. 계약내용에 대한 비밀누설금지에 관한 사항

② 법 제3조 제2호 가목부터 라목까지에서 규정한 철도시설(이하 "선로 등"이라 한다)에 대한 법 제31조 제1항에 따른 사용계약(이하 "선로 등 사용계약"이라 한다)을 체결하려는 경우에는 다음 각 호의 기준을 모두 충족해야 한다.

1. 해당 선로 등을 여객 또는 화물운송 목적으로 사용하려는 경우일 것

2. 사용기간이 **5년**을 초과하지 않을 것

③ 선로 등에 대한 제1항 제1호에 따른 사용조건에는 다음 각 호의 사항이 포함되어야 하며, 그 사용조건은 제24조 제1항에 따른 선로배분지침에 위반되는 내용이어서는 안 된다.

1. 투입되는 철도차량의 종류 및 길이

2. 철도차량의 일일운행횟수·운행개시시각·운행종료시각 및 운행간격

3. 출발역·정차역 및 종착역

4. 철도운영의 안전에 관한 사항

5. 철도여객 또는 화물운송서비스의 수준

④ 철도시설관리자는 법 제31조 제1항에 따라 철도시설을 사용하려는 자와 사용계약을 체결하여 철도시설을 사용하게 하려는 경우에는 미리 그 사실을 공고해야 한다.

● 시행령 제36조(사용계약에 따른 선로 등의 사용료 등)

① 철도시설관리자는 제35조 제1항 제1호에 따른 선로 등의 사용료를 정하는 경우에는 다음 각 호의 한도를 초과하지 않는 범위에서 선로 등의 유지보수비용 등 관련 비용을 회수할 수 있도록 해야 한다. 다만, 사회기반시설에 대한 민간투자법 제26조에 따라 사회기반시설 관리운영권을 설정 받은 철도시설관리자는 같은 법에서 정하는 바에 따라 선로 등의 사용료를 정해야 한다.

1. 국가 또는 지방자치단체가 건설사업비의 전액을 부담한 선로 등: 해당 선로 등에 대한 유지보수비용의 총액

2. 제1호의 선로 등 외의 선로 등 : 해당 선로 등에 대한 유지보수비용 총액과 총 건설사업비(조사비·설계비·공사비·보상비 및 그 밖에 건설에 소요된 비용의 합계액에서 국가·지방자치단체 또는 법 제37조 제1항에 따라 수익자가 부담한 비용을 제외한 금액을 말한다)의 합계액

② 철도시설관리자는 제1항 각호 외의 부분 본문에 따라 선로 등의 사용료를 정하는 경우에는 다음 각 호의 사항을 고려할 수 있다.

    1. 선로등급·선로용량 등 선로 등의 상태

    2. 운행하는 철도차량의 종류 및 중량

    3. 철도차량의 운행시간대 및 운행횟수

    4. 철도사고의 발생빈도 및 정도

    5. 철도서비스의 수준

    6. 철도관리의 효율성 및 공익성

③ 삭제 〈2022. 7. 4.〉

● 시행령 제37조(선로 등 사용계약 체결의 절차)

① 제35조 제2항의 규정에 의한 선로 등 사용계약을 체결하고자 하는 자(이하 "사용신청자"라 한다)는 선로 등의 사용목적을 기재한 선로 등 사용계약 신청서에 다음 각 호의 서류를 첨부하여 철도시설관리자에게 제출하여야 한다.

    1. 철도여객 또는 화물운송사업의 자격을 증명할 수 있는 서류

    2. 철도여객 또는 화물운송사업계획서

    3. 철도차량·운영시설의 규격 및 안전성을 확인할 수 있는 서류

② 철도시설관리자는 제1항의 규정에 의하여 선로 등 사용계약 신청서를 제출받은 날부터 **1월** 이내에 사용신청자에게 선로 등 사용계약의 체결에 관한 협의일정을 통보하여야 한다.

③ 철도시설관리자는 사용신청자가 철도시설에 관한 자료의 제공을 요청하는 경우에는 특별한 이유가 없는 한 이에 응하여야 한다.

④ 철도시설관리자는 사용신청자와 선로 등 사용계약을 체결하고자 하는 경우에는 미리 국토교통부장관의 승인을 받아야 한다. 선로 등 사용계약의 내용을 변경하는 경우에도 또한 같다.

● 시행령 제38조(선로 등 사용계약의 갱신)

① 선로 등 사용계약을 체결하여 선로 등을 사용하고 있는 자(이하 "선로 등 사용계약자"라 한다)는 그 선로 등을 계속하여 사용하고자 하는 경우에는 사용기간이 만료되기 **10월** 전까지 선로 등 사용계약의 갱신을 신청하여야 한다.

② 철도시설관리자는 제1항의 규정에 의하여 선로 등 사용계약자가 선로 등 사용계약의 갱신을 신청한 때에는 특별한 사유가 없는 한 그 선로 등의 사용에 관하여 우선적으로 협의하여야 한다. 이 경우 제35조 제4항의 규정은 이를 적용하지 아니한다.(→ 즉, 미리 공고할 필요 ✕)

③ 제35조 제1항 내지 제3항, 제36조 및 제37조의 규정은 선로 등 사용계약의 갱신에 관하여 이를 준용한다.

● 시행령 제39조(철도시설의 사용승낙)

① 제35조 제1항의 규정에 의한 철도시설의 사용계약을 체결한 자(이하 이 조에서 "시설사용계약자"라 한다)는 그 사용계약을 체결한 철도시설의 일부에 대하여 법 제31조 제1항의 규정에 의하여 제3자에게 그 사용을 승낙할 수 있다. 이 경우 철도시설관리자와 미리 협의하여야 한다.

② 시설사용계약자는 제1항의 규정에 의하여 제3자에게 사용승낙을 한 경우에는 그 내용을 철도시설관리자에게 통보하여야 한다.

제4절 공익적 기능의 유지

제32조(공익서비스비용의 부담)

① 철도운영자의 공익서비스 제공으로 발생하는 비용(이하 "공익서비스비용"이라 한다)은 대통령령으로 정하는 바에 따라 국가 또는 해당 철도서비스를 직접 요구한 자(이하 "원인제공자"라 한다)가 부담하여야 한다.

② 원인제공자가 부담하는 공익서비스비용의 범위는 다음 각 호와 같다.

　1. 철도운영자가 다른 법령에 의하거나 국가정책 또는 공공목적을 위하여 철도운임·요금을 감면할 경우 그 감면액

　2. 철도운영자가 경영개선을 위한 적절한 조치를 취하였음에도 불구하고 철도이용수요가 적어 수지균형의 확보가 극히 곤란하여 벽지의 노선 또는 역의 철도서비스를 제한 또는 중지하여야 되는 경우로서 공익목적을 위하여 기초적인 철도서비스를 계속함으로써 발생되는 경영손실

　3. 철도운영자가 국가의 특수목적사업을 수행함으로써 발생되는 비용

● 시행령 제40조(공익서비스비용 보상예산의 확보)

① 철도운영자는 **매년 3월 말**까지 국가가 법 제32조 제1항의 규정에 의하여 다음 연도에 부담하여야 하는 공익서비스비용(이하 "국가부담비용"이라 한다)의 추정액, 당해 공익서비스의 내용 그 밖의 필요한 사항을 기재한 국가부담비용추정서를 국토교통부장관에게 제출하여야 한다. 이 경우 철도운영자가 국가부담비용의 추정액을 산정함에 있어서는 법 제33조 제1항의 규정에 의한 보상계약 등을 고려하여야 한다.

② 국토교통부장관은 제1항의 규정에 의하여 국가부담비용추정서를 제출받은 때에는 관계행정기관의 장과 협의하여 다음 연도의 국토교통부소관 일반회계에 국가부담비용을 계상하여야 한나.

※계상 : 계산한 금액을 장부에 반영

③ 국토교통부장관은 제2항의 규정에 의한 국가부담비용을 정하는 때에는 제1항의 규정에 의한 국가부담비용의 추정액, 전년도에 부담한 국가부담비용, 관련법령의 규정 또는 법 제33조 제1항의 규정에 의한 보상계약 등을 고려하여야 한다.

● 시행령 제41조(국가부담비용의 지급)

① 철도운영자는 국가부담비용의 지급을 신청하고자 하는 때에는 국토교통부장관이 지정하는 기간 내에 국가부담비용지급신청서에 다음 각 호의 서류를 첨부하여 국토교통부장관에게 제출하여야 한다.

　　1. 국가부담비용 지급 신청액 및 산정내역서

　　2. 당해 연도의 예상수입·지출명세서

　　3. 최근 **2년**간 지급받은 국가부담비용내역서

　　4. 원가계산서

② 국토교통부장관은 제1항의 규정에 의하여 국가부담비용지급신청서를 제출받은 때에는 이를 검토하여 **매 반기마다 반기 초**에 국가부담비용을 지급하여야 한다.

● 시행령 제42조(국가부담비용의 정산)

① 제41조 제2항의 규정에 의하여 국가부담비용을 지급받은 철도운영자는 당해 반기가 끝난 후 **30일** 이내에 국가부담비용 정산서에 다음 각 호의 서류를 첨부하여 국토교통부장관에게 제출하여야 한다.

　　1. 수입·지출명세서

　　2. 수입·지출증빙서류

　　3. 그 밖에 현금흐름표 등 회계 관련 서류

② 국토교통부장관은 제1항의 규정에 의하여 국가부담비용 정산서를 제출받은 때에는 법 제33조 제4항의 규정에 의한 전문기관 등으로 하여금 이를 확인하게 할 수 있다.

● 시행령 제43조(회계의 구분 등)

① 국가부담비용을 지급받는 철도운영자는 법 제32조 제2항 제2호의 규정에 의한 노선 및 역에 대한 회계를 다른 회계와 구분하여 경리하여야 한다.

② 국가부담비용을 지급받는 철도운영자의 회계연도는 정부의 회계연도에 따른다.

제33조(공익서비스 제공에 따른 보상계약의 체결)

① 원인제공자는 철도운영자와 공익서비스비용의 보상에 관한 계약(이하 "보상계약"이라 한다)을 체결하여야 한다.

② 제1항에 따른 보상계약에는 다음 각 호의 사항이 포함되어야 한다.

    1. 철도운영자가 제공하는 철도서비스의 기준과 내용에 관한 사항

    2. 공익서비스 제공과 관련하여 원인제공자가 부담하여야 하는 보상내용 및 보상방법 등에 관한 사항

    3. 계약기간 및 계약기간의 수정·갱신과 계약의 해지에 관한 사항

    4. 그 밖에 원인제공자와 철도운영자가 필요하다고 합의하는 사항

③ 원인제공자는 철도운영자와 보상계약을 체결하기 전에 계약내용에 관하여 국토교통부장관 및 기획재정부장관과 미리 협의하여야 한다.

④ 국토교통부장관은 공익서비스비용의 객관성과 공정성을 확보하기 위하여 필요한 때에는 국토교통부령으로 정하는 바에 의하여 전문기관을 지정하여 그 기관으로 하여금 공익서비스비용의 산정 및 평가 등의 업무를 담당하게 할 수 있다.

⑤ 보상계약체결에 관하여 원인제공자와 철도운영자의 협의가 성립되지 아니하는 때에는 원인제공자 또는 철도운영자의 신청에 의하여 위원회가 이를 조정할 수 있다.

제34조(특정 노선 폐지 등의 승인)

① 철도시설관리자와 철도운영자(이하 "승인신청자"라 한다)는 다음 각 호의 어느 하나에 해당하는 경우에 국토교통부장관의 승인을 얻어 특정 노선 및 역의 폐지와 관련 철도서비스의 제한 또는 중지 등 필요한 조치를 취할 수 있다.

    1. 승인신청자가 철도서비스를 제공하고 있는 노선 또는 역에 대하여 철도의 경영개선을 위한 적절한 조치를 취하였음에도 불구하고 수지균형의 확보가 극히 곤란하여 경영상 어려움이 발생한 경우

    2. 제33조에 따른 보상계약체결에도 불구하고 공익서비스비용에 대한 적정한 보상이 이루어지지 아니한 경우

    3. 원인제공자가 공익서비스비용을 부담하지 아니한 경우

    4. 원인제공자가 제33조 제5항에 따른 조정에 따르지 아니한 경우

② 승인신청자는 다음 각 호의 사항이 포함된 승인신청서를 국토교통부장관에게 제출하여야 한다.

    1. 폐지하고자 하는 특정 노선 및 역 또는 제한·중지하고자 하는 철도서비스의 내용

2. 특정 노선 및 역을 계속 운영하거나 철도서비스를 계속 제공하여야 할 경우의 원인제
   공자의 비용부담 등에 관한 사항

3. 그 밖에 특정 노선 및 역의 폐지 또는 철도서비스의 제한·중지 등과 관련된 사항

③ 국토교통부장관은 제2항에 따라 승인신청서가 제출된 경우 원인제공자 및 관계 행정기
   관의 장과 협의한 후 위원회의 심의를 거쳐 승인여부를 결정하고 그 결과를 승인신청자
   에게 통보하여야 한다. 이 경우 승인하기로 결정된 때에는 그 사실을 관보에 공고하여야
   한다.

④ 국토교통부장관 또는 관계행정기관의 장은 승인신청자가 제1항에 따라 특정 노선 및 역
   을 폐지하거나 철도서비스의 제한·중지 등의 조치를 취하고자 하는 때에는 대통령령으
   로 정하는 바에 의하여 대체수송수단의 마련 등 필요한 조치를 하여야 한다.

● 시행령 제44조(특정 노선 폐지 등의 승인신청서의 첨부서류)

철도시설관리자와 철도운영자가 법 제34조 제2항의 규정에 의하여 국토교통부장관에게 승인
신청서를 제출하는 때에는 다음 각 호의 사항을 기재한 서류를 첨부하여야 한다.

1. 승인신청 사유

2. 등급별·시간대별 철도차량의 운행빈도, 역수, 종사자수 등 운영현황

3. **과거 6월 이상**의 기간 동안의 1일 평균 철도서비스 수요

4. **과거 1년 이상**의 기간 동안의 수입·비용 및 영업손실액에 관한 회계보고서

5. **향후 5년 동안**의 1일 평균 철도서비스 수요에 대한 전망

6. **과거 5년 동안**의 공익서비스비용의 전체규모 및 법 제32조 제1항의 규정에 의한 원인제공자
   가 부담한 공익서비스 비용의 규모

7. 대체수송수단의 이용가능성

● 시행령 제45조(실태조사)

① 국토교통부장관은 법 제34조 제2항의 규정에 의한 승인신청을 받은 때에는 당해 노선 및 역
   의 운영현황 또는 철도서비스의 제공현황에 관하여 실태조사를 실시하여야 한다.

② 국토교통부장관은 필요한 경우에는 관계 지방자치단체 또는 관련 전문기관을 제1항의 규정
   에 의한 실태조사에 참여시킬 수 있다.

③ 국토교통부장관은 제1항의 규정에 의한 실태조사의 결과를 위원회에 보고하여야 한다.

● 시행령 제46조(특정 노선 폐지 등의 공고)

국토교통부장관은 법 제34조 제3항의 규정에 의하여 승인을 한 때에는 그 승인이 있은 날부터 **1월** 이내에 폐지되는 특정 노선 및 역 또는 제한·중지되는 철도서비스의 내용과 그 사유를 국토교통부령이 정하는 바에 따라 공고하여야 한다.

● 시행령 제47조(특정 노선 폐지 등에 따른 수송대책의 수립)

국토교통부장관 또는 관계행정기관의 장은 특정 노선 및 역의 폐지 또는 철도서비스의 제한·중지 등의 조치로 인하여 영향을 받는 지역중에서 대체수송수단이 없거나 현저히 부족하여 수송서비스에 심각한 지장이 초래되는 지역에 대하여는 법 제34조 제4항의 규정에 의하여 다음 각 호의 사항이 포함된 수송대책을 수립·시행하여야 한다.

1. 수송여건 분석
2. 대체수송수단의 운행횟수 증대, 노선조정 또는 추가투입
3. 대체수송에 필요한 재원조달
4. 그 밖에 수송대책의 효율적 시행을 위하여 필요한 사항

● 시행령 제48조(철도서비스의 제한 또는 중지에 따른 신규운영자의 선정)

① 국토교통부장관은 철도운영자인 승인신청자(이하 이 조에서 "기존운영자"라 한다)가 법 제34조 제1항의 규정에 의하여 제한 또는 중지하고자 하는 특정 노선 및 역에 관한 철도서비스를 새로운 철도운영자(이하 이 조에서 "신규운영자"라 한다)로 하여금 제공하게 하는 것이 타당하다고 인정하는 때에는 법 제34조 제4항의 규정에 의하여 신규운영자를 선정할 수 있다.

② 국토교통부장관은 제1항의 규정에 의하여 신규운영자를 선정하고자 하는 때에는 법 제32조 제1항의 규정에 의한 원인제공자와 협의하여 경쟁에 의한 방법으로 신규운영자를 선정하여야 한다.

③ 원인제공자는 신규운영자와 법 제33조의 규정에 의한 보상계약을 체결하여야 하며, 기존운영자는 당해 철도서비스 등에 관한 인수인계서류를 작성하여 신규운영자에게 제공하여야 한다.

④ 제2항 및 제3항의 규정에 의한 신규운영자 선정의 구체적인 방법, 인수인계절차 그 밖의 필요한 사항은 국토교통부령으로 정한다.

제35조(승인의 제한 등)

① 국토교통부장관은 제34조 제1항 각 호의 어느 하나에 해당되는 경우에도 다음 각 호의 어느 하나에 해당하는 경우에는 같은 조 제3항에 따른 승인을 하지 아니할 수 있다.

1. 제34조에 따른 노선 폐지 등의 조치가 공익을 현저하게 저해한다고 인정하는 경우
2. 제34조에 따른 노선 폐지 등의 조치가 대체교통수단 미흡 등으로 교통서비스 제공에 중대한 지장을 초래한다고 인정하는 경우
② 국토교통부장관은 제1항 각 호에 따라 승인을 하지 아니함에 따라 철도운영자인 승인신청자가 경영상 중대한 영업손실을 받은 경우에는 그 손실을 보상할 수 있다.

제36조(비상사태 시 처분)

① 국토교통부장관은 천재·지변·전시·사변, 철도교통의 심각한 장애 그 밖에 이에 순하는 사태의 발생으로 인하여 철도서비스에 중대한 차질이 발생하거나 발생할 우려가 있다고 인정하는 경우에는 필요한 범위안에서 철도시설관리자·철도운영자 또는 철도이용자에게 다음 각 호의 사항에 관한 조정·명령 그 밖의 필요한 조치를 할 수 있다.
1. 지역별·노선별·수송대상별 수송 우선순위 부여 등 수송통제
2. 철도시설·철도차량 또는 설비의 가동 및 조업
3. 대체수송수단 및 수송로의 확보
4. 임시열차의 편성 및 운행
5. 철도서비스 인력의 투입
6. 철도이용의 제한 또는 금지
7. 그 밖에 철도서비스의 수급안정을 위하여 대통령령으로 정하는 사항
② 국토교통부장관은 제1항에 따른 조치의 시행을 위하여 관계행정기관의 장에게 필요한 협조를 요청할 수 있으며, 관계행정기관의 장은 이에 협조하여야 한다.
③ 국토교통부장관은 제1항에 따른 조치를 한 사유가 소멸되었다고 인정하는 때에는 지체없이 이를 해제하여야 한다.

● **시행령 제49조(비상사태 시 처분)**
법 제36조 제1항 제7호에서 "대통령령이 정하는 사항"이라 함은 다음 각 호의 사항을 말한다.
1. 철도시설의 임시사용
2. 철도시설의 사용제한 및 접근 통제
3. 철도시설의 긴급복구 및 복구지원
4. 철도역 및 철도차량에 대한 수색 등

 **보칙**

제37조(철도건설 등의 비용부담)

① 철도시설관리자는 지방자치단체·특정한 기관 또는 단체가 철도시설건설사업으로 인하여 현저한 이익을 받는 경우에는 국토교통부장관의 승인을 얻어 그 이익을 받는 자(이하 이 조에서 "수익자"라 한다)로 하여금 그 비용의 일부를 부담하게 할 수 있다.

② 제1항에 따라 수익자가 부담하여야 할 비용은 철도시설관리자와 수익자가 협의하여 정한다. 이 경우 협의가 성립되지 아니하는 때에는 철도시설관리자 또는 수익자의 신청에 의하여 위원회가 이를 조정할 수 있다.

제38조(권한의 위임 및 위탁)

국토교통부장관은 이 법에 따른 권한의 일부를 대통령령으로 정하는 바에 따라 특별시장·광역시장·도지사·특별자치도지사 또는 지방교통관서의 장에 위임하거나 관계 행정기관·국가철도공단·철도공사·정부출연 연구기관에게 위탁할 수 있다. 다만, 철도시설유지보수 시행업무는 철도공사에 위탁한다.

●시행령 제50조(권한의 위탁)

① 국토교통부장관은 법 제38조 본문의 규정에 의하여 법 제12조 제2항의 규정에 의한 철도산업정보센터의 설치·운영업무를 다음 각 호의 자 중에서 국토교통부령이 정하는 자에게 위탁한다.

　　1. 「정부출연 연구기관 등의 설립·운영 및 육성에 관한 법률」 또는 「과학기술분야 정부출연 연구기관 등의 설립·운영 및 육성에 관한 법률」에 의한 정부출연 연구기관

　　2. 국가철도공단

② 국토교통부장관은 법 제38조 본문의 규정에 의하여 철도시설유지보수 시행업무를 철도청장에게 위탁한다.

③ 국토교통부장관은 법 제38조 본문의 규정에 의하여 제24조 제4항의 규정에 의한 철도교통관제시설의 관리업무 및 철도교통관제업무를 다음 각 호의 자중에서 국토교통부령이 정하는 자에게 위탁한다.

1. 국가철도공단
2. 철도운영자

제39조(청문)

국토교통부장관은 제34조에 따른 특정 노선 및 역의 폐지와 이와 관련된 철도서비스의 제한 또는 중지에 대한 승인을 하고자 하는 때에는 청문을 실시하여야 한다.

(06) 벌칙

제40조(벌칙)

① 제34조의 규정을 위반하여 국토교통부장관의 승인을 얻지 아니하고 특정 노선 및 역을 폐지하거나 철도서비스를 제한 또는 중지한 자는 3년 이하의 징역 또는 5천만 원 이하의 벌금에 처한다.

② 다음 각 호의 어느 하나에 해당하는 자는 2년 이하의 징역 또는 3천만 원 이하의 벌금에 처한다.

  1. 거짓이나 그 밖의 부정한 방법으로 제31조 제1항에 따른 〈철도시설 사용〉 허가를 받은 자

  [제31조(철도시설 사용료)]
  ① 철도시설을 사용하고자 하는 자는 대통령령으로 정하는 바에 따라 관리청의 허가를 받거나 철도시설관리자와 시설사용계약을 체결하거나 그 시설사용계약을 체결한 자(이하 "시설사용계약자"라 한다)의 승낙을 얻어 사용할 수 있다.

  2. 제31조 제1항에 따른 허가를 받지 아니하고 철도시설을 사용한 자
  3. 제36조 제1항 제1호부터 제5호까지 또는 제7호에 따른 조정·명령 등의 조치를 위반한 자

  [제36조(비상사태 시 처분)]
  ① 국토교통부장관은 천재·지변·전시·사변, 철도교통의 심각한 장애 그 밖에 이에 준하는 사태의 발생으로 인하여 철도서비스에 중대한 차질이 발생하거나 발생할 우려가 있다고 인정하는 경우에는 필요한 범위안에서 철도시설관리자·철도운영자 또는 철도이용자에게 다음 각 호의 사항에 관한 조정·명령 그 밖의 필요한 조치를 할 수 있다.
  1. 지역별·노선별·수송대상별 수송 우선순위 부여 등 수송통제
  2. 철도시설·철도차량 또는 설비의 가동 및 조업
  3. 대체수송수단 및 수송로의 확보
  4. 임시열차의 편성 및 운행
  5. 철도서비스 인력의 투입
  6. 철도이용의 재한 또는 [금지]
  7. 그 밖에 철도서비스의 수급안정을 위하여 대통령령으로 정하는 사항

제41조(양벌규정)

법인의 대표자나 법인 또는 개인의 대리인, 사용인, 그 밖의 종업원이 그 법인 또는 개인의 업무에 관하여 제40조(벌칙)의 위반행위를 하면 그 행위자를 벌하는 외에 그 법인 또는 개인에게도 해당 조문의 벌금형을 과(科)한다. 다만, 법인 또는 개인이 그 위반행위를 방지하기 위하여 해당 업무에 관하여 상당한 주의와 감독을 게을리하지 아니한 경우에는 그러하지 아니하다.

제42조(과태료)

① 제36조 제1항 제6호의 규정을 위반한 자에게는 1천만 원 이하의 과태료를 부과한다.

   [제36조(비상사태 시 처분)]
   ① 국토교통부장관은 천재·지변·전시·사변, 철도교통의 심각한 장애 그 밖에 이에 준하는 사태의 발생으로 인하여 철도서비스에 중대한 차질이 발생하거나 발생할 우려가 있다고 인정하는 경우에는 필요한 범위안에서 철도시설관리자·철도운영자 또는 철도이용자에게 다음 각 호의 사항에 관한 조정·명령 그 밖의 필요한 조치를 할 수 있다.
   6. 철도이용의 제한 또는 금지

② 제1항에 따른 과태료는 대통령령으로 정하는 바에 따라 국토교통부장관이 부과·징수한다.
③ 삭제 〈2009. 4. 1.〉
④ 삭제 〈2009. 4. 1.〉
⑤ 삭제 〈2009. 4. 1.〉

● 시행령 제51조(과태료)

① 국토교통부장관이 법 제42조 제2항의 규정에 의하여 과태료를 부과하는 때에는 당해 위반행위를 조사·확인한 후 위반사실·과태료 금액·이의제기의 방법 및 기간 등을 서면으로 명시하여 이를 납부할 것을 과태료 처분 대상자에게 통지하여야 한다.
② 국토교통부장관은 제1항의 규정에 의하여 과태료를 부과하고자 하는 때에는 **10일 이상**의 기간을 정하여 과태료 처분 대상자에게 구술 또는 서면에 의한 의견진술의 기회를 주어야 한다. 이 경우 지정된 기일까지 의견진술이 없는 때에는 의견이 없는 것으로 본다.
③ 국토교통부장관은 과태료의 금액을 정함에 있어서는 당해 위반행위의 동기·정도·횟수 등을 참작하여야 한다.
④ 과태료의 징수절차는 국토교통부령으로 정한다.

철도산업발전기본법 복/습/노/트

• [시행 2022. 7. 5.][법률 제18693호, 2022. 1. 4., 일부개정]
• 정답 392페이지 수록

제1장 총칙

[법 제1조(목적)] 이 법은 철도산업의 01[지속력/경쟁력]을 높이고 02[   ]을 조성함으로써 철도산업의 03[안전성/효율성] 및 04[공익성/경제성]의 향상과 05[철도산업/국민경제]의 발전에 이바지함을 목적으로 한다.

[시행령 제1조(목적)] 이 영은 「철도산업발전기본법」에서 위임된 사항과 그 시행에 관하여 필요한 사항을 규정함을 목적으로 한다.

[법 제2조(적용범위)] 이 법은 다음 각 호의 어느 하나에 해당하는 철도에 대하여 적용한다. 다만, 제2장의 규정은 모든 철도에 대하여 적용한다.
1. 국가 및 「한국고속철도건설공단법」에 의하여 설립된 06[국가철도공단/한국고속철도건설공단](이하 "고속철도건설공단"이라 한다)이 소유·건설·운영 또는 관리하는 철도
2. 07[철도시설관리자 및 철도운영자 / 국가철도공단 및 한국철도공사]가 소유·건설·운영 또는 관리하는 철도

[법 제3조(정의)] 이 법에서 사용하는 용어의 정의는 다음 각 호와 같다.
1. "철도"라 함은 여객 또는 화물을 08[수송/운송]하는데 필요한 철도시설과 철도차량 및 이와 관련된 09[운영·시설/운영·지원]체계가 유기적으로 구성된 운송체계를 말한다.
2. "철도시설"이라 함은 다음 각 목의 어느 하나에 해당하는 시설(부지를 10[제외/포함]한다)을 말한다.

> 가. 철도의 선로(선로에 부대되는 시설을 11[제외/포함]한다), 역시 12([   ]시설·[   ] 시설 및 [   ]시설 등을 포함한다) 및 13[철도차량/철도운영]을 위한 건축물·건축설비
> 나. 14[철도차량 및 철도시설/선로 및 철도차량]을 보수·정비하기 위한 15[시설/선로]보수기지, 16[선로/차량]정비기지 및 [차량유치/차량정비]시설
> 다. 철도의 전철전력설비, 정보통신설비, 신호 및 열차제어설비
> 라. 철도노선간 또는 다른 교통수단과의 연계운영에 필요한 시설
> 마. 17[철도기술/철도노선]의 개발·시험 및 연구를 위한 시설

> 바. 철도경영연수 및 철도전문인력의 교육훈련을 위한 시설
> 사. 그 밖에 철도의 건설·유지보수 및 운영을 위한 시설로서 18 [대통령령/국토교통부령]
>   으로 정하는 시설

3. "철도운영"이라 함은 철도와 관련된 다음 각 목의 어느 하나에 해당하는 것을 말한다.

> 가. 19 [   ] 운송
> 나. 20 [   ]의 정비 및 [   ]의 운행관리
> 다. 철도시설·철도차량 및 철도부지 등을 활용한 부대사업개발 및 서비스

4. "철도차량"이라 함은 21 [선로/궤도]를 운행할 목적으로 제작된 22 [   ]를 말한다.

5. "선로"라 함은 23 [철도차량을/열차를] 운행하기 위한 궤도와 이를 받치는 노반 또는 공작물로 구성된 시설을 말한다.

6. "철도시설의 건설"이라 함은 철도시설의 신설과 기존 철도시설의 24 [   ] 등 철도시설의 성능 및 기능향상을 위한 철도시설의 25 [개발/개량]을 포함한 활동을 말한다.

7. "철도시설의 유지보수"라 함은 기존 철도시설의 현상유지 및 26 [개발/성능향상]을 위한 점검·보수·교체·개량 등 일상적인 활동을 말한다.

8. "철도산업"이라 함은 철도운송·철도시설·철도차량 관련산업과 철도기술개발관련산업 그 밖에 철도의 개발·이용·관리와 관련된 산업을 말한다.

9. "철도시설관리자"라 함은 철도시설의 건설 및 관리 등에 관한 업무를 수행하는 자로서 다음 각 목의 어느 하나에 해당하는 자를 말한다.

> 가. 제19조에 따른 관리청 = 27 [   ]
> 나. 제20조 제3항에 따라 설립된 28 [국가철도공단/한국철도공사]
> 다. 제26조 제1항에 따라 29 [철도시설관리권/철도물류권]을 설정받은 자
> 라. 가목부터 다목까지의 자로부터 철도시설의 관리를 대행·위임 또는 위탁받은 자

10. "철도운영자"라 함은 제21조 제3항에 따라 설립된 30 [국가철도공단/한국철도공사] 등 철도운영에 관한 업무를 수행하는 자를 말한다.

11. "공익서비스"라 함은 31 [국토교통부/철도운영자]가 영리목적의 영업활동과 관계없이 국가 또는 지방자치단체의 정책이나 공공목적 등을 위하여 제공하는 철도서비스를 말한다.

[시행령 제2조(철도시설)] 「철도산업발전기본법」(이하 "법"이라 한다) 제3조 제2호 사목에서 "대통령령이 정하는 시설"이라 함은 다음 각 호의 시설을 말한다.

1. 철도의 건설 및 유지보수에 필요한 자재를 가공·조립·운반 또는 보관하기 위하여 당해 ³²[사업기간/운행기간] 중에 사용되는 시설
2. 철도의 건설 및 유지보수를 위한 공사에 사용되는 진입도로·주차장·야적장·토석채취장 및 사토장과 그 설치 또는 운영에 필요한 시설
3. 철도의 건설 및 유지보수를 위하여 당해 사업기간 중에 사용되는 장비와 그 정비·점검 또는 수리를 위한 시설
4. 그 밖에 철도안전관련시설·안내시설 등 철도의 건설·유지보수 및 운영을 위하여 필요한 시설로서 ³³[대통령/국토교통부장관]이 정하는 시설

제2장 ▶ 철도산업 발전기반의 조성

[제1절 철도산업시책의 수립 및 추진체제]

[법 제4조(시책의 기본방향)] ① 국가는 철도산업시책을 수립하여 시행하는 경우 ⁰¹[안정성/효율성]과 ⁰²[사회적/공익적] 기능을 고려하여야 한다.

② 국가는 에너지이용의 ⁰³[경제성/효율성], [환경친화성/녹색친화성] 및 [수송효율성/경제성]이 높은 철도의 역할이 국가의 건전한 발전과 국민의 교통편익 증진을 위하여 필수적인 요소임을 인식하여 적정한 철도수송분담의 목표를 설정하여 유지하고 이를 위한 철도시설을 확보하는 등 철도산업발전을 위한 여러 시책을 마련하여야 한다.

③ ⁰⁴[국가는/국토교통부장관은] 철도산업시책과 철도투자·안전 등 관련 시책을 효율적으로 추진하기 위하여 필요한 조직과 인원을 확보하여야 한다.

[법 제5조(철도산업발전기본계획의 수립 등)] ① ⁰⁵[국가는/국토교통부장관은] 철도산업의 육성과 발전을 촉진하기 위하여 ⁰⁶[3년/5년] 단위로 철도산업발전기본계획(이하 "기본계획"이라 한다)을 수립하여 시행하여야 한다.

② 기본계획에는 다음 각 호의 사항이 포함되어야 한다.

1. 철도산업 육성시책의 ⁰⁷[기본방향/개요]에 관한 사항
2. 철도산업의 여건 및 동향전망에 관한 사항
3. ⁰⁸[철도차량/철도시설]의 투자·건설·유지보수 및 이를 위한 재원확보에 관한 사항
4. 각종 철도간의 연계수송 및 사업조정에 관한 사항

5. 09[철도지원체계/철도운영체계]의 개선에 관한 사항

6. 철도산업 전문인력의 양성에 관한 사항

7. 철도기술의 개발 및 활용에 관한 사항

8. 그 밖에 철도산업의 육성 및 발전에 관한 사항으로서 10[대통령령/국토교통부령]으로 정하는 사항

③ 기본계획은 「국가통합교통체계효율화법」 제4조에 따른 국가기간교통망계획, 같은 법 제6조에 따른 11[중기/중장기] 교통시설투자계획 및 「국토교통과학기술 육성법」 제4조에 따른 국토교통과학기술 연구개발 종합계획과 조화를 이루도록 하여야 한다.

④ 국토교통부장관은 기본계획을 수립하고자 하는 때에는 미리 기본계획과 관련이 있는 12[지방자치단체와/행정기관의 장과] 협의한 후 제6조에 따른 13[철도산업위원회/철도협회]의 심의를 거쳐야 한다. 수립된 기본계획을 변경(대통령령으로 정하는 경미한 14[변경을 포함/변경은 제외]한다)하고자 하는 때에도 또한 같다.

⑤ 국토교통부장관은 제4항에 따라 기본계획을 수립 또는 변경한 때에는 이를 관보에 고시하여야 한다.

⑥ 15[국토교통부장관/관계행정기관의 장]은 수립·고시된 기본계획에 따라 연도별 시행계획을 수립·추진하고, 해당 연도의 계획 및 전년도의 추진실적을 16[관계행정기관의 장/국토교통부장관]에게 제출하여야 한다.

⑦ 제6항에 따른 연도별 시행계획의 수립 및 시행절차에 관하여 필요한 사항은 17[대통령령/국토교통부령]으로 정한다.

[시행령 제3조(철도산업발전기본계획의 내용)] 법 제5조 제2항 제8호에서 "대통령령이 정하는 사항"이라 함은 다음 각 호의 사항을 말한다.

1. 철도수송분담의 18[기본방향/목표]

2. 철도안전 및 철도서비스에 관한 사항

3. 다른 교통수단과의 연계수송에 관한 사항

4. 철도산업의 국제협력 및 해외시장 진출에 관한 사항

5. 철도산업시책의 추진체계

6. 그 밖에 철도산업의 육성 및 발전에 관한 사항으로서 19[대통령/국토교통부장관]이 필요하다고 인정하는 사항

[시행령 제4조(철도산업발전기본계획의 경미한 변경)] 법 제5조 제4항 후단에서 "대통령령이 정하는 경미한 변경"이라 함은 다음 각 호의 변경을 말한다.

1. 철도시설투자사업 규모의 [20][100분의 2/100분의 1]의 범위 안에서의 변경
2. 철도시설투자사업 총투자비용의 [21][100분의 2/100분의 1]의 범위 안에서의 변경
3. 철도시설투자사업 기간의 [22][1년/2년]의 기간 내에서의 변경

[시행령 제5조(철도산업발전시행계획의 수립절차 등)] ① 관계행정기관의 장은 법 제5조 제6항의 규정에 의한 당해 연도의 시행계획을 전년도 [23][10월 말/11월 말]까지 국토교통부장관에게 제출하여야 한다.
② 관계행정기관의 장은 전년도 시행계획의 추진실적을 매년 [24][2월 말/11월 말]까지 국토교통부장관에게 제출하여야 한다.

[법 제6조(철도산업위원회)] ① 철도산업에 관한 기본계획 및 중요정책 등을 심의·조정하기 위하여 국토교통부에 철도산업위원회(이하 "위원회"라 한다)를 둔다.
② 위원회는 다음 각 호의 사항을 심의·조정한다.
1. 철도산업의 육성·발전에 관한 중요정책 사항
2. 철도산업구조개혁에 관한 중요정책 사항
3. 철도시설의 건설 및 관리 등 철도시설에 관한 중요정책 사항
4. 철도안전과 철도운영에 관한 중요정책 사항
5. 철도시설관리자와 철도운영자간 상호협력 및 조정에 관한 사항
6. 이 법 또는 다른 법률에서 위원회의 심의를 거치도록 한 사항
7. 그 밖에 철도산업에 관한 중요한 사항으로서 위원장이 회의에 부치는 사항
③ 위원회는 위원장을 포함한 [25][20인/25인] 이내의 위원으로 구성한다.
④ 위원회에 상정할 안건을 미리 검토하고 위원회가 위임한 안건을 심의하기 위하여 위원회에 [26][실무위원회/분과위원회]를 둔다.
⑤ 이 법에서 규정한 사항 외에 위원회 및 분과위원회의 구성·기능 및 운영에 관하여 필요한 사항은 [27][대통령령/국토교통부령]으로 정한다.

[시행령 제6조(철도산업위원회의 구성)] ① 법 제6조의 규정에 의한 철도산업위원회(이하 "위원회"라 한다)의 위원장은 [28][대통령/국토교통부장관]이 된다.
② 위원회의 위원은 다음 각 호의 자가 된다.
1. 기획재정부차관·교육부차관·과학기술정보통신부차관·행정안전부차관·산업통상자원부차관·고용노동부차관·국토교통부차관·해양수산부차관 및 공정거래위원회부위원장
2. 법 제20조 제3항의 규정에 따른 국가철도공단(이하 "국가철도공단"이라 한다)의 이사장
3. 법 제21조 제3항의 규정에 의한 한국철도공사(이하 "한국철도공사"라 한다)의 사장

4. 철도산업에 관한 전문성과 경험이 풍부한 자중에서 위원회의 위원장이 위촉하는 자

③ 제2항 제4호의 규정에 의한 위원의 임기는 ²⁹[1년/2년]으로 하되, 연임할 수 ³⁰[있다/없다].

[시행령 제6조의2(위원의 해촉)] 위원회의 위원장은 제6조 제2항 제4호에 따른 위원이 다음 각 호의 어느 하나에 해당하는 경우에는 해당 위원을 해촉(解囑)할 수 있다.

1. 심신장애로 인하여 직무를 수행할 수 없게 된 경우
2. 직무와 관련된 비위사실이 있는 경우
3. 직무태만, 품위손상이나 그 밖의 사유로 인하여 위원으로 적합하지 아니하다고 인정되는 경우
4. 위원 스스로 직무를 수행하는 것이 곤란하다고 의사를 밝히는 경우

[시행령 제7조(위원회의 위원장의 직무)] ① 위원회의 위원장은 위원회를 대표하며, 위원회의 업무를 총괄한다.

② 위원회의 위원장이 부득이한 사유로 직무를 수행할 수 없는 때에는 위원회의 위원장이 미리 지명한 위원이 그 직무를 대행한다.

[시행령 제8조(회의)] ① 위원회의 위원장은 위원회의 회의를 소집하고, 그 의장이 된다.

② 위원회의 회의는 재적위원 ³¹[절반/과반수]의 출석과 ³²[재적위원/출석위원] 과반수의 찬성으로 의결한다.

③ 위원회는 회의록을 작성·비치하여야 한다.

[시행령 제9조(간사)] 위원회에 간사 ³³[1인/2인]을 두되, 간사는 국토교통부장관이 국토교통부소속공무원 중에서 지명한다.

[시행령 제10조(실무위원회의 구성 등)] ① 위원회의 심의·조정사항과 위원회에서 위임한 사항의 실무적인 검토를 위하여 위원회에 ³⁴[실무위원회/분과위원회]를 둔다.

② 실무위원회는 위원장을 포함한 ³⁵[20인/25인] 이내의 위원으로 구성한다.

③ 실무위원회의 위원장은 국토교통부장관이 국토교통부의 ³⁶[3급/4급] 공무원 또는 고위공무원단에 속하는 일반직 공무원 중에서 지명한다.

④ 실무위원회의 위원은 다음 각 호의 자가 된다.

1. 기획재정부·교육부·과학기술정보통신부·행정안전부·산업통상자원부·고용노동부·국토교통부·해양수산부 및 공정거래위원회의 3급 공무원, 4급 공무원 또는 고위공무원단에 속하는 일반직공무원 중 그 소속기관의 장이 지명하는 자 각 1인
2. 국가철도공단의 임직원 중 국가철도공단이사장이 지명하는 자 1인

3. 한국철도공사의 임직원 중 한국철도공사사장이 지명하는 자 1인

4. 철도산업에 관한 전문성과 경험이 풍부한 자 중에서 실무위원회의 위원장이 위촉하는 자

⑤ 제4항 제4호의 규정에 의한 위원의 임기는 [37][1년/2년]으로 하되, 연임할 수 [38][있다./없다.]

⑥ 실무위원회에 [39][간사/이사] 1인을 두되, 간사는 국토교통부장관이 국토교통부소속 공무원 중에서 지명한다.

⑦ 제8조의 규정은 실무위원회의 회의에 관하여 이를 준용한다.

[시행령 제10조의2(실무위원회 위원의 해촉 등)] ① 제10조 제4항 제1호부터 제3호까지의 규정에 따라 위원을 지명한 자는 위원이 다음 각 호의 어느 하나에 해당하는 경우에는 그 지명을 철회할 수 있다.

1. 심신장애로 인하여 직무를 수행할 수 없게 된 경우

2. 직무와 관련된 비위사실이 있는 경우

3. 직무태만, 품위손상이나 그 밖의 사유로 인하여 위원으로 적합하지 아니하다고 인정되는 경우

4. 위원 스스로 직무를 수행하는 것이 곤란하다고 의사를 밝히는 경우

② 실무위원회의 위원장은 제10조 제4항 제4호에 따른 위원이 제1항 각호의 어느 하나에 해당하는 경우에는 해당 위원을 해촉할 수 있다.

[시행령 제11조(철도산업구조개혁기획단의 구성 등)] ① 위원회의 활동을 지원하고 철도산업의 구조개혁 그 밖에 철도정책과 관련되는 다음 각 호의 업무를 지원·수행하기 위하여 국토교통부장관소속 하에 철도산업구조개혁기획단(이하 "기획단"이라 한다)을 둔다.

1. 철도산업구조개혁기본계획 및 분야별 세부추진계획의 수립

2. 철도산업구조개혁과 관련된 철도의 건설·운영주체의 정비

3. 철도산업구조개혁과 관련된 인력조정·재원확보대책의 수립

4. 철도산업구조개혁과 관련된 법령의 정비

5. 철도산업구조개혁추진에 따른 철도운임·철도시설사용료·철도수송시장 등에 관한 철도산업정책의 수립

6. 철도산업구조개혁추진에 따른 공익서비스비용의 보상, 세제·금융지원 등 정부지원정책의 수립

7. 철도산업구조개혁추진에 따른 철도시설건설계획 및 투자재원조달대책의 수립

8. 철도산업구조개혁추진에 따른 전기·신호·차량 등에 관한 철도기술개발정책의 수립

9. 철도산업구조개혁추진에 따른 철도안전기준의 정비 및 안전정책의 수립

10. 철도산업구조개혁추진에 따른 남북철도망 및 국제철도망 구축정책의 수립

11. 철도산업구조개혁에 관한 대외협상 및 홍보

12. 철도산업구조개혁추진에 따른 각종 철도의 연계 및 조정

13. 그 밖에 철도산업구조개혁과 관련된 철도정책 전반에 관하여 필요한 업무

② 기획단은 단장 [40][1인/2인]과 [간사로/단원으로] 구성한다.

③ 기획단의 단장은 [41][위원회가/국토교통부장관이] 국토교통부의 3급 공무원 또는 고위공무원단에 속하는 일반직 공무원 중에서 임명한다.

④ 국토교통부장관은 기획단의 업무수행을 위하여 필요하다고 인정하는 때에는 관계 행정기관, 한국철도공사 등 관련 공사, 국가철도공단 등 특별법에 의하여 설립된 공단 또는 관련 연구기관에 대하여 소속 공무원·임직원 또는 연구원을 기획단으로 파견하여 줄 것을 요청할 수 있다.

⑤ 기획단의 조직 및 운영에 관하여 필요한 세부적인 사항은 [42][위원회의 심의를 통해/국토교통부장관이] 정한다.

[시행령 제12조(관계행정기관 등에의 협조요청 등)] 위원회 및 실무위원회는 그 업무를 수행하기 위하여 필요한 때에는 관계행정기관 또는 단체 등에 대하여 자료 또는 의견의 제출 등의 협조를 요청하거나 관계공무원 또는 관계전문가 등을 위원회 및 실무위원회에 참석하게 하여 의견을 들을 수 있다.

[시행령 제13조(수당 등)] 위원회와 실무위원회의 위원 중 [43][공무원을 포함한/공무원이 아닌] 위원 및 위원회와 실무위원회에 출석하는 관계전문가에 대하여는 예산의 범위 안에서 수당·여비 그 밖의 필요한 경비를 지급할 수 있다.

[시행령 제14조(운영세칙)] 이 영에서 규정한 사항 외에 위원회 및 실무위원회의 운영에 관하여 필요한 사항은 위원회의 의결을 거쳐 위원회의 [44] 위원장=[   ]이 정한다.

[제2절 철도산업의 육성]

[법 제7조(철도시설 투자의 확대)] ① 국가는 철도시설 투자를 추진하는 경우 사회적·환경적 편익을 고려하여야 한다.

② 국가는 각종 국가계획에 [01][철도운영/철도시설] 투자의 목표치와 투자계획을 반영하여야 하며, 매년 교통시설 투자예산에서 철도시설 투자예산의 비율이 지속적으로 [02][낮아지도록/높아지도록] 노력하여야 한다.

[법 제8조(철도산업의 지원)] [03][국토교통부장관은/국가 및 지방자치단체는] 철도산업의 육

성·발전을 촉진하기 위하여 철도산업에 대한 재정·금융·세제·행정상의 지원을 할 수 있다.

[법 제9조(철도산업전문인력의 교육·훈련 등)] ① 국토교통부장관은 철도산업에 종사하는 자의 자질향상과 새로운 철도기술 및 그 운영기법의 향상을 위한 교육·훈련방안을 마련하여야 한다. ② 국토교통부장관은 국토교통부령으로 정하는 바에 의하여 철도산업전문연수기관과 협약을 체결하여 철도산업에 종사하는 자의 교육·훈련프로그램에 대한 행정적·재정적 지원 등을 할 수 있다. ③ 제2항에 따른 철도산업전문연수기관은 매년 전문인력수요조사를 실시하고 그 결과와 전문인력의 수급에 관한 의견을 국토교통부장관에게 제출할 수 있다. ④ 04 [국가는/국토교통부장관은] 새로운 철도기술과 운영기법의 향상을 위하여 특히 필요하다고 인정하는 때에는 정부투자기관·정부출연기관 또는 정부가 출자한 회사 등으로 하여금 새로운 철도기술과 운영기법의 연구·개발에 투자하도록 권고할 수 있다.

[법 제10조(철도산업교육과정의 확대 등)] ① 국토교통부장관은 철도산업전문인력의 수급의 변화에 따라 철도산업교육과정의 확대 등 필요한 조치를 관계중앙행정기관의 장에게 요청할 수 있다. ② 05 [국가는/국토교통부장관은] 철도산업종사자의 자격제도를 다양화하고 질적 수준을 유지·발전시키기 위하여 필요한 시책을 수립·시행하여야 한다. ③ 06 [국가는/국토교통부장관은] 철도산업 전문인력의 원활한 수급 및 철도산업의 발전을 위하여 특성화된 대학 등 교육기관을 운영·지원할 수 있다.

[법 제11조(철도기술의 진흥 등)] ① 07 [국가는/국토교통부장관은] 철도기술의 진흥 및 육성을 위하여 철도기술전반에 대한 연구 및 개발에 노력하여야 한다. ② 국토교통부장관은 제1항에 따른 연구 및 개발을 촉진하기 위하여 이를 전문으로 연구하는 기관 또는 단체를 지도·육성하여야 한다. ③ 08 [국가는/국토교통부장관은] 철도기술의 진흥을 위하여 철도시험·연구개발시설 및 부지 등 국유재산을 과학기술분야 정부출연연구기관 등의 설립·운영 및 육성에 관한 법률에 의한 09 [한국철도공사/한국철도기술연구원]에 무상으로 대부·양여하거나 사용·수익하게 할 수 있다.

[법 제12조(철도산업의 정보화 촉진)] ① 국토교통부장관은 철도산업에 관한 정보를 효율적으로 처리하고 원활하게 유통하기 위하여 10 [대통령령/국토교통부령]으로 정하는 바에 의하여 철도산업정보화기본계획을 수립·시행하여야 한다. ② 11 [국가는/국토교통부장관은] 철도산업에 관한 정보를 효율적으로 수집·관리 및 제공하기 위하여 대통령령으로정하는 바에 의하여 철도산업정보센터를 설치·운영하거나 철도산업에 관한 정보를 수집·관리 또는 제공하는 자 등에게 필요한 지원을 할 수 있다.

[시행령 제15조(철도산업정보화기본계획의 내용 등)] ① 법 제12조 제1항의 규정에 의한 철도산업정보화기본계획에는 다음 각 호의 사항이 포함되어야 한다.

1. 철도산업정보화의 [12][기본방향/여건 및 전망]
2. 철도산업정보화의 목표 및 단계별 추진계획
3. 철도산업정보화에 필요한 비용
4. 철도산업정보의 수집 및 조사계획
5. 철도산업정보의 유통 및 이용활성화에 관한 사항
6. 철도산업정보화와 관련된 기술개발의 지원에 관한 사항
7. 그 밖에 [13][대통령/국토교통부장관]이 필요하다고 인정하는 사항

② 국토교통부장관은 법 제12조 제1항의 규정에 의하여 철도산업정보화기본계획을 수립 또는 변경하고자 하는 때에는 [14][위원회의 심의를 거쳐야/관련 행정기관의 장에게 승인을 받아야] 한다.

[시행령 제16조(철도산업정보센터의 업무 등)] ① 법 제12조 제2항의 규정에 의한 철도산업정보센터는 다음 각 호의 업무를 행한다.

1. 철도산업정보의 수집·분석·보급 및 홍보
2. 철도산업의 국제동향 파악 및 국제협력사업의 지원

② [15][국가는/국토교통부장관은] 법 제12조 제2항의 규정에 의하여 철도산업에 관한 정보를 수집·관리 또는 제공하는 자에게 예산의 범위 안에서 운영에 소요되는 비용을 지원할 수 있다.

시행령 제17조 삭제 〈2008. 10. 20.〉
시행령 제18조 삭제 〈2008. 10. 20.〉
시행령 제19조 삭제 〈2008. 10. 20.〉
시행령 제20조 삭제 〈2008. 10. 20.〉
시행령 제21조 삭제 〈2008. 10. 20.〉
시행령 제22조 삭제 〈2008. 10. 20.〉

[법 제13조(국제협력 및 해외진출 촉진)] ① 국토교통부장관은 철도산업에 관한 국제적 동향을 파악하고 국제협력을 촉진하여야 한다.

② [16][국가는/국토교통부장관은] 철도산업의 국제협력 및 해외시장 진출을 추진하기 위하여 다음 각 호의 사업을 지원할 수 있다.

1. 철도산업과 관련된 기술 및 인력의 국제교류
2. 철도산업의 국제표준화와 국제공동연구개발

3. 그 밖에 국토교통부장관이 철도산업의 국제협력 및 해외시장 진출을 촉진하기 위하여 필요하다고 인정하는 사업

[법 제13조의2(협회의 설립)] ① 철도산업에 관련된 기업, 기관 및 단체와 이에 관한 업무에 종사하는 자는 철도산업의 건전한 발전과 해외진출을 도모하기 위하여 철도협회(이하 "협회"라 한다)를 설립할 수 있다.
② 협회는 ¹⁷[학회/법인](으)로 한다.
③ 협회는 ¹⁸[대통령/국토교통부장관]의 인가를 받아 주된 사무소의 소재지에 설립등기를 함으로써 성립한다.
④ 협회는 철도 분야에 관한 다음 각 호의 업무를 한다.
1. 정책 및 기술개발의 지원
2. 정보의 관리 및 공동활용 지원
3. 전문인력의 양성 지원
4. 해외철도 진출을 위한 현지조사 및 지원
5. 조사·연구 및 간행물의 발간
6. 국가 또는 지방자치단체 위탁사업
7. 그 밖에 정관으로 정하는 업무
⑤ 국가, 지방자치단체 및 「공공기관의 운영에 관한 법률」에 따른 철도 분야 공공기관은 협회에 위탁한 업무의 수행에 필요한 비용의 전부 또는 일부를 예산의 범위에서 지원할 수 있다.
⑥ 협회의 ¹⁹[약관/정관]은 [대통령/국토교통부장관]의 인가를 받아야 하며, 정관의 기재사항과 협회의 운영 등에 필요한 사항은 ²⁰[대통령령/국토교통부령]으로 정한다.
⑦ 협회에 관하여 이 법에 규정한 것 외에는 「민법」 중 ²¹[비영리법인/사단법인]에 관한 규정을 준용한다.

제3장 ▶ 철도안전 및 이용자 보호

[법 제14조(철도안전)] ① 국가는 국민의 생명·신체 및 재산을 보호하기 위하여 철도안전에 필요한 법적·제도적 장치를 마련하고 이에 필요한 재원을 확보하도록 노력하여야 한다.
② ⁰¹[철도운영자/철도시설관리자]는 그 시설을 설치 또는 관리할 때에 법령에서 정하는 바에 따라 해당 시설의 안전한 상태를 유지하고, 해당 시설과 이를 이용하려는 철도차량 간의 종합적인 성능검증 및 안전상태 점검 등 안전확보에 필요한 조치를 하여야 한다.
③ 철도운영자 또는 철도차량 및 장비 등의 ⁰²[정비/제조]업자는 법령에서 정하는 바에 따라 철

도의 안전한 운행 또는 그 제조하는 철도차량 및 장비 등의 구조·설비 및 장치의 안전성을 확보하고 이의 향상을 위하여 노력하여야 한다.

④ 03[국가는/국토교통부장관은] 객관적이고 공정한 철도사고조사를 추진하기 위한 전담기구와 전문인력을 확보하여야 한다.

[법 제15조(철도서비스의 품질개선 등)] ① 04[철도시설관리자/철도운영자]는 그가 제공하는 철도서비스의 품질을 개선하기 위하여 노력하여야 한다.

② 05[국토교통부장관은/철도운영자는] 철도서비스의 품질을 개선하고 이용자의 편익을 높이기 위하여 철도서비스의 품질을 평가하여 06[정책/시책]에 반영하여야 한다.

③ 제2항에 따른 철도서비스 품질평가의 절차 및 활용 등에 관하여 필요한 사항은 07[대통령령/국토교통부령]으로 정한다.

[법 제16조(철도이용자의 권익보호 등)] 08[국가는/국토교통부장관은] 철도이용자의 권익보호를 위하여 다음 각 호의 시책을 강구하여야 한다.
1. 철도이용자의 권익보호를 위한 홍보·교육 및 연구
2. 철도이용자의 생명·신체 및 재산상의 위해 방지
3. 철도이용자의 불만 및 피해에 대한 신속·공정한 구제조치
4. 그 밖에 철도이용자 보호와 관련된 사항

제4장 ▶ 철도산업구조개혁의 추진

[제1절 기본시책]

[법 제17조(철도산업구조개혁의 기본방향)] ① 국가는 철도산업의 경쟁력을 강화하고 발전기반을 조성하기 위하여 철도시설 부문과 철도운영 부문을 분리하는 철도산업의 구조개혁을 추진하여야 한다.

② 국가는 철도시설 부문과 철도운영 부문간의 상호 보완적 기능이 발휘될 수 있도록 01[대통령령/국토교통부령]으로 정하는 바에 의하여 상호협력체계 구축 등 필요한 조치를 마련하여야 한다.

[시행령 제23조(업무절차서의 교환 등)] ① 철도시설관리자와 철도운영자는 법 제17조 제2항의 규정에 의하여 철도시설관리와 철도운영에 있어 상호협력이 필요한 분야에 대하여 02[업무협약서/업무절차서]를 작성하여 정기적으로 이를 교환하고, 이를 변경한 때에는 즉시 통보하여야 한다.

② 철도시설관리자와 철도운영자는 상호협력이 필요한 분야에 대하여 정기적으로 ⁰³[합동점검을/업무절차서 교환을] 하여야 한다.

[시행령 제24조(선로배분지침의 수립 등)] ① 국토교통부장관은 법 제17조 제2항의 규정에 의하여 철도시설관리자와 철도운영자가 안전하고 효율적으로 선로를 사용할 수 있도록 하기 위하여 선로용량의 배분에 관한 지침(이하 "선로배분지침"이라 한다)을 수립·고시하여야 한다.
② 제1항의 규정에 의한 선로배분지침에는 다음 각 호의 사항이 포함되어야 한다.
1. 여객열차와 화물열차에 대한 선로용량의 배분
2. 지역 간 열차와 지역내 열차에 대한 선로용량의 배분
3. 선로의 유지보수·개량 및 건설을 위한 ⁰⁴[   ]
4. ⁰⁵[철도차량/열차]의 안전운행에 관한 사항
5. 그 밖에 선로의 효율적 활용을 위하여 필요한 사항
③ 철도시설관리자·철도운영자 등 선로를 관리 또는 사용하는 자는 제1항의 규정에 의한 선로배분지침을 준수하여야 한다.
④ 국토교통부장관은 철도차량 등의 운행정보의 제공, 철도차량 등에 대한 운행통제, 적법운행 여부에 대한 지도·감독, 사고발생 시 사고복구 지시 등 철도교통의 안전과 질서를 유지하기 위하여 필요한 조치를 할 수 있도록 ⁰⁶[   ]을 설치·운영하여야 한다.

[법 제18조(철도산업구조개혁기본계획의 수립 등)] ① 국토교통부장관은 철도산업의 구조개혁을 효율적으로 추진하기 위하여 철도산업구조개혁기본계획(이하 "구조개혁계획"이라 한다)을 수립하여야 한다.
② 구조개혁계획에는 다음 각 호의 사항이 포함되어야 한다.
1. 철도산업구조개혁의 목표 및 기본방향에 관한 사항
2. 철도산업구조개혁의 ⁰⁷[비용/추진방안]에 관한 사항
3. 철도의 소유 및 경영구조의 개혁에 관한 사항
4. 철도산업구조개혁에 따른 대내외 여건조성에 관한 사항
5. 철도산업구조개혁에 따른 자산·부채·인력 등에 관한 사항
6. 철도산업구조개혁에 따른 철도관련 기관·단체 등의 정비에 관한 사항
7. 그 밖에 철도산업구조개혁을 위하여 필요한 사항으로서 ⁰⁸[대통령령/국토교통부령]으로 정하는 사항
③ 국토교통부장관은 구조개혁계획을 수립하고자 하는 때에는 미리 구조개혁계획과 관련이 있는 ⁰⁹[전문기관/행정기관의 장]과 협의한 후 제6조에 따른 위원회의 심의를 거쳐야 한다. 수립

한 구조개혁계획을 변경(대통령령으로 정하는 경미한 변경은 10[포함/제외]한다)하고자 하는 경우에도 또한 같다.

④ 국토교통부장관은 제3항에 따라 구조개혁계획을 수립 또는 변경한 때에는 이를 11[위원회에 보고/관보에 고시]하여야 한다.

⑤ 관계행정기관의 장은 수립·고시된 구조개혁계획에 따라 연도별 시행계획을 수립·추진하고, 그 연도의 계획 및 전년도의 추진실적을 국토교통부장관에게 제출하여야 한다.

⑥ 제5항에 따른 연도별 시행계획의 수립 및 시행 등에 관하여 필요한 사항은 12[대통령령/국토교통부령]으로 정한다.

[시행령 제25조(철도산업구조개혁기본계획의 내용)] 법 제18조 제2항 제7호에서 "대통령령이 정하는 사항"이라 함은 다음 각 호의 사항을 말한다.
1. 철도서비스 시장의 13[만족도/구조개편]에 관한 사항
2. 철도요금·철도시설사용료 등 가격정책에 관한 사항
3. 철도안전 및 서비스향상에 관한 사항
4. 철도산업구조개혁의 추진체계 및 관계기관의 협조에 관한 사항
5. 철도산업구조개혁의 14[중기/중장기] 추진방향에 관한 사항
6. 그 밖에 국토교통부장관이 철도산업구조개혁의 추진을 위하여 필요하다고 인정하는 사항

[시행령 제26조(철도산업구조개혁기본계획의 경미한 변경)] 법 제18조 제3항 후단에서 "대통령령이 정하는 경미한 변경"이라 함은 철도산업구조개혁기본계획 추진기간의 15[1년/5년]의 기간 내에서의 변경을 말한다.

[시행령 제27조(철도산업구조개혁시행계획의 수립절차 등)] ① 관계행정기관의 장은 법 제18조 제5항의 규정에 의한 당해 연도의 시행계획을 전년도 11월 말까지 국토교통부장관에게 제출하여야 한다.

② 관계행정기관의 장은 전년도 시행계획의 추진실적을 매년 2월 말까지 국토교통부장관에게 제출하여야 한다.

[법 제19조(관리청)] ① 철도의 관리청은 16[   ]으로 한다.

② 국토교통부장관은 이 법과 그 밖의 철도에 관한 법률에 규정된 철도시설의 건설 및 관리 등에 관한 그의 업무의 일부를 대통령령으로 정하는 바에 의하여 제20조 제3항에 따라 설립되는 17[국가철도공단/한국철도공사]으로 하여금 대행하게 할 수 있다. 이 경우 대행하는 업무의 범위·권한의 내용 등에 관하여 필요한 사항은 18[대통령령/국토교통부령]으로 정한다.

③ 제20조 제3항에 따라 설립되는 국가철도공단은 제2항에 따라 국토교통부장관의 업무를 대

행하는 경우에 그 대행하는 범위 안에서 이 법과 그 밖의 철도에 관한 법률을 적용할 때에는 그 철도의 관리청으로 19[본다./보지 아니한다.]

[시행령 제28조(관리청 업무의 대행범위)] 국토교통부장관이 법 제19조 제2항의 규정에 의하여 국가철도공단으로 하여금 대행하게 하는 경우 그 대행업무는 다음 각 호와 같다.
1. 국가가 추진하는 철도시설 건설사업의 집행
2. 국가 소유의 철도시설에 대한 사용료 징수 등 관리업무의 집행
3. 철도시설의 안전유지, 철도시설과 이를 이용하는 철도차량간의 종합적인 성능검증·안전상태점검 등 철도시설의 안전을 위하여 20[대통령/국토교통부장관]이 정하는 업무
4. 그 밖에 국토교통부장관이 철도시설의 효율적인 관리를 위하여 필요하다고 인정한 업무

[법 제20조(철도시설)] ① 철도산업의 구조개혁을 추진하는 경우 철도시설은 21[   ]가 소유하는 것을 원칙으로 한다.
② 국토교통부장관은 철도시설에 대한 다음 각 호의 시책을 수립·시행한다.
1. 철도시설에 대한 투자 계획수립 및 재원조달
2. 철도시설의 건설 및 관리
3. 철도시설의 유지보수 및 적정한 상태유지
4. 철도시설의 안전관리 및 재해대책
5. 그 밖에 다른 교통시설과의 연계성확보 등 철도시설의 공공성 확보에 필요한 사항
③ 국가는 철도시설 관련업무를 체계적이고 효율적으로 추진하기 위하여 그 집행조직으로서 철도청 및 고속철도건설공단의 관련 조직을 통·폐합하여 특별법에 의하여 국가철도공단(이하 "국가철도공단"이라 한다)을 설립한다.

[법 제21조(철도운영)] ① 철도산업의 구조개혁을 추진하는 경우 철도운영 관련사업은 시장경제원리에 따라 22[국가가 소유하는 것을/국가 외의 자가 영위하는 것을] 원칙으로 한다.
② 국토교통부장관은 철도운영에 대한 다음 각 호의 시책을 수립·시행한다.
1. 철도운영부문의 23[경쟁력/안전성] 강화
2. 24[철도품질서비스/철도운영서비스]의 개선
3. 열차운영의 안전진단 등 예방조치 및 사고조사 등 철도운영의 안전확보
4. 공정한 25[경제발전/경쟁여건]의 조성
5. 그 밖에 철도이용자 보호와 열차운행원칙 등 철도운영에 필요한 사항
③ 국가는 철도운영 관련사업을 효율적으로 경영하기 위하여 철도청 및 고속철도건설공단의 관련조직을 전환하여 특별법에 의하여 한국철도공사(이하 "철도공사"라 한다)를 설립한다.

[제2절 자산·부채 및 인력의 처리]

[법 제22조(철도자산의 구분 등)] ① 01[국가는/국토교통부장관은] 철도산업의 구조개혁을 추진하는 경우 철도청과 고속철도건설공단의 철도자산을 다음 각 호와 같이 구분하여야 한다.

1. 02[   ]자산 : 철도청과 고속철도건설공단이 철도운영 등을 주된 목적으로 취득하였거나 관련 법령 및 계약 등에 의하여 취득하기로 한 재산·시설 및 그에 관한 권리

2. 03[   ]자산 : 철도청과 고속철도건설공단이 철도의 기반이 되는 시설의 건설 및 관리를 주된 목적으로 취득하였거나 관련 법령 및 계약 등에 의하여 취득하기로 한 재산·시설 및 그에 관한 권리

3. 04[일반/기타]자산 : 제1호 및 제2호의 철도자산을 제외한 자산

② 국토교통부장관은 제1항에 따라 철도자산을 구분하는 때에는 기획재정부장관과 미리 협의하여 그 기준을 정한다.

[법 제23조(철도자산의 처리)] ① 국토교통부장관은 대통령령으로 정하는 바에 의하여 철도산업의 구조개혁을 추진하기 위한 철도자산의 처리계획(이하 "철도자산처리계획"이라 한다)을 05[기획재정부장관과 협의를 하여/위원회의 심의를 거쳐] 수립하여야 한다.

② 국가는 「국유재산법」에도 불구하고 철도자산처리계획에 의하여 철도공사에 운영자산을 06[현물/선물]출자한다.

③ 철도공사는 제2항에 따라 현물출자받은 운영자산과 관련된 권리와 의무를 포괄하여 승계한다.

④ 국토교통부장관은 철도자산처리계획에 의하여 철도청장으로부터 다음 각 호의 철도자산을 이관받으며, 그 관리업무를 국가철도공단, 철도공사, 관련 기관 및 단체 또는 대통령령으로 정하는 민간법인에 위탁하거나 그 자산을 사용·수익하게 할 수 있다.

1. 철도청의 시설자산 07([건설 중인 시설자산은 제외한다/건설 중인 시설자산을 포함한다])

2. 철도청의 기타자산

⑤ 국가철도공단은 철도자산처리계획에 의하여 다음 각 호의 철도자산과 그에 관한 권리와 의무를 포괄하여 승계한다. 이 경우 제1호 및 제2호의 철도자산이 완공된 때에는 국가에 귀속된다.

1. 철도청이 08[판매/건설] 중인 시설자산

2. 고속철도건설공단이 건설 중인 시설자산 및 운영자산

3. 고속철도건설공단의 기타자산

⑥ 철도청장 또는 고속철도건설공단이사장이 제2항부터 제5항까지의 규정에 의하여 철도자산의 인계·이관 등을 하고자 하는 때에는 그에 관한 서류를 작성하여 09[기획재정부장관의/국토교통부장관의] 승인을 얻어야 한다.

⑦ 제6항에 따른 철도자산의 인계·이관 등의 시기와 해당 철도자산 등의 평가방법 및 평가기준일 등에 관한 사항은 10[대통령령/국토교통부령]으로 정한다.

[시행령 제29조(철도자산처리계획의 내용)] 법 제23조 제1항의 규정에 의한 철도자산처리계획에는 다음 각 호의 사항이 포함되어야 한다.

1. 철도자산의 개요 및 현황에 관한 사항

2. 철도자산의 11[처리방향/인정기준]에 관한 사항

3. 철도자산의 구분기준에 관한 사항

4. 철도자산의 인계·이관 및 출자에 관한 사항

5. 철도자산처리의 추진일정에 관한 사항

6. 그 밖에 국토교통부장관이 철도자산의 처리를 위하여 필요하다고 인정하는 사항

[시행령 제30조(철도자산 관리업무의 민간위탁계획)] ① 법 제23조 제4항 각 호 외의 부분에서 "대통령령이 정하는 민간법인"이라 함은 민법에 의하여 설립된 12[영리/비영리]법인과 13[민법/상법]에 의하여 설립된 14[사단법인/주식회사]를 말한다.

② 국토교통부장관은 법 제23조 제4항의 규정에 의하여 철도자산의 관리업무를 민간법인에 위탁하고자 하는 때에는 위원회의 심의를 거쳐 민간위탁계획을 수립하여야 한다.

③ 제2항의 규정에 의한 민간위탁계획에는 다음 각 호의 사항이 포함되어야 한다.

1. 위탁대상 15[기간/철도자산]

2. 위탁의 필요성·범위 및 효과

3. 수탁기관의 선정절차

④ 국토교통부장관이 제2항의 규정에 의하여 민간위탁계획을 수립한 때에는 이를 고시하여야 한다.

[시행령 제31조(민간위탁계약의 체결)] ① 국토교통부장관은 법 제23조 제4항의 규정에 의하여 철도자산의 관리업무를 위탁하고자 하는 때에는 제30조 제4항의 규정에 의하여 고시된 민간위탁계획에 따라 사업계획을 제출한 자 중에서 당해 철도자산을 관리하기에 적합하다고 인정되는 자를 선정하여 위탁계약을 체결하여야 한다.

② 제1항의 규정에 의한 위탁계약에는 다음 각 호의 사항이 포함되어야 한다.

1. 위탁대상 철도자산

2. 위탁대상 철도자산의 관리에 관한 사항

3. 위탁계약기간(계약기간의 수정·갱신 및 위탁계약의 해지에 관한 사항을 16[포함/제외]한다)

4. 위탁대가의 지급에 관한 사항

5. 위탁업무에 대한 관리 및 감독에 관한 사항

6. 위탁업무의 재위탁에 관한 사항

7. 그 밖에 국토교통부장관이 필요하다고 인정하는 사항

[시행령 제32조(철도자산의 인계·이관 등의 절차 및 시기)] ① 철도청장 또는 한국고속철도건설공단이사장은 법 제23조 제6항의 규정에 의하여 철도자산의 인계·이관 등에 관한 승인을 얻고자 하는 때에는 인계·이관 자산의 범위·목록 및 가액이 기재된 승인신청서에 인계·이관에 필요한 서류를 첨부하여 17 [대통령/국토교통부장관]에게 제출하여야 한다.

② 법 제23조 제7항의 규정에 의한 철도자산의 인계·이관 등의 시기는 다음 각 호와 같다.

1. 한국철도공사가 법 제23조 제2항의 규정에 의한 철도자산을 출자받는 시기 : 한국철도공사의 설립등기일

2. 국토교통부장관이 법 제23조 제4항의 규정에 의한 철도자산을 이관받는 시기 : 2004년 1월 1일

3. 국가철도공단이 법 제23조 제5항의 규정에 의한 철도자산을 인계받는 시기 : 2004년 1월 1일

③ 인계·이관 등의 대상이 되는 철도자산의 평가기준일은 제2항의 규정에 의한 인계·이관 등을 받는 날의 전일로 한다. 다만, 법 제23조 제2항의 규정에 의하여 한국철도공사에 출자되는 철도자산의 평가기준일은 「국유재산법」이 정하는 바에 의한다.

④ 인계·이관 등의 대상이 되는 철도자산의 평가가액은 제3항의 규정에 의한 평가기준일의 자산의 장부가액으로 한다. 다만, 법 제23조 제2항의 규정에 의하여 한국철도공사에 출자되는 철도자산의 평가방법은 「국유재산법」이 정하는 바에 의한다.

[법 제24조(철도부채의 처리)] ① 국토교통부장관은 기획재정부장관과 미리 협의하여 철도청과 고속철도건설공단의 철도부채를 다음 각 호로 구분하여야 한다.

1. 18 [   ]부채 : 제22조 제1항 제1호에 따른 운영자산과 직접 관련된 부채

2. 19 [   ]부채 : 제22조 제1항 제2호에 따른 시설자산과 직접 관련된 부채

3. 20 [기타/일반]부채 : 제1호 및 제2호의 철도부채를 21 [포함/제외]한 부채로서 철도사업특별회계가 부담하고 있는 철도부채 중 공공자금관리기금에 대한 부채

② 운영부채는 22 [   ]가, 시설부채는 23 [   ]이 각각 포괄하여 승계하고, 기타부채는 24 [기획재정부/일반회계]가 포괄하여 승계한다.

③ 제1항 및 제2항에 따라 철도청장 또는 고속철도건설공단이사장이 철도부채를 인계하고자 하는 때에는 인계에 관한 서류를 작성하여 25 [기획재정부장관의/국토교통부장관의] 승인을 얻어야 한다.

④ 제3항에 따라 철도부채를 인계하는 시기와 인계하는 철도부채 등의 평가방법 및 평가기준일 등에 관한 사항은 26 [대통령령/국토교통부령]으로 정한다.

[시행령 제33조(철도부채의 인계절차 및 시기)]　① 철도청장 또는 한국고속철도건설공단이사장이 법 제24조 제3항의 규정에 의하여 철도부채의 인계에 관한 승인을 얻고자 하는 때에는 인계 부채의 범위·목록 및 가액이 기재된 승인신청서에 인계에 필요한 서류를 첨부하여 국토교통부장관에게 제출하여야 한다.
② 법 제24조 제4항의 규정에 의한 철도부채의 인계시기는 다음 각 호와 같다.
1. 한국철도공사가 법 제24조 제2항의 규정에 의하여 운영부채를 인계받는 시기 : 한국철도공사의 설립등기일
2. 국가철도공단이 법 제24조 제2항의 규정에 의하여 시설부채를 인계받는 시기 : 2004년 1월 1일
3. 일반회계가 법 제24조 제2항의 규정에 의하여 기타부채를 인계받는 시기 : 2004년 1월 1일
③ 인계하는 철도부채의 평가기준일은 제2항의 규정에 의한 인계일의 전일로 한다.
④ 인계하는 철도부채의 평가가액은 평가기준일의 부채의 장부가액으로 한다.

[법 제25조(고용승계 등)]　① 철도공사 및 국가철도공단은 철도청 직원 중 공무원 신분을 계속 유지하는 자를 27 [포함/제외]한 철도청 직원 및 고속철도건설공단 직원의 고용을 포괄하여 승계한다.
② 국가는 제1항에 따라 철도청 직원 중 철도공사 및 국가철도공단 직원으로 고용이 승계되는 자에 대하여는 근로여건 및 퇴직급여의 불이익이 발생하지 않도록 필요한 조치를 한다.

[제3절 철도시설관리권 등]

[법 제26조(철도시설관리권)]　① 01 [대통령/국토교통부장관]은 철도시설을 관리하고 그 철도시설을 사용하거나 이용하는 자로부터 사용료를 징수할 수 있는 권리(이하 02 "[철도시설관리권/철도시설운영권]"이라 한다)를 설정할 수 있다.
② 제1항에 따라 철도시설관리권의 설정을 받은 자는 03 [대통령령/국토교통부령]으로 정하는 바에 따라 04 [대통령/국토교통부장관]에게 등록하여야 한다. 등록한 사항을 05 [변경/취소]하고자 하는 때에도 또한 같다.

[법 제27조(철도시설관리권의 성질)]　철도시설관리권은 이를 06 [소유권/물권]으로 보며, 이 법에 특별한 규정이 있는 경우를 제외하고는 민법 중 부동산에 관한 규정을 준용한다.

[법 제28조(저당권 설정의 특례)] 저당권이 설정된 철도시설관리권은 그 저당권자의 07[동의 없이 처분할 수 있다./동의가 없으면 처분할 수 없다.]

[법 제29조(권리의 변동)] ① 철도시설관리권 또는 철도시설관리권을 목적으로 하는 저당권의 설정·변경·소멸 및 처분의 제한은 08[국토교통부/국가철도공단]에 비치하는 09[   ]에 등록함으로써 그 효력이 발생한다.
② 제1항에 따른 철도시설관리권의 등록에 관하여 필요한 사항은 10[대통령령/국토교통부령]으로 정한다.

[법 제30조(철도시설 관리대장)] ① 철도시설을 관리하는 자는 그가 관리하는 철도시설의 11[등록대장/관리대장]을 작성·비치하여야 한다.
② 철도시설 관리대장의 작성·비치 및 기재사항 등에 관하여 필요한 사항은 12[대통령령/국토교통부령]으로 정한다.

[법 제31조(철도시설 사용료)] ① 철도시설을 사용하고자 하는 자는 13[대통령령/국토교통부령]으로 정하는 바에 따라 14[철도시설관리자/관리청]의 허가를 받거나 철도시설관리자와 시설사용계약을 체결하거나 그 시설사용계약을 체결한 자(이하 "시설사용계약자"라 한다)의 승낙을 얻어 사용할 수 있다.
② 철도시설관리자 또는 시설사용계약자는 제1항에 따라 철도시설을 사용하는 자로부터 15[과태료/사용료]를 징수할 수 있다. 다만, 「국유재산법」 제34조에도 불구하고 지방자치단체가 직접 공용·공공용 또는 비영리 공익사업용으로 철도시설을 사용하고자 하는 경우에는 16[대통령령/국토교통부령]으로 정하는 바에 따라 그 사용료의 전부 또는 일부를 면제할 수 있다.
③ 제2항에 따라 철도시설 사용료를 징수하는 경우 철도의 17[경제발전성/사회경제적 편익]과 다른 교통수단과의 형평성 등이 고려되어야 한다.
④ 철도시설 사용료의 징수기준 및 절차 등에 관하여 필요한 사항은 18[대통령령/국토교통부령]으로 정한다.

[시행령 제34조(철도시설의 사용허가)] 법 제31조 제1항에 따른 관리청의 허가 기준·방법·절차·기간 등에 관한 사항은 19[국유재산법/대통령령]에 따른다.

[시행령 제34조의2(사용허가에 따른 철도시설의 사용료 등)] ① 철도시설을 사용하려는 자가 법 제31조 제1항에 따라 관리청의 허가를 받아 철도시설을 사용하는 경우 같은 조 제2항 본문에 따라 관리청이 징수할 수 있는 철도시설의 사용료는 「국유재산법」 제32조에 따른다.

② 관리청은 법 제31조 제2항 단서에 따라 지방자치단체가 직접 공용·공공용 또는 비영리 공익사업용으로 철도시설을 사용하려는 경우에는 다음 각 호의 구분에 따른 기준에 따라 사용료를 면제할 수 있다.

1. 철도시설을 취득하는 조건으로 사용하려는 경우로서 사용허가기간이 [20][10년/1년] 이내인 사용허가의 경우 : 사용료의 전부

2. 제1호에서 정한 사용허가 외의 사용허가의 경우: 사용료의 [21][100분의 60/100분의 40]

③ 사용허가에 따른 철도시설 사용료의 징수기준 및 절차 등에 관하여 이 영에서 규정된 것을 제외하고는「국유재산법」에 따른다.

[시행령 제35조(철도시설의 사용계약)] ① 법 제31조 제1항에 따른 철도시설의 사용계약에는 다음 각 호의 사항이 포함되어야 한다.

1. 사용기간·대상시설·사용조건 및 사용료

2. 대상시설의 제3자에 대한 사용승낙의 범위·조건

3. 상호책임 및 계약위반시 [22][위약금/조치사항]

4. 분쟁 발생시 조정절차

5. 비상사태 발생시 조치

6. 계약의 갱신에 관한 사항

7. 계약내용에 대한 [23][보증/비밀누설금지]에 관한 사항

② 법 제3조 제2호 가목부터 라목까지에서 규정한 철도시설(이하 "선로 등"이라 한다)에 대한 법 제31조 제1항에 따른 사용계약(이하 "선로 등 사용계약"이라 한다)을 체결하려는 경우에는 다음 각 호의 기준을 모두 충족해야 한다.

1. 해당 선로 등을 여객 또는 화물운송 목적으로 사용하려는 경우일 것

2. 사용기간이 [24][1년/5년]을 초과하지 않을 것

③ 선로 등에 대한 제1항 제1호에 따른 사용조건에는 다음 각 호의 사항이 포함되어야 하며, 그 사용조건은 제24조·제1항에 따른 선로배분지침에 위반되는 내용이어서는 안 된다.

1. 투입되는 철도차량의 [25][재원 및 하중/종류 및 길이]

2. 철도차량의 일일운행횟수·운행개시시각·운행종료시각 및 운행간격

3. 출발역·정차역 및 종착역

4. [26][유지보수/철도운영]의 안전에 관한 사항

5. 철도여객 또는 화물운송서비스의 수준

④ [27][국토교통부장관은/철도시설관리자는] 법 제31조 제1항에 따라 철도시설을 사용하려는 자와 사용계약을 체결하여 철도시설을 사용하게 하려는 경우에는 미리 그 사실을 공고해야 한다.

[시행령 제36조(사용계약에 따른 선로 등의 사용료 등)] ① 철도시설관리자는 제35조 제1항 제1호에 따른 선로 등의 사용료를 정하는 경우에는 다음 각 호의 한도를 초과하지 않는 범위에서 선로 등의 유지보수비용 등 관련 비용을 회수할 수 있도록 해야 한다. 다만, 「사회기반시설에 대한 민간투자법」 제26조에 따라 사회기반시설관리운영권을 설정받은 철도시설관리자는 같은 법에서 정하는 바에 따라 선로 등의 사용료를 정해야 한다.

1. 국가 또는 지방자치단체가 건설사업비의 [28][전액을/일부를] 부담한 선로 등 : 해당 선로 등에 대한 유지보수비용의 총액

2. 제1호의 선로 등 외의 선로 등 : 해당 선로 등에 대한 유지보수비용 총액과 총건설사업비(조사비·설계비·공사비·보상비 및 그 밖에 건설에 소요된 비용의 합계액에서 국가·지방자치단체 또는 법 제37조 제1항에 따라 수익자가 부담한 비용을 [29][포함/제외]한 금액을 말한다)의 합계액

② 철도시설관리자는 제1항 각 호외의 부분 본문에 따라 선로 등의 사용료를 정하는 경우에는 다음 각 호의 사항을 고려할 수 있다.

1. 선로등급·선로용량 등 선로 등의 상태

2. 운행하는 철도차량의 [30][종류 및 중량/종류 및 길이]

3. 철도차량의 [31][운행시간대 및 운행횟수/운행간격 및 운행시간]

4. 철도사고의 발생빈도 및 정도

5. 철도서비스의 수준

6. 철도관리의 효율성 및 공익성

③ 삭제 〈2022. 7. 4.〉

[시행령 제37조(선로 등 사용계약 체결의 절차)] ① 제35조 제2항의 규정에 의한 선로 등 사용계약을 체결하고자 하는 자(이하 "사용신청자"라 한다)는 선로 등의 사용목적을 기재한 선로 등 사용계약신청서에 다음 각 호의 서류를 첨부하여 철도시설관리자에게 제출하여야 한다.

1. 철도여객 또는 화물운송사업의 자격을 증명할 수 있는 서류

2. 철도여객 또는 화물운송사업 [32][확인서/계획서]

3. 철도차량·운영시설의 규격 및 안전성을 확인할 수 있는 서류

② 철도시설관리자는 제1항의 규정에 의하여 선로 등 사용계약신청서를 제출받은 날부터 [33][1월/3월] 이내에 사용신청자에게 선로 등 사용계약의 체결에 관한 협의일정을 통보하여야 한다.

③ 철도시설관리자는 사용신청자가 철도시설에 관한 자료의 제공을 요청하는 경우에는 특별한 이유가 없는 한 이에 응하여야 한다.

④ 철도시설관리자는 사용신청자와 선로 등 사용계약을 체결하고자 하는 경우에는 미리 [34][   ]의 승인을 받아야 한다. 선로 등 사용계약의 내용을 변경하는 경우에도 또한 같다.

[시행령 제38조(선로 등 사용계약의 갱신)] ① 선로 등 사용계약을 체결하여 선로 등을 사용하고 있는 자(이하 "선로 등 사용계약자"라 한다)는 그 선로 등을 계속하여 사용하고자 하는 경우에는 사용기간이 만료되기 35[1월/10월] 전까지 선로 등 사용계약의 갱신을 신청하여야 한다.
② 철도시설관리자는 제1항의 규정에 의하여 선로 등 사용계약자가 선로 등 사용계약의 갱신을 신청한 때에는 특별한 사유가 없는 한 그 선로 등의 사용에 관하여 우선적으로 협의하여야 한다. 이 경우 제35조 제4항의 규정은 이를 적용하지 아니한다.
③ 제35조 제1항 내지 제3항, 제36조 및 제37조의 규정은 선로 등 사용계약의 갱신에 관하여 이를 준용한다.

[시행령 제39조(철도시설의 사용승낙)] ① 제35조 제1항의 규정에 의한 철도시설의 사용계약을 체결한 자(이하 이 조에서 "시설사용계약자"라 한다)는 그 사용계약을 체결한 철도시설의 일부에 대하여 법 제31조 제1항의 규정에 의하여 제3자에게 그 사용을 승낙할 수 있다. 이 경우 36[국토교통부장관과/철도시설관리자와] 미리 협의하여야 한다.
② 시설사용계약자는 제1항의 규정에 의하여 제3자에게 사용승낙을 한 경우에는 그 내용을 37[   ]에게 통보하여야 한다.

[제4절 공익적 기능의 유지]

[법 제32조(공익서비스비용의 부담)] ① 철도운영자의 공익서비스 제공으로 발생하는 비용(이하 "공익서비스비용"이라 한다)은 대통령령으로 정하는 바에 따라 국가 또는 해당 철도서비스를 직접 요구한 자(이하 "원인제공자"라 한다)가 부담하여야 한다.
② 원인제공자가 부담하는 공익서비스비용의 범위는 다음 각 호와 같다.
1. 철도운영자가 다른 법령에 의하거나 국가정책 또는 공공목적을 위하여 철도운임·요금을 감면할 경우 그 감면
2. 철도운영자가 경영개선을 위한 적절한 조치를 취하였음에도 불구하고 철도이용수요가 적어 수지균형의 확보가 극히 곤란하여 벽지의 노선 또는 역의 철도서비스를 제한 또는 중지하여야 되는 경우로서 공익목적을 위하여 기초적인 철도서비스를 계속함으로써 발생되는 경영손실
3. 철도운영자가 국가의 특수목적사업을 수행함으로써 발생되는 비용

[시행령 제40조(공익서비스비용 보상예산의 확보)] ① 철도운영자는 매년 01[3월 말/5월 말]까지 국가가 법 제32조 제1항의 규정에 의하여 다음 연도에 부담하여야 하는 공익서비스비용(이하 "국가부담비용"이라 한다)의 추정액, 당해 공익서비스의 내용 그 밖의 필요한 사항을 기재한 국가부담비용추정서를 02[국토교통부장관/기획재정부장관]에게 제출하여야 한다. 이 경

우 철도운영자가 국가부담비용의 추정액을 산정함에 있어서는 법 제33조 제1항의 규정에 의한 보상계약 등을 고려하여야 한다.

② 국토교통부장관은 제1항의 규정에 의하여 국가부담비용추정서를 제출받은 때에는 03 [기획재정부장관/관계행정기관의 장]과 협의하여 다음 연도의 국토교통부소관 일반회계에 국가부담비용을 04 [이월/계상]하여야 한다.

③ 국토교통부장관은 제2항의 규정에 의한 국가부담비용을 정하는 때에는 제1항의 규정에 의한 국가부담비용의 추정액, 전년도에 부담한 국가부담비용, 관련법령의 규정 또는 법 제33조 제1항의 규정에 의한 보상계약 등을 고려하여야 한다.

[시행령 제41조(국가부담비용의 지급)] ① 철도운영자는 국가부담비용의 지급을 신청하고자 하는 때에는 국토교통부장관이 지정하는 기간 내에 국가부담비용지급신청서에 다음 각 호의 서류를 첨부하여 국토교통부장관에게 제출하여야 한다.

1. 국가부담비용지급신청액 및 산정내역서
2. 당해 연도의 예상수입·지출명세서
3. 최근 05 [1년/2년]간 지급받은 국가부담비용내역서
4. 06 [   ]

② 국토교통부장관은 제1항의 규정에 의하여 국가부담비용지급신청서를 제출받은 때에는 이를 검토하여 매 반기마다 반기초에 국가부담비용을 지급하여야 한다.

[시행령 제42조(국가부담비용의 정산)] ① 제41조 제2항의 규정에 의하여 국가부담비용을 지급받은 철도운영자는 당해 반기가 끝난 후 07 [7일/30일] 이내에 국가부담비용정산서에 다음 각 호의 서류를 첨부하여 국토교통부장관에게 제출하여야 한다.

1. 수입·지출명세서
2. 수입·지출증빙서류
3. 그 밖에 08 [현금흐름표/원가계산서] 등 회계관련 서류

② 국토교통부장관은 제1항의 규정에 의하여 국가부담비용정산서를 제출받은 때에는 법 제33조 제4항의 규정에 의한 09 [위원회/전문기관] 등으로 하여금 이를 확인하게 할 수 있다.

[시행령 제43조(회계의 구분 등)] ① 국가부담비용을 지급받는 철도운영자는 법 제32조 제2항 제2호의 규정에 의한 노선 및 역에 대한 회계를 다른 회계와 10 [함께/구분]하여 경리하여야 한다.

② 국가부담비용을 지급받는 철도운영자의 회계연도는 정부의 회계연도에 따른다.

[법 제33조(공익서비스 제공에 따른 보상계약의 체결)] ① 원인제공자는 철도운영자와 공익서비스비용의 보상에 관한 계약(이하 "보상계약"이라 한다)을 체결하여야 한다.

② 제1항에 따른 보상계약에는 다음 각 호의 사항이 포함되어야 한다.

1. 철도운영자가 제공하는 철도서비스의 기준과 내용에 관한 사항

2. 공익서비스 제공과 관련하여 원인제공자가 부담하여야 하는 보상내용 및 보상방법 등에 관한 사항

3. 계약기간 및 계약기간의 수정·갱신과 계약의 해지에 관한 사항

4. 그 밖에 원인제공자와 철도운영자가 필요하다고 합의하는 사항

③ 원인제공자는 철도운영자와 보상계약을 체결하기 전에 계약내용에 관하여 11 [국토교통부장관 및 기획재정부장관/국토교통부장관과 관계 행정기관의 장]과 미리 협의하여야 한다.

④ 국토교통부장관은 공익서비스비용의 객관성과 공정성을 확보하기 위하여 필요한 때에는 12 [대통령령/국토교통부령]으로 정하는 바에 의하여 전문기관을 지정하여 그 기관으로 하여금 공익서비스비용의 산정 및 평가 등의 업무를 담당하게 할 수 있다.

⑤ 보상계약체결에 관하여 원인제공자와 철도운영자의 협의가 성립되지 아니하는 때에는 원인제공자 또는 철도운영자의 신청에 의하여 13 [   ]가 이를 조정할 수 있다.

[법 제34조(특정 노선 폐지 등의 승인)] ① 철도시설관리자와 철도운영자(이하 "승인신청자"라 한다)는 다음 각 호의 어느 하나에 해당하는 경우에 국토교통부장관의 승인을 얻어 특정 노선 및 역의 폐지와 관련 철도서비스의 제한 또는 중지 등 필요한 조치를 취할 수 있다.

1. 승인신청자가 철도서비스를 제공하고 있는 노선 또는 역에 대하여 철도의 경영개선을 위한 적절한 조치를 취하였음에도 불구하고 수지균형의 확보가 극히 곤란하여 경영상 어려움이 발생한 경우

2. 제33조에 따른 보상계약체결에도 불구하고 공익서비스비용에 대한 적정한 보상이 이루어지지 아니한 경우

3. 원인제공자가 14 [공익서비스비용을 부담/보상계약을 체결]하지 아니한 경우

4. 원인제공자가 제33조 제5항에 따른 조정에 따르지 아니한 경우

② 승인신청자는 다음 각 호의 사항이 포함된 승인신청서를 국토교통부장관에게 제출하여야 한다.

1. 폐지하고자 하는 특정 노선 및 역 또는 제한·중지하고자 하는 철도서비스의 내용

2. 특정 노선 및 역을 계속 운영하거나 철도서비스를 계속 제공하여야 할 경우의 원인제공자의 비용부담 등에 관한 사항

3. 그 밖에 특정 노선 및 역의 폐지 또는 철도서비스의 제한·중지 등과 관련된 사항

③ 국토교통부장관은 제2항에 따라 승인신청서가 제출된 경우 15 [원인제공자 및 기획재정부장

관/원인제공자 및 관계 행정기관의 장]과 협의한 후 위원회의 심의를 거쳐 승인여부를 결정하고 그 결과를 승인신청자에게 통보하여야 한다. 이 경우 승인하기로 결정된 때에는 그 사실을 16 [서면으로 통지/관보에 공고]하여야 한다.

④ 국토교통부장관 또는 관계행정기관의 장은 승인신청자가 제1항에 따라 특정 노선 및 역을 폐지하거나 철도서비스의 제한·중지 등의 조치를 취하고자 하는 때에는 17 [대통령령/국토교통부령]으로 정하는 바에 의하여 대체수송수단의 마련 등 필요한 조치를 하여야 한다.

[시행령 제44조(특정 노선 폐지 등의 승인신청서의 첨부서류)] 철도시설관리자와 철도운영자가 법 제34조 제2항의 규정에 의하여 국토교통부장관에게 승인신청서를 제출하는 때에는 다음 각 호의 사항을 기재한 서류를 첨부하여야 한다.

1. 승인신청 사유
2. 등급별·시간대별 철도차량의 운행빈도, 역수, 종사자수 등 운영현황
3. 과거 18 [6월/1년] 이상의 기간 동안의 1일 평균 철도서비스 수요
4. 과거 19 [6월/1년] 이상의 기간 동안의 수입·비용 및 영업손실액에 관한 회계보고서
5. 향후 20 [1년/5년] 동안의 1일 평균 철도서비스 수요에 대한 전망
6. 과거 21 [1년/5년] 동안의 공익서비스비용의 전체규모 및 법 제32조 제1항의 규정에 의한 원인제공자가 부담한 공익서비스 비용의 규모
7. 대체수송수단의 22 [비용/이용가능성]

[시행령 제45조(실태조사)] ① 국토교통부장관은 법 제34조 제2항의 규정에 의한 승인신청을 받은 때에는 당해 노선 및 역의 운영현황 또는 철도서비스의 제공현황에 관하여 23 [실지조사/실태조사]를 실시하여야 한다.

② 국토교통부장관은 필요한 경우에는 관계 지방자치단체 또는 관련 전문기관을 제1항의 규정에 의한 실태조사에 참여시킬 수 있다.

③ 국토교통부장관은 제1항의 규정에 의한 실태조사의 결과를 24 [대통령/위원회]에 보고하여야 한다.

[시행령 제46조(특정 노선 폐지 등의 공고)] 국토교통부장관은 법 제34조 제3항의 규정에 의하여 승인을 한 때에는 그 승인이 있은 날부터 25 [1월/3월] 이내에 폐지되는 특정 노선 및 역 또는 제한·중지되는 철도서비스의 내용과 그 사유를 26 [대통령령/국토교통부령]이 정하는 바에 따라 공고하여야 한다.

[시행령 제47조(특정 노선 폐지 등에 따른 수송대책의 수립)] 국토교통부장관 또는 관계행정

기관의 장은 특정 노선 및 역의 폐지 또는 철도서비스의 제한·중지 등의 조치로 인하여 영향을 받는 지역 중에서 대체수송수단이 없거나 현저히 부족하여 수송서비스에 심각한 지장이 초래되는 지역에 대하여는 법 제34조 제4항의 규정에 의하여 다음 각 호의 사항이 포함된 수송대책을 수립·시행하여야 한다.

1. 수송여건 분석
2. 대체수송수단의 운행횟수 증대, 노선조정 또는 추가투입
3. 대체수송에 필요한 재원조달
4. 그 밖에 수송대책의 효율적 시행을 위하여 필요한 사항

[시행령 제48조(철도서비스의 제한 또는 중지에 따른 신규운영자의 선정)] ① 국토교통부장관은 철도운영자인 승인신청자(이하 이 조에서 "기존운영자"라 한다)가 법 제34조 제1항의 규정에 의하여 제한 또는 중지하고자 하는 특정 노선 및 역에 관한 철도서비스를 새로운 철도운영자(이하 이 조에서 "신규운영자"라 한다)로 하여금 제공하게 하는 것이 타당하다고 인정하는 때에는 법 제34조 제4항의 규정에 의하여 신규운영자를 선정할 수 있다.
② 국토교통부장관은 제1항의 규정에 의하여 신규운영자를 선정하고자 하는 때에는 법 제32조 제1항의 규정에 의한 원인제공자와 협의하여 27[투표/경쟁]에 의한 방법으로 신규운영자를 선정하여야 한다.
③ 원인제공자는 신규운영자와 법 제33조의 규정에 의한 보상계약을 체결하여야 하며, 기존운영자는 당해 철도서비스 등에 관한 인수인계서류를 작성하여 신규운영자에게 제공하여야 한다.
④ 제2항 및 제3항의 규정에 의한 신규운영자 선정의 구체적인 방법, 인수인계절차 그 밖의 필요한 사항은 28[대통령령/국토교통부령]으로 정한다.

[법 제35조(승인의 제한 등)] ① 국토교통부장관은 제34조 제1항 각호의 어느 하나에 해당되는 경우에도 다음 각 호의 어느 하나에 해당하는 경우에는 같은 조 제3항에 따른 승인을 하지 아니할 수 있다.

1. 제34조에 따른 노선 폐지 등의 조치가 공익을 현저하게 저해한다고 인정하는 경우
2. 제34조에 따른 노선 폐지 등의 조치가 대체교통수단 미흡 등으로 교통서비스 제공에 중대한 지장을 초래한다고 인정하는 경우

② 국토교통부장관은 제1항 각 호에 따라 승인을 하지 아니함에 따라 철도운영자인 승인신청자가 경영상 중대한 영업손실을 받은 경우에는 그 손실을 보상할 수 있다.

[법 제36조(비상사태 시 처분)] ① 국토교통부장관은 천재·지변·전시·사변, 철도교통의 심각한 장애 그 밖에 이에 준하는 사태의 발생으로 인하여 철도서비스에 중대한 차질이 발생하거나 발생할 우려가 있다고 인정하는 경우에는 필요한 범위 안에서 철도시설관리자·철도운영자 또는 철도이용자에게 다음 각 호의 사항에 관한 조정·명령 그 밖의 필요한 조치를 할 수 있다.

1. 지역별·노선별·수송대상별 수송 우선순위 부여 등 수송통제
2. 철도시설·철도차량 또는 설비의 가동 및 조업
3. 대체수송수단 [29] [의 재원/및 수송로]의 확보
4. 임시열차의 편성 및 운행
5. 철도서비스 인력의 투입
6. 철도이용의 제한 또는 금지
7. 그 밖에 철도서비스의 수급안정을 위하여 [30] [대통령령/국토교통부령]으로 정하는 사항

② 국토교통부장관은 제1항에 따른 조치의 시행을 위하여 관계행정기관의 장에게 필요한 협조를 요청할 수 있으며, 관계행정기관의 장은 이에 협조하여야 한다.

③ 국토교통부장관은 제1항에 따른 조치를 한 사유가 소멸되었다고 인정하는 때에는 [31] [지체없이/1월 이내] 이를 해제하여야 한다.

[시행령 제49조(비상사태시 처분)] 법 제36조 제1항 제7호에서 "대통령령이 정하는 사항"이라 함은 다음 각 호의 사항을 말한다.

1. 철도시설의 임시사용
2. 철도시설의 사용제한 및 접근 통제
3. 철도시설의 긴급복구 및 복구지원
4. 철도역 및 철도차량에 대한 수색 등

제5장 **보칙**

[법 제37조(철도건설 등의 비용부담)] ① 철도시설관리자는 지방자치단체·특정한 기관 또는 단체가 철도시설건설사업으로 인하여 현저한 이익을 받는 경우에는 국토교통부장관의 승인을 얻어 그 이익을 받는 자(이하 이 조에서 "수익자"라 한다)로 하여금 그 비용의 일부를 부담하게 할 수 있다.

② 제1항에 따라 수익자가 부담하여야 할 비용은 철도시설관리자와 수익자가 협의하여 정한다. 이 경우 협의가 성립되지 아니하는 때에는 철도시설관리자 또는 수익자의 [01] [신청/요구]에 의하여 위원회가 이를 조정할 수 있다.

[법 제38조(권한의 위임 및 위탁)] 국토교통부장관은 이 법에 따른 권한의 일부를 대통령령으로 정하는 바에 따라 특별시장·광역시장·도지사·특별자치도지사 또는 지방교통관서의 장에 위임하거나 관계 행정기관·국가철도공단·철도공사·정부출연연구기관에게 위탁할 수 있다. 다만, 철도시설유지보수 시행업무는 02[국가철도공단/철도공사]에 위탁한다.

[시행령 제50조(권한의 위탁)] ① 국토교통부장관은 법 제38조 본문의 규정에 의하여 법 제12조 제2항의 규정에 의한 철도산업정보센터의 설치·운영업무를 다음 각 호의 자 중에서 국토교통부령이 정하는 자에게 위탁한다.
1. 정부출연연구기관 등의 설립·운영 및 육성에 관한 법률 또는 과학기술분야 정부출연연구기관등의 설립·운영 및 육성에 관한 법률에 의한 정부출연연구기관
2. 03[철도산업위원회/국가철도공단]
② 국토교통부장관은 법 제38조 본문의 규정에 의하여 철도시설유지보수 시행업무를 철도청장에게 위탁한다.
③ 국토교통부장관은 법 제38조 본문의 규정에 의하여 제24조 제4항의 규정에 의한 철도교통관제시설의 관리업무 및 철도교통관제업무를 다음 각 호의 자 중에서 국토교통부령이 정하는 자에게 위탁한다.
1. 04[국가철도공단/시·도지사]
2. 철도운영자

[법 제39조(청문)] 국토교통부장관은 제34조에 따른 특정 노선 및 역의 폐지와 이와 관련된 철도서비스의 제한 또는 중지에 대한 승인을 하고자 하는 때에는 05[투표를/청문을] 실시하여야 한다.

제6장 ▶ 벌칙

[법 제40조(벌칙)] ① 제34조의 규정을 위반하여 국토교통부장관의 승인을 얻지 아니하고 특정 노선 및 역을 폐지하거나 철도서비스를 제한 또는 중지한 자는 06[2년/3년] 이하의 징역 또는 07[3천만 원/5천만 원] 이하의 벌금에 처한다.
② 다음 각 호의 어느 하나에 해당하는 자는 2년 이하의 징역 또는 08[2천만 원/3천만 원] 이하의 벌금에 처한다.
1. 거짓이나 그 밖의 부정한 방법으로 제31조 제1항에 따른 허가를 받은 자
2. 제31조 제1항에 따른 허가를 받지 아니하고 철도시설을 사용한 자

3. 제36조 제1항 제1호부터 제5호까지 또는 제7호에 따른 조정·명령 등의 조치를 위반한 자

[법 제41조(양벌규정)] 법인의 대표자나 법인 또는 개인의 대리인, 사용인, 그 밖의 종업원이 그 법인 또는 개인의 업무에 관하여 제40조의 위반행위를 하면 그 행위자를 벌하는 외에 그 법인 또는 개인에게도 해당 조문의 벌금형을 과(科)한다. 다만, 법인 또는 개인이 그 위반행위를 방지하기 위하여 해당 업무에 관하여 상당한 주의와 감독을 게을리하지 아니한 경우에는 그러하지 아니하다.

[법 제42조(과태료)] ① 제36조 제1항 제6호의 규정을 위반한 자에게는 09[100만 원/1천만 원] 이하의 과태료를 부과한다.
② 제1항에 따른 과태료는 10[대통령령/국토교통부령]으로 정하는 바에 따라 11[국세청/국토교통부장관]이 부과·징수한다.
③ 삭제〈2009. 4. 1.〉
④ 삭제〈2009. 4. 1.〉
⑤ 삭제〈2009. 4. 1.〉

[시행령 제51조(과태료)] ① 국토교통부장관이 법 제42조 제2항의 규정에 의하여 과태료를 부과하는 때에는 당해 위반행위를 조사·확인한 후 위반사실·과태료 금액·이의제기의 방법 및 기간 등을 12[서면으로/구술로] 명시하여 이를 납부할 것을 과태료 처분 대상자에게 통지하여야 한다.
② 국토교통부장관은 제1항의 규정에 의하여 과태료를 부과하고자 하는 때에는 13[30일/10일] 이상의 기간을 정하여 과태료 처분 대상자에게 구술 또는 서면에 의한 의견진술의 기회를 주어야 한다. 이 경우 지정된 기일까지 의견진술이 없는 때에는 의견이 없는 것으로 본다.
③ 14[대통령/국토교통부장관]은 과태료의 금액을 정함에 있어서는 당해 위반행위의 동기·정도·횟수 등을 참작하여야 한다.
④ 과태료의 징수절차는 15[대통령령/국토교통부령]으로 정한다.

제1장 총칙

01 다음 중 철도산업발전기본법의 목적으로 틀린 것은?

① 철도산업의 경쟁력을 높임
② 철도산업의 발전기반 조성
③ 철도산업의 효율성 향상
④ 철도산업의 기술력 향상
⑤ 국민경제의 발전에 이바지

> **해설** 법 제1조(목적)
> 이 법은 철도산업의 경쟁력을 높이고 발전기반을 조성함으로써 철도산업의 효율성 및 공익성의 향상과 국민경제의 발전에 이바지함을 목적으로 한다.

02 다음 중 철도차량이 아닌 것은?

① 객차   ② 화차
③ 열차   ④ 동력차
⑤ 특수차

> **해설** 법 제3조(정의)
> 4. "철도차량"이라 함은 선로를 운행할 목적으로 제작된 동력차·객차·화차 및 특수차를 말한다.

03 다음 정의로 틀린 것은?

① "철도"라 함은 여객 또는 화물을 운송하는 데 필요한 철도시설과 철도차량 및 이와 관련된 운영·지원체계가 유기적으로 구성된 운송체계를 말한다.
② "선로"라 함은 철도차량을 운행하기 위한 궤도와 이를 받치는 노반 또는 공작물로 구성된 시설을 말한다.

③ "철도산업"이라 함은 철도운송·철도시설·철도차량 관련산업과 철도기술개발 관련산업 그 밖에 철도의 개발·이용·관리와 관련된 산업을 말한다.
④ "공익서비스"라 함은 철도운영자가 영리목적의 영업활동과 관계없이 국가 또는 지방자치단체의 정책이나 공공목적 등을 위하여 제공하는 철도서비스를 말한다.
⑤ "철도운영자"라 함은 법에 따라 설립된 국가철도공단 등 철도운영에 관한 업무를 수행하는 자를 말한다.

> **해설** 법 제3조(정의)
> 10. "철도운영자"라 함은 제21조 제3항에 따라 설립된 한국철도공사 등 철도운영에 관한 업무를 수행하는 자를 말한다.

04 다음 중 철도시설에 해당되지 않는 것은?

① 철도의 전철전력설비
② 철도의 선로제어설비
③ 철도의 정보통신설비
④ 철도의 신호제어설비
⑤ 철도의 열차제어설비

> **해설** 법 제2조(적용범위)
> 다. 철도의 전철전력설비, 정보통신설비, 신호 및 열차제어설비

정답 01 ④   02 ③   03 ⑤   04 ②

05 다음 중 대통령령으로 정하는 철도시설로 틀린 것은?

① 철도의 건설 및 유지보수에 필요한 자재를 가공·조립·운반 또는 보관하기 위하여 당해 사업기간 중에 사용되는 시설

② 철도의 건설 및 유지보수를 위한 공사에 사용되는 진입도로·주차장·야적장·토석채취장 및 사토장과 그 설치 또는 운영에 필요한 시설

③ 철도의 건설 및 유지보수를 위하여 당해 사업기간 중에 사용되는 장비와 그 정비·점검 또는 수리를 위한 시설

④ 철도의 건설 및 유지보수 작업을 위한 건축물·건축설비

⑤ 그 밖에 철도안전관련시설·안내시설 등 철도의 건설·유지보수 및 운영을 위하여 필요한 시설로서 국토교통부장관이 정하는 시설

해설 시행령 제2조(철도시설)
2. 철도의 건설 및 유지보수를 위한 공사에 사용되는 진입도로·주차장·야적장·토석채취장 및 사토장과 그 설치 또는 운영에 필요한 시설
3. 철도의 건설 및 유지보수를 위하여 당해 사업기간 중에 사용되는 장비와 그 정비·점검 또는 수리를 위한 시설

06 다음 중 빈칸에 들어갈 말로 틀린 것은?

철도시설의 건설이란 철도시설의 신설과 기존 철도시설의 (　　) 등 철도시설의 성능 및 기능향상을 위한 철도시설의 개량을 포함한 활동을 말한다.

① 직선화　　　　② 전철화
③ 개발화　　　　④ 복선화
⑤ 현대화

07 다음 중 빈칸에 들어갈 말로 틀린 것은?

철도시설의 유지보수라 함은 기존 철도시설의 현상유지 및 성능향상을 위한 (　　) 등 일상적인 활동을 말한다.

① 개량　　　　　② 점검
③ 정비　　　　　④ 보수
⑤ 교체

08 다음 중 철도시설관리자에 해당되지 않는 자는?

① 철도의 관리청
② 고속철도건설공단
③ 국가철도공단
④ 철도시설관리권을 설정받은 자
⑤ 국토교통부장관으로부터 철도시설의 관리를 대행, 위임 또는 위탁받은 자

해설 법 제3조(정의)
9. "철도시설관리자"라 함은 철도시설의 건설 및 관리 등에 관한 업무를 수행하는 자로서 다음 각 목의 어느 하나에 해당하는 자를 말한다.
가. 제19조에 따른 관리청
나. 제20조 제3항에 따라 설립된 국가철도공단
다. 제26조 제1항에 따라 철도시설관리권을 설정받은 자
라. 가목부터 다목까지의 자로부터 철도시설의 관리를 대행·위임 또는 위탁받은 자

05 ④　06 ③　07 ③　08 ② **정답**

제1절 철도산업시책의 수립 및 추진체제

09 다음 중 철도산업시책을 수립하고 시행하는 주체로서 효율성과 공익적 기능을 고려하여야 하는 자로 맞는 것은?

① 국가
② 대통령
③ 국토교통부장관
④ 철도운영자
⑤ 철도산업관리자

> **해설** 법 제4조(시책의 기본방향)
> ① 국가는 철도산업시책을 수립하여 시행하는 경우 효율성과 공익적 기능을 고려하여야 한다.

10 다음 중 빈칸에 들어갈 말로 어색한 것을 모두 고른 것은?

> 국가는 (   )이 높은 철도의 역할이 국가의 건전한 발전과 국민의 교통편익 증진을 위하여 필수적인 요소임을 인식하여 적정한 철도수송분담의 목표를 설정하여 유지하고 이를 위한 철도시설을 확보하는 등 철도산업발전을 위한 여러 시책을 마련하여야 한다.
> ㉠ 경제성
> ㉡ 환경친화성
> ㉢ 수송효율성
> ㉣ 안전성
> ㉤ 에너지이용의 효율성

① ㉠, ㉡
② ㉠, ㉣
③ ㉡, ㉢
④ ㉢, ㉣
⑤ ㉡, ㉢, ㉤

> **해설** 법 제4조(시책의 기본방향)
> ② 국가는 에너지이용의 효율성, 환경친화성 및 수송효율성이 높은 철도의 역할이 국가의 건전한 발전과 국민의 교통편익 증진을 위하여 필수적인 요소임을 인식하여 적정한 철도수송분담의 목표를 설정하여 유지하고 이를 위한 철도시설을 확보하는 등 철도산업발전을 위한 여러 시책을 마련하여야 한다.

11 다음 중 철도산업발전기본계획에 포함되어야 할 사항으로 틀린 것은?

① 각종 철도 간의 연계수송 및 사업조정에 관한 사항
② 철도산업의 여건 및 동향전망에 관한 사항
③ 철도기술의 개발 및 활용에 관한 사항
④ 철도산업 전문인력의 양성에 관한 사항
⑤ 철도산업체계의 개선에 관한 사항

> **해설** 법 제5조(철도산업발전기본계획의 수립 등)
> ② 기본계획에는 다음 각 호의 사항이 포함되어야 한다.
> 1. 철도산업 육성시책의 기본방향에 관한 사항
> 2. 철도산업의 여건 및 동향전망에 관한 사항
> 3. 철도시설의 투자·건설·유지보수 및 이를 위한 재원확보에 관한 사항
> 4. 각종 철도 간의 연계수송 및 사업조정에 관한 사항
> 5. 철도운영체계의 개선에 관한 사항
> 6. 철도산업 전문인력의 양성에 관한 사항
> 7. 철도기술의 개발 및 활용에 관한 사항
> 8. 그 밖에 철도산업의 육성 및 발전에 관한 사항으로서 대통령령으로 정하는 사항

12 다음 중 국토교통부장관이 철도산업의 육성과 발전을 촉진하기 위하여 몇 년 단위로 철도산업발전기본계획을 수립하여 시행하여야 하는가?

① 1년
② 2년
③ 3년
④ 5년
⑤ 10년

정답 09 ① 10 ② 11 ⑤ 12 ④

법 제5조(철도산업발전기본계획의 수립 등)

① 국토교통부장관은 철도산업의 육성과 발전을 촉진하기 위하여 5년 단위로 철도산업발전기본계획(이하 "기본계획"이라 한다)을 수립하여 시행하여야 한다.

13 다음 중 철도산업의 육성 및 발전에 관한 사항으로서 대통령령으로 정하는 사항으로 틀린 것은?

① 철도수송분담의 목표

② 철도안전 및 철도서비스에 관한 사항

③ 철도산업의 국제협력 및 해외시장 진출에 관한 사항

④ 철도산업시책의 추진체계

⑤ 그 밖에 철도산업의 육성 및 발전에 관한 사항으로서 대통령이 필요하다고 인정하는 사항

시행령 제3조(철도산업발전기본계획의 내용)

법 제5조 제2항 제8호에서 "대통령령이 정하는 사항"이라 함은 다음 각 호의 사항을 말한다.

1. 철도수송분담의 목표
2. 철도안전 및 철도서비스에 관한 사항
3. 다른 교통수단과의 연계수송에 관한 사항
4. 철도산업의 국제협력 및 해외시장 진출에 관한 사항
5. 철도산업시책의 추진체계
6. 그 밖에 철도산업의 육성 및 발전에 관한 사항으로서 국토교통부장관이 필요하다고 인정하는 사항

※ 한번 짚고 넘어가기! 법에서 정하는 내용과 시행령에서 정하는 내용을 구분하는 문제이다. 문제를 급하게 읽으면 틀릴 수 있으니 주의해야 한다.

14 다음 중 빈칸에 들어갈 말로 알맞은 것은?

철도시설투자사업 기간의 (　　)의 기간 내에서 변경은 철도산업발전기본계획의 경미한 변경사항에 해당된다.

① 1개월　　　　② 3개월

③ 6개월　　　　④ 1년

⑤ 2년

시행령 제4조
(철도산업발전기본계획의 경미한 변경)

법 제5조 제4항 후단에서 "대통령령이 정하는 경미한 변경"이라 함은 다음 각 호의 변경을 말한다.

1. 철도시설투자사업 규모의 100분의 1의 범위 안에서의 변경
2. 철도시설투자사업 총투자비용의 100분의 1의 범위 안에서의 변경
3. 철도시설투자사업 기간의 2년의 기간 내에서의 변경

15 다음 중 빈칸에 들어갈 단어를 순서대로 나열한 것으로 알맞는 것은?

국토교통부장관은 기본계획을 수립하고자 하는 때에는 미리 기본계획과 관련이 있는 (　　　　)와(과) 협의한 후 (　　　　)의 심의를 거쳐야 한다.

① 기획재정부장관, 철도산업위원회

② 기획재정부장관, 철도협회

③ 행정기관의 장, 철도산업위원회

④ 행정기관의 장, 철도협회

⑤ 시·도지사, 철도협회

법 제5조(철도산업발전기본계획의 수립 등)

④ 국토교통부장관은 기본계획을 수립하고자 하는 때에는 미리 기본계획과 관련이 있는 행정기관의 장과 협의한 후 제6조에 따른 철도산업위원회의 심의를 거쳐야 한다. 수립된 기본계획을 변경(대통령령으로 정하는 경미한 변경은 제외한다)하고자 하는 때에도 또한 같다.

13 ⑤　14 ⑤　15 ③　정답

16 다음 중 관계행정기관의 장이 전년도 철도산업발전 시행계획의 추진실적을 언제까지 국토교통부장관에게 제출하여야 하는가?

① 매년 2월 말까지

② 매년 3월 말까지

③ 매년 5월 말까지

④ 매년 11월 말까지

⑤ 매년 12월 말까지

해설 시행령 제5조
(철도산업발전시행계획의 수립절차 등)
② 관계행정기관의 장은 전년도 시행계획의 추진실적을 매년 2월 말까지 국토교통부장관에 제출하여야 한다.

17 다음 중 철도산업발전기본계획에 대한 내용으로 틀린 것은?

① 기본계획은 「국가통합교통체계효율화법」에 따른 국가기간교통망계획, 같은 법에 따른 중기 교통시설투자계획 및 「국토교통과학기술 육성법」에 따른 국토교통과학기술 연구개발 종합계획과 조화를 이루도록 하여야 한다.

② 수립된 기본계획(대통령령으로 정하는 경미한 변경은 제외한다)을 변경하고자 하는 때에는 미리 기본계획과 관련이 있는 행정기관의 장과 협의한 후 법에 따른 철도산업위원회의 심의를 거쳐야 한다.

③ 국토교통부장관은 법에 따라 기본계획을 수립 또는 변경한 때에는 이를 관보에 고시하여야 한다.

④ 관계행정기관의 장은 수립·고시된 기본계획에 따라 연도별 시행계획을 수립·추진하고, 해딩 연도의 계획 및 진년

도의 추진실적을 국토교통부장관에게 제출하여야 한다.

⑤ 법에 따른 연도별 시행계획의 수립 및 시행절차에 관하여 필요한 사항은 국토교통부령으로 정한다.

해설 법 제5조(철도산업발전기본계획의 수립 등)
⑦ 제6항에 따른 연도별 시행계획의 수립 및 시행절차에 관하여 필요한 사항은 대통령령으로 정한다.

18 다음 중 철도산업위원회는 어디에 두는가?

① 국가   ② 국토교통부

③ 한국교통안전공단   ④ 국가철도공단

⑤ 한국철도공사

해설 법 제6조(철도산업위원회)
① 철도산업에 관한 기본계획 및 중요정책 등을 심의·조정하기 위하여 국토교통부에 철도산업위원회(이하 "위원회"라 한다)를 둔다.

19 다음 중 철도산업위원회의 심의·조정사항으로 틀린 것은?

① 철도산업 육성시책의 기본방향에 관한 중요정책 사항

② 철도산업구조개혁에 관한 중요정책 사항

③ 철도시설의 건설 및 관리 등 철도시설에 관한 중요정책 사항

④ 철도안전과 철도운영에 관한 중요정책 사항

⑤ 이 법 또는 다른 법률에서 위원회의 심의를 거치도록 한 사항

해설 법 제6조(철도산업위원회)
② 위원회는 다음 각 호의 사항을 심의·조정한다.
1. 철도산업의 육성·발전에 관한 중요정책 사항
2. 철도산업구조개혁에 관한 중요정책 사항

정답 16 ① 17 ⑤ 18 ② 19 ①

3. 철도시설의 건설 및 관리 등 철도시설에 관한 중요정책 사항
4. 철도안전과 철도운영에 관한 중요정책 사항
※ 한번 짚고 넘어가기! 철도산업 육성시책의 기본방향 → 기본계획 사항이다. 헷갈릴 수 있으므로 유의해야 한다. 위원회는 주로 ~에 관한 중요정책 사항을 다룬다는 특징을 파악하는 것이 좋다.

20 다음 중 철도산업위원회 구성으로 맞는 것은?
① 위원장을 포함한 20인 이내
② 위원장을 제외한 20인 이내
③ 위원장을 포함한 25인 이내
④ 위원장을 제외한 25인 이내
⑤ 위원장을 포함한 30인 이내

해설 법 제6조(철도산업위원회)
③ 위원회는 위원장을 포함한 25인 이내의 위원으로 구성한다.

21 다음 중 위원회에 상정할 안건을 미리 검토하고 위원회가 위임한 안건을 심의하기 위하여 위원회에 두는 곳으로 맞는 것은?
① 철도산업개혁단
② 철도협회
③ 철도산업발전기획단
④ 분과위원회
⑤ 철도산업협력기관

해설 법 제6조(철도산업위원회)
④ 위원회에 상정할 안건을 미리 검토하고 위원회가 위임한 안건을 심의하기 위하여 위원회에 분과위원회를 둔다.

22 다음 중 철도산업위원회의 위원으로 틀린 것은?
① 국토교통부장관
② 국토교통부차관
③ 국가철도공단의 이사장
④ 기획재정부차관
⑤ 철도청장

해설 시행령 제6조(철도산업위원회의 구성)
② 위원회의 위원은 다음 각 호의 자가 된다.
1. 기획재정부차관·교육부차관·과학기술정보통신부차관·행정안전부차관·산업통상자원부차관·고용노동부차관·국토교통부차관·해양수산부차관 및 공정거래위원회부위원장
※ 한번 짚고 넘어가기! 보건복지부, 환경부, 외교부, 통일부, 법무부, 국방부, 문화체육관광부, 국가보훈부, 여성가족부, 중소벤처기업부는 제외다. 철도와 연관된 부처가 위원회에 포함되지만 헷갈리기 쉬운 곳이 환경부와 문화체육관광부이다.
2. 법 제20조 제3항의 규정에 따른 국가철도공단(이하 "국가철도공단"이라 한다)의 이사장
3. 법 제21조 제3항의 규정에 의한 한국철도공사(이하 "한국철도공사"라 한다)의 사장
4. 철도산업에 관한 전문성과 경험이 풍부한 자중에서 위원회의 위원장이 위촉하는 자
※ 철도청은 2004년 철도산업구조개혁으로 인하여 한국철도공사로 변경되어 현재는 존재하지 않음

23 다음 중 위원회 및 분과위원회의 구성·기능 및 운영에 관하여 필요한 사항을 정하는 주체로 맞는 것은?
① 대통령 ② 국토교통부
③ 한국철도공사 ④ 국가
⑤ 위원장

해설 법 제6조(철도산업위원회)
⑤ 이 법에서 규정한 사항 외에 위원회 및 분과위원회의 구성·기능 및 운영에 관하여 필요한 사항은 대통령령으로 정한다.

20 ③ **21** ④ **22** ⑤ **23** ① **정답**

24 다음 중 철도산업위원회의 위원장으로 맞는 것은?

① 대통령
② 국토교통부장관
③ 한국철도공사장
④ 국가철도공단 이사장
⑤ 기획재정부장관

해설 시행령 제6조(철도산업위원회의 구성)
① 법 제6조의 규정에 의한 철도산업위원회(이하 "위원회"라 한다)의 위원장은 국토교통부장관이 된다.

25 다음 중 위원회의 위원 임기에 대하여 맞는 것은?

① 1년, 연임가능   ② 2년, 연임가능
③ 1년, 연임불가능 ④ 2년, 연임불가능
⑤ 3년, 연임불가능

해설 시행령 제6조(철도산업위원회의 구성)
③ 제2항 제4호의 규정에 의한 위원의 임기는 2년으로 하되, 연임할 수 있다.

26 다음 중 위원회의 위원을 해촉할 수 있는 경우로 틀린 것은?

① 심신장애로 인하여 직무를 수행할 수 없게 된 경우
② 직무와 관련된 비위사실이 있는 경우
③ 직무태만, 품위손상이나 그 밖의 사유로 인하여 위원으로 적합하지 아니하다고 인정되는 경우
④ 위원 스스로 직무를 수행하는 것이 곤란하다고 의사를 밝히는 경우
⑤ 그 밖에 위원장이 정하여 직무를 수행하는 것이 어렵다고 판단되는 경우

해설
• 시행령 제6조의2(위원의 해촉) 위원회의 위원장은 제6조 제2항 제4호에 따른 위원이 다음 각 호의 어느 하나에 해당하는 경우에는 해당 위원을 해촉(解囑)할 수 있다.
  1. 심신장애로 인하여 직무를 수행할 수 없게 된 경우
  2. 직무와 관련된 비위사실이 있는 경우
  3. 직무태만, 품위손상이나 그 밖의 사유로 인하여 위원으로 적합하지 아니하다고 인정되는 경우
  4. 위원 스스로 직무를 수행하는 것이 곤란하다고 의사를 밝히는 경우
• 5번 선지 위원장 → 국토교통부장관

27 다음 중 위원회에 대한 설명으로 틀린 것은?

① 위원회의 위원장은 위원회를 대표하며, 위원회의 업무를 총괄한다.
② 위원회의 위원장이 부득이한 사유로 직무를 수행할 수 없는 때에는 위원회의 위원장이 미리 지명한 위원이 그 직무를 대행한다.
③ 위원회의 위원장은 위원회의 회의를 소집하고, 그 의장이 된다.
④ 위원회의 회의는 재적위원 과반수의 찬성으로 의결한다.
⑤ 위원회는 회의록을 작성·비치하여야 한다.

해설 시행령 제8조(회의)
2번 선지 위원회의 회의는 재적위원 과반수의 출석과 출석위원 과반수의 찬성으로 의결한다.

28 다음 중 위원회에 간사는 몇 명을 두어야 하는가?

① 1명   ② 2명   ③ 3명
④ 4명   ⑤ 5명

해설 시행령 제9조(간사)
위원회에 간사 1인을 두되, 간사는 국토교통부장관이 국토교통부 소속 공무원 중에서 지명한다

정답 24 ② 25 ② 26 ⑤ 27 ④ 28 ①

29 다음 중 심의·조정사항과 위원회에서 위임한 사항의 실무적인 검토를 위하여 위원회에 두는 곳으로 맞는 것은?

① 분과위원회 ② 실무위원회
③ 조정위원회 ④ 검토위원회
⑤ 심의위원회

해설 **시행령 제10조(실무위원회의 구성 등)**
① 위원회의 심의·소성사항과 위원회에서 위임한 사항의 실무적인 검토를 위하여 위원회에 실무위원회를 둔다.

30 다음 중 실무위원회의 구성으로 맞는 것은?

① 위원장을 포함한 20인 이내
② 위원장을 포함한 25인 이내
③ 위원장을 포함한 30인 이내
④ 위원장을 포함하지 않은 20인 이내
⑤ 위원장을 포함하지 않은 25인 이내

해설 **시행령 제10조(실무위원회의 구성 등)**
② 실무위원회는 위원장을 포함한 20인 이내의 위원으로 구성한다.

31 다음 중 실무위원회의 위원장이 될 수 있는 자로 맞는 것은?

① 국토교통부 장관
② 국토교통부의 3급 공무원
③ 국토교통부의 4급 공무원
④ 기획재정부의 3급 공무원
⑤ 철도산업에 관한 전문성과 경험이 풍부한 자 중에서 실무위원회의 위원장이 위촉하는 자

해설 **시행령 제10조(실무위원회의 구성 등)**
③ 실무위원회의 위원장은 국토교통부장관이 국토교통부의 3급 공무원 또는 고위공무원단에 속하는 일반직 공무원 중에서 지명한다.

32 다음 중 실무위원회의 위원을 해촉할 수 있는 경우로 틀린 것은?

① 심신장애로 인하여 직무를 수행할 수 없게 된 경우
② 직무와 관련된 비위사실이 있는 경우
③ 건강악화 등 일신상의 이유로 정상적인 직무를 수행할 수 없게 된 경우
④ 위원 스스로 직무를 수행하는 것이 곤란하다고 의사를 밝히는 경우
⑤ 직무태만, 품위손상이나 그 밖의 사유로 인하여 위원으로 적합하지 아니하다고 인정되는 경우

해설 **시행령 제10조의2(실무위원회 위원의 해촉 등)**
① 제10조 제4항 제1호부터 제3호까지의 규정에 따라 위원을 지명한 자는 위원이 다음 각 호의 어느 하나에 해당하는 경우에는 그 지명을 철회할 수 있다.
1. 심신장애로 인하여 직무를 수행할 수 없게 된 경우
2. 직무와 관련된 비위사실이 있는 경우
3. 직무태만, 품위손상이나 그 밖의 사유로 인하여 위원으로 적합하지 아니하다고 인정되는 경우
4. 위원 스스로 직무를 수행하는 것이 곤란하다고 의사를 밝히는 경우

33 다음 중 철도산업구조개혁기획단이 지원·수행하는 업무로 맞지 않는 것은?

① 철도산업구조개혁 기본계획 및 분야별 세부추진계획의 수립
② 철도산업구조개혁과 관련된 철도의 건설·운영주체의 정비
③ 철도산업구조개혁과 관련된 인력조정·재원확보대책의 수립
④ 철도산업구조개혁에 관한 중요정책 사항
⑤ 철도산업구조개혁추진에 따른 철도시설 건설계획 및 투자재원조달대책의 수립

- 철도산업구조개혁에 관한 중요정책 사항은 위원회의 심의·조정사항이다. ※ 중요정책 = 위원회
- **시행령 제11조(철도산업구조개혁기획단의 구성 등)**
  ① 위원회의 활동을 지원하고 철도산업의 구조개혁 그 밖에 철도정책과 관련되는 다음 각 호의 업무를 지원·수행하기 위하여 국토교통부장관소속 하에 철도산업구조개혁기획단(이하 "기획단"이라 한다)을 둔다.
  1. 철도산업구조개혁 기본계획 및 분야별 세부추진계획의 수립
  2. 철도산업구조개혁과 관련된 철도의 건설·운영주체의 정비
  3. 철도산업구조개혁과 관련된 인력조정·재원확보대책의 수립
  7. 철도산업구조개혁추진에 따른 철도시설건설계획 및 투자재원조달대책의 수립

34 다음 중 철도산업구조개혁 기획단의 구성으로 맞는 것은?
  ① 단장 1인과 단원
  ② 단장 1인, 간사 1인과 단원
  ③ 단장을 포함한 20인 이내의 단원
  ④ 단장을 포함한 25인 이내의 단원
  ⑤ 단장 1인과 간사 1인

해설
시행령 제11조(철도산업구조개혁기획단의 구성 등)
② 기획단은 단장 1인과 단원으로 구성한다.

35 다음 중 철도산업위원회 및 기획단에 대한 내용으로 틀린 것은?
  ① 위원회의 활동을 지원하고 철도산업의 구조개혁 그 밖에 철도정책과 관련되는 업무를 지원·수행하기 위하여 국토교통부장관소속 하에 철도산업구조개혁기획단을 둔다.
  ② 기획단의 단장은 국토교통부장관이 국토교통부의 3급 공무원 또는 고위공무원단에 속하는 일반직 공무원 중에서 임명한다.

③ 국토교통부장관은 기획단의 업무수행을 위하여 필요하다고 인정하는 때에는 관계 행정기관, 한국철도공사 등 관련 공사, 국가철도공단 등 특별법에 의하여 설립된 공단 또는 관련 연구기관에 대하여 소속 공무원·임직원 또는 연구원을 기획단으로 파견하여 줄 것을 요청할 수 있다.
④ 위원회는 회의록을 작성·비치하여야 한다.
⑤ 위원회와 실무위원회의 위원 중 공무원을 포함한 위원 및 위원회와 실무위원회에 출석하는 관계전문가에 대하여는 예산의 범위 안에서 수당·여비 그 밖의 필요한 경비를 지급할 수 있다.

해설
- 공무원은 수당을 받을 수 없다.
- **시행령 제13조(수당 등)** 위원회와 실무위원회의 위원 중 공무원이 아닌 위원 및 위원회와 실무위원회에 출석하는 관계전문가에 대하여는 예산의 범위 안에서 수당·여비 그 밖의 필요한 경비를 지급할 수 있다.

제2절 철도산업의 육성

36 다음 중 국가가 철도시설 투자를 추진하는 경우 고려하여야 하는 것은?
  ① 에너지이용의 효율성
  ② 사회적·환경적 편익
  ③ 환경친화성·수송효율성
  ④ 경제성
  ⑤ 공익 및 안전성

해설 **법 제7조(철도시설 투자의 확대)**
① 국가는 철도시설 투자를 추진하는 경우 사회적·환경적 편익을 고려하여야 한다.

정답 34 ① 35 ⑤ 36 ②

37 다음 중 국가 및 지방자치단체가 철도산업의 육성·발전을 촉진하기 위하여 철도산업에 대하여 지원할 수 있는 것으로 틀린 것은?

① 세제   ② 금융

③ 행정   ④ 융자

⑤ 재정

해설 법 제8조(철도산업의 지원)
국가 빛 지방자지단체는 철도산업의 육성·발전을 촉진하기 위하여 철도산업에 대한 재정·금융·세제·행정상의 지원을 할 수 있다.
※ 암기법! 세제, 금융, 행정, 재정 → 세금행재

38 다음 중 빈칸에 들어갈 단어로 알맞은 것은?

> 국토교통부장관은 국토교통부령으로 정하는 바에 의하여 ( )과(와) 협약을 체결하여 철도산업에 종사하는 자의 교육·훈련프로그램에 대한 행정적·재정적 지원 등을 할 수 있다.

① 철도산업협력기관

② 철도산업안전연수원

③ 철도산업발전위원회

④ 철도협회

⑤ 철도산업전문연수기관

해설 법 제9조(철도산업전문인력의 교육·훈련 등)
② 국토교통부장관은 국토교통부령으로 정하는 바에 의하여 철도산업전문연수기관과 협약을 체결하여 철도산업에 종사하는 자의 교육·훈련프로그램에 대한 행정적·재정적 지원 등을 할 수 있다.

39 다음 중 빈칸에 들어갈 말로 알맞은 것은?

> 국토교통부장관은 새로운 철도기술과 운영기법의 향상을 위하여 특히 필요하다고 인정하는 때에는 정부투자기관·정부출연기관 또는 정부가 출자한 회사 등으로 하여금 새로운 철도기술과 운영기법의 연구·개발에 투자하도록 ( )할 수 있다.

① 지원   ② 강요

③ 요구   ④ 권고

⑤ 재촉

해설 법 제9조(철도산업전문인력의 교육·훈련 등)
④ 국토교통부장관은 새로운 철도기술과 운영기법의 향상을 위하여 특히 필요하다고 인정하는 때에는 정부투자기관·정부출연기관 또는 정부가 출자한 회사 등으로 하여금 새로운 철도기술과 운영기법의 연구·개발에 투자하도록 권고할 수 있다.

40 다음 중 철도산업종사자의 자격제도를 다양화하고 질적 수준을 유지·발전시키기 위하여 필요한 시책을 수립·시행하여야 하는 주체로 맞는 것은?

① 국가

② 대통령

③ 국토교통부장관

④ 한국교통안전공단

⑤ 한국철도기술연구원

해설 법 제10조(철도산업교육과정의 확대 등)
② 국가는 철도산업종사자의 자격제도를 다양화하고 질적 수준을 유지·발전시키기 위하여 필요한 시책을 수립·시행하여야 한다.

41 다음 중 철도산업 전문인력의 원활한 수급 및 철도산업의 발전을 위하여 특성화된 대학 등 교육기관을 운영·지원할 수 있는 주체로 맞는 것은?

① 국가
② 대통령
③ 교육부장관
④ 국토교통부장관
⑤ 기획재정부장관

해설 법 제10조(철도산업교육과정의 확대 등)
③ 국토교통부장관은 철도산업 전문인력의 원활한 수급 및 철도산업의 발전을 위하여 특성화된 대학 등 교육기관을 운영·지원할 수 있다.

42 다음 중 철도산업에 대한 내용으로 틀린 것은?

① 국토교통부장관은 철도산업에 종사하는 자의 자질향상과 새로운 철도기술 및 그 운영기법의 향상을 위한 교육·훈련방안을 마련하여야 한다.
② 국가 및 지방자치단체는 철도산업의 육성·발전을 촉진하기 위하여 철도산업에 대한 재정·금융·세제·행정상의 지원을 할 수 있다.
③ 국토교통부장관은 국토교통부령으로 정하는 바에 의하여 철도산업전문연수기관과 협약을 체결하여 철도산업에 종사하는 자의 교육·훈련프로그램에 대한 행정적·재정적 지원 등을 할 수 있다.

④ 철도산업전문연수기관은 5년마다 전문인력수요조사를 실시하고 그 결과와 전문인력의 수급에 관한 의견을 국토교통부장관에게 제출할 수 있다.
⑤ 국토교통부장관은 새로운 철도기술과 운영기법의 향상을 위하여 특히 필요하다고 인정하는 때에는 정부투자기관·정부출연기관 또는 정부가 출자한 회사 등으로 하여금 새로운 철도기술과 운영기법의 연구·개발에 투자하도록 권고할 수 있다.

해설 법 제9조(철도산업전문인력의 교육·훈련 등)
③ 제2항에 따른 철도산업전문연수기관은 매년 전문인력수요조사를 실시하고 그 결과와 전문인력의 수급에 관한 의견을 국토교통부장관에게 제출할 수 있다.

43 다음 중 국가가 철도기술의 진흥을 위하여 국유재산을 무상으로 대부·양여하거나 사용·수익하게 할 수 있는 곳은?

① 철도협회
② 국가철도공단
③ 한국철도기술연구원
④ 한국철도공사
⑤ 국토교통부

해설 법 제11조(철도기술의 진흥 등)
③ 국가는 철도기술의 진흥을 위하여 철도시험·연구개발시설 및 부지 등 국유재산을 「과학기술분야 정부출연연구기관 등의 설립·운영 및 육성에 관한 법률」에 의한 한국철도기술연구원에 무상으로 대부·양여하거나 사용·수익히게 할 수 있다.

정답 41 ④ 42 ④ 43 ③

44 다음 중 빈칸에 들어갈 말로 알맞은 것은?

> 국토교통부장관은 철도산업에 관한 정보를 효율적으로 처리하고 원활하게 유통하기 위하여 대통령령으로 정하는 바에 의하여 (   )을(를) 수립·시행하여야 한다.

① 철도산업정보화기본계획
② 철도산업정보센터
③ 철도산업지원센터
④ 철도산업개발계획
⑤ 철도산업기본계획

해설 법 제12조(철도산업의 정보화 촉진)
① 국토교통부장관은 철도산업에 관한 정보를 효율적으로 처리하고 원활하게 유통하기 위하여 대통령령으로 정하는 바에 의하여 철도산업정보화기본계획을 수립·시행하여야 한다.

45 다음 중 철도산업에 관한 정보를 효율적으로 수집·관리 및 제공하기 위하여 철도산업정보센터를 설치·운영하거나 철도산업에 관한 정보를 수집·관리 또는 제공하는 자 등에게 필요한 지원을 할 수 있는 자로 맞는 것은?

① 국가
② 대통령
③ 국토교통부장관
④ 관계 행정기관의 장
⑤ 과학기술정보통신부장관

해설 법 제12조(철도산업의 정보화 촉진)
② 국토교통부장관은 철도산업에 관한 정보를 효율적으로 수집·관리 및 제공하기 위하여 대통령령으로 정하는 바에 의하여 철도산업정보센터를 설치·운영하거나 철도산업에 관한 정보를 수집·관리 또는 제공하는 자 등에게 필요한 지원을 할 수 있다.

46 다음 중 철도산업정보화 기본계획에 포함되어야 하는 사항으로 틀린 것은?

① 철도산업정보화의 여건 및 전망
② 철도산업정보화에 필요한 비용
③ 철도산업정보의 활용방안
④ 철도산업정보의 수집 및 조사계획
⑤ 철도산업정보의 유통 및 이용활성화에 관한 사항

해설 시행령 제15조(철도산업정보화 기본계획의 내용 등)
① 법 제12조 제1항의 규정에 의한 철도산업정보화 기본계획에는 다음 각 호의 사항이 포함되어야 한다.
1. 철도산업정보화의 여건 및 전망
2. 철도산업정보화의 목표 및 단계별 추진계획
3. 철도산업정보화에 필요한 비용
4. 철도산업정보의 수집 및 조사계획
5. 철도산업정보의 유통 및 이용활성화에 관한 사항
6. 철도산업정보화와 관련된 기술개발의 지원에 관한 사항
7. 그 밖에 국토교통부장관이 필요하다고 인정하는 사항

47 다음 중 철도산업정보센터의 업무로 틀린 것은?

① 철도산업정보의 수집
② 철도산업정보의 홍보
③ 철도산업정보의 진위여부 파악
④ 철도산업정보의 보급
⑤ 철도산업정보의 분석

해설 시행령 제16조(철도산업정보센터의 업무 등)
① 법 제12조 제2항의 규정에 의한 철도산업정보센터는 다음 각 호의 업무를 행한다.
1. 철도산업정보의 수집·분석·보급 및 홍보
※ 암기법! 수집, 분석, 홍보, 보급 → 수분홍보

44 ① 45 ③ 46 ③ 47 ③ **정답**

48 다음 중 빈칸에 들어갈 단어로 알맞은 것은?

> 국토교통부장관은 철도산업에 관한 정보를 효율적으로 수집·관리 및 제공하기 위하여 대통령령으로 정하는 바에 의하여 (   )를 설치·운영하거나 철도산업에 관한 정보를 수집·관리 또는 제공하는 자 등에게 필요한 지원을 할 수 있다.

① 철도산업관리센터
② 철도산업지원센터
③ 철도산업정보센터
④ 철도산업유지센터
⑤ 철도산업기술센터

해설 법 제12조(철도산업의 정보화 촉진)
② 국토교통부장관은 철도산업에 관한 정보를 효율적으로 수집·관리 및 제공하기 위하여 대통령령으로 정하는 바에 의하여 철도산업정보센터를 설치·운영하거나 철도산업에 관한 정보를 수집·관리 또는 제공하는 자 등에게 필요한 지원을 할 수 있다.

49 다음 중 철도산업에 관한 국제적 동향을 파악하고 국제협력을 촉진하여야 하는 자로 맞는 것은?

① 국가
② 대통령
③ 국토교통부장관
④ 한국철도기술연구원
⑤ 철도산업정보센터

해설 제13조(국제협력 및 해외진출 촉진)
① 국토교통부장관은 철도산업에 관한 국제적 동향을 파악하고 국제협력을 촉진하여야 한다.

50 다음 중 빈칸에 들어갈 단어로 알맞은 것은?

> 철도산업에 관련된 기업, 기관 및 단체와 이에 관한 업무에 종사하는 자는 철도산업의 건전한 발전과 해외진출을 도모하기 위하여 (   )를(을) 설립할 수 있다.

① 철도협회
② 철도학회
③ 한국철도기술연구원
④ 철도산업위원회
⑤ 철도산업발전기구

해설 법 제13조의 2(협회의 설립)
① 철도산업에 관련된 기업, 기관 및 단체와 이에 관한 업무에 종사하는 자는 철도산업의 건전한 발전과 해외진출을 도모하기 위하여 철도협회(이하 "협회"라 한다)를 설립할 수 있다.

51 다음 중 협회 정관의 기재사항을 정하는 자로 맞는 것은?

① 국가
② 대통령
③ 국토교통부장관
④ 지방자치단체
⑤ 협회장

해설 법 제13조의 2(협회의 설립)
⑥ 협회의 정관은 국토교통부장관의 인가를 받아야 하며, 정관의 기재사항과 협회의 운영 등에 필요한 사항은 대통령령으로 정한다.

52 다음 중 빈칸에 들어갈 말로 알맞은 것은?

> 협회는 (   )의 인가를 받아 주된 사무소의 소재지에 설립등기를 함으로써 성립한다.

정답 48 ③ 49 ③ 50 ① 51 ② 52 ②

① 대통령　　　　② 국토교통부장관
③ 기획재정부장관　④ 주무관청
⑤ 한국철도공사장

해설 법 제13조의 2(협회의 설립)
③ 협회는 국토교통부장관의 인가를 받아 주된 사무소의 소재지에 설립등기를 함으로써 성립한다.

---

53 다음 중 빈칸에 들어갈 단어로 알맞은 것은?

> 협회는 (　　　)으로 한다.

① 학회　　　　② 단체
③ 법인　　　　④ 주식회사
⑤ 기업

해설 법 제13조의 2(협회의 설립)
② 협회는 법인으로 한다.

제3장 철도안전 및 이용자 보호

54 다음의 행위를 하여야 하는 자로 맞는 것은?

> 시설을 설치 또는 관리할 때에 법령에서 정하는 바에 따라 해당 시설의 안전한 상태를 유지하고, 해당 시설과 이를 이용하려는 철도차량 간의 종합적인 성능검증 및 안전상태 점검 등 안전확보에 필요한 조치

① 국가
② 철도시설관리자
③ 철도운영자
④ 철도차량 제조업자
⑤ 국토교통부장관

해설 법 14조(철도안전)
② 철도시설관리자는 그 시설을 설치 또는 관리할 때에 법령에서 정하는 바에 따라 해당 시설의 안전한 상태를 유지하고, 해당 시설과 이를 이용하려는 철도차량 간의 종합적인 성능검증 및 안전상태 점검 등 안전확보에 필요한 조치를 하여야 한다.

---

55 다음 중 빈칸에 들어갈 주체로 알맞은 것은?

> (　　　)는/은 객관적이고 공정한 철도사고조사를 추진하기 위한 전담기구와 전문인력을 확보하여야 한다.

① 국가
② 대통령
③ 국토교통부장관
④ 철도운영자
⑤ 항공철도사고조사위원회

해설 법 제14조(철도안전)
④ 국가는 객관적이고 공정한 철도사고조사를 추진하기 위한 전담기구와 전문인력을 확보하여야 한다.

---

56 다음 중 빈칸에 들어갈 단어로 알맞은 것은?

> (　　　)은/는 철도서비스의 품질을 개선하고 이용자의 편익을 높이기 위하여 철도서비스의 품질을 평가하여 시책에 반영하여야 한다.

① 국가　　　　② 대통령
③ 국토교통부장관　④ 철도운영자
⑤ 철도시설관리자

해설 법 제15조(철도서비스의 품질개선 등)
② 국토교통부장관은 철도서비스의 품질을 개선하고 이용자의 편익을 높이기 위하여 철도서비스의 품질을 평가하여 시책에 반영하여야 한다.

53 ③　54 ②　55 ①　56 ③　**정답**

57 다음 중 철도이용자의 권익보호를 위하여 강구하여야 하는 시책으로 틀린 것은?

① 철도이용자의 권익보호를 위한 법령 개정
② 철도이용자의 권익보호를 위한 교육
③ 철도이용자의 권익보호를 위한 연구
④ 철도이용자의 재산상의 위해 방지
⑤ 철도이용자의 불만 및 피해에 대한 신속·공정한 구제조치

> **해설** 법 제16조(철도이용자의 권익보호 등)
> 국가는 철도이용자의 권익보호를 위하여 다음 각 호의 시책을 강구하여야 한다.
> 1. 철도이용자의 권익보호를 위한 홍보·교육 및 연구
> 2. 철도이용자의 생명·신체 및 재산상의 위해 방지
> 3. 철도이용자의 불만 및 피해에 대한 신속·공정한 구제조치
> 4. 그 밖에 철도이용자 보호와 관련된 사항

58 다음 중 제공하는 철도서비스의 품질을 개선하기 위하여 노력하여야 되는 자로 맞는 것은?

① 국토교통부장관
② 철도운영자
③ 철도시설관리자
④ 대통령
⑤ 국가

> **해설** 법 제15조(철도서비스의 품질개선 등)
> ① 철도운영자는 그가 제공하는 철도서비스의 품질을 개선하기 위하여 노력하여야 한다.

제1절 기본시책

59 다음 중 철도산업의 경쟁력을 강화하고 발전기반을 조성하기 위하여 철도시설 부문과 철도운영 부문을 분리하는 철도산업의 구조개혁을 추진하는 주체로 맞는 것은?

① 국가
② 대통령
③ 국토교통부
④ 철도협회
⑤ 철도산업위원회

> **해설** 법 제17조(철도산업구조개혁의 기본방향)
> ① 국가는 철도산업의 경쟁력을 강화하고 발전기반을 조성하기 위하여 철도시설 부문과 철도운영 부문을 분리하는 철도산업의 구조개혁을 추진하여야 한다.

60 다음 중 철도시설관리자와 철도운영자는 상호협력이 필요한 분야에 대하여 정기적으로 무엇을 해야 하는가?

① 업무협약서 작성
② 협력지원서 작성
③ 통합근무
④ 합동점검
⑤ 상호 업무협의

> **해설** 시행령 제23조(업무절차서의 교환 등)
> ② 철도시설관리자와 철도운영자는 상호협력이 필요한 분야에 대하여 정기적으로 합동점검을 하여야 한다.

61 다음 중 빈칸에 들어갈 단어로 알맞은 것은?

> 철도시설관리자와 철도운영자는 법에 의하여 철도시설관리와 철도운영에 있어 상호협력이 필요한 분야에 대하여 (   )를 작성하여 정기적으로 이를 교환하고, 이를 변경한 때에는 즉시 통보하여야 한다.

정답 57 ① 58 ② 59 ① 60 ④ 61 ③

① 통합업무표

② 기안서

③ 업무절차서

④ 업무설명서

⑤ 협조요청공문서

> **해설** **시행령 제23조(업무절차서의 교환 등)**
> ① 철도시설관리자와 철도운영자는 법 제17조 제2항의 규정에 의하여 철도시설관리와 철도우영에 있어 상호협력이 필요한 분야에 대하여 업무절차서를 작성하여 정기적으로 이를 교환하고, 이를 변경한 때에는 즉시 통보하여야 한다.

62 다음 중 선로배분지침에 포함되어야 하는 사항으로 틀린 것은?

① 여객열차와 화물열차에 대한 선로용량의 배분

② 지역 간 열차와 지역 내 열차에 대한 선로용량의 배분

③ 시설의 유지보수·개량 및 건설을 위한 작업시간

④ 철도차량의 안전운행에 관한 사항

⑤ 그 밖에 선로의 효율적 활용을 위하여 필요한 사항

> **해설** **시행령 제24조(선로배분지침의 수립 등)**
> ② 제1항의 규정에 의한 선로배분지침에는 다음 각 호의 사항이 포함되어야 한다.
> 1. 여객열차와 화물열차에 대한 선로용량의 배분
> 2. 지역 간 열차와 지역 내 열차에 대한 선로용량의 배분
> 3. 선로의 유지보수·개량 및 건설을 위한 작업시간
> 4. 철도차량의 안전운행에 관한 사항
> 5. 그 밖에 선로의 효율적 활용을 위하여 필요한 사항

63 다음 중 선로배분지침을 수립·고시하여야 하는 자로 맞는 것은?

① 국가

② 대통령

③ 국토교통부장관

④ 철도운영자 및 철도시설관리자

⑤ 철도시설관리자

> **해설** **시행령 제24조(선로배분지침의 수립 등)**
> ① 국토교통부장관은 법 제17조 제2항의 규정에 의하여 철도시설관리자와 철도운영자가 안전하고 효율적으로 선로를 사용할 수 있도록 하기 위하여 선로용량의 배분에 관한 지침(이하 "선로배분지침"이라 한다)을 수립·고시하여야 한다.

64 다음의 특징에 해당되는 곳은?

> 국토교통부장관이 철도차량 등의 운행정보의 제공, 철도차량 등에 대한 운행통제, 적법운행 여부에 대한 지도·감독, 사고발생 시 사고복구 지시 등 철도교통의 안전과 질서를 유지하기 위하여 필요한 조치를 할 수 있도록 설치, 운영

① 철도교통관제시설

② 철도정보전파시설

③ 철도안전시설

④ 철도사고대책위원회

⑤ 철도운영위원회

> **해설** **시행령 제24조(선로배분지침의 수립 등)**
> ④ 국토교통부장관은 철도차량 등의 운행정보의 제공, 철도차량 등에 대한 운행통제, 적법운행 여부에 대한 지도·감독, 사고발생 시 사고복구 지시 등 철도교통의 안전과 질서를 유지하기 위하여 필요한 조치를 할 수 있도록 철도교통관제시설을 설치·운영하여야 한다.

62 ③ **63** ③ **64** ① **정답**

65 다음 중 철도산업 구조개혁 기본계획에 포함되어야 하는 사항으로 틀린 것은?

① 철도산업구조개혁의 목표 및 기본방향에 관한 사항
② 철도산업구조개혁의 추진방안에 관한 사항
③ 철도의 소유 및 경영구조의 개혁에 관한 사항
④ 철도산업구조개혁에 따른 대내외 여건 조성에 관한 사항
⑤ 철도산업구조개혁의 활용방안 및 지속가능성에 관한 사항

해설 **법 제18조(철도산업구조개혁 기본계획의 수립 등)**
② 구조개혁계획에는 다음 각 호의 사항이 포함되어야 한다.
1. 철도산업구조개혁의 목표 및 기본방향에 관한 사항
2. 철도산업구조개혁의 추진방안에 관한 사항
3. 철도의 소유 및 경영구조의 개혁에 관한 사항
4. 철도산업구조개혁에 따른 대내외 여건조성에 관한 사항
5. 철도산업구조개혁에 따른 자산·부채·인력 등에 관한 사항
6. 철도산업구조개혁에 따른 철도관련 기관·단체 등의 정비에 관한 사항
7. 그 밖에 철도산업구조개혁을 위하여 필요한 사항으로서 대통령령으로 정하는 사항

66 다음 중 국토교통부장관이 구조개혁계획을 수립하고자 하는 때 협의하는 자로 맞는 것은?

① 대통령
② 기획재정부장관
③ 철도운영자
④ 철도시설관리자
⑤ 관계 행정기관의 장

해설 **법 제18조(철도산업구조개혁 기본계획의 수립 등)**
③ 국토교통부장관은 구조개혁계획을 수립하고자 하는 때에는 미리 구조개혁계획과 관련이 있는 행정기관의 장과 협의한 후 제6조에 따른 위원회의 심의를 거쳐야 한다. 수립한 구조개혁계획을 변경(대통령령으로 정하는 경미한 변경은 제외한다)하고자 하는 경우에도 또한 같다.

67 다음 중 대통령령으로 정하는 철도산업구조에 포함되어야 하는 사항으로 틀린 것은?

① 철도서비스 시장의 구조개편에 관한 사항
② 철도요금·철도시설사용료 등 가격정책에 관한 사항
③ 철도안전 및 서비스향상에 관한 사항
④ 철도산업구조개혁의 추진체계 및 관계기관의 협조에 관한 사항
⑤ 철도산업구조개혁의 단기 추진방향에 관한 사항

해설 **시행령 제25조**
(철도산업구조개혁 기본계획의 내용)
법 제18조 제2항 제7호에서 "대통령령이 정하는 사항"이라 함은 다음 각 호의 사항을 말한다.
1. 철도서비스 시장의 구조개편에 관한 사항
2. 철도요금·철도시설사용료 등 가격정책에 관한 사항
3. 철도안전 및 서비스향상에 관한 사항
4. 철도산업구조개혁의 추진체계 및 관계기관의 협조에 관한 사항
5. 철도산업구조개혁의 중장기 추진방향에 관한 사항
6. 그 밖에 국토교통부장관이 철도산업구조개혁의 추진을 위하여 필요하다고 인정하는 사항

68 다음 중 빈칸에 들어갈 말로 알맞은 것은?

철도산업구조개혁 기본계획의 경미한 변경은 철도산업구조개혁 기본계획 추진기간의 (   )의 기간 내에서의 변경을 말한다.

정답 65 ⑤ 66 ⑤ 67 ⑤ 68 ①

① 1년   ② 2년

③ 3년   ④ 4년

⑤ 5년

해설 시행령 제26조

(철도산업구조개혁 기본계획의 경미한 변경)

법 제18조 제3항 후단에서 "대통령령이 정하는 경미한 변경"이라 함은 철도산업구조개혁 기본계획 추진기간의 1년의 기간 내에서의 변경을 말한다.

69 다음 중 철도의 관리청으로 맞는 것은?

① 국가   ② 대통령

③ 국토교통부장관   ④ 철도운영자

⑤ 철도시설관리자

해설 제19조(관리청)

① 철도의 관리청은 **국토교통부장관**으로 한다.

70 다음 중 국토교통부장관이 철도시설의 건설 및 관리 등에 관한 그의 업무의 일부를 대행하게 할 수 있는 곳으로 맞는 것은?

① 한국철도공사   ② 국가철도공단

③ 철도산업위원회   ④ 철도협회

⑤ 철도전문기관

해설 법 제19조(관리청)

② 국토교통부장관은 이 법과 그 밖의 철도에 관한 법률에 규정된 철도시설의 건설 및 관리 등에 관한 그의 업무의 일부를 대통령령으로 정하는 바에 의하여 제20조 제3항에 따라 설립되는 국가철도공단으로 하여금 대행하게 할 수 있다. 이 경우 대행하는 업무의 범위·권한의 내용 등에 관하여 필요한 사항은 대통령령으로 정한다.

71 다음 중 국가철도공단의 관리청 업무 대행 범위가 아닌 것은?

① 국가가 추진하는 철도시설 건설사업의 집행

② 국가 소유의 철도시설에 대한 사용료 징수 등 관리업무의 집행

③ 철도시설의 안전유지, 철도시설과 이를 이용하는 철도차량 간의 종합적인 성능 검증·안전상태 점검 등 철도시설의 안전을 위하여 국토교통부장관이 정하는 업무

④ 철도차량의 안전한 운행을 위하여 선로 등의 관리업무의 집행

⑤ 그 밖에 국토교통부장관이 철도시설의 효율적인 관리를 위하여 필요하다고 인정한 업무

해설 시행령 제28조(관리청 업무의 대행범위)

국토교통부장관이 법 제19조 제2항의 규정에 의하여 국가철도공단으로 하여금 대행하게 하는 경우 그 대행 업무는 다음 각 호와 같다.

1. 국가가 추진하는 철도시설 건설사업의 집행

2. 국가 소유의 철도시설에 대한 사용료 징수 등 관리업무의 집행

3. 철도시설의 안전유지, 철도시설과 이를 이용하는 철도차량 간의 종합적인 성능검증·안전상태점검 등 철도시설의 안전을 위하여 국토교통부장관이 정하는 업무

4. 그 밖에 국토교통부장관이 철도시설의 효율적인 관리를 위하여 필요하다고 인정한 업무

72 다음 중 철도산업의 구조개혁을 추진하는 경우 철도시설은 누가 소유하는 것을 원칙으로 하는가?

① 국가

② 국가철도공단

③ 국토교통부장관

④ 대통령

⑤ 철도운영자

해설 법 제20조(철도시설)

① 철도산업의 구조개혁을 추진하는 경우 철도시설은 국가가 소유하는 것을 원칙으로 한다.

69 ③   70 ②   71 ④   72 ①   **정답**

PARTI 철도산업발전기본법 **97**

73 다음 중 국토교통부장관이 수립·시행하지 않아도 되는 철도시설에 대한 시책은?

① 철도시설의 예산범위

② 철도시설의 안전관리 및 재해대책

③ 철도시설의 유지보수 및 적정한 상태유지

④ 철도시설의 건설 및 관리

⑤ 철도시설에 대한 투자 계획수립 및 재원조달

> **해설** 법 제20조(철도시설)
> ② 국토교통부장관은 철도시설에 대한 다음 각 호의 시책을 수립·시행한다.
> 1. 철도시설에 대한 투자 계획수립 및 재원조달
> 2. 철도시설의 건설 및 관리
> 3. 철도시설의 유지보수 및 적정한 상태유지
> 4. 철도시설의 안전관리 및 재해대책
> 5. 그 밖에 다른 교통시설과의 연계성확보 등 철도시설의 공공성 확보에 필요한 사항

74 다음 중 국토교통부장관이 철도운영에 대한 수립·시행하는 시책으로 틀린 것은?

① 철도운영부문의 경쟁력 강화

② 공정한 경쟁여건의 조성

③ 철도품질서비스의 개선

④ 열차운영의 안전진단 등 예방조치 및 사고조사 등 철도운영의 안전확보

⑤ 철도운영서비스의 개선

> **해설** 법 제21조(철도운영)
> ① 철도산업의 구조개혁을 추진하는 경우 철도운영 관련사업은 시장경제원리에 따라 국가 외의 자가 영위하는 것을 원칙으로 한다.
> ② 국토교통부장관은 철도운영에 대한 다음 각 호의 시책을 수립·시행한다.
> 1. 철도운영부문의 경쟁력 강화
> 2. 철도운영서비스의 개선
> 3. 열차운영의 안전진단 등 예방조치 및 사고조사 등 철도운영의 안전확보
> 4. 공정한 경쟁여건의 조성
> 5. 그 밖에 철도이용자 보호와 열차운행원칙 등 철도운영에 필요한 사항

75 다음 중 철도시설관리와 철도운영에 있어 상호협력이 필요한 분야에 대하여 철도시설관리자와 철도운영자가 작성, 정기적 교환하여야 하는 것으로 맞는 것은?

① 선로배분지침

② 합동점검 보고서

③ 업무절차서

④ 업무지시서

⑤ 업무보고서

> **해설** 시행령 제23조(업무절차서의 교환 등)
> ① 철도시설관리자와 철도운영자는 법 제17조 제2항의 규정에 의하여 철도시설관리와 철도운영에 있어 상호협력이 필요한 분야에 대하여 업무절차서를 작성하여 정기적으로 이를 교환하고, 이를 변경한 때에는 즉시 통보하여야 한다.

76 다음 중 선로배분지침에 포함되어야 할 사항으로 틀린 것은?

① 여객열차와 화물열차에 대한 선로용량의 배분

② 지역 간 열차와 지역 내 열차에 대한 선로용량의 배분

③ 선로의 유지보수, 개량 및 건설을 위한 작업시간

④ 열차의 안전운행에 관한 사항

⑤ 그 밖에 선로의 효율적 활용을 위하여 필요한 사항

> **해설** 시행령 제24조(선로배분지침의 수립 등)
> 선로배분지침에는 다음 각 호의 사항이 포함되어야 한다.
> 1. 여객열차와 화물열차에 대한 선로용량의 배분
> 2. 지역 간 열차와 지역 내 열차에 대한 선로용량의 배분
> 3. 선로의 유지보수·개량 및 건설을 위한 작업시간
> 4. 철도차량의 안전운행에 관한 사항
> 5. 그 밖에 선로의 효율적 활용을 위하여 필요한 사항

정답 73 ① 74 ③ 75 ③ 76 ④

77 다음 중 구조개혁계획에 포함되어야 하는 사항으로 틀린 것은?

① 철도산업구조개혁의 목표 및 기본방향에 관한 사항

② 철도산업구조개혁의 추진방안에 관한 사항

③ 철도의 소유 및 경영구조의 개혁에 관한 사항

④ 철도산업구조개혁에 따른 대내외 여건조성에 관한 사항

⑤ 그 밖에 철도산업구조개혁을 위하여 필요한 사항으로서 국토교통부령으로 정하는 사항

> 해설 법 제18조(철도산업구조개혁기본계획의 수립 등)
> ② 구조개혁계획에는 다음 각 호의 사항이 포함되어야 한다.
> 1. 철도산업구조개혁의 목표 및 기본방향에 관한 사항
> 2. 철도산업구조개혁의 추진방안에 관한 사항
> 3. 철도의 소유 및 경영구조의 개혁에 관한 사항
> 4. 철도산업구조개혁에 따른 대내외 여건조성에 관한 사항
> 5. 철도산업구조개혁에 따른 자산·부채·인력 등에 관한 사항
> 6. 철도산업구조개혁에 따른 철도관련 기관·단체 등의 정비에 관한 사항
> 7. 그 밖에 철도산업구조개혁을 위하여 필요한 사항으로서 대통령령으로 정하는 사항

78 다음 중 빈칸에 들어갈 말로 알맞은 것은?

> 국토교통부장관은 구조개혁계획을 수립하고자 하는 때에는 미리 구조개혁계획과 관련이 있는 행정기관의 장과 협의한 후 (   )의 심의를 거쳐야 한다.

① 철도협회   ② 철도산업위원회

③ 분과위원회   ④ 실무위원회

⑤ 개혁기획단

> 해설 법 제18조(철도산업구조개혁기본계획의 수립 등)
> ③ 국토교통부장관은 구조개혁계획을 수립하고자 하는 때에는 미리 구조개혁계획과 관련이 있는 행정기관의 장과 협의한 후 제6조에 따른 위원회의 심의를 거쳐야 한다. 수립한 구조개혁계획을 변경(대통령령으로 정하는 경미한 변경은 제외한다)하고자 하는 경우에도 또한 같다.

79 다음 중 관계행정기관의 장이 전년도 철도산업구조개혁 시행계획의 추진실적을 국토교통부장관에게 제출하여야 되는 기간으로 맞는 것은?

① 매년 1월 말까지

② 매년 2월 말까지

③ 매년 3월 말까지

④ 매년 11월 말까지

⑤ 매년 12월 31일까지

> 해설 시행령 제27조
> (철도산업구조개혁 시행계획의 수립절차 등)
> ① 관계행정기관의 장은 법 제18조 제5항의 규정에 의한 당해 연도의 시행계획을 전년도 11월 말까지 국토교통부장관에게 제출하여야 한다.
> ② 관계행정기관의 장은 전년도 시행계획의 추진실적을 매년 2월 말까지 국토교통부장관에게 제출하여야 한다.

80 다음 중 구조개혁계획에 포함되어야 하는 사항으로 틀린 것은?

① 철도산업구조개혁의 목표 및 기본방향에 관한 사항

② 철도산업구조개혁의 추진방안에 관한 사항

③ 철도산업구조개혁에 따른 경영구조 개혁에 관한 사항

④ 철도산업구조개혁에 따른 대내외 여건조성에 관한 사항

⑤ 철도산업구조개혁에 따른 자산, 부채, 인력 등에 관한 사항

77 ⑤   78 ②   79 ②   80 ③   정답

법 제18조(철도산업구조개혁기본계획의 수립 등)
② 구조개혁계획에는 다음 각 호의 사항이 포함되어야 한다.
3. 철도의 소유 및 경영구조의 개혁에 관한 사항

81 다음 중 철도산업구조개혁 시행계획을 국토교통부장관에게 제출하여야 하는 자로 맞는 것은?
① 관계행정기관의 장
② 중앙행정기관의 장
③ 지방자치단체
④ 철도운영자
⑤ 철도시설관리자

82 다음 중 철도의 관리청으로 맞는 것은?
① 국가
② 정부
③ 국토교통부장관
④ 한국철도공사
⑤ 지방자치단체

제2절 자산·부채 및 인력의 처리

83 다음의 내용은 무엇에 대한 설명인가?

> 철도청과 고속철도건설공단이 철도의 기반이 되는 시설의 건설 및 관리를 주된 목적으로 취득하였거나 관련 법령 및 계약 등에 의하여 취득하기로 한 재산·시설 및 그에 관한 권리

① 운영자산   ② 시설자산
③ 건설자산   ④ 특별자산
⑤ 기타자산

법 제22조(철도자산의 구분 등)
① 국토교통부장관은 철도산업의 구조개혁을 추진하는 경우 철도청과 고속철도건설공단의 철도자산을 다음 각 호와 같이 구분하여야 한다.
2. 시설자산 : 철도청과 고속철도건설공단이 철도의 기반이 되는 시설의 건설 및 관리를 주된 목적으로 취득하였거나 관련 법령 및 계약 등에 의하여 취득하기로 한 재산·시설 및 그에 관한 권리

84 다음 중 빈칸에 들어갈 단어로 알맞은 것은?

> (   ) : 철도청과 고속철도건설공단이 철도운영 등을 주된 목적으로 취득하였거나 관련 법령 및 계약 등에 의하여 취득하기로 한 재산·시설 및 그에 관한 권리

① 운영자산   ② 시설자산
③ 철도자산   ④ 기본자산
⑤ 기타자산

법 제22조(철도자산의 구분 등)
① 국토교통부장관은 철도산업의 구조개혁을 추진하는 경우 철도청과 고속철도건설공단의 철도자산을 다음 각 호와 같이 구분하여야 한다.
1. 운영자산 : 철도청과 고속철도건설공단이 철도운영 등을 주된 목적으로 취득하였거나 관련 법령 및 계약 등에 의하여 취득하기로 한 재산·시설 및 그에 관한 권리

85 다음 중 국토교통부장관이 철도자산을 구분하는 때 미리 협의하는 자로 맞는 것은?
① 국가
② 대통령
③ 기획재정부장관
④ 국가철도공단
⑤ 한국철도공사

정답 81 ①   82 ③   83 ②   84 ①   85 ③

법 제22조(철도자산의 구분 등)
② 국토교통부장관은 제1항에 따라 철도자산을 구분하는 때에는 기획재정부장관과 미리 협의하여 그 기준을 정한다.

86 다음 중 빈칸에 들어갈 단어를 순서대로 나열한 것은?

> 국토교통부장관은 (   )으로 정하는 바에 의하여 철도산업의 구조개혁을 추진하기 위한 철도자산의 처리계획을 (   ) 거쳐 수립하여야 한다.

① 대통령령, 국토교통부장관의 승인을
② 대통령령, 기획재정부장관과 협의를
③ 대통령령, 위원회의 심의를
④ 국토교통부령, 국토교통부장관의 승인을
⑤ 국토교통부령, 기획재정부장관과 협의를

법 제23조(철도자산의 처리)
① 국토교통부장관은 대통령령으로 정하는 바에 의하여 철도산업의 구조개혁을 추진하기 위한 철도자산의 처리계획(이하 "철도자산처리계획"이라 한다)을 위원회의 심의를 거쳐 수립하여야 한다.

87 다음 중 국가는 「국유재산법」에도 불구하고 철도자산처리계획에 의하여 철도공사에 운영자산을 무엇으로 출자해야 하는가?

① 현금   ② 공사채
③ 예산   ④ 현물
⑤ 보증권

법 제23조(철도자산의 처리)
② 국가는 「국유재산법」에도 불구하고 철도자산처리계획에 의하여 철도공사에 운영자산을 현물 출자한다.
※ 「한국철도공사법」에도 나오는 내용이다.

[한국철도공사법 제4조(자본금 및 출자)]
① 공사의 자본금은 22조 원으로 하고, 그 전부를 정부가 출자한다.
② 제1항에 따른 자본금의 납입 시기와 방법은 기획재정부장관이 정하는 바에 따른다.
③ 국가는 「국유재산법」에도 불구하고 「철도산업발전기본법」 제22조 제1항 제1호에 따른 운영자산을 공사에 현물로 출자한다.

88 다음 중 국토교통부장관이 철도자산처리계획에 의하여 철도청장으로부터 이관받는 철도자산으로 맞는 것은?

① 철도청이 건설 중인 시설자산
② 철도청의 기타자산
③ 고속철도건설공단이 건설 중인 시설자산
④ 고속철도건설공단의 운영자산
⑤ 고속철도건설공단의 기타자산

법 제23조(철도자산의 처리)
④ 국토교통부장관은 철도자산처리계획에 의하여 철도청장으로부터 다음 각 호의 철도자산을 이관 받으며, 그 관리업무를 국가철도공단, 철도공사, 관련 기관 및 단체 또는 대통령령으로 정하는 민간법인에 위탁하거나 그 자산을 사용·수익하게 할 수 있다.
1. 철도청의 시설자산(건설 중인 시설자산은 제외한다)
2. 철도청의 기타자산

89 다음 중 철도청이 건설 중인 시설자산의 권리와 의무를 승계하는 자로 맞는 것은?

① 국토교통부장관   ② 국가철도공단
③ 한국철도공사   ④ 기획재정부장관
⑤ 철도청

법 제23조(철도자산의 처리)
⑤ 국가철도공단은 철도자산처리계획에 의하여 다음 각 호의 철도자산과 그에 관한 권리와 의무를 포괄하여 승계한다. 이 경우 제1호 및 제2호의 철도자산이 완공된 때에는 국가에 귀속된다.
1. 철도청이 건설 중인 시설자산
2. 고속철도건설공단이 건설 중인 시설자산 및 운영자산
3. 고속철도건설공단의 기타자산

86 ③ 87 ④ 88 ② 89 ② **정답**

90 다음 중 고속철도건설공단이 건설 중인 시설자산이 완공된 때에 철도자산의 처리로 맞는 것은?

① 철도공사에 승계
② 국가철도공단에 승계
③ 국가에 귀속
④ 고속철도건설공단에 이관
⑤ 위원회의 심의

> **해설** 법 제23조(철도자산의 처리)
> ⑤ 국가철도공단은 철도자산처리계획에 의하여 다음 각 호의 철도자산과 그에 관한 권리와 의무를 포괄하여 승계한다. 이 경우 제1호 및 제2호의 철도자산이 완공된 때에는 국가에 귀속된다.
> 1. 철도청이 건설 중인 시설자산
> 2. 고속철도건설공단이 건설 중인 시설자산 및 운영자산
> 3. 고속철도건설공단의 기타자산

91 다음 중 고속철도건설공단이사장이 철도자산을 이관하고자 하는 때 관련 서류를 작성하여 승인을 받아야 되는 자로 맞는 것은?

① 대통령
② 국토교통부장관
③ 기획재정부장관
④ 철도청장
⑤ 한국철도공사장

> **해설** 법 제23조(철도자산의 처리)
> ⑥ 철도청장 또는 고속철도건설공단이사장이 제2항부터 제5항까지의 규정에 의하여 철도자산의 인계·이관 등을 하고자 하는 때에는 그에 관한 서류를 작성하여 국토교통부장관의 승인을 얻어야 한다.

92 다음 중 철도자산 처리계획에 포함되어야 하는 사항으로 틀린 것은?

① 철도자산의 개요 및 현황에 관한 사항
② 철도자산의 처리방향에 관한 사항
③ 철도자산의 구분기준에 관한 사항
④ 철도자산의 인계·이관 및 출자에 관한 사항

⑤ 철도의 소유 및 경영구조의 변화에 따른 철도자산 개혁에 관한 사항

> **해설** 시행령 제29조(철도자산처리계획의 내용)
> 법 제23조 제1항의 규정에 의한 철도자산처리계획에는 다음 각 호의 사항이 포함되어야 한다.
> 1. 철도자산의 개요 및 현황에 관한 사항
> 2. 철도자산의 처리방향에 관한 사항
> 3. 철도자산의 구분기준에 관한 사항
> 4. 철도자산의 인계·이관 및 출자에 관한 사항
> 5. 철도자산처리의 추진일정에 관한 사항
> 6. 그 밖에 국토교통부장관이 철도자산의 처리를 위하여 필요하다고 인정하는 사항

93 다음 중 국토교통부장관이 철도청장으로부터 이관받은 철도자산의 관리업무를 위탁하거나 그 자산을 사용·수익하게 할 수 있는 자가 아닌 것은?

① 국가철도공단
② 철도공사
③ 관련 단체
④ 협회
⑤ 비영리법인

> **해설**
> • 법 제23조(철도자산의 처리) ④ 국토교통부장관은 철도자산처리계획에 의하여 철도청장으로부터 다음 각 호의 철도자산을 이관 받으며, 그 관리업무를 국가철도공단, 철도공사, 관련 기관 및 단체 또는 대통령령으로 정하는 민간법인에 위탁하거나 그 자산을 사용·수익하게 할 수 있다.
> • 시행령 제30조(철도자산 관리업무의 민간위탁계획)
> ① 법 제23조 제4항 각 호 외의 부분에서 "대통령령이 정하는 민간법인"이라 함은 「민법」에 의하여 설립된 비영리법인과 「상법」에 의하여 설립된 주식회사를 말한다.

94 다음 중 민간위탁계획에 포함되어야 하는 사항으로 틀린 것은?

① 위탁대상 철도자산
② 위탁의 필요성
③ 위탁기간
④ 위탁의 효과
⑤ 수탁기관의 선정절차

해설 시행령 제30조(철도자산 관리업무의 민간위탁 계획)
③ 제2항의 규정에 의한 민간위탁계획에는 다음 각 호의 사항이 포함되어야 한다.
1. 위탁대상 철도자산
2. 위탁의 필요성·범위 및 효과
3. 수탁기관의 선정절차

95 다음 중 민간위탁계약에 포함되어야 하는 사항으로 틀린 것은?
① 위탁대상 철도자산
② 위탁대상 철도자산의 관리에 관한 사항
③ 위탁계약기간(계약기간의 수정·갱신 및 위탁계약의 해지에 관한 사항은 제외한다)
④ 위탁대가의 지급에 관한 사항
⑤ 위탁업무의 재위탁에 관한 사항

해설 시행령 제31조(민간위탁계약의 체결)
② 제1항의 규정에 의한 위탁계약에는 다음 각 호의 사항이 포함되어야 한다.
1. 위탁대상 철도자산
2. 위탁대상 철도자산의 관리에 관한 사항
3. 위탁계약기간(계약기간의 수정·갱신 및 위탁계약의 해지에 관한 사항을 포함한다)
4. 위탁대가의 지급에 관한 사항
5. 위탁업무에 대한 관리 및 감독에 관한 사항
6. 위탁업무의 재위탁에 관한 사항
7. 그 밖에 **국토교통부장관**이 필요하다고 인정하는 사항

96 다음 중 철도자산처리계획에 포함되어야 하는 내용으로 틀린 것은?
① 철도자산의 개요 및 현황에 관한 사항
② 철도자산의 기본방향에 관한 사항
③ 철도자산의 구분기준에 관한 사항
④ 철도자산의 추진일정에 관한 사항
⑤ 철도자산의 인계·이관 및 출자에 관한 사항

97 다음 중 국토교통부장관이 철도청과 고속철도건설공단의 철도부채를 구분할 때 미리 협의하는 자로 맞는 것은?
① 국가
② 대통령
③ 기획재정부장관
④ 공정거래위원회위원장
⑤ 국가철도공단 이사장

해설 법 제24조(철도부채의 처리)
① 국토교통부장관은 기획재정부장관과 미리 협의하여 철도청과 고속철도건설공단의 철도부채를 다음 각 호로 구분하여야 한다.

98 다음 중 운영부채를 승계하는 자로 맞는 것은?
① 국가
② 대통령
③ 국토교통부장관
④ 한국철도공사
⑤ 국가철도공단

해설 법 제24조(철도부채의 처리)
② 운영부채는 철도공사가, 시설부채는 국가철도공단이 각각 포괄하여 승계하고, 기타부채는 일반회계가 포괄하여 승계한다.

99 다음 중 철도부채를 인계하는 시기를 정하는 주체로 맞는 것은?
① 국가
② 대통령
③ 국토교통부
④ 기획재정부
⑤ 한국철도공사

해설 법 제24조(철도부채의 처리)
제3항에 따라 철도부채를 인계하는 시기와 인계하는 철도부채 등의 평가방법 및 평가기준일 등에 관한 사항은 대통령령으로 정한다.

95 ③ 96 ② 97 ③ 98 ④ 99 ② **정답**

100 다음 중 국토교통부장관이 철도청장으로부터 이관 받은 자산을 사용하게 할 수 있는 기관으로 틀린 것은?

① 국가철도공단
② 철도공사
③ 철도산업위원회
④ 민법에 의해 설립된 비영리 법인
⑤ 상법이 의해 설립된 주식회사

제3절 철도시설관리권 등

101 철도시설을 관리하고 그 철도시설을 사용하거나 이용하는 자로부터 사용료를 징수할 수 있는 권리를 뭐라고 하는가?

① 철도시설이용권
② 철도시설사용권
③ 철도시설점용권
④ 철도시설관리권
⑤ 철도시설통행권

> **해설** 법 제26조(철도시설관리권)
> ① 국토교통부장관은 철도시설을 관리하고 그 철도시설을 사용하거나 이용하는 자로부터 사용료를 징수할 수 있는 권리(이하 "철도시설관리권"이라 한다)를 설정할 수 있다.

102 다음 중 철도시설관리권의 성질로 맞는 것은?

① 특권   ② 채권
③ 재산권   ④ 사용권
⑤ 물권

> **해설** 법 제27조(철도시설관리권의 성질)
> 철도시설관리권은 이를 물권으로 보며, 이 법에 특별한 규정이 있는 경우를 제외하고는 민법 중 부동산에 관한 규정을 준용한다.

103 다음 중 빈칸에 들어갈 말로 알맞은 것은?

> 철도시설관리권의 설정을 받은 자는 대통령령으로 정하는 바에 따라 (   )에게 등록하여야 한다.

① 대통령   ② 국토교통부장관
③ 철도운영자   ④ 철도시설관리자
⑤ 국가

> **해설** 법 제26조(철도시설관리권)
> ② 제1항에 따라 철도시설관리권의 설정을 받은 자는 대통령령으로 정하는 바에 따라 국토교통부장관에게 등록하여야 한다. 등록한 사항을 변경하고자 하는 때에도 또한 같다.

104 다음 중 빈칸에 들어갈 말로 알맞은 것은?

> 철도시설관리권 또는 철도시설관리권을 목적으로 하는 저당권의 설정·변경·소멸 및 처분의 제한은 (   )에 비치하는 철도시설관리권등록부에 등록함으로써 그 효력이 발생한다.

① 국토교통부
② 철도공사
③ 국가철도공단
④ 철도시설관리공단
⑤ 법원

> **해설** 법 제29조(권리의 변동)
> ① 철도시설관리권 또는 철도시설관리권을 목적으로 하는 저당권의 설정·변경·소멸 및 처분의 제한은 국토교통부에 비치하는 철도시설관리권등록부에 등록함으로써 그 효력이 발생한다.

정답 100 ③   101 ④   102 ⑤   103 ②   104 ①

105 다음 중 철도시설관리권의 등록에 관하여 필요한 사항을 정하는 자로 맞는 것은?

① 국가
② 대통령
③ 국토교통부장관
④ 철도시설관리자
⑤ 기획재정부장관

해설 법 제29조(권리의 변동)
② 제1항에 따른 철도시설관리권의 등록에 관하여 필요한 사항은 대통령령으로 정한다.

106 다음 중 빈칸에 들어갈 단어로 알맞은 것은?

> 철도시설을 관리하는 자는 그가 관리하는 ( )을 작성·비치하여야 한다.

① 철도시설관리권등록부
② 철도시설의 관리대장
③ 철도시설의 이용대장
④ 철도시설물권이용등록부
⑤ 철도시설의 허가대장

해설 법 제30조(철도시설 관리대장)
① 철도시설을 관리하는 자는 그가 관리하는 철도시설의 관리대장을 작성·비치하여야 한다.

107 다음 중 철도시설을 사용하는 자로부터 철도시설 사용료를 징수할 수 있는 자로 맞는 것은?

① 대통령
② 국토교통부장관
③ 철도시설관리자
④ 지방자치단체
⑤ 시·도지사

해설 법 제31조(철도시설 사용료)
② 철도시설관리자 또는 시설사용계약자는 제1항에 따라 철도시설을 사용하는 자로부터 사용료를 징수할 수 있다.

108 다음 중 철도시설 사용료를 징수하는 경우 고려 사항을 나열한 것으로 올바른 것은?

① 철도의 환경친화성과 공익성
② 철도의 환경친화성과 다른 교통수단과의 형평성
③ 철도의 사회경제적 편익과 공익성
④ 철도의 사회경제적 편익과 다른 교통수단과의 형평성
⑤ 철도의 에너지효율성과 공익성

해설 법 제31조(철도시설 사용료)
③ 제2항에 따라 철도시설 사용료를 징수하는 경우 철도의 사회경제적 편익과 다른 교통수단과의 형평성 등이 고려되어야 한다.

109 다음 중 빈칸에 들어갈 말을 순서대로 나열한 것으로 알맞은 것은?

> ( )가 직접 공용, 공공용 또는 비영리 공익사업용으로 철도시설을 사용하고자 하는 경우에는 ( )로 정하는 바에 따라 그 사용료의 전부 또는 일부를 면제할 수 있다.

① 국가, 대통령령
② 국가, 국토교통부령
③ 지방자치단체, 대통령령
④ 지방자치단체, 국토교통부령
⑤ 철도운영자, 국토교통부령

해설 법 제31조(철도시설 사용료) 제2항
② 철도시설관리자 또는 시설사용계약자는 제1항에 따라 철도시설을 사용하는 자로부터 사용료를 징수할 수 있다. 다만, 「국유재산법」 제34조에도 불구하고 지방자치단체가 직접 공용·공공용 또는 비영리 공익사업용으로 철도시설을 사용하고자 하는 경우에는 대통령령으로 정하는 바에 따라 그 사용료의 전부 또는 일부를 면제할 수 있다.

110 다음 중 빈칸에 들어갈 단어로 틀린 것은?

> 철도시설을 사용하고자 하는 자는 관리청의 허가를 받아 사용할 수 있는데 이때, 관리청의 허가 (   ) 등에 관한 사항은 국유재산법에 따른다.

① 방법　　　　　② 기준
③ 절차　　　　　④ 범위
⑤ 기간

해설 **시행령 제34조(철도시설의 사용허가)**
법 제31조 제1항에 따른 관리청의 허가 기준·방법·절차·기간 등에 관한 사항은 「국유재산법」에 따른다.
※ 암기법! 방법, 기간, 절차, 기간 → 방기절기

111 다음은 지방자치단체가 직접 비영리 공익사업용으로 철도시설을 사용하려는 경우에 철도시설의 사용료 전부를 면제할 수 있는 경우이다. 빈칸에 들어갈 단어로 알맞은 것은?

> 철도시설을 취득하는 조건으로 사용하려는 경우로서 사용허가기간이 (   ) 이내인 사용허가의 경우

① 6개월　　　　　② 1년
③ 2년　　　　　④ 3년
⑤ 5년

해설 **시행령 제34조의2**
(사용허가에 따른 철도시설의 사용료 등)
② 관리청은 법 제31조 제2항 단서에 따라 지방자치단체가 직접 공용·공공용 또는 비영리 공익 사업용으로 철도시설을 사용하려는 경우에는 다음 각 호의 구분에 따른 기준에 따라 사용료를 면제할 수 있다.
1. 철도시설을 취득하는 조건으로 사용하려는 경우로서 사용허가기간이 1년 이내인 사용허가의 경우 : 사용료의 전부

112 다음 중 지방자치단체가 직접 공용으로 철도시설을 사용하려는 경우로서 사용료의 전부를 면제할 수 있는 사용허가의 경우가 아닐 때 사용료 면제 비율로 맞는 것은?

① 100분의 20
② 100분의 40
③ 100분의 50
④ 100분의 60
⑤ 100분의 80

해설 **시행령 제34조의2**
(사용허가에 따른 철도시설의 사용료 등)
② 관리청은 법 제31조 제2항 단서에 따라 지방자치단체가 직접 공용·공공용 또는 비영리 공익사업용으로 철도시설을 사용하려는 경우에는 다음 각 호의 구분에 따른 기준에 따라 사용료를 면제할 수 있다.
2. 제1호에서 정한 사용허가 외의 사용허가의 경우 : 사용료의 100분의 60

113 다음 중 철도시설의 사용계약에 포함되어야 하는 사항으로 틀린 것은?

① 사용기간
② 사용범위
③ 사용조건
④ 대상시설
⑤ 사용료

해설 ② **시행령 제35조(철도시설의 사용계약)**
① 법 제31조 제1항에 따른 철도시설의 사용계약에는 다음 각 호의 사항이 포함되어야 한다.
1. 사용기간·대상시설·사용조건 및 사용료
※ 암기법! 사용조건, 사용기간, 대상시설, 사용료 → 조기시료

정답 110 ④　111 ②　112 ④　113 ②

114 다음 중 철도시설 사용계약 포함사항으로 틀린 것은?

① 대상 시설의 제3자에 대한 사용승낙의 범위·조건

② 상호책임 및 계약위반 시 조치사항

③ 분쟁 발생 시 조정절차

④ 비상사태 발생 시 조치

⑤ 그 밖에 국토교통부장관이 필요하다고 인정하는 사항

> [해설] **시행령 제35조(철도시설의 사용계약)**
> ① 법 제31조 제1항에 따른 철도시설의 사용계약에는 다음 각 호의 사항이 포함되어야 한다.
> 1. 사용기간·대상시설·사용조건 및 사료료
> 2. 대상 시설의 제3자에 대한 사용승낙의 범위·조건
> 3. 상호책임 및 계약위반 시 조치사항
> 4. 분쟁 발생 시 조정절차
> 5. 비상사태 발생 시 조치
> 6. 계약의 갱신에 관한 사항
> 7. 계약내용에 대한 비밀누설금지에 관한 사항
> ※ 5번 선지는 애초에 없는 내용이다.

115 다음 중 선로 등 사용계약을 체결하려는 경우 사용기간은 몇 년을 초과하지 않아야 하는가?

① 1년　　　　② 2년

③ 3년　　　　④ 4년

⑤ 5년

> [해설] **시행령 제35조(철도시설의 사용계약)**
> ② 법 제3조 제2호 가목부터 라목까지에서 규정한 철도시설(이하 "선로 등"이라 한다)에 대한 법 제31조 1항에 따른 사용계약(이하 "선로 등 사용계약"이라 한다)을 체결하려는 경우에는 다음 각 호의 기준을 모두 충족해야 한다.
> 1. 해당 선로 등을 여객 또는 화물운송 목적으로 사용하려는 경우일 것
> 2. 사용기간이 5년을 초과하지 않을 것

116 다음 중 선로 등에 대한 사용계약에서 사용 조건에 포함되어야 하는 사항으로 틀린 것은? (단, 모든 선지는 선로배분지침에 위반되는 내용이 아닐 경우로 가정한다.)

① 투입되는 철도차량의 종류 및 길이

② 철도차량의 일일운행횟수·운행개시시각·운행종료시각 및 운행간격

③ 출발시각·징차시각 및 종착시각

④ 철도운영의 안전에 관한 사항

⑤ 철도여객 또는 화물운송서비스의 수준

> [해설] **시행령 제35조(철도시설의 사용계약)**
> 선로 등에 대한 제1항 제1호에 따른 사용조건에는 다음 각 호의 사항이 포함되어야 하며, 그 사용조건은 제24조 제1항에 따른 선로배분지침에 위반되는 내용이어서는 안 된다.
> 1. 투입되는 철도차량의 종류 및 길이
> 2. 철도차량의 일일운행횟수·운행개시시각·운행종료시각 및 운행간격
> 3. 출발역·정차역 및 종착역
> 4. 철도운영의 안전에 관한 사항
> 5. 철도여객 또는 화물운송서비스의 수준

117 다음 중 철도시설을 사용하려는 자와 사용계약을 체결하여 철도시설을 사용하게 하려는 경우 미리 그 사실을 공고해야 하는 자로 맞는 것은?

① 국가

② 대통령

③ 국토교통부장관

④ 철도운영자

⑤ 철도시설관리자

> [해설] **시행령 제35조(철도시설의 사용계약)**
> ④ 철도시설관리자는 법 제31조 제1항에 따라 철도시설을 사용하려는 자와 사용계약을 체결하여 철도시설을 사용하게 하려는 경우에는 미리 그 사실을 공고해야 한다.

114 ⑤　115 ⑤　116 ③　117 ⑤　[정답]

118 철도시설관리자가 선로 등의 사용료를 정하는 경우 아래의 조건에서 한도 범위로 맞는 것은?

> 국가 또는 지방자치단체가 건설사업비의 전액을 부담한 선로 등

① 총 건설사업비
② 해당 선로 등에 대한 유지보수비용의 총액
③ 해당 선로 등에 대한 건설사업비
④ 해당 선로 등에 대한 사용계약금 전액
⑤ 해당 선로 등에 대한 서비스비용의 총액

해설 **시행령 제36조**
(사용계약에 따른 선로 등의 사용료 등)
① 철도시설관리자는 제35조 제1항 제1호에 따른 선로 등의 사용료를 정하는 경우에는 다음 각 호의 한도를 초과하지 않는 범위에서 선로 등의 유지보수비용 등 관련 비용을 회수할 수 있도록 해야 한다. 다만, 사회기반시설에 대한 민간투자법 제26조에 따라 사회기반시설 관리운영권을 설정 받은 철도시설관리자는 같은 법에서 정하는 바에 따라 선로 등의 사용료를 정해야 한다.
1. 국가 또는 지방자치단체가 건설사업비의 전액을 부담한 선로 등 : 해당 선로 등에 대한 유지보수비용의 총액

119 다음 중 철도시설관리자가 선로 등의 사용료를 정하는 경우 고려할 수 있는 사항으로 틀린 것은?
① 선로등급·선로용량 등 선로 등의 상태
② 운행하는 철도차량의 종류 및 중량
③ 철도차량의 운행시간대 및 운행횟수
④ 철도사고의 발생빈도 및 정도
⑤ 철도여객 또는 화물운송서비스의 수준

해설 **시행령 제36조**
(사용계약에 따른 선로 등의 사용료 등)
② 철도시설관리자는 제1항 각 호 외의 부분 본문에 따라 선로 등의 사용료를 정하는 경우에는 다음 각 호의

사항을 고려할 수 있다.
1. 선로등급·선로용량 등 선로 등의 상태
2. 운행하는 철도차량의 종류 및 중량
3. 철도차량의 운행시간대 및 운행횟수
4. 철도사고의 발생빈도 및 정도
5. 철도서비스의 수준
6. 철도관리의 효율성 및 공익성

120 다음 중 빈칸에 들어갈 단어로 알맞은 것은?

> 철도시설관리자는 선로 등 사용계약 신청서를 제출받은 날로부터 (　　　) 이내 사용신청자에게 선로 등 사용계약의 체결에 관한 협의일정을 통보하여야 한다.

① 1월
② 2월
③ 3월
④ 6월
⑤ 1년

해설 **시행령 제37조(선로 등 사용계약 체결의 절차)**
② 철도시설관리자는 제1항의 규정에 의하여 선로 등 사용계약 신청서를 제출받은 날부터 1월 이내에 사용신청자에게 선로 등 사용계약의 체결에 관한 협의일정을 통보하여야 한다.

121 다음 중 철도시설관리자가 사용신청자와 선로 등 사용계약을 체결하고자 하는 경우에 누구의 승인을 미리 받아야 하는가?
① 대통령
② 국토교통부장관
③ 철도운영자
④ 기획재정부장관
⑤ 국유재산담당자

해설 **시행령 제37조(선로 등 사용계약 체결의 절차)**
④ 철도시설관리자는 사용신청자와 선로 등 사용계약을 체결하고자 하는 경우에는 미리 국토교통부장관의 승인을 받아야 한다. 선로 등 사용계약의 내용을 변경하는 경우에도 또한 같다.

정답 118 ② 119 ⑤ 120 ① 121 ②

122 다음 중 선로 등 사용계약자가 선로 등을 계속하여 사용하고자 하는 경우에 갱신을 신청하여야 되는 기간으로 맞는 것은?

① 사용기간이 만료되기 1월 전까지
② 사용기간이 만료되기 3월 전까지
③ 사용기간이 만료되기 6월 전까지
④ 사용기간이 만료되기 10월 전까지
⑤ 사용기간이 만료되기 1년 전까지

해설 시행령 제38조(선로 등 사용계약의 갱신)
① 선로 등 사용계약을 체결하여 선로 등을 사용하고 있는 자(이하 "선로 등 사용계약자"라 한다)는 그 선로 등을 계속하여 사용하고자 하는 경우에는 사용기간이 만료되기 10월 전까지 선로 등 사용계약의 갱신을 신청하여야 한다.

123 다음 중 시설사용계약자가 그 사용계약을 체결한 철도시설의 일부에 대하여 제3자에게 승낙하는 경우 미리 협의하여야 되는 자로 맞는 것은?

① 국토교통부장관
② 철도운영자
③ 철도시설관리자
④ 사용계약자
⑤ 관계 행정기관의 장

해설 시행령 제39조(철도시설의 사용승낙)
① 제35조 제1항의 규정에 의한 철도시설의 사용계약을 체결한 자(이하 이 조에서 "시설사용계약자"라 한다)는 그 사용계약을 체결한 철도시설의 일부에 대하여 법 제31조 제1항의 규정에 의하여 제3자에게 그 사용을 승낙할 수 있다. 이 경우 철도시설관리자와 미리 협의하여야 한다.
※ 분쟁은 철도시설에 있는 내용이다.

제4절 공익적 기능의 유지

124 다음 중 공익서비스비용을 부담하여야 하는 자로 맞는 것은?

① 서비스제공자
② 철도운영자
③ 원인제공자
④ 비용부담자
⑤ 서비스사용자

해설 법 제32조(공익서비스비용의 부담)
① 철도운영자의 공익서비스 제공으로 발생하는 비용(이하 "공익서비스비용"이라 한다)은 대통령령으로 정하는 바에 따라 국가 또는 해당 철도서비스를 직접 요구한 자(이하 "원인제공자"라 한다)가 부담하여야 한다.

125 다음 중 빈칸에 들어갈 말로 알맞은 것은?

> 철도운영자는 매년 (   )까지 국가가 법에 의하여 다음 연도에 부담하여야 하는 공익서비스비용의 추정액, 당해 공익서비스의 내용, 그 밖의 필요한 사항을 기재한 국가부담비용추정서를 국토교통부장관에게 제출하여야 한다.

① 1월 말   ② 2월 말
③ 3월 말   ④ 6월 말
⑤ 12월 말

해설 시행령 제40조(공익서비스비용 보상예산의 확보)
① 철도운영자는 매년 3월 말까지 국가가 법 제32조 제1항의 규정에 의하여 다음 연도에 부담하여야 하는 공익서비스비용(이하 "국가부담비용"이라 한다)의 추정액, 당해 공익서비스의 내용, 그 밖의 필요한 사항을 기재한 국가부담비용추정서를 국토교통부장관에게 제출하여야 한다.

126 다음 중 국토교통부장관이 국가부담비용추정서를 제출받은 때에는 누구와 협의를 하여야 하는가?

① 철도운영자
② 대통령
③ 기획재정부장관
④ 관계행정기관의 장
⑤ 국회의원

> **해설** 시행령 제40조(공익서비스비용 보상예산의 확보)
> ② 국토교통부장관은 제1항의 규정에 의하여 국가부담비용추정서를 제출받은 때에는 **관계행정기관의 장과 협의**하여 다음 연도의 국토교통부소관 일반회계에 국가부담비용을 계상하여야 한다.

127 다음 중 국가부담비용지급신청서 첨부서류로 틀린 것은?

① 국가부담비용 지급 신청액 및 산정내역서
② 당해 연도의 예상수입
③ 당해 연도의 지출명세서
④ 최근 2년간 지급받은 국가부담비용내역서
⑤ 세금계산서

> **해설** 시행령 제41조(국가부담비용의 지급)
> ① 철도운영자는 국가부담비용의 지급을 신청하고자 하는 때에는 국토교통부장관이 지정하는 기간 내에 국가부담비용지급신청서에 다음 각 호의 서류를 첨부하여 국토교통부장관에게 제출하여야 한다.
> 1. 국가부담비용 지급 신청액 및 산정내역서
> 2. 당해 연도의 예상수입 · 지출명세서
> 3. 최근 2년간 지급받은 국가부담비용내역서
> 4. 원가계산서

128 다음 중 빈칸에 들어갈 말로 알맞은 것은?

> 국토교통부장관은 국가부담비용지급신청서를 제출받은 때에는 이를 검토하여 (   )에 국가부담비용을 지급하여야 한다.

① 매 반기마다 반기 초
② 매 분기마다 분기 초
③ 3개월 이내
④ 6개월 이내
⑤ 당해 연도 말

> **해설** 시행령 제41조(국가부담비용의 지급)
> ② 국토교통부장관은 제1항의 규정에 의하여 국가부담비용지급신청서를 제출받은 때에는 이를 검토하여 **매 반기마다 반기 초**에 국가부담비용을 지급하여야 한다.

129 다음 중 국가부담비용을 지급받은 철도운영자가 국가부담비용 정산서를 국토교통부장관에게 당해 반기가 끝난 후 언제까지 제출하여야 하는가?

① 7일 이내
② 30일 이내
③ 60일 이내
④ 90일 이내
⑤ 6개월 이내

> **해설** 시행령 제42조(국가부담비용의 정산)
> ① 제41조 제2항의 규정에 의하여 국가부담비용을 지급받은 철도운영자는 당해 반기가 끝난 후 **30일 이내**에 국가부담비용 정산서에 다음 각 호의 서류를 첨부하여 국토교통부장관에게 제출하여야 한다.

130 다음 중 국가부담비용 정산서의 첨부서류로 틀린 것은?

① 수입명세서
② 지출명세서
③ 수입증빙서류
④ 지출증빙서류
⑤ 그 밖에 원가계산서 등 회계 관련 서류

정답 126 ④ 127 ⑤ 128 ① 129 ② 130 ⑤

해설 시행령 제42조(국가부담비용의 정산)
① 제41조 제2항의 규정에 의하여 국가부담비용을 지급받은 철도운영자는 당해 반기가 끝난 후 30일 이내에 국가부담비용 정산서에 다음 각 호의 서류를 첨부하여 국토교통부장관에게 제출하여야 한다.
1. 수입·지출명세서
2. 수입·지출증빙서류
3. 그 밖에 현금흐름표 등 회계 관련 서류

131 다음 중 원인제공자와 철도운영자가 체결하여야 되는 것은?

① 원가계약　　② 국가부담비용 협의
③ 보상계약　　④ 공익서비스 계약
⑤ 회계사용계약

해설 법 제33조
(공익서비스 제공에 따른 보상계약의 체결)
① 원인제공자는 철도운영자와 공익서비스비용의 보상에 관한 계약(이하 "보상계약"이라 한다)을 체결하여야 한다.

132 다음 중 보상계약에 포함되어야 하는 사항이 아닌 것은?

① 철도운영자가 제공하는 철도서비스의 기준과 내용에 관한 사항
② 분쟁발생 시 조정절차
③ 공익서비스 제공과 관련하여 원인제공자가 부담하여야 하는 보상내용 및 보상방법 등에 관한 사항
④ 계약기간 및 계약기간의 수정·갱신과 계약의 해지에 관한 사항
⑤ 그 밖에 원인제공자와 철도운영자가 필요하다고 합의하는 사항

해설 법 제33조
(공익서비스 제공에 따른 보상계약의 체결)
② 제1항에 따른 보상계약에는 다음 각 호의 사항이 포함되어야 한다.

1. 철도운영자가 제공하는 철도서비스의 기준과 내용에 관한 사항
2. 공익서비스 제공과 관련하여 원인제공자가 부담하여야 하는 보상내용 및 보상방법 등에 관한 사항
3. 계약기간 및 계약기간의 수정·갱신과 계약의 해지에 관한 사항
4. 그 밖에 원인제공자와 철도운영자가 필요하다고 합의하는 사항

133 다음 중 원인제공자가 철도운영자와 보상계약을 체결하기 전 계약내용에 관하여 미리 협의하여야 되는 자로 맞는 것은?

① 관계행정기관의 장
② 시·도지사
③ 대통령
④ 공정거래위원회 위원장
⑤ 기획재정부장관

해설 법 제33조
(공익서비스 제공에 따른 보상계약의 체결)
③ 원인제공자는 철도운영자와 보상계약을 체결하기 전에 계약내용에 관하여 국토교통부장관 및 기획재정부장관과 미리 협의하여야 한다.

134 다음 중 보상계약체결에 관하여 원인제공자와 철도운영자의 협의가 성립되지 않았을 때 조정할 수 있는 자로 맞는 것은?

① 국토교통부장관
② 기획재정부장관
③ 공정거래위원회
④ 철도산업위원회
⑤ 철도협회

해설 법 제33조
(공익서비스 제공에 따른 보상계약의 체결)
⑤ 보상계약체결에 관하여 원인제공자와 철도운영자의 협의가 성립되지 아니하는 때에는 원인 제공자 또는 철도운영자의 신청에 의하여 위원회가 이를 조정할 수 있다.

131 ③　132 ②　133 ⑤　134 ④　**정답**

135 다음 중 국토교통부장관의 승인을 얻어 특정노선 및 역의 폐지와 관련 철도서비스의 제한 또는 중지 등 필요한 조치를 취할 수 있는 경우로 틀린 것은?

① 승인신청자가 철도서비스를 제공하고 있는 노선 또는 역에 대하여 철도의 경영개선을 위한 적절한 조치를 취하였음에도 불구하고 수지균형의 확보가 극히 곤란하여 경영상 어려움이 발생한 경우

② 국가부담비용 지급이 이루어지지 아니한 경우

③ 보상계약체결에도 불구하고 공익서비스비용에 대한 적정한 보상이 이루어지지 아니한 경우

④ 원인제공자가 공익서비스비용을 부담하지 아니한 경우

⑤ 원인제공자가 법에 따른 조정에 따르지 아니한 경우

> **해설** 법 제34조(특정 노선 폐지 등의 승인)
> ① 철도시설관리자와 철도운영자(이하 "승인신청자"라 한다)는 다음 각 호의 어느 하나에 해당하는 경우에 국토교통부장관의 승인을 얻어 특정 노선 및 역의 폐지와 관련 철도서비스의 제한 또는 중지 등 필요한 조치를 취할 수 있다.
> 1. 승인신청자가 철도서비스를 제공하고 있는 노선 또는 역에 대하여 철도의 경영개선을 위한 적절한 조치를 취하였음에도 불구하고 수지균형의 확보가 극히 곤란하여 경영상 어려움이 발생한 경우
> 2. 제33조에 따른 보상계약체결에도 불구하고 공익서비스비용에 대한 적정한 보상이 이루어지지 아니한 경우
> 3. 원인제공자가 공익서비스비용을 부담하지 아니한 경우
> 4. 원인제공자가 제33조 제5항에 따른 조정에 따르지 아니한 경우

136 다음 중 특정 노선 폐지 등의 승인신청서가 제출된 경우 국토교통부장관과 협의하는 자로 맞는 것은?

① 대통령   ② 기획재정부장관
③ 시·도지사   ④ 관계 행정기관의 장
⑤ 철도시설관리자

> **해설** 법 제34조(특정 노선 폐지 등의 승인)
> ③ 국토교통부장관은 제2항에 따라 승인신청서가 제출된 경우 원인제공자 및 관계 행정기관의 장과 협의한 후 위원회의 심의를 거쳐 승인여부를 결정하고 그 결과를 승인신청자에게 통보하여야 한다. 이 경우 승인하기로 결정된 때에는 그 사실을 관보에 공고하여야 한다.

137 다음 중 빈칸에 들어갈 단어를 순서대로 나열한 것은?

> (   )은 승인신청자가 특정 노선 및 역을 폐지하거나 철도서비스의 제한·중지 등의 조치를 취하고자 하는 때에는 (   )으로 정하는 바에 의하여 대체수송수단의 마련 등 필요한 조치를 하여야 한다.

① 국토교통부장관 또는 기획재정부장관, 대통령령

② 국토교통부장관 또는 기획재정부장관, 국토교통부령

③ 국토교통부장관 또는 관계행정기관의 장, 대통령령

④ 국토교통부장관 또는 관계행정기관의 장, 국토교통부령

⑤ 원인제공자 및 관계행정기관의 장, 국토교통부령

> **해설** 법 제34조(특정 노선 폐지 등의 승인)
> ④ 국토교통부장관 또는 관계행정기관의 장은 승인신청자가 제1항에 따라 특정 노선 및 역을 폐지하거나 철도서비스의 제한·중지 등의 조치를 취하고자 하는 때에는 대통령령으로 정하는 바에 의하여 대체수송수단의 마련 등 필요한 조치를 하여야 한다.

정답 135 ②   136 ④   137 ③

138 다음 중 철도시설관리자와 철도운영자가 국토교통부장관에게 승인신청서를 제출하는 때 첨부하여야 되는 서류로 틀린 것은?

① 승인신청 사유
② 등급별·시간대별 철도차량의 운행빈도, 역수, 종사자수 등 운영현황
③ 과거 1년 동안의 평균 철도서비스 수요
④ 과거 5년 동안의 공익서비스비용의 전체규모
⑤ 대체수송수단의 이용가능성

해설 **시행령 제44조**
(특정 노선 폐지 등의 승인신청서의 첨부서류)
철도시설관리자와 철도운영자가 법 제34조 제2항의 규정에 의하여 국토교통부장관에게 승인신청서를 제출하는 때에는 다음 각 호의 사항을 기재한 서류를 첨부하여야 한다.
1. 승인신청 사유
2. 등급별·시간대별 철도차량의 운행빈도, 역수, 종사자수 등 운영현황
3. 과거 6월 이상의 기간 동안의 1일 평균 철도서비스 수요
4. 과거 1년 이상의 기간 동안의 수입·비용 및 영업손실액에 관한 회계보고서
5. 향후 5년 동안의 1일 평균 철도서비스 수요에 대한 전망
6. 과거 5년 동안의 공익서비스비용의 전체규모 및 법 제32조 제1항의 규정에 의한 원인제공자가 부담한 공익서비스 비용의 규모
7. 대체수송수단의 이용가능성

139 다음 중 국토교통부장관이 필요한 경우 실태조사에 참여시킬 수 있는 자로 맞는 것은?

① 기획재정부장관   ② 관계 지방자치단체
③ 철도협회   ④ 철도운영자
⑤ 철도시설관리자

해설 **시행령 제45조(실태조사)**
② 국토교통부장관은 필요한 경우에는 관계 지방자치단체 또는 관련 전문기관을 제1항의 규정에 의한 실태조사에 참여시킬 수 있다.

140 다음 중 빈칸에 들어갈 말을 순서대로 나열한 것으로 알맞은 것은?

( )은(는) 실태조사의 결과를 ( )에 보고하여야 한다.

① 관련 전문기관, 국토교통부장관
② 관계 지방자치단체, 국토교통부장관
③ 철도산업위원회, 국토교통부장관
④ 국토교통부장관, 철도산업위원회
⑤ 국토교통부장관, 국가

해설 **시행령 제45조(실태조사)**
③ 국토교통부장관은 제1항의 규정에 의한 실태조사의 결과를 위원회에 보고하여야 한다.

141 다음 중 특정 노선 폐지 등에 따른 수송대책에 포함되어야 하는 사항으로 틀린 것은?

① 수송여건 분석
② 대체수송수단의 운행횟수 증대, 노선조정 또는 추가투입
③ 대체수송수단의 계약체결
④ 대체수송에 필요한 재원조달
⑤ 그 밖에 수송대책의 효율적 시행을 위하여 필요한 사항

해설 **시행령 제47조**
(특정 노선 폐지 등에 따른 수송대책의 수립)
국토교통부장관 또는 관계행정기관의 장은 특정 노선 및 역의 폐지 또는 철도서비스의 제한·중지 등의 조치로 인하여 영향을 받는 지역 중에서 대체수송수단이 없거나 현저히 부족하여 수송서비스에 심각한 지장이 초래되는 지역에 대하여는 법 제34조 제4항의 규정에 의하여 다음 각 호의 사항이 포함된 수송대책을 수립·시행하여야 한다.
1. 수송여건 분석
2. 대체수송수단의 운행횟수 증대, 노선조정 또는 추가투입
3. 대체수송에 필요한 재원조달
4. 그 밖에 수송대책의 효율적 시행을 위하여 필요한 사항

142 다음 중 빈칸에 들어갈 단어로 알맞은 것은?

> 국토교통부장관은 철도운영자인 승인신청자가 법에 의하여 제한 또는 중지하고자 하는 특정 노선 및 역에 관한 철도서비스를 새로운 철도운영자로 하여금 제공하게 하는 것이 타당하다고 인정하는 때에는 법에 의하여 ( )를 선정할 수 있다.

① 대체운영자　　② 신규운영자
③ 양도운영자　　④ 서비스제공자
⑤ 임시운영자

해설 **시행령 제48조**
(철도서비스의 제한 또는 중지에 따른 신규운영자의 선정)
① 국토교통부장관은 철도운영자인 승인신청자(이하 이 조에서 "기존운영자"라 한다)가 법 제34조 제1항의 규정에 의하여 제한 또는 중지하고자 하는 특정 노선 및 역에 관한 철도서비스를 새로운 철도운영자(이하 이 조에서 "신규운영자"라 한다)로 하여금 제공하게 하는 것이 타당하다고 인정하는 때에는 법 제34조 제4항의 규정에 의하여 신규운영자를 선정할 수 있다.

143 다음 중 기존운영자는 당해 철도서비스 등에 관한 무엇을 작성하여 신규운영자에게 제공하여야 하는가?

① 양도계약서　　② 지분인수권
③ 지분양도권　　④ 인수인계서류
⑤ 권한위임서류

해설 **시행령 제48조**
(철도서비스의 제한 또는 중지에 따른 신규운영자의 선정)
③ 원인제공자는 신규운영자와 법 제33조의 규정에 의한 보상계약을 체결하여야 하며, 기존운영자는 당해 철도서비스 등에 관한 인수인계서류를 작성하여 신규운영자에게 제공하여야 한다.

144 다음 중 국토교통부장관이 철도시설관리자·철도운영자 또는 철도이용자에게 조정·명령 그 밖의 필요한 조치를 할 수 있는 사항으로 틀린 것은?

① 등급별·시간대별 철도차량의 운행빈도 등 수송통제
② 철도시설·철도차량 또는 설비의 가동 및 조업
③ 대체수송수단 및 수송로의 확보
④ 임시열차의 편성 및 운행
⑤ 철도이용의 제한 또는 금지

해설 **법 제36조(비상사태시 처분)**
① 국토교통부장관은 천재·지변·전시·사변, 철도교통의 심각한 장애, 그 밖에 이에 준하는 사태의 발생으로 인하여 철도서비스에 중대한 차질이 발생하거나 발생할 우려가 있다고 인정하는 경우에는 필요한 범위 안에서 철도시설관리자·철도운영자 또는 철도이용자에게 다음 각 호의 사항에 관한 조정·명령 그 밖의 필요한 조치를 할 수 있다.
1. 지역별·노선별·수송대상별 수송 우선순위 부여 등 수송통제
2. 철도시설·철도차량 또는 설비의 가동 및 조업
3. 대체수송수단 및 수송로의 확보
4. 임시열차의 편성 및 운행
5. 철도서비스 인력의 투입
6. 철도이용의 제한 또는 금지
7. 그 밖에 철도서비스의 수급안정을 위하여 대통령령으로 정하는 사항

145 다음 중 국토교통부장관이 비상사태 시 처분 조치의 시행을 위하여 필요한 협조를 요청할 수 있는 자로 맞는 것은?

① 대통령
② 철도운영자
③ 철도시설관리자
④ 기획재정부장관
⑤ 관계행정기관의 장

정답 142 ② 　 143 ④ 　 144 ① 　 145 ⑤

법 제36조(비상사태시 처분)

② 국토교통부장관은 제1항에 따른 조치의 시행을 위하여 관계행정기관의 장에게 필요한 협조를 요청할 수 있으며, 관계행정기관의 장은 이에 협조하여야 한다.

146 다음 중 그 밖에 철도서비스의 수급안정을 위하여 대통령령으로 정하는 사항으로 틀린 것은?

① 철도시설의 임시사용
② 철도시설의 개방
③ 철도시설의 사용제한 및 접근 통제
④ 철도시설의 긴급복구 및 복구지원
⑤ 철도역 및 철도차량에 대한 수색 등

시행령 제49조(비상사태 시 처분)

법 제36조 제1항 제7호에서 "대통령령이 정하는 사항"이라 함은 다음 각 호의 사항을 말한다.
1. 철도시설의 임시사용
2. 철도시설의 사용제한 및 접근 통제
3. 철도시설의 긴급복구 및 복구지원
4. 철도역 및 철도차량에 대한 수색 등

147 다음 중 국가부담비용 지급신청서에 첨부하여야 되는 서류로 틀린 것은?

① 국가부담비용 지급 신청액 및 산정내역서
② 당해 연도의 예상수입
③ 당해 연도의 지출명세서
④ 최근 5년간 지급받은 국가부담비용내역서
⑤ 원가계산서

시행령 제41조(국가부담비용의 지급)

① 철도운영자는 국가부담비용의 지급을 신청하고자 하는 때에는 국토교통부장관이 지정하는 기간 내에 국가부담비용지급신청서에 다음 각 호의 서류를 첨부하여 국토교통부장관에게 제출하여야 한다.
1. 국가부담비용 지급 신청액 및 산정내역서
2. 당해 연도의 예상수입·지출명세서
3. 최근 2년간 지급받은 국가부담비용내역서
4. 원가계산서

148 다음 중 특정 노선 폐지 등의 승인신청서의 첨부서류로 틀린 것은?

① 과거 6월 이상의 기간 동안의 1일 평균 철도서비스 수요
② 과거 1년 이상의 기간 동안의 수입·비용 및 영업손실액에 관한 회계보고서
③ 향후 5년 동안의 1일 평균 철도서비스 수요에 대한 전망
④ 과거 1년 동안의 공익서비스비용의 전체규모 및 법에 의한 원인제공자가 부담한 공익서비스 비용의 규모
⑤ 대체수송수단의 이용가능성

시행령 제44조
(특정 노선 폐지 등의 승인신청서의 첨부서류)

철도시설관리자와 철도운영자가 법 제34조 제2항의 규정에 의하여 국토교통부장관에게 승인신청서를 제출하는 때에는 다음 각 호의 사항을 기재한 서류를 첨부하여야 한다.
1. 승인신청 사유
2. 등급별·시간대별 철도차량의 운행빈도, 역수, 종사자수 등 운영현황
3. 과거 6월 이상의 기간 동안의 1일 평균 철도서비스 수요
4. 과거 1년 이상의 기간 동안의 수입·비용 및 영업손실액에 관한 회계보고서
5. 향후 5년 동안의 1일 평균 철도서비스 수요에 대한 전망
6. 과거 5년 동안의 공익서비스비용의 전체규모 및 법 제32조 제1항의 규정에 의한 원인제공자가 부담한 공익서비스 비용의 규모
7. 대체수송수단의 이용가능성

146 ② 147 ④ 148 ④ **정답**

149 다음 중 빈칸에 들어갈 단어로 알맞은 것은?

> (   )은(는) 지방자치단체·특정
> 한 기관 또는 단체가 철도시설건설사
> 업으로 인하여 현저한 이익을 받는 경
> 우에는 국토교통부장관의 승인을 얻
> 어 그 이익을 받는 자로 하여금 그 비
> 용의 일부를 부담하게 할 수 있다.

① 철도운영자
② 철도시설관리자
③ 시·도지사
④ 관계 행정기관의 장
⑤ 기획재정부장관

해설 법 제37조(철도건설 등의 비용부담)
① 철도시설관리자는 지방자치단체·특정한 기관 또는 단체가 철도시설건설사업으로 인하여 현저한 이익을 받는 경우에는 국토교통부장관의 승인을 얻어 그 이익을 받는 자(이하 이 조에서 "수익자"라 한다)로 하여금 그 비용의 일부를 부담하게 할 수 있다.

150 다음 중 수익자가 부담하여야 할 비용을 정하는 방식으로 맞는 것은?

① 위원회의 결정
② 국토교통부장관의 결정
③ 철도시설관리자의 통보
④ 수익자의 계산
⑤ 철도시설관리자와 수익자의 협의

해설 법 제37조(철도건설 등의 비용부담)
② 제1항에 따라 수익자가 부담하여야 할 비용은 철도시설관리자와 수익자가 협의하여 정한다. 이 경우 협의가 성립되지 아니하는 때에는 철도시설관리자 또는 수익자의 신청에 의하여 위원회가 이를 조정할 수 있다.

151 다음 중 국토교통부장관이 철도시설유지보수 시행업무를 위탁하는 자로 맞는 것은?

① 국가철도공단
② 한국철도공사
③ 철도협회
④ 철도산업위원회
⑤ 「정부출연 연구기관 등의 설립·운영 및 육성에 관한 법률」 또는 「과학기술분야 정부출연 연구기관 등의 설립·운영 및 육성에 관한 법률」에 의한 정부출연 연구기관

해설 법 제38조(권한의 위임 및 위탁)
국토교통부장관은 이 법에 따른 권한의 일부를 대통령령으로 정하는 바에 따라 특별시장·광역시장·도지사·특별자치도지사 또는 지방교통관서의 장에 위임하거나 관계 행정기관·국가철도공단·철도공사·정부출연 연구기관에게 위탁할 수 있다. 다만, 철도시설유지보수 시행업무는 철도공사에 위탁한다.

152 다음 중 국토교통부장관이 청문하여야 하는 사항으로 맞는 것은?

① 철도 요금 조정에 대한 승인
② 공익서비스 비용의 조정에 대한 승인
③ 철도시설 사용료에 대한 조정
④ 철도자산 이관에 대한 승인
⑤ 특정 노선 및 역의 폐지에 대한 승인

해설 법 제39조(청문)
국토교통부장관은 제34조에 따른 특정 노선 및 역의 폐지와 이와 관련된 철도서비스의 제한 또는 중지에 대한 승인을 하고자 하는 때에는 청문을 실시하여야 한다.

정답 149 ② 150 ⑤ 151 ② 152 ⑤

153 다음 중 국토교통부장관의 승인을 얻지 않고 특정 노선 등을 폐지한 자의 벌칙으로 맞는 것은?

① 1년 이하의 징역 또는 2천만 원 이하의 벌금

② 2년 이하의 징역 또는 3천만 원 이하의 벌금

③ 3년 이하의 징역 또는 5천만 원 이하의 벌금

④ 4년 이하의 징역 또는 5천만 원 이하의 벌금

⑤ 5년 이하의 징역 또는 3천만 원 이하의 벌금

> 해설 **법 제40조(벌칙)**
> ① 제34조의 규정을 위반하여 국토교통부장관의 승인을 얻지 아니하고 특정 노선 및 역을 폐지하거나 철도서비스를 제한 또는 중지한 자는 3년 이하의 징역 또는 5천만 원 이하의 벌금에 처한다.

154 다음 중 「철도산업발전기본법」의 과태료의 상한금액으로 맞는 것은?

① 100만 원 ② 500만 원

③ 1천만 원 ④ 5천만 원

⑤ 1억 원

> 해설 **법 제42조(과태료)**
> ① 제36조 제1항 제6호의 규정을 위반한 자에게는 1천만 원 이하의 과태료를 부과한다.

155 다음 중 과태료를 부과하는 자로 맞는 것은?

① 대통령 ② 국토교통부장관

③ 국가 ④ 지방자치단체

⑤ 철도공사

> 해설 **법 제42조(과태료)**
> ② 제1항에 따른 과태료는 대통령령으로 정하는 바에 따라 **국토교통부장관**이 부과·징수한다.

156 다음 중 과태료의 징수절차를 정하는 자로 맞는 것은?

① 철도운영자

② 철도시설관리자

③ 한국교통안전공단

④ 국토교통부장관

⑤ 대통령

> 해설 **시행령 제51조(과태료)**
> ④ 과태료의 징수절차는 **국토교통부령**으로 정한다.

157 다음 중 빈칸에 들어갈 말로 알맞은 것은?

> 국토교통부장관이 법에 의하여 과태료를 부과하는 때에는 당해 위반행위를 조사·확인한 후 위반사실·과태료 금액·이의제기의 방법 및 기간 등을 (   )(으)로 명시하여 이를 납부할 것을 과태료 처분 대상자에게 통지하여야 한다.

① 온라인 ② 모바일

③ 게시판 ④ 서면

⑤ 구두

> 해설 **시행령 제51조(과태료)**
> ① 국토교통부장관이 법 제42조 제2항의 규정에 의하여 과태료를 부과하는 때에는 당해 위반행위를 조사·확인한 후 위반사실·과태료 금액·이의제기의 방법 및 기간 등을 서면으로 명시하여 이를 납부할 것을 과태료 처분 대상자에게 통지하여야 한다.

법 제3조(정의)
4. "철도차량"이라 함은 선로를 운행할 목적으로 제작된 동력차·객차·화차 및 특수차를 말한다.

제1장 **총칙**

01 다음 정의 중 틀린 것은?

① "선로"라 함은 철도차량을 운행하기 위한 궤도와 이를 받치는 노반 또는 공작물로 구성된 시설을 말한다.

② "철도시설의 건설"이라 함은 철도시설의 신설과 기존 철도시설의 직선화·전철화·복선화 및 현대화 등 철도시설의 성능 및 기능향상을 위한 철도시설의 개량을 포함한 활동을 말한다.

③ "철도시설의 유지보수"라 함은 기존 철도시설의 현상유지 및 성능향상을 위한 점검·보수·교체·개량 등 일상적인 활동을 말한다.

④ "철도산업"이라 함은 철도운송·철도시설·철도차량 관련산업과 철도기술개발 관련산업 그 밖에 철도의 개발·이용·관리와 관련된 산업을 말한다.

⑤ "공익서비스"라 함은 철도운영자가 영리목적의 영업활동과 관계없이 국가 또는 국토교통부의 정책이나 공공목적 등을 위하여 제공하는 철도서비스를 말한다.

해설 **법 제3조(정의)**
11. "공익서비스"라 함은 철도운영자가 영리목적의 영업활동과 관계없이 국가 또는 지방자치단체의 정책이나 공공목적 등을 위하여 제공하는 철도서비스를 말한다.

02 다음 중 철도차량에 해당되지 않는 것은?

① 특수차 ② 객차
③ 화차 ④ 동력차
⑤ 기관차

03 다음 중 철도시설로 틀린 것은?

① 역시설(물류시설, 환승시설 및 편의시설 등을 제외한다)

② 선로 및 철도차량을 보수·정비하기 위한 선로보수기지, 차량정비기지 및 차량유치시설

③ 철도의 전철전력설비, 정보통신설비, 신호 및 열차제어설비

④ 철도기술의 개발·시험 및 연구를 위한 시설

⑤ 철도경영연수 및 철도전문인력의 교육훈련을 위한 시설

해설 **법 제3조(정의)**
2. "철도시설"이라 함은 다음 각 목의 어느 하나에 해당하는 시설(부지를 포함한다)을 말한다.
가. 철도의 선로(선로에 부대되는 시설을 포함한다), 역시설(물류시설·환승시설 및 편의시설 등을 포함한다) 및 철도운영을 위한 건축물·건축설비
나. 선로 및 철도차량을 보수·정비하기 위한 선로보수기지, 차량정비기지 및 차량유치시설
다. 철도의 전철전력설비, 정보통신설비, 신호 및 열차제어설비
라. 철도노선간 또는 다른 교통수단과의 연계운영에 필요한 시설
마. 철도기술의 개발·시험 및 연구를 위한 시설
바. 철도경영연수 및 철도전문인력의 교육훈련을 위한 시설
사. 그 밖에 철도의 건설·유지보수 및 운영을 위한 시설로서 대통령령으로 정하는 시설

정답 01 ⑤ 02 ⑤ 03 ①

04 다음 중 철도의 건설·유지보수 및 운영을 위한 시설로서 대통령령으로 정하는 시설로 틀린 것은?

① 철도의 건설 및 유지보수에 필요한 자재를 가공·조립·운반 또는 보관하기 위하여 당해 사업기간 중에 사용되는 시설

② 철도의 건설 및 유지보수를 위한 선로보수기지, 차량정비기지, 차량유치시설

③ 철도의 건설 및 유지보수를 위한 공사에 사용되는 진입도로·주차장·야적장·토석채취장 및 사토장과 그 설치 또는 운영에 필요한 시설

④ 철도의 건설 및 유지보수를 위하여 당해 사업기간 중에 사용되는 장비와 그 정비·점검 또는 수리를 위한 시설

⑤ 그 밖에 철도안전관련시설·안내시설 등 철도의 건설·유지보수 및 운영을 위하여 필요한 시설로서 국토교통부장관이 정하는 시설

> **해설**
> 선로보수기지, 차량정비기지는 철도시설에 해당되며, 문제에 언급된 철도의 건설, 유지보수 및 운영을 위한 시설에 해당되지는 않는다.

05 다음 중 철도시설관리자에 해당되지 않는 자는?

① 국토교통부장관
② 국가철도공단
③ 한국철도공사
④ 철도시설관리권을 설정받은 자
⑤ 철도의 관리청으로부터 철도시설의 관리를 대행·위임받은 자

> **해설**
> 한국철도공사는 철도시설관리자가 아닌 철도운영자에 해당된다.

제2장 **철도산업 발전기반의 조성**

제1절 철도산업시책의 수립 및 추진체제

06 다음 중 기본계획에 포함되어야 하는 사항으로 틀린 것은?

① 철도산업 전문인력의 양성에 관한 사항
② 철도기술의 개발 및 활용에 관한 사항
③ 철도산업의 목표 및 기본방향에 관한 사항
④ 철도시설의 투자·건설·유지보수 및 이를 위한 재원확보에 관한 사항
⑤ 철도산업의 여건 및 동향전망에 관한 사항

> **해설** 법 제5조(철도산업발전기본계획의 수립 등)
> ② 기본계획에는 다음 각 호의 사항이 포함되어야 한다.
> 　1. 철도산업 육성시책의 기본방향에 관한 사항

07 다음 중 철도산업발전기본법 시행령에서 정하는 철도산업발전기본계획에 포함되어야 하는 사항으로 틀린 것은?

① 철도 수송분담의 목표
② 철도산업시책의 추진체계
③ 철도산업의 국제협력 및 해외시장 진출에 관한 사항
④ 철도안전 및 철도서비스에 관한 사항
⑤ 각종 철도간의 연계수송에 관한 사항

> **해설** 시행령 제3조(철도산업발전기본계획의 내용)
> 3. 다른 교통수단과의 연계수송에 관한 사항
> ※ 법에서 정하는 내용과 시행령에서 정하는 내용을 구분하는 문제이다. 문제를 급하게 읽으면 틀릴 수 있으니 주의해야 한다.

08 다음 중 기본계획에 포함되어야 하는 사항으로 틀린 것은?

① 철도산업의 여건 및 동향전망에 관한 사항

② 철도시설의 건설 및 관리를 위한 재원확보에 관한 사항

③ 각종 철도 간의 연계수송 및 사업조정에 관한 사항

④ 철도운영체계의 개선에 관한 사항

⑤ 철도기술의 개발 및 활용에 관한 사항

해설
• 철도시설의 건설 및 관리 등 철도시설에 관한 중요정책 사항 → 위원회의 심의사항
• 기본계획에는 철도시설의 투자, 건설, 유지보수 및 이를 위한 재원확보에 관한 사항

09 다음 중 철도산업발전기본계획의 수립 등에 대한 내용으로 맞는 것은?

① 국토교통부장관은 철도산업의 육성과 발전을 촉진하기 위하여 매년 2월 말까지 기본계획을 수립하여 시행하여야 한다.

② 국토교통부장관은 기본계획을 수립하고자 하는 때에는 미리 기본계획과 관련이 있는 행정기관의 장과 협의한 후 철도산업위원회의 심의를 거쳐야 한다. 수립된 기본계획의 경미한 변경하고자 하는 때에도 또한 같다.

③ 국토교통부장관은 법에 따라 기본계획을 수립 또는 변경한 때에는 변경신고를 하여야 한다.

④ 관계행정기관의 장은 수립·고시된 기본계획에 따라 연도별 시행계획을 수립·추진하고, 이를 관보에 고시하여야 한다.

⑤ 관계행정기관의 장은 법의 규정에 의한 당해 연도의 철도산업발전시행계획을 전년도 11월 말까지 국토교통부장관에게 제출하여야 한다.

해설 **법 제5조(철도산업발전기본계획의 수립 등)**

① 국토교통부장관은 철도산업의 육성과 발전을 촉진하기 위하여 5년 단위로 철도산업발전기본계획(이하 "기본계획"이라 한다)을 수립하여 시행하여야 한다.

④ 국토교통부장관은 기본계획을 수립하고자 하는 때에는 미리 기본계획과 관련이 있는 행정기관의 장과 협의한 후 제6조에 따른 철도산업위원회의 심의를 거쳐야 한다. 수립된 기본계획을 변경(대통령령으로 정하는 경미한 변경은 제외한다)하고자 하는 때에도 또한 같다.

⑤ 국토교통부장관은 제4항에 따라 기본계획을 수립 또는 변경한 때에는 이를 관보에 고시하여야 한다.

⑥ 관계행정기관의 장은 수립·고시된 기본계획에 따라 연도별 시행계획을 수립·추진하고, 해당 연도의 계획 및 전년도의 추진실적을 국토교통부장관에게 제출하여야 한다.

※ 추진실적은 2월 말, 시행계획은 11월 말까지다.

10 다음 중 철도산업발전기본계획의 경미한 변경사항에 해당되는 것은?

① 철도시설투자사업 규모의 10% 범위 안에서의 변경

② 철도시설투자사업 총 투자비용의 100분의 2의 범위 안에서의 변경

③ 철도시설투자사업 총투자비용 1% 감소

④ 철도시설투자사업 5년 중단

⑤ 철도시설투자사업 기간의 3년 연장

해설 **시행령 제4조**
(철도산업발전기본계획의 경미한 변경)

법 제5조 제4항 후단에서 "대통령령이 정하는 경미한 변경"이라 함은 다음 각 호의 변경을 말한다.

1. 철도시설투자사업 규모의 100분의 1의 범위 안에서의 변경

2. 철도시설투자사업 총투자비용의 100분의 1의 범위 안에서의 변경

3. 철도시설투자시업 기간의 2년의 기간내에시의 변경

정답 08 ② 09 ⑤ 10 ③

11 다음 중 빈칸에 들어갈 말로 알맞은 것은?

> 국가는 철도의 역할이 국가의 건전한 발전과 국민의 교통편익 증진을 위하여 필수적인 요소임을 인식하여 적정한 (   )의 목표를 설정하여 유지하고 이를 위한 철도시설을 확보하는 등 철도산업발진을 위한 여러 시책을 마련하여야 한다.

① 철도안전   ② 철도산업발전
③ 철도경제발전   ④ 철도수송분담
⑤ 철도유지운영

해설 **법 제4조(시책의 기본방향)**
② 국가는 에너지이용의 효율성, 환경친화성 및 수송효율성이 높은 철도의 역할이 국가의 건전한 발전과 국민의 교통편익 증진을 위하여 필수적인 요소임을 인식하여 적정한 철도수송분담의 목표를 설정하여 유지하고 이를 위한 철도시설을 확보하는 등 철도산업발전을 위한 여러 시책을 마련하여야 한다.

12 다음 중 위원회가 심의·조정하는 사항으로 아닌 것은?
① 철도산업구조개혁에 관한 중요정책 사항
② 철도산업의 육성·발전에 관한 중요정책 사항
③ 철도산업구조개혁에 따른 대내외 여건 조성에 관한 중요정책 사항
④ 철도안전과 철도운영에 관한 중요정책 사항
⑤ 철도시설의 건설 및 관리 등 철도시설에 관한 중요정책 사항

해설 ③ **법 제6조(철도산업위원회)**
② 위원회는 다음 각 호의 사항을 심의·조정한다.
1. 철도산업의 육성·발전에 관한 중요정책 사항
2. 철도산업구조개혁에 관한 중요정책 사항
3. 철도시설의 건설 및 관리 등 철도시설에 관한 중요정책 사항
4. 철도안전과 철도운영에 관한 중요정책 사항
5. 철도시설관리자와 철도운영자 간 상호협력 및 조정에 관한 사항
6. 이 법 또는 다른 법률에서 위원회의 심의를 거치도록 한 사항

13 다음 중 철도산업위원회의 위원으로 틀린 것은?
① 기획재정부차관
② 국토교통부차관
③ 국가철도공단의 이사장
④ 한국철도공사의 사장
⑤ 한국교통안전공단의 이사장

해설
이사장은 국가철도공단 외에 없다.

14 다음 중 철도산업위원회의 위원으로 틀린 것은?
① 공정거래위원회 위원장
② 고용노동부차관
③ 행정안전부차관
④ 해양수산부차관
⑤ 국토교통부차관

해설
• 공정거래위원회는 위원장이 아닌 부위원장이다.
• 위원회는 모든 부처의 장이 아닌 차관 혹은 부위원장이다.
※ 국가철도공단과 한국철도공사는 장

11 ④   12 ③   13 ⑤   14 ① 정답

15 다음 중 철도산업위원회의 위원으로 틀린 것은?

① 국토교통부장관

② 교육부차관

③ 국가철도공단의 이사장

④ 환경부차관

⑤ 철도산업에 관한 전문성과 경험이 풍부한 자 중에서 국토교통부장관이 위촉하는 자

16 다음 중 위원회에 대한 내용으로 틀린 것은?

① 위원회의 위원장은 위원회를 대표하며, 위원회의 업무를 총괄한다.

② 국토교통부장관은 심신장애로 인하여 직무를 수행할 수 없게 된 위원을 해촉할 수 있다.

③ 위원회의 위원장은 위원회의 회의를 소집하고, 그 의장이 된다.

④ 위원회의 회의는 재적위원 과반수의 출석과 출석위원 과반수의 찬성으로 의결한다.

⑤ 위원회의 위원장이 부득이한 사유로 직무를 수행할 수 없는 때에는 부위원장이 그 직무를 대행한다.

> **해설** 시행령 제7조(위원회의 위원장의 직무)
> ② 위원회의 위원장이 부득이한 사유로 직무를 수행할 수 없는 때에는 위원회의 위원장이 미리 지명한 위원이 그 직무를 대행한다.
> ※ 위원장＝국토교통부장관

17 다음 중 철도산업위원회에 대한 설명으로 틀린 것은?

① 위원회와 실무위원회에 각 간사 1인을 두되, 간사는 국토교통부장관이 국토교통부 소속 공무원 중에서 지명한다.

② 실무위원회의 위원장은 국토교통부장관이 국토교통부의 3급 공무원 또는 고위공무원단에 속하는 일반직 공무원 중에서 지명한다.

③ 위원회는 위원장을 포함한 25인 이내의 위원으로 구성하고 실무위원회는 위원장을 포함한 20인 이내의 위원으로 구성한다.

④ 위원회에 상정할 안건을 미리 검토하고 위원회가 위임한 안건을 심의하기 위하여 위원회에 실무위원회를 둔다.

⑤ 위원회와 실무위원회 위원의 임기는 2년으로 하되, 연임할 수 있다.

> **해설** 법 제6조(철도산업위원회)
> ④ 위원회에 상정할 안건을 미리 검토하고 위원회가 위임한 안건을 심의하기 위하여 위원회에 분과위원회를 둔다.

18 다음 중 기획단의 지원·수행 업무로 틀린 것은?

① 철도산업구조개혁과 관련된 철도시설의 투자·건설·유지보수 및 재원확보대책의 수립

② 철도산업구조개혁추진에 따른 각종 철도의 연계 및 조정

③ 철도산업구조개혁추진에 따른 철도안전기준의 정비 및 안전정책의 수립

④ 철도산업구조개혁추진에 따른 전기·신호·차량 등에 관한 철도기술개발정책의 수립

⑤ 철도산업구조개혁 기본계획 및 분야별 세부추진계획의 수립

> **해설**
> • 투자, 건설, 유지, 보수는 기본계획에 해당되며, 기획단은 철도산업구조개혁과 관련된 인력조정재원확보대책의 수립이 해당된다.

• **시행령 제11조(철도산업구조개혁기획단의 구성 등)**
① 위원회의 활동을 지원하고 철도산업의 구조개혁 그 밖에 철도정책과 관련되는 다음 각 호의 업무를 지원·수행하기 위하여 국토교통부장관소속 하에 철도산업구조개혁기획단(이하 "기획단"이라 한다)을 둔다.
1. 철도산업구조개혁 기본계획 및 분야별 세부추진계획의 수립
3. 철도산업구조개혁과 관련된 인력조정·재원확보대책의 수립
7. 철도산업구조개혁추진에 따른 철도시설건설계획 및 투자재원조달대책의 수립
8. 철도산업구조개혁추진에 따른 전기·신호·차량 등에 관한 철도기술개발정책의 수립
9. 철도산업구조개혁추진에 따른 철도안전기준의 정비 및 안전정책의 수립
12. 철도산업구조개혁추진에 따른 각종 철도의 연계 및 조정

③ 기획단의 조직 및 운영에 관하여 필요한 세부적인 사항은 위원회의 의결을 거쳐 국토교통부장관이 정한다.
④ 시행령에서 규정한 사항 외에 위원회 및 실무위원회의 운영에 관하여 필요한 사항은 위원회의 의결을 거쳐 국토교통부장관이 정한다.
⑤ 위원회와 실무위원회의 위원 중 공무원이 아닌 위원 및 위원회와 실무위원회에 출석하는 관계전문가에 대하여는 예산의 범위 안에서 수당·여비 그 밖의 필요한 경비를 지급할 수 있다.

해설 **시행령 제11조**
(철도산업구조개혁기획단의 구성 등)
⑤ 기획단의 조직 및 운영에 관하여 필요한 세부적인 사항은 **국토교통부장관**이 정한다.

19 다음 중 철도산업위원회 등에 대한 내용으로 틀린 것은?

① 위원회 및 실무위원회는 그 업무를 수행하기 위하여 필요한 때에는 관계행정기관 또는 단체 등에 대하여 자료 또는 의견의 제출 등의 협조를 요청하거나 관계공무원 또는 관계전문가 등을 위원회 및 실무위원회에 참석하게 하여 의견을 들을 수 있다.

② 국토교통부장관은 기획단의 업무수행을 위하여 필요하다고 인정하는 때에는 관계행정기관, 한국철도공사 등 관련 공사, 국가철도공단 등 특별법에 의하여 설립된 공단 또는 관련 연구기관에 대하여 소속 공무원·임직원 또는 연구원을 기획단으로 파견하여 줄 것을 요청할 수 있다.

제2절 철도산업의 육성

20 다음 중 빈칸에 들어갈 말로 알맞은 것은?

> 국토교통부장관은 철도기술의 진흥 및 육성을 위하여 철도기술 전반에 대한 연구 및 개발에 (　　)하여야 한다.

① 투자　　　　　② 노력
③ 지원　　　　　④ 지도
⑤ 육성

해설 **법 제11조(철도기술의 진흥 등)**
① 국토교통부장관은 철도기술의 진흥 및 육성을 위하여 철도기술 전반에 대한 연구 및 개발에 노력하여야 한다.

21 다음 중 철도산업에 대한 내용으로 틀린 것은?

① 국토교통부장관은 철도산업에 종사하는 자의 자질향상과 새로운 철도기술 및 그 운영기법의 향상을 위한 교육·훈련방안을 마련하여야 한다.

② 국토교통부장관은 국토교통부령으로 정하는 바에 의하여 철도산업전문연수기관과 협약을 체결하여 철도산업에 종사하는 자의 교육·훈련프로그램에 대한 행정적·재정적 지원 등을 할 수 있다.

③ 국토교통부장관은 새로운 철도기술과 운영기법의 향상을 위하여 특히 필요하다고 인정하는 때에는 정부투자기관·정부출연기관 또는 정부가 출자한 회사 등으로 하여금 새로운 철도기술과 운영기법의 연구·개발에 투자하도록 권고할 수 있다.

④ 국토교통부장관은 철도산업전문인력의 수급의 변화에 따라 철도산업교육과정의 확대 등 필요한 조치를 관계중앙행정기관의 장에게 요청할 수 있다.

⑤ 국토교통부장관은 철도산업의 육성·발전을 촉진하기 위하여 철도산업에 대한 재정·금융·세제·행정상의 지원을 할 수 있다.

22 다음 중 철도산업의 육성에 관하여 국가가 하는 것이 아닌 것은?

① 국가는 철도시설 투자를 추진하는 경우 사회적·환경적 편익을 고려하여야 한다.

② 국가는 각종 국가계획에 철도시설 투자의 목표치와 투자계획을 반영하여야 하며, 매년 교통시설 투자예산에서 철도시설 투자예산의 비율이 지속적으로 높아지도록 노력하여야 한다.

③ 국가는 철도산업 전문인력의 원활한 수급 및 철도산업의 발전을 위하여 특성화된 대학 등 교육기관을 운영·지원할 수 있다.

④ 국가는 철도산업종사자의 자격제도를 다양화하고 질적 수준을 유지·발전시키기 위하여 필요한 시책을 수립·시행하여야 한다.

⑤ 국가는 철도기술의 진흥을 위하여 철도시험·연구개발시설 및 부지 등 국유재산을 「과학기술분야 정부출연 연구기관 등의 설립·운영 및 육성에 관한 법률」에 의한 한국철도기술연구원에 무상으로 대부·양여하거나 사용·수익하게 할 수 있다.

23 다음 철도산업에 관한 내용 중 주체가 국토교통부장관이 아닌 것은?

① 철도기술의 진흥 및 육성을 위하여 철도기술전반에 대한 연구 및 개발을 촉진하기 위하여 이를 전문으로 연구하는 기관 또는 단체를 지도·육성하여야 한다.

정답 21 ⑤ 22 ③ 23 ②

② 철도기술의 진흥을 위하여 철도시험·연구개발시설 및 부지 등 국유재산을 「과학기술분야 정부출연 연구기관 등의 설립·운영 및 육성에 관한 법률」에 의한 한국철도기술연구원에 무상으로 대부·양여하거나 사용·수익하게 할 수 있다.

③ 새로운 철도기술과 운영기법의 향상을 위하여 특히 필요하다고 인정하는 때에는 정부투자기관·정부출연기관 또는 정부가 출자한 회사 등으로 하여금 새로운 철도기술과 운영기법의 연구·개발에 투자하도록 권고할 수 있다.

④ 철도기술의 진흥 및 육성을 위하여 철도기술전반에 대한 연구 및 개발에 노력하여야 한다.

⑤ 철도산업에 관한 정보를 효율적으로 수집·관리 및 제공하기 위하여 대통령령으로 정하는 바에 의하여 철도산업정보센터를 설치·운영하거나 철도산업에 관한 정보를 수집·관리 또는 제공하는 자 등에게 필요한 지원을 할 수 있다.

해설 **법 제11조(철도기술의 진흥 등)**
③ 국가는 철도기술의 진흥을 위하여 철도시험·연구개발시설 및 부지 등 국유재산을 「과학기술분야 정부출연 연구기관 등의 설립·운영 및 육성에 관한 법률」에 의한 한국철도기술연구원에 무상으로 대부·양여하거나 사용·수익하게 할 수 있다.

24 다음 중 철도산업발전기본계획에 포함되어야 할 사항으로 틀린 것은?

① 철도산업의 여건 및 동향전망에 관한 사항

② 철도기술의 개발 및 활용에 관한 사항

③ 각종 철도간의 연계수송 및 사업조정에 관한 사항

④ 철도시설의 투자·건설·유지보수 및 이를 위한 재원확보에 관한 사항

⑤ 철도시설 운영체계의 개선에 관한 사항

해설 **법 제5조(철도산업발전기본계획의 수립 등)**
② 기본계획에는 다음 각 호의 사항이 포함되어야 한다.
1. 철도산업 육성시책의 기본방향에 관한 사항
2. 철도산업의 여건 및 동향전망에 관한 사항
3. 철도시설의 투자·건설·유지보수 및 이를 위한 재원확보에 관한 사항
4. 각종 철도간의 연계수송 및 사업조정에 관한 사항
5. 철도운영체계의 개선에 관한 사항
6. 철도산업 전문인력의 양성에 관한 사항
7. 철도기술의 개발 및 활용에 관한 사항
8. 그 밖에 철도산업의 육성 및 발전에 관한 사항으로서 대통령령으로 정하는 사항

25 철도산업정보화 기본계획에 포함되지 않는 것은?

① 철도산업정보화와 관련된 기술개발의 지원에 관한 사항

② 철도산업정보화에 필요한 비용

③ 철도산업정보화 개선에 관한 사항

④ 철도산업정보화의 목표 및 단계별 추진계획

⑤ 철도산업정보의 유통 및 이용활성화에 관한 사항

해설 **시행령 제15조**
(철도산업정보화 기본계획의 내용 등)
① 법 제12조 제1항의 규정에 의한 철도산업정보화 기본계획에는 다음 각 호의 사항이 포함되어야 한다.
1. 철도산업정보화의 여건 및 전망
2. 철도산업정보화의 목표 및 단계별 추진계획
3. 철도산업정보화에 필요한 비용
4. 철도산업정보의 수집 및 조사계획
5. 철도산업정보의 유통 및 이용활성화에 관한 사항
6. 철도산업정보화와 관련된 기술개발의 지원에 관한 사항
7. 그 밖에 국토교통부장관이 필요하다고 인정하는 사항

24 ⑤ 25 ③ 정답

26 다음 중 국토교통부장관이 하거나 할 수 있는 것으로 틀린 것은?

① 철도기술의 진흥 및 육성을 위하여 철도기술전반에 대한 연구

② 국토교통부령으로 정하는 바에 의하여 철도산업전문연수기관과 협약을 체결하여 철도산업에 종사하는 자의 교육·훈련 프로그램에 대한 행정적·재정적 지원

③ 철도산업정보화계획을 변경

④ 철도산업의 국제협력 및 해외시장 진출을 촉진하기 위하여 필요하다고 인정하는 사업을 지원

⑤ 철도산업에 관한 정보를 수집·관리 또는 제공하는 자에게 예산의 범위 안에서 운영에 소요되는 비용을 지원

> **해설** 법 제13조(국제협력 및 해외진출 촉진)
> ② 국가는 철도산업의 국제협력 및 해외시장 진출을 추진하기 위하여 다음 각 호의 사업을 지원할 수 있다.
> 1. 철도산업과 관련된 기술 및 인력의 국제교류
> 2. 철도산업의 국제표준화와 국제공동연구개발
> 3. 그 밖에 국토교통부장관이 철도산업의 국제협력 및 해외시장 진출을 촉진하기 위하여 필요하다고 인정하는 사업

27 다음 중 협회의 업무범위에 해당하는 철도분야로 틀린 것은?

① 국가 또는 지방자치단체 위탁사업

② 전문인력의 양성 지원

③ 해외철도 진출을 위한 현지조사 및 지원

④ 조사·연구 및 간행물의 발간

⑤ 그 밖에 국토교통부장관이 필요하다고 인정하는 업무

> **해설** 법 제13조의 2(협회의 설립)
> ④ 협회는 철도 분야에 관한 다음 각 호의 업무를 한다.
> 1. 정책 및 기술개발의 지원
> 2. 정보의 관리 및 공동활용 지원

3. 전문인력의 양성 지원
4. 해외철도 진출을 위한 현지조사 및 지원
5. 조사·연구 및 간행물의 발간
6. 국가 또는 지방자치단체 위탁사업
7. 그 밖에 정관으로 정하는 업무

28 철도협회에 대한 내용으로 틀린 것은?

① 철도산업에 관련된 기업, 기관 및 단체와 이에 관한 업무에 종사하는 자는 철도산업의 건전한 발전과 해외진출을 도모하기 위하여 철도협회를 설립할 수 있다.

② 협회는 비영리 법인으로 한다.

③ 협회는 국토교통부장관의 인가를 받아 주된 사무소의 소재지에 설립등기를 함으로써 성립한다.

④ 국가, 지방자치단체 및 공공기관의 운영에 관한 법률에 따른 철도 분야 공공기관은 협회에 위탁한 업무의 수행에 필요한 비용의 전부 또는 일부를 예산의 범위에서 지원할 수 있다.

⑤ 협회의 정관은 국토교통부장관의 인가를 받아야 하며, 정관의 기재사항과 협회의 운영 등에 필요한 사항은 대통령령으로 정한다.

> **해설** 법 제13조의2(협회의 설립)
> ② 협회는 법인으로 한다.

> **제3장** **철도안전 및 이용자 보호**

29 다음 내용 중 틀린 것은?

① 국가는 국민의 생명·신체 및 재산을 보호하기 위하여 철도안전에 필요한 법적·제도적 장치를 마련하고 이에 필요한 재원을 확보하도록 노력하여야 한다.

정답 26 ④ 27 ⑤ 28 ② 29 ⑤

② 철도운영자 또는 철도차량 및 장비 등의 제조업자는 법령에서 정하는 바에 따라 철도의 안전한 운행 또는 그 제조하는 철도차량 및 장비 등의 구조·설비 및 장치의 안전성을 확보하고 이의 향상을 위하여 노력하여야 한다.

③ 국가는 객관적이고 공정한 철도사고조사를 추진하기 위한 전담기구와 전문인력을 확보하여야 한다.

④ 철도서비스 품질평가의 절차 및 활용 등에 관하여 필요한 사항은 국토교통부령으로 정한다.

⑤ 국토교통부장관은 그가 제공하는 철도서비스의 품질을 개선하기 위하여 노력하여야 한다.

> **해설** 법 제15조(철도서비스의 품질개선 등)
> ① 철도운영자는 그가 제공하는 철도서비스의 품질을 개선하기 위하여 노력하여야 한다.

30 다음 중 국가가 철도이용자의 권익보호를 위하여 강구하여야 하는 시책으로 아닌 것은?

① 철도이용자의 권익보호를 위한 홍보·교육 및 연구

② 철도이용자의 생명·신체 및 재산상의 위해 방지

③ 철도이용자의 불만 및 피해에 대한 신속·공정한 구제조치

④ 철도이용자의 안전확보를 위한 재원마련 조치

⑤ 그 밖에 철도이용자 보호와 관련된 사항

> **해설** 법 제16조(철도이용자의 권익보호 등)
> 국가는 철도이용자의 권익보호를 위하여 다음 각 호의 시책을 강구하여야 한다.
> 1. 철도이용자의 권익보호를 위한 홍보·교육 및 연구

2. 철도이용자의 생명·신체 및 재산상의 위해 방지
3. 철도이용자의 불만 및 피해에 대한 신속·공정한 구제조치
4. 그 밖에 철도이용자 보호와 관련된 사항
※ 제16조 참고 총 4개이므로 1개의 보기를 지어내 출제자가 낼 수도 있다.
※ 난이도 : 중 예상

제4장 **철도산업구조개혁의 추진**

제1절 기본시책

31 다음 철도안전에 대한 내용으로 틀린 것은?

① 국가는 철도산업의 경쟁력을 강화하고 발전기반을 조성하기 위하여 철도시설 부문과 철도운영 부문을 분리하는 철도산업의 구조개혁을 추진하여야 한다.

② 철도시설관리자와 철도운영자는 철도시설 부문과 철도운영 부문간의 상호보완적 기능이 발휘될 수 있도록 국토교통부령으로 정하는 바에 의하여 상호협력체계 구축 등 필요한 조치를 마련하여야 한다.

③ 철도시설관리자와 철도운영자는 법에 의하여 철도시설관리와 철도운영에 있어 상호협력이 필요한 분야에 대하여 업무절차서를 작성하여 정기적으로 이를 교환하고, 이를 변경한 때에는 즉시 통보하여야 한다.

④ 철도시설관리자와 철도운영자는 상호협력이 필요한 분야에 대하여 정기적으로 합동점검을 하여야 한다.

⑤ 철도시설관리자·철도운영자 등 선로를 관리 또는 사용하는 자는 법에 의한 선로배분지침을 준수하여야 한다.

30 ④   31 ②   **정답**

해설 법 제17조(철도산업구조개혁의 기본방향)

국가는 철도시설 부문과 철도운영 부문 간의 상호 보완적 기능이 발휘될 수 있도록 대통령령으로 정하는 바에 의하여 상호협력체계 구축 등 필요한 조치를 마련하여야 한다.

32 다음 중 선로배분지침에 포함되어야 하는 사항으로 틀린 것은?

① 지역 간 열차와 지역 내 열차에 대한 선로용량의 배분

② 여객열차와 화물열차에 대한 운행시간의 배분

③ 철도차량의 안전운행에 관한 사항

④ 선로의 유지보수·개량 및 건설을 위한 작업시간

⑤ 그 밖에 선로의 효율적 활용을 위하여 필요한 사항

해설 시행령 제24조(선로배분지침의 수립 등)

② 제1항의 규정에 의한 선로배분지침에는 다음 각 호의 사항이 포함되어야 한다.
1. 여객열차와 화물열차에 대한 선로용량의 배분
2. 지역 간 열차와 지역 내 열차에 대한 선로용량의 배분
3. 선로의 유지보수·개량 및 건설을 위한 작업시간
4. 철도차량의 안전운행에 관한 사항
5. 그 밖에 선로의 효율적 활용을 위하여 필요한 사항

33 다음 중 철도교통관제시설의 업무로 틀린 것은?

① 철도차량 등의 운행정보의 제공

② 철도차량 등에 대한 운행통제

③ 열차의 운행간격 조정

④ 적법운행 여부에 대한 지도·감독

⑤ 사고발생 시 사고복구 지시

해설 시행령 제24조(선로배분지침의 수립 등)

④ 국토교통부장관은 철도차량 등의 운행정보의 제공, 철도차량 등에 대한 운행통제, 적법운행 여부에 대한 지도·감독, 사고발생 시 사고복구 지시 등 철도교통의

안전과 질서를 유지하기 위하여 필요한 조치를 할 수 있도록 철도교통관제시설을 설치·운영하여야 한다.

34 다음 중 선로배분지침에 포함되어야 할 사항으로 틀린 것은?

① 여객열차와 화물열차에 대한 선로용량의 배분

② 지역 간 열차와 지역 내 열차에 대한 선로용량의 배분

③ 선로의 유지보수, 개량 및 건설을 위한 작업에 대한 선로용량의 배분

④ 철도차량의 안전운행에 관한 사항

⑤ 그 밖에 선로의 효율적 활용을 위하여 필요한 사항

해설 시행령 제24조(선로배분지침의 수립 등)

② 제1항의 규정에 의한 선로배분지침에는 다음 각 호의 사항이 포함되어야 한다.
1. 여객열차와 화물열차에 대한 선로용량의 배분
2. 지역 간 열차와 지역 내 열차에 대한 선로용량의 배분
3. 선로의 유지보수·개량 및 건설을 위한 작업시간
4. 철도차량의 안전운행에 관한 사항
5. 그 밖에 선로의 효율적 활용을 위하여 필요한 사항

35 다음 중 구조개혁계획에 포함되어야 하는 사항으로 틀린 것은?

① 철도산업구조개혁의 여건 및 동향전망에 관한 사항

② 철도산업구조개혁의 추진방안에 관한 사항

③ 철도의 소유 및 경영구조의 개혁에 관한 사항

④ 철도산업구조개혁에 따른 자산·부채·인력 등에 관한 사항

⑤ 철도산업구조개혁에 따른 철도관련 기관·단체 등의 정비에 관한 사항

정답 32 ② 33 ③ 34 ③ 35 ①

② 구조개혁계획에는 다음 각 호의 사항이 포함되어야 한다.
1. 철도산업구조개혁의 목표 및 기본방향에 관한 사항
2. 철도산업구조개혁의 추진방안에 관한 사항
3. 철도의 소유 및 경영구조의 개혁에 관한 사항
4. 철도산업구조개혁에 따른 대내외 여건조성에 관한 사항
5. 철도산업구조개혁에 따른 자산·부채·인력 등에 관한 사항
6. 철도산업구조개혁에 따른 철도관련 기관·단체 등의 정비에 관한 사항
7. 그 밖에 철도산업구조개혁을 위하여 필요한 사항으로서 대통령령으로 정하는 사항

・시행령 제25조(철도산업구조개혁 기본계획의 내용)
법 제18조 제2항 제7호에서 "대통령령이 정하는 사항"이라 함은 다음 각 호의 사항을 말한다.
1. 철도서비스 시장의 구조개편에 관한 사항
2. 철도요금·철도시설사용료 등 가격정책에 관한 사항
3. 철도안전 및 서비스향상에 관한 사항
4. 철도산업구조개혁의 추진체계 및 관계기관의 협조에 관한 사항
5. 철도산업구조개혁의 중장기 추진방향에 관한 사항
6. 그 밖에 국토교통부장관이 철도산업구조개혁의 추진을 위하여 필요하다고 인정하는 사항

36 다음 중 구조개혁계획에 포함되어야 하는 사항으로 틀린 것은?

① 철도산업구조개혁의 목표 및 기본방향에 관한 사항
② 철도품질서비스 평가를 위한 재원마련에 관한 사항
③ 철도요금·철도시설사용료 등 가격정책에 관한 사항
④ 철도안전 및 서비스향상에 관한 사항
⑤ 철도산업구조개혁의 추진체계 및 관계기관의 협조에 관한 사항

해설
・제18조(철도산업구조개혁 기본계획의 수립 등)
② 구조개혁계획에는 다음 각 호의 사항이 포함되어야 한다.
1. 철도산업구조개혁의 목표 및 기본방향에 관한 사항
2. 철도산업구조개혁의 추진방안에 관한 사항
3. 철도의 소유 및 경영구조의 개혁에 관한 사항
4. 철도산업구조개혁에 따른 대내외 여건조성에 관한 사항
5. 철도산업구조개혁에 따른 자산·부채·인력 등에 관한 사항
6. 철도산업구조개혁에 따른 철도관련 기관·단체 등의 정비에 관한 사항
7. 그 밖에 철도산업구조개혁을 위하여 필요한 사항으로서 **대통령령**으로 정하는 사항

37 다음 내용 중 틀린 것은?

① 철도산업의 구조개혁을 추진하는 경우 철도시설은 국가가 소유하는 것을 원칙으로 한다.
② 국가는 철도시설 관련업무를 체계적이고 효율적으로 추진하기 위하여 그 집행조직으로서 철도청 및 고속철도건설공단의 관련 조직을 통·폐합하여 특별법에 의하여 국가철도공단을 설립한다.
③ 철도산업의 구조개혁을 추진하는 경우 철도운영 관련사업은 국가가 소유하는 것을 원칙으로 한다.
④ 국가는 철도운영 관련사업을 효율적으로 경영하기 위하여 철도청 및 고속철도건설공단의 관련조직을 전환하여 특별법에 의하여 한국철도공사를 설립한다.
⑤ 국가가 추진하는 철도시설 건설사업의 집행은 국가철도공단이 관리청 업무를 대행하게 할 수 있다.

해설 법 제21조(철도운영)
① 철도산업의 구조개혁을 추진하는 경우 철도운영 관련사업은 시장경제원리에 따라 국가 외의 자가 영위하는 것을 원칙으로 한다.

38 다음 중 국토교통부장관이 국가철도공단에 관리청 업무를 대행하게 했을 때 업무의 범위와 권한의 내용을 정하는 주체로 맞는 것은?

① 대통령
② 국토교통부장관
③ 국가철도공단
④ 기획재정부장관
⑤ 한국철도공사

해설 법 제19조(관리청)

② 국토교통부장관은 이 법과 그 밖의 철도에 관한 법률에 규정된 철도시설의 건설 및 관리 등에 관한 그의 업무의 일부를 대통령령으로 정하는 바에 의하여 제20조 제3항에 따라 설립되는 국가철도공단으로 하여금 대행하게 할 수 있다. 이 경우 대행하는 업무의 범위·권한의 내용 등에 관하여 필요한 사항은 대통령령으로 정한다.

39 다음 중 「철도산업발전기본법 시행령」에서 정하는 구조개혁계획에 포함되어야 하는 사항으로 틀린 것은?

① 철도서비스 시장의 구조 개편에 관한 사항
② 철도요금, 철도시설 사용료 등 가격정책에 관한 사항
③ 철도안전 및 서비스향상에 관한 사항
④ 철도산업구조개혁의 추진체계 및 관계기관의 협조에 관한 사항
⑤ 철도산업구조개혁의 중기 추진방향에 관한 사항

해설 시행령 제25조

(철도산업구조개혁 기본개혁의 내용)

중장기 추진방향에 관한 사항

※ 지엽적, 입교시험 스타일 문제 같지만 기본계획 수립 시 조화를 이루도록 해야 하는 계획(법 제5조 제3항) 중 중기 교통시설 투자계획이 있다. 충분히 중기, 중장기로 말장난이 나올 수 있으므로 쉬운 문제는 아니리고 판단되니 주의해야 한다.

40 다음 중 국토교통부장관이 철도운영에 대한 시책을 수립하여야 되는 사항으로 아닌 것은?

① 철도운영부문의 경쟁력 강화
② 철도차량의 유지보수 및 적정한 상태유지
③ 철도운영서비스의 개선
④ 열차운영의 안전진단 등 예방조치 및 사고조사 등 철도운영의 안전확보
⑤ 공정한 경쟁여건의 조성

해설 법 제21조(철도운영)

② 국토교통부장관은 철도운영에 대한 다음 각 호의 시책을 수립·시행한다.

1. 철도운영부문의 경쟁력 강화
2. 철도운영서비스의 개선
3. 열차운영의 안전진단 등 예방조치 및 사고조사 등 철도운영의 안전확보
4. 공정한 경쟁여건의 조성
5. 그 밖에 철도이용자 보호와 열차운행원칙 등 철도운영에 필요한 사항

41 다음 중 관리청 업무의 대행범위로 틀린 것은?

① 국가가 추진하는 철도시설 건설사업의 집행
② 국가 소유의 철도시설에 대한 사용료 징수 등 관리업무의 집행
③ 철도시설의 안전유지
④ 철도시설과 이를 이용하는 열차 간의 종합적인 성능검증·안전상태 점검 등 철도시설의 안전을 위하여 국토교통부장관이 정하는 업무
⑤ 그 밖에 국토교통부장관이 철도시설의 효율적인 관리를 위하여 필요하다고 인정한 업무

해설 시행령 제28조(관리청 업무의 대행범위)

4번 선지 열차 간의 → 철도차량 간의

정답 38 ① 39 ⑤ 40 ② 41 ④

42 다음 중 국토교통부장관이 철도시설에 대하여 수립·시행해야 할 시책으로 틀린 것은?

① 철도시설에 대한 투자 계획수립 및 재원조달
② 철도시설의 건설 및 관리
③ 철도시설의 유지보수 및 적정한 상태유지
④ 철도시설의 안전진단 등 예방조치 및 사고조사 등 안전확보
⑤ 철도시설의 안전관리 및 재해대책

해설 **법 제20조(철도시설)**
· 철도시설의 안전진단과 관련된 내용은 존재하지 않는다.
· 열차운영의 안전진단 등 예방조치 및 사고조사 등 철도운영의 안전확보 → 철도운영에 대하여 수립·시행해야 할 시책이다.

43 다음 중 국토교통부장관이 철도운영에 대하여 수립·시행하여야 되는 시책으로 틀린 것은?

① 철도운영부문의 경쟁력 강화
② 철도운영서비스의 개선
③ 철도차량의 안전진단 등 예방조치 및 사고조사 등 철도운영의 안전확보
④ 공정한 경쟁여건의 조성
⑤ 그 밖에 철도이용자 보호와 열차운행원칙 등 철도운영에 필요한 사항

해설 **법 제21조(철도운영)**
② 국토교통부장관은 철도운영에 대한 다음 각 호의 시책을 수립·시행한다.
3. 열차운영의 안전진단 등 예방조치 및 사고조사 등 철도운영의 안전확보

제2절 자산·부채 및 인력의 처리

44 다음 중 시설자산에 대한 설명으로 맞는 것은?

① 철도공사와 국가철도공단이 철도운영 등을 주된 목적으로 취득하였거나 관련 법령 및 계약 등에 의하여 취득하기로 한 재산·시설 및 그에 관한 권리
② 철도공사와 국가철도공단이 철도의 기반이 되는 시설의 건설 및 관리를 주된 목적으로 취득하였거나 관련 법령 및 계약 등에 의하여 취득하기로 한 재산·시설 및 그에 관한 권리
③ 철도청과 고속철도건설공단이 철도운영 등을 주된 목적으로 취득하였거나 관련 법령 및 계약 등에 의하여 취득하기로 한 재산·시설 및 그에 관한 권리
④ 철도청과 고속철도건설공단이 철도의 기반이 되는 시설의 건설 및 관리를 주된 목적으로 취득하였거나 관련 법령 및 계약 등에 의하여 취득하기로 한 재산·시설 및 그에 관한 권리
⑤ 국가철도공단이 관리하는 자산

해설 **법 제22조(철도자산의 구분 등)**
① 국토교통부장관은 철도산업의 구조개혁을 추진하는 경우 철도청과 고속철도건설공단의 철도자산을 다음 각 호와 같이 구분하여야 한다.
2. 시설자산 : 철도청과 고속철도건설공단이 철도의 기반이 되는 시설의 건설 및 관리를 주된 목적으로 취득하였거나 관련 법령 및 계약 등에 의하여 취득하기로 한 재산·시설 및 그에 관한 권리

45 다음 중 기타자산의 설명으로 맞는 것은?

① 철도청과 고속철도건설공단이 철도운영 등을 주된 목적으로 취득하였거나 관련 법령 및 계약 등에 의하여 취득하기로 한 재산·시설 및 그에 관한 권리

② 철도청과 고속철도건설공단이 철도의 기반이 되는 시설의 건설 및 관리를 주된 목적으로 취득하였거나 관련 법령 및 계약 등에 의하여 취득하기로 한 재산·시설 및 그에 관한 권리

③ 운영자산 및 시설자산을 제외한 자산

④ 운영자산 및 시설자산을 제외한 자산으로서 철도사업특별회계가 부담하고 있는 철도자산 중 공공자금관리기금에 대한 자산

⑤ 일반자산을 포함한 기타자산

해설 법 제22조(철도자산의 구분 등)
① 국토교통부장관은 철도산업의 구조개혁을 추진하는 경우 철도청과 고속철도건설공단의 철도자산을 다음 각 호와 같이 구분하여야 한다.
3. 기타자산 : 제1호(운영자산) 및 제2호(시설자산)의 철도자산을 제외한 자산

46 다음 중 국토교통부장관이 이관 받은 철도청의 기타자산 관리업무를 위탁할 수 있는 곳으로 틀린 것은?

① 국가철도공단

② 철도공사

③ 관련 기관

④ 「민법」에 의하여 설립된 영리법인

⑤ 「상법」에 의하여 설립된 주식회사

해설
• 제23조(철도자산의 처리) ④ 국토교통부장관은 철도자산처리계획에 의하여 철도청장으로부터 다음 각 호의 철도자산을 이관 받으며, 그 관리업무를 국가철도공단, 철도공사, 관련 기관 및 단체 또는 대통령령으로 정하는 민간법인에 위탁하거나 그 자산을 사용·수익하게 할 수 있다.
1. 철도청의 시설자산(건설 중인 시설자산은 제외한다)
2. 철도청의 기타자산
• 시행령 제30조(철도자산 관리업무의 민간위탁계획)
① 법 제23조 제4항 각 호 외의 부분에서 "대통령령이 정하는 민간법인"이라 함은 「민법」에 의하여 설립된 비영리법인과 「상법」에 의하여 설립된 주식회사를 말한다.

47 다음 중 철도자산에 대한 내용으로 틀린 것은?

① 국토교통부장관은 법에 따라 철도자산을 구분하는 때에는 기획재정부장관과 미리 협의하여 그 기준을 정한다.

② 국토교통부장관은 대통령령으로 정하는 바에 의하여 철도산업의 구조개혁을 추진하기 위한 철도자산의 처리계획을 위원회의 심의를 거쳐 수립하여야 한다.

③ 국가는 「국유재산법」에도 불구하고 철도자산처리계획에 의하여 철도공사에 운영자산을 현물 출자한다.

④ 철도공사는 법에 따라 현물출자 받은 운영자산과 관련된 권리와 의무를 제외하고 승계한다.

⑤ 철도자산의 인계·이관 등의 시기와 해당 철도자산 등의 평가방법 및 평가기준일 등에 관한 사항은 대통령령으로 정한다.

해설 법 제23조(철도자산의 처리)
철도공사는 현물출자 받은 운영자산과 관련된 권리와 의무를 포괄하여 승계한다.

48 다음 중 철도자산 및 민간위탁 등에 관한 내용으로 틀린 것은?

① 국토교통부장관은 철도자산처리계획에 의하여 철도청장으로부터 철도청이

건설 중인 시설자산을 이관 받으며, 그 관리업무를 국가철도공단, 철도공사, 관련 기관 및 단체 또는 대통령령으로 정하는 민간법인에 위탁하거나 그 자산을 사용·수익하게 할 수 있다.

② 철도청장 또는 고속철도건설공단이사장이 철도자산의 인계·이관 등을 하고자 하는 때에는 그에 관한 서류를 작성하여 국토교통부장관의 승인을 얻어야 한다.

③ 철도자산의 인계·이관 등의 시기와 해당 철도자산 등의 평가방법 및 평가기준일 등에 관한 사항은 대통령령으로 정한다.

④ 국토교통부장관은 법에 의하여 철도자산의 관리업무를 위탁하고자 하는 때에는 고시된 민간위탁계획에 따라 사업계획을 제출한 자중에서 당해 철도자산을 관리하기에 적합하다고 인정되는 자를 선정하여 위탁계약을 체결하여야 한다.

⑤ 국토교통부장관이 민간위탁계획을 수립한 때에는 이를 고시하여야 한다.

해설 **법 제23조(철도자산의 처리)**
④ 국토교통부장관은 철도자산처리계획에 의하여 철도청장으로부터 다음 각 호의 철도자산을 이관 받으며, 그 관리업무를 국가철도공단, 철도공사, 관련 기관 및 단체 또는 대통령령으로 정하는 민간법인에 위탁하거나 그 자산을 사용·수익하게 할 수 있다.
1. 철도청의 시설자산(건설 중인 시설자산은 제외한다)
2. 철도청의 기타자산
※ 철도청이 건설 중인 시설자산은 국가철도공단이 담당한다.

49 다음 중 철도자산처리계획에 포함되어야 하는 사항으로 틀린 것은?

① 철도자산의 개요 및 현황에 관한 사항
② 철도자산의 처리방향에 관한 사항

③ 철도자산의 유통 및 이용활성화에 관한 사항
④ 철도자산의 구분기준에 관한 사항
⑤ 철도자산처리의 추진일정에 관한 사항

해설 **시행령 제29조(철도자산처리계획의 내용)**
법 제23조 제1항의 규정에 의한 철도자산처리계획에는 다음 각 호의 사항이 포함되어야 한다.
1. 철도자산의 개요 및 현황에 관한 사항
2. 철노사산의 저리방항에 관한 사항
3. 철도자산의 구분기준에 관한 사항
4. 철도자산의 인계·이관 및 출자에 관한 사항
5. 철도자산처리의 추진일정에 관한 사항
6. 그 밖에 국토교통부장관이 철도자산의 처리를 위하여 필요하다고 인정하는 사항

50 다음 중 민간위탁계획에 포함되어야 하는 사항으로 틀린 것은?

① 위탁대상 철도자산
② 위탁대상 철도자산의 관리에 관한 사항
③ 위탁계약기간(계약기간의 수정·갱신 및 위탁계약의 해지에 관한 사항을 포함한다)
④ 위탁대가의 지급에 관한 사항
⑤ 위탁업무의 추진일정에 관한 사항

해설
• 추진일정에 관한 사항은 철도자산처리계획이다.
• **시행령 제31조(민간위탁계약의 체결)** ② 제1항의 규정에 의한 위탁계약에는 다음 각 호의 사항이 포함되어야 한다.
1. 위탁대상 철도자산
2. 위탁대상 철도자산의 관리에 관한 사항
3. 위탁계약기간(계약기간의 수정·갱신 및 위탁계약의 해지에 관한 사항을 포함한다)
4. 위탁대가의 지급에 관한 사항
5. 위탁업무에 대한 관리 및 감독에 관한 사항
6. 위탁업무의 재위탁에 관한 사항
7. 그 밖에 **국토교통부장관**이 필요하다고 인정하는 사항

49 ③ 50 ⑤ **정답**

51 다음 중 국가철도공단이 고속철도건설공단의 기타자산을 인계받는 시기로 맞는 것은?

① 2004년 1월 1일
② 2004년 4월 1일
③ 2005년 1월 1일
④ 2005년 8월 1일
⑤ 국가철도공단의 설립등기일

해설 시행령 제32조

(철도자산의 인계·이관 등의 절차 및 시기)
② 법 제23조 제7항의 규정에 의한 철도자산의 인계·이관 등의 시기는 다음 각 호와 같다.
3. 국가철도공단이 법 제23조 제5항의 규정에 의한 철도자산을 인계받는 시기 : 2004년 1월 1일

[법 제23조 제5항]
1. 철도청이 건설 중인 시설자산
2. 고속철도건설공단이 건설 중인 시설자산 및 운영자산
3. 고속철도건설공단의 기타자산

52 다음 중 빈칸에 들어갈 말을 순서대로 나열한 것으로 맞는 것은?

> 인계·이관 등의 대상이 되는 철도자산의 평가가액은 제3항의 규정에 의한 평가기준일의 자산의 (　　) 으로 한다. 다만, 법에 의하여 한국철도공사에 출자되는 철도자산의 평가방법은 (　　　　)이 정하는 바에 의한다.

① 장부가액, 국유재산법
② 장부가액, 한국철도공사법
③ 공시지가, 국유재산법
④ 공시지가, 한국철도공사법
⑤ 표준금액, 기획재정부장관

해설 시행령 제32조

(철도자산의 인계·이관 등의 절차 및 시기)
④ 인계·이관 등의 대상이 되는 철도자산의 평가가액은 제3항의 규정에 의한 평가기준일의 자산의 장부가액으로 한다. 다만, 법 제23조 제2항의 규정에 의하여 한국철도공사에 출자되는 철도자산의 평가방법은 「국유재산법」이 정하는 바에 의한다.

53 다음 중 철도부채 등에 대한 설명으로 틀린 것은?

① 기타부채는 운영부채 및 시설부채를 제외한 부채로서 철도사업특별회계가 부담하고 있는 철도부채 중 공공자금관리기금에 대한 부채를 말한다.
② 운영부채는 철도공사가, 시설부채는 국가철도공단이 각각 포괄하여 승계하고, 기타부채는 일반회계가 포괄하여 승계한다.
③ 철도청장 또는 고속철도건설공단이사장이 철도부채를 인계하고자 하는 때에는 인계에 관한 서류를 작성하여 국토교통부장관의 승인을 얻어야 한다.
④ 철도공사 및 국가철도공단은 철도청 직원 중 공무원 신분을 계속 유지하는 자를 포함한 철도청 직원 및 고속철도건설공단 직원의 고용을 포괄하여 승계한다.
⑤ 국가는 제1항에 따라 철도청 직원 중 철도공사 및 국가철도공단 직원으로 고용이 승계되는 자에 대하여는 근로여건 및 퇴직급여의 불이익이 발생하지 않도록 필요한 조치를 한다.

해설 법 제25조(고용승계 등)

① 철도공사 및 국가철도공단은 철도청 직원 중 공무원 신분을 계속 유지하는 자를 제외한 철도청 직원 및 고속철도건설공단 직원의 고용을 포괄하여 승계한다.

정답 51 ① 52 ① 53 ④

54 다음 중 빈칸에 들어갈 단어를 순서대로 올바르게 나열한 것은?

> 기타부채 : 운영부채 및 시설부채를 제외한 부채로서 (　　　)가 부담하고 있는 철도부채 중 (　　　)에 대한 부채

① 일반회계, 기타자산
② 일반회계, 공공자금관리기금
③ 철도사업특별회계, 기타자산
④ 철도사업특별회계, 공공자금관리기금
⑤ 철도사업특별회계, 점유재산

> **해설** 법 제24조(철도부채의 처리)
> 3. 기타부채 : 제1호 및 제2호의 철도부채를 제외한 부채로서 철도사업특별회계가 부담하고 있는 철도부채 중 공공자금관리기금에 대한 부채

55 다음 중 한국철도공사가 운영부채를 인계받는 시기로 맞는 것은?

① 2004년 1월 1일
② 2004년 4월 1일
③ 2005년 4월 1일
④ 2005년 8월 1일
⑤ 한국철도공사 설립등기일

> **해설** 시행령 제33조(철도부채의 인계절차 및 시기)
> ② 법 제24조 제4항의 규정에 의한 철도부채의 인계 시기는 다음 각 호와 같다.
> 1. 한국철도공사가 법 제24조 제2항의 규정에 의하여 운영부채를 인계받는 시기 : 한국철도공사의 설립등기일

56 다음 중 철도자산처리계획에 포함되어야 하는 내용으로 틀린 것은?

① 철도자산의 개요 및 현황에 관한 사항
② 철도자산의 처리방향에 관한 사항
③ 철도자산의 구분기준에 관한 사항
④ 철도자산의 추진일정에 관한 사항
⑤ 철도자산의 개발 및 활용에 관한 사항

57 다음 중 국가가 해야 하는 일로 틀린 것은?

① 각종 국가계획에 철도시설 투자의 목표치와 투자계획을 반영
② 효율성과 공익적 기능을 고려하여 철도산업시책을 수립하여 시행
③ 철도산업시책과 철도투자, 안전 등 관련 시책을 효율적으로 추진하기 위하여 필요한 조직과 인원 확보
④ 철도기술의 진흥 및 육성을 위하여 철도기술전반에 대한 연구 및 개발에 노력
⑤ 철도공사에 운영자산을 철도자산처리계획에 의한 현물 출자

> **해설**
> 철도기술의 진흥 및 육성~은 국토교통부장관이 하는 일이다.

54 ④　55 ⑤　56 ⑤　57 ④　**정답**

제3절 철도시설관리권 등

58 다음 중 빈칸에 들어갈 단어로 알맞은 것은?

> 철도시설관리권 또는 철도시설관리권을 목적으로 하는 저당권의 설정·변경·소멸 및 처분의 제한은 국토교통부에 비치하는 ( )에 등록함으로써 그 효력이 발생한다.

① 철도시설 관리대장
② 철도시설 등록대장
③ 철도시설관리권등록부
④ 철도시설허가등록부
⑤ 철도시설정보등록부

해설 법 제29조(권리의 변동)
① 철도시설관리권 또는 철도시설관리권을 목적으로 하는 저당권의 설정·변경·소멸 및 처분의 제한은 국토교통부에 비치하는 철도시설관리권등록부에 등록함으로써 그 효력이 발생한다.

59 다음 중 철도시설관리권에 대한 설명으로 틀린 것은?

① 국가는 철도시설을 관리하고 그 철도시설을 사용하거나 이용하는 자로부터 사용료를 징수할 수 있는 권리를 설정할 수 있다.
② 철도시설관리권은 이를 물권으로 보며, 이 법에 특별한 규정이 있는 경우를 제외하고는 민법 중 부동산에 관한 규정을 준용한다.
③ 저당권이 설정된 철도시설관리권은 그 저당권자의 동의가 없으면 처분할 수 없다.

④ 철도시설관리권 또는 철도시설관리권을 목적으로 하는 저당권의 설정·변경·소멸 및 처분의 제한은 국토교통부에 비치하는 철도시설관리권등록부에 등록함으로써 그 효력이 발생한다.
⑤ 철도시설을 관리하는 자는 그가 관리하는 철도시설의 관리대장을 작성·비치하여야 한다.

해설 법 제26조(철도시설관리권)
① 국토교통부장관은 철도시설을 관리하고 그 철도시설을 사용하거나 이용하는 자로부터 사용료를 징수할 수 있는 권리(이하 "철도시설관리권"이라 한다)를 설정할 수 있다.

60 다음 중 철도시설 사용계약에 포함되어야 하는 사항으로 틀린 것은?

① 대상 시설의 제3자에 대한 사용승낙의 범위·조건
② 상호책임 및 계약위반 시 조치사항
③ 분쟁 발생 시 조정절차
④ 계약의 파기에 관한 사항
⑤ 계약내용에 대한 비밀누설금지에 관한 사항

해설 시행령 제35조(철도시설의 사용계약)
① 법 제31조 제1항에 따른 철도시설의 사용계약에는 다음 각 호의 사항이 포함되어야 한다.
1. 사용기간·대상시설·사용조건 및 사용료
2. 대상 시설의 제3자에 대한 사용승낙의 범위·조건
3. 상호책임 및 계약위반 시 조치사항
4. 분쟁 발생 시 조정절차
5. 비상사태 발생 시 조치
6. 계약의 갱신에 관한 사항
7. 계약내용에 대한 비밀누설금지에 관한 사항

정답 58 ③ 59 ① 60 ④

61 다음 중 철도시설관리권 등에 대한 설명으로 틀린 것은?

① 철도시설관리권의 설정을 받은 자는 대통령령으로 정하는 바에 따라 국토교통부장관에게 등록하여야 한다.

② 철도시설관리권은 물권으로 본다.

③ 철도시설관리권의 등록에 관하여 필요한 사항은 내농령령으로 정한다.

④ 국토교통부장관은 철도시설을 관리하고 그 철도시설을 사용하거나 이용하는 자로부터 철도시설관리권을 설정할 수 있다.

⑤ 철도시설 관리대장의 작성·비치 및 기재사항 등에 관하여 필요한 사항은 대통령령으로 정한다.

> **해설** 법 제30조(철도시설 관리대장)
> ② 철도시설 관리대장의 작성·비치 및 기재사항 등에 관하여 필요한 사항은 국토교통부령으로 정한다.

62 다음 중 철도시설 사용료에 대한 내용으로 틀린 것은?

① 철도시설을 사용하고자 하는 자는 대통령령으로 정하는 바에 따라 관리청의 허가를 받거나 시설사용계약자의 승낙을 얻어 사용할 수 있다.

② 철도시설관리자 또는 시설사용계약자는 철도시설을 사용하는 자로부터 사용료를 징수할 수 있다.

③ 「국유재산법」에도 불구하고 지방자치단체가 직접 공용·공공용 또는 비영리 공익사업용으로 철도시설을 사용하고자 하는 경우에는 대통령령으로 정하는 바에 따라 그 사용료의 전부 또는 일부를 면제할 수 있다.

④ 철도시설 사용료를 징수하는 경우 철도의 사회경제적 편익과 다른 교통수단과의 형평성 등이 고려되어야 한다.

⑤ 철도시설 사용료의 징수기준 및 절차 등에 관하어 필요한 사항은 국토교통부령으로 정한다.

> **해설** 제31조(철도시설 사용료)
> ④ 철도시설 사용료의 징수기준 및 절차 등에 관하여 필요한 사항은 대통령령으로 정한다.

63 다음 중 철도시설 사용계약에 포함되어야 하는 사항으로 틀린 것은?

① 대상 시설의 제3자에 대한 사용승낙의 범위·조건

② 상호책임 및 계약위반 시 조치사항

③ 분쟁 발생 시 조정절차

④ 계약의 파기에 관한 사항

⑤ 계약내용에 대한 비밀누설금지에 관한 사항

> **해설** 시행령 제35조(철도시설의 사용계약)
> ① 법 제31조 제1항에 따른 철도시설의 사용계약에는 다음 각 호의 사항이 포함되어야 한다.
> 1. 사용기간·대상시설·사용조건 및 사용료
> 2. 대상 시설의 제3자에 대한 사용승낙의 범위·조건
> 3. 상호책임 및 계약위반 시 조치사항
> 4. 분쟁 발생 시 조정절차
> 5. 비상사태 발생 시 조치
> 6. 계약의 갱신에 관한 사항
> 7. 계약내용에 대한 비밀누설금지에 관한 사항

61 ⑤　62 ⑤　63 ④　**정답**

64 다음 중 선로 등에 대한 사용조건에 포함되어야 하는 사항으로 틀린 것은?

① 투입되는 철도차량의 종류 및 길이
② 철도차량의 일일운행횟수·운행개시시각·운행종료시각 및 운행간격
③ 출발역·정차역 및 종착역
④ 철도시설의 안전에 관한 사항
⑤ 철도여객 또는 화물운송서비스의 수준

> **해설** 시행령 제35조(철도시설의 사용계약)
> 선로 등에 대한 제1항 제1호에 따른 사용조건에는 다음 각 호의 사항이 포함되어야 하며, 그 사용조건은 제24조 제1항에 따른 선로배분지침에 위반되는 내용이어서는 안 된다.
> 1. 투입되는 철도차량의 종류 및 길이
> 2. 철도차량의 일일운행횟수·운행개시시각·운행종료시각 및 운행간격
> 3. 출발역·정차역 및 종착역
> 4. 철도운영의 안전에 관한 사항
> 5. 철도여객 또는 화물운송서비스의 수준

65 다음 중 총 건설사업비에 해당되지 않는 것은?

① 조사비   ② 보상비
③ 설계비   ④ 공사비
⑤ 인건비

> **해설** 시행령 제36조
> (사용계약에 따른 선로 등의 사용료 등)
> ① 철도시설관리자는 제35조 제1항 제1호에 따른 선로 등의 사용료를 정하는 경우에는 다음 각 호의 한도를 초과하지 않는 범위에서 선로 등의 유지보수비용 등 관련 비용을 회수할 수 있도록 해야 한다.
> 2. 제1호의 선로 등외의 선로 등 : 해당 선로 등에 대한 유지보수비용 총액과 총 건설사업비(조사비·설계비·공사비·보상비 및 그 밖에 건설에 소요된 비용의 합계액에서 국가·지방자치단체 또는 법 제37조 제1항에 따라 수익자가 부담한 비용을 제외한 금액을 말한다)의 합계액
> ※ 다소 지엽적인 문제로 출제 가능성이 높지는 않다. 그러므로 단순 참고 또는 혹시 모를 가능성의 문제로만 생각해도 무방하다.

66 다음 중 선로 등의 사용료를 정하는 경우 고려 사항으로 틀린 것은?

① 철도서비스의 수준
② 철도관리의 효율성 및 공익성
③ 투입되는 철도차량의 종류 및 길이
④ 철도사고의 발생빈도 및 정도
⑤ 선로등급·선로용량 등 선로 등의 상태

> **해설** 시행령 제36조
> (사용계약에 따른 선로 등의 사용료 등)
> ② 철도시설관리자는 제1항 각 호 외의 부분 본문에 따라 선로 등의 사용료를 정하는 경우에는 다음 각 호의 사항을 고려할 수 있다.
> 1. 선로등급·선로용량 등 선로 등의 상태
> 2. 운행하는 철도차량의 종류 및 중량
> 3. 철도차량의 운행시간대 및 운행횟수
> 4. 철도사고의 발생빈도 및 정도
> 5. 철도서비스의 수준
> 6. 철도관리의 효율성 및 공익성

67 다음 중 철도시설의 사용계약에 포함되어야 할 사항으로 틀린 것은?

① 사용방법·사용기간·이용절차·이용기준
② 상호책임 및 계약위반 시 조치사항
③ 분쟁 발생 시 조정절차
④ 비상사태 발생 시 조치
⑤ 계약의 갱신에 관한 사항

> **해설** 시행령 제35조(철도시설의 사용계약)
> 1. 사용기간·대상시설·사용조건 및 사용료
> ※ 한번 짚고 넘어가기! 사용기간·대상시설·사용조건 및 사용료 → 기준 방법 절차 기간은 관리청 사항, 국유재산법에 따른다는 것을 잊지 말고 기억하는 것이 좋다.

68 다음 중 선로 등 사용계약 신청서에 첨부해야 하는 서류 및 기재사항으로 틀린 것은?

① 선로 등의 사용목적

② 철도여객사업의 자격을 증명할 수 있는 서류
③ 화물운송사업계획서
④ 화물운송 안정성을 확인할 수 있는 서류
⑤ 철도차량·운영시설의 규격을 확인할 수 있는 서류

시행령 제37조(선로 등 사용계약 체결의 절차)
① 제35조 제2항의 규정에 의한 선로 등 사용계약을 체결하고자 하는 자(이하 "사용신청자"라 한다)는 선로 등의 사용목적을 기재한 선로 등 사용계약 신청서에 다음 각 호의 서류를 첨부하여 철도시설관리자에게 제출하여야 한다.
1. 철도여객 또는 화물운송사업의 자격을 증명할 수 있는 서류
2. 철도여객 또는 화물운송사업계획서
3. 철도차량·운영시설의 규격 및 안전성을 확인할 수 있는 서류

69 다음 철도시설의 계약과 관련한 내용 중 틀린 것은?

① 철도시설관리자는 선로 등 사용계약 신청서를 제출받은 날부터 1월 이내에 사용신청자에게 선로 등 사용계약의 체결에 관한 협의일정을 통보하여야 한다.
② 철도시설관리자는 사용신청자와 선로 등 사용계약을 체결하고자 하는 경우에는 미리 국토교통부장관의 승인을 받아야 한다. 선로 등 사용계약의 내용을 변경하는 경우에도 또한 같다.
③ 선로 등 사용계약을 체결하여 선로 등을 사용하고 있는 자는 그 선로 등을 계속하여 사용하고자 하는 경우에는 사용기간이 만료되기 10월 전까지 선로 등 사용계약의 갱신을 신청하여야 한다.
④ 철도시설관리자는 선로 등 사용계약자가 선로 등 사용계약의 갱신을 신청한 때에는 특별한 사유가 없는 한 그 선로 등

의 사용에 관하여 우선적으로 협의하여야 한다. 이 경우 사용계약을 체결하였을 때 미리 그 사실을 공고할 필요가 없다.
⑤ 시설사용계약자는 규정에 의하여 제3자에게 사용승낙을 한 경우에는 그 내용을 국토교통부장관에게 통보하여야 한다.

시행령 제39조(철도시설의 사용승낙)
② 시설사용계약자는 제1항의 규정에 의하여 제3자에게 사용승낙을 한 경우에는 그 내용을 철도시설관리자에게 통보하여야 한다.

70 다음 중 철도시설 관리에 대한 내용으로 틀린 것은?

① 철도시설관리권은 이를 물권으로 보며, 이 법에 특별한 규정이 있는 경우를 제외하고는 민법 중 부동산에 관한 규정을 준용한다.
② 저당권이 설정된 철도시설관리권은 그 저당권자의 동의가 없으면 처분할 수 없다.
③ 철도시설관리권 또는 철도시설관리권을 목적으로 하는 저당권의 설정·변경·소멸 및 처분의 제한은 국토교통부에 비치하는 철도시설관리권등록부에 등록함으로써 그 효력이 발생한다.
④ 철도시설을 관리하는 자는 그가 관리하는 철도시설의 관리대장을 작성·비치하여야 한다.
⑤ 철도시설 관리대장의 작성·비치 및 기재사항 등에 관하여 필요한 사항은 대통령령으로 정한다.

법 제30조(철도시설 관리대장)
철도시설 관리대장의 작성·비치 및 기재사항 등에 관하여 필요한 사항은 국토교통부령으로 정한다.

69 ⑤ 70 ⑤ **정답**

71 다음 중 원인제공자가 부담하는 공익서비스비용의 범위로 아닌 것은?

① 철도운영자가 공공목적을 위하여 철도운임·요금을 감면할 경우 그 감면액

② 철도운영자가 경영개선을 위한 적절한 조치를 취하였음에도 불구하고 철도이용수요가 적어 수지균형의 확보가 극히 곤란하여 벽지의 노선 또는 역의 철도서비스를 제한 또는 중지하여야 되는 경우로서 공익목적을 위하여 기초적인 철도서비스를 계속함으로써 발생되는 경영손실

③ 철도운영자가 다른 법령에 의하거나 국가정책을 위하여 철도요금을 감면할 경우 그 감면액

④ 대체수송에 사용되는 비용

⑤ 철도운영자가 국가의 특수목적사업을 수행함으로써 발생되는 비용

해설 **법 제32조(공익서비스비용의 부담)**
② 원인제공자가 부담하는 공익서비스비용의 범위는 다음 각 호와 같다.
1. 철도운영자가 다른 법령에 의하거나 국가정책 또는 공공목적을 위하여 철도운임·요금을 감면할 경우 그 감면액
2. 철도운영자가 경영개선을 위한 적절한 조치를 취하였음에도 불구하고 철도이용수요가 적어 수지균형의 확보가 극히 곤란하여 벽지의 노선 또는 역의 철도서비스를 제한 또는 중지하여야 되는 경우로서 공익목적을 위하여 기초적인 철도서비스를 계속함으로써 발생되는 경영손실
3. 철도운영자가 국가의 특수목적사업을 수행함으로써 발생되는 비용

72 다음 중 빈칸에 들어갈 단어로 알맞은 것은?

> 철도운영자는 매년 3월말까지 국가가 법에 의하여 다음 연도에 부담하여야 하는 공익서비스비용의 추정액, 당해 공익서비스의 내용 그 밖의 필요한 사항을 기재한 (   )를 국토교통부장관에게 제출하여야 한다.

① 국가부담비용내역서
② 국가부담비용명세서
③ 국가부담비용확인서
④ 국가부담비용추정서
⑤ 국가부담비용지급신청서

73 다음 중 빈칸에 들어갈 말로 알맞은 것은?

> 국토교통부장관은 국가부담비용추정서를 제출받은 때에는 관계행정기관의 장과 협의하여 다음 연도의 국토교통부소관 (   )에 국가부담비용을 계상하여야 한다.

① 예산   ② 투자내역
③ 일반회계   ④ 지출합계
⑤ 국고

해설 **시행령 제40조(공익서비스비용 보상예산의 확보)**
② 국토교통부장관은 제1항의 규정에 의하여 국가부담비용추정서를 제출받은 때에는 관계행정기관의 장과 협의하여 다음 연도의 국토교통부소관 일반회계에 국가부담비용을 계상하여야 한다.

74 다음 중 국토교통부장관이 국가부담비용을 정하는 때 고려 사항으로 틀린 것은?

① 국가부담비용의 추정액
② 전년두에 부담한 국가부담비용

③ 향후 누적되는 국가부담비용

④ 관련법령의 규정

⑤ 보상계약

해설 시행령 제40조(공익서비스비용 보상예산의 확보)
③ 국토교통부장관은 제2항의 규정에 의한 국가부담비용을 정하는 때에는 제1항의 규정에 의한 국가부담비용의 추정액, 전년도에 부담한 국가부담비용, 관련법령의 규정 또는 법 제33조 제1항의 규정에 의한 보상계약 등을 고려하여야 한다.

75 다음 중 국가부담비용지급신청서의 첨부서류로 틀린 것은?

① 국가부담비용 지급 신청액

② 국가부담비용 산정내역서

③ 당해 연도의 예상수입

④ 최근 2년간 지급받은 국가부담비용내역서

⑤ 지출계산서

해설 시행령 제41조(국가부담비용의 지급)
① 철도운영자는 국가부담비용의 지급을 신청하고자 하는 때에는 국토교통부장관이 지정하는 기간 내에 국가부담비용지급신청서에 다음 각 호의 서류를 첨부하여 국토교통부장관에게 제출하여야 한다.
1. 국가부담비용 지급 신청액 및 산정내역서
2. 당해 연도의 예상수입·지출명세서
3. 최근 2년간 지급받은 국가부담비용내역서
4. 원가계산서

76 다음 중 국가부담비용 등에 관한 내용으로 틀린 것은?

① 국토교통부장관은 국가부담비용지급신청서를 제출받은 때에는 이를 검토하여 매 반기마다 반기 초에 국가부담비용을 지급하여야 한다.

② 국가부담비용을 지급받은 철도운영자는 당해 반기가 끝난 후 30일 이내에 국가부담비용 정산서에 수입·지출명세서를 첨부하여 국토교통부장관에게 제출하여야 한다.

③ 국토교통부장관은 국가부담비용 정산서를 제출받은 때에는 철도산업위원회 등으로 하여금 이를 확인하게 할 수 있다.

④ 국가부담비용을 지급받는 철도운영자는 법에 의한 노선 및 역에 대한 회계를 다른 회계와 구분하여 경리하여야 한다.

⑤ 국가부담비용을 지급받는 철도운영자의 회계연도는 정부의 회계연도에 따른다.

해설 시행령 제42조(국가부담비용의 정산)
② 국토교통부장관은 제1항의 규정에 의하여 국가부담비용 정산서를 제출받은 때에는 법 제33조 제4항의 규정에 의한 전문기관 등으로 하여금 이를 확인하게 할 수 있다.

77 다음 중 보상계약에 포함되어야 하는 사항으로 틀린 것은?

① 철도운영자가 제공하는 철도서비스의 기준과 내용에 관한 사항

② 공익서비스 제공과 관련하여 원인제공자가 부담하여야 하는 보상내용

③ 공익서비스 제공과 관련하여 원인제공자가 부담하여야 하는 보상방법 등에 관한 사항

④ 계약기간 및 계약기간의 수정·갱신과 계약의 해지에 관한 사항

⑤ 그 밖에 철도운영자가 필요하다고 요구하는 사항

해설 78번 해설 참조

78 다음 중 공익서비스 제공에 따른 보상계약의 체결에 관한 내용으로 틀린 것은?

① 원인제공자는 철도운영자와 공익서비스비용의 보상에 관한 계약을 체결하여야 한다.

② 보상계약에는 국토교통부장관이 제공하는 철도서비스의 기준과 내용에 관한 사항이 포함되어야 한다.

③ 원인제공자는 철도운영자와 보상계약을 체결하기 전에 계약내용에 관하여 국토교통부장관 및 기획재정부장관과 미리 협의하여야 한다.

④ 국토교통부장관은 공익서비스비용의 객관성과 공정성을 확보하기 위하여 필요한 때에는 국토교통부령으로 정하는 바에 의하여 전문기관을 지정하여 그 기관으로 하여금 공익서비스비용의 산정 및 평가 등의 업무를 담당하게 할 수 있다.

⑤ 보상계약체결에 관하여 원인제공자와 철도운영자의 협의가 성립되지 아니하는 때에는 원인제공자 또는 철도운영자의 신청에 의하여 위원회가 이를 조정할 수 있다.

해설 법 제33조(공익서비스 제공에 따른 보상계약의 체결)
② 제1항에 따른 보상계약에는 다음 각 호의 사항이 포함되어야 한다.
1. 철도운영자가 제공하는 철도서비스의 기준과 내용에 관한 사항
2. 공익서비스 제공과 관련하여 원인제공자가 부담하여야 하는 보상내용 및 보상방법 등에 관한 사항
3. 계약기간 및 계약기간의 수정·갱신과 계약의 해지에 관한 사항
4. 그 밖에 원인제공자와 철도운영자가 필요하다고 합의하는 사항

79 다음 중 철도시설관리자와 철도운영자가 승인신청서에 포함시켜야 되는 사항을 모두 고른 것은?

> ㉠ 특정 노선 및 역의 폐지 또는 철도서비스의 제한·중지로 인한 피해보상과 관련된 사항
> ㉡ 다른 교통수단 및 대체 수송과 관련된 사항
> ㉢ 폐지하고자 하는 특정 노선 및 역 또는 제한·중지하고자 하는 철도서비스의 내용
> ㉣ 특정 노선 및 역을 계속 운영하거나 철도서비스를 계속 제공하여야 할 경우의 원인제공자의 비용부담 등에 관한 사항

① ㉠, ㉡　　　　　② ㉠, ㉢
③ ㉡, ㉢　　　　　④ ㉡, ㉣
⑤ ㉢, ㉣

해설 법 제34조(특정 노선 폐지 등의 승인)
② 승인신청자는 다음 각 호의 사항이 포함된 승인신청서를 국토교통부장관에게 제출하여야 한다.
1. 폐지하고자 하는 특정 노선 및 역 또는 제한·중지하고자 하는 철도서비스의 내용
2. 특정 노선 및 역을 계속 운영하거나 철도서비스를 계속 제공하여야 할 경우의 원인제공자의 비용부담 등에 관한 사항
3. 그 밖에 특정 노선 및 역의 폐지 또는 철도서비스의 제한·중지 등과 관련된 사항

80 다음 중 승인신청서가 제출된 경우 국토교통부장관의 업무처리 순서로 맞는 것은?

① 원인제공자 및 관계 행정기관의 장과 협의 → 위원회의 심의 → 승인여부 결정 → 승인신청자에게 결과 통보 → 승인 시 관보에 공고

② 원인제공자 및 관계 행정기관의 장과 협의 → 승인여부 결정 → 위원회의 심의 → 승인신청자에게 결과 통보 → 승인 시 관보에 공고

③ 원인제공자 및 관계 행정기관의 장과 협의 → 기획재정부장관의 승인 → 승인여부 결정 → 승인신청자에게 결과 통보 → 승인 시 관보에 공고

④ 위원회의 심의 → 원인제공자 및 관계 행정기관의 장과 협의 → 승인여부 결정 → 승인신청자에게 결과 통보 → 승인 시 관보에 공고

⑤ 원인제공자 및 기획재정부장관과 협의 → 위원회의 심의 → 승인여부 결정 → 승인신청자에게 결과 통보 → 승인 여부에 관계없이 관보에 공고

해설 **법 제34조(특정 노선 폐지 등의 승인)**
③ 국토교통부장관은 제2항에 따라 승인신청서가 제출된 경우 원인제공자 및 관계 행정기관의 장과 협의한 후 위원회의 심의를 거쳐 승인여부를 결정하고 그 결과를 승인신청자에게 통보하여야 한다. 이 경우 승인하기로 결정된 때에는 그 사실을 관보에 공고하여야 한다.

---

81 다음 중 특정 노선 폐지 등의 승인신청서의 첨부서류로 틀린 것은?

① 승인신청 사유
② 등급별·시간대별 철도차량의 운행빈도, 역수, 종사자수 등 운영현황
③ 과거 6월 이상의 기간 동안의 1일 평균 철도서비스 수요
④ 향후 1년 동안의 1일 평균 철도서비스 수요에 대한 전망

---

⑤ 과거 5년 동안의 공익서비스비용의 전체규모 및 법에 의한 원인제공자가 부담한 공익서비스 비용의 규모

해설 **시행령 제44조**
(특정 노선 폐지 등의 승인신청서의 첨부서류)
철도시설관리자와 철도운영자가 법 제34조 제2항의 규정에 의하여 국토교통부장관에게 승인신청서를 제출하는 때에는 다음 각 호의 사항을 기재한 서류를 첨부하여야 한다.
1. 승인신청 사유
2. 등급별·시간대별 철도차량의 운행빈도, 역수, 종사자수 등 운영현황
3. 과거 6월 이상의 기간 동안의 1일 평균 철도서비스 수요
4. 과거 1년 이상의 기간 동안의 수입·비용 및 영업손실액에 관한 회계보고서
5. 향후 5년 동안의 1일 평균 철도서비스 수요에 대한 전망
6. 과거 5년 동안의 공익서비스비용의 전체규모 및 법 제32조 제1항의 규정에 의한 원인제공자가 부담한 공익서비스 비용의 규모
7. 대체수송수단의 이용가능성

---

82 다음 중 국토교통부장관이 특정 노선 폐지 등의 승인신청을 받은 때에 당해노선 및 역의 운영현황 또는 철도서비스의 제공현황에 관하여 무엇을 실시하여야 하는가?

① 실지조사
② 실태조사
③ 비용조사
④ 근무조사
⑤ 회계조사

해설 **시행령 제45조(실태조사)**
① 국토교통부장관은 법 제34조 제2항의 규정에 의한 승인신청을 받은 때에는 당해 노선 및 역의 운영현황 또는 철도서비스의 제공현황에 관하여 실태조사를 실시하여야 한다.

81 ④   82 ②   정답

83 다음 중 특정 노선 폐지 등에 따른 수송대책의 포함사항이 아닌 것은?

① 수송여건 분석
② 대체수송수단의 운행횟수 증대, 노선조정 또는 추가투입
③ 대체수송에 필요한 재원조달
④ 대체수송수단의 이용가능성
⑤ 그 밖에 수송대책의 효율적 시행을 위하여 필요한 사항

> **해설** 시행령 제47조
> **(특정 노선 폐지 등에 따른 수송대책의 수립)**
> 국토교통부장관 또는 관계행정기관의 장은 특정 노선 및 역의 폐지 또는 철도서비스의 제한·중지 등의 조치로 인하여 영향을 받는 지역 중에서 대체수송수단이 없거나 현저히 부족하여 수송서비스에 심각한 지장이 초래되는 지역에 대하여는 법 제34조 제4항의 규정에 의하여 다음 각 호의 사항이 포함된 수송대책을 수립·시행하여야 한다.
> 1. 수송여건 분석
> 2. 대체수송수단의 운행횟수 증대, 노선조정 또는 추가투입
> 3. 대체수송에 필요한 재원조달
> 4. 그 밖에 수송대책의 효율적 시행을 위하여 필요한 사항

84 다음 중 빈칸에 들어갈 말을 순서대로 나열한 것은?

> 국토교통부장관은 법에 의하여 특정 노선 폐지 등 승인을 한 때에는 그 승인이 있은 날부터 (   )에 폐지되는 특정 노선 및 역 또는 제한·중지되는 철도서비스의 내용과 그 사유를 (   )이 정하는 바에 따라 공고하여야 한다.

① 1월 이내, 국토교통부령
② 1월 이내, 대통령령
③ 3월 이내, 국토교통부령
④ 3월 이내, 대통령령
⑤ 6월 이내, 국토교통부령

> **해설** 시행령 제46조(특정 노선 폐지 등의 공고)
> 국토교통부장관은 법 제34조 제3항의 규정에 의하여 승인을 한 때에는 그 승인이 있은 날부터 1월 이내에 폐지되는 특정 노선 및 역 또는 제한·중지되는 철도서비스의 내용과 그 사유를 국토교통부령이 정하는 바에 따라 공고하여야 한다.

85 다음 중 국토교통부장관이 신규운영자를 선정하고자 하는 때에 경쟁에 의한 방법으로 누구와 협의하여 선정하여야 하는가?

① 기획재정부장관
② 위원회
③ 철도시설관리자
④ 원인제공자
⑤ 기존운영자

> **해설** 시행령 제48조
> **(철도서비스의 제한 또는 중지에 따른 신규운영자의 선정)**
> ② 국토교통부장관은 제1항의 규정에 의하여 신규운영자를 선정하고자 하는 때에는 법 제32조 제1항의 규정에 의한 원인제공자와 협의하여 경쟁에 의한 방법으로 신규운영자를 선정하여야 한다.

86 다음 중 국토교통부장관이 철도서비스에 중대한 차질이 발생하거나 우려가 있다고 인정하는 경우에 조정·명령 그 밖의 필요한 조치를 할 수 있는 사항이 아닌 것은?

① 철도시설의 이용 제한
② 임시열차의 편성 및 운행
③ 대체수송수단 및 수송로의 확보
④ 철도시설·철도차량 또는 설비의 가동 및 조업
⑤ 철도서비스 인력의 투입

정답 83 ④   84 ①   85 ④   86 ①

해설 법 제36조(비상사태 시 처분)
① 국토교통부장관은 천재·지변·전시·사변, 철도교통의 심각한 장애, 그 밖에 이에 준하는 사태의 발생으로 인하여 철도서비스에 중대한 차질이 발생하거나 발생할 우려가 있다고 인정하는 경우에는 필요한 범위 안에서 철도시설관리자·철도운영자 또는 철도이용자에게 다음 각 호의 사항에 관한 조정·명령, 그 밖의 필요한 조치를 할 수 있다.

1. 지역별·노선별·수송대상별 수송 우선순위 부여 등 수송통제
2. 철도시설·철도차량 또는 설비의 가동 및 조업
3. 대체수송수단 및 수송로의 확보
4. 임시열차의 편성 및 운행
5. 철도서비스 인력의 투입
6. 철도이용의 제한 또는 금지
7. 그 밖에 철도서비스의 수급안정을 위하여 대통령령으로 정하는 사항

87 다음 중 내용 중 틀린 것은?

① 국토교통부장관은 기존운영자가 법에 의하여 제한 또는 중지하고자 하는 특정 노선 및 역에 관한 철도서비스를 새로운 철도운영자로 하여금 제공하게 하는 것이 타당하다고 인정하는 때에는 법에 의하여 신규운영자를 선정할 수 있다.

② 원인제공자는 신규운영자와 법에 의한 보상계약을 체결하여야 하며, 기존운영자는 당해 철도서비스 등에 관한 인수인계서류를 작성하여 신규운영자에게 제공하여야 한다.

③ 법에 의한 신규운영자 선정의 구체적인 방법, 인수인계절차, 그 밖의 필요한 사항은 국토교통부령으로 정한다.

④ 국토교통부장관은 특정 노선 폐지 등의 승인에 해당되는 경우에도 보상계약체결에도 불구하고 공익서비스비용에 대한 적정한 보상이 이루어지지 아니한 경우 승인을 하지 아니할 수 있다.

⑤ 국토교통부장관은 승인을 하지 아니함에 따라 철도운영자인 승인신청자가 경영상 중대한 영업손실을 받은 경우에는 그 손실을 보상할 수 있다.

해설 법 제35조(승인의 제한 등)
① 국토교통부장관은 제34조 제1항 각 호의 어느 하나에 해당되는 경우에도 다음 각 호의 어느 하나에 해당하는 경우에는 같은 조 제3항에 따른 승인을 하지 아니할 수 있다.

1. 제34조에 따른 노선 폐지 등의 조치가 공익을 현저하게 저해한다고 인정하는 경우
2. 제34조에 따른 노선 폐지 등의 조치가 대체교통수단 미흡 등으로 교통서비스 제공에 중대한 지장을 초래한다고 인정하는 경우

88 다음 중 「철도산업발전기본법 시행령」에서 대통령령으로 정하는 비상사태 시 처분 사항으로 맞지 않는 것은?

① 철도시설의 임시사용
② 철도시설·철도차량 또는 설비의 가동 및 조업
③ 철도시설의 사용제한 및 접근 통제
④ 철도시설의 긴급복구 및 복구지원
⑤ 철도역 및 철도차량에 대한 수색 등

해설 시행령 제49조(비상사태 시 처분)
법 제36조 제1항 제7호에서 "대통령령이 정하는 사항"이라 함은 다음 각 호의 사항을 말한다.

1. 철도시설의 임시사용
2. 철도시설의 사용제한 및 접근 통제
3. 철도시설의 긴급복구 및 복구지원
4. 철도역 및 철도차량에 대한 수색 등

87 ④ 88 ② **정답**

제5장 보칙

89 다음 중 철도산업정보센터의 설치·운영업무 수탁자로 맞는 것은?

① 한국철도공사　② 국가철도공단
③ 철도산업위원회　④ 철도협회
⑤ 관계 전문기관

> **해설** 시행령 제50조(권한의 위탁)
> ① 국토교통부장관은 법 제38조 본문의 규정에 의하여 법 제12조 제2항의 규정에 의한 철도산업정보센터의 설치·운영업무를 다음 각 호의 자 중에서 국토교통부령이 정하는 자에게 위탁한다.
> 1. 「정부출연 연구기관 등의 설립·운영 및 육성에 관한 법률」 또는 「과학기술분야 정부출연연구기관 등의 설립·운영 및 육성에 관한 법률」에 의한 정부출연연구기관
> 2. 국가철도공단

90 다음 중 철도교통관제업무의 수탁자로 맞는 것은?

① 국가철도공단
② 한국철도기술연구원
③ 철도협회
④ 항공철도사고조사위원회
⑤ 「정부출연연구기관 등의 설립·운영 및 육성에 관한 법률」 또는 「과학기술분야 정부출연연구기관 등의 설립·운영 및 육성에 관한 법률」에 의한 정부출연연구기관

> **해설** 시행령 제50조(권한의 위탁)
> ③ 국토교통부장관은 법 제38조 본문의 규정에 의하여 제24조 제4항의 규정에 의한 철도교통관제시설의 관리업무 및 철도교통관제업무를 다음 각 호의 자중에서 국토교통부령이 정하는 자에게 위탁한다.
> 1. 국가철도공단
> 2. 철도운영자

제6장 벌칙

91 다음 중 2년 이하의 징역에 처하는 자가 아닌 것은?

① 임시열차의 편성 및 운행 명령을 위반한 자
② 철도역 및 철도차량에 대한 수색 등 명령을 위반한 자
③ 철도서비스 인력의 투입 명령을 위반한 자
④ 철도이용의 제한 또는 금지 명령을 위반한 자
⑤ 철도시설의 사용제한 및 접근 통제의 조치를 위반한 자

> **해설** 법 제40조(벌칙)
> ② 다음 각 호의 어느 하나에 해당하는 자는 2년 이하의 징역 또는 3천만 원 이하의 벌금에 처한다.
> 3. 제36조 제1항 제1호부터 제5호까지 또는 제7호에 따른 조정·명령 등의 조치를 위반한 자
>
> [제36조(비상사태 시 처분)]
> 1. 지역별·노선별·수송대상별 수송 우선순위 부여 등 수송통제
> 2. 철도시설·철도차량 또는 설비의 가동 및 조업
> 3. 대체수송수단 및 수송로의 확보
> 4. 임시열차의 편성 및 운행
> 5. 철도서비스 인력의 투입
> 6. 철도이용의 제한 또는 금지 (제외, 1천만 원 과태료 대상)
> 7. 그 밖에 철도서비스의 수급안정을 위하여 대통령령으로 정하는 사항
>
> **[대통령령으로 정하는 사항]**
> 1. 철도시설의 임시사용
> 2. 철도시설의 사용제한 및 접근 통제
> 3. 철도시설의 긴급복구 및 복구지원
> 4. 철도역 및 철도차량에 대한 수색 등

정답 89 ② 　90 ① 　91 ④

92 다음에 해당되는 벌칙으로 맞는 것은?

> 거짓이나 그 밖의 부정한 방법으로 관리청의 철도시설 사용허가를 받은 자

① 2년 이하의 징역 또는 3천만 원 이하의 벌금
② 2년 이하의 징역 또는 5천만 원 이하의 벌금
③ 3년 이하의 징역 또는 3천만 원 이하의 벌금
④ 3년 이하의 징역 또는 5천만 원 이하의 벌금
⑤ 5년 이하의 징역 또는 3천만 원 이하의 벌금

해설 법 제40조(벌칙)
② 다음 각 호의 어느 하나에 해당하는 자는 2년 이하의 징역 또는 3천만 원 이하의 벌금에 처한다.
1. 거짓이나 그 밖의 부정한 방법으로 제31조 제1항에 따른 허가를 받은 자
2. 제31조 제1항에 따른 허가를 받지 아니하고 철도시설을 사용한 자

93 다음 중 1천만 원 이하의 과태료를 부과하는 자로 맞는 것은?

① 지역별·노선별·수송대상별 수송 우선순위 부여 등 수송통제조치를 위반한 자
② 철도시설·철도차량 또는 설비의 가동 및 조업명령을 위반한 자
③ 대체수송수단 및 수송로의 확보명령을 위반한 자
④ 철도서비스 인력의 투입 명령을 위반한 자
⑤ 철도이용의 제한 또는 금지조치를 위반한 자

해설 법 제42조(과태료)
① 제36조 제1항 제6호의 규정을 위반한 자에게는 1천만 원 이하의 과태료를 부과한다.
※ 제36조(비상사태 시 처분)
6. 철도이용의 제한 또는 금지

94 다음 중 빈칸에 들어갈 말로 알맞은 것은?

> 국토교통부장관은 과태료를 부과하고자 하는 때에는 ( )의 기간을 정하여 과태료 처분 대상자에게 구술 또는 서면에 의한 의견진술의 기회를 주어야 한다. 이 경우 지정된 기일까지 의견진술이 없는 때에는 의견이 없는 것으로 본다.

① 7일 이상   ② 10일 이상
③ 30일 이내   ④ 90일 이내
⑤ 6개월 이내

해설 시행령 제51조(과태료)
② 국토교통부장관은 제1항의 규정에 의하여 과태료를 부과하고자 하는 때에는 10일 이상의 기간을 정하여 과태료 처분 대상자에게 구술 또는 서면에 의한 의견진술의 기회를 주어야 한다. 이 경우 지정된 기일까지 의견진술이 없는 때에는 의견이 없는 것으로 본다.

95 다음 중 양벌규정을 적용하는 경우가 아닌 것은?

① 국토교통부장관의 승인을 얻지 아니하고 특정 노선 및 역을 폐지하거나 철도서비스를 제한 또는 중지한 법인의 대표자
② 관리청의 허가를 받지 아니하고 철도시설을 이용한 법인의 대표자
③ 철도시설의 사용제한 및 접근 통제명령을 거부한 법인의 대표자
④ 철도시설의 임시사용 명령을 위반한 법인의 대표자
⑤ 철도이용의 금지 명령을 위반한 법인의 대표자

해설
• 제40조(벌칙), 제42조(과태료)이므로 과태료 부과대상인 5번 선지는 양벌규정에 해당되지 않는다.

96 다음 자료를 보고 틀린 것은?

> **[제40조(벌칙)]**
> ① 제34조의 규정을 위반하여 국토교통부장관의 승인을 얻지 아니하고 특정 노선 및 역을 폐지하거나 철도서비스를 제한 또는 중지한 자는 3년 이하의 징역 또는 5천만 원 이하의 벌금에 처한다.
> ② 다음 각 호의 어느 하나에 해당하는 자는 2년 이하의 징역 또는 3천만 원 이하의 벌금에 처한다.
> 　　1. 거짓이나 그 밖의 부정한 방법으로 제31조 제1항에 따른 허가를 받은 자
> 　　2. 제31조 제1항에 따른 허가를 받지 아니하고 철도시설을 사용한 자
> 　　3. 제36조 제1항 제1호부터 제5호까지 또는 제7호에 따른 조정·명령 등의 조치를 위반한 자
>
> **[제42조(과태료)]**
> ① 제36조 제1항 제6호의 규정을 위반한 자에게는 1천만 원 이하의 과태료를 부과한다.
> ② 제1항에 따른 과태료는 대통령령으로 정하는 바에 따라 국토교통부장관이 부과·징수한다.
>
> **[시행령 제51조(과태료)]**
> ① 국토교통부장관이 법 제42조 제2항의 규정에 의하여 과태료를 부과하는 때에는 당해 위반행위를 조사·확인한 후 위반사실·과태료 금액·이의제기의 방법 및 기간 등을 서면으로 명시하여 이를 납부할 것을 과태료 처분 대상자에게 통지하여야 한다.
> ② 국토교통부장관은 제1항의 규정에 의하여 과태료를 부과하고자 하는 때에는 10일 이상의 기간을 정하여 과태료 처분 대상자에게 구술 또는 서면에 의한 의견진술의 기회를 주어야 한다. 이 경우 지정된 기일까지 의견진술이 없는 때에는 의견이 없는 것으로 본다.
> ③ 국토교통부장관은 과태료의 금액을 정함에 있어서는 당해 위반행위의 동기·정도·횟수 등을 참작하여야 한다.
> ④ 과태료의 징수절차는 국토교통부령으로 정한다.

① 국토교통부장관은 과태료 처분 대상자에게 서면으로 과태료 금액을 통지하여야 한다.
② 허가를 받지않고 철도시설을 사용하면 과태료가 아닌 벌금에 처한다.
③ 국토교통부장관의 승인을 얻지 않고 특정 역을 폐지하면 3년 이하의 징역 또는 5천만 원 이하의 벌금에 처한다.
④ 과태료 처분 대상자가 10일 이상의 지정된 기일까지 의견진술이 없으면 의견이 없는 것으로 간주한다.
⑤ 과태료의 징수절차는 대통령령으로 정하고 부과는 국토교통부장관이 담당한다.

해설 **시행령 제51조(과태료)**
과태료의 징수절차는 국토교통부령으로 정한다.

정답 96 ⑤

제1장 **총칙**

01 다음 중 철도운영에 해당되는 것은?
① 철도 승객 및 화물 수송
② 열차의 정비 및 운행관리
③ 철도노선 간 또는 다른 교통수단과의 연계운영 서비스
④ 철도시설, 철도차량 및 철도부지 등을 활용한 부대사업개발 및 서비스
⑤ 그 외에 국토교통부장관이 인정하는 철도운영 사항

02 다음 내용 중 맞는 것은?
① "선로"라 함은 열차를 운행하기 위한 궤도와 이를 받치는 노반 또는 공작물로 구성된 시설을 말한다.
② "철도시설의 유지보수"라 함은 기존 철도시설의 현상유지 및 성능향상을 위한 점검·보수·교체·개량 등 특수활동을 말한다.
③ 철도의 선로(선로에 부대되는 시설을 포함한다), 역시설(물류시설·환승시설 및 편의시설 등을 포함한다) 및 철도운영을 위한 건축물·건축설비는 철도시설에 해당된다.
④ 철도의 건설 및 유지보수를 위한 공사에 사용되는 진입도로·주차장·야적장·토석채취장 및 사토장과 그 설치 또는 운영에 필요한 시설은 대통령령으로 정하는 철도시설에 해당되지 않는다.

⑤ "철도차량"이라 함은 여객 및 화물을 수송할 목적으로 제작된 동력차·객차·화차 및 특수차를 말한다.
해설 법 제2조(적용범위) 및 시행령 제2조(철도시설)

03 다음 중 철도시설관리자에 해당되지 않는 자는?
① 국토교통부장관
② 국가철도공단
③ 철도시설관리권을 설정받은 자
④ 국토교통부장관으로부터 철도시설의 관리를 대행받은 자
⑤ 국토교통부장관으로부터 철도시설 사용허가를 받아 사용 및 관리를 하고 있는 자
해설 법 제2조(적용범위) 제9호

제2장 **철도산업 발전기반의 조성**

제1절 철도산업시책의 수립 및 추진체제

04 다음 중 철도산업위원회의 위원으로 맞는 것은?
① 철도기술연구원장
② 철도산업에 관한 전문성과 경험이 풍부한 자 중에서 대통령이 위촉하는 자
③ 중소벤처기업부차관
④ 문화체육관광부차관
⑤ 공정거래위원회 부위원장
해설 시행령 제6조(철도산업위원회의 구성)

01 ④   02 ③   03 ⑤   04 ⑤   정답

05 다음 중 철도산업발전 기본계획에 포함되어야 하는 사항으로 맞는 것은?

> ㉠ 철도시설의 여건 및 동향전망에 관한 사항
> ㉡ 철도산업의 투자·건설·유지보수 및 이를 위한 재원확보에 관한 사항
> ㉢ 철도산업시책의 기본방향에 관한 사항
> ㉣ 철도기술의 개선 및 활용에 관한 사항
> ㉤ 철도산업 전문인력의 양성에 관한 사항

① ㉠　　　② ㉡　　　③ ㉢
④ ㉣　　　⑤ ㉤

해설 법 제5조(철도산업발전기본계획의 수립 등) 제2항

06 다음 중 철도산업위원회의 위원으로 틀린 것을 모두 고른 것은?

> ㉠ 행정안전부차관
> ㉡ 국토교통부소속공무원
> ㉢ 산업통상자원부차관
> ㉣ 한국철도공사의 사장
> ㉤ 철도시설관리자

① ㉠, ㉡　　② ㉡, ㉢　　③ ㉢, ㉣
④ ㉡, ㉤　　⑤ ㉢, ㉤

07 다음 중 철도산업위원회 및 실무위원회와 관련하여 틀린 것은?

① 위원회의 위원장은 위원회를 대표하며, 위원회의 업무를 총괄한다.
② 위원회의 회의는 재적위원 과반수의 출석과 출석위원 과반수의 찬성으로 의결한다.
③ 위원회에 간사 1인을 두되, 간사는 국토교통부장관이 국토교통부 소속 4급

공무원 중에서 지명한다.
④ 위원회의 심의·조정사항과 위원회에서 위임한 사항의 실무적인 검토를 위하여 위원회에 실무위원회를 둔다.
⑤ 실무위원회의 위원장은 국토교통부장관이 국토교통부의 3급 공무원 또는 고위공무원단에 속하는 일반직 공무원 중에서 지명한다.

해설 시행령 제9조(간사)

08 다음 중 철도산업구조개혁기획단의 지원·수행업무로 맞는 것은?

① 철도산업구조개혁에 관한 중요정책 사항
② 철도산업구조개혁추진에 따른 철도시설의 건설 및 관리 등 철도시설에 관한 중요정책 사항
③ 철도산업구조개혁추진에 따른 철도운임·철도시설사용료·철도수송시장 등에 관한 철도산업정책의 수립
④ 철도산업구조개혁추진에 따른 기본계획 및 분야별 세부추진계획의 수립
⑤ 철도산업구조개혁추진에 따른 철도기술의 개발 및 활용방안 수립

해설 시행령 제11조(철도산업구조개혁기획단의 구성 등)

09 다음 내용 중 틀린 것은?

① 직무태만, 품위손상이나 그 밖의 사유로 인하여 위원으로 적합하지 아니하다고 인정되는 경우 국토교통부장관은 해당 철도산업 위원회 위원을 해촉할 수 있다.
② 위원회 및 실무위원회의 운영세칙은 위원회의 의결을 거쳐 국토교통부장관이 정한다.
③ 기획단의 조직 및 운영에 관하여 필요

정답 05 ⑤　06 ④　07 ③　08 ③　09 ③

한 세부적인 사항은 기획단의 단장이 정한다.

④ 위원회의 위원장은 기획단의 업무수행을 위하여 필요하다고 인정하는 때에는 관계행정기관, 한국철도공사 등 관련 공사, 국가철도공단 등 특별법에 의하여 설립된 공단 또는 관련연구기관에 대하여 소속 공무원·임직원 또는 연구원을 기획단으로 파견하여 줄 것을 요청할 수 있다.

⑤ 기획단의 단장은 국토교통부장관이 국토교통부의 3급 공무원 또는 고위공무원단에 속하는 일반직 공무원 중에서 임명한다.

제2절 철도산업의 육성

10 다음 내용 중 틀린 것은?

① 국가는 철도시설 투자를 추진하는 경우 사회적·환경적 편익을 고려하여야 한다.

② 국가는 각종 국가계획에 철도시설 투자의 목표치와 투자계획을 반영하여야 하며, 매년 교통시설 투자예산에서 철도시설 투자예산의 비율이 지속적으로 높아지도록 노력하여야 한다.

③ 국가 및 지방자치단체는 철도산업의 육성·발전을 촉진하기 위하여 철도산업에 대한 재정·금융·세제·행정상의 지원을 할 수 있다.

④ 국가는 철도산업에 종사하는 자의 자질향상과 새로운 철도기술 및 그 운영기법의 향상을 위한 교육·훈련방안을 마련하여야 한다.

⑤ 국가는 철도산업종사자의 자격제도를

다양화하고 질적 수준을 유지·발전시키기 위하여 필요한 시책을 수립·시행하여야 한다.

해설 법 제9조(철도산업전문인력의 교육·훈련 등)

11 다음 내용 중 철도산업 및 기술과 관련하여 틀린 것은?

① 국토교통부장관은 철도산업전문인력의 수급의 변화에 따라 철도산업교육과정의 확대 등 필요한 조치를 관계중앙행정기관의 장에게 요청할 수 있다.

② 국토교통부장관은 새로운 철도기술과 운영기법의 향상을 위하여 특히 필요하다고 인정하는 때에는 「과학기술분야정부출연연구기관 등의 설립·운영 및 육성에 관한 법률」에 의한 한국철도기술연구원에 새로운 철도기술과 운영기법의 연구·개발에 투자하도록 권고할 수 있다.

③ 국토교통부장관은 철도기술의 진흥 및 육성을 위하여 철도기술전반에 대한 연구 및 개발에 노력하여야 한다.

④ 국토교통부장관은 철도산업에 관한 정보를 효율적으로 처리하고 원활하게 유통하기 위하여 대통령령으로 정하는 바에 의하여 철도산업정보화기본계획을 수립·시행하여야 한다.

⑤ 국토교통부장관은 철도산업에 관한 정보를 효율적으로 수집·관리 및 제공하기 위하여 대통령령으로 정하는 바에 의하여 철도산업정보센터를 설치·운영하거나 철도산업에 관한 정보를 수집·관리 또는 제공하는 자 등에게 필요한 지원을 할 수 있다.

10 ④ 11 ② **정답**

12 다음 중 철도산업정보화 기본계획에 포함 되어야 하는 사항으로 맞는 것은?

① 철도산업정보화의 목표 및 기본방향에 관한 사항
② 철도산업정보의 관리 및 공동활용 지원
③ 철도산업정보의 전문인력의 양성에 관한 사항
④ 철도산업정보화와 관련된 정책 및 기술 개발에 관한 사항
⑤ 철도산업정보화에 필요한 비용

해설 시행령 제15조(철도산업정보화기본계획의 내용 등)

13 다음 내용 중 맞는 것은?

① 국가는 철도산업에 관한 정보를 수집·관리 또는 제공하는 자에게 예산의 범위 안에서 운영에 소요되는 비용을 지원할 수 있다.
② 국가는 철도산업에 관한 국제적 동향을 파악하고 국제협력을 촉진하여야 한다.
③ 국가는 철도산업의 국제협력 및 해외시장 진출을 추진하기 위하여 철도산업과 관련된 기술 및 인력의 국제교류, 철도산업의 국제표준화와 국제공동연구개발 사업을 지원할 수 있다.
④ 협회는 국토교통부장관에게 주된 사무소의 소재지에 설립등기를 신고함으로써 성립한다.
⑤ 협회의 정관은 국토교통부장관의 승인를 받아야 하며, 정관의 기재사항과 협회의 운영 등에 필요한 사항은 대통령령으로 정한다.

해설 법 제13조(국제협력 및 해외진출 촉진), 제13조의2(협회의 설립), 시행령 제16조(철도산업 정보센터의 업무 등)

14 다음 중 협회의 업무 범위로 맞는 것은?

① 자산·부채·인력 등에 관한 지원
② 대외협상 및 홍보
③ 정보의 유통 및 이용활성화에 관한 지원
④ 국가 또는 지방자치단체 위탁사업
⑤ 그 밖에 국토교통부장관이 정하는 업무

해설 법 제13조의2(협회의 설립)

15 다음 중 협회에 관하여 철도산업발전기본법에서 규정한 것 외에는 어떤 법을 준용하는가?

① 민법
② 상법
③ 공공기관의 운영에 관한 법률
④ 철도사업법
⑤ 국유재산법

해설 법 제13조의2(협회의 설립)

제3장 **철도안전 및 이용자 보호**

16 다음 내용 중 맞는 것은?

① 국가는 철도서비스의 품질을 개선하고 이용자의 편익을 높이기 위하여 철도서비스의 품질을 평가하여 시책에 반영하여야 한다.
② 국가 및 지방자치단체는 철도이용자의 권익보호를 위하여 철도이용자의 불만 및 피해에 대한 신속·공정한 구제조치 시책을 강구하여야 한다.
③ 국토교통부장관은 철도시설관리자가 그 시설을 설치 또는 관리할 때에 법령에서 정하는 바에 따라 해당 시설의 안

정답 12 ⑤ 13 ③ 14 ④ 15 ① 16 ⑤

전한 상태를 유지하고, 해당 시설과 이
를 이용하려는 철도차량 간의 종합적인
성능검증 및 안전상태 점검 등 안전확
보에 필요한 조치를 하여야 한다.
④ 국토교통부장관은 객관적이고 공정한
철도사고조사를 추진하기 위한 전담기
구와 전문인력을 확보하여야 한다.
⑤ 철도운영자 또는 철도차량 및 장비 등
의 제조업자는 법령에서 정하는 바에
따라 철도의 안전한 운행 또는 그 제조
하는 철도차량 및 장비 등의 구조·설비
및 장치의 안전성을 확보하고 이의 향
상을 위하여 노력하여야 한다.

해설 법 제14조(철도안전)

제4장 **철도산업구조개혁의 추진**

제1절 기본시책

17 다음 철도산업구조개혁의 기본방향에 관한
내용 중 맞는 것은?
① 국토교통부장관은 철도산업의 경쟁력
을 강화하고 발전기반을 조성하기 위하
여 철도시설 부문과 철도운영 부문을
분리하는 철도산업의 구조개혁을 추진
하여야 한다.
② 국토교통부장관은 철도시설 부문과 철
도운영 부문 간의 상호 보완적 기능이
발휘될 수 있도록 대통령령으로 정하는
바에 의하여 상호협력체계 구축 등 필
요한 조치를 마련하여야 한다.
③ 철도시설관리자와 철도운영자는 법에
의하여 철도시설관리와 철도운영에 있
어 상호협력이 필요한 분야에 대하여

업무절차서를 작성하여 정기적으로 이
를 교환하고, 이를 변경한 때에는 국토
교통부장관에게 신고하여야 한다.
④ 철도시설관리자와 철도운영자는 상호
협력이 필요한 분야에 대하여 지체없이
합동점검을 하여야 한다.
⑤ 국토교통부장관은 철도차량 등의 운행
정보의 제공, 철도차량 등에 대한 운행
통제, 적법운행 여부에 대한 지도·감독,
사고발생시 사고복구 지시 등 철도교통
의 안전과 질서를 유지하기 위하여 필
요한 조치를 할 수 있도록 철도교통관
제시설을 설치·운영하여야 한다.

해설 법 제17조(철도산업구조개혁의 기본방향), 시
행령 제23조(업무절차서의 교환 등), 시행령 제24조
(선로배분지침의 수립 등)

18 다음 중 선로배분지침에 포함되어야 하는
사항을 모두 고른 것은?

> ㉠ 철도차량의 안전운행에 관한 사항
> ㉡ 선로등급·선로용량 등 선로 등의
>   상태
> ㉢ 지역 간 열차와 지역 내 열차에 대
>   한 선로용량의 배분
> ㉣ 선로의 유지보수·개량 및 건설을
>   위한 작업시간
> ㉤ 철도차량의 운행시간대 및 운행횟
>   수에 따른 배분

① ㉠, ㉡, ㉢   ② ㉠, ㉡, ㉣
③ ㉠, ㉢, ㉣   ④ ㉠, ㉢, ㉣, ㉤
⑤ ㉠, ㉡, ㉢, ㉣, ㉤

해설 시행령 제24조(선로배분지침의 수립 등)

17 ⑤ 18 ③ 정답

19 다음 중 구조개혁계획에 포함되어야 하는 사항으로 틀린 것은?

① 철도의 소유 및 경영구조의 개혁에 관한 사항

② 철도산업구조개혁의 추진방안에 관한 사항

③ 철도산업구조개혁에 따른 대내외 여건 조성에 관한 사항

④ 철도산업구조개혁에 따른 자산, 부채, 인력 등에 관한 사항

⑤ 철도산업구조개혁에 따른 철도관련 기관, 단체 등의 설립에 관한 사항

해설 법 제18조(철도산업구조개혁기본계획의 수립 등)

20 다음 중 철도산업구조개혁과 관련한 내용으로 틀린 것을 모두 고르면?

> ㉠ 국토교통부장관이 수립한 구조개혁을 변경하고자 하는 경우에 위원회의 심의를 거쳐야 한다.
>
> ㉡ 구조개혁계획을 변경한 때에는 국토교통부장관은 이를 관보에 공고하여야 한다.
>
> ㉢ 국토교통부장관은 수립·고시된 구조개혁계획에 따라 연도별 시행계획을 수립·추진하고, 그 연도의 계획 및 전년도의 추진실적을 관계행정기관의 장에게 제출하여야 한다.
>
> ㉣ 연도별 시행계획의 수립 및 시행 등에 관하여 필요한 사항은 대통령령으로 정한다.
>
> ㉤ 철도산업구조개혁 기본계획 추진기간의 6개월 변경은 위원회의 심의를 거치지 않아도 된다.

① ㉠, ㉡   ② ㉠, ㉢

③ ㉡, ㉢   ④ ㉡, ㉤

⑤ ㉠, ㉢, ㉤

해설 법 제18조(철도산업구조개혁기본계획의 수립 등)

21 다음 내용 중 틀린 것은?

① 국토교통부장관은 이 법과 그 밖의 철도에 관한 법률에 규정된 철도시설의 건설 및 관리 등에 관한 그의 업무의 일부를 대통령령으로 정하는 바에 의하여 국가철도공단으로 하여금 대행하게 할 수 있다. 이 경우 대행하는 업무의 범위·권한의 내용 등에 관하여 필요한 사항은 대통령령으로 정한다.

② 국가철도공단은 국토교통부장관의 업무를 대행하는 경우에 그 대행하는 범위 안에서 이 법과 그 밖의 철도에 관한 법률을 적용할 때에는 그 철도의 관리청으로 본다.

③ 철도산업의 구조개혁을 추진하는 경우 철도시설 관련사업은 시장경제원리에 따라 국가 외의 자가 영위하는 것을 원칙으로 한다.

④ 국토교통부장관이 국가철도공단으로 하여금 대행하게 하는 경우 그 대행 업무는 국가가 추진하는 철도시설 건설사업의 집행, 국가 소유의 철도시설에 대한 사용료 징수 등 관리업무의 집행 등이 있다.

⑤ 철도의 관리청은 국토교통부장관으로 한다.

해설 법 제21조(철도운영)

정답 19 ⑤   20 ③   21 ③

22 다음 중 국토교통부장관이 철도시설에 대해 수립, 시행하는 관련 시책이 아닌 것은?

① 철도시설에 대한 투자 계획수립 및 재원조달

② 철도시설의 건설 및 관리

③ 철도시설의 유지보수 및 적정한 상태유지

④ 철도시설의 점검 및 노후관리

⑤ 철도시설의 안전관리 및 재해대책

해설 법 제20조(철도시설)

23 다음 중 국토교통부장관이 철도운영에 대하여 수립·시행하는 시책으로 맞는 것은?

① 철도운영부문의 경쟁력 강화

② 철도품질서비스의 개선

③ 철도차량 안전진단 등 예방조치 및 사고조사 등 철도안전의 안전확보

④ 공정한 철도운영의 조성

⑤ 그 밖에 철도이용자 보호와 철도차량 운행원칙 등 철도운영에 필요한 사항

해설 법 제21조(철도운영)

제2절 자산·부채 및 인력의 처리

24 다음 중 철도자산에 대하여 맞는 것은?

① 국가철도공단은 철도자산처리계획에 의하여 철도청의 시설자산(건설 중인 시설자산은 제외한다)과 그에 관한 권리와 의무를 포괄하여 승계한다.

② 고속철도건설공단이 건설 중인 시설자산 및 운영자산이 완공되면 국가에 귀속된다.

③ 국가는「국유재산법」에도 불구하고 철

도자산처리계획에 의하여 철도공사에 모든 자산을 현물 출자한다.

④ 철도공사 또는 국가철도공단이 규정에 의하여 철도자산의 인계·이관 등을 하고자 하는 때에는 그에 관한 서류를 작성하여 국토교통부장관의 승인을 얻어야 한다.

⑤ 국토교통부장관은 철도산업의 구조개혁을 추진하는 경우 철도공사와 국가철도공단의 철도자산을 운영자산, 시설자산, 기타자산으로 구분하여야 하며, 철도자산을 구분하는 때에는 기획재정부장관과 미리 협의하여 그 기준을 정한다.

해설 법 제22조(철도자산의 구분 등), 제23조(철도자산의 처리)

25 다음 중 국토교통부장관이 이관 받은 철도청의 기타자산 관리업무를 위탁할 수 있는 곳으로 맞는 것은?

① 시설관리공단

②「민법」에 의하여 설립된 주식회사

③「상법」에 의하여 설립된 비영리법인

④ 관련 전문가

⑤ 철도공사

26 다음 중 철도자산처리계획에 포함되어야 하는 사항으로 맞는 것은?

① 철도자산의 개요 및 현황에 관한 사항

② 철도자산의 처리기준에 관한 사항

③ 철도자산의 구분방법에 관한 사항

④ 철도자산의 부채에 관한 사항

⑤ 철도자산처리의 추진방향에 관한 사항

해설 시행령 제29조(철도자산처리계획의 내용)

22 ④ 23 ① 24 ② 25 ⑤ 26 ① 정답

27 다음 중 철도자산 관리업무의 민간위탁계약 등에 관하여 맞는 것은?

① 국토교통부장관은 철도자산의 관리업무를 민간법인에 위탁하고자 하는 때에는 기획재정부장관과 협의를 통하여 민간위탁계획을 수립하여야 한다.

② 민간위탁계획에는 위탁대상 철도자산, 위탁의 필요성·범위 및 효과, 위탁기관의 선정절차가 포함되어야 한다.

③ 국토교통부장관이 민간위탁계획을 수립한 때에는 이를 관보에 고시하여야 한다.

④ 국토교통부장관이 정하는 민간법인이라 함은 「민법」에 의하여 설립된 비영리법인과 「상법」에 의하여 설립된 주식회사를 말한다.

⑤ 국토교통부장관은 철도자산의 관리업무를 위탁하고자 하는 때에는 고시된 민간위탁계획에 따라 사업계획을 제출한 자 중에서 당해 철도자산을 관리하기에 적합하다고 인정되는 자를 선정하여 위탁계약을 체결하여야 한다.

해설 시행령 제30조(철도자산 관리업무의 민간위탁계획), 제31조(민간위탁계약의 체결)

28 다음 중 위탁계약에 포함되어야 하는 사항으로 틀린 것은?

① 위탁계약의 해지에 관한 사항
② 위탁대상 철도자산
③ 위탁대상 철도자산의 인계에 관한 사항
④ 계약기간의 수정에 관한 사항
⑤ 위탁업무의 재위탁에 관한 사항

해설 시행령 제31조(민간위탁계약의 체결)

29 다음 내용 중 틀린 것은?

① 한국철도공사에 출자되는 철도자산의 평가기준일은 「국유재산법」이 정하는 바에 의한다.

② 일반회계가 포괄하여 승계하는 부채는 기타부채다.

③ 인계하는 철도부채의 평가가액은 평가기준일의 부채의 장부가액으로 한다.

④ 국토교통부장관은 철도청 직원 중 철도공사 및 국가철도공단 직원으로 고용이 승계되는 자에 대하여는 근로여건 및 퇴직급여의 불이익이 발생하지 않도록 필요한 조치를 한다.

⑤ 한국철도공사가 운영자산 및 운영부채를 인계받는 시기는 동일하다.

해설 법 제25조(고용승계 등)

제3절 철도시설관리권 등

30 다음 중 철도시설관리권 등에 대하여 맞는 것은?

① 철도시설관리권의 설정을 받은 자는 대통령령으로 정하는 바에 따라 국토교통부에 비치하는 철도시설관리권등록부에 등록하여야 한다.

② 철도시설관리권은 이를 물권으로 보며, 이 법에 특별한 규정이 있는 경우를 제외하고는 민법 중 소유권에 관한 규정을 준용한다.

③ 저당권이 설정된 철도시설관리권은 그 저당권자의 동의가 없으면 양도·대여할 수 없다.

정답 27 ⑤ 28 ③ 29 ④ 30 ④

④ 국토교통부장관은 철도시설을 관리하고 그 철도시설을 사용하거나 이용하는 자로부터 철도시설관리권을 설정할 수 있다.

⑤ 철도시설을 관리하는 자는 그가 관리하는 철도시설의 관리대장을 작성·비치하여야 하며, 작성·비치 및 기재사항 등에 관하여 필요한 사항은 대통령령으로 정한다.

해설 법 제26조(철도시설관리권), 제27조(철도시설관리권의 성질), 제28조(저당권 설정의 특례), 제29조(권리의 변동), 제30조(철도시설 관리대장)

31 다음 철도시설 사용료 내용 중 틀린 것은?

① 법에 따른 관리청의 허가 기준·방법·절차·기간 등에 관한 사항은 「국유재산법」에 따른다.

② 철도시설을 사용하고자 하는 자는 대통령령으로 정하는 바에 따라 관리청의 허가를 받거나 철도시설관리자와 시설사용계약을 체결하거나 그 시설사용계약을 체결한 자의 승낙을 얻어 사용할 수 있다.

③ 지방자치단체가 비영리 공익사업용으로 철도시설을 사용하려고 할 때 철도시설을 취득하는 조건으로 사용하려는 경우로서 사용허가기간이 3년 이상인 사용허가의 경우는 사용료의 전부를 면제할 수 없다.

④ 철도시설 사용료의 징수기준 및 절차 등에 관하여 필요한 사항은 대통령령으로 정한다.

⑤ 사용허가에 따른 철도시설 사용료의 징수기준 및 절차 등에 관하여 「철도산업발전기본법 시행령」에서 규정된 것을 제외하고는 대통령령으로 정한다.

해설 시행령 제34조의2(사용허가에 따른 철도시설의 사용료 등)

32 다음 「철도산업발전기본법」 내용 중 맞는 것은?

① 철도시설관리자는 철도시설을 사용하려는 자와 사용계약을 체결하여 철도시설을 사용하게 하려는 경우 미리 그 사실을 관보에 공고해야 한다.

② 국토교통부장관은 철도산업정보화 기본계획을 5년마다 수립해야 한다.

③ 구조개혁계획 추진기간의 1년 기간 내에서 변경은 국토교통부장관에게 신고해야 한다.

④ 철도청장이 철도부채를 인계하고자 하는 때에는 인계 자산의 범위가 기재된 승인신청서를 제출해야 한다.

⑤ 국토교통부장관은 객관적이고 공정한 철도사고조사를 추진하기 위한 전담기구와 전문인력을 확보해야 한다.

해설
• 1번 선지 철도시설관리자는 관보 공고 자격 없다.
• 2번 선지 철도산업정보화 기본계획을 5년마다(×) → 철도산업발전기본계획이 5년마다(○)
• 3번 선지 추진기간의 1년 기간 내에서 변경 → 대통령령으로 경미한 사항은 맞으나 신고(×), 위원회의 심의(○)
• 5번 선지 국가가 확보해야 한다.

33 다음 중 철도시설 사용계약에 포함되어야 하는 사항으로 맞는 것은?

① 대상 시설의 제3자에 대한 사용승낙의 범위·조건

② 비상사태 발생 시 조정절차

③ 상호책임 및 계약위반 시 위약금에 관한 사항

④ 계약의 효력에 관한 사항

⑤ 계약내용에 대한 분쟁발생 시 조치에 관한 사항

`해설` **시행령 제35조(철도시설의 사용계약)**

34 다음 중 선로 등에 대한 사용계약에서 사용조건에 포함되어야 하는 사항으로 틀린 것은? (단, 선로배분지침에 위반되는 내용이 아닐 때로 가정한다.)

① 투입되는 열차의 종류 및 길이

② 철도차량의 일일운행횟수·운행개시시각·운행종료시각 및 운행간격

③ 출발역·정차역 및 종착역

④ 철도운영의 안전에 관한 사항

⑤ 철도여객 또는 화물운송서비스의 수준

`해설` **시행령 제35조(철도시설의 사용계약)**

35 다음 중 국가부담비용지급신청서의 첨부서류로 맞는 것은?

① 국가부담비용 지급내역서

② 국가부담비용 산정내역서

③ 다음 연도의 예상수입·지출명세서

④ 최근 1년간 지급받은 국가부담비용내역서

⑤ 원가확인서

`해설` **시행령 제41조(국가부담비용의 지급)**

36 다음 중 철도시설 사용계약 등에 대하여 맞는 것은?

① 선로 등 사용계약을 체결하려는 경우 해당 선로 등을 여객 또는 화물운송 목적으로 사용하려는 경우이거나 사용기간이 5년을 초과하지 않아야 한다.

② 국가 또는 지방자치단체가 건설사업비의 전액을 부담하지 않은 선로 등은 해당 선로 등에 대한 유지보수비용 총액과 총 건설사업비(조사비·설계비·공사비·보상비 및 그 밖에 건설에 소요된 비용의 합계액에서 국가·지방자치단체 또는 법에 따라 수익자가 부담한 비용을 포함한 금액을 말한다)의 합계액 한도를 초과하지 않는 범위에서 철도시설관리자가 선로 등의 사용료를 정하여 선로 등의 유지보수비용 등 관련 비용을 회수할 수 있도록 해야 한다.

③ 사회기반시설에 대한 민간투자법에 따라 사회기반시설관리운영권을 설정 받은 철도시설관리자는 같은 법에서 정하는 바에 따라 선로 등의 사용료를 정해야 한다.

④ 철도시설관리자는 사용신청자와 선로 등 사용계약을 체결하고자 하는 경우에는 미리 위원회의 심의를 거쳐야 한다. 선로 등 사용계약의 내용을 변경하는 경우에도 또한 같다.

⑤ 철도시설관리자는 국토교통부장관이 철도시설에 관한 자료의 제공을 요청하는 경우에는 특별한 이유가 없는 한 이에 응하여야 한다.

`해설` **시행령 제35조(철도시설의 사용계약), 제36조(사용계약에 따른 선로 등의 사용료 등), 제37조(선로 등 사용계약 체결의 절차)**

`정답` 33 ① 34 ① 35 ② 36 ③

37 다음 중 철도시설 사용에 대한 내용으로 맞는 것은?

① 사용신청자는 선로 등의 사용목적을 기재한 선로 등 사용계약 신청서에 철도차량·운영시설의 규격 및 안전성을 확인할 수 있는 서류를 첨부하여 국토교통부장관에게 제출하여야 한다.

② 선로 등 사용계약자는 그 선로 등을 계속하여 사용하고자 하는 경우에는 사용기간이 만료되기 10월 전까지 선로 등 사용계약의 갱신을 신청하여야 한다.

③ 시설사용계약자는 그 사용계약을 체결한 철도시설의 일부에 대하여 제3자에게 그 사용을 승낙할 수 있는데 이 경우 철도시설관리자의 승인을 받아야 한다.

④ 시설사용계약자는 제3자에게 사용승낙을 한 경우에는 그 내용을 국토교통부장관에게 통보하여야 한다.

⑤ 선로 등 사용계약자가 선로 등 사용계약의 갱신을 신청한 때에는 특별한 사유가 없는 한 갱신에 응하여야 한다.

> **해설** 시행령 제37조~제38조

제4절 공익적 기능의 유지

38 다음 중 공익서비스비용의 부담 등에 관하여 맞는 것은?

① 철도운영자는 매년 11월 말까지 국가가 법에 의하여 다음 연도에 부담하여야 하는 공익서비스비용의 추정액, 당해 공익서비스의 내용 그 밖의 필요한 사항을 기재한 국가부담비용추정서를 국토교통부장관에게 제출하여야 한다.

② 철도운영자가 국가부담비용의 추정액

을 산정함에 있어서는 법에 의한 보상계약 등을 고려하여야 한다.

③ 국토교통부장관은 국가부담비용추정서를 제출받은 때에는 관계행정기관의 장과 협의하여 다음 연도의 국토교통부소관 일반회계에 국가부담비용을 보고하여야 한다.

④ 철도운영자가 국가부담비용을 정하는 때에는 국가부담비용의 추정액, 전년도에 부담한 국가부담비용, 관련법령의 규정 또는 법에 의한 보상계약 등을 고려하여야 한다.

⑤ 국토교통부장관은 국가부담비용추정서를 제출받은 때에는 이를 검토하여 매 반기마다 반기 초에 국가부담비용을 지급하여야 한다.

> **해설** 법 제32조(공익서비스비용의 부담), 시행령 제40조~제41조

39 다음 중 국가부담비용의 정산 등에 관하여 틀린 것은?

① 국가부담비용을 지급받은 철도운영자는 당해 반기가 끝난 후 30일 이내에 국가부담비용 정산서를 국토교통부장관에게 제출하여야 한다.

② 국토교통부장관은 국가부담비용 정산서를 제출받은 때에는 법에 의한 전문기관 등으로 하여금 이를 확인하게 할 수 있다.

③ 국가부담비용을 지급받은 철도운영자는 법에 의한 노선 및 역에 대한 회계를 다른 회계와 구분하여 경리하여야 한다.

④ 철도운영자는 지급받은 국가부담비용을 일반회계와 구분하여 경리하여야 한다.

⑤ 국가부담비용을 지급받은 철도운영자의 회계연도는 정부의 회계연도에 따른다.

> **해설** 시행령 제42조~제43조

37 ② 38 ② 39 ④ **정답**

40 다음 중 맞는 것은?

① 보상계약체결에 관하여 원인제공자와 철도운영자의 협의가 성립되지 아니하는 때에는 국토교통부장관의 요청에 의하여 위원회가 이를 조정할 수 있다.

② 원인제공자는 철도운영자와 보상계약을 체결하기 전에 계약내용에 관하여 국토교통부장관 및 기획재정부장관과 미리 협의하여야 한다.

③ 국토교통부장관은 공익서비스비용의 객관성과 공정성을 확보하기 위하여 필요한 때에는 대통령령으로 정하는 바에 의하여 전문기관을 지정하여 그 기관으로 하여금 공익서비스비용의 산정 및 평가 등의 업무를 담당하게 할 수 있다.

④ 국토교통부장관은 승인신청서가 제출된 경우 원인제공자 및 관계 행정기관의 장과 협의한 후 위원회의 심의를 거쳐 승인여부를 결정하고 그 결과를 승인신청자에게 통보하여야 한다. 이 경우 승인하기로 결정된 때에는 그 사실을 관보에 고시하여야 한다.

⑤ 국토교통부장관 또는 관계행정기관의 장은 승인신청자가 특정 노선 및 역을 폐지하거나 철도서비스의 제한·중지 등의 조치를 취하고자 하는 때에는 국토교통부령으로 정하는 바에 의하여 대체수송수단의 마련 등 필요한 조치를 하여야 한다.

해설 법 제33조(공익서비스 제공에 따른 보상계약의 체결), 제34조(특정노선 폐지 등의 승인)

41 다음 중 특정 노선 폐지 등의 승인신청서의 첨부서류로 맞는 것은?

① 승인신청 개요 및 원인

② 등급별·시간대별 운행하는 철도차량의 종류 및 중량, 운행빈도, 역수, 종사자 수, 유지보수 비용 등 운영현황

③ 과거 6월 이상의 기간 동안의 수입·비용 및 영업손실액에 관한 회계보고서

④ 향후 5년 동안의 1일 평균 철도서비스 수요

⑤ 과거 5년 동안의 공익서비스비용의 전체규모 및 법에 의한 원인제공자가 부담한 공익서비스 비용의 규모

해설 시행령 제44조
(특정 노선 폐지 등의 승인신청서의 첨부서류)

42 다음 내용 중 틀린 것은?

① 국토교통부장관은 특정 노선 폐지 등의 승인을 한 때에는 그 승인이 있은 날부터 1월 이내에 폐지되는 특정 노선 및 역 또는 제한·중지되는 철도서비스의 내용과 그 사유를 대통령이 정하는 바에 따라 관보에 고시하여야 한다.

② 국토교통부장관은 법에 의한 승인신청을 받은 때에는 당해 노선 및 역의 운영현황 또는 철도서비스의 제공현황에 관하여 필요한 경우 관계 지방자치단체 또는 관련 전문기관을 참여시켜 실태조사를 실시하여야 한다.

③ 국토교통부장관은 신규운영자를 선정하고자 하는 때에는 법에 의한 원인제공자와 협의하여 경쟁에 의한 방법으로 신규운영자를 선정하여야 한다.

④ 국토교통부장관은 특정 노선 폐지 등 승인을 하지 아니함에 따라 철도운영자인 승인신청자가 경영상 중대한 영업손실을 받은 경우에는 그 손실을 보상할 수 있다.

⑤ 국토교통부장관은 비상사태 시 처분 조치를 한 사유가 소멸되었다고 인정하는 때에는 지체없이 이를 해제하여야 한다.

해설 시행령 제46조(특정노선 폐지 등의 공고)

43 다음 중 특정 노선 폐지 등에 따른 수립, 시행하여야 하는 수송대책에 포함되어야 하는 사항으로 틀린 것은?

① 대체수송수단의 유지보수 및 적정한 상태 유지

② 대체수송수단의 운행횟수 증대

③ 대체수송수단의 노선조정

④ 대체수송수단의 추가투입

⑤ 대체수송에 필요한 재원조달

해설 시행령 제47조
(특정 노선 폐지 등에 따른 수송대책의 수립)

44 다음 중 국토교통부장관이 천재지변으로 인하여 철도서비스에 중대한 차질이 발생하였을 때 할 수 있는 조정·명령 그 밖의 필요한 조치로 맞는 것을 모두 고른 것은?

ⓖ 철도시설·철도차량 또는 설비의 사용제한 및 접근 통제

ⓛ 철도역 및 철도차량의 임시사용

ⓒ 철도시설의 긴급복구 및 복구지원

ⓔ 철도서비스 제한 또는 금지

ⓜ 임시열차의 편성 및 운행

① ㉠, ㉣   ② ㉡, ㉤   ③ ㉢, ㉣
④ ㉢, ㉤   ⑤ ㉣, ㉤

해설 법 제36조(비상사태 시 처분), 시행령 제49조
(비상사태 시 처분)

제5장 **보칙**

45 다음 내용 중 맞는 것은?

① 철도시설관리자는 지방자치단체·특정한 기관 또는 단체가 철도시설건설사업으로 인하여 현저한 이익을 받는 경우에는 국토교통부장관의 승인을 얻어 수익자로 하여금 그 비용의 일부를 부담하게 할 수 있다.

② 수익자가 부담하여야 할 비용은 철도시설관리자와 수익자가 협의하여 정한다. 이 경우 협의가 성립되지 아니하는 때에는 철도시설관리자 또는 수익자의 신청에 의하여 국토교통부장관이 이를 조정할 수 있다.

③ 국토교통부장관은 이 법에 따른 권한의 일부를 대통령령으로 정하는 바에 따라 특별시장·광역시장·도지사·특별자치도지사 또는 지방교통관서의 장에 위임하거나 관계 행정기관·국가철도공단·철도공사·정부출연 연구기관에게 위탁할 수 있다. 다만, 철도시설유지보수 시행업무는 국가철도공단에 위탁한다.

④ 철도산업정보센터의 설치·운영업무를 철도협회에 위탁한다.

⑤ 국토교통부장관은 공익서비스 부담 비용을 승인을 하고자 하는 때에는 청문을 실시하여야 한다.

해설 법 제37조(철도건설 등의 비용부담), 제38조
(권한의 위임 및 위탁), 제39조(청문)

46 다음 내용 중 틀린 것은?

① 법인 또는 개인이 그 위반행위를 방지하기 위하여 해당 업무에 관하여 상당한 주의와 감독을 게을리하지 아니한 경우에는 양벌규정을 적용하지 아니한다.

② 거짓이나 그 밖의 부정한 방법으로 관리청의 철도시설 사용 허가를 받은 자는 3년 이하의 징역 또는 5천만 원 이하의 벌금에 처한다.

③ 천재지변 등으로 인하여 국토교통부장관이 비상사태에 대한 처분으로 철도이용의 제한을 명령하였을 때 위반하면 1천만 원 이하의 과태료를 부과한다.

④ 국토교통부장관은 과태료의 금액을 정함에 있어서는 당해 위반행위의 동기·정도·횟수 등을 참작하여야 한다.

⑤ 국토교통부장관이 법에 의하여 과태료를 부과하는 때에는 당해 위반행위를 조사·확인한 후 위반사실·과태료 금액·이의제기의 방법 및 기간 등을 서면으로 명시하여 이를 납부할 것을 과태료 처분대상자에게 통지하여야 한다.

해설 법 제40조(벌칙)

정답 46 ②

철도사업법

철도사업법 : [시행 2025. 1. 21.] [법률 제20702호, 2025. 1. 21., 일부개정]
철도사업법 시행령 : [시행 2024. 1. 1.] [대통령령 제33795호, 2023. 10. 10., 일부개정]
철도사업법령 구성 : 7장 52조 17령 32칙

 **총칙**

제1조(목적)

이 법은 철도사업에 관한 질서를 확립하고 효율적인 운영 여건을 조성함으로써 철도사업의 건전한 발전과 철도 이용자의 편의를 도모하여 국민경제의 발전에 이바지함을 목적으로 한다.

TIP 목적 정리
1. 철도사업에 관한 질서 확립   2. 효율적인 운영 여건 조성   3. 철도사업의 건전한 발전
4. 철도 이용자의 편의 도모   5. 국민경제의 발전에 이바지

● **시행령 제1조(목적)**

이 영은 「철도사업법」에서 위임된 사항과 그 시행에 관하여 필요한 사항을 규정함을 목적으로 한다.

제2조(정의)

이 법에서 사용하는 용어의 뜻은 다음과 같다.

1. "철도"란 「철도산업발전 기본법」 제3조 제1호에 따른 철도를 말한다.

  "철도"라 함은 여객 또는 화물을 운송하는 데 필요한 철도시설과 철도차량 및 이와 관련된 운영·지원체계가 유기적으로 구성된 운송체계를 말한다.

2. "철도시설"이란 「철도산업발전 기본법」 제3조 제2호에 따른 철도시설을 말한다.

  "철도시설"이라 함은 다음 각 목의 어느 하나에 해당하는 시설(부지를 포함한다)을 말한다.
  가. 철도의 선로(선로에 부대되는 시설을 포함한다), 역시설(물류시설·환승시설 및 편의시설 등을 포함한다) 및 철도운영을 위한 건축물·건축설비
  나. 선로 및 철도차량을 보수·정비하기 위한 선로보수기지, 차량정비기지 및 차량 유치시설
  다. 철도의 전철전력설비, 정보통신설비, 신호 및 열차제어설비

라. 철도노선 간 또는 다른 교통수단과의 연계운영에 필요한 시설

마. 철도기술의 개발·시험 및 연구를 위한 시설

바. 철도경영연수 및 철도전문인력의 교육훈련을 위한 시설

사. 그 밖에 철도의 건설·유지보수 및 운영을 위한 시설로서 대통령령으로 정하는 시설

3. "철도차량"이란 「철도산업발전 기본법」 제3조 제4호에 따른 철도차량을 말한다.

"철도차량"이라 함은 선로를 운행할 목적으로 제작된 동력차·객차·화차 및 특수차를 말한다.

4. "사업용 철도"란 철도사업을 목적으로 설치하거나 운영하는 철도를 말한다.

5. "전용철도"란 다른 사람의 수요에 따른 영업을 목적으로 하지 아니하고 자신의 수요에 따라 특수 목적을 수행하기 위하여 설치하거나 운영하는 철도를 말한다.

6. "철도사업"이란 다른 사람의 수요에 응하여 철도차량을 사용하여 유상(有償)으로 여객이나 화물을 운송하는 사업을 말한다.

7. "철도운수종사자"란 철도운송과 관련하여 승무(乘務, 동력차 운전과 열차 내 승무를 말한다. 이하 같다) 및 역무서비스를 제공하는 직원을 말한다.

8. "철도사업자"란 「한국철도공사법」에 따라 설립된 한국철도공사(이하 "철도공사"라 한다) 및 제5조에 따라 철도사업 면허를 받은 자를 말한다.

9. "전용철도운영자"란 제34조에 따라 전용철도 등록을 한 자를 말한다.

제3조(다른 법률과의 관계)

철도사업에 관하여 다른 법률에 특별한 규정이 있는 경우를 제외하고는 이 법에서 정하는 바에 따른다.

제3조의2(조약과의 관계)

국제철도(대한민국을 포함한 둘 이상의 국가에 걸쳐 운행되는 철도를 말한다)를 이용한 화물 및 여객 운송에 관하여 대한민국과 외국 간 체결된 조약에 이 법과 다른 규정이 있는 때에는 그 조약의 규정에 따른다.

(02) 철도사업의 관리

제4조(사업용 철도노선의 고시 등)

① 국토교통부장관은 사업용 철도노선의 노선번호, 노선명, 기점(起點), 종점(終點), 중요 경과지(정차역을 포함한다)와 그 밖에 필요한 사항을 국토교통부령으로 정하는 바에 따라 지정·고시하여야 한다.

> **TIP 국토교통부장관이 지정, 고시하여야 하는 사업용 철도노선 사항**
> 1. 노선번호　　2. 노선명　　3. 기점
> 4. 종점　　　　5. 정차역을 포함한 중요 경과지

② 국토교통부장관은 제1항에 따라 사업용 철도노선을 지정·고시하는 경우 사업용철도노선을 다음 각 호의 구분에 따라 분류할 수 있다.

　1. 운행지역과 운행거리에 따른 분류

　　가. 간선(幹線)철도　　　나. 지선(支線)철도

　2. 운행속도에 따른 분류

　　가. 고속철도노선　　나. 준고속철도노선　다. 일반철도노선

③ 제2항에 따른 사업용 철도노선 분류의 기준이 되는 운행지역, 운행거리 및 운행속도는 국토교통부령으로 정한다.

제4조의2(철도차량의 유형 분류)

국토교통부장관은 철도 운임 상한의 산정, 철도차량의 효율적인 관리 등을 위하여 철도차량을 국토교통부령으로 정하는 운행속도에 따라 다음 각 호의 구분에 따른 유형으로 분류할 수 있다.
1. 고속철도차량　　2. 준고속철도차량　　3. 일반철도차량

제5조(면허 등)

① 철도사업을 경영하려는 자는 제4조 제1항에 따라 지정·고시된 사업용 철도노선을 정하여 국토교통부장관의 면허를 받아야 한다. 이 경우 국토교통부장관은 철도의 공공성과 안전을 강화하고 이용자 편의를 증진시키기 위하여 국토교통부령으로 정하는 바에 따라 필요한 부담을 붙일 수 있다.

② 제1항에 따른 면허를 받으려는 자는 국토교통부령으로 정하는 바에 따라 사업계획서를 첨부한 면허신청서를 국토교통부장관에게 제출하여야 한다.

③ 철도사업의 면허를 받을 수 있는 자는 법인으로 한다.

제6조(면허의 기준)

철도사업의 면허기준은 다음 각 호와 같다.

1. 해당 사업의 시작으로 철도교통의 안전에 지장을 줄 염려가 없을 것
2. 해당 사업의 운행계획이 그 운행 구간의 철도 수송 수요와 수송력 공급 및 이용자의 편의에 적합할 것
3. 신청자가 해당 사업을 수행할 수 있는 재정적 능력이 있을 것
4. 해당 사업에 사용할 철도차량의 대수(臺數), 사용연한 및 규격이 국토교통부령으로 정하는 기준에 맞을 것

제7조(결격사유)

다음 각 호의 어느 하나에 해당하는 법인은 철도사업의 면허를 받을 수 없다.

1. 법인의 임원 중 다음 각 목의 어느 하나에 해당하는 사람이 있는 법인

   가. 피성년후견인 또는 피한정후견인
   나. 파산선고를 받고 복권되지 아니한 사람
   다. 이 법 또는 대통령령으로 정하는 철도 관계 법령을 위반하여 금고 이상의 실형을 선고받고 그 집행이 끝나거나(끝난 것으로 보는 경우를 포함한다) 면제된 날부터 **2년**이 지나지 아니한 사람
   라. 이 법 또는 대통령령으로 정하는 철도 관계 법령을 위반하여 금고 이상의 형의 집행유예를 선고받고 그 유예 기간 중에 있는 사람

2. 제16조 제1항에 따라 철도사업의 면허가 취소된 후 그 취소일부터 **2년**이 지나지 아니한 법인. 다만, 제1호 가목 또는 나목에 해당하여 철도사업의 면허가 취소된 경우는 제외한다.

[제16조(면허취소 등)]

① 국토교통부장관은 철도사업자가 다음 각 호의 어느 하나에 해당하는 경우에는 면허를 취소하거나, 6개월 이내의 기간을 정하여 사업의 전부 또는 일부의 정지를 명하거나, 노선 운행중지·운행제한·감차 등을 수반하는 사업계획의 변경을 명할 수 있다. 다만, 제4호 및 제7호의 경우에는 면허를 취소하여야 한다.

　1. 면허받은 사항을 정당한 사유 없이 시행하지 아니한 경우

　2. 사업 경영의 불확실 또는 자산상태의 현저한 불량이나 그 밖의 사유로 사업을 계속하는 것이 적합하지 아니할 경우

　3. 고의 또는 중대한 과실에 의한 철도사고로 대통령령으로 정하는 다수의 사상자(死傷者)가 발생한 경우

　4. 거짓이나 그 밖의 부정한 방법으로 제5조에 따른 철도사업의 면허를 받은 경우

　5. 제5조 제1항 후단에 따라 면허에 붙인 부담을 위반한 경우

　6. 제6조에 따른 철도사업의 면허기준에 미달하게 된 경우(다만, 3개월 이내에 그 기준을 충족시킨 경우에는 예외로 한다.)

　7. 철도사업자의 임원 중 제7조 제1호 각 목의 어느 하나의 결격사유에 해당하게 된 사람이 있는 경우(다만, 3개월 이내에 그 임원을 바꾸어 임명한 경우에는 예외로 한다.)

　8. 제8조를 위반하여 국토교통부장관이 지정한 날 또는 기간에 운송을 시작하지 아니한 경우

　9. 제15조에 따른 휴업 또는 폐업의 허가를 받지 아니하거나 신고를 하지 아니하고 영업을 하지 아니한 경우

　10. 제20조 제1항에 따른 준수사항을 1년 이내에 3회 이상 위반한 경우

　11. 제21조에 따른 개선명령을 위반한 경우

　12. 제23조에 따른 명의 대여 금지를 위반한 경우

● **시행령 제2조(철도관계법령)**

「철도사업법」(이하 "법"이라 한다) 제7조 제1호 다목 및 라목에서 "대통령령으로 정하는 철도관계 법령"이란 각각 다음 각 호의 법령을 말한다.

1. 「철도산업발전 기본법」

2. 「철도안전법」

3. 「도시철도법」

4. 「국가철도공단법」

5. 「한국철도공사법」

참고　「철도안전법」과 비교했을 때 「건널목 개량 촉진법」, 「철도의 건설 및 철도시설유지관리에 관한 법률」이 없으므로 주의해야 한다.

─── **제8조(운송 시작의 의무)** ───

철도사업자는 국토교통부장관이 지정하는 날 또는 기간에 운송을 시작하여야 한다. 다만, 천재지변이나 그 밖의 불가피한 사유로 철도사업자가 국토교통부장관이 지정하는 날 또는 기간에 운송을 시작할 수 없는 경우에는 국토교통부장관의 승인을 받아 날짜를 연기하거나 기간을 연장할 수 있다.

─── **제9조(여객 운임·요금의 신고 등)** ───

① 철도사업자는 여객에 대한 운임(여객운송에 대한 직접적인 대가를 말하며, 여객운송과 관련된 설비·용역에 대한 대가는 제외한다. 이하 같다)·요금(이하 "여객 운임·요금"이라 한다)을 국토교통부장관에게 신고하여야 한다. 이를 변경하려는 경우에도 같다.

② 철도사업자는 여객 운임·요금을 정하거나 변경하는 경우에는 원가(原價)와 버스 등 다른 교통수단의 여객 운임·요금과의 형평성 등을 고려하여야 한다. 이 경우 여객에 대한 운임은 제4조 제2항에 따른 사업용 철도노선의 분류, 제4조의2에 따른 철도차량의 유형 등을 고려하여 국토교통부장관이 지정·고시한 상한을 초과하여서는 아니 된다.

③ 국토교통부장관은 제2항에 따라 여객 운임의 상한을 지정하려면 미리 기획재정부장관과 협의하여야 한다.

④ 국토교통부장관은 제1항에 따른 신고 또는 변경신고를 받은 날부터 **3일** 이내에 신고수리 여부를 신고인에게 통지하여야 한다.

⑤ 철도사업자는 제1항에 따라 신고 또는 변경신고를 한 여객 운임·요금을 그 시행 **1주일** 이전에 인터넷 홈페이지, 관계 역·영업소 및 사업소 등 일반인이 잘 볼 수 있는 곳에 게시하여야 한다.

TIP 게시하여야 하는 곳
1. 인터넷 홈페이지　　2. 관계 역　　3. 영업소　　4. 사업소

● 시행령 제3조(여객 운임·요금의 신고)

① 철도사업자는 법 제9조 제1항에 따라 여객에 대한 운임·요금(이하 "여객 운임·요금"이라 한다)의 신고 또는 변경신고를 하려는 경우에는 국토교통부령으로 정하는 여객 운임·요금신고서 또는 변경신고서에 다음 각 호의 서류를 첨부하여 국토교통부장관에게 제출하여야 한다.

  1. 여객 운임·요금표

  2. 여객 운임·요금 신·구대비표 및 변경사유를 기재한 서류(여객 운임·요금을 변경하는 경우에 한정한다)

② 철도사업자는 사업용 철도를 「도시철도법」에 의한 도시철도운영자가 운영하는 도시철도와 연결하여 운행하려는 때에는 법 제9조 제1항에 따라 여객 운임·요금의 신고 또는 변경신고를 하기 전에 여객 운임·요금 및 그 변경시기에 관하여 미리 당해 도시철도운영자와 협의하여야 한다.

● 시행령 제4조(여객 운임의 상한지정 등)

① 국토교통부장관은 법 제9조 제2항 후단에 따라 여객에 대한 운임(이하 "여객 운임"이라 한다)의 상한을 지정하는 때에는 물가상승률, 원가수준, 다른 교통수단과의 형평성, 법 제4조 제2항에 따른 사업용 철도노선(이하 "사업용 철도노선"이라 한다)의 분류와 법 제4조의2에 따른 철도차량의 유형 등을 고려하여야 하며, 여객 운임의 상한을 지정한 경우에는 이를 관보에 고시하여야 한다.

> **TIP 여객운임 상한 지정 시 고려 사항**
> 1. 물가상승률   2. 원가수준   3. 다른 교통수단과의 형평성   4. 사업용 철도노선의 분류   5. 철도차량의 유형

② 국토교통부장관은 제1항에 따라 여객 운임의 상한을 지정하기 위하여 「철도산업발전기본법」 제6조에 따른 철도산업위원회 또는 철도나 교통 관련 전문기관 및 전문가의 의견을 들을 수 있다.

> **TIP 의견 청취할 수 있는 곳**
> 1. 철도산업위원회   2. 철도 관련 전문기관   3. 교통 관련 전문기관   4. 전문가
> ※ 학회나 협회는 ×

③ 삭제 〈2008. 10. 20〉

④ 삭제 〈2008. 10. 20〉

⑤ 국토교통부장관이 여객 운임의 상한을 지정하려는 때에는 철도사업자로 하여금 원가계산 그 밖에 여객 운임의 산출기초를 기재한 서류를 제출하게 할 수 있다.

⑥ 국토교통부장관은 사업용 철도노선과 「도시철도법」에 의한 도시철도가 연결되어 운행되는 구간에 대하여 제1항에 따른 여객 운임의 상한을 지정하는 경우에는 「도시철도법」 제31조 제1항에 따라 특별시장·광역시장·특별자치시장·도지사 또는 특별자치도지사가 정하는 도시철도 운임의 범위와 조화를 이루도록 하여야 한다.

제9조의2(여객 운임 · 요금의 감면)

① 철도사업자는 재해복구를 위한 긴급지원, 여객 유치를 위한 기념행사, 그 밖에 철도사업의 경영상 필요하다고 인정되는 경우에는 일정한 기간과 대상을 정하여 제9조 제1항에 따라 신고한 여객 운임·요금을 감면할 수 있다.

② 철도사업자는 제1항에 따라 여객 운임·요금을 감면하는 경우에는 그 시행 **3일 이전**에 감면 사항을 인터넷 홈페이지, 관계 역·영업소 및 사업소 등 일반인이 잘 볼 수 있는 곳에 게시하여야 한다. 다만, 긴급한 경우에는 미리 게시하지 아니할 수 있다.

제10조(부가 운임의 징수)

① 철도사업자는 열차를 이용하는 여객이 정당한 운임·요금을 지급하지 아니하고 열차를 이용한 경우에는 승차 구간에 해당하는 운임 외에 그의 30배의 범위에서 부가 운임을 징수할 수 있다.

② 철도사업자는 송하인(送荷人)이 운송장에 적은 화물의 품명·중량·용적 또는 개수에 따라 계산한 운임이 정당한 사유 없이 정상 운임보다 적은 경우에는 송하인에게 그 부족 운임 외에 그 부족 운임의 5배의 범위에서 부가 운임을 징수할 수 있다.

③ 철도사업자는 제1항 및 제2항에 따른 부가 운임을 징수하려는 경우에는 사전에 부가 운임의 징수 대상 행위, 열차의 종류 및 운행 구간 등에 따른 부가 운임 산정기준을 정하고 제11조에 따른 철도사업약관에 포함하여 국토교통부장관에게 신고하여야 한다.

④ 국토교통부장관은 제3항에 따른 신고를 받은 날부터 3일 이내에 신고수리 여부를 신고인에게 통지하여야 한다.

⑤ 제1항 및 제2항에 따른 부가 운임의 징수 대상자는 이를 성실하게 납부하여야 한다.

제10조의2(승차권 등 부정판매의 금지)

철도사업자 또는 철도사업자로부터 승차권 판매위탁을 받은 자가 아닌 자는 철도사업자가 발행한 승차권 또는 할인권·교환권 등 승차권에 준하는 증서를 상습 또는 영업으로 자신이 구입한 가격을 초과한 금액으로 다른 사람에게 판매하거나 이를 알선하여서는 아니 된다.

제11조(철도사업약관)

① 철도사업자는 철도사업약관을 정하여 국토교통부장관에게 신고하여야 한다. 이를 변경하려는 경우에도 같다.
② 제1항에 따른 철도사업약관의 기재 사항 등에 필요한 사항은 국토교통부령으로 정한다.
③ 국토교통부장관은 제1항에 따른 신고 또는 변경신고를 받은 날부터 **3일** 이내에 신고수리 여부를 신고인에게 통지하여야 한다.

제12조(사업계획의 변경)

① 철도사업자는 사업계획을 변경하려는 경우에는 국토교통부장관에게 신고하여야 한다. 다만, 대통령령으로 정하는 중요 사항을 변경하려는 경우에는 국토교통부장관의 인가를 받아야 한다.
② 국토교통부장관은 철도사업자가 다음 각 호의 어느 하나에 해당하는 경우에는 제1항에 따른 사업계획의 변경을 제한할 수 있다.
　　1. 제8조에 따라 국토교통부장관이 지정한 날 또는 기간에 운송을 시작하지 아니한 경우
　　2. 제16조에 따라 노선 운행중지, 운행제한, 감차(減車) 등을 수반하는 사업계획 변경명령을 받은 후 **1년**이 지나지 아니한 경우
　　3. 제21조에 따른 개선명령을 받고 이행하지 아니한 경우
　　4. 철도사고(「철도안전법」 제2조 제11호에 따른 철도사고를 말한다. 이하 같다)의 규모 또는 발생 빈도가 대통령령으로 정하는 기준 이상인 경우

[철도안전법 제2조 제11호]
11. "철도사고"란 철도운영 또는 철도시설관리와 관련하여 사람이 죽거나 다치거나 물건이 파손되는 사고로 국토교통부령으로 정하는 것을 말한다.

③ 제1항과 제2항에 따른 사업계획 변경의 절차·기준과 그 밖에 필요한 사항은 국토교통부령으로 정한다.
④ 국토교통부장관은 제1항 본문에 따른 신고를 받은 날부터 **3일** 이내에 신고수리 여부를 신고인에게 통지하여야 한다.

● 시행령 제5조(사업계획의 중요한 사항의 변경)

법 제12조 제1항 단서에서 "대통령령으로 정하는 중요 사항을 변경하려는 경우"란 다음 각 호의 어느 하나에 해당하는 경우를 말한다.

1. 철도이용수요가 적어 수지균형의 확보가 극히 곤란한 벽지 노선으로서 「철도산업발전기본법」 제33조 제1항에 따라 공익서비스비용의 보상에 관한 계약이 체결된 노선의 철도운송서비스(철도여객운송서비스 또는 철도화물운송서비스를 말한다)의 종류를 변경하거나 다른 종류의 철도운송서비스를 추가하는 경우
2. 운행구간의 변경(여객열차의 경우에 한한다)
3. 사업용철도노선별로 여객열차의 정차역을 신설 또는 폐지하거나 **10분의 2 이상** 변경하는 경우
4. 사업용철도노선별로 **10분의 1 이상**의 운행횟수의 변경(여객열차의 경우에 한한다). 다만, 공휴일·방학기간 등 수송수요와 열차운행계획상의 수송력과 현저한 차이가 있는 경우로서 **3월** 이내의 기간동안 운행횟수를 변경하는 경우를 제외한다.

● 시행령 제6조(사업계획의 변경을 제한할 수 있는 철도사고의 기준)

법 제12조 제2항 제4호에서 "대통령령으로 정하는 기준"이란 사업계획의 변경을 신청한 날이 포함된 연도의 직전 연도의 열차운행거리 **100만 킬로미터**당 철도사고(철도사업자 또는 그 소속 종사자의 고의 또는 과실에 의한 철도사고를 말한다. 이하 같다)로 인한 사망자수 또는 철도사고의 발생횟수가 최근(직전연도를 제외한다) **5년**간 평균보다 **10분의 2 이상 증가**한 경우를 말한다.

제13조(공동운수협정)

① 철도사업자는 다른 철도사업자와 공동경영에 관한 계약이나 그 밖의 운수에 관한 협정(이하 "공동운수협정"이라 한다)을 체결하거나 변경하려는 경우에는 국토교통부령으로 정하는 바에 따라 국토교통부장관의 인가를 받아야 한다. 다만, 국토교통부령으로 정하는 경미한 사항을 변경하려는 경우에는 국토교통부령으로 정하는 바에 따라 국토교통부장관에게 신고하여야 한다.

② 국토교통부장관은 제1항 본문에 따라 공동운수협정을 인가하려면 미리 공정거래위원회와 협의하여야 한다.

③ 국토교통부장관은 제1항 단서에 따른 신고를 받은 날부터 3일 이내에 신고수리 여부를 신고인에게 통지하여야 한다.

제14조(사업의 양도·양수 등)

① 철도사업자는 그 철도사업을 양도·양수하려는 경우에는 국토교통부장관의 인가를 받아야 한다.

② 철도사업자는 다른 철도사업자 또는 철도사업 외의 사업을 경영하는 자와 합병하려는 경우에는 국토교통부장관의 인가를 받아야 한다.

③ 제1항이나 제2항에 따른 인가를 받은 경우 철도사업을 양수한 자는 철도사업을 양도한 자의 철도사업자로서의 지위를 승계하며, 합병으로 설립되거나 존속하는 법인은 합병으로 소멸되는 법인의 철도사업자로서의 지위를 승계한다.

④ 제1항과 제2항의 인가에 관하여는 제7조(**결격사유**)를 준용한다.

TIP 신고수리 여부 기간
공동운수협정까지 웬만한 신고수리 여부 기간은 3일 이내이다.

제15조(사업의 휴업·폐업)

① 철도사업자가 그 사업의 전부 또는 일부를 휴업 또는 폐업하려는 경우에는 국토교통부령으로 정하는 바에 따라 국토교통부장관의 허가를 받아야 한다. 다만, 선로 또는 교량의 파괴, 철도시설의 개량, 그 밖의 정당한 사유로 휴업하는 경우에는 국토교통부령으로 정하는 바에 따라 국토교통부장관에게 신고하여야 한다.

② 제1항에 따른 휴업기간은 **6개월**을 넘을 수 없다. 다만, 제1항 단서에 따른 휴업의 경우에는 예외로 한다.

③ 제1항에 따라 허가를 받거나 신고한 휴업기간 중이라도 휴업 사유가 소멸된 경우에는 국토교통부장관에게 신고하고 사업을 재개(再開)할 수 있다.

④ 국토교통부장관은 제1항 단서 및 제3항에 따른 신고를 받은 날부터 **60일** 이내에 신고수리 여부를 신고인에게 통지하여야 한다.

⑤ 철도사업자는 철도사업의 전부 또는 일부를 휴업 또는 폐업하려는 경우에는 대통령령으로 정하는 바에 따라 휴업 또는 폐업하는 사업의 내용과 그 기간 등을 인터넷 홈페이지, 관계 역·영업소 및 사업소 등 일반인이 잘 볼 수 있는 곳에 게시하여야 한다.

● 시행령 제7조(사업의 휴업·폐업 내용의 게시)

철도사업자는 법 제15조 제1항에 따라 철도사업의 휴업 또는 폐업의 허가를 받은 때에는 그 허가를 받은 날부터 **7일 이내**에 법 제15조 제4항에 따라 다음 각 호의 사항을 철도사업자의 인터넷 홈페이지, 관계 역·영업소 및 사업소 등 일반인이 잘 볼 수 있는 곳에 게시하여야 한다. 다만, 법 제15조 제1항 단서에 따라 휴업을 신고하는 경우에는 해당 사유가 발생한 때에 즉시 다음 각 호의 사항을 게시하여야 한다.

1. 휴업 또는 폐업하는 철도사업의 내용 및 그 사유
2. 휴업의 경우 그 기간
3. 대체교통수단 안내
4. 그 밖에 휴업 또는 폐업과 관련하여 철도사업자가 공중에게 알려야 할 필요성이 있다고 인정하는 사항이 있는 경우 그에 관한 사항

제16조(면허취소 등)

① 국토교통부장관은 철도사업자가 다음 각 호의 어느 하나에 해당하는 경우에는 면허를 취소하거나, **6개월 이내**의 기간을 정하여 사업의 전부 또는 일부의 정지를 명하거나, 노선 운행중지·운행제한·감차 등을 수반하는 사업계획의 변경을 명할 수 있다. 다만, 제4호 및 제7호의 경우에는 면허를 취소하여야 한다.
   1. 면허받은 사항을 정당한 사유 없이 시행하지 아니한 경우
   2. 사업 경영의 불확실 또는 자산상태의 현저한 불량이나 그 밖의 사유로 사업을 계속하는 것이 적합하지 아니할 경우
   3. 고의 또는 중대한 과실에 의한 철도사고로 대통령령으로 정하는 다수의 사상자(死傷者)가 발생한 경우
   4. 거짓이나 그 밖의 부정한 방법으로 제5조에 따른 철도사업의 면허를 받은 경우
   5. 제5조 제1항 후단에 따라 면허에 붙인 부담을 위반한 경우
   6. 제6조에 따른 철도사업의 면허기준에 미달하게 된 경우(다만, 3개월 이내에 그 기준을 충족시킨 경우에는 예외로 한다.)
   7. 철도사업자의 임원 중 제7조 제1호 각목의 어느 하나의 결격사유에 해당하게 된 사람이 있는 경우(다만, **3개월 이내**에 그 임원을 바꾸어 임명한 경우에는 예외로 한다.)
   8. 제8조를 위반하여 국토교통부장관이 지정한 날 또는 기간에 운송을 시작하지 아니한 경우
   9. 제15조에 따른 휴업 또는 폐업의 허가를 받지 아니하거나 신고를 하지 아니하고 영업을 하지 아니한 경우
   10. 제20조 제1항에 따른 〈**철도사업자의**〉 준수사항을 1년 이내에 3회 이상 위반한 경우
   11. 제21조에 따른 〈**국토교통부장관의 철도사업의**〉 개선명령을 위반한 경우
   12. 제23조에 따른 명의 대여 금지를 위반한 경우
② 제1항에 따른 처분의 기준 및 절차와 그 밖에 필요한 사항은 국토교통부령으로 정한다.
③ 국토교통부장관은 제1항에 따라 철도사업의 면허를 취소하려면 청문을 하여야 한다.

● 시행령 제8조(면허취소 또는 사업정지 등의 처분대상이 되는 사상자 수)

법 제16조 제1항 제3호에서 "대통령령으로 정하는 다수의 사상자(死傷者)가 발생한 경우"란 1회 철도사고로 사망자 5명 이상이 발생하게 된 경우를 말한다.

제17조(과징금처분)

① 국토교통부장관은 제16조 제1항에 따라 철도사업자에게 사업정지처분을 하여야 하는 경우로서 그 사업정지처분이 그 철도사업자가 제공하는 철도서비스의 이용자에게 심한 불편을 주거나 그 밖에 공익을 해칠 우려가 있을 때에는 그 사업정지처분을 갈음하여 **1억 원 이하**의 과징금을 부과·징수할 수 있다.

② 제1항에 따라 과징금을 부과하는 위반행위의 종류, 과징금의 부과기준·징수방법 등 필요한 사항은 대통령령으로 정한다.

③ 국토교통부장관은 제1항에 따라 과징금 부과처분을 받은 자가 납부기한까지 과징금을 내지 아니하면 국세 체납처분의 예에 따라 징수한다.

④ 제1항에 따라 징수한 과징금은 다음 각 호 외의 용도로는 사용할 수 없다.

    1. 철도사업 종사자의 양성·교육훈련이나 그 밖의 자질향상을 위한 시설 및 철도사업 종사자에 대한 지도업무의 수행을 위한 시설의 건설·운영

    2. 철도사업의 경영개선이나 그 밖에 철도사업의 발전을 위하여 필요한 사업

    3. 제1호 및 제2호의 목적을 위한 보조 또는 융자

⑤ 국토교통부장관은 과징금으로 징수한 금액의 운용계획을 수립하여 시행하여야 한다.

⑥ 제4항과 제5항에 따른 과징금 사용의 절차, 운용계획의 수립·시행에 관한 사항과 그 밖에 필요한 사항은 국토교통부령으로 정한다.

● 시행령 제9조(철도사업자에 대한 과징금의 부과기준)

법 제17조 제1항에 따라 사업정지처분에 갈음하여 과징금을 부과하는 위반행위의 종류와 정도에 따른 과징금의 금액은 별표 1과 같다.

철도사업자에 대한 과징금의 부과기준(제9조 관련)

1. 일반기준

가. 국토교통부장관은 철도사업자의 사업규모, 사업지역의 특수성, 철도사업자 또는 그 종사자의 과실의 정도와 위반행위의 내용 및 횟수 등을 고려하여 제2호에 따른 과징금 금액의 2분의 1 범위에서 그 금액을 줄이거나 늘릴 수 있다.

나. 가목에 따라 과징금을 늘리는 경우 과징금 금액의 총액은 법 제17조 제1항에 따른 과징금 금액의 상한(→ 1억 원)을 넘을 수 없다.

2. 개별기준

[단위: 만 원]

위반행위	근거 법조문	금액
가. 면허를 받은 사항을 정당한 사유 없이 시행하지 않은 경우	법 제16조 제1항 제1호	300
나. 사업경영의 불확실 또는 자산상태의 현저한 불량이나 그 밖의 사유로 사업을 계속하는 것이 적합하지 않은 경우	법 제16조 제1항 제2호	500
다. 철도사업자 또는 그 소속 종사자의 고의 또는 중대한 과실에 의하여 다음 각 목의 사고가 발생한 경우	법 제16조 제1항 제3호	
1) 1회의 철도사고로 인한 사망자가 **40명 이상**인 경우		5,000
2) 1회의 철도사고로 인한 사망자가 **20명 이상 40명 미만**인 경우		2,000
3) 1회의 철도사고로 인한 사망자가 **10명 이상 20명 미만**인 경우		1,000
4) 1회의 철도사고로 인한 사망자가 **5명 이상 10명 미만**인 경우		500
라. 법 제5조 제1항 후단에 따라 면허에 붙인 부담을 위반한 경우	법 제16조 제1항 제5호	1,000
마. 법 제6조에 따른 철도사업의 면허기준에 미달하게 된 때부터 **3개월**이 경과된 후에도 그 기준을 충족시키지 않은 경우	법 제16조 제1항 제6호	1,000
바. 법 제8조를 위반하여 국토교통부장관이 지정한 날 또는 기간에 운송을 시작하지 않은 경우	법 제16조 제1항 제8호	300
사. 법 제15조에 따른 휴업 또는 폐업의 허가를 받지 않거나 신고를 하지 않고 영업을 하지 않은 경우	법 제16조 제1항 제9호	300
아. 법 제20조 제1항에 따른 준수사항을 **1년 이내에 3회 이상 위반**한 경우	법 제16조 제1항 제10호	500
자. 법 제21조에 따른 개선명령을 위반한 경우	법 제16조 제1항 제11호	300
차. 법 제23조에 따른 명의대여 금지를 위반한 경우	법 제16조 제1항 제12호	300

●시행령 제10조(과징금의 부과 및 납부)

① 국토교통부장관은 법 제17조 제1항의 규정에 의하여 과징금을 부과하고자 하는 때에는 그 위반행위의 종별과 해당 과징금의 금액 등을 명시하여 이를 납부할 것을 서면으로 통지하여야 한다.

② 제1항에 따른 통지를 받은 자는 **20일 이내**에 과징금을 국토교통부장관이 지정한 수납기관에 납부해야 한다.

③ 제2항의 규정에 의하여 과징금의 납부를 받은 수납기관은 납부자에게 영수증을 교부하여야 한다.

④ 과징금의 수납기관은 제2항의 규정에 의하여 과징금을 수납한 때에는 지체 없이 그 사실을 국토교통부장관에게 통보하여야 한다.

⑤ 삭제

제18조(철도차량 표시)

철도사업자는 철도사업에 사용되는 철도차량에 철도사업자의 명칭과 그 밖에 국토교통부령으로 정하는 사항을 표시하여야 한다.

제19조(우편물 등의 운송)

철도사업자는 여객 또는 화물 운송에 부수(附隨)하여 우편물과 신문 등을 운송할 수 있다.

제20조(철도사업자의 준수사항)

① 철도사업자는 「철도안전법」 제21조에 따른 요건을 갖추지 아니한 사람을 운전업무에 종사하게 하여서는 아니 된다.

> **[철도안전법 제21조 (운전업무 실무수습)]**
> 철도차량의 운전업무에 종사하려는 사람은 국토교통부령으로 정하는 바에 따라 실무수습을 이수하여야 한다.

② 철도사업자는 사업계획을 성실하게 이행하여야 하며, 부당한 운송 조건을 제시하거나 정당한 사유 없이 운송계약의 체결을 거부하는 등 철도운송 질서를 해치는 행위를 하여서는 아니 된다.

③ 철도사업자는 여객 운임표, 여객 요금표, 감면 사항 및 철도사업약관을 인터넷 홈페이지에 게시하고 관계 역·영업소 및 사업소 등에 갖추어 두어야 하며, 이용자가 요구하는 경우에는 제시하여야 한다.

④ 제1항부터 제3항까지에 따른 준수사항 외에 운송의 안전과 여객 및 화주(貨主)의 편의를 위하여 철도사업자가 준수하여야 할 사항은 국토교통부령으로 정한다.

제21조(사업의 개선명령)

국토교통부장관은 원활한 철도운송, 서비스의 개선 및 운송의 안전과 그 밖에 공공복리의 증진을 위하여 필요하다고 인정하는 경우에는 철도사업자에게 다음 각 호의 사항을 명할 수 있다.

1. 사업계획의 변경
2. 철도차량 및 운송 관련 장비·시설의 개선
3. 운임·요금 징수 방식의 개선
4. 철도사업약관의 변경
5. 공동운수협정의 체결
6. 철도차량 및 철도사고에 관한 손해배상을 위한 보험에의 가입
7. 안전운송의 확보 및 서비스의 향상을 위하여 필요한 조치
8. 철도운수종사자의 양성 및 자질향상을 위한 교육

제22조(철도운수종사자의 준수사항)

철도사업에 종사하는 철도운수종사자는 다음 각 호의 어느 하나에 해당하는 행위를 하여서는 아니 된다.

1. 정당한 사유 없이 여객 또는 화물의 운송을 거부하거나 여객 또는 화물을 중도에서 내리게 하는 행위
2. 부당한 운임 또는 요금을 요구하거나 받는 행위
3. 그 밖에 안전운행과 여객 및 화주의 편의를 위하여 철도운수종사자가 준수하여야 할 사항으로서 국토교통부령으로 정하는 사항을 위반하는 행위

제23조(명의 대여의 금지)

철도사업자는 타인에게 자기의 성명 또는 상호를 사용하여 철도사업을 경영하게 하여서는 아니 된다.

제24조(철도화물 운송에 관한 책임)

① 철도사업자의 화물의 멸실·훼손 또는 인도(引導)의 지연에 대한 손해배상책임에 관하여는 「상법」 제135조를 준용한다.

※ 타 법 인용부분에 대한 이해를 돕기 위한 참고내용이며, 암기사항이 아니므로 단순 참고용으로 활용한다.

[상법 제 135조(손해배상책임)]

운송인은 자기 또는 운송주선인이나 사용인, 그 밖에 운송을 위하여 사용한 자가 운송물의 수령, 인도, 보관 및 운송에 관하여 주의를 게을리하지 아니하였음을 증명하지 아니하면 운송물의 멸실, 훼손 또는 연착으로 인한 손해를 배상할 책임이 있다.

② 제1항을 적용할 때에 화물이 인도 기한을 지난 후 **3개월 이내**에 인도되지 아니한 경우에는 그 화물은 멸실된 것으로 본다.

02-2 민자철도 운영의 감독·관리 등

제25조(민자철도의 유지·관리 및 운영에 관한 기준 등)

① 국토교통부장관은 「철도의 건설 및 철도시설 유지관리에 관한 법률」 제2조 제2호부터 제4호까지에 따른 고속철도, 광역철도 및 일반철도로서 「사회기반시설에 대한 민간투자법」 제2조 제6호에 따른 민간투자사업으로 건설된 철도(이하 "민자철도"라 한다)의 관리운영권을 「사회기반시설에 대한 민간투자법」 제26조 제1항에 따라 설정 받은 자(이하 "민자철도사업자"라 한다)가 해당 민자철도를 안전하고 효율적으로 유지·관리할 수 있도록 민자철도의 유지·관리 및 운영에 관한 기준을 정하여 고시하여야 한다.

② 민자철도사업자는 민자철도의 안전하고 효율적인 유지·관리와 이용자 편의를 도모하기 위하여 제1항에 따라 고시된 기준을 준수하여야 한다.

③ 국토교통부장관은 제1항에 따른 민자철도의 유지·관리 및 운영에 관한 기준에 따라 매년 소관 민자철도에 대하여 운영평가를 실시하여야 한다.

④ 국토교통부장관은 제3항에 따른 운영평가 결과에 따라 민자철도에 관한 유지·관리 및 체계 개선 등 필요한 조치를 민자철도 사업자에게 명할 수 있다.

⑤ 민자철도사업자는 제4항에 따른 명령을 이행하고 그 결과를 국토교통부장관에게 보고하여야 한다.

⑥ 제3항에 따른 운영평가의 절차, 방법 및 그 밖에 필요한 사항은 국토교통부령으로 정한다.

● 시행령 제10조의3(과징금의 부과 및 납부)

법 제25조 제1항에 따른 민자철도사업자(이하 "민자철도사업자"라 한다)에 대한 과징금의 부과 및 납부에 관하여는 제10조를 준용한다. 이 경우 "법 제17조 제1항"은 "법 제25조의2 제1항"으로 본다.

제25조의2(민자철도사업자에 대한 과징금 처분)

① 국토교통부장관은 민자철도사업자가 다음 각 호의 어느 하나에 해당하는 경우에는 1억 원 이하의 과징금을 부과·징수할 수 있다.

    1. 제25조 제2항을 위반하여 민자철도의 유지·관리 및 운영에 관한 기준을 준수하지 아니한 경우

    2. 제25조 제5항을 위반하여 명령을 이행하지 아니하거나 그 결과를 보고하지 아니한 경우

② 제1항에 따라 과징금을 부과하는 위반행위의 종류와 위반 정도 등에 따른 과징금의 금액 및 징수방법 등에 필요한 사항은 대통령령으로 정한다.

③ 국토교통부장관은 제1항에 따라 과징금 부과처분을 받은 자가 납부기한까지 과징금을 내지 아니하면 국세강제징수의 예에 따라 징수한다.

④ 제1항에 따라 징수한 과징금의 용도 등에 관하여는 제17조 제4항부터 제6항까지를 준용한다.

[법 제17조 제4항~제6항]

④ 제1항에 따라 징수한 과징금은 다음 각 호 외의 용도로는 사용할 수 없다.

    1. 철도사업 종사자의 양성·교육훈련이나 그 밖의 자질향상을 위한 시설 및 철도사업 종사자에 대한 지도업무의 수행을 위한 시설의 건설·운영

    2. 철도사업의 경영개선이나 그 밖에 철도사업의 발전을 위하여 필요한 사업

    3. 제1호 및 제2호의 목적을 위한 보조 또는 융자

⑤ 국토교통부장관은 과징금으로 징수한 금액의 운용계획을 수립하여 시행하여야 한다.

⑥ 제4항과 제5항에 따른 과징금 사용의 절차, 운용계획의 수립·시행에 관한 사항과 그 밖에 필요한 사항은 국토교통부령으로 정한다.

● 시행령 제10조의2(민자철도사업자에 대한 과징금의 부과기준)

법 제25조의2 제1항에 따라 과징금을 부과하는 위반행위의 종류와 위반 정도 등에 따른 과징금의 금액 등 부과기준은 별표 1의2와 같다.

민자철도사업자에 대한 과징금의 부과기준(제10조의2 관련)

1. 일반기준

가. 하나의 행위가 둘 이상의 위반행위에 해당하는 경우에는 그중 무거운 과징금의 부과기준에 따른다.

나. 부과권자는 다음의 어느 하나에 해당하는 경우에는 제2호의 개별기준에 따른 과징금의 2분의 1 범위에서 그 금액을 줄여 부과할 수 있다. 다만, 과징금을 체납하고 있는 위반행위자에 대해서는 그렇지 않다.

1) 위반행위가 사소한 부주의나 오류로 인한 것으로 인정되는 경우
2) 위반행위자가 위반행위를 바로 정정하거나 시정하여 법 위반상태를 해소한 경우
3) 그 밖에 위반행위의 내용·정도, 위반행위 동기와 그 결과 등을 고려하여 과징금 금액을 줄일 필요가 있다고 인정되는 경우

다. 부과권자는 다음의 어느 하나에 해당하는 경우에는 제2호의 개별기준에 따른 과징금의 2분의 1 범위에서 그 금액을 늘려 부과할 수 있다. 다만, 늘려 부과하는 경우에도 법 제25조의2 제1항에 따른 과징금의 상한을 넘을 수 없다.

1) 위반의 내용·정도가 중대하여 이용자 등에게 미치는 피해가 크다고 인정되는 경우
2) 법 위반상태의 기간이 6개월 이상인 경우
3) 그 밖에 위반행위의 정도, 위반행위 동기와 그 결과 등을 고려하여 과징금 금액을 늘릴 필요가 있다고 인정되는 경우

2. 개별기준

[단위: 만 원]

위반행위	근거 법조문	금액
가. 법 제25조 제2항을 위반하여 민자철도의 유지·관리 및 운영에 관한 기준을 준수하지 않은 경우 1) 철도의 일부 또는 전체의 기능을 상실한 경우		
가) 철도의 일부 또는 전체의 기능을 상실한 기간이 1일 이상 7일 미만인 경우	법 제25조의2 제1항 제1호	2,000
나) 철도의 일부 또는 전체의 기능을 상실한 기간이 7일 이상 15일 미만인 경우		4,000
다) 철도의 일부 또는 전체의 기능을 상실한 기간이 15일 이상인 경우		10,000

2) 해당 철도에서 사고가 발생했거나 운행에 위험을 초래하는 결과가 발생한 경우	법 제25조의2 제1항 제1호	1,000
나. 법 제25조 제5항을 위반하여 명령을 이행하지 않거나 그 결과를 보고하지 않은 경우	법 제25조의2 제1항 제2호	1,000

제25조의3(사정변경 등에 따른 실시협약의 변경 요구 등)

① 국토교통부장관은 중대한 사정변경 또는 민자철도사업자의 위법한 행위 등 다음 각 호의 어느 하나에 해당하는 사유가 발생한 경우 민자철도사업자에게 그 사유를 소명하거나 해소 대책을 수립할 것을 요구할 수 있다.

1. 민자철도사업자가 「사회기반시설에 대한 민간투자법」 제2조 제7호에 따른 실시협약 (이하 "실시협약"이라 한다)에서 정한 자기자본의 비율을 대통령령으로 정하는 기준 미만으로 변경한 경우. 다만, 같은 조 제5호에 따른 주무관청의 승인을 받아 변경한 경우는 제외한다.

   ※ 타 법 인용부분에 대한 이해를 돕기 위한 참고내용이며, 암기사항이 아니므로 단순 참고용으로 활용한다.

   [사회기반시설에 대한 「민간투자법」 제2조(정의)]
   5. "주무관청"이란 관계 법령에 따라 해당 사회기반시설사업의 업무를 관장하는 행정기관의 장을 말한다.
   7. "실시협약"이란 이 법에 따라 주무관청과 민간투자 사업을 시행하려는 자 간에 사업시행의 조건 등에 관하여 체결하는 계약을 말한다.

2. 민자철도사업자가 대통령령으로 정하는 기준을 초과한 이자율로 자금을 차입한 경우
3. 교통여건이 현저히 변화되는 등 실시협약의 기초가 되는 사실 또는 상황에 중대한 변경이 생긴 경우로서 대통령령으로 정하는 경우

② 제1항에 따른 요구를 받은 민자철도사업자는 국토교통부장관이 요구한 날부터 **30일 이내**에 그 사유를 소명하거나 해소 대책을 수립하여야 한다.

③ 국토교통부장관은 다음 각 호의 어느 하나에 해당하는 경우 제25조의5에 따른 민자철도 관리지원센터의 자문을 거쳐 실시협약의 변경 등을 요구할 수 있다.

1. 민자철도사업자가 제2항에 따른 소명을 하지 아니하거나 그 소명이 충분하지 아니한 경우
2. 민자철도사업자가 제2항에 따른 해소 대책을 수립하지 아니한 경우
3. 제2항에 따른 해소 대책으로는 제1항에 따른 사유를 해소할 수 없거나 해소하기 곤란하다고 판단되는 경우

④ 국토교통부장관은 민자철도사업자가 제3항에 따른 요구에 따르지 아니하는 경우 정부지급금, 실시협약에 따른 보조금 및 재정지원금의 전부 또는 일부를 지급하지 아니할 수 있다.

● 시행령 제10조의4(사정변경 등에 따른 실시협약의 변경 요구 등)

① 법 제25조의3 제1항 제1호 본문에서 "대통령령으로 정하는 기준"이란 「사회기반시설에 대한 민간투자법」 제7조에 따른 민간투자 사업기본계획에 따라 민자철도사업자가 유지해야 하는 자기자본의 비율을 말한다.

② 법 제25조의3 제1항 제2호에서 "대통령령으로 정하는 기준을 초과한 이자율"이란 다음 각 호의 이자율 중 가장 낮은 이자율을 초과한 이자율을 말한다.

　1. 「대부업 등의 등록 및 금융이용자 보호에 관한 법률 시행령」 제5조 제2항에 따른 이자율

　[제5조(이자율의 제한)]

　② 법 제8조 제1항에서 "대통령령으로 정하는 율"이란 연 100분의 20을 말한다.

　2. 「이자제한법 제2조 제1항의 최고이자율에 관한 규정」에 따른 최고이자율

　[이자제한법 제2조 제1항의 최고이자율에 관한 규정]

　「이자제한법」 제2조 제1항에 따른 금전대차에 관한 계약상의 최고이자율은 연 20%로 한다.

　3. 민자철도사업자가 자금을 차입하는 때의 최고이자율에 관하여 국토교통부장관과 합의가 있는 경우에는 그 이자율

③ 법 제25조의3 제1항 제3호에서 "대통령령으로 정하는 경우"란 「사회기반시설에 대한 민간투자법」 제2조 제7호에 따른 실시협약(이하 이 항에서 "실시협약"이라 한다)의 체결 이후 다음 각 호의 경우로 인하여 연간 실제 교통량이 실시협약에서 정한 교통량의 **100분의 30 이상** 변경된 경우를 말한다.

　1. 해당 민자철도의 실시협약 체결 당시 예상되지 않았던 다른 철도가 연결되는 경우

　2. 해당 민자철도의 운영 여건 변화로 이용자의 안전 및 편의 등 민자철도의 기능에 심각한 지장이 초래된 경우

　3. 해당 민자철도가 「국가통합교통체계효율화법 시행령」 제36조 제1항에 따른 연계교통체계 영향권의 설정 범위에 포함된 경우

　4. 관련 법령이 개정되거나 민자철도에 관한 정책이 변경된 경우

　5. 그 밖에 제1호부터 제4호까지에 준하는 사유로 교통 여건이 현저히 변화된 경우

※ 타 법 인용부분에 대한 이해를 돕기 위한 참고내용이며, 암기사항이 아니므로 단순 참고용으로 활용한다.

[국가통합교통체계효율화법 시행령 제36조(연계교통체계 영향권의 설정 범위)]

① 법 제40조 제1항에 따른 연계교통체계 영향권의 설정 범위는 다음 각 호와 같다. 다만, 관계 행정기관의 장은 개발사업의 성격 또는 개발사업 시행지역의 여건 등을 고려하여 필요한 경우에는 연계교통체계 영향권을 10킬로미터 이내의 범위에서 조정할 수 있다.

1. 「항만법」 제2조 제1호에 따른 항만 : 같은 법 제2조 제4호에 따른 항만구역으로부터 40킬로미터 이내의 권역

   → 「항만법」 제2조 제1호 : "항만"이란 선박의 출입, 사람의 승선·하선, 화물의 하역·보관 및 처리, 해양친수활동 등을 위한 시설과 화물의 조립·가공·포장·제조 등 부가가치 창출을 위한 시설이 갖추어진 곳을 말한다.

2. 「공항시설법」 제2조 제3호에 따른 공항 : 같은 법 제2조 제4호에 따른 공항구역으로부터 40킬로미터 이내의 권역

   → 「공항시설법」 제2조 제3호 : "공항"이란 공항시설을 갖춘 공공용 비행장으로서 국토교통부장관이 그 명칭·위치 및 구역을 지정·고시한 것을 말한다.

   → 「공항시설법」 제2조 제4호 : "공항구역"이란 공항으로 사용되고 있는 지역과 공항·비행장개발예정지역 중 「국토의 계획 및 이용에 관한 법률」 제30조 및 제43조에 따라 도시·군계획시설로 결정되어 국토교통부장관이 고시한 지역을 말한다.

3. 「물류시설의 개발 및 운영에 관한 법률」 제2조 제2호에 따른 물류터미널 중 복합물류터미널 : 해당 시설로부터 40킬로미터 이내의 권역

   → 「물류시설의 개발 및 운영에 관한 법률」 제2조 제2호 : "물류터미널"이란 화물의 집화(集貨)·하역(荷役) 및 이와 관련된 분류·포장·보관·가공·조립 또는 통관 등에 필요한 기능을 갖춘 시설물을 말한다. 다만, 가공·조립 시설은 대통령령으로 정하는 규모 이하의 것이어야 한다.

4. 「물류시설의 개발 및 운영에 관한 법률」 제2조 제6호에 따른 물류단지 : 해당 단지로부터 40킬로미터 이내의 권역

   → 「물류시설의 개발 및 운영에 관한 법률」 제2조 제6호 : "물류단지"란 물류단지시설과 지원시설을 집단적으로 설치·육성하기 위하여 제22조 또는 제22조의2에 따라 지정·개발하는 일단(一團)의 토지 및 시설로서 도시첨단물류단지와 일반물류단지를 말한다.

5. 「산업입지 및 개발에 관한 법률」 제2조 제8호에 따른 산업단지 : 해당 단지로부터 40 킬로미터 이내의 권역

→ 「산업입지 및 개발에 관한 법률」 제2조 제8호 : "산업단지"란 제7호의2에 따른 시설과 이와 관련된 교육·연구·업무·지원·정보처리·유통 시설 및 이들 시설의 기능 향상을 위하여 주거·문화·환경·공원녹지·의료·관광·체육·복지 시설 등을 집단적으로 설치하기 위하여 포괄적 계획에 따라 지정·개발되는 일단(一團)의 토지로서 다음 각 목의 것을 말한다.

　　가. 국가산업단지 : 국가기간산업, 첨단과학기술산업 등을 육성하거나 개발 촉진이 필요한 낙후지역이나 둘 이상의 특별시·광역시·특별자치시 또는 도에 걸쳐 있는 지역을 산업단지로 개발하기 위하여 제6조에 따라 지정된 산업단지

　　나. 일반산업단지 : 산업의 적정한 지방 분산을 촉진하고 지역경제의 활성화를 위하여 제7조에 따라 지정된 산업단지

　　다. 도시첨단산업단지 : 지식산업·문화산업·정보통신산업, 그 밖의 첨단산업의 육성과 개발 촉진을 위하여 「국토의 계획 및 이용에 관한 법률」에 따른 도시지역에 제7조의2에 따라 지정된 산업단지

　　라. 농공단지(農工團地) : 대통령령으로 정하는 농어촌지역에 농어민의 소득 증대를 위한 산업을 유치·육성하기 위하여 제8조에 따라 지정된 산업단지

6. 제32조 제1항 각 호의 어느 하나에 해당하는 대규모 개발사업 : 해당 사업지로부터 30킬로미터 이내의 권역

→ 제32조(대규모 개발사업의 범위)
① 법 제38조 제1항 제6호에서 "대통령령으로 정하는 대규모 개발사업"이란 다음 각 호의 어느 하나에 해당하는 사업으로서 그 사업시행지역의 면적(제4호 및 제6호의 경우에는 시설계획지구의 면적을 말한다)이 100만 제곱미터 이상인 사업을 말한다. 다만, 제8호의 경우에는 그 사업시행지역의 면적에 관계없이 대규모 개발사업에 해당된다.

1. 「택지개발촉진법」에 따른 택지개발사업
2. 「주택법」에 따른 주택건설사업 및 대지조성사업
3. 「도시개발법」에 따른 도시개발사업
4. 「관광진흥법」에 따른 관광지조성사업 및 관광단지조성사업
5. 「지역 개발 및 지원에 관한 법률」에 따른 지역개발사업(법률 제12737호 지역 개발 및 지원에 관한 법률 부칙 제4조 제3항에 따라 지역개발사업구역으로 보는 종전의 「지역균형개발 및 지방중소기업 육성에 관한 법률」에 따라 지정·고시된 지역종합개발지구에서 시행하는 지역개발사업만 해당한다)
6. 「국토의 계획 및 이용에 관한 법률 시행령」 제2조 제1항 제2호에 따른 유원지를 설치하기 위한 사업(도시·군계획사업만 해당한다)
7. 공장용지를 조성하기 위한 사업
8. 「국가철도공단법」 제7조 제4호 및 「한국철도공사법」 제13조에 따른 역세권 개발사업
9. 「경제자유구역의 지정 및 운영에 관한 특별법」에 따른 경제자유구역개발사업
10. 「기업도시개발 특별법」에 따른 기업도시개발사업
11. 「혁신도시 조성 및 발전에 관한 특별법」에 따른 혁신도시개발사업

제25조의4(민자철도 사업자에 대한 지원)

국토교통부장관은 정책의 변경 또는 법령의 개정 등으로 인하여 민자철도사업자가 부담하여야 하는 비용이 추가로 발생하는 경우 그 비용의 전부 또는 일부를 지원할 수 있다.

제25조의5(민자철도 관리지원센터의 지정 등)

① 국토교통부장관은 민자철도에 대한 감독 업무를 효율적으로 수행하기 위하여 다음 각 호의 어느 하나에 해당하는 기관을 민자철도에 대한 전문성을 고려하여 민자철도 관리지원센터(이하 "관리지원센터"라 한다)로 지정할 수 있다.
1. 「정부출연연구기관 등의 설립·운영 및 육성에 관한 법률」에 따른 정부출연연구기관
2. 「공공기관의 운영에 관한 법률」에 따른 공공기관
② 관리지원센터는 다음 각 호의 업무를 수행한다.
1. 민자철도의 교통수요 예측, 적정 요금 또는 운임 및 운영비 산출과 관련한 자문 및 지원

2. 제25조 제1항에 따른 민자철도의 유지·관리 및 운영에 관한 기준과 관련한 자문 및 지원

3. 제25조 제3항에 따른 운영평가와 관련한 자문 및 지원

4. 제25조의3 제3항에 따른 실시협약 변경 등의 요구와 관련한 자문 및 지원

5. 제5항에 따라 국토교통부장관이 위탁하는 업무

6. 그 밖에 이 법에 따른 민자철도에 관한 감독 지원을 위하여 국토교통부령으로 정하는 업무

③ 국토교통부장관은 관리지원센터가 업무를 수행하는 데에 필요한 비용을 예산의 범위에서 지원할 수 있다.

④ 국토교통부장관은 관리지원센터가 다음 각 호의 어느 하나에 해당하는 경우에는 지정을 취소할 수 있다. 다만, 제1호에 해당하는 경우에는 지정을 취소하여야 한다.

1. 거짓이나 그 밖의 부정한 방법으로 지정을 받은 경우

2. 지정받은 사항을 위반하여 업무를 수행한 경우

⑤ 국토교통부장관은 민자철도와 관련하여 이 법과 「사회기반시설에 대한 민간투자법」에 따른 업무로서 국토교통부령으로 정하는 업무를 관리지원센터에 위탁할 수 있다.

제25조의6(국회에 대한 보고 등)

① 국토교통부장관은 「사회기반시설에 대한 민간투자법」 제53조에 따라 국가가 재정을 지원한 민자철도의 건설 및 유지·관리 현황에 관한 보고서를 작성하여 매년 5월 31일까지 국회 소관 상임위원회에 제출하여야 한다.

② 국토교통부장관은 제1항에 따른 보고서를 작성하기 위하여 민자철도 사업자에게 필요한 자료의 제출을 요구할 수 있다.

03 철도서비스 향상 등

제26조(철도서비스의 품질평가 등)

① 국토교통부장관은 공공복리의 증진과 철도서비스 이용자의 권익보호를 위하여 철도사업자가 제공하는 철도서비스에 대하여 적정한 철도서비스 기준을 정하고, 그에 따라 철도사업자가 제공하는 철도서비스의 품질을 평가하여야 한다.

② 제1항에 따른 철도서비스의 기준, 품질평가의 항목·절차 등에 필요한 사항은 국토교통부령으로 정한다.

제27조(평가 결과의 공표 및 활용)

① 국토교통부장관은 제26조에 따른 철도서비스의 품질을 평가한 경우에는 그 평가 결과를 대통령령으로 정하는 바에 따라 신문 등 대중매체를 통하여 공표하여야 한다.

② 국토교통부장관은 철도서비스의 품질평가 결과에 따라 제21조에 따른 사업 개선명령 등 필요한 조치를 할 수 있다.

● 시행령 제11조(평가결과의 공표)

① 국토교통부장관이 법 제27조의 규정에 의하여 철도서비스의 품질평가결과를 공표하는 경우에는 다음 각 호의 사항을 포함하여야 한다.

1. 평가지표별 평가결과
2. 철도서비스의 품질 향상도
3. 철도사업자별 평가순위
4. 그 밖에 철도서비스에 대한 품질평가결과 국토교통부장관이 공표가 필요하다고 인정하는 사항

② 국토교통부장관은 철도서비스의 품질평가결과가 우수한 철도사업자 및 그 소속 종사자에게 예산의 범위 안에서 포상 등 지원시책을 시행할 수 있다.

제28조(우수 철도서비스 인증)

① 국토교통부장관은 공정거래위원회와 협의하여 철도사업자 간 경쟁을 제한하지 아니하는 범위에서 철도서비스의 질적 향상을 촉진하기 위하여 우수 철도서비스에 대한 인증을 할 수 있다.

② 제1항에 따라 인증을 받은 철도사업자는 그 인증의 내용을 나타내는 표지(이하 "우수서비스마크"라 한다)를 철도차량, 역 시설 또는 철도 용품 등에 붙이거나 인증 사실을 홍보할 수 있다.

③ 제1항에 따라 인증을 받은 자가 아니면 우수서비스마크 또는 이와 유사한 표지를 철도차량, 역 시설 또는 철도 용품 등에 붙이거나 인증 사실을 홍보하여서는 아니 된다.

④ 우수 철도서비스 인증의 절차, 인증기준, 우수서비스마크, 인증의 사후관리에 관한 사항과 그 밖에 인증에 필요한 사항은 국토교통부령으로 정한다.

제29조(평가업무 등의 위탁)

국토교통부장관은 효율적인 철도 서비스 품질평가 체제를 구축하기 위하여 필요한 경우에는 관계 전문기관 등에 철도서비스 품질에 대한 조사·평가·연구 등의 업무와 제28조 제1항에 따른 우수 철도서비스 인증에 필요한 심사업무를 위탁할 수 있다.

제30조(자료 등의 요청)

① 국토교통부장관이나 제29조에 따라 평가업무 등을 위탁받은 자는 철도서비스의 평가 등을 할 때 철도사업자에게 관련 자료 또는 의견 제출 등을 요구하거나 철도서비스에 대한 실지조사(實地調査)를 할 수 있다.

② 제1항에 따라 자료 또는 의견 제출 등을 요구받은 관련 철도사업자는 특별한 사유가 없으면 이에 따라야 한다.

제31조(철도시설의 공동 활용)

공공교통을 목적으로 하는 선로 및 다음 각 호의 공동 사용시설을 관리하는 자는 철도사업자가 그 시설의 공동 활용에 관한 요청을 하는 경우 협정을 체결하여 이용할 수 있게 하여야 한다.

1. 철도역 및 역 시설(물류시설, 환승시설 및 편의시설 등을 포함한다)
2. 철도차량의 정비·검사·점검·보관 등 유지관리를 위한 시설

3. 사고의 복구 및 구조·피난을 위한 설비

4. 열차의 조성 또는 분리 등을 위한 시설

5. 철도 운영에 필요한 정보통신 설비

제32조(회계의 구분)

① 철도사업자는 철도사업 외의 사업을 경영하는 경우에는 철도사업에 관한 회계와 철도사업 외의 사업에 관한 회계를 구분하여 경리하여야 한다.

② 철도사업자는 철도운영의 효율화와 회계처리의 투명성을 제고하기 위하여 국토교통부령으로 정하는 바에 따라 철도사업의 종류별·노선별로 회계를 구분하여 경리하여야 한다.

제33조(벌칙 적용 시의 공무원 의제)

제29조에 따라 위탁받은 업무에 종사하는 관계 전문기관 등의 임원 및 직원은 「형법」 제129조부터 제132조까지의 규정을 적용할 때에는 공무원으로 본다.

(04) 전용철도

┌─ 제34조(등록) ──────────────────────────────

① 전용철도를 운영하려는 자는 국토교통부령으로 정하는 바에 따라 전용철도의 건설·운전·보안 및 운송에 관한 사항이 포함된 운영계획서를 첨부하여 국토교통부장관에게 등록을 하여야 한다. 등록사항을 변경하려는 경우에도 같다. 다만 대통령령으로 정하는 경미한 변경의 경우에는 예외로 한다.

② 전용철도의 등록기준과 등록절차 등에 관하여 필요한 사항은 국토교통부령으로 정한다.

③ 국토교통부장관은 제2항에 따른 등록기준을 적용할 때에 환경오염, 주변 여건 등 지역적 특성을 고려할 필요가 있거나 그 밖에 공익상 필요하다고 인정하는 경우에는 등록을 제한하거나 부담을 붙일 수 있다.

└───

● 시행령 제12조(전용철도 등록사항의 경미한 변경 등)

① 법 제34조 제1항 단서에서 "대통령령으로 정하는 경미한 변경의 경우"란 다음 각 호의 어느 하나에 해당하는 경우를 말한다.

1. 운행시간을 연장 또는 단축한 경우
2. 배차간격 또는 운행횟수를 단축 또는 연장한 경우
3. 10분의 1의 범위 안에서 철도차량 대수를 변경한 경우
4. 주사무소·철도차량기지를 제외한 운송관련 부대시설을 변경한 경우
5. 임원을 변경한 경우(법인에 한한다)
6. 6월의 범위 안에서 전용철도 건설기간을 조정한 경우

제35조(결격사유)

다음 각 호의 어느 하나에 해당하는 자는 전용철도를 등록할 수 없다. 법인인 경우 그 임원 중에 다음 각 호의 어느 하나에 해당하는 자가 있는 경우에도 같다.

1. 제7조 제1호 각목의 어느 하나에 해당하는 사람

> **제7조(결격사유)]**
>
> 다음 각 호의 어느 하나에 해당하는 법인은 철도사업의 면허를 받을 수 없다.
>
> 1. 법인의 임원 중 다음 각 목의 어느 하나에 해당하는 사람이 있는 법인
>   가. 피성년후견인 또는 피한정후견인
>   나. 파산선고를 받고 복권되지 아니한 사람
>   다. 이 법 또는 대통령령으로 정하는 철도 관계 법령을 위반하여 금고 이상의 실형을 선고받고 그 집행이 끝나거나(끝난 것으로 보는 경우를 포함한다) 면제된 날부터 2년이 지나지 아니한 사람
>   라. 이 법 또는 대통령령으로 정하는 철도 관계 법령을 위반하여 금고 이상의 형의 집행유예를 선고받고 그 유예 기간 중에 있는 사람

2. 이 법에 따라 전용철도의 등록이 취소된 후 그 취소일부터 **1년**이 지나지 아니한 자

제36조(전용철도 운영의 양도·양수 등)

① 전용철도의 운영을 양도·양수하려는 자는 국토교통부령으로 정하는 바에 따라 국토교통부장관에게 신고하여야 한다.

② 전용철도의 등록을 한 법인이 합병하려는 경우에는 국토교통부령으로 정하는 바에 따라 국토교통부장관에게 신고하여야 한다.

③ 국토교통부장관은 제1항 및 제2항에 따른 신고를 받은 날부터 **30일** 이내에 신고수리 여부를 신고인에게 통지하여야 한다.

④ 제1항 또는 제2항에 따른 신고가 수리된 경우 전용철도의 운영을 양수한 자는 전용철도의 운영을 양도한 자의 전용철도운영자로서의 지위를 승계하며, 합병으로 설립되거나 존속하는 법인은 합병으로 소멸되는 법인의 전용철도운영자로서의 지위를 승계한다.

⑤ 제1항과 제2항의 신고에 관하여는 제35조를 준용한다.

제37조(전용철도 운영의 상속)

① 전용철도운영자가 사망한 경우 상속인이 그 전용철도의 운영을 계속하려는 경우에는 피상속인이 사망한 날부터 **3개월** 이내에 국토교통부장관에게 신고하여야 한다.

② 국토교통부장관은 제1항에 따른 신고를 받은 날부터 **10일 이내**에 신고수리 여부를 신고인에게 통지하여야 한다.

③ 제1항에 따른 신고가 수리된 경우 상속인은 피상속인의 전용철도운영자로서의 지위를 승계하며, 피상속인이 사망한 날부터 신고가 수리된 날까지의 기간 동안은 피상속인의 전용철도 등록은 상속인의 등록으로 본다.

④ 제1항의 신고에 관하여는 제35조를 준용한다. 다만, 제35조 각 호의 어느 하나에 해당하는 상속인이 피상속인이 사망한 날부터 3개월 이내에 그 전용철도의 운영을 다른 사람에게 양도한 경우 피상속인의 사망일부터 양도일까지의 기간에 있어서 피상속인의 전용철도 등록은 상속인의 등록으로 본다.

제38조(전용철도 운영의 휴업·폐업)

전용철도운영자가 그 운영의 전부 또는 일부를 휴업 또는 폐업한 경우에는 **1개월 이내**에 국토교통부장관에게 신고하여야 한다.

●시행령 제12조(전용철도 등록사항의 경미한 변경 등)

② 전용철도운영자는 법 제38조에 따라 전용철도 운영의 전부 또는 일부를 휴업 또는 폐업하는 경우 다음 각 호의 조치를 하여야 한다.

  1. 휴업 또는 폐업으로 인하여 철도운행 및 철도운행의 안전에 지장을 초래하지 아니하도록 하는 조치
  2. 휴업 또는 폐업으로 인하여 자연재해·환경오염 등이 가중되지 아니하도록 하는 조치

제39조(전용철도 운영의 개선명령)

국토교통부장관은 전용철도 운영의 건전한 발전을 위하여 필요하다고 인정하는 경우에는 전용철도운영자에게 다음 각 호의 사항을 명할 수 있다.

1. 사업장의 이전
2. 시설 또는 운영의 개선

제40조(등록의 취소·정지)

국토교통부장관은 전용철도운영자가 다음 각 호의 어느 하나에 해당하는 경우에는 그 등록을 취소하거나 **1년 이내**의 기간을 정하여 그 운영의 전부 또는 일부의 정지를 명할 수 있다. 다만, 제1호에 해당하는 경우에는 등록을 취소하여야 한다.

1. 거짓이나 그 밖의 부정한 방법으로 제34조에 따른 등록을 한 경우
2. 제34조 제2항에 따른 등록기준에 미달하거나 같은 조 제3항에 따른 부담을 이행하지 아니한 경우
3. 휴업신고나 폐업신고를 하지 아니하고 3개월 이상 전용철도를 운영하지 아니한 경우

● **시행령 제16조의2(민감정보 및 고유식별정보의 처리)**

국토교통부장관은 다음 각 호의 사무를 수행하기 위하여 불가피한 경우 「개인정보 보호법 시행령」 제18조 제2호에 따른 범죄경력 자료에 해당하는 정보나 같은 영 제19조 제1호, 제2호 또는 제4호에 따른 주민등록번호, 여권번호 또는 외국인등록번호가 포함된 자료를 처리할 수 있다.

1. 법 제5조에 따른 면허에 관한 사무
2. 법 제14조에 따른 사업의 양도·양수 등에 관한 사무
3. 법 제16조에 따른 면허취소 등에 관한 사무
4. 법 제34조에 따른 전용철도 등록에 관한 사무
5. 법 제36조에 따른 전용철도 운영의 양도·양수 등에 관한 사무
6. 법 제37조에 따른 전용철도 운영의 상속에 관한 사무
7. 법 제40조에 따른 전용철도 등록의 취소에 관한 사무

제41조(준용규정)

전용철도에 관하여는 제16조 제3항과 제23조를 준용한다. 이 경우 "철도사업의 면허"는 "전용철도의 등록"으로, "철도사업자"는 "전용철도운영자"로, "철도사업"은 "전용철도의 운영"으로 본다.

---

05 국유철도시설의 활용·지원 등

제42조(점용허가)

① 국토교통부장관은 국가가 소유·관리하는 철도시설에 건물이나 그 밖의 시설물(이하 "시설물"이라 한다)을 설치하려는 자에게 「국유재산법」제18조에도 불구하고 대통령령으로 정하는 바에 따라 시설물의 종류 및 기간 등을 정하여 점용허가를 할 수 있다.

② 제1항에 따른 점용허가는 철도사업자와 철도사업자가 출자·보조 또는 출연한 사업을 경영하는 자에게만 하며, 시설물의 종류와 경영하려는 사업이 철도사업에 지장을 주지 아니하여야 한다.

● 시행령 제13조(점용허가의 신청 및 점용허가기간)

① 법 제42조 제1항의 규정에 의하여 국가가 소유·관리하는 철도시설의 점용허가를 받고자 하는 자는 국토교통부령이 정하는 점용허가신청서에 다음 각 호의 서류를 첨부하여 국토교통부장관에게 제출하여야 한다. 이 경우 국토교통부장관은 「전자정부법」 제36조 제1항에 따른 행정정보의 공동이용을 통하여 법인 등기사항증명서(법인인 경우로 한정한다)를 확인하여야 한다.

1. 사업개요에 관한 서류
2. 시설물의 건설계획 및 사용계획에 관한 서류
3. 자금조달계획에 관한 서류
4. 수지전망에 관한 서류
5. 법인의 경우 정관
6. 설치하고자 하는 시설물의 설계도서(시방서·위치도·평면도 및 주단면도를 말한다)
7. 그 밖에 참고사항을 기재한 서류

② 국토교통부장관은 법 제42조 제1항의 규정에 의하여 국가가 소유·관리하는 철도시설에 대한 점용허가를 하고자 하는 때에는 다음 각 호의 기간을 초과하여서는 아니된다. 다만, 건물 그 밖의 시설물을 설치하는 경우 그 공사에 소요되는 기간은 이를 산입하지 아니한다.

1. 철골조·철근콘크리트조·석조 또는 이와 유사한 견고한 건물의 축조를 목적으로 하는 경우에는 **50년**

2. 제1호 외의 건물의 축조를 목적으로 하는 경우에는 **15년**

3. 건물 외의 공작물의 축조를 목적으로 하는 경우에는 **5년**

③ 삭제 〈2023. 10. 10.〉

제42조의2(점용허가의 취소)

① 국토교통부장관은 제42조 제1항에 따른 점용허가를 받은 자가 다음 각 호의 어느 하나에 해당하면 그 점용허가를 취소할 수 있다.

1. 점용허가 목적과 다른 목적으로 철도시설을 점용한 경우

2. 제42조 제2항을 위반하여 시설물의 종류와 경영하는 사업이 철도사업에 지장을 주게 된 경우

3. 점용허가를 받은 날부터 **1년** 이내에 해당 점용허가의 목적이 된 공사에 착수하지 아니한 경우. 다만, 정당한 사유가 있는 경우에는 **1년**의 범위에서 공사의 착수기간을 연장할 수 있다.

4. 제44조에 따른 점용료를 납부하지 아니하는 경우

5. 점용허가를 받은 자가 스스로 점용허가의 취소를 신청하는 경우

② 제1항에 따른 점용허가 취소의 절차 및 방법은 국토교통부령으로 정한다.

제43조(시설물 설치의 대행)

국토교통부장관은 제42조에 따라 점용허가를 받은 자(이하 "점용허가를 받은 자"라 한다)가 설치하려는 시설물의 전부 또는 일부가 철도시설 관리에 관계되는 경우에는 점용허가를 받은 자의 부담으로 그의 위탁을 받아 시설물을 직접 설치하거나 「국가철도공단법」에 따라 설립된 국가철도공단으로 하여금 설치하게 할 수 있다.

제44조(점용료)

① 국토교통부장관은 대통령령으로 정하는 바에 따라 점용허가를 받은 자에게 점용료를 부과한다.

② 제1항에도 불구하고 점용허가를 받은 자가 다음 각 호에 해당하는 경우에는 대통령령으로 정하는 바에 따라 점용료를 감면할 수 있다.

1. 국가에 무상으로 양도하거나 제공하기 위한 시설물을 설치하기 위하여 점용허가를 받은 경우

2. 제1호의 시설물을 설치하기 위한 경우로서 공사기간 중에 점용허가를 받거나 임시 시설물을 설치하기 위하여 점용허가를 받은 경우

3. 「공공주택 특별법」에 따른 공공주택을 건설하기 위하여 점용허가를 받은 경우

4. 재해, 그 밖의 특별한 사정으로 본래의 철도 점용 목적을 달성할 수 없는 경우

5. 국민경제에 중대한 영향을 미치는 공익사업으로서 대통령령으로 정하는 사업을 위하여 점용허가를 받은 경우

③ 국토교통부장관이 「철도산업발전기본법」 제19조 제2항에 따라 철도시설의 건설 및 관리 등에 관한 업무의 일부를 「국가철도공단법」에 따른 국가철도공단으로 하여금 대행하게 한 경우 제1항에 따른 점용료 징수에 관한 업무를 위탁할 수 있다.

[철도산업발전기본법 제19조 제2항(관리청)]

국토교통부장관은 이 법과 그 밖의 철도에 관한 법률에 규정된 철도시설의 건설 및 관리 등에 관한 그의 업무의 일부를 대통령령으로 정하는 바에 의하여 제20조 제3항에 따라 설립되는 국가철도공단으로 하여금 대행하게 할 수 있다. 이 경우 대행하는 업무의 범위·권한의 내용 등에 관하여 필요한 사항은 대통령령으로 정한다.

④ 국토교통부장관은 점용허가를 받은 자가 제1항에 따른 점용료를 내지 아니하면 국세 체납처분의 예에 따라 징수한다.

● **시행령 제14조(점용료)**

① 법 제44조 제1항의 규정에 의한 점용료는 점용허가를 할 철도시설의 가액과 점용허가를 받아 행하는 사업의 매출액을 기준으로 하여 산출하되, 구체적인 점용료 산정기준에 대하여는 국토교통부장관이 정한다.

② 제1항의 규정에 의한 철도시설의 가액은 「국유재산법 시행령」 제42조를 준용하여 산출하되, 당해 철도시설의 가액은 산출 후 **3년** 이내에 한하여 적용한다.

③ 법 제44조 제2항에 따른 점용료의 감면은 다음 각 호의 구분에 따른다.

1. 법 제44조 제2항 제1호 및 제2호에 해당하는 경우 : 전체 시설물 중 국가에 무상으로 양도하거나 제공하기 위한 시설물의 비율에 해당하는 점용료를 감면

2. 법 제44조 제2항 제3호에 해당하는 경우 : 해당 철도시설의 부지에 대하여 국토교통부령으로 정하는 기준에 따른 점용료를 감면

3. 법 제44조 제2항 제4호에 해당하는 경우 : 다음 각 목의 구분에 따른 점용료를 감면

가. 점용허가를 받은 시설의 전부를 사용하지 못한 경우: 해당 기간의 점용료 전액을 감면

나. 점용허가를 받은 시설의 일부를 사용하지 못한 경우: 전체 점용허가 면적에서 사용하지 못한 시설의 면적 비율에 따라 해당 기간 동안의 점용료를 감면

④ 점용료는 매년 **1월 말**까지 당해 연도 해당분을 선납하여야 한다. 다만, 국토교통부장관은 부득이한 사유로 선납이 곤란하다고 인정하는 경우에는 그 납부기한을 따로 정할 수 있다.

※ 타 법 인용부분에 대한 이해를 돕기 위한 참고내용이며, 암기사항이 아니므로 단순 참고용으로 활용한다.

[국유재산법 시행령 제42조(처분재산의 예정가격)]

① 증권을 제외한 일반재산을 처분할 때에는 시가를 고려하여 해당 재산의 예정가격을 결정하여야 한다. 이 경우 예정가격의 결정방법은 다음 각 호와 같다.
  1. 대장가격이 3천만 원 이상인 경우(제2호의 경우는 제외한다) : 두 개의 감정평가법인 등의 평가액을 산술평균한 금액
  2. 대장가격이 3천만 원 미만인 경우나 지방자치단체 또는 공공기관에 처분하는 경우 : 하나의 감정평가법인 등의 평가액

② 제1항에 따른 감정평가법인등의 평가액은 평가일부터 1년이 지나면 적용할 수 없다.

③ 중앙관서의 장 등은 일반재산에 대하여 일반경쟁입찰을 두 번 실시하여도 낙찰자가 없는 경우에는 세 번째 입찰부터 최초 매각 예정가격의 100분의 50을 최저한도로 하여 매회 100분의 10의 금액만큼 그 예정가격을 낮출 수 있다.

④ 삭제 〈2019. 3. 12.〉

⑤ 일반재산을 법 제45조에 따라 개척·매립·간척 또는 조림하거나 그 밖에 정당한 사유로 점유하고 개량한 자에게 해당 재산을 매각하는 경우에는 매각 당시의 개량한 상태의 가격에서 개량비 상당액을 뺀 금액을 매각대금으로 한다. 다만, 매각을 위한 평가일 현재 개량하지 아니한 상태의 가액이 개량비 상당액을 빼고 남은 금액을 초과하는 경우에는 그 가액 이상으로 매각대금을 결정하여야 한다.

⑥ 법 제45조에 따라 개척·매립·간척 또는 조림하거나 그 밖에 정당한 사유로 점유하고 개량한 일반재산을 「공익사업을 위한 토지 등의 취득 및 보상에 관한 법률」에 따른 공익사업의 사업시행자에게 매각하는 경우로서 해당 사업시행자가 해당 점유·개량자에게 개량비 상당액을 지급한 경우에 관하여는 법 제44조의2 제1항을 준용한다.

⑦ 제5항 및 제6항의 개량비의 범위는 기획재정부령으로 정한다.

⑧ 법 제55조 제1항 제1호 및 제4호에 따라 양여하는 경우에는 제1항에도 불구하고 대장가격을 재산가격으로 한다.

⑨ 「공익사업을 위한 토지 등의 취득 및 보상에 관한 법률」에 따른 공익사업에 필요한 일반재산을 해당 사업의 사업시행자에게 처분하는 경우에는 제1항에도 불구하고 해당 법률에 따라 산출한 보상액을 일반재산의 처분가격으로 할 수 있다.

⑩ 다음 각 호의 어느 하나에 해당하는 국유지를 법 제43조 제1항 본문에 따른 일반경쟁입찰의 방법으로 처분하는 경우에는 제1항에도 불구하고 해당 국유지의 개별공시지가를 예정가격으로 할 수 있다.

1. 일단(一團)의 토지[경계선이 서로 맞닿은 일반재산(국가와 국가 외의 자가 공유한 토지는 제외한다)인 일련(一連)의 토지를 말한다. 이하 같다] 면적이 100제곱미터 이하인 국유지(특별시·광역시에 소재한 국유지는 제외한다)

2. 일단의 토지 대장가격이 1천만 원 이하인 국유지

⑪ 중앙관서의 장 등은 일반재산의 처분을 신청한 자가 감정평가 실시 후에 정당한 사유 없이 그 신청을 철회한 경우에는 감정평가 및 측량에 든 비용을 그 신청자(지방자치단체가 신청자인 경우는 제외한다)로 하여금 부담하게 할 수 있다.

제44조의2(변상금의 징수)

국토교통부장관은 제42조 제1항에 따른 점용허가를 받지 아니하고 철도시설을 점용한 자에 대하여 제44조 제1항에 따른 점용료의 **100분의 120**에 해당하는 금액을 변상금으로 징수할 수 있다. 이 경우 변상금의 징수에 관하여는 제44조 제3항을 준용한다.

제45조(권리와 의무의 이전)

제42조에 따른 점용허가로 인하여 발생한 권리와 의무를 이전하려는 경우에는 대통령령으로 정하는 바에 따라 국토교통부장관의 인가를 받아야 한다.

● 시행령 제15조(권리와 의무의 이전)

① 법 제42조의 규정에 의하여 점용허가를 받은 자가 법 제45조의 규정에 의하여 그 권리와 의무의 이전에 대하여 인가를 받고자 하는 때에는 국토교통부령이 정하는 신청서에 다음 각 호의 서류를 첨부하여 권리와 의무를 이전하고자 하는 날 **3월** 전까지 국토교통부장관에게 제출하여야 한다.

1. 이전계약서 사본
2. 이전가격의 명세서

② 법 제45조의 규정에 의하여 국토교통부장관의 인가를 받아 철도시설의 점용허가로 인하여 발생한 권리와 의무를 이전한 경우 당해 권리와 의무를 이전받은 자의 점용허가기간은 권리와 의무를 이전한 자가 받은 점용허가기간의 잔여기간으로 한다.

제46조(원상회복의무)

① 점용허가를 받은 자는 점용허가기간이 만료되거나 제42조의2 제1항에 따라 점용허가가 취소된 경우에는 점용허가된 철도 재산을 원상(原狀)으로 회복하여야 한다. 다만, 국토교통부장관은 원상으로 회복할 수 없거나 원상회복이 부적당하다고 인정하는 경우에는 원상회복의무를 면제할 수 있다.
② 국토교통부장관은 점용허가를 받은 자가 제1항 본문에 따른 원상회복을 하지 아니하는 경우에는 「행정대집행법」에 따라 시설물을 철거하거나 그 밖에 필요한 조치를 할 수 있다.
③ 국토교통부장관은 제1항 단서에 따라 원상회복의무를 면제하는 경우에는 해당 철도 재산에 설치된 시설물 등의 무상 국가귀속을 조건으로 할 수 있다.

● 시행령 제16조(원상회복의무)

① 법 제42조 제1항의 규정에 의하여 철도시설의 점용허가를 받은 자는 점용허가기간이 만료되거나 점용을 폐지한 날부터 **3월** 이내에 점용허가받은 철도시설을 원상으로 회복하여야 한다. 다만, 국토교통부장관은 불가피하다고 인정하는 경우에는 원상회복 기간을 연장할 수 있다.
② 점용허가를 받은 자가 그 점용허가기간의 만료 또는 점용의 폐지에도 불구하고 법 제46조 제1항 단서의 규정에 의하여 당해 철도시설의 전부 또는 일부에 대한 원상회복의무를 면제받고자 하는 경우에는 그 점용허가기간의 만료일 또는 점용폐지일 **3월** 전까지 그 사유를 기재한 신청서를 국토교통부장관에게 제출하여야 한다.
③ 국토교통부장관은 제2항의 규정에 의한 점용허가를 받은 자의 면제신청을 받은 경우 또는 직권으로 철도시설의 일부 또는 전부에 대한 원상회복의무를 면제하고자 하는 경우에는 원상회복의무를 면제하는 부분을 명시하여 점용허가를 받은 자에게 점용허가 기간의 만료일 또는 점용 폐지일까지 서면으로 통보하여야 한다.

제46조의2(국가귀속 시설물의 사용허가기간 등에 관한 특례)

① 제46조 제3항에 따라 국가귀속된 시설물을 「국유재산법」에 따라 사용허가하려는 경우 그 허가의 기간은 같은 법 제35조에도 불구하고 10년 이내로 한다.

② 제1항에 따른 허가기간이 끝난 시설물에 대해서는 **10년**을 초과하지 아니하는 범위에서 1회에 한하여 종전의 사용허가를 갱신할 수 있다.

③ 제1항에 따른 사용허가를 받은 자는 「국유재산법」 제30조 제2항에도 불구하고 그 사용허가의 용도나 목적에 위배되지 않는 범위에서 국토교통부장관의 승인을 받아 해당 시설물의 일부를 다른 사람에게 사용·수익하게 할 수 있다.

※ 타 법 인용부분에 대한 이해를 돕기 위한 참고내용이며, 암기사항이 아니므로 단순 참고용으로 활용한다.

[국유재산법 제30조 제2항]

제1항에 따라 사용허가를 받은 자는 그 재산을 다른 사람에게 사용·수익하게 하여서는 아니 된다. 다만, 다음 각 호의 어느 하나에 해당하는 경우에는 중앙관서의 장의 승인을 받아 다른 사람에게 사용·수익하게 할 수 있다.

1. 기부를 받은 재산에 대하여 사용허가를 받은 자가 그 재산의 기부자이거나 그 상속인, 그 밖의 포괄승계인인 경우

2. 지방자치단체나 지방공기업이 행정재산에 대하여 제18조 제1항 제3호에 따른 사회기반시설로 사용·수익하기 위한 사용허가를 받은 후 이를 지방공기업 등 대통령령으로 정하는 기관으로 하여금 사용·수익하게 하는 경우

06 보칙

제47조(보고 · 검사 등)

① 국토교통부장관은 필요하다고 인정하면 철도사업자와 전용철도운영자에게 해당 철도사업 또는 전용철도의 운영에 관한 사항이나 철도차량의 소유 또는 사용에 관한 사항에 대하여 보고나 서류 제출을 명할 수 있다.

② 국토교통부장관은 필요하다고 인정하면 소속 공무원으로 하여금 철도사업자 및 전용철도운영자의 장부, 서류, 시설 또는 그 밖의 물건을 검사하게 할 수 있다.

③ 제2항에 따라 검사를 하는 공무원은 그 권한을 표시하는 증표를 지니고 이를 관계인에게 보여 주어야 한다.

④ 제3항에 따른 증표에 관하여 필요한 사항은 국토교통부령으로 정한다.

제47조의2(정보 제공 요청)

① 국토교통부장관은 제10조의2에 따른 승차권 등 부정판매의 금지를 위하여 필요한 경우 관계 중앙행정기관의 장, 지방자치단체의 장, 「공공기관의 운영에 관한 법률」 제4조에 따른 공공기관의 장, 법인·단체의 장, 개인에게 승차권 등 부정판매의 금지 의무를 위반하였거나, 위반하였다고 의심할만한 상당한 이유가 있는 자에 대한 다음 각 호의 정보 제공을 요청할 수 있다.

1. 성명, 「주민등록법」 제7조의2 제1항에 따른 주민등록번호, 주소 및 전화번호(휴대전화번호를 포함한다) 등 인적사항

2. 승차권 구매이력

② 제1항에 따른 정보 제공 요청을 받은 자는 정당한 사유가 없으면 이에 따라야 한다.

② [2025. 1. 21. 신설 및 시행]

제48조(수수료)

이 법에 따른 면허·인가를 받으려는 자, 등록·신고를 하려는 자, 면허증·인가서·등록증·인증서 또는 허가서의 재발급을 신청하는 자는 국토교통부령으로 정하는 수수료를 내야 한다.

제48조의2(규제의 재검토)

국토교통부장관은 다음 각 호의 사항에 대하여 2014년 1월 1일을 기준으로 3년마다(매 3년이 되는 해의 기준일과 같은 날 전까지를 말한다) 그 타당성을 검토하여 개선 등의 조치를 하여야 한다.

1. 제9조에 따른 여객 운임·요금의 신고 등
2. 제10조 제1항 및 제2항에 따른 부가 운임의 상한
3. 제21조에 따른 사업의 개선명령
4. 제39조에 따른 전용철도 운영의 개선명령

벌칙

제49조(벌칙)

① 다음 각 호의 어느 하나에 해당하는 자는 2년 이하의 징역 또는 2천만 원 이하의 벌금에 처한다.
  1. 제5조 제1항에 따른 면허를 받지 아니하고 철도사업을 경영한 자
  2. 거짓이나 그 밖의 부정한 방법으로 제5조 제1항에 따른 철도사업의 면허를 받은 자
  3. 제16조 제1항에 따른 사업정지처분기간 중에 철도사업을 경영한 자
  4. 제16조 제1항에 따른 사업계획의 변경명령을 위반한 자
  5. 제23조(제41조에서 준용하는 경우를 포함한다)를 위반하여 타인에게 자기의 성명 또는 상호를 대여하여 철도사업을 경영하게 한 자
  6. 제31조를 위반하여 철도사업자의 공동 활용에 관한 요청을 정당한 사유 없이 거부한 자

② 다음 각 호의 어느 하나에 해당하는 자는 1년 이하의 징역 또는 1천만 원 이하의 벌금에 처한다.
  1. 제34조 제1항을 위반하여 등록을 하지 아니하고 전용철도를 운영한 자
  2. 거짓이나 그 밖의 부정한 방법으로 제34조 제1항에 따른 전용철도의 등록을 한 자

③ 다음 각 호의 어느 하나에 해당하는 자는 1천만 원 이하의 벌금에 처한다.
  1. 제13조를 위반하여 국토교통부장관의 인가를 받지 아니하고 공동운수협정을 체결하거나 변경한 자
  2. 삭제 〈2013. 3. 22.〉
  3. 제28조 제3항을 위반하여 우수서비스마크 또는 이와 유사한 표지를 철도차량 등에 붙이거나 인증 사실을 홍보한 자

제50조(양벌규정)

법인의 대표자나 법인 또는 개인의 대리인, 사용인, 그 밖의 종업원이 그 법인 또는 개인의 업무에 관하여 제49조(벌칙)의 위반행위를 하면 그 행위자를 벌하는 외에 그 법인 또는 개인에게도 해당 조문의 벌금형을 과(科)한다. 다만, 법인 또는 개인이 그 위반행위를 방지하기 위하여 해당 업무에 관하여 상당한 주의와 감독을 게을리하지 아니한 경우에는 그러하지 아니하다.

제51조(과태료)

① 다음 각 호의 어느 하나에 해당하는 자에게는 1천만 원 이하의 과태료를 부과한다.

　1. 제9조 제1항에 따른 여객 운임·요금의 신고를 하지 아니한 자

　2. 제11조 제1항에 따른 철도사업약관을 신고하지 아니하거나 신고한 철도사업 약관을 이행하지 아니한 자

　3. 제12조에 따른 인가를 받지 아니하거나 신고를 하지 아니하고 사업계획을 변경한 자

　4. 제10조의2를 위반하여 상습 또는 영업으로 승차권 또는 이에 준하는 증서를 자신이 구입한 가격을 초과한 금액으로 다른 사람에게 판매하거나 이를 알선한 자

② 다음 각 호의 어느 하나에 해당하는 자에게는 500만 원 이하의 과태료를 부과한다.

　1. 제18조에 따른 사업용 철도차량의 표시 **〈철도사업자는 철도사업에 사용되는 철도차량에 철도사업자의 명칭과 그 밖에 국토교통부령으로 정하는 사항을 표시〉**를 하지 아니한 철도사업자

　2. 삭제 〈2018. 6. 12.〉

　3. 제32조 제1항 또는 제2항을 위반하여 회계를 구분하여 경리하지 아니한 자

　[제32조(회계의 구분)]

　① 철도사업자는 철도사업 외의 사업을 경영하는 경우에는 철도사업에 관한 회계와 철도사업 외의 사업에 관한 회계를 구분하여 경리하여야 한다.

　② 철도사업자는 철도운영의 효율화와 회계처리의 투명성을 제고하기 위하여 국토교통부령으로 정하는 바에 따라 철도사업의 종류별·노선별로 회계를 구분하여 경리하여야 한다.

　4. 정당한 사유 없이 제47조 제1항에 따른 명령을 이행하지 아니하거나 제47조 제2항에 따른 검사를 거부·방해 또는 기피한 자

[제47조(보고·검사 등)]

① 국토교통부장관은 필요하다고 인정하면 철도사업자와 전용철도운영자에게 해당 철도사업 또는 전용철도의 운영에 관한 사항이나 철도차량의 소유 또는 사용에 관한 사항에 대하여 보고나 서류 제출을 명할 수 있다.

② 국토교통부장관은 필요하다고 인정하면 소속 공무원으로 하여금 철도사업자 및 전용철도운영자의 장부, 서류, 시설 또는 그 밖의 물건을 검사하게 할 수 있다.

③ 다음 각 호의 어느 하나에 해당하는 자에게는 100만 원 이하의 과태료를 부과한다.

　1. 제20조 제2항부터 제4항까지에 따른 준수사항을 위반한 자

[제20조(철도사업자의 준수사항)]

② 철도사업자는 사업계획을 성실하게 이행하여야 하며, 부당한 운송 조건을 제시하거나 정당한 사유 없이 운송계약의 체결을 거부하는 등 철도운송 질서를 해치는 행위를 하여서는 아니 된다.

③ 철도사업자는 여객 운임표, 여객 요금표, 감면 사항 및 철도사업약관을 인터넷 홈페이지에 게시하고 관계 역·영업소 및 사업소 등에 갖추어 두어야 하며, 이용자가 요구하는 경우에는 제시하여야 한다.

④ 제1항부터 제3항까지에 따른 준수사항 외에 운송의 안전과 여객 및 화주(貨主)의 편의를 위하여 철도사업자가 준수하여야 할 사항은 국토교통부령으로 정한다.

　2. 삭제 〈2018. 6. 12.〉

④ 제22조를 위반한 철도운수종사자 및 그가 소속된 철도사업자에게는 50만 원 이하의 과태료를 부과한다.

[제22조(철도운수종사자의 준수사항)]

철도사업에 종사하는 철도운수종사자는 다음 각 호의 어느 하나에 해당하는 행위를 하여서는 아니 된다.

　1. 정당한 사유 없이 여객 또는 화물의 운송을 거부하거나 여객 또는 화물을 중도에서 내리게 하는 행위

　2. 부당한 운임 또는 요금을 요구하거나 받는 행위

　3. 그 밖에 안전운행과 여객 및 화주의 편의를 위하여 철도운수종사자가 준수하여야 할 사항으로서 국토교통부령으로 정하는 사항을 위반하는 행위

⑤ 제1항부터 제4항까지의 규정에 따른 과태료는 대통령령으로 정하는 바에 따라 국토교통부장관이 부과·징수한다.

⑥ 삭제 〈2009. 4. 1〉

⑦ 삭제 〈2009. 4. 1〉

● 시행령 제17조(과태료의 부과기준)

법 제51조 제1항부터 제4항까지의 규정에 따른 과태료의 부과기준은 별표 2와 같다.

철도사업법 시행령 [별표 2]

과태료의 부과기준(제17조 관련)

1. 일반기준

가. 국토교통부장관은 다음의 어느 하나에 해당하는 경우에는 제2호의 개별기준에 따른 과태료 금액의 2분의 1 범위에서 그 금액을 줄일 수 있다. 다만, 과태료를 체납하고 있는 위반행위자의 경우에는 그렇지 않다.

1) 위반행위자가 「질서위반행위규제법 시행령」 제2조의2 제1항 각호의 어느 하나에 해당하는 경우
2) 위반행위가 사소한 부주의나 오류 등 과실로 인한 것으로 인정되는 경우
3) 위반행위자가 법 위반상태를 시정하거나 해소하기 위하여 노력한 사실이 인정되는 경우
4) 그 밖에 위반행위의 정도, 횟수, 동기와 그 결과 등을 고려하여 과태료의 금액을 줄일 필요가 있다고 인정되는 경우

나. 국토교통부장관은 다음의 어느 하나에 해당하는 경우에는 제2호의 개별기준에 따른 과태료 금액의 2분의 1 범위에서 그 금액을 늘릴 수 있다. 다만, 과태료 금액의 총액은 법 제51조 제1항부터 제4항까지의 규정에 따른 과태료 금액의 상한(→ 제1항 : 1천만 원, 제2항 : 5백만 원, 제3항 : 1백만 원, 제4항 : 50만 원)을 넘을 수 없다.

1) 위반의 내용·정도가 중대하여 소비자 등에게 미치는 피해가 크다고 인정되는 경우
2) 법 위반상태의 기간이 6개월 이상인 경우
3) 그 밖에 위반행위의 정도, 위반행위의 동기와 그 결과 등을 고려하여 가중할 필요가 있다고 인정되는 경우

2. 개별기준

[단위: 만 원]

위반행위	근거 법조문	과태료 금액
가. 법 제9조 제1항에 따른 여객 운임·요금의 신고를 하지 않은 경우	법 제51조 제1항 제1호	500
나. 법 제10조의2를 위반하여 상습 또는 영업으로 승차권 또는 이에 준하는 증서를 자신이 구입한 가격을 초과한 금액으로 다른 사람에게 판매한 경우	법 제51조 제1항 제4호	500
다. 법 제10조의2를 위반하여 상습 또는 영업으로 승차권 또는 이에 준하는 증서를 자신이 구입한 가격을 초과한 금액으로 다른 사람에게 판매하는 행위를 알선한 경우	법 제51조 제1항 제4호	500
라. 법 제11조 제1항에 따른 철도사업약관을 신고하지 않거나 신고한 철도사업약관을 이행하지 않은 경우	법 제51조 제1항 제2호	500
마. 법 제12조에 따른 인가를 받지 않거나 신고를 하지 않고 사업계획을 변경한 경우	법 제51조 제1항 제3호	500
바. 법 제18조에 따른 사업용 철도차량의 표시를 하지 않은 경우	법 제51조 제2항 제1호	200
사. 법 제20조 제2항부터 제4항까지의 규정에 따른 철도사업자의 준수사항을 위반한 경우	법 제51조 제3항 제1호	100
아. 법 제22조에 따른 철도운수종사자의 준수사항을 위반한 경우	법 제51조 제4항	50
자. 삭제 〈2019. 6. 4.〉		
차. 삭제 〈2019. 6. 4.〉		
카. 법 제32조 제1항 또는 제2항을 위반하여 회계를 구분하여 경리하지 않은 경우	법 제51조 제2항 제3호	200
타. 정당한 사유 없이 법 제47조 제1항에 따른 명령을 이행하지 않거나, 법 제47조 제2항에 따른 검사를 거부·방해 또는 기피한 경우	법 제51조 제2항 제4호	300

제52조 삭제 〈2011. 5. 24.〉

철도사업법 복/습/노/트

· [시행 2025. 1. 21.][법률 제20702호, 2025. 1. 21., 일부개정]
· 정답 398페이지 수록

제1장 총칙

[법 제1조(목적)] 이 법은 철도사업에 관한 질서를 확립하고 01 [발전기반/효율적인 운영 여건]을 조성함으로써 철도사업의 02 [건전한/수익성] 발전과 철도 이용자의 편의를 도모하여 03 [공익성 향상/국민경제의 발전]에 이바지함을 목적으로 한다.

[시행령 제1조(목적)] 이 영은 「철도사업법」에서 위임된 사항과 그 시행에 관하여 필요한 사항을 규정함을 목적으로 한다.

[법 제2조(정의)] 이 법에서 사용하는 용어의 뜻은 다음과 같다.

1. "철도"란 「철도산업발전기본법」 제3조 제1호에 따른 철도를 말한다.
2. "철도시설"이란 「철도산업발전기본법」 제3조 제2호에 따른 철도시설을 말한다.
3. "철도차량"이란 「철도산업발전기본법」 제3조 제4호에 따른 철도차량을 말한다.
4. "사업용철도"란 04 [운영수익/철도사업]을 목적으로 설치하거나 운영하는 철도를 말한다.
5. "전용철도"란 다른 사람의 수요에 따른 영업을 목적으로 하지 아니하고 자신의 수요에 따라 특수 목적을 수행하기 위하여 설치하거나 운영하는 철도를 말한다.
6. "철도사업"이란 다른 사람의 수요에 응하여 철도차량을 사용하여 05 [무상/유상]으로 여객이나 화물을 운송하는 사업을 말한다.
7. "철도운수종사자"란 철도운송과 관련하여 승무(乘務, 06 [동력차/기관차] 운전과 열차 내 승무를 말한다. 이하 같다) 및 07 [관제업무를 수행하는/역무서비스를 제공하는] 직원을 말한다.
8. "철도사업자"란 「한국철도공사법」에 따라 설립된 한국철도공사(이하 "철도공사"라 한다) 및 제5조에 따라 철도사업 면허를 받은 자를 말한다.
9. "전용철도운영자"란 제34조에 따라 08 [전용철도 등록을 한 자/전용철도 면허를 보유한 자]를 말한다.

[법 제3조(다른 법률과의 관계)] 철도사업에 관하여 다른 법률에 특별한 규정이 있는 경우를 제외하고는 이 법에서 정하는 바에 따른다.

[법 제3조의2(조약과의 관계)] 09 [　　　　　　](대한민국을 포함한 둘 이상의 국가에 걸쳐 운행되는 철도를 말한다)를 이용한 화물 및 여객 운송에 관하여 대한민국과 외국 간 체결된 조약에 이 법과 다른 규정이 있는 때에는 그 조약의 규정에 따른다.

[법 제4조(사업용철도노선의 고시 등)]   ① 01[국가는/국토교통부장관은] 사업용철도노선의 노선번호, 노선명, 기점(起點), 종점(終點), 중요 경과지 02([정차역을 포함/정차역은 제외]한다)와 그 밖에 필요한 사항을 03[대통령령/국토교통부령]으로 정하는 바에 따라 지정·고시하여야 한다.

② 국토교통부장관은 제1항에 따라 사업용철도노선을 지정·고시하는 경우 사업용철도노선을 다음 각 호의 구분에 따라 분류할 수 있다.

1. 04[운행빈도/운행지역](와)과 [운행속도/운행거리]에 따른 분류

> 가. 간선(幹線)철도   나. 지선(支線)철도

2. 05[운행속도/운행노선]에 따른 분류

> 가. 고속철도노선   나. 준고속철도노선   다. 일반철도노선

③ 제2항에 따른 사업용철도노선 분류의 기준이 되는 운행지역, 운행거리 및 운행속도는 06[대통령령/국토교통부령]으로 정한다.

[법 제4조의2(철도차량의 유형 분류)]   국토교통부장관은 철도 운임 상한의 산정, 철도차량의 효율적인 관리 등을 위하여 07[열차를/철도차량을] 국토교통부령으로 정하는 08[열차종류/운행속도]에 따라 다음 각 호의 구분에 따른 유형으로 분류할 수 있다.

1. 고속철도차량

2. 준고속철도차량

3. 일반철도차량

[법 제5조(면허 등)]   ① 철도사업을 경영하려는 자는 제4조 제1항에 따라 지정·고시된 사업용철도노선을 정하여 09[대통령/국토교통부장관]의 면허를 받아야 한다. 이 경우 국토교통부장관은 철도의 10[수익성/공공성]과 11[안전/보안]을 강화하고 이용자 12[유치를 활성화하기/편의를 증진시키기] 위하여 국토교통부령으로 정하는 바에 따라 필요한 13[비용/부담]을 붙일 수 있다.

② 제1항에 따른 면허를 받으려는 자는 국토교통부령으로 정하는 바에 따라 14[사업자증명서/사업계획서]를 첨부한 면허신청서를 국토교통부장관에게 제출하여야 한다.

③ 철도사업의 면허를 받을 수 있는 자는 15[법인/개인]으로 한다.

[법 제6조(면허의 기준)] 철도사업의 면허기준은 다음 각 호와 같다.

1. 해당 사업의 시작으로 16 [철도교통/이용객]의 안전에 지장을 줄 염려가 없을 것

2. 해당 사업의 운행계획이 그 운행 구간의 철도 수송 수요와 수송력 공급 및 이용자의 편의에 적합할 것

3. 신청자가 해당 사업을 수행할 수 있는 17 [인적 자원/재정적 능력]이 있을 것

4. 해당 사업에 사용할 철도차량의 18 [대수/종류], 사용연한 및 규격이 19 [대통령령/국토교통부령]으로 정하는 기준에 맞을 것

[법 제7조(결격사유)] 다음 각 호의 어느 하나에 해당하는 법인은 철도사업의 면허를 받을 수 없다.

1. 법인의 임원 중 다음 각 목의 어느 하나에 해당하는 사람이 있는 법인

> 가. 20 [   ] 또는 피한정후견인
>
> 나. 파산선고를 받고 복권되지 아니한 사람
>
> 다. 이 법 또는 21 [대통령령/국토교통부령]으로 정하는 철도 관계 법령을 위반하여 금고 이상의 실형을 선고받고 그 집행이 끝나거나(끝난 것으로 보는 경우를 포함한다) 면제된 날부터 22 [1년/2년]이 지나지 아니한 사람
>
> 라. 이 법 또는 23 [대통령령/국토교통부령]으로 정하는 철도 관계 법령을 위반하여 금고 이상의 형의 집행유예를 선고받고 그 유예 기간 중에 있는 사람

2. 제16조 제1항에 따라 철도사업의 면허가 취소된 후 그 취소일부터 24 [1년/2년]이 지나지 아니한 법인. 다만, 제1호 가목 또는 나목에 해당하여 철도사업의 면허가 취소된 경우는 제외한다.

[시행령 제2조(철도관계법령)] 「철도사업법」(이하 "법"이라 한다) 제7조 제1호 다목 및 라목에서 "대통령령으로 정하는 철도 관계 법령"이란 각각 다음 각 호의 법령을 말한다.

1. 「철도산업발전 기본법」

2. 「철도안전법」

3. 25 [   ]

4. 「국가철도공단법」

5. 「한국철도공사법」

[법 제8조(운송 시작의 의무)] 철도사업자는 26 [대통령/국토교통부장관]이 지정하는 날 또는 기간에 운송을 시작하여야 한다. 다만, 천재지변이나 그 밖의 불가피한 사유로 철도사업자가

²⁷[대통령/국토교통부장관]이 지정하는 날 또는 기간에 운송을 시작할 수 없는 경우에는 국토교통부장관의 승인을 받아 날짜를 연기하거나 기간을 연장할 수 있다.

[법 제9조(여객 운임·요금의 신고 등)] ① 철도사업자는 여객에 대한 운임(여객운송에 대한 ²⁸[간접/직접]적인 대가를 말하며, 여객운송과 관련된 설비·용역에 대한 대가 ²⁹[를 포함한다./는 제외한다.] 이하 같다)·요금(이하 "여객 운임·요금"이라 한다)을 국토교통부장관에게 신고하여야 한다. 이를 변경하려는 경우에도 같다.

② 철도사업자는 여객 운임·요금을 정하거나 변경하는 경우에는 ³⁰[   ]와 버스 등 다른 교통수단의 여객 운임·요금과의 형평성 등을 고려하여야 한다. 이 경우 여객에 대한 운임은 제4조제2항에 따른 사업용철도노선의 분류, 제4조의2에 따른 철도차량의 유형 등을 고려하여 국토교통부장관이 지정·고시한 상한을 초과하여서는 아니된다.

③ 국토교통부장관은 제2항에 따라 여객 운임의 상한을 지정하려면 미리 ³¹[기획재정부장관과/공정거래위원회와] 협의하여야 한다.

④ 국토교통부장관은 제1항에 따른 신고 또는 변경신고를 받은 날부터 ³²[3일/1주일] 이내에 신고수리 여부를 신고인에게 통지하여야 한다.

⑤ 철도사업자는 제1항에 따라 신고 또는 변경신고를 한 여객 운임·요금을 그 시행 ³³[3일/1주일] 이전에 인터넷 홈페이지, 관계 역·영업소 및 사업소 등 일반인이 잘 볼 수 있는 곳에 게시하여야 한다.

[시행령 제3조(여객 운임·요금의 신고)] ① 철도사업자는 법 제9조 제1항에 따라 여객에 대한 운임·요금(이하 "여객 운임·요금"이라 한다)의 신고 또는 변경신고를 하려는 경우에는 국토교통부령으로 정하는 여객 운임·요금신고서 또는 변경신고서에 다음 각 호의 서류를 첨부하여 국토교통부장관에게 제출하여야 한다.

1. 여객 운임·요금표
2. 여객 운임·요금 신·구대비표 및 변경사유를 기재한 서류(여객 운임·요금을 ³⁴[신고/변경]하는 경우에 한정한다)

② 철도사업자는 사업용철도를 「도시철도법」에 의한 도시철도운영자가 운영하는 도시철도와 연결하여 운행하려는 때에는 법 제9조 제1항에 따라 여객 운임·요금의 신고 또는 변경신고를 하기 전에 여객 운임·요금 및 그 변경시기에 관하여 미리 당해 ³⁵[기획재정부장관과/도시철도운영자와] 협의하여야 한다.

[시행령 제4조(여객 운임의 상한지정 등)] ① 국토교통부장관은 법 제9조 제2항 후단에 따라 여객에 대한 운임(이하 "여객 운임"이라 한다)의 상한을 지정하는 때에는 ³⁶[   ],

37 [여객수요/원가수준], 다른 교통수단과의 형평성, 법 제4조 제2항에 따른 사업용철도노선(이하 "사업용철도노선"이라 한다)의 분류와 법 제4조의2에 따른 철도차량의 유형 등을 고려하여야 하며, 여객 운임의 상한을 지정한 경우에는 이를 관보에 고시하여야 한다.

② 국토교통부장관은 제1항에 따라 여객 운임의 상한을 지정하기 위하여 「철도산업발전기본법」 제6조에 따른 38 [철도산업위원회/철도협회] 또는 철도나 교통 관련 전문기관 및 전문가의 의견을 들을 수 있다.

③ 삭제 〈2008. 10. 20.〉

④ 삭제 〈2008. 10. 20.〉

⑤ 국토교통부장관이 여객 운임의 상한을 지정하려는 때에는 철도사업자로 하여금 원가계산 그 밖에 여객 운임의 산출기초를 기재한 서류를 제출하게 할 수 있다.

⑥ 국토교통부장관은 사업용철도노선과 「도시철도법」에 의한 도시철도가 연결되어 운행되는 구간에 대하여 제1항에 따른 여객 운임의 상한을 지정하는 경우에는 「도시철도법」 제31조 제1항에 따라 39 [국토교통부장관이/특별시장·광역시장·특별자치시장·도지사 또는 특별자치도지사가] 정하는 도시철도 운임의 범위와 조화를 이루도록 하여야 한다.

[법 제9조의2(여객 운임·요금의 감면)] ① 철도사업자는 재해복구를 위한 긴급지원, 여객 유치를 위한 기념행사, 그 밖에 철도사업의 경영상 필요하다고 인정되는 경우에는 일정한 기간과 대상을 정하여 제9조 제1항에 따라 신고한 여객 운임·요금을 40 [면제/감면]할 수 있다.

② 철도사업자는 제1항에 따라 여객 운임·요금을 감면하는 경우에는 그 시행 3일 이전에 감면 사항을 인터넷 홈페이지, 관계 역·영업소 및 사업소 등 일반인이 잘 볼 수 있는 곳에 게시하여야 한다. 다만, 긴급한 경우에는 미리 게시하지 아니할 수 있다.

[법 제10조(부가 운임의 징수)] ① 철도사업자는 열차를 이용하는 여객이 정당한 운임·요금을 지급하지 아니하고 열차를 이용한 경우에는 승차 구간에 해당하는 운임 외에 그의 41 [10배/30배]의 범위에서 부가 운임을 징수할 수 있다.

② 철도사업자는 송하인(送荷人)이 운송장에 적은 화물의 품명·중량·용적 또는 개수에 따라 계산한 운임이 정당한 사유 없이 정상 운임보다 적은 경우에는 송하인에게 그 부족 운임 외에 그 부족 운임의 42 [5배/30배]의 범위에서 부가 운임을 징수할 수 있다.

③ 철도사업자는 제1항 및 제2항에 따른 부가 운임을 징수하려는 경우에는 사전에 부가 운임의 징수 대상 행위, 열차의 종류 및 운행 구간 등에 따른 부가 운임 산정기준을 정하고 제11조에 따른 43 [사업계획서/철도사업약관]에 포함하여 국토교통부장관에게 신고하여야 한다.

④ 국토교통부장관은 제3항에 따른 신고를 받은 날부터 ⁴⁴[3일/7일] 이내에 신고수리 여부를 신고인에게 통지하여야 한다.

⑤ 제1항 및 제2항에 따른 부가 운임의 징수 대상자는 이를 성실하게 납부하여야 한다.

[법 제10조의2(승차권 등 부정판매의 금지)]   철도사업자 또는 철도사업자로부터 승차권 판매 위탁을 받은 자가 아닌 자는 철도사업자가 발행한 승차권 또는 할인권·교환권 등 승차권에 준하는 ⁴⁵[증서/영수증](을)를 상습 또는 영업으로 자신이 구입한 가격을 초과한 금액으로 다른 사람에게 판매하거나 이를 알선하여서는 아니 된다.

[법 제11조(철도사업약관)]   ① 철도사업자는 철도사업약관을 정하여 ⁴⁶[대통령/국토교통부장관]에게 신고하여야 한다. 이를 변경하려는 경우에도 같다.

② 제1항에 따른 철도사업약관의 기재 사항 등에 필요한 사항은 ⁴⁷[대통령령/국토교통부령]으로 정한다.

③ ⁴⁸[대통령/국토교통부장관]은 제1항에 따른 신고 또는 변경신고를 받은 날부터 3일 이내에 신고수리 여부를 신고인에게 통지하여야 한다.

[법 제12조(사업계획의 변경)]   ① 철도사업자는 사업계획을 변경하려는 경우에는 ⁴⁹[대통령/국토교통부장관]에게 신고하여야 한다. 다만, ⁵⁰[대통령령/국토교통부령]으로 정하는 중요 사항을 변경하려는 경우에는 국토교통부장관의 ⁵¹[승인을/인가를] 받아야 한다.

② 국토교통부장관은 철도사업자가 다음 각 호의 어느 하나에 해당하는 경우에는 제1항에 따른 사업계획의 변경을 ⁵²[승인/제한]할 수 있다.

1. 제8조에 따라 국토교통부장관이 지정한 날 또는 기간에 운송을 시작하지 아니한 경우

2. 제16조에 따라 노선 운행중지, 운행제한, 감차(減車) 등을 수반하는 사업계획 변경명령을 받은 후 ⁵³[   ]이 지나지 아니한 경우

3. 제21조에 따른 개선명령을 받고 이행하지 아니한 경우

4. 철도사고(「철도안전법」 제2조 제11호에 따른 철도사고를 말한다. 이하 같다)의 규모 또는 발생 빈도가 ⁵⁴[대통령령/국토교통부령]으로 정하는 기준 이상인 경우

③ 제1항과 제2항에 따른 사업계획 변경의 절차·기준과 그 밖에 필요한 사항은 ⁵⁵[대통령령/국토교통부령]으로 정한다.

④ 국토교통부장관은 제1항 본문에 따른 신고를 받은 날부터 3일 이내에 신고수리 여부를 신고인에게 통지하여야 한다.

[시행령 제5조(사업계획의 중요한 사항의 변경)]　법 제12조 제1항 단서에서 "대통령령으로 정하는 중요 사항을 변경하려는 경우"란 다음 각 호의 어느 하나에 해당하는 경우를 말한다.

1. 철도이용수요가 적어 수지균형의 확보가 극히 곤란한 벽지 노선으로서 「철도산업발전기본법」 제33조 제1항에 따라 공익서비스비용의 보상에 관한 계약이 체결된 노선의 철도운송서비스(철도여객운송서비스 또는 철도화물운송서비스를 말한다)의 종류를 변경하거나 다른 종류의 철도운송서비스를 추가하는 경우

2. 운행구간의 변경 56 ([화물열차/여객열차]의 경우에 한한다)

3. 사업용철도노선별로 57 [화물열차/여객열차]의 58 [노선/정차역]을 신설 또는 폐지하거나 59 [10분의 1/10분의 2] 이상 변경하는 경우

4. 사업용철도노선별로 60 [10분의 1/10분의 2] 이상의 운행횟수의 변경 61 ([화물열차/여객열차]의 경우에 한한다). 다만, 공휴일·방학기간 등 수송수요와 열차운행계획상의 수송력과 현저한 차이가 있는 경우로서 62 [1월/3월] 이내의 기간동안 63 [운행노선/운행횟수](을)를 변경하는 경우를 제외한다.

[시행령 제6조(사업계획의 변경을 제한할 수 있는 철도사고의 기준)]　법 제12조 제2항 제4호에서 "대통령령으로 정하는 기준"이란 사업계획의 변경을 신청한 날이 포함된 연도의 직전 연도의 열차운행거리 64 [10만/100만] 킬로미터당 철도사고(철도사업자 또는 그 소속 종사자의 고의 또는 과실에 의한 철도사고를 말한다. 이하 같다)로 인한 65 [사망자수/부상자수] 또는 철도사고의 발생횟수가 최근(직전연도를 66 [제외/포함]한다) 67 [1년/5년]간 평균 보다 68 [10분의 1/10분의 2] 이상 증가한 경우를 말한다.

[법 제13조(공동운수협정)]　① 철도사업자는 다른 철도사업자와 공동경영에 관한 계약이나 그 밖의 운수에 관한 협정(이하 69 "[　　　　]"이라 한다)을 체결하거나 변경하려는 경우에는 70 [대통령령/국토교통부령]으로 정하는 바에 따라 국토교통부장관의 71 [인가/승인](을)를 받아야 한다. 다만, 72 [대통령령/국토교통부령]으로 정하는 경미한 사항을 변경하려는 경우에는 국토교통부령으로 정하는 바에 따라 국토교통부장관에게 73 [인가/신고]하여야 한다.
② 국토교통부장관은 제1항 본문에 따라 공동운수협정을 인가하려면 미리 74 [기획재정부장관과/공정거래위원회와] 협의하여야 한다.
③ 국토교통부장관은 제1항 단서에 따른 신고를 받은 날부터 75 [3일/7일] 이내에 신고수리 여부를 신고인에게 통지하여야 한다.

[법 제14조(사업의 양도·양수 등)]　① 철도사업자는 그 철도사업을 양도·양수하려는 경우에는 국토교통부장관의 인가를 받아야 한다.

② 철도사업자는 다른 철도사업자 또는 철도사업 외의 사업을 경영하는 자와 합병하려는 경우에는 76[국토교통부장관에게 신고하여야 한다./국토교통부장관의 인가를 받아야 한다.]

③ 제1항이나 제2항에 따른 인가를 받은 경우 철도사업을 양수한 자는 철도사업을 양도한 자의 철도사업자로서의 지위를 승계하며, 합병으로 설립되거나 존속하는 법인은 합병으로 소멸되는 법인의 철도사업자로서의 지위를 승계한다.

④ 제1항과 제2항의 인가에 관하여는 제7조를 준용한다.

[법 제15조(사업의 휴업·폐업)]   ① 철도사업자가 그 사업의 전부 또는 일부를 휴업 또는 폐업하려는 경우에는 77[대통령령/국토교통부령]으로 정하는 바에 따라 국토교통부장관의 78[인가/허가]를 받아야 한다. 다만, 선로 또는 교량의 파괴, 철도시설의 개량, 그 밖의 정당한 사유로 휴업하는 경우에는 79[대통령령/국토교통부령]으로 정하는 바에 따라 국토교통부장관에게 신고하여야 한다.

② 제1항에 따른 휴업기간은 80[6개월/1년]을 넘을 수 없다. 다만, 제1항 단서에 따른 휴업의 경우에는 예외로 한다.

③ 제1항에 따라 허가를 받거나 신고한 휴업기간 중이라도 휴업 사유가 소멸된 경우에는 국토교통부장관에게 81[인가를 받고/신고하고] 사업을 재개(再開)할 수 있다.

④ 국토교통부장관은 제1항 단서 및 제3항에 따른 신고를 받은 날부터 82[3일/60일] 이내에 신고수리 여부를 신고인에게 통지하여야 한다.

⑤ 철도사업자는 철도사업의 전부 또는 일부를 휴업 또는 폐업하려는 경우에는 83[대통령령/국토교통부령]으로 정하는 바에 따라 휴업 또는 폐업하는 사업의 내용과 그 기간 등을 인터넷 홈페이지, 관계 역·영업소 및 사업소 등 일반인이 잘 볼 수 있는 곳에 게시하여야 한다.

[시행령 제7조(사업의 휴업·폐업 내용의 게시)]   철도사업자는 법 제15조 제1항에 따라 철도사업의 휴업 또는 폐업의 허가를 받은 때에는 그 허가를 받은 날부터 7일 이내에 법 제15조 제4항에 따라 다음 각 호의 사항을 철도사업자의 인터넷 홈페이지, 관계 역·영업소 및 사업소 등 일반인이 잘 볼 수 있는 곳에 게시하여야 한다. 다만, 법 제15조 제1항 단서에 따라 휴업을 신고하는 경우에는 해당 사유가 발생한 때에 즉시 다음 각 호의 사항을 게시하여야 한다.

1. 휴업 또는 폐업하는 철도사업의 내용 및 그 사유
2. 휴업의 경우 그 기간
3. 대체교통수단 안내
4. 그 밖에 휴업 또는 폐업과 관련하여 철도사업자가 공중에게 알려야 할 필요성이 있다고 인정하는 사항이 있는 경우 그에 관한 사항

[법 제16조(면허취소 등)] ① 국토교통부장관은 철도사업자가 다음 각 호의 어느 하나에 해당하는 경우에는 면허를 취소하거나, [84][6개월/1년] 이내의 기간을 정하여 사업의 전부 또는 일부의 정지를 명하거나, 노선 운행중지·운행제한·감차 등을 수반하는 사업계획의 변경을 명할 수 있다. 다만, 제4호 및 제7호의 경우에는 면허를 취소하여야 한다.

1. 면허받은 사항을 정당한 사유 없이 시행하지 아니한 경우
2. 사업 경영의 불확실 또는 자산상태의 현저한 불량이나 그 밖의 사유로 사업을 계속하는 것이 적합하지 아니할 경우
3. 고의 또는 중대한 과실에 의한 철도사고로 [85][대통령령/국토교통부령]으로 정하는 다수의 사상자(死傷者)가 발생한 경우
4. 거짓이나 그 밖의 부정한 방법으로 제5조에 따른 철도사업의 면허를 받은 경우
5. 제5조 제1항 후단에 따라 면허에 붙인 부담을 위반한 경우
6. 제6조에 따른 철도사업의 면허기준에 미달하게 된 경우. 다만, [86][3개월/6개월] 이내에 그 기준을 충족시킨 경우에는 예외로 한다.
7. 철도사업자의 임원 중 제7조 제1호 각 목의 어느 하나의 결격사유에 해당하게 된 사람이 있는 경우. 다만, [87][3개월/6개월] 이내에 그 임원을 바꾸어 임명한 경우에는 예외로 한다.
8. 제8조를 위반하여 국토교통부장관이 지정한 날 또는 기간에 운송을 시작하지 아니한 경우
9. 제15조에 따른 휴업 또는 폐업의 허가를 받지 아니하거나 신고를 하지 아니하고 영업을 하지 아니한 경우
10. 제20조 제1항에 따른 준수사항을 1년 이내에 [88][2회/3회] 이상 위반한 경우
11. 제21조에 따른 개선명령을 위반한 경우
12. 제23조에 따른 명의 대여 금지를 위반한 경우

② 제1항에 따른 처분의 기준 및 절차와 그 밖에 필요한 사항은 [89][대통령령/국토교통부령]으로 정한다.

③ 국토교통부장관은 제1항에 따라 철도사업의 면허를 취소하려면 [90][조사를/청문을] 하여야 한다.

[시행령 제8조(면허취소 또는 사업정지 등의 처분대상이 되는 사상자 수)] 법 제16조 제1항 제3호에서 "대통령령으로 정하는 다수의 사상자(死傷者)가 발생한 경우"란 1회 철도사고로 사망자 [91][5명/10명] 이상이 발생하게 된 경우를 말한다.

[법 제17조(과징금처분)] ① 국토교통부장관은 제16조 제1항에 따라 철도사업자에게 사업정지처분을 하여야 하는 경우로서 그 사업정지처분이 그 철도사업자가 제공하는 철도서비스의 이용자에게 심한 불편을 주거나 그 밖에 공익을 해칠 우려가 있을 때에는 그 사업정지처분을 갈음하여 92[1천만 원/1억 원] 이하의 과징금을 부과·징수할 수 있다.

② 제1항에 따라 과징금을 부과하는 위반행위의 종류, 과징금의 부과기준·징수방법 등 필요한 사항은 93[대통령령/국토교통부령]으로 정한다.

③ 94[대통령/국토교통부장관은] 제1항에 따라 과징금 부과처분을 받은 자가 납부기한까지 과징금을 내지 아니하면 국세 체납처분의 예에 따라 징수한다.

④ 제1항에 따라 징수한 과징금은 다음 각 호 외의 용도로는 사용할 수 95[없다/있다].

1. 철도사업 종사자의 양성·교육훈련이나 그 밖의 자질향상을 위한 시설 및 철도사업 종사자에 대한 지도업무의 수행을 위한 시설의 건설·운영

2. 철도사업의 경영개선이나 그 밖에 철도사업의 발전을 위하여 필요한 사업

3. 제1호 및 제2호의 목적을 위한 보조 또는 융자

⑤ 국토교통부장관은 과징금으로 징수한 금액의 운용계획을 수립하여 시행하여야 한다.

⑥ 제4항과 제5항에 따른 과징금 사용의 절차, 운용계획의 수립·시행에 관한 사항과 그 밖에 필요한 사항은 96[대통령령/국토교통부령]으로 정한다.

[시행령 제9조(철도사업자에 대한 과징금의 부과기준)] 법 제17조 제1항에 따라 사업정지처분에 갈음하여 과징금을 부과하는 위반행위의 종류와 정도에 따른 과징금의 금액은 별표 1과 같다.

[철도사업법 시행령 별표 1] 철도사업자에 대한 과징금의 부과기준(제9조 관련)

1. 일반기준

가. 국토교통부장관은 철도사업자의 사업규모, 사업지역의 특수성, 철도사업자 또는 그 종사자의 과실의 정도와 위반행위의 내용 및 횟수 등을 고려하여 제2호에 따른 과징금 금액의 2분의 1범위에서 그 금액을 줄이거나 늘릴 수 있다.

나. 가목에 따라 과징금을 늘리는 경우 과징금 금액의 총액은 법 제17조 제1항에 따른 과징금 금액의 상한을 넘을 수 없다.

2. 개별기준

[단위 : 만 원]

위반행위	근거 법조문	과징금 금액
가. 면허를 받은 사항을 정당한 사유 없이 시행하지 않은 경우	법 제16조 제1항 제1호	97[ ]
나. 사업경영의 불확실 또는 자산상태의 현저한 불량이나 그 밖의 사유로 사업을 계속하는 것이 적합하지 않은 경우	법 제16조 제1항 제2호	500
다. 철도사업자 또는 그 소속 종사자의 고의 또는 중대한 과실에 의하여 나음 각 목의 사고가 발생한 경우		
1) 1회의 철도사고로 인한 사망자가 40명 이상인 경우	법 제16조 제1항 제3호	98[ ]
2) 1회의 철도사고로 인한 사망자가 20명 이상 40명 미만인 경우		2,000
3) 1회의 철도사고로 인한 사망자가 10명 이상 20명 미만인 경우		1,000
4) 1회의 철도사고로 인한 사망자가 5명 이상 10명 미만인 경우		500
라. 법 제5조제1항 후단에 따라 면허에 붙인 부담을 위반한 경우	법 제16조 제1항 제5호	1,000
마. 법 제6조에 따른 철도사업의 면허기준에 미달하게 된 때부터 3개월이 경과된 후에도 그 기준을 충족시키지 않은 경우	법 제16조 제1항 제6호	1,000
바. 법 제8조를 위반하여 국토교통부장관이 지정한 날 또는 기간에 운송을 시작하지 않은 경우	법 제16조 제1항 제8호	300
사. 법 제15조에 따른 휴업 또는 폐업의 허가를 받지 않거나 신고를 하지 않고 영업을 하지 않은 경우	법 제16조 제1항 제9호	300
아. 법 제20조제1항에 따른 준수사항을 1년 이내에 3회 이상 위반한 경우	법 제16조 제1항 제10호	99[ ]
자. 법 제21조에 따른 개선명령을 위반한 경우	법 제16조 제1항 제11호	300
차. 법 제23조에 따른 명의대여 금지를 위반한 경우	법 제16조 제1항 제12호	300

[시행령 제10조(과징금의 부과 및 납부)] ① 국토교통부장관은 법 제17조 제1항의 규정에 의하여 과징금을 부과하고자 하는 때에는 그 위반행위의 종별과 해당 과징금의 금액 등을 명시하여 이를 납부할 것을 100[구두로/서면으로] 통지하여야 한다.

② 제1항에 따른 통지를 받은 자는 101[10일/20일] 이내에 과징금을 국토교통부장관이 지정한 수납기관에 납부해야 한다.

③ 제2항의 규정에 의하여 과징금의 납부를 받은 수납기관은 납부자에게 영수증을 교부하여야 한다.

④ 과징금의 수납기관은 제2항의 규정에 의하여 과징금을 수납한 때에는 지체 없이 그 사실을 국토교통부장관에게 통보하여야 한다.

⑤ 삭제 〈2021. 9. 24.〉

[법 제18조(철도차량 표시)] 철도사업자는 철도사업에 사용되는 철도차량에 철도사업자의 명칭과 그 밖에 102[대통령령/국토교통부령]으로 정하는 사항을 표시하여야 한다.

[법 제19조(우편물 등의 운송)] 철도사업자는 여객 또는 화물 운송에 부수(附隨)하여 103[군사용품 및 철도용품/우편물과 신문] 등을 운송할 수 있다.

[법 제20조(철도사업자의 준수사항)] ① 철도사업자는 「철도안전법」 제21조에 따른 요건을 갖추지 아니한 사람을 104[운전/역무]업무에 종사하게 하여서는 아니 된다.
② 철도사업자는 사업계획을 성실하게 이행하여야 하며, 부당한 운송 조건을 제시하거나 정당한 사유 없이 운송계약의 체결을 거부하는 등 철도운송 질서를 해치는 행위를 하여서는 아니 된다.
③ 철도사업자는 여객 운임표, 여객 요금표, 감면 사항 및 철도사업약관을 인터넷 홈페이지에 게시하고 관계 역·영업소 및 사업소 등에 갖추어 두어야 하며, 이용자가 요구하는 경우에는 제시하여야 한다.
④ 제1항부터 제3항까지에 따른 준수사항 외에 운송의 안전과 여객 및 화주(貨主)의 편의를 위하여 철도사업자가 준수하여야 할 사항은 105[대통령령/국토교통부령]으로 정한다.

[법 제21조(사업의 개선명령)] 국토교통부장관은 원활한 철도운송, 서비스의 개선 및 운송의 안전과 그 밖에 공공복리의 증진을 위하여 필요하다고 인정하는 경우에는 철도사업자에게 다음 각 호의 사항을 명할 수 있다.
1. 사업계획의 106[무산/변경]
2. 철도차량 및 운송 관련 장비·시설의 개선
3. 운임·요금 징수 방식의 개선
4. 철도사업약관의 변경
5. 공동운수협정의 체결
6. 철도차량 및 철도사고에 관한 손해배상을 위한 보험에의 가입
7. 안전운송의 확보 및 서비스의 향상을 위하여 필요한 조치
8. 107[철도사업자/철도운수종사자]의 양성 및 자질향상을 위한 교육

[법 제22조(철도운수종사자의 준수사항)] 철도사업에 종사하는 철도운수종사자는 다음 각 호의 어느 하나에 해당하는 행위를 하여서는 아니 된다.
1. 정당한 사유 없이 여객 또는 화물의 운송을 거부하거나 여객 또는 화물을 중도에서 내리게 하는 행위
2. 부당한 운임 또는 요금을 요구하거나 받는 행위

3. 그 밖에 안전운행과 여객 및 화주의 편의를 위하여 철도운수종사자가 준수하여야 할 사항으로서 108[대통령령/국토교통부령]으로 정하는 사항을 위반하는 행위

[법 제23조(명의 대여의 금지)] 철도사업자는 타인에게 자기의 성명 또는 상호를 사용하여 109[철도운영/철도사업]을 경영하게 하여서는 아니 된다.

[법 제24조(철도화물 운송에 관한 책임)] ① 철도사업자의 화물의 멸실·훼손 또는 인도의 지연에 대한 손해배상책임에 관하여는 「상법」제135조를 준용한다.
② 제1항을 적용할 때에 화물이 인도 기한을 지난 후 110[3개월/6개월] 이내에 인도되지 아니한 경우에는 그 화물은 멸실된 것으로 본다.

제2장의2 ▶ 민자철도 운영의 감독·관리 등

[법 제25조(민자철도의 유지·관리 및 운영에 관한 기준 등)] ① 국토교통부장관은 「철도의 건설 및 철도시설 유지관리에 관한 법률」제2조 제2호부터 제4호까지에 따른 고속철도, 광역철도 및 일반철도로서 「사회기반시설에 대한 민간투자법」제2조 제6호에 따른 민간투자사업으로 건설된 철도(이하 "민자철도"라 한다)의 관리운영권을 「사회기반시설에 대한 민간투자법」제26조 제1항에 따라 설정받은 자(이하 "민자철도사업자"라 한다)가 해당 민자철도를 안전하고 효율적으로 유지·관리할 수 있도록 민자철도의 유지·관리 및 운영에 관한 기준을 정하여 고시하여야 한다.
② 민자철도사업자는 민자철도의 안전하고 효율적인 유지·관리와 이용자 편의를 도모하기 위하여 제1항에 따라 고시된 기준을 준수하여야 한다.
③ 국토교통부장관은 제1항에 따른 민자철도의 유지·관리 및 운영에 관한 기준에 따라 매년 소관 민자철도에 대하여 01[설문조사/운영평가]를 실시하여야 한다.
④ 국토교통부장관은 제3항에 따른 02[설문조사/운영평가] 결과에 따라 민자철도에 관한 유지·관리 및 체계 개선 등 필요한 조치를 민자철도사업자에게 명할 수 있다.
⑤ 민자철도사업자는 제4항에 따른 명령을 이행하고 그 결과를 국토교통부장관에게 03[보고/신고]하여야 한다.
⑥ 제3항에 따른 운영평가의 절차, 방법 및 그 밖에 필요한 사항은 04[대통령령/국토교통부령]으로 정한다.

[법 제25조의2(민자철도사업자에 대한 과징금 처분)] ① 국토교통부장관은 민자철도사업자가 다음 각 호의 어느 하나에 해당하는 경우에는 1억원 이하의 과징금을 부과·징수할 수 있다.

1. 제25조 제2항을 위반하여 민자철도의 유지·관리 및 운영에 관한 기준을 준수하지 아니한 경우
2. 제25조 제5항을 위반하여 명령을 이행하지 아니하거나 그 결과를 05[보고하지 아니한/조작한] 경우

② 제1항에 따라 과징금을 부과하는 위반행위의 종류와 위반 정도 등에 따른 과징금의 금액 및 징수방법 등에 필요한 사항은 06[대통령령/국토교통부령]으로 정한다.

③ 국토교통부장관은 제1항에 따라 과징금 부과처분을 받은 자가 납부기한까지 과징금을 내지 아니하면 07[국세 체납처분의 예/국세강제징수의 예]에 따라 징수한다.

④ 제1항에 따라 징수한 과징금의 용도 등에 관하여는 제17조 제4항부터 제6항까지를 준용한다.

[시행령 제10조의2(민자철도사업자에 대한 과징금의 부과기준)] 법 제25조의2 제1항에 따라 과징금을 부과하는 위반행위의 종류와 위반 정도 등에 따른 과징금의 금액 등 부과기준은 별표 1의2와 같다.

[철도사업법 시행령 별표 1의2] 민자철도사업자에 대한 과징금의 부과기준(제10조의 2 관련)
1. 일반기준
가. 하나의 행위가 둘 이상의 위반행위에 해당하는 경우에는 그 중 무거운 과징금의 부과기준에 따른다.
나. 부과권자는 다음의 어느 하나에 해당하는 경우에는 제2호의 개별기준에 따른 과징금의 2분의 1 범위에서 그 금액을 줄여 부과할 수 있다. 다만, 과징금을 체납하고 있는 위반행위자에 대해서는 그렇지 않다.

> 1) 위반행위가 사소한 부주의나 오류로 인한 것으로 인정되는 경우
> 2) 위반행위자가 위반행위를 바로 정정하거나 시정하여 법 위반상태를 해소한 경우
> 3) 그 밖에 위반행위의 내용·정도, 위반행위 동기와 그 결과 등을 고려하여 과징금 금액을 줄일 필요가 있다고 인정되는 경우

다. 부과권자는 다음의 어느 하나에 해당하는 경우에는 제2호의 개별기준에 따른 과징금의 2분의 1 범위에서 그 금액을 늘려 부과할 수 있다. 다만, 늘려 부과하는 경우에도 법 제25조의2 제1항에 따른 과징금의 상한을 넘을 수 없다.

> 1) 위반의 내용·정도가 중대하여 이용자 등에게 미치는 피해가 크다고 인정되는 경우
> 2) 법 위반상태의 기간이 6개월 이상인 경우
> 3) 그 밖에 위반행위의 정도, 위반행위 동기와 그 결과 등을 고려하여 과징금 금액을 늘릴 필요가 있다고 인정되는 경우

2. 개별기준

[단위: 만 원]

위반행위	근거 법조문	과징금 금액
가. 법 제25조 제2항을 위반하여 민자철도의 유지·관리 및 운영에 관한 기준을 준수하지 않은 경우 1) 철도의 일부 또는 전체의 기능을 상실한 경우	법 제25조의2 제1항 제1호	
가) 철도의 일부 또는 전체의 기능을 상실한 기간이 1일 이상 7일 미만인 경우		2,000
나) 철도의 일부 또는 전체의 기능을 상실한 기간이 7일 이상 15일 미만인 경우		4,000
다) 철도의 일부 또는 전체의 기능을 상실한 기간이 15일 이상인 경우		08[ ]
2) 해당 철도에서 사고가 발생했거나 운행에 위험을 초래하는 결과가 발생한 경우		1,000
나. 법 제25조 제5항을 위반하여 명령을 이행하지 않거나 그 결과를 보고하지 않은 경우	법 제25조의2 제1항 제2호	1,000

[시행령 제10조의3(과징금의 부과 및 납부)] 법 제25조 제1항에 따른 민자철도사업자(이하 "민자철도사업자"라 한다)에 대한 과징금의 부과 및 납부에 관하여는 제10조를 준용한다. 이 경우 "법 제17조 제1항"은 "법 제25조의2 제1항"으로 본다.

[법 제25조의3(사정변경 등에 따른 실시협약의 변경 요구 등)] ① 국토교통부장관은 중대한 사정변경 또는 민자철도사업자의 위법한 행위 등 다음 각 호의 어느 하나에 해당하는 사유가 발생한 경우 민자철도사업자에게 그 사유를 소명하거나 해소 대책을 수립할 것을 요구할 수 있다.
1. 민자철도사업자가 「사회기반시설에 대한 민간투자법」 제2조 제7호에 따른 실시협약(이하 "실시협약"이라 한다)에서 정한 자기자본의 비율을 대통령령으로 정하는 기준 09[미만/이상]으로 변경한 경우. 다만, 같은 조 제5호에 따른 주무관청의 승인을 받아 변경한 경우는 제외한다.
2. 민자철도사업자가 대통령령으로 정하는 기준을 초과한 이자율로 자금을 차입한 경우
3. 교통여건이 현저히 변화되는 등 실시협약의 기초가 되는 사실 또는 상황에 중대한 변경이 생긴 경우로서 대통령령으로 정하는 경우
② 제1항에 따른 요구를 받은 민자철도사업자는 국토교통부장관이 요구한 날부터 10[30일/60일] 이내에 그 사유를 소명하거나 해소 대책을 수립하여야 한다.
③ 국토교통부장관은 다음 각 호의 어느 하나에 해당하는 경우 제25조의5에 따른 11[철도산업위원회/민자철도 관리지원센터]의 자문을 거쳐 실시협약의 변경 등을 요구할 수 있다.

1. 민자철도사업자가 제2항에 따른 소명을 하지 아니하거나 그 소명이 충분하지 아니한 경우

2. 민자철도사업자가 제2항에 따른 해소 대책을 수립하지 아니한 경우

3. 제2항에 따른 해소 대책으로는 제1항에 따른 사유를 해소할 수 없거나 해소하기 곤란하다고 판단되는 경우

④ [12][대통령/국토교통부장관]은 민자철도사업자가 제3항에 따른 요구에 따르지 아니하는 경우 정부지급금, 실시협약에 따른 보조금 및 재정지원금의 전부 또는 일부를 지급하지 아니할 수 있다.

[시행령 제10조의4(사정변경 등에 따른 실시협약의 변경 요구 등)] ① 법 제25조의3 제1항 제1호 본문에서 "대통령령으로 정하는 기준"이란 「사회기반시설에 대한 민간투자법」 제7조에 따른 민간투자사업기본계획에 따라 민자철도사업자가 유지해야 하는 자기자본의 비율을 말한다.

② 법 제25조의3 제1항 제2호에서 "대통령령으로 정하는 기준을 초과한 이자율"이란 다음 각 호의 이자율 중 가장 낮은 이자율을 초과한 이자율을 말한다.

1. 「대부업 등의 등록 및 금융이용자 보호에 관한 법률 시행령」 제5조 제2항에 따른 이자율

2. 「이자제한법 제2조 제1항의 최고이자율에 관한 규정」에 따른 최고이자율

3. 민자철도사업자가 자금을 차입하는 때의 최고이자율에 관하여 국토교통부장관과 합의가 있는 경우에는 그 이자율

③ 법 제25조의3 제1항 제3호에서 "대통령령으로 정하는 경우"란 「사회기반시설에 대한 민간투자법」 제2조 제7호에 따른 실시협약(이하 이 항에서 "실시협약"이라 한다)의 체결 이후 다음 각 호의 경우로 인하여 연간 실제 교통량이 실시협약에서 정한 교통량의 [13][100분의 10/100분의 30] 이상 변경된 경우를 말한다.

1. 해당 민자철도의 실시협약 체결 당시 예상되지 않았던 다른 철도가 연결되는 경우

2. 해당 민자철도의 운영 여건 변화로 이용자의 안전 및 편의 등 민자철도의 기능에 심각한 지장이 초래된 경우

3. 해당 민자철도가 「국가통합교통체계효율화법 시행령」 제36조 제1항에 따른 연계교통체계 영향권의 설정 범위에 포함된 경우

4. 관련 법령이 개정되거나 민자철도에 관한 정책이 변경된 경우

5. 그 밖에 제1호부터 제4호까지에 준하는 사유로 교통 여건이 현저히 변화된 경우

[법 제25조의4(민자철도사업자에 대한 지원)] [14][국가는/국토교통부장관은] 정책의 변경 또는 법령의 개정 등으로 인하여 민자철도사업자가 부담하여야 하는 비용이 추가로 발생하는 경우 그 비용의 전부 또는 일부를 지원할 수 있다.

[법 제25조의5(민자철도 관리지원센터의 지정 등)] ① 국토교통부장관은 민자철도에 대한 감독 업무를 효율적으로 수행하기 위하여 다음 각 호의 어느 하나에 해당하는 기관을 민자철도에 대한 전문성을 고려하여 민자철도 관리지원센터(이하 "관리지원센터"라 한다)로 지정할 수 있다.

1. 「정부출연연구기관 등의 설립·운영 및 육성에 관한 법률」에 따른 정부출연연구기관

2. 「공공기관의 운영에 관한 법률」에 따른 공공기관

② 관리지원센터는 다음 각 호의 업무를 수행한다.

1. 민자철도의 교통수요 예측, 적정 요금 또는 운임 및 운영비 산출과 관련한 자문 및 지원

2. 제25조 제1항에 따른 민자철도의 유지·관리 및 운영에 관한 기준과 관련한 자문 및 지원

3. 제25조 제3항에 따른 운영평가와 관련한 자문 및 지원

4. 제25조의3 제3항에 따른 실시협약 변경 등의 요구와 관련한 자문 및 지원

5. 제5항에 따라 국토교통부장관이 위탁하는 업무

6. 그 밖에 이 법에 따른 민자철도에 관한 감독 지원을 위하여 15[대통령령/국토교통부령]으로 정하는 업무

③ 국토교통부장관은 관리지원센터가 업무를 수행하는 데에 필요한 비용을 예산의 범위에서 지원할 수 있다.

④ 국토교통부장관은 관리지원센터가 다음 각 호의 어느 하나에 해당하는 경우에는 지정을 취소할 수 있다. 다만, 제1호에 해당하는 경우에는 지정을 취소하여야 한다.

1. 거짓이나 그 밖의 부정한 방법으로 지정을 받은 경우

2. 지정받은 사항을 위반하여 업무를 수행한 경우

⑤ 국토교통부장관은 민자철도와 관련하여 이 법과 「사회기반시설에 대한 민간투자법」에 따른 업무로서 국토교통부령으로 정하는 업무를 관리지원센터에 위탁할 수 있다.

[법 제25조의6(국회에 대한 보고 등)] ① 국토교통부장관은 「사회기반시설에 대한 민간투자법」 제53조에 따라 국가가 재정을 지원한 민자철도의 건설 및 유지·관리 현황에 관한 보고서를 작성하여 매년 16[5월 31일/12월 31일]까지 국회 소관 상임위원회에 제출하여야 한다.

② 국토교통부장관은 제1항에 따른 보고서를 작성하기 위하여 17[민자철도 관리지원센터/민자철도 사업자]에게 필요한 자료의 제출을 요구할 수 있다.

제3장 철도서비스 향상 등

[법 제26조(철도서비스의 품질평가 등)] ① 국토교통부장관은 공공복리의 증진과 철도서비스 이용자의 권익보호를 위하여 철도사업자가 제공하는 철도서비스에 대하여 적정한 철도서비스

기준을 정하고, 그에 따라 철도사업자가 제공하는 철도서비스의 품질을 평가하여야 한다.

② 제1항에 따른 철도서비스의 기준, 품질평가의 항목·절차 등에 필요한 사항은 01 [대통령령/국토교통부령]으로 정한다.

[법 제27조(평가 결과의 공표 및 활용)] ① 국토교통부장관은 제26조에 따른 철도서비스의 품질을 평가한 경우에는 그 평가 결과를 02 [대통령령/국토교통부령]으로 정하는 바에 따라 신문 등 대중매체를 통하여 공표하여야 한다.

② 국토교통부장관은 철도서비스의 품질평가 결과에 따라 제21조에 따른 사업 개선명령 등 필요한 조치를 할 수 있다.

[시행령 제11조(평가결과의 공표)] ① 국토교통부장관이 법 제27조의 규정에 의하여 철도서비스의 품질평가결과를 공표하는 경우에는 다음 각 호의 사항을 포함하여야 한다.

1. 평가지표별 평가결과
2. 철도서비스의 품질 향상도
3. 철도사업자별 03 [평가순위/평가자료]
4. 그 밖에 철도서비스에 대한 품질평가결과 04 [대통령/국토교통부장관]이 공표가 필요하다고 인정하는 사항

② 국토교통부장관은 철도서비스의 품질평가결과가 우수한 철도사업자 및 그 소속 종사자에게 예산의 범위안에서 포상 등 지원시책을 시행할 수 있다.

[법 제28조(우수 철도서비스 인증)] ① 국토교통부장관은 05 [기획재정부장관과/공정거래위원회와] 협의하여 철도사업자 간 경쟁을 제한하지 아니하는 범위에서 철도서비스의 질적 향상을 촉진하기 위하여 우수 철도서비스에 대한 인증을 할 수 있다.

② 제1항에 따라 인증을 받은 철도사업자는 그 인증의 내용을 나타내는 표지(이하 "우수서비스마크"라 한다)를 06 [철도차량/철도시설], 역 시설 또는 철도 용품 등에 붙이거나 인증 사실을 홍보할 수 있다.

③ 제1항에 따라 인증을 받은 자가 아니면 07 [   ] 또는 이와 유사한 표지를 철도차량, 역 시설 또는 철도 용품 등에 붙이거나 인증 사실을 홍보하여서는 아니 된다.

④ 우수 철도서비스 인증의 절차, 인증기준, 우수서비스마크, 인증의 사후관리에 관한 사항과 그 밖에 인증에 필요한 사항은 국토교통부령으로 정한다.

[법 제29조(평가업무 등의 위탁)] 국토교통부장관은 효율적인 철도 서비스 품질평가 체제를 구축하기 위하여 필요한 경우에는 관계 전문기관 등에 철도서비스 품질에 대한 조사·평가·연구 등의 업무와 제28조 제1항에 따른 우수 철도서비스 인증에 필요한 08 [   ]업무를 위탁할 수 있다.

[법 제30조(자료 등의 요청)] ① 국토교통부장관이나 제29조에 따라 평가업무 등을 위탁받은 자는 철도서비스의 평가 등을 할 때 철도사업자에게 관련 자료 또는 의견 제출 등을 요구하거나 철도서비스에 대한 09[실지조사/운영평가]를 할 수 있다.

② 제1항에 따라 자료 또는 의견 제출 등을 요구받은 관련 철도사업자는 특별한 사유가 없으면 이에 따라야 한다.

[법 제31조(철도시설의 공동 활용)] 공공교통을 목적으로 하는 선로 및 다음 각 호의 공동 사용시설을 관리하는 자는 철도사업자가 그 시설의 공동 활용에 관한 요청을 하는 경우 협정을 체결하여 이용할 수 있게 하여야 한다.

1. 철도역 및 역 시설(물류시설, 환승시설 및 편의시설 등을 10[포함/제외]한다)
2. 11[철도차량/철도시설]의 정비·검사·점검·보관 등 유지관리를 위한 시설
3. 사고의 복구 및 구조·피난을 위한 설비
4. 열차의 조성 또는 분리 등을 위한 시설
5. 철도 운영에 필요한 정보통신 설비

[법 제32조(회계의 구분)] ① 철도사업자는 철도사업 외의 사업을 경영하는 경우에는 철도사업에 관한 회계와 철도사업 외의 사업에 관한 회계를 12[구분/합]하여 경리하여야 한다.

② 철도사업자는 철도운영의 효율화와 회계처리의 13[효율성/투명성]을 제고하기 위하여 14[대통령령/국토교통부령]으로 정하는 바에 따라 철도사업의 종류별·노선별로 회계를 구분하여 경리하여야 한다.

[법 제33조(벌칙 적용 시의 공무원 의제)] 제29조에 따라 위탁받은 업무에 종사하는 관계 전문기관 등의 임원 및 직원은 「형법」 제129조부터 제132조까지의 규정을 적용할 때에는 15[공무원/자연인]으로 본다.

제4장 전용철도

[법 제34조(등록)] ① 전용철도를 운영하려는 자는 국토교통부령으로 정하는 바에 따라 전용철도의 건설·운전·보안 및 운송에 관한 사항이 포함된 운영계획서를 첨부하여 국토교통부장관에게 01[신고를/등록을] 하여야 한다. 등록사항을 변경하려는 경우에도 같다. 다만 02[대통령령/국토교통부령]으로 정하는 경미한 변경의 경우에는 예외로 한다.

② 전용철도의 등록기준과 등록절차 등에 관하여 필요한 사항은 국토교통부령으로 정한다.

③ 국토교통부장관은 제2항에 따른 등록기준을 적용할 때에 환경오염, 주변 여건 등 지역적 특성을 고려할 필요가 있거나 그 밖에 공익상 필요하다고 인정하는 경우에는 등록을 ⁰³[제한/취소]하거나 부담을 붙일 수 있다.

[시행령 제12조(전용철도 등록사항의 경미한 변경 등)] ① 법 제34조 제1항 단서에서 "대통령령으로 정하는 경미한 변경의 경우"란 다음 각 호의 어느 하나에 해당하는 경우를 말한다.
1. 운행시간을 연장 또는 단축한 경우
2. 배차간격 또는 운행횟수를 단축 또는 연장한 경우
3. 10분의 1의 범위 안에서 ⁰⁴[철도차량 대수를/운행구간을] 변경한 경우
4. 주사무소·철도차량기지를 제외한 운송관련 부대시설을 변경한 경우
5. 임원을 변경한 경우 ⁰⁵([   ]에 한한다)
6. ⁰⁶[6월/1년]의 범위 안에서 전용철도 ⁰⁷[운영/건설]기간을 조정한 경우
② 전용철도운영자는 법 제38조에 따라 전용철도 운영의 전부 또는 일부를 휴업 또는 폐업하는 경우 다음 각 호의 조치를 하여야 한다.
1. 휴업 또는 폐업으로 인하여 철도운행 및 철도운행의 안전에 지장을 초래하지 아니하도록 하는 조치
2. 휴업 또는 폐업으로 인하여 자연재해·환경오염 등이 가중되지 아니하도록 하는 조치

[법 제35조(결격사유)] 다음 각 호의 어느 하나에 해당하는 자는 전용철도를 등록할 수 없다. 법인인 경우 그 임원 중에 다음 각 호의 어느 하나에 해당하는 자가 있는 경우에도 같다.
1. 제7조 제1호 각 목의 어느 하나에 해당하는 사람
2. 이 법에 따라 전용철도의 등록이 취소된 후 그 취소일부터 ⁰⁸[1년/2년]이 지나지 아니한 자

[법 제36조(전용철도 운영의 양도·양수 등)] ① 전용철도의 운영을 양도·양수하려는 자는 ⁰⁹[대통령령/국토교통부령]으로 정하는 바에 따라 국토교통부장관에게 신고하여야 한다.
② 전용철도의 등록을 한 법인이 합병하려는 경우에는 국토교통부령으로 정하는 바에 따라 국토교통부장관에게 신고하여야 한다.
③ 국토교통부장관은 제1항 및 제2항에 따른 신고를 받은 날부터 ¹⁰[10일/30일] 이내에 신고수리 여부를 신고인에게 통지하여야 한다.
④ 제1항 또는 제2항에 따른 신고가 수리된 경우 전용철도의 운영을 양수한 자는 전용철도의 운영을 양도한 자의 전용철도운영자로서의 지위를 승계하며, 합병으로 설립되거나 존속하는 법인은 합병으로 소멸되는 법인의 전용철도운영자로서의 지위를 승계한다.
⑤ 제1항과 제2항의 신고에 관하여는 제35조를 준용한다.

[법 제37조(전용철도 운영의 상속)] ① 전용철도운영자가 사망한 경우 상속인이 그 전용철도의 운영을 계속하려는 경우에는 피상속인이 사망한 날부터 ¹¹[1개월/3개월] 이내에 국토교통부장관에게 신고하여야 한다.

② 국토교통부장관은 제1항에 따른 신고를 받은 날부터 ¹²[10일/30일] 이내에 신고수리 여부를 신고인에게 통지하여야 한다.

③ 제1항에 따른 신고가 수리된 경우 상속인은 피상속인의 전용철도운영자로서의 지위를 승계하며, 피상속인이 사망한 날부터 신고가 수리된 날까지의 기간 동안은 피상속인의 전용철도 등록은 상속인의 등록으로 본다.

④ 제1항의 신고에 관하여는 제35조를 준용한다. 다만, 제35조 각 호의 어느 하나에 해당하는 상속인이 피상속인이 사망한 날부터 3개월 이내에 그 전용철도의 운영을 다른 사람에게 양도한 경우 피상속인의 사망일부터 양도일까지의 기간에 있어서 피상속인의 전용철도 등록은 상속인의 등록으로 본다.

[법 제38조(전용철도 운영의 휴업·폐업)] 전용철도운영자가 그 운영의 전부 또는 일부를 휴업 또는 폐업한 경우에는 ¹³[1개월/3개월] 이내에 국토교통부장관에게 신고하여야 한다.

[법 제39조(전용철도 운영의 개선명령)] 국토교통부장관은 전용철도 운영의 건전한 발전을 위하여 필요하다고 인정하는 경우에는 전용철도운영자에게 다음 각 호의 사항을 명할 수 있다.
1. 사업장의 ¹⁴[확장/이전]
2. 시설 또는 운영의 개선

[법 제40조(등록의 취소·정지)] 국토교통부장관은 전용철도운영자가 다음 각 호의 어느 하나에 해당하는 경우에는 그 등록을 취소하거나 1년 이내의 기간을 정하여 그 운영의 전부 또는 일부의 정지를 명할 수 있다. 다만, 제1호에 해당하는 경우에는 등록을 취소하여야 한다.
1. 거짓이나 그 밖의 부정한 방법으로 제34조에 따른 등록을 한 경우
2. 제34조 제2항에 따른 등록기준에 미달하거나 같은 조 제3항에 따른 ¹⁵[명령/부담]을 이행하지 아니한 경우
3. 휴업신고나 폐업신고를 하지 아니하고 ¹⁶[1개월/3개월] 이상 전용철도를 운영하지 아니한 경우

[법 제41조(준용규정)] 전용철도에 관하여는 제16조 제3항과 제23조를 준용한다. 이 경우 "철도사업의 면허"는 "전용철도의 등록"으로, "철도사업자"는 "전용철도운영자"로, "철도사업"은 "전용철도의 운영"으로 본다.

제5장 국유철도시설의 활용·지원 등

[법 제42조(점용허가)] ① 국토교통부장관은 국가가 소유·관리하는 철도시설에 건물이나 그 밖의 시설물(이하 "시설물"이라 한다)을 설치하려는 자에게 「국유재산법」 제18조에도 불구하고 01 [대통령령/국토교통부령]으로 정하는 바에 따라 시설물의 종류 및 기간 등을 정하여 점용 허가를 할 수 있다.

② 제1항에 따른 점용허가는 02 [전용철도운영자/철도사업자]와 03 [전용철도운영자/철도사업자]가 출자·보조 또는 출연한 사업을 경영하는 자에게만 하며, 시설물의 종류와 경영하려는 사업이 철도사업에 지장을 주지 아니하여야 한다.

[시행령 제13조(점용허가의 신청 및 점용허가기간)] ① 법 제42조 제1항의 규정에 의하여 국가가 소유·관리하는 철도시설의 점용허가를 받고자 하는 자는 04 [대통령령/국토교통부령]이 정하는 점용허가신청서에 다음 각 호의 서류를 첨부하여 국토교통부장관에게 제출하여야 한다. 이 경우 국토교통부장관은 「전자정부법」 제36조 제1항에 따른 행정정보의 공동이용을 통하여 법인 등기사항증명서 05 ([   ])인 경우로 한정한다)를 확인하여야 한다.

1. 사업개요에 관한 서류
2. 시설물의 건설계획 및 사용계획에 관한 서류
3. 자금조달계획에 관한 서류
4. 수지전망에 관한 서류
5. 법인의 경우 06 [정관/약관]
6. 설치하고자 하는 시설물의 설계도서(시방서·위치도·평면도 및 주단면도를 말한다)
7. 그 밖에 참고사항을 기재한 서류

② 국토교통부장관은 법 제42조 제1항의 규정에 의하여 국가가 소유·관리하는 철도시설에 대한 점용허가를 하고자 하는 때에는 다음 각 호의 기간을 초과하여서는 아니된다. 다만, 건물 그 밖의 시설물을 설치하는 경우 그 공사에 소요되는 기간은 이를 산입하지 아니한다.

1. 철골조·철근콘크리트조·석조 또는 이와 유사한 견고한 건물의 축조를 목적으로 하는 경우에는 07 [15년/50년]
2. 제1호 외의 건물의 축조를 목적으로 하는 경우에는 08 [10년/15년]
3. 건물 외의 공작물의 축조를 목적으로 하는 경우에는 09 [5년/10년]

③ 삭제 〈2023. 10. 10.〉

[법 제42조의2(점용허가의 취소)] ① 국토교통부장관은 제42조 제1항에 따른 점용허가를 받은 자가 다음 각 호의 어느 하나에 해당하면 그 점용허가를 취소할 수 있다.

1. 점용허가 목적과 다른 목적으로 철도시설을 점용한 경우
2. 제42조 제2항을 위반하여 시설물의 종류와 경영하는 사업이 철도사업에 지장을 주게 된 경우
3. 점용허가를 받은 날부터 10[1년/2년] 이내에 해당 점용허가의 목적이 된 공사에 착수하지 아니한 경우. 다만, 정당한 사유가 있는 경우에는 11[1년/2년]의 범위에서 공사의 착수기간을 연장할 수 있다.
4. 제44조에 따른 점용료를 납부하지 아니하는 경우
5. 점용허가를 받은 자가 12[스스로/직무비위로] 점용허가의 취소를 신청하는 경우
② 제1항에 따른 점용허가 취소의 절차 및 방법은 13[대통령령/국토교통부령]으로 정한다.

[법 제43조(시설물 설치의 대행)] 국토교통부장관은 제42조에 따라 점용허가를 받은 자(이하 "점용허가를 받은 자"라 한다)가 설치하려는 시설물의 전부 또는 일부가 철도시설 관리에 관계되는 경우에는 점용허가를 받은 자의 부담으로 그의 위탁을 받아 시설물을 직접 설치하거나 14[   ]으로 하여금 설치하게 할 수 있다.

[법 제44조(점용료)] ① 국토교통부장관은 15[대통령령/국토교통부령]으로 정하는 바에 따라 점용허가를 받은 자에게 점용료를 부과한다.
② 제1항에도 불구하고 점용허가를 받은 자가 다음 각 호에 해당하는 경우에는 16[대통령령/국토교통부령]으로 정하는 바에 따라 점용료를 감면할 수 있다.
1. 국가에 무상으로 양도하거나 제공하기 위한 시설물을 설치하기 위하여 점용허가를 받은 경우
2. 제1호의 시설물을 설치하기 위한 경우로서 공사기간 중에 점용허가를 받거나 임시 시설물을 설치하기 위하여 점용허가를 받은 경우
3. 「공공주택 특별법」에 따른 공공주택을 건설하기 위하여 점용허가를 받은 경우
4. 재해, 그 밖의 특별한 사정으로 본래의 철도 점용 목적을 달성할 수 없는 경우
5. 국민경제에 중대한 영향을 미치는 공익사업으로서 대통령령으로 정하는 사업을 위하여 점용허가를 받은 경우
③ 국토교통부장관이 「철도산업발전기본법」 제19조 제2항에 따라 철도시설의 건설 및 관리 등에 관한 업무의 일부를 17[국가철도공단으로/한국철도공사로] 하여금 대행하게 한 경우 제1항에 따른 점용료 징수에 관한 업무를 위탁할 수 있다.
④ 국토교통부장관은 점용허가를 받은 자가 제1항에 따른 점용료를 내지 아니하면 18[국세강제징수의/국세 체납처분의] 예에 따라 징수한다.

[시행령 제14조(점용료)] ① 법 제44조 제1항의 규정에 의한 점용료는 점용허가를 한 철도시설의 가액과 점용허가를 받아 행하는 사업의 매출액을 기준으로 하여 산출하되, 구체적인 점용

료 산정기준에 대하여는 국토교통부장관이 정한다.

② 제1항의 규정에 의한 철도시설의 가액은 「국유재산법 시행령」 제42조를 준용하여 산출하되, 당해 철도시설의 가액은 산출 후 19[1년/3년] 이내에 한하여 적용한다.

③ 법 제44조 제2항에 따른 점용료의 감면은 다음 각 호의 구분에 따른다.

1. 법 제44조 제2항 제1호 및 제2호에 해당하는 경우 : 전체 시설물 중 국가에 무상으로 양도하거나 제공하기 위한 시설물의 비율에 해당하는 점용료를 감면

2. 법 제44조 제2항 제3호에 해당하는 경우 : 해당 철도시설의 부지에 대하여 국토교통부령으로 정하는 기준에 따른 점용료를 감면

3. 법 제44조 제2항 제4호에 해당하는 경우 : 다음 각 목의 구분에 따른 점용료를 감면

> 가. 점용허가를 받은 시설의 전부를 사용하지 못한 경우 : 해당 기간의 점용료 전액을 감면
> 나. 점용허가를 받은 시설의 일부를 사용하지 못한 경우 : 전체 점용허가 면적에서 사용하지 못한 시설의 면적 비율에 따라 해당 기간 동안의 점용료를 감면

④ 점용료는 매년 20[1월 말/5월 말]까지 당해 연도 해당분을 선납하여야 한다. 다만, 국토교통부장관은 부득이한 사유로 선납이 곤란하다고 인정하는 경우에는 그 납부기한을 따로 정할 수 있다.

[법 제44조의2(변상금의 징수)] 국토교통부장관은 제42조 제1항에 따른 점용허가를 받지 아니하고 철도시설을 점용한 자에 대하여 제44조 제1항에 따른 점용료의 21[100분의 30/100분의 120]에 해당하는 금액을 변상금으로 징수할 수 있다. 이 경우 변상금의 징수에 관하여는 제44조 제3항을 준용한다.

[법 제45조(권리와 의무의 이전)] 제42조에 따른 점용허가로 인하여 발생한 권리와 의무를 이전하려는 경우에는 22[대통령령/국토교통부령]으로 정하는 바에 따라 국토교통부장관의 인가를 받아야 한다.

[시행령 제15조(권리와 의무의 이전)] ① 법 제42조의 규정에 의하여 점용허가를 받은 자가 법 제45조의 규정에 의하여 그 권리와 의무의 이전에 대하여 인가를 받고자 하는 때에는 국토교통부령이 정하는 신청서에 다음 각 호의 서류를 첨부하여 권리와 의무를 이전하고자 하는 날 23[1월/3월] 전까지 국토교통부장관에게 제출하여야 한다.

1. 이전계약서 사본

2. 이전가격의 명세서

② 법 제45조의 규정에 의하여 국토교통부장관의 인가를 받아 철도시설의 점용허가로 인하여

발생한 권리와 의무를 이전한 경우 당해 권리와 의무를 이전받은 자의 점용허가기간은 권리와 의무를 이전한 자가 받은 점용허가기간의 잔여기간으로 한다.

[법 제46조(원상회복의무)]   ① 점용허가를 받은 자는 점용허가기간이 만료되거나 제42조의2 제1항에 따라 점용허가가 취소된 경우에는 점용허가된 철도 재산을 24 [   ]으로 회복하여야 한다. 다만, 국토교통부장관은 원상으로 회복할 수 없거나 원상회복이 부적당하다고 인정하는 경우에는 원상회복의무를 면제할 수 있다.
② 국토교통부장관은 점용허가를 받은 자가 제1항 본문에 따른 원상회복을 하지 아니하는 경우에는 「행정대집행법」에 따라 시설물을 철거하거나 그 밖에 필요한 조치를 할 수 있다.
③ 국토교통부장관은 제1항 단서에 따라 원상회복의무를 면제하는 경우에는 해당 철도 재산에 설치된 시설물 등의 25 [전액보상/무상 국가귀속]을 조건으로 할 수 있다.

[시행령 제16조(원상회복의무)]   ① 법 제42조 제1항의 규정에 의하여 철도시설의 점용허가를 받은 자는 점용허가기간이 만료되거나 점용을 폐지한 날부터 26 [1월/3월] 이내에 점용허가받은 철도시설을 원상으로 회복하여야 한다. 다만, 국토교통부장관은 불가피하다고 인정하는 경우에는 원상회복 기간을 연장할 수 있다.
② 점용허가를 받은 자가 그 점용허가기간의 만료 또는 점용의 폐지에도 불구하고 법 제46조 제1항 단서의 규정에 의하여 당해 철도시설의 전부 또는 일부에 대한 원상회복의무를 면제받고자 하는 경우에는 그 점용허가기간의 만료일 또는 점용폐지일 27 [1월/3월] 전까지 그 사유를 기재한 신청서를 국토교통부장관에게 제출하여야 한다.
③ 국토교통부장관은 제2항의 규정에 의한 점용허가를 받은 자의 면제신청을 받은 경우 또는 직권으로 철도시설의 일부 또는 전부에 대한 원상회복의무를 면제하고자 하는 경우에는 원상회복의무를 면제하는 부분을 명시하여 점용허가를 받은 자에게 점용허가 기간의 만료일 또는 점용 폐지일까지 서면으로 통보하여야 한다.

[법 제46조의2(국가귀속 시설물의 사용허가기간 등에 관한 특례)]   ① 제46조 제3항에 따라 국가귀속된 시설물을 「국유재산법」에 따라 사용허가하려는 경우 그 허가의 기간은 같은 법 제35조에도 불구하고 28 [5년/10년] 이내로 한다.
② 제1항에 따른 허가기간이 끝난 시설물에 대해서는 29 [5년/10년]을 초과하지 아니하는 범위에서 1회에 한하여 종전의 사용허가를 갱신할 수 있다.
③ 제1항에 따른 사용허가를 받은 자는 「국유재산법」 제30조 제2항에도 불구하고 그 사용허가의 용도나 목적에 위배되지 않는 범위에서 국토교통부장관의 승인을 받아 해당 시설물의 일부를 다른 사람에게 사용·수익하게 할 수 있다.

제6장 보칙

[법 제47조(보고·검사 등)] ① 국토교통부장관은 필요하다고 인정하면 철도사업자와 전용철도운영자에게 해당 철도사업 또는 전용철도의 운영에 관한 사항이나 철도차량의 소유 또는 사용에 관한 사항에 대하여 보고나 서류 제출을 명할 수 있다.

② 국토교통부장관은 필요하다고 인정하면 소속 공무원으로 하여금 철도사업자 및 전용철도운영자의 장부, 서류, 시설 또는 그 밖의 물건을 검사하게 할 수 있다.

③ 제2항에 따라 검사를 하는 공무원은 그 권한을 표시하는 증표를 지니고 이를 관계인에게 보여 주어야 한다.

④ 제3항에 따른 증표에 관하여 필요한 사항은 국토교통부령으로 정한다.

[제47조의2(정보 제공 요청)] ① ⁰¹ [국토교통부장관은/철도사업자는] 제10조의2에 따른 승차권 등 부정판매의 금지를 위하여 필요한 경우 관계 중앙행정기관의 장, 지방자치단체의 장, 「공공기관의 운영에 관한 법률」 제4조에 따른 공공기관의 장, 법인·단체의 장, 개인에게 승차권 등 부정판매의 금지 의무를 위반하였거나, 위반하였다고 의심할만한 상당한 이유가 있는 자에 대한 다음 각 호의 정보 제공을 요청할 수 있다.

1. 성명, 「주민등록법」 제7조의2 제1항에 따른 주민등록번호, 주소 및 전화번호(휴대전화번호 ⁰² [는 제외/를 포함]한다) 등 인적사항

2. ⁰³ [   ]

② 제1항에 따른 정보 제공 요청을 받은 자는 정당한 사유가 없으면 이에 따라야 한다.

[법 제48조(수수료)] 이 법에 따른 면허·인가를 받으려는 자, 등록·신고를 하려는 자, 면허증·인가서·등록증·인증서 또는 허가서의 재발급을 신청하는 자는 ⁰⁴ [대통령령/국토교통부령]으로 정하는 수수료를 내야 한다.

[시행령 제16조의2(민감정보 및 고유식별정보의 처리)] 국토교통부장관은 다음 각 호의 사무를 수행하기 위하여 불가피한 경우 「개인정보 보호법 시행령」 제18조 제2호에 따른 범죄경력자료에 해당하는 정보나 같은 영 제19조 제1호, 제2호 또는 제4호에 따른 주민등록번호, 여권번호 또는 외국인등록번호가 포함된 자료를 처리할 수 있다.

1. 법 제5조에 따른 면허에 관한 사무

2. 법 제14조에 따른 사업의 양도·양수 등에 관한 사무

3. 법 제16조에 따른 면허취소 등에 관한 사무

4. 법 제34조에 따른 전용철도 등록에 관한 사무

5. 법 제36조에 따른 전용철도 운영의 양도·양수 등에 관한 사무

6. 법 제37조에 따른 전용철도 운영의 상속에 관한 사무

7. 법 제40조에 따른 전용철도 등록의 취소에 관한 사무

[시행령 제16조의3] 삭제 〈2018. 12. 14〉

[법 제48조의2(규제의 재검토)] 국토교통부장관은 다음 각 호의 사항에 대하여 2014년 1월 1일을 기준으로 05[1년/3년]마다(매 06[1년/3년]이 되는 해의 기준일과 같은 날 전까지를 말한다) 그 타당성을 검토하여 개선 등의 조치를 하여야 한다.

1. 제9조에 따른 여객 운임·요금의 신고 등

2. 제10조 제1항 및 제2항에 따른 부가 운임의 상한

3. 제21조에 따른 사업의 개선명령

4. 제39조에 따른 전용철도 운영의 개선명령

제7장 ▶ 벌칙

[법 제49조(벌칙)] ① 다음 각 호의 어느 하나에 해당하는 자는 2년 이하의 징역 또는 2천만 원 이하의 벌금에 처한다.

1. 제5조 제1항에 따른 면허를 받지 아니하고 철도사업을 경영한 자

2. 거짓이나 그 밖의 부정한 방법으로 제5조 제1항에 따른 철도사업의 면허를 받은 자

3. 제16조 제1항에 따른 사업정지처분기간 중에 철도사업을 경영한 자

4. 제16조 제1항에 따른 사업계획의 변경명령을 위반한 자

5. 제23조(제41조에서 준용하는 경우를 포함한다)를 위반하여 타인에게 자기의 성명 또는 상호를 대여하여 철도사업을 경영하게 한 자

6. 제31조를 위반하여 철도사업자의 공동 활용에 관한 요청을 정당한 사유 없이 거부한 자

② 다음 각 호의 어느 하나에 해당하는 자는 1년 이하의 징역 또는 1천만 원 이하의 벌금에 처한다.

1. 제34조 제1항을 위반하여 등록을 하지 아니하고 전용철도를 운영한 자

2. 거짓이나 그 밖의 부정한 방법으로 제34조 제1항에 따른 전용철도의 등록을 한 자

③ 다음 각 호의 어느 하나에 해당하는 자는 1천만 원 이하의 벌금에 처한다.

1. 제13조를 위반하여 국토교통부장관의 인가를 받지 아니하고 공동운수협정을 체결하거나 변경한 자

2. 삭제 〈2013. 3. 22.〉

3. 제28조 제3항을 위반하여 우수서비스마크 또는 이와 유사한 표지를 철도차량 등에 붙이거나 인증 사실을 홍보한 자

[법 제50조(양벌규정)] 법인의 대표자나 법인 또는 개인의 대리인, 사용인, 그 밖의 종업원이 그 법인 또는 개인의 업무에 관하여 제49조의 위반행위를 하면 그 행위자를 벌하는 외에 그 법인 또는 개인에게도 해당 조문의 벌금형을 과(科)한다. 다만, 법인 또는 개인이 그 위반행위를 방지하기 위하여 해당 업무에 관하여 상당한 주의와 감독을 게을리하지 아니한 경우에는 그러하지 아니하다.

[법 제51조(과태료)] ① 다음 각 호의 어느 하나에 해당하는 자에게는 1천만 원 이하의 과태료를 부과한다.
1. 제9조 제1항에 따른 여객 운임·요금의 신고를 하지 아니한 자
2. 제11조 제1항에 따른 철도사업약관을 신고하지 아니하거나 신고한 철도사업약관을 이행하지 아니한 자
3. 제12조에 따른 인가를 받지 아니하거나 신고를 하지 아니하고 사업계획을 변경한 자
4. 제10조의2를 위반하여 상습 또는 영업으로 승차권 또는 이에 준하는 증서를 자신이 구입한 가격을 초과한 금액으로 다른 사람에게 판매하거나 이를 알선한 자
② 다음 각 호의 어느 하나에 해당하는 자에게는 500만 원 이하의 과태료를 부과한다.
1. 제18조에 따른 사업용 철도차량의 07[   ]를 하지 아니한 철도사업자
2. 삭제 〈2018. 6. 12.〉
3. 제32조 제1항 또는 제2항을 위반하여 회계를 구분하여 경리하지 아니한 자
4. 정당한 사유 없이 제47조 제1항에 따른 명령을 이행하지 아니하거나 제47조 제2항에 따른 검사를 거부·방해 또는 기피한 자
③ 다음 각 호의 어느 하나에 해당하는 자에게는 100만 원 이하의 과태료를 부과한다.
1. 08[   ] 준수사항을 위반한 자
2. 삭제 〈2018. 6. 12.〉
④ 제22조를 위반한 철도운수종사자 및 그가 소속된 철도사업자에게는 50만 원 이하의 과태료를 부과한다.
⑤ 제1항부터 제4항까지의 규정에 따른 과태료는 09[대통령령/국토교통부령]으로 정하는 바에 따라 국토교통부장관이 부과·징수한다.
⑥ 삭제 〈2009. 4. 1.〉
⑦ 삭제 〈2009. 4. 1.〉

[법 제52조] 삭제 〈2011. 5. 24.〉

[시행령 제17조(과태료의 부과기준)] 법 제51조 제1항부터 제4항까지의 규정에 따른 과태료의 부과기준은 별표 2와 같다.

[철도사업법 시행령 별표 2] 과태료의 부과기준(제17조 관련)

1. 일반기준

가. 국토교통부장관은 다음의 어느 하나에 해당하는 경우에는 제2호의 개별기준에 따른 과태료 금액의 2분의 1 범위에서 그 금액을 줄일 수 있다. 다만, 과태료를 체납하고 있는 위반행위자의 경우에는 그렇지 않다.

> 1) 위반행위자가 「질서위반행위규제법 시행령」 제2조의2 제1항 각 호의 어느 하나에 해당하는 경우
> 2) 위반행위가 사소한 부주의나 오류 등 과실로 인한 것으로 인정되는 경우
> 3) 위반행위자가 법 위반상태를 시정하거나 해소하기 위하여 노력한 사실이 인정되는 경우
> 4) 그 밖에 위반행위의 정도, 횟수, 동기와 그 결과 등을 고려하여 과태료의 금액을 줄일 필요가 있다고 인정되는 경우

나. 국토교통부장관은 다음의 어느 하나에 해당하는 경우에는 제2호의 개별기준에 따른 과태료 금액의 2분의 1 범위에서 그 금액을 늘릴 수 있다. 다만, 과태료 금액의 총액은 법 제51조 제1항부터 제4항까지의 규정에 따른 과태료 금액의 상한을 넘을 수 없다.

> 1) 위반의 내용·정도가 중대하여 소비자 등에게 미치는 피해가 크다고 인정되는 경우
> 2) 법 위반상태의 기간이 [10][6개월/1년] 이상인 경우
> 3) 그 밖에 위반행위의 정도, 위반행위의 동기와 그 결과 등을 고려하여 가중할 필요가 있다고 인정되는 경우

2. 개별기준

[단위 : 만 원]

위반행위	근거 법조문	과태료 금액
가. 법 제9조 제1항에 따른 여객 운임·요금의 신고를 하지 않은 경우	법 제51조 제1항 제1호	[11][ ]
나. 법 제10조의2를 위반하여 상습 또는 영업으로 승차권 또는 이에 준하는 증서를 자신이 구입한 가격을 초과한 금액으로 다른 사람에게 판매한 경우	법 제51조 제1항 제4호	500

다. 법 제10조의2를 위반하여 상습 또는 영업으로 승차권 또는 이에 준하는 증서를 자신이 구입한 가격을 초과한 금액으로 다른 사람에게 판매하는 행위를 알선한 경우	법 제51조 제1항 제4호	500
라. 법 제11조 제1항에 따른 철도사업약관을 신고하지 않거나 신고한 철도사업약관을 이행하지 않은 경우	법 제51조 제1항 제2호	500
마. 법 제12조에 따른 인가를 받지 않거나 신고를 하지 않고 사업계획을 변경한 경우	법 제51조 제1항 제3호	500
바. 법 제18조에 따른 사업용 철도차량의 표시를 하지 않은 경우	법 제51조 제2항 제1호	12[ ]
사. 법 제20조 제2항부터 제4항까지의 규정에 따른 철도사업자의 준수사항을 위반한 경우	법 제51조 제3항 제1호	100
아. 법 제22조에 따른 철도운수종사자의 준수사항을 위반한 경우	법 제51조 제4항	50
자. 삭제 〈2019. 6. 4.〉		
차. 삭제 〈2019. 6. 4.〉		
카. 법 제32조 제1항 또는 제2항을 위반하여 회계를 구분하여 경리하지 않은 경우	법 제51조 제2항 제3호	200
타. 정당한 사유 없이 법 제47조 제1항에 따른 명령을 이행하지 않거나, 법 제47조 제2항에 따른 검사를 거부·방해 또는 기피한 경우	법 제51조 제2항 제4호	13[ ]

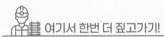 여기서 한번 더 짚고가기!

1. 80% 학습은 되었다고 보아도 좋다.

코레일 채용시험에 들어가는 법 중에서 가장 많은 분량의 법 2개를 학습하였다. 법 전체의 80%를 학습하였다고 생각해도 무방하다. 뒤 이어 나오는 「한국철도공사법」은 내용이 가장 적고 또 한국철도공사에 한정된 내용이라 앞의 「철도산업발전기본법」「철도사업법」처럼 엄청나게 큰 법이 아니다. 벌칙(위반행위)도 두가지 밖에 없으니 부담을 줄이고 지금까지 공부한 법들을 복습하고 재정리한 후 「한국철도공사법」으로 넘어가는 것이 좋다.

2. 철도산업발전기본법과 철도사업법 항상 비교하면서 공부하기!

「철도산업발전기본법」은 모든 철도법의 기본법이 되는 내용으로 철도의 기초내용부터 자산, 부채 등 내용을 다룬다. 「철도사업법」은 말 그대로 철도로 사업하는 민자철도나 기타 철도에 대하여 설명하고 있으며 서로 비슷한 정의나 벌칙의 경우 헷갈릴 가능성이 높다.

3. 법끼리 비슷한 내용의 예시, 그리고 문제가 어떻게 나오는가?

아래 사항들을 복습하면서 꼭 다시 한번 짚고 넘어가도록 한다.

구분	철도산업발전기본법	철도사업법
목적	이 법은 철도산업의 경쟁력을 높이고 발전기반을 조성함으로써 철도산업의 효율성 및 공익성의 향상과 **국민경제의 발전**에 이바지함을 목적으로 한다.	이 법은 철도사업에 관한 질서를 확립하고 효율적인 운영 여건을 조성함으로써 철도사업의 건전한 발전과 철도 이용자의 편의를 도모하여 **국민경제의 발전**에 이바지함을 목적으로 한다.

정의, 벌칙, 또 조금이라도 비슷한 내용을 다룬다면 섞어서 내기 쉽다. 그리고 법을 어설프게 공부한 사람은 분명 학습했던 내용이나 어느 법에서 학습하였는지를 정확히 알지 못한 채 문제를 풀게 되어 문제를 보는 순간 멍해져서 시간을 뺏기기 쉬워진다. 특히 법령 10문제는 반드시 5분 안에 다 풀고 다른 과목으로 넘어가야 한다.

[종합 예시문제]

다음 중 철도산업발전기본법의 내용으로 아닌 것은?

① 국가는 철도시설 투자를 추진하는 경우 사회적·환경적 편익을 고려하여야 한다.

② 철도운영자는 그가 제공하는 철도서비스의 품질을 개선하기 위하여 노력하여야 한다.

③ 국토교통부장관은 점용허가를 받지 아니하고 철도시설을 점용한 자에 대하여 법에 따른 점용료의 100분의 120에 해당하는 금액을 변상금으로 징수할 수 있다.

④ 철도시설을 관리하는 자는 그가 관리하는 철도시설의 관리대장을 작성·비치하여야 한다.

⑤ 철도시설 사용료를 징수하는 경우 철도의 사회경제적 편익과 다른 교통수단과의 형평성 등이 고려되어야 한다.

정답 : ③

3번 선지는 「철도사업법」 제44조의2, 나머지 선지는 「철도산업발전기본법」에 해당한다.

예시와 같이 문제가 출제된다면 난이도가 중~중상 정도되며, 법을 꼼꼼히 학습하였는지에 대하여 변별력을 가를 수 있다.

항상 법의 내용을 확실히 학습하고 뭔가 비슷하다면 법을 서로 비교하면서 스스로 출제자 입장이 되어 문제를 만들면서 학습하면 좋을 것이다.

---

01 다음 중 빈칸에 들어갈 단어로 알맞은 것은?

> 「철도사업법」은 철도사업에 관한 질서를 확립하고 효율적인 운영 여건을 조성함으로써 철도사업의 건전한 발전과 철도 이용자의 편의를 도모하여 (   )의 발전에 이바지함을 목적으로 한다.

① 철도사업
② 국민경제
③ 철도운영
④ 철도산업
⑤ 철도의 효율성

해설 법 제1조(목적)
이 법은 철도사업에 관한 질서를 확립하고 효율적인 운영 여건을 조성함으로써 철도사업의 건전한 발전과 철도 이용자의 편의를 도모하여 국민경제의 발전에 이바지함을 목적으로 한다.

02 다음 빈칸에 들어갈 단어로 알맞은 것은?

> 철도사업이란 다른 사람의 수요에 응하여 철도차량을 사용하여 (   )으로 여객이나 화물을 운송하는 사업을 말한다.

① 무상   ② 유상
③ 공익   ④ 물권
⑤ 탈것

해설 법 제2조(정의)
6. "철도사업"이란 다른 사람의 수요에 응하여 철도차량을 사용하여 유상(有償)으로 여객이나 화물을 운송하는 사업을 말한다.

[24년 하반기 기출변형]
03 다음의 뜻을 가진 용어로 맞는 것은?

> 철도사업을 목적으로 설치하거나 운영하는 철도

① 사업용철도   ② 전용철도
③ 특수철도   ④ 운영철도
⑤ 운송철도

해설 법 제2조(정의)
4. "사업용 철도"란 철도사업을 목적으로 설치하거나 운영하는 철도를 말한다.

04 다음 중 철도사업자의 정의에서 빈칸에 들어갈 단어로 알맞은 것은?

> 철도사업자란 「한국철도공사법」에 따라 설립된 한국철도공사 및 법에 따라 (   ) 받은 자를 말한다.

① 대통령의 인증을
② 국토교통부장관의 인증을
③ 철도사업 등록을
④ 철도사업 면허를
⑤ 철도사업 신고를

해설 법 제2조(정의)
8. "철도사업자"란 「한국철도공사법」에 따라 설립된 한국철도공사(이하 "철도공사"라 한다) 및 제5조에 따라 철도사업 면허를 받은 자를 말한다.

정답 01 ② 02 ② 03 ① 04 ④

05 다음 중 「철도사업법」의 목적으로 틀린 것은?

① 철도사업에 관한 질서확립
② 철도사업의 효율적인 운영 여건 조성
③ 철도사업의 건전한 발전
④ 철도 사업자의 편의도모
⑤ 국민경제의 발전에 이바지함

> **해설** 법 제1조(목적)
> 이 법은 철도사업에 관한 질서를 확립하고 효율적인 운영 여건을 조성함으로써 철도사업의 건전한 발전과 철도 이용자의 편의를 도모하여 국민경제의 발전에 이바지함을 목적으로 한다.

제2장 **철도사업의 관리**

06 다음 중 국토교통부장관이 지정·고시하여야 되는 사업용 철도노선의 사항으로 틀린 것은?

① 노선번호
② 노선명
③ 기점
④ 종점
⑤ 중요 경과지(정차역을 제외한다)

> **해설** 법 제4조(사업용 철도노선의 고시 등)
> ① 국토교통부장관은 사업용 철도노선의 노선번호, 노선명, 기점(起點), 종점(終點), 중요 경과지(정차역을 포함한다)와 그 밖에 필요한 사항을 국토교통부령으로 정하는 바에 따라 지정·고시하여야 한다.

07 다음 중 운행거리에 따른 사업용 철도노선으로 맞는 것은?

① 지선철도
② 고속철도노선
③ 준고속철도노선
④ 일반철도노선
⑤ 특수철도

> **해설** 법 제4조(사업용 철도노선의 고시 등)
> 1. 운행지역과 운행거리에 따른 분류
> 가. 간선(幹線)철도   나. 지선(支線)철도

08 다음 중 사업용 철도노선 분류의 기준이 되는 운행지역, 운행거리 및 운행속도는 누가 정하는가?

① 대통령
② 국토교통부
③ 시·도지사
④ 지방자치단체
⑤ 철도운영자

> **해설** 법 제4조(사업용 철도노선의 고시 등)
> ③ 제2항에 따른 사업용 철도노선 분류의 기준이 되는 운행지역, 운행거리 및 운행속도는 국토교통부령으로 정한다.

09 다음 중 운행속도에 따라 철도차량을 분류한 것이다. 해당하지 않는 것은?

> ㉠ 고속철도차량   ㉡ 준고속철도차량
> ㉢ 일반철도차량   ㉣ 간선철도차량

① ㉠   ② ㉡
③ ㉢   ④ ㉣
⑤ 없음

> **해설** 법 제4조의2(철도차량의 유형 분류)
> 국토교통부장관은 철도 운임 상한의 산정, 철도차량의 효율적인 관리 등을 위하여 철도차량을 국토교통부령으로 정하는 운행속도에 따라 다음 각 호의 구분에 따른 유형으로 분류할 수 있다.
> 1. 고속철도차량
> 2. 준고속철도차량
> 3. 일반철도차량

10 다음 중 빈칸에 들어갈 말로 알맞은 것은?

> 철도사업을 경영하려는 자는 법에 따라 지정·고시된 사업용 철도노선을 정하여 국토교통부장관의 (　　　)(을)를 받아야 한다.

① 면허　　　　　② 인증
③ 인가　　　　　④ 허가
⑤ 승인

해설 법 제5조(면허 등)
① 철도사업을 경영하려는 자는 제4조 제1항에 따라 지정·고시된 사업용 철도노선을 정하여 **국토교통부장관의 면허**를 받아야 한다.

11 다음 중 빈칸에 들어갈 단어로 알맞은 것은?

> 철도사업의 면허를 받을 수 있는 자는 (　　　)(으)로 한다.

① 국토교통부령　　② 법인
③ 단체　　　　　　④ 학회
⑤ 개인

해설 법 제5조(면허 등)
③ 철도사업의 면허를 받을 수 있는 자는 **법인**으로 한다.

12 다음 중 철도사업의 면허기준으로 아닌 것은?
① 해당 사업의 시작으로 철도교통의 안전에 지장을 줄 염려가 없을 것
② 해당 사업의 운행계획이 그 운행 구간의 철도 수송 수요와 수송력 공급 및 이용자의 편의에 적합할 것
③ 신청자가 해당 사업을 수행할 수 있는 재정적 능력이 있을 것

④ 해당 사업에 사용할 철도차량의 대수, 사용연한 및 규격이 국토교통부령으로 정하는 기준에 맞을 것
⑤ 해당 사업으로 인하여 철도산업 발전에 전반적으로 지장을 줄 염려가 없을 것

해설 법 제6조(면허의 기준)
철도사업의 면허기준은 다음 각 호와 같다.
1. 해당 사업의 시작으로 철도교통의 안전에 지장을 줄 염려가 없을 것
2. 해당 사업의 운행계획이 그 운행 구간의 철도 수송 수요와 수송력 공급 및 이용자의 편의에 적합할 것
3. 신청자가 해당 사업을 수행할 수 있는 재정적 능력이 있을 것
4. 해당 사업에 사용할 철도차량의 대수(臺數), 사용연한 및 규격이 국토교통부령으로 정하는 기준에 맞을 것

13 다음 중 빈칸에 들어갈 단어로 알맞은 것은?

> 철도사업을 경영하려는 자는 국토교통부장관의 면허를 받아야 한다. 이 경우 국토교통부장관은 철도의 (　　　)과 (　　　)을 강화하고 이용자 편의를 증진시키기 위하여 국토교통부령으로 정하는 바에 따라 필요한 부담을 붙일 수 있다.

① 공공성, 안전
② 공공성, 교통
③ 안전, 편리함
④ 환경친화성, 안전
⑤ 에너지 효율성, 환경친화성

해설 법 제5조(면허 등)
① 철도사업을 경영하려는 자는 제4조 제1항에 따라 지정·고시된 사업용 철도노선을 정하여 **국토교통부장관의 면허**를 받아야 한다. 이 경우 국토교통부장관은 철도의 공공성과 안전을 강화하고 이용자 편의를 증진시키기 위하여 국토교통부령으로 정하는 바에 따라 필요한 부담을 붙일 수 있다.

정답 10 ①　11 ②　12 ⑤　13 ①

14 다음 중 철도사업의 면허 결격사유에 해당되는 법인의 임원으로 틀린 것은?

① 피성년후견인

② 피한정후견인

③ 파산선고를 받고 복권되지 아니한 사람

④ 이 법 또는 대통령령으로 정하는 철도 관계 법령을 위반하여 금고 이상의 실형을 선고받고 그 집행이 끝나거나(끝난 것으로 보는 경우는 제외한다) 면제된 날부터 2년이 지나지 아니한 사람

⑤ 이 법 또는 대통령령으로 정하는 철도 관계 법령을 위반하여 금고 이상의 형의 집행유예를 선고받고 그 유예 기간 중에 있는 사람

해설 **법 제7조(결격사유)**

다음 각 호의 어느 하나에 해당하는 법인은 철도사업의 면허를 받을 수 없다.

1. 법인의 임원 중 다음 각 목의 어느 하나에 해당하는 사람이 있는 법인

가. 피성년후견인 또는 피한정후견인

나. 파산선고를 받고 복권되지 아니한 사람

다. 이 법 또는 대통령령으로 정하는 철도 관계 법령을 위반하여 금고 이상의 실형을 선고받고 그 집행이 끝나거나(끝난 것으로 보는 경우를 포함한다) 면제된 날부터 **2년**이 지나지 아니한 사람

라. 이 법 또는 **대통령령**으로 정하는 철도 관계 법령을 위반하여 금고 이상의 형의 집행유예를 선고받고 그 유예 기간 중에 있는 사람

15 다음 중 대통령령으로 정하는 철도관계법령이 아닌 것은?

① 철도산업발전 기본법

② 철도안전법

③ 도시철도법

④ 국유재산법

⑤ 한국철도공사법

해설 **시행령 제2조(철도관계법령)**

「철도사업법」(이하 "법"이라 한다) 제7조 제1호 다목 및 라목에서 "대통령령으로 정하는 철도 관계 법령"이란 각각 다음 각 호의 법령을 말한다.

1. 「철도산업발전 기본법」

2. 「철도안전법」

3. 「도시철도법」

4. 「국가철도공단법」

5. 「한국철도공사법」

16 다음 중 빈칸에 들어갈 공통적인 단어로 알맞은 것은?

> 철도사업자는 (   )이 지정하는 날 또는 기간에 운송을 시작하여야 한다. 다만, 천재지변이나 그 밖의 불가피한 사유로 철도사업자가 국토교통부장관이 지정하는 날 또는 기간에 운송을 시작할 수 없는 경우에는 (   )의 승인을 받아 날짜를 연기하거나 기간을 연장할 수 있다.

① 대통령

② 국토교통부장관

③ 기획재정부장관

④ 한국철도사장

⑤ 한국교통안전공단 이사장

해설 **법 제8조(운송 시작의 의무)**

철도사업자는 국토교통부장관이 지정하는 날 또는 기간에 운송을 시작하여야 한다. 다만, 천재지변이나 그 밖의 불가피한 사유로 철도사업자가 국토교통부장관이 지정하는 날 또는 기간에 운송을 시작할 수 없는 경우에는 국토교통부장관의 승인을 받아 날짜를 연기하거나 기간을 연장할 수 있다.

14 ④   15 ④   16 ② 정답

17 다음 중 빈칸에 들어갈 단어로 알맞은 것은?

> 철도사업자는 여객 운임·요금을 정하거나 변경하는 경우에는 (   )과(와) 버스 등 다른 교통수단의 여객 운임·요금과의 형평성 등을 고려하여야 한다.

① 물가   ② 물가상승률
③ 예산   ④ 정책
⑤ 원가

해설 법 제9조(여객 운임·요금의 신고 등)
② 철도사업자는 여객 운임·요금을 정하거나 변경하는 경우에는 원가(原價)와 버스 등 다른 교통수단의 여객 운임·요금과의 형평성 등을 고려하여야 한다.

18 다음 중 여객 운임의 상한을 지정하는 자로 맞는 것은?

① 대통령   ② 철도산업위원회
③ 국토교통부장관   ④ 기획재정부장관
⑤ 철도운영자

해설 시행령 제4조(여객 운임의 상한지정 등)
① 국토교통부장관은 법 제9조 제2항 후단에 따라 여객에 대한 운임(이하 "여객 운임"이라 한다)의 상한을 지정하는 때에는 물가상승률, 원가수준, 다른 교통수단과의 형평성, 법 제4조 제2항에 따른 사업용 철도노선(이하 "사업용 철도노선"이라 한다)의 분류와 법 제4조의2에 따른 철도차량의 유형 등을 고려하여야 하며, 여객 운임의 상한을 지정한 경우에는 이를 관보에 고시하여야 한다.

19 다음 중 국토교통부장관이 여객 운임·요금 신고를 받은 날부터 며칠 이내로 신고수리 여부를 통지하여야 하는가?

① 1일   ② 3일
③ 5일   ④ 7일
⑤ 10일

해설 법 제9조(여객 운임·요금의 신고 등)
④ 국토교통부장관은 제1항에 따른 신고 또는 변경신고를 받은 날부터 3일 이내에 신고수리 여부를 신고인에게 통지하여야 한다.

20 다음 중 국토교통부장관이 여객 운임의 상한을 지정하려면 미리 누구와 협의를 하여야 하는가?

① 기획재정부장관
② 공정거래위원회
③ 시민단체
④ 철도협회
⑤ 철도운영자

해설 법 제9조(여객 운임·요금의 신고 등)
③ 국토교통부장관은 제2항에 따라 여객 운임의 상한을 지정하려면 미리 기획재정부장관과 협의하여야 한다.

21 다음 중 빈칸에 들어갈 말로 알맞은 것은?

> 철도사업자는 제1항에 따라 신고 또는 변경신고를 한 여객 운임·요금을 그 시행 (   ) 이전에 인터넷 홈페이지, 관계 역·영업소 및 사업소 등 일반인이 잘 볼 수 있는 곳에 게시하여야 한다.

① 1주일   ② 1개월
③ 3개월   ④ 6개월
⑤ 1년

해설 법 제9조(여객 운임·요금의 신고 등)
⑤ 철도사업자는 제1항에 따라 신고 또는 변경신고를 한 여객 운임·요금을 그 시행 1주일 이전에 인터넷 홈페이지, 관계 역·영업소 및 사업소 등 일반인이 잘 볼 수 있는 곳에 게시하여야 한다.

정답 17 ⑤ 18 ③ 19 ② 20 ① 21 ①

22 다음 중 여객 운임·요금의 신고 등에 관하여 틀린 것은?

① 철도사업자는 여객에 대한 운임(여객운송에 대한 직접적인 대가를 말하며, 여객운송과 관련된 설비·용역에 대한 대가를 포함한다)·요금을 국토교통부장관에게 신고하여야 한다.

② 철도사업자는 여객 운임·요금을 정하거나 변경하는 경우에는 원가와 버스 등 다른 교통수단의 여객 운임·요금과의 형평성 등을 고려하여야 한다.

③ 철도사업자가 여객 운임을 정할 때 여객에 대한 운임은 사업용 철도노선의 분류, 철도차량의 유형 등을 고려하여 국토교통부장관이 지정·고시한 상한을 초과하여서는 아니 된다.

④ 철도사업자는 법에 따라 여객에 대한 운임·요금의 신고 또는 변경신고를 하려는 경우에는 국토교통부령으로 정하는 여객 운임·요금신고서에 여객 운임·요금표를 첨부하여 국토교통부장관에게 제출하여야 한다.

⑤ 여객 운임의 상한을 지정한 경우에는 국토교통부장관이 이를 관보에 고시하여야 한다.

해설 법 제9조(여객 운임·요금의 신고 등)
① 철도사업자는 여객에 대한 운임(여객운송에 대한 직접적인 대가를 말하며, 여객운송과 관련된 설비·용역에 대한 대가는 제외한다. 이하 같다)·요금(이하 "여객 운임·요금"이라 한다)을 국토교통부장관에게 신고하여야 한다. 이를 변경하려는 경우에도 같다.

23 다음 중 국토교통부장관이 여객 운임의 상한을 지정할 때 고려해야 하는 사항이 아닌 것은?

① 물가상승률
② 원가수준
③ 수익률
④ 다른 교통수단과의 형평성
⑤ 철도차량의 유형

해설 시행령 제4조(여객 운임의 상한지정 등)
① 국토교통부장관은 법 제9조 제2항 후단에 따라 여객에 대한 운임(이하 "여객 운임"이라 한다)의 상한을 지정하는 때에는 물가상승률, 원가수준, 다른 교통수단과의 형평성, 법 제4조 제2항에 따른 사업용 철도노선(이하 "사업용 철도노선"이라 한다)의 분류와 법 제4조의2에 따른 철도차량의 유형 등을 고려하여야 하며, 여객 운임의 상한을 지정한 경우에는 이를 관보에 고시하여야 한다.

24 다음 중 국토교통부장관이 여객 운임의 상한을 지정하기 위하여 의견을 들을 수 없는 곳은?

① 철도산업위원회
② 철도협회
③ 철도 관련 전문기관
④ 철도 관련 전문가
⑤ 교통 관련 전문기관

해설 시행령 제4조(여객 운임의 상한지정 등)
② 국토교통부장관은 제1항에 따라 여객 운임의 상한을 지정하기 위하여 「철도산업발전기본법」 제6조에 따른 철도산업위원회 또는 철도나 교통 관련 전문기관 및 전문가의 의견을 들을 수 있다.

22 ① 23 ③ 24 ② **정답**

25 다음 중 빈칸에 들어갈 주체로 어색한 것은?

> 국토교통부장관은 사업용 철도노선과 「도시철도법」에 의한 도시철도가 연결되어 운행되는 구간에 대하여 여객 운임의 상한을 지정하는 경우에는 「도시철도법」에 따라 (   ) (이)가 정하는 도시철도 운임의 범위와 조화를 이루도록 하여야 한다.

① 특별시장　　　② 특별자치시장
③ 도지사　　　　④ 광역시장
⑤ 군수

해설 **시행령 제4조(여객 운임의 상한지정 등)**
⑥ 국토교통부장관은 사업용 철도노선과 「도시철도법」에 의한 도시철도가 연결되어 운행되는 구간에 대하여 제1항에 따른 여객 운임의 상한을 지정하는 경우에는 「도시철도법」 제31조 제1항에 따라 특별시장·광역시장·특별자치시장·도지사 또는 특별자치도지사가 정하는 도시철도 운임의 범위와 조화를 이루도록 하여야 한다.

26 다음 중 철도사업자가 여객 운임·요금을 감면할 수 있는 경우로 맞는 것은?

① 국가나 지방자치단체가 요청한 경우
② 국토교통부장관이 긴급한 경우로서 인정한 경우
③ 열차의 지연이나 불편함을 초래한 경우
④ 여객 유치를 위한 기념행사의 경우
⑤ 그 밖에 철도사업의 경영상 국토교통부장관이 필요하다고 인정되는 경우

해설 **법 제9조의2(여객 운임·요금의 감면)**
① 철도사업자는 재해복구를 위한 긴급지원, 여객 유치를 위한 기념행사, 그 밖에 철도사업의 경영상 필요하다고 인정되는 경우에는 일정한 기간과 대상을 정하여 제9조 제1항에 따라 신고한 여객 운임·요금을 감면할 수 있다.

27 다음 중 빈칸에 들어갈 단어로 알맞은 것은?

> 철도사업자는 열차를 이용하는 여객이 정당한 운임·요금을 지급하지 아니하고 열차를 이용한 경우에는 승차 구간에 해당하는 운임 외에 그의 (   )의 범위에서 부가 운임을 징수할 수 있다.

① 2배　　　　　② 5배
③ 10배　　　　④ 20배
⑤ 30배

해설 **법 제10조(부가 운임의 징수)**
① 철도사업자는 열차를 이용하는 여객이 정당한 운임·요금을 지급하지 아니하고 열차를 이용한 경우에는 승차 구간에 해당하는 운임 외에 그의 **30배**의 범위에서 부가 운임을 징수할 수 있다.

28 다음 중 빈칸에 들어갈 숫자로 알맞은 것은?

> 철도사업자는 송하인(送荷人)이 운송장에 적은 화물의 품명·중량·용적 또는 개수에 따라 계산한 운임이 정당한 사유 없이 정상 운임보다 적은 경우에는 송하인에게 그 부족 운임 외에 그 부족 운임의 (   )배의 범위에서 부가 운임을 징수할 수 있다.

① 2배　　　　　② 3배
③ 5배　　　　　④ 30배
⑤ 20배

해설 **법 제10조(부가 운임의 징수)**
② 철도사업자는 송하인(送荷人)이 운송장에 적은 화물의 품명·중량·용적 또는 개수에 따라 계산한 운임이 정당한 사유 없이 정상 운임보다 적은 경우에는 송하인에게 그 부족 운임 외에 그 부족 운임의 **5배**의 범위에서 부가 운임을 징수할 수 있다.

정답 25 ⑤　26 ④　27 ⑤　28 ③

29 다음 중 철도사업자가 운임·요금을 감면하는 경우 시행 며칠 전에 감면사항을 게시하여야 하는가?

① 1일　　　　② 3일
③ 5일　　　　④ 7일
⑤ 30일

해설 법 제9조의2(여객 운임·요금의 감면)
② 철도사업자는 제1항에 따라 여객 운임·요금을 감면하는 경우에는 그 시행 **3일 이전**에 감면 사항을 인터넷 홈페이지, 관계 역·영업소 및 사업소 등 일반인이 잘 볼 수 있는 곳에 게시하여야 한다. 다만, 긴급한 경우에는 미리 게시하지 아니할 수 있다.

30 다음 중 빈칸에 들어갈 단어로 알맞은 것은?

> 철도사업자는 부가 운임을 징수하려는 경우에는 사전에 부가 운임의 징수 대상 행위, 열차의 종류 및 운행 구간 등에 따른 부가 운임 산정기준을 정하고 법에 따른 (　　　)에 포함하여 국토교통부장관에게 신고하여야 한다.

① 철도사업 운영규정
② 정관
③ 철도사업약관
④ 부가운임신고서
⑤ 철도사업계획서

해설 법 제10조(부가 운임의 징수)
③ 철도사업자는 제1항 및 제2항에 따른 부가 운임을 징수하려는 경우에는 사전에 부가 운임의 징수 대상 행위, 열차의 종류 및 운행 구간 등에 따른 부가 운임 산정기준을 정하고 제11조에 따른 철도사업약관에 포함하여 국토교통부장관에게 신고하여야 한다.

31 다음 내용 중 틀린 것은?

① 철도사업자는 철도사업약관을 정하여 국토교통부장관에게 신고하여야 한다. 이를 변경하려는 경우에도 같다.
② 철도사업약관의 기재 사항 등에 필요한 사항은 철도사업자가 정한다.
③ 국토교통부장관이 여객 운임의 상한을 지정하려는 때에는 철도사업자로 하여금 원가계산 그 밖에 여객 운임의 산출 기초를 기재한 서류를 제출하게 할 수 있다.
④ 철도사업자는 여객 운임·요금을 감면하는 경우에는 그 시행 3일 전에 감면 사항을 인터넷 홈페이지, 관계 역·영업소 및 사업소 등 일반인이 잘 볼 수 있는 곳에 게시하여야 한다. 다만, 긴급한 경우에는 미리 게시하지 아니할 수 있다.
⑤ 부가 운임의 징수 대상자는 3일 이내에 이의를 제기할 수 있다.

해설 법 제10조(부가 운임의 징수)
• 5번 선지는 법 제10조(부가 운임의 징수)에 없는 내용이다. 부가운임의 징수대상자는 법에 따라 성실하게 납부하여야 한다.
• **제10조(부가 운임의 징수)** ⑤ 제1항 및 제2항에 따른 부가 운임의 징수 대상자는 이를 성실하게 납부하여야 한다.

32 다음 중 빈칸에 들어갈 단어로 어색하지 않는 것은?

> 철도사업자 또는 철도사업자로부터 승차권 판매위탁을 받은 자가 아닌 자는 철도사업자가 발행한 승차권 또는 할인권·교환권 등 승차권에 준하는 증서를 상습 또는 영업으로 자신이 구입한 가격을 초과한 금액으로 다른 사람에게 판매하거나 이를 (   )하여서는 아니 된다.

① 제공　　　　　② 위탁
③ 처분　　　　　④ 양도
⑤ 알선

해설 **법 제10조의2(승차권 등 부정판매의 금지)**
철도사업자 또는 철도사업자로부터 승차권 판매위탁을 받은 자가 아닌 자는 철도사업자가 발행한 승차권 또는 할인권·교환권 등 승차권에 준하는 증서를 상습 또는 영업으로 자신이 구입한 가격을 초과한 금액으로 다른 사람에게 판매하거나 이를 알선하여서는 아니 된다.

33 다음 중 사업계획의 변경에 대한 내용으로 틀린 것은?

① 철도사업자는 사업계획을 변경하려는 경우에는 국토교통부장관에게 신고하여야 한다. 다만, 대통령령으로 정하는 경미한 사항을 변경하려는 경우에는 그렇지 않다.
② 국토교통부장관은 철도사업자가 국토교통부장관이 지정한 날에 운송을 시작하지 아니한 경우 사업계획의 변경을 제한할 수 있다.
③ 사업계획 변경의 절차·기준과 그 밖에 필요한 사항은 국토교통부령으로 정한다.

④ 국토교통부장관은 사업계획변경 신고를 받은 날부터 3일 이내에 신고수리 여부를 신고인에게 통지하여야 한다.
⑤ 철도사업자가 사업용철도노선별로 여객열차의 정차역을 신설하는 경우 국토교통부장관의 인가를 받아야 한다.

해설 **제12조(사업계획의 변경)**
① 철도사업자는 사업계획을 변경하려는 경우에는 국토교통부장관에게 신고하여야 한다. 다만, 대통령령으로 정하는 중요 사항을 변경하려는 경우에는 국토교통부장관의 인가를 받아야 한다.

[24년 하반기 기출변형]
34 다음 중 빈칸에 들어갈 단어로 알맞은 것은?

> 국토교통부장관은 철도사업자가 다음 각 호의 어느 하나에 해당하는 경우에는 사업계획의 변경을 제한할 수 있다.
> 1. 제8조에 따라 국토교통부장관이 지정한 날 또는 기간에 운송을 시작하지 아니한 경우
> 2. 제16조에 따라 노선 운행중지, 운행제한, 감차(減車) 등을 수반하는 사업계획 변경명령을 받은 후 (   )이 지나지 아니한 경우
> 3. 제21조에 따른 개선명령을 받고 이행하지 아니한 경우
> 4. 철도사고(「철도안전법」 제2조 제11호에 따른 철도사고를 말한다. 이하 같다)의 규모 또는 발생 빈도가 대통령령으로 정하는 기준 이상인 경우

① 1개월　　　　　② 3개월
③ 6개월　　　　　④ 1년
⑤ 2년

정답 **32** ⑤ **33** ① **34** ④

법 제12조(사업계획의 변경)

② 국토교통부장관은 철도사업자가 다음 각 호의 어느 하나에 해당하는 경우에는 제1항에 따른 사업계획의 변경을 제한할 수 있다.

2. 제16조에 따라 노선 운행중지, 운행제한, 감차(減車) 등을 수반하는 사업계획 변경명령을 받은 후 1년이 지나지 아니한 경우

35 다음 중 철도사업계획 변경 시 국토교통부장관의 인가를 받아야 하는 대통령령으로 정하는 중요 사항으로 틀린 것은?

① 철도이용수요가 적어 수지균형의 확보가 극히 곤란한 벽지 노선으로서 「철도산업발전기본법」에 따라 공익서비스비용의 보상에 관한 계약이 체결된 노선의 철도운송서비스(철도여객운송서비스 또는 철도화물운송서비스를 말한다)의 종류를 변경하거나 다른 종류의 철도운송서비스를 추가하는 경우

② 사업용철도노선 총투자비용의 10분의 1 이상 변경하는 경우

③ 운행구간의 변경(여객열차의 경우에 한한다)

④ 사업용철도노선별로 여객열차의 정차역을 신설 또는 폐지하거나 10분의 2 이상 변경하는 경우

⑤ 사업용철도노선별로 10분의 1 이상의 운행횟수의 변경(여객열차의 경우에 한한다). 다만, 공휴일·방학기간 등 수송수요와 열차운행계획상의 수송력과 현저한 차이가 있는 경우로서 3월 이내의 기간동안 운행횟수를 변경하는 경우를 제외한다.

시행령 제5조(사업계획의 중요한 사항의 변경)

법 제12조 제1항 단서에서 "대통령령으로 정하는 중요 사항을 변경하려는 경우"란 다음 각 호의 어느 하나에 해당하는 경우를 말한다.

1. 철도이용수요가 적어 수지균형의 확보가 극히 곤란한 벽지 노선으로서 「철도산업발전기본법」 제33조 제1항에 따라 공익서비스비용의 보상에 관한 계약이 체결된 노선의 철도운송서비스(철도여객운송서비스 또는 철도화물운송서비스를 말한다)의 종류를 변경하거나 다른 종류의 철도운송서비스를 추가하는 경우

2. 운행구간의 변경(여객열차의 경우에 한한다)

3. 사업용철도노선별로 여객열차의 정차역을 신설 또는 폐지하거나 10분의 2 이상 변경하는 경우

4. 사업용철도노선별로 10분의 1 이상의 운행횟수의 변경(여객열차의 경우에 한한다). 다만, 공휴일·방학기간 등 수송수요와 열차운행계획상의 수송력과 현저한 차이가 있는 경우로서 3월 이내의 기간동안 운행횟수를 변경하는 경우를 제외한다.

36 다음 설명이 뜻하는 단어로 맞는 것은?

> 다른 철도사업자와 공동경영에 관한 계약이나 그 밖의 운수에 관한 협정

① 공동운수협정
② 공동경영협정
③ 공동운영협정
④ 공동사업협정
⑤ 운수경영협정

법 제13조(공동운수협정)

① 철도사업자는 다른 철도사업자와 공동경영에 관한 계약이나 그 밖의 운수에 관한 협정(이하 "공동운수협정"이라 한다)을 체결하거나 변경하려는 경우에는 국토교통부령으로 정하는 바에 따라 **국토교통부장관의 인가**를 받아야 한다.

35 ② 36 ① 정답

37 다음 중 공동운수협정을 체결할 때 누구의 인가를 받아야 하는가?

① 대통령
② 국토교통부장관
③ 기획재정부장관
④ 철도산업위원회
⑤ 공정거래위원회

해설 36번 해설 참조

38 다음 중 국토교통부장관이 공동운수협정을 인가하려면 미리 누구와 협의를 하여야 하는가?

① 대통령
② 기획재정부장관
③ 공정거래위원회
④ 철도사업자
⑤ 철도운영자

해설 법 제13조(공동운수협정)
② 국토교통부장관은 제1항 본문에 따라 공동운수협정을 인가하려면 미리 **공정거래위원회**와 협의하여야 한다.

39 다음 중 사업의 양도·양수에 관한 내용으로 틀린 것은?

① 철도사업자는 그 철도사업을 양도·양수하려는 경우에는 국토교통부장관의 인가를 받아야 한다.
② 철도사업자는 다른 철도사업자 또는 철도사업 외의 사업을 경영하는 자와 합병하려는 경우에는 국토교통부장관의 인가를 받아야 한다.
③ 법에 따른 인가를 받은 경우 철도사업을 양수한 자는 철도사업을 양도한 자의 철도사업자로서의 지위를 승계한다.
④ 합병으로 설립되거나 존속하는 법인은 합병으로 신설되는 법인의 철도사업자로서의 지위를 승계한다.
⑤ 인가에 관하여는 결격사유를 준용한다.

해설 법 제14조(사업의 양도·양수 등)
③ 제1항이나 제2항에 따른 인가를 받은 경우 철도사업을 양수한 자는 철도사업을 양도한 자의 철도사업자로서의 지위를 승계하며, 합병으로 설립되거나 존속하는 법인은 합병으로 소멸되는 법인의 철도사업자로서의 지위를 승계한다.

40 다음 중 국토교통부장관의 허가를 받아야 하는 일반적인 철도사업 휴업 상한기간으로 맞는 것은?

① 1개월
② 3개월
③ 6개월
④ 1년
⑤ 2년

해설 법 제15조(사업의 휴업·폐업)
② 제1항에 따른 휴업기간은 **6개월**을 넘을 수 없다. 다만, 제1항 단서에 따른 휴업의 경우에는 예외로 한다.

41 다음 중 빈칸에 들어갈 말로 알맞은 것은?

> 철도사업자는 철도사업의 전부 또는 일부를 휴업 또는 폐업하려는 경우에는 (   )으로 정하는 바에 따라 휴업 또는 폐업하는 사업의 내용과 그 기간 등을 인터넷 홈페이지, 관계 역·영업소 및 사업소 등 일반인이 잘 볼 수 있는 곳에 게시하여야 한다.

① 대통령령
② 국토교통부령
③ 기획재정부장관
④ 공정거래위원회 위원장
⑤ 철도사업자 재량

해설 법 제15조(사업의 휴업·폐업)
⑤ 철도사업자는 철도사업의 전부 또는 일부를 휴업 또는 폐업하려는 경우에는 대통령령으로 정하는 바에 따라 휴업 또는 폐업하는 사업의 내용과 그 기간 등을 인터넷 홈페이지, 관계 역·영업소 및 사업소 등 일반인이 잘 볼 수 있는 곳에 게시하여야 한다

정답 37 ② 38 ③ 39 ④ 40 ③ 41 ①

42 국토교통부장관이 철도사업 일부를 휴업신고 받은 경우 며칠 이내로 신고 수리 여부를 통지하여야 되는가?

① 3일　　　　　② 7일
③ 10일　　　　　④ 30일
⑤ 60일

> **해설** 법 제15조(사업의 휴업·폐업)
> ④ 국토교통부장관은 제1항 단서 및 제3항에 따른 신고를 받은 날부터 **60일** 이내에 신고수리 여부를 신고인에게 통지하여야 한다.

43 다음 중 빈칸에 들어갈 말로 알맞은 것은?

> 철도사업자는 법에 따라 철도사업의 휴업 또는 폐업의 허가를 받은 때에는 그 허가를 받은 날부터 (　　　) 이내에 법에 따라 휴업·폐업 내용을 게시하여야 한다.

① 1일　　　　　② 3일
③ 7일　　　　　④ 10일
⑤ 30일

> **해설** 시행령 제7조(사업의 휴업·폐업 내용의 게시)
> 철도사업자는 법 제15조 제1항에 따라 철도사업의 휴업 또는 폐업의 허가를 받은 때에는 그 허가를 받은 날부터 **7일 이내**에 법 제15조 제4항에 따라 다음 각 호의 사항을 철도사업자의 인터넷 홈페이지, 관계 역·영업소 및 사업소 등 일반인이 잘 볼 수 있는 곳에 게시하여야 한다.

44 다음 중 빈칸에 들어갈 단어로 알맞은 것은?

> 국토교통부장관은 (　　　) 이내의 기간을 정하여 사업의 전부 또는 일부의 정지를 명할 수 있다.

① 7일　　　　　② 1개월
③ 3개월　　　　④ 6개월
⑤ 1년

> **해설** 법 제16조(면허취소 등)
> ① 국토교통부장관은 철도사업자가 다음 각 호의 어느 하나에 해당하는 경우에는 면허를 취소하거나, **6개월 이내**의 기간을 정하여 사업의 전부 또는 일부의 정지를 명하거나, 노선 운행중지·운행제한·감차 등을 수반하는 사업계획의 변경을 명할 수 있다.

45 다음 내용은 면허취소에 관한 사항이다. 빈칸에 들어갈 말로 알맞은 것은?

> 철도사업자의 임원 중 결격사유 사항 어느 하나에도 해당하게 된 사람이 있는 경우 면허를 취소하여야 한다. 다만, (　　　) 이내에 그 임원을 바꾸어 임명한 경우에는 예외로 한다.

① 3일　　　　　② 7일
③ 1개월　　　　④ 3개월
⑤ 6개월

> **해설** 법 제16조(면허취소 등)
> ① 국토교통부장관은 철도사업자가 다음 각 호의 어느 하나에 해당하는 경우에는 면허를 취소하거나, **6개월 이내**의 기간을 정하여 사업의 전부 또는 일부의 정지를 명하거나, 노선 운행중지·운행제한·감차 등을 수반하는 사업계획의 변경을 명할 수 있다. 다만, 제4호 및 제7호의 경우에는 면허를 취소하여야 한다.
> 7. 철도사업자의 임원 중 제7조 제1호 각 목의 어느 하나의 결격사유에 해당하게 된 사람이 있는 경우. 다만, **3개월 이내**에 그 임원을 바꾸어 임명한 경우에는 예외로 한다.

42 ⑤　43 ③　44 ④　45 ④　**정답**

46 다음 중 국토교통부장관이 철도사업의 면허를 취소하려면 무엇을 하여야 되는가?

① 청문　　　　② 심사
③ 허가　　　　④ 검토
⑤ 협의

해설 **법 제16조(면허취소 등)**
③ 국토교통부장관은 제1항에 따라 철도사업의 면허를 취소하려면 청문을 하여야 한다.

47 다음을 읽고 대통령령으로 정하는 다수의 사상자 수 기준으로 맞는 것은?

> 국토교통부장관은 고의 또는 중대한 과실에 의한 철도사고로 대통령령으로 정하는 다수의 사상자가 발생한 경우 면허를 취소하거나 사업의 전부 또는 일부의 정지를 명하거나 노선 운행 중지 등을 수반하는 사업계획의 변경을 명할 수 있다.

① 1회 철도사고로 사망자가 3명 이상이 발생하게 된 경우
② 1회 철도사고로 사망자가 5명 이상이 발생하게 된 경우
③ 1년 이내 사망자 수가 5명 이상 발생하게 된 경우
④ 1년 이내에 1회 이상 철도사고로 사망자가 5명 이상 발생하게 된 경우
⑤ 1년 이내에 3회 이상 철도사고로 사망자가 5명 이상 발생하게 된 경우

해설 **시행령 제8조(면허취소 또는 사업정지 등의 처분대상이 되는 사상자 수)**
법 제16조 제1항 제3호에서 "대통령령으로 정하는 다수의 사상자(死傷者)가 발생한 경우"란 1회 철도사고로 사망자 5명 이상이 발생하게 된 경우를 말한다.

48 다음 중 국토교통부장관이 부과·징수할 수 있는 과징금 상한금액으로 맞는 것은?

① 1천만 원　　　② 2천만 원
③ 5천만 원　　　④ 1억 원
⑤ 2억 원

해설 **법 제17조(과징금처분)**
① 국토교통부장관은 제16조 제1항에 따라 철도사업자에게 사업정지처분을 하여야 하는 경우로서 그 사업정지처분이 그 철도사업자가 제공하는 철도서비스의 이용자에게 심한 불편을 주거나 그 밖에 공익을 해칠 우려가 있을 때에는 그 사업정지처분을 갈음하여 1억 원 이하의 과징금을 부과·징수할 수 있다.

49 다음 중 과징금 사용의 절차, 운용계획의 수립·시행에 관한 사항을 정하는 주체로 알맞은 것은?

> 과징금 사용의 절차, 운용계획의 수립·시행에 관한 사항과 그 밖에 필요한 사항은 (　　　)으로 정한다.

① 대통령령　　　② 국토교통부령
③ 기획재정부령　④ 국세청령
⑤ 경찰청령

해설 **법 제17조(과징금처분)**
과징금 사용의 절차, 운용계획의 수립·시행에 관한 사항과 그 밖에 필요한 사항은 **국토교통부령**으로 정한다.

50 다음 중 철도사업 명의대여 금지를 위반한 경우 과징금 금액으로 맞는 것은?

① 100만 원　　　② 300만 원
③ 500만 원　　　④ 1,000만 원
⑤ 2,000만 원

해설 **시행령 [별표 1] 철도사업자에 대한 과징금의 부과기준(제9조 관련) 중 2. 개별기준**

위반행위	근거 법조문	과징금 금액
차. 법 제23조에 따른 명의대여 금지를 위반한 경우	법 제16조 제1항 제12호	300만 원

정답 46 ①　47 ②　48 ④　49 ②　50 ②

254　원큐패스 코레일 한국철도공사 철도관련법령

51 다음 중 빈칸에 들어갈 말로 알맞은 것은?

> 과징금 통지를 받은 자는 (   ) 이내
> 에 과징금을 국토교통부장관이 지정
> 한 수납기관에 납부해야 한다.

① 7일   ② 10일

③ 20일   ④ 1개월

⑤ 3개월

해설 **시행령 제10조(과징금의 부과 및 납부)**
② 제1항에 따른 통지를 받은 자는 20일 이내에 과징금
을 국토교통부장관이 지정한 수납기관에 납부해야 한다.

52 다음 중 과징금의 수납기관이 과징금을 수
납한 때에 그 사실을 보고하여야 되는 자로
맞는 것은?

① 대통령   ② 국토교통부장관

③ 기획재정부장관   ④ 국세청장

⑤ 납부자

해설 **시행령 제10조(과징금의 부과 및 납부)**
④ 과징금의 수납기관은 제2항의 규정에 의하여 과징금
을 수납한 때에는 지체 없이 그 사실을 국토교통부장관
에게 통보하여야 한다.

53 다음 중 면허를 받은 사항을 정당한 사유없
이 시행하지 않은 경우 과징금 금액으로 맞
는 것은?

① 300만 원   ② 500만 원

③ 1,000만 원   ④ 2,000만 원

⑤ 5,000만 원

해설 **시행령 [별표 1] 철도사업자에 대한 과징금의
부과기준(제9조 관련) 중 2. 개별기준**

위반행위	근거 법조문	과징금 금액
가. 면허를 받은 사항을 정당한 사유 없이 시행하지 않은 경우	법 제16조 제1항 제1호	300만 원

54 다음 중 500만 원 과징금에 해당되는 위반
행위로 맞는 것은?

① 국토교통부장관이 지정한 날 또는 기간
에 운송을 시작하지 않은 경우

② 휴업 또는 폐업의 국토교통부장관의 허
가를 받지 않거나 신고를 하지 않고 영
업을 하지 않은 경우

③ 법에 따른 철도사업자의 준수사항을 1
년 이내에 3회 이상 위반한 경우

④ 법에 따른 개선명령을 위반한 경우

⑤ 법에 따른 명의대여 금지를 위반한 경우

해설 **시행령 [별표 1] 철도사업자에 대한 과징금의
부과기준(제9조 관련) 중 2. 개별기준**

위반행위	근거 법조문	과징금 금액
아. 법 제20조 제1항에 따른 준수사항을 1년 이내에 3회 이상 위반한 경우	법 제16조 제1항 제10호	500만 원

※ 3번 선지를 제외한 나머지 선지는 300만 원에 해당
된다.

55 다음 중 빈칸에 들어갈 단어로 알맞은 것은?

> 철도사업자는 철도사업에 사용되는
> 철도차량에 철도사업자의 명칭과 그
> 밖에 (   ) 정하는 사항을 표시하여
> 야 한다.

① 대통령령으로

② 국토교통부령으로

③ 한국교통안전공단 이사장이

④ 기획재정부장관이

⑤ 철도운영자가

해설 **법 제18조(철도차량 표시)**
철도사업자는 철도사업에 사용되는 철도차량에 철도사
업자의 명칭과 그 밖에 국토교통부령으로 정하는 사항
을 표시하여야 한다.

51 ③   52 ②   53 ①   54 ③   55 ②   정답

56 다음 중 빈칸에 들어갈 단어로 알맞은 것은?

> 철도사업자는 여객 또는 화물 운송에
> 부수하여 우편물과 (   ) 등을 운송
> 할 수 있다.

① 신문 ② 잡지
③ 간행물 ④ 홍보물
⑤ 광고물

해설 법 제19조(우편물 등의 운송)

철도사업자는 여객 또는 화물 운송에 부수(附隨)하여 우
편물과 신문 등을 운송할 수 있다.

57 다음 중 빈칸에 들어갈 단어로 알맞은 것은?

> 철도사업자는 여객 운임표, 여객 요금
> 표, 감면 사항 및 (   )을 인터넷 홈페
> 이지에 게시하고 관계 역·영업소 및 사
> 업소 등에 갖추어 두어야 하며, 이용자
> 가 요구하는 경우에는 제시하여야 한다.

① 혜택
② 편의사항
③ 철도사업약관
④ 주의사항
⑤ 운임, 요금의 산정기준

해설 법 제20조(철도사업자의 준수사항)

③ 철도사업자는 여객 운임표, 여객 요금표, 감면 사항
및 철도사업약관을 인터넷 홈페이지에 게시하고 관계
역·영업소 및 사업소 등에 갖추어 두어야 하며, 이용자
가 요구하는 경우에는 제시하여야 한다.

58 다음 중 국토교통부장관이 철도사업자에게
명할 수 있는 사항으로 틀린 것은?

① 사업계획의 변경
② 철도시설과 장비의 개량
③ 운임·요금 징수 방식의 개선
④ 공동운수협정의 체결
⑤ 철도차량 및 철도사고에 관한 손해배상
  을 위한 보험에의 가입

해설 법 제21조(사업의 개선명령)

국토교통부장관은 원활한 철도운송, 서비스의 개선 및
운송의 안전과 그 밖에 공공복리의 증진을 위하여 필요
하다고 인정하는 경우에는 철도사업자에게 다음 각 호
의 사항을 명할 수 있다.
2. 철도차량 및 운송 관련 장비·시설의 개선

59 다음 중 철도운수종사자의 준수사항으로
아닌 것은?

① 정당한 사유 없이 여객 또는 화물의 운
  송을 거부하는 행위
② 부당한 운임 또는 요금을 요구하거나
  받는 행위
③ 타인에게 철도차량 운전면허 등 자격을
  빌려주거나 이를 알선하는 행위
④ 정당한 사유 없이 여객 또는 화물을 중
  도에서 내리게 하는 행위
⑤ 그 밖에 안전운행과 여객 및 화주의 편
  의를 위하여 철도운수종사자가 준수하
  여야 할 사항으로서 국토교통부령으로
  정하는 사항을 위반하는 행위

해설 법 제22조(철도운수종사자의 준수사항)

철도사업에 종사하는 철도운수종사자는 다음 각 호의
어느 하나에 해당하는 행위를 하여서는 아니 된다.
1. 정당한 사유 없이 여객 또는 화물의 운송을 거부하거
   나 여객 또는 화물을 중도에서 내리게 하는 행위
2. 부당한 운임 또는 요금을 요구하거나 받는 행위
3. 그 밖에 안전운행과 여객 및 화주의 편의를 위하여
   철도운수종사자가 준수하여야 할 사항으로서 국토교
   통부령으로 정하는 사항을 위반하는 행위

정답 56 ① 57 ③ 58 ② 59 ③

60 다음 중 빈칸에 들어갈 단어로 알맞은 것은?

> 철도화물 운송에 관한 책임을 적용할 때 철도사업자의 화물이 인도 기한을 지난 후 (　　) 이내에 인도되지 아니한 경우에는 그 화물은 멸실된 것으로 본다.

① 1개월　　　② 3개월
③ 6개월　　　④ 1년
⑤ 2년

해설 법 제24조(철도화물 운송에 관한 책임)
② 제1항을 적용할 때에 화물이 인도 기한을 지난 후 **3개월 이내**에 인도되지 아니한 경우에는 그 화물은 멸실된 것으로 본다.

61 다음 중 철도사업자가 부가 운임을 징수할 수 있는 범위로 맞는 것은?

① 10배　　　② 20배
③ 30배　　　④ 50배
⑤ 100배

해설 법 제10조(부가 운임의 징수)
① 철도사업자는 열차를 이용하는 여객이 정당한 운임·요금을 지급하지 아니하고 열차를 이용한 경우에는 승차 구간에 해당하는 운임 외에 그의 **30배**의 범위에서 부가 운임을 징수할 수 있다.

제2장의 2　**민자철도 운영의 감독·관리 등**

62 다음 중 민자철도사업자에 대한 과징금 처분 시 상한 금액으로 맞는 것은?

① 1천만 원　　　② 2천만 원
③ 3천만 원　　　④ 5천만 원
⑤ 1억 원

해설 법 제25조의2
(민자철도 사업자에 대한 과징금 처분)
① 국토교통부장관은 민자철도 사업자가 다음 각 호의 어느 하나에 해당하는 경우에는 **1억 원** 이하의 과징금을 부과·징수할 수 있다.

63 다음 중 민자철도의 유지, 관리 및 운영에 관한 기준 등에 관한 내용으로 틀린 것은?

① 국토교통부장관은 고속철도, 광역철도 및 일반철도로서 민간투자사업으로 건설된 철도의 관리운영권을 민자철도 사업자가 해당 민자철도를 안전하고 효율적으로 유지·관리할 수 있도록 민자철도의 유지·관리 및 운영에 관한 기준을 정하여 고시하여야 한다.
② 민자철도사업자는 민자철도의 안전하고 효율적인 유지·관리와 이용자 편의를 도모하기 위하여 고시된 기준을 준수하여야 한다.
③ 국토교통부장관은 민자철도의 유지·관리 및 운영에 관한 기준에 따라 매년 소관 민자철도에 대하여 운영평가를 실시하여야 한다.
④ 국토교통부장관은 운영평가 결과에 따라 민자철도에 관한 유지·관리 및 체계 개선 등 필요한 조치를 민자철도 사업자에게 명할 수 있으며, 민자철도 사업자는 명령을 이행하고 그 결과를 국토교통부장관에게 보고하여야 한다.
⑤ 운영평가의 절차, 방법 및 그 밖에 필요한 사항은 대통령령으로 정한다.

해설 법 제25조
(민자철도의 유지·관리 및 운영에 관한 기준 등)
⑥ 제3항에 따른 운영평가의 절차, 방법 및 그 밖에 필요한 사항은 국토교통부령으로 정한다.

60 ②　61 ③　62 ⑤　63 ⑤　정답

64 다음 중 국토교통부장관의 명령을 이행하지 않거나 그 결과를 보고하지 않은 경우 과징금 금액으로 맞는 것은?

① 500만 원
② 1,000만 원
③ 2,000만 원
④ 4,000만 원
⑤ 10,000만 원

해설 시행령 [별표 1의2] 민자철도사업자에 대한 과징금의 부과기준(제10조의2 관련)

위반행위	근거 법조문	과징금 금액
나. 법 제25조 제5항을 위반하여 명령을 이행하지 않거나 그 결과를 보고하지 않은 경우	법 제25조의2 제1항 제2호	1,000만 원

65 국토교통부장관은 민자철도사업자의 위법한 행위 등이 발생한 경우 그 사유의 소명을 요구할 수 있다. 민자철도 사업자는 며칠 이내로 소명하여야 하는가?

① 3일
② 7일
③ 30일
④ 60일
⑤ 90일

해설 법 제25조의3

(사정변경 등에 따른 실시협약의 변경 요구 등)
② 제1항에 따른 요구를 받은 민자철도 사업자는 국토교통부장관이 요구한 날부터 30일 이내에 그 사유를 소명하거나 해소 대책을 수립하여야 한다.

66 다음 중 국토교통부장관이 민자철도 관리지원센터의 자문을 거쳐 실시협약의 변경 등을 요구할 수 있는 경우로 맞는 것은?

① 민자철도사업자가 실시협약에서 정한 자기자본의 비율을 대통령령으로 정하는 기준 미만으로 변경한 경우
② 민자철도사업자가 대통령령으로 정하는 기준을 초과한 이자율로 자금을 차입한 경우
③ 교통여건이 현저히 변화되는 경우
④ 상황에 중대한 변경이 생긴 경우로서 대통령령으로 정하는 경우
⑤ 국토교통부장관이 요구한 해소 대책을 민자철도사업자가 수립하지 아니한 경우

해설 법 제25조의3

(사정변경 등에 따른 실시협약의 변경 요구 등)
③ 국토교통부장관은 다음 각 호의 어느 하나에 해당하는 경우 제25조의5에 따른 민자철도 관리지원센터의 자문을 거쳐 실시협약의 변경 등을 요구할 수 있다.
1. 민자철도사업자가 제2항에 따른 소명을 하지 아니하거나 그 소명이 충분하지 아니한 경우
2. 민자철도 사업자가 제2항에 따른 해소 대책을 수립하지 아니한 경우
3. 제2항에 따른 해소 대책으로는 제1항에 따른 사유를 해소할 수 없거나 해소하기 곤란하다고 판단되는 경우

67 다음 중 빈칸에 들어갈 단어로 알맞은 것은?

> 교통여건이 현저히 변화되는 등 실시협약의 기초가 되는 사실 또는 상황에 중대한 변경이 생긴 경우로서 대통령령으로 정하는 경우란 실시협약의 체결 이후 연간 실제 교통량이 실시협약에서 정한 교통량의 (   ) 이상 변경된 경우를 말한다.

① 100분의 10
② 100분의 20
③ 100분의 30
④ 100분의 40
⑤ 절반

해설
• 법 제25조의3(사정변경 등에 따른 실시협약의 변경 요구 등)
  3. 교통여건이 현저히 변화되는 등 실시협약의 기초가 되는 사실 또는 상황에 중대한 변경이 생긴 경우로서 대통령령으로 정하는 경우
• 시행령 제10조의4(사정변경 등에 따른 실시협약의 변경 요구 등)

정답 64 ② 65 ③ 66 ⑤ 67 ③

③ 법 제25조의3 제1항 제3호에서 "대통령령으로 정하는 경우"란 「사회기반시설에 대한 민간투자법」 제2조 제7호에 따른 실시협약(이하 이 항에서 "실시협약"이라 한다)의 체결 이후 다음 각 호의 경우로 인하여 연간 실제 교통량이 실시협약에서 정한 교통량의 100분의 30 이상 변경된 경우를 말한다.

68 다음 중 정책의 변경 또는 법령의 개정 등으로 인하여 민자철도 사업자가 부담하여야 하는 비용이 추가로 발생하는 경우 그 비용의 전부 또는 일부를 지원할 수 있는 주체로 맞는 것은?

① 국가
② 지방자치단체
③ 국토교통부장관
④ 기획재정부장관
⑤ 공정거래위원회

해설 법 제25조의4(민자철도 사업자에 대한 지원)
국토교통부장관은 정책의 변경 또는 법령의 개정 등으로 인하여 민자철도 사업자가 부담하여야 하는 비용이 추가로 발생하는 경우 그 비용의 전부 또는 일부를 지원할 수 있다.

69 다음 중 민자철도 관리지원센터의 업무범위로 틀린 것은?

① 민자철도의 교통수요 예측, 적정 요금 또는 운임 및 운영비 산출과 관련한 자문 및 지원
② 민자철도의 유지·관리 및 운영에 관한 기준과 관련한 자문 및 지원
③ 운영평가와 관련한 자문 및 지원
④ 실시협약 변경 등의 요구와 관련한 자문 및 지원
⑤ 그 밖에 이 법에 따른 민자철도에 관한 감독 지원을 위하여 대통령령으로 정하는 업무

해설 법 제25조의5
(민자철도 관리지원센터의 지정 등)
② 관리지원센터는 다음 각 호의 업무를 수행한다.
1. 민자철도의 교통수요 예측, 적정 요금 또는 운임 및 운영비 산출과 관련한 자문 및 지원
2. 제25조 제1항에 따른 민자철도의 유지·관리 및 운영에 관한 기준과 관련한 자문 및 지원
3. 제25조 제3항에 따른 운영평가와 관련한 자문 및 지원
4. 제25조의3 제3항에 따른 실시협약 변경 등의 요구와 관련한 자문 및 지원
5. 제5항에 따라 국토교통부장관이 위탁하는 업무
6. 그 밖에 이 법에 따른 민자철도에 관한 감독 지원을 위하여 국토교통부령으로 정하는 업무

70 다음 중 빈칸에 들어갈 말로 알맞은 것은?

> 국토교통부장관은 「사회기반시설에 대한 민간투자법」에 따라 국가가 재정을 지원한 민자철도의 건설 및 유지·관리 현황에 관한 보고서를 작성하여 (   )까지 국회 소관 상임위원회에 제출하여야 한다.

① 매년 2월 말
② 매년 5월 31일
③ 매년 6월 30일
④ 매년 11월 30일
⑤ 매년 12월 31일

해설 법 제25조의6(국회에 대한 보고 등)
① 국토교통부장관은 「사회기반시설에 대한 민간투자법」 제53조에 따라 국가가 재정을 지원한 민자철도의 건설 및 유지·관리 현황에 관한 보고서를 작성하여 **매년 5월 31일**까지 국회 소관 상임위원회에 제출하여야 한다.

68 ③ 69 ⑤ 70 ② 정답

71 다음 중 빈칸에 들어갈 말로 알맞은 것은?

> 국토교통부장관은 공공복리의 증진과 철도서비스 이용자의 권익보호를 위하여 철도사업자가 제공하는 철도서비스에 대하여 적정한 철도서비스 기준을 정하고, 그에 따라 철도사업자가 제공하는 (   )을 평가하여야 한다.

① 철도차량
② 철도시설
③ 철도운임의 정당성
④ 철도서비스의 품질
⑤ 공공성 및 효율성

해설 법 제26조(철도서비스의 품질평가 등)
① 국토교통부장관은 공공복리의 증진과 철도서비스 이용자의 권익보호를 위하여 철도사업자가 제공하는 철도서비스에 대하여 적정한 철도서비스 기준을 정하고, 그에 따라 철도사업자가 제공하는 철도서비스의 품질을 평가하여야 한다.

72 다음 중 철도서비스의 품질평가결과를 공포하는 경우 포함하여야 하는 사항으로 틀린 것은?

① 평가지표별 평가결과
② 철도의 안전성 점수
③ 철도서비스의 품질 향상도
④ 철도사업자별 평가순위
⑤ 그 밖에 철도서비스에 대한 품질평가결과 국토교통부장관이 공표가 필요하다고 인정하는 사항

해설 시행령 제11조(평가결과의 공표)
① 국토교통부장관이 법 제27조의 규정에 의하여 철도서비스의 품질평가결과를 공표하는 경우에는 다음 각

호의 사항을 포함하여야 한다.
1. 평가지표별 평가결과
2. 철도서비스의 품질 향상도
3. 철도사업자별 평가순위
4. 그 밖에 철도서비스에 대한 품질평가결과 국토교통부장관이 공표가 필요하다고 인정하는 사항

73 다음 중 우수 철도 서비스에 대한 인증을 할 때 국토교통부장관과 협의하는 자로 맞는 것은?

① 대통령
② 기획재정부장관
③ 공정거래위원회
④ 철도산업위원회
⑤ 철도협회

해설 법 제28조(우수 철도서비스 인증)
① 국토교통부장관은 공정거래위원회와 협의하여 철도사업자 간 경쟁을 제한하지 아니하는 범위에서 철도서비스의 질적 향상을 촉진하기 위하여 우수 철도서비스에 대한 인증을 할 수 있다.

74 다음 중 우수서비스에 대한 인증을 받은 철도사업자가 우수서비스마크를 붙일 수 있는 곳으로 모두 고른 것은?

> ㉠ 철도차량
> ㉡ 철도 승차권 등 이에 준하는 증서
> ㉢ 철도 용품
> ㉣ 역 시설
> ㉤ 신문 등 대중매체

① ㉠, ㉡, ㉢
② ㉠, ㉡, ㉣
③ ㉠, ㉢, ㉣
④ ㉡, ㉢, ㉣
⑤ ㉢, ㉣, ㉤

해설 법 제28조(우수 철도서비스 인증)
② 제1항에 따라 인증을 받은 철도사업자는 그 인증의 내용을 나타내는 표지(이하 "우수서비스 마크"라 한다)를 철도차량, 역 시설 또는 철도 용품 등에 붙이거나 인증 사실을 홍보할 수 있다.

정답 71 ④ 72 ② 73 ③ 74 ③

75 다음 중 우수 철도서비스 인증에 관하여 국토교통부장관이 정하는 것이 아닌 것은?

① 인증의 절차 ② 인증기준
③ 인증기간 ④ 우수서비스마크
⑤ 인증의 사후관리

해설 법 제28조(우수 철도서비스 인증)
④ 우수 철도서비스 인증의 절차, 인증기준, 우수서비스마크, 인증의 사후관리에 관한 사항과 그 밖에 인증에 필요한 사항은 **국토교통부령**으로 정한다.

76 다음 중 빈칸에 들어갈 단어로 알맞은 것은?

> 국토교통부장관이나 평가업무 등을 위탁받은 자는 철도서비스의 평가 등을 할 때 철도사업자에게 관련 자료 또는 의견 제출 등을 요구하거나 철도서비스에 대한 (   )를 할 수 있다.

① 실태조사 ② 실지조사
③ 평가조사 ④ 업무조사
⑤ 자료조사

해설 법 제30조(자료 등의 요청)
① 국토교통부장관이나 제29조에 따라 평가업무 등을 위탁받은 자는 철도서비스의 평가 등을 할 때 철도사업자에게 관련 자료 또는 의견 제출 등을 요구하거나 철도서비스에 대한 **실지조사**(實地調查)를 할 수 있다.

77 다음 중 철도사업자가 시설의 공동 활용에 관한 요청을 하는 경우 협정을 체결하여야 되는 공동 사용시설로 틀린 것은?

① 철도역 및 역 시설(물류시설, 환승시설 및 편의시설 등은 제외한다)
② 철도차량의 정비·검사·점검·보관 등 유지관리를 위한 시설
③ 사고의 복구 및 구조·피난을 위한 설비
④ 열차의 조성 또는 분리 등을 위한 시설
⑤ 철도 운영에 필요한 정보통신 설비

해설 법 제31조(철도시설의 공동 활용)
공공교통을 목적으로 하는 선로 및 다음 각 호의 공동 사용시설을 관리하는 자는 철도사업자가 그 시설의 공동 활용에 관한 요청을 하는 경우 협정을 체결하여 이용할 수 있게 하여야 한다.
1. 철도역 및 역 시설(물류시설, 환승시설 및 편의시설 등을 포함한다)
2. 철도차량의 정비·검사·점검·보관 등 유지관리를 위한 시설
3. 사고의 복구 및 구조·피난을 위한 설비
4. 열차의 조성 또는 분리 등을 위한 시설
5. 철도 운영에 필요한 정보통신 설비

78 다음 중 철도사업자의 철도운영의 효율화와 회계처리의 투명성을 제고하기 위하여 회계를 구분하는 방식으로 맞는 것은?

① 철도사업의 기간별·거리별
② 철도사업의 종류별·노선별
③ 철도사업의 거리별·속도별
④ 철도사업의 규모별·수익별
⑤ 철도사업의 형태별·분야별

해설 법 제32조(회계의 구분)
② 철도사업자는 철도운영의 효율화와 회계처리의 투명성을 제고하기 위하여 국토교통부령으로 정하는 바에 따라 **철도사업의 종류별·노선별**로 회계를 구분하여 경리하여야 한다.

79 다음 중 위탁받은 철도사업자의 평가 업무에 종사하는 관계 전문기관 등의 임원 및 직원은 형법을 적용할 때 무엇으로 보는가?

① 감사원 ② 관리청
③ 공무원 ④ 일반인
⑤ 자연인

해설 법 제33조(벌칙 적용 시의 공무원 의제)
제29조에 따라 위탁받은 업무에 종사하는 관계 전문기관 등의 임원 및 직원은 「형법」 제129조부터 제132조까지의 규정을 적용할 때에는 **공무원**으로 본다.

75 ③ 76 ② 77 ① 78 ② 79 ③ **정답**

80 다음 중 빈칸에 들어갈 단어로 알맞은 것은?

> 전용철도를 운영하려는 자는 국토교통부령으로 정하는 바에 따라 전용철도의 건설·운전·보안 및 운송에 관한 사항이 포함된 (   )를 첨부하여 국토교통부장관에게 등록을 하여야 한다.

① 등록신청서   ② 자격확인서
③ 면허신청서   ④ 사업계획서
⑤ 운영계획서

해설 법 제34조(등록)
① 전용철도를 운영하려는 자는 국토교통부령으로 정하는 바에 따라 전용철도의 건설·운전·보안 및 운송에 관한 사항이 포함된 운영계획서를 첨부하여 국토교통부장관에게 등록을 하여야 한다.

81 다음 전용철도 등록사항의 경미한 변경사항 중 법인에 한하는 것으로 맞는 것은?

① 운행시간을 연장 또는 단축한 경우
② 배차간격 또는 운행횟수를 단축 또는 연장한 경우
③ 주사무소·철도차량기지를 제외한 운송관련 부대시설을 변경한 경우
④ 임원을 변경한 경우
⑤ 10분의 1의 범위 안에서 철도차량 대수를 변경한 경우

해설 시행령 제12조
(전용철도 등록사항의 경미한 변경 등)
① 법 제34조 제1항 단서에서 "대통령령으로 정하는 경미한 변경의 경우"란 다음 각 호의 어느 하나에 해당하는 경우를 말한다.

1. 운행시간을 연장 또는 단축한 경우
2. 배차간격 또는 운행횟수를 단축 또는 연장한 경우
3. 10분의 1의 범위 안에서 철도차량 대수를 변경한 경우
4. 주사무소·철도차량기지를 제외한 운송관련 부대시설을 변경한 경우
5. 임원을 변경한 경우(법인에 한한다)
6. 6월의 범위 안에서 전용철도 건설기간을 조정한 경우

82 다음 중 전용철도를 등록할 수 없는 자가 아닌 것은?

① 피성년후견인
② 피한정후견인
③ 파산선고를 받고 복권되지 아니한 사람
④ 철도사업의 면허가 취소된 후 그 취소일로부터 2년이 지나지 아니한 법인
⑤ 「철도사업법」을 위반하여 금고 이상의 형의 집행유예를 선고받고 그 유예 기간 중에 있는 사람

해설
• 4번 선지의 경우 제7조 2호에 속한다. 더불어 철도사업면허와 전용철도 등록은 별개사항이다. 또한, 철도사업의 면허는 철도사업자이기에 법인이 주체가 되고 전용철도 등록은 개인과 법인 둘 다 가능하기에 이런식으로 생각하면 구분하기 쉽다.
• **제35조(결격사유)** 다음 각 호의 어느 하나에 해당하는 자는 전용철도를 등록할 수 없다. 법인인 경우 그 임원 중에 다음 각 호의 어느 하나에 해당하는 자가 있는 경우에도 같다.
  1. 제7조 제1호 각 목의 어느 하나에 해당하는 사람

83 다음 중 전용철도 등록을 한 법인이 합병할 경우 무엇을 하여야 되는가?

① 국토교통부장관에게 신고
② 주사무소에서 합병등록
③ 공정거래위원회에 신고
④ 기획재정부장관과 협의
⑤ 정관의 수정

정답 80 ⑤ 81 ④ 82 ④ 83 ①

법 제36조(전용철도 운영의 양도·양수 등)

② 전용철도의 등록을 한 법인이 합병하려는 경우에는 국토교통부령으로 정하는 바에 따라 국토교통부장관에게 신고하여야 한다.

84 다음 중 전용철도의 운영 양도 신고를 받은 국토교통부장관은 언제까지 신고수리 여부를 신고인에게 통지하여야 하는가? (단, 모든 기간은 신고를 받은 날부터로 간주한다.)

① 3일 이내　　　② 7일 이내
③ 10일 이내　　　④ 30일 이내
⑤ 60일 이내

법 제36조(전용철도 운영의 양도·양수 등)

③ 국토교통부장관은 제1항 및 제2항에 따른 신고를 받은 날부터 30일 이내에 신고수리 여부를 신고인에게 통지하여야 한다.

85 다음 중 빈칸에 들어갈 단어로 알맞은 것은?

> 전용철도운영자가 사망한 경우 상속인이 그 전용철도의 운영을 계속하려는 경우에는 피상속인이 사망한 날부터 (　　　) 이내에 국토교통부장관에게 신고하여야 한다.

① 1개월　　　② 2개월
③ 3개월　　　④ 6개월
⑤ 1년

법 제37조(전용철도 운영의 상속)

① 전용철도운영자가 사망한 경우 상속인이 그 전용철도의 운영을 계속하려는 경우에는 피상속인이 사망한 날부터 3개월 이내에 국토교통부장관에게 신고하여야 한다.

86 다음 중 상속신고를 받은 국토교통부장관이 신고수리여부를 통지하여야 되는 기간으로 맞는 것은?

① 3일　　　② 7일
③ 10일　　　④ 30일
⑤ 60일

법 제37조(전용철도 운영의 상속)

② 국토교통부장관은 세1항에 따른 신고를 받은 날부터 10일 이내에 신고수리 여부를 신고인에게 통지하여야 한다.

87 다음 중 전용철도운영자가 전용철도 운영의 전부 또는 일부를 휴업 또는 폐업할 경우의 조치사항으로 틀린 것은?

① 대체교통수단 안내 조치
② 폐업으로 인하여 철도운행에 지장을 초래하지 아니하도록 하는 조치
③ 휴업으로 인하여 철도운행 및 철도운행의 안전에 지장을 초래하지 아니하도록 하는 조치
④ 휴업으로 인하여 자연재해가 가중되지 아니하도록 하는 조치
⑤ 폐업으로 인하여 환경오염 등이 가중되지 아니하도록 하는 조치

시행령 제12조
(전용철도 등록사항의 경미한 변경 등)

② 전용철도운영자는 법 제38조에 따라 전용철도 운영의 전부 또는 일부를 휴업 또는 폐업하는 경우 다음 각 호의 조치를 하여야 한다.
1. 휴업 또는 폐업으로 인하여 철도운행 및 철도운행의 안전에 지장을 초래하지 아니하도록 하는 조치
2. 휴업 또는 폐업으로 인하여 자연재해·환경오염 등이 가중되지 아니하도록 하는 조치

88 다음 중 빈칸에 들어갈 단어로 맞는 것은?

> 전용철도운영자가 그 운영의 전부 또는 일부를 휴업 또는 폐업한 경우에는 (   )에 국토교통부장관에게 신고하여야 한다.

① 1개월 이내　　② 2개월 이내
③ 3개월 이내　　④ 6개월 이내
⑤ 1년 이내

해설 법 제38조(전용철도 운영의 휴업·폐업)
전용철도운영자가 그 운영의 전부 또는 일부를 휴업 또는 폐업한 경우에는 **1개월 이내**에 국토교통부장관에게 신고하여야 한다.

89 다음 중 빈칸에 들어갈 단어로 알맞은 것은?

> 국토교통부장관은 전용철도 등록기준에 미달한 경우 그 등록을 취소하거나 (   )의 기간을 정하여 그 운영의 전부 또는 일부의 정지를 명할 수 있다.

① 2년 이내　　② 1년 이내
③ 6개월 이내　　④ 3개월 이내
⑤ 1개월 이내

해설 법 제40조(등록의 취소·정지)
국토교통부장관은 전용철도운영자가 다음 각 호의 어느 하나에 해당하는 경우에는 그 등록을 취소하거나 **1년 이내**의 기간을 정하여 그 운영의 전부 또는 일부의 정지를 명할 수 있다. 다만, 제1호에 해당하는 경우에는 등록을 취소하여야 한다.

90 다음 중 전용철도 등록을 반드시 취소하여야 하는 경우로 맞는 것은?

① 거짓이나 그 밖의 부정한 방법으로 전용철도 등록을 한 경우
② 전용철도운영자가 국토교통부령으로 정

하는 전용철도 등록기준에 미달한 경우
③ 전용철도 등록기준을 적용할 때 붙인 부담을 이행하지 아니한 경우
④ 전용철도운영자의 준수사항을 위반한 경우
⑤ 휴업신고나 폐업신고를 하지 아니하고 3개월 이상 전용철도를 운영하지 아니한 경우

해설 법 제40조(등록의 취소·정지)
국토교통부장관은 전용철도운영자가 다음 각 호의 어느 하나에 해당하는 경우에는 그 등록을 취소하거나 **1년 이내**의 기간을 정하여 그 운영의 전부 또는 일부의 정지를 명할 수 있다. 다만, 제1호에 해당하는 경우에는 등록을 취소하여야 한다.
1. 거짓이나 그 밖의 부정한 방법으로 제34조에 따른 등록을 한 경우

제5장 **국유철도시설의 활용·지원 등**

91 다음 중 국가가 소유·관리하는 철도시설에 시설물을 설치하려는 자에게 시설물의 종류 및 기간 등을 정하여 점용허가를 할 수 있는 자로 맞는 것은?

① 국가　　② 대통령
③ 국토교통부장관　　④ 철도시설관리자
⑤ 시설관리공단

해설 법 제42조(점용허가)
① 국토교통부장관은 국가가 소유·관리하는 철도시설에 건물이나 그 밖의 시설물(이하 "시설물"이라 한다)을 설치하려는 자에게 「국유재산법」 제18조에도 불구하고 **대통령령**으로 정하는 바에 따라 시설물의 종류 및 기간 등을 정하여 점용허가를 할 수 있다.

92 다음 중 국가가 소유·관리하는 철도시설의 점용허가를 받고자 하는 자가 국토교통부장관에게 제출하여야 되는 것으로 맞는 것은?

정답 88 ①　89 ②　90 ①　91 ③　92 ①

① 점용허가 신청서　② 점용계획서

③ 점용허가 확인서　④ 점용허가 계획서

⑤ 점용허가 추진서

해설 **시행령 제13조**

(점용허가의 신청 및 점용허가기간)

① 법 제42조 제1항의 규정에 의하여 국가가 소유·관리하는 철도시설의 점용허가를 받고자 하는 자는 국토교통부령이 정하는 점용허가신청서에 다음 각 호의 서류를 침부하여 국도교통부장관에게 제출하어야 한다.

93 다음 중 빈칸에 들어갈 숫자로 알맞은 것은?

> 국토교통부장관은 법에 의하여 국가가 소유·관리하는 철도시설에 대한 점용허가를 하고자 하는 때에는 다음 각 호의 기간을 초과하여서는 아니된다. 다만, 건물 그 밖의 시설물을 설치하는 경우 그 공사에 소요되는 기간은 이를 산입하지 아니한다.
> 1. 철골조·철근콘크리트조·석조 또는 이와 유사한 견고한 건물의 축조를 목적으로 하는 경우에는 (　　　)년
> [중략]

① 5년　　② 10년　　③ 15년

④ 30년　　⑤ 50년

해설 **시행령 제13조**

(점용허가의 신청 및 점용허가기간)

② 국토교통부장관은 법 제42조 제1항의 규정에 의하여 국가가 소유·관리하는 철도시설에 대한 점용허가를 하고자 하는 때에는 다음 각 호의 기간을 초과하여서는 아니된다. 다만, 건물 그 밖의 시설물을 설치하는 경우 그 공사에 소요되는 기간은 이를 산입하지 아니한다.

1. 철골조·철근콘크리트조·석조 또는 이와 유사한 견고한 건물의 축조를 목적으로 하는 경우에는 **50년**

94 다음 중 점용허가신청서의 첨부서류로 틀린 것은?

① 사업개요에 관한 서류

② 사업계획서

③ 시설물의 건설계획 및 사용계획에 관한 서류

④ 자금조달계획에 관한 서류

⑤ 수지전망에 관한 서류

해설 **시행령 제13조**

(점용허가의 신청 및 점용허가기간)

① 법 제42조 제1항의 규정에 의하여 국가가 소유·관리하는 철도시설의 점용허가를 받고자 하는 자는 국토교통부령이 정하는 점용허가신청서에 다음 각 호의 서류를 첨부하여 국토교통부장관에게 제출하여야 한다. 이 경우 국토교통부장관은 「전자정부법」 제36조 제1항에 따른 행정정보의 공동이용을 통하여 법인 등기사항증명서(**법인인 경우로 한정**한다)를 확인하여야 한다.

1. 사업개요에 관한 서류

2. 시설물의 건설계획 및 사용계획에 관한 서류

3. 자금조달계획에 관한 서류

4. 수지전망에 관한 서류

5. **법인의 경우 정관**

6. 설치하고자 하는 시설물의 설계도서(**시방서·위치도·평면도 및 주단면도를 말한다**)

7. 그 밖에 참고사항을 기재한 서류

95 다음 중 국토교통부장관이 국가가 소유·관리하는 철도시설에 대한 점용허가를 하고자 하는 때 건물 외의 공작물의 축조를 목적으로 하는 경우에 최대 점용허가기간으로 맞는 것은?

① 5년　　② 10년　　③ 15년

④ 30년　　⑤ 50년

해설 **시행령 제13조**

(점용허가의 신청 및 점용허가기간)

② 국토교통부장관은 법 제42조 제1항의 규정에 의하여 국가가 소유·관리하는 철도시설에 대한 점용허가를 하고자 하는 때에는 다음 각 호의 기간을 초과하여서는 아니된다. 다만, 건물 그 밖의 시설물을 설치하는 경우 그 공사에 소요되는 기간은 이를 산입하지 아니한다.

3. 건물 외의 공작물의 축조를 목적으로 하는 경우에는 **5년**

96 다음 중 빈칸에 들어갈 기관으로 알맞은 것은?

> 국토교통부장관은 법에 따라 점용허가를 받은 자가 설치하려는 시설물의 전부 또는 일부가 철도시설 관리에 관계되는 경우에는 점용허가를 받은 자의 부담으로 그의 위탁을 받아 시설물을 직접 설치하거나 (   )으로 하여금 설치하게 할 수 있다.

① 철도사업자　　② 국가철도공단
③ 국토교통부　　④ 한국철도공사
⑤ 한국교통안전공단

<u>해설</u> 법 제43조(시설물 설치의 대행)
국토교통부장관은 제42조에 따라 점용허가를 받은 자(이하 "점용허가를 받은 자"라 한다)가 설치하려는 시설물의 전부 또는 일부가 철도시설 관리에 관계되는 경우에는 점용허가를 받은 자의 부담으로 그의 위탁을 받아 시설물을 직접 설치하거나 「국가철도공단법」에 따라 설립된 국가철도공단으로 하여금 설치하게 할 수 있다.

97 다음 중 점용허가를 취소할 수 있는 경우가 아닌 것은?

① 거짓이나 부정한 방법으로 점용허가를 받은 경우
② 시설물의 종류와 경영하는 사업이 철도사업에 지장을 주게 된 경우
③ 점용허가를 받은 날부터 1년 이내에 해당 점용허가의 목적이 된 공사에 착수하지 아니한 경우. 다만, 정당한 사유가 있는 경우에는 1년의 범위에서 공사의 착수기간을 연장할 수 있다.
④ 점용료를 납부하지 아니하는 경우
⑤ 점용허가 목적과 다른 목적으로 철도시설을 점용한 경우

<u>해설</u> 법 제42조의2(점용허가의 취소)
① 국토교통부장관은 제42조 제1항에 따른 점용허가를 받은 자가 다음 각 호의 어느 하나에 해당하면 그 점용허가를 취소할 수 있다.
1. 점용허가 목적과 다른 목적으로 철도시설을 점용한 경우
2. 제42조 제2항을 위반하여 시설물의 종류와 경영하는 사업이 철도사업에 지장을 주게 된 경우
3. 점용허가를 받은 날부터 1년 이내에 해당 점용허가의 목적이 된 공사에 착수하지 아니한 경우. 다만, 정당한 사유가 있는 경우에는 1년의 범위에서 공사의 착수기간을 연장할 수 있다.
4. 제44조에 따른 점용료를 납부하지 아니하는 경우
5. 점용허가를 받은 자가 스스로 점용허가의 취소를 신청하는 경우

98 다음 중 점용료를 감면할 수 있는 경우가 아닌 것은?

① 국가에 무상으로 양도하거나 제공하기 위한 시설물을 설치하기 위하여 점용허가를 받은 경우
② 재해, 그 밖의 특별한 사정으로 본래의 철도 점용 목적을 달성할 수 없는 경우
③ 국민경제에 중대한 영향을 미치는 공익사업으로서 대통령령으로 정하는 사업을 위하여 점용허가를 받은 경우
④ 우수 철도서비스 인증을 받은 철도사업자로서 국토교통부장관이 예산의 범위 안에서 포상 등 지원시책에 해당되는 경우
⑤ 「공공주택 특별법」에 따른 공공주택을 건설하기 위하여 점용허가를 받은 경우

<u>해설</u> 법 제44조(점용료)
① 국토교통부장관은 대통령령으로 정하는 바에 따라 점용허가를 받은 자에게 점용료를 부과한다.
② 제1항에도 불구하고 점용허가를 받은 자가 다음 각 호에 해당하는 경우에는 대통령령으로 정하는 바에 따라 점용료를 감면할 수 있다.
1. 국가에 무상으로 양도하거나 제공하기 위한 시설물을 설치하기 위하여 점용허가를 받은 경우

<u>정답</u> 96 ②　97 ①　98 ④

2. 제1호의 시설물을 설치하기 위한 경우로서 공사기간 중에 점용허가를 받거나 임시 시설물을 설치하기 위하여 점용허가를 받은 경우
3. 「공공주택 특별법」에 따른 공공주택을 건설하기 위하여 점용허가를 받은 경우
4. 재해, 그 밖의 특별한 사정으로 본래의 철도 점용 목적을 달성할 수 없는 경우
5. 국민경제에 중대한 영향을 미치는 공익사업으로서 대통령령으로 정하는 사업을 위하여 점용허가를 받은 경우

⑤ 해당 시설물이 설치된 면적에 따라 국토교통부령으로 정하는 비율에 해당하는 점용료를 감면

> **해설** 시행령 제14조(점용료)
>
> ③ 법 제44조 제2항에 따른 점용료의 감면은 다음 각 호의 구분에 따른다.
> 1. 법 제44조 제2항 제1호 및 제2호에 해당하는 경우 : 전체 시설물 중 국가에 무상으로 양도하거나 제공하기 위한 시설물의 비율에 해당하는 전용료를 감면

99 다음 중 점용허가를 할 철도시설 가액은 산출 후 몇 년 이내에 한하여 적용하는가?

① 1년 ② 2년
③ 3년 ④ 5년
⑤ 10년

> **해설** 시행령 제14조(점용료)
>
> ② 제1항의 규정에 의한 철도시설의 가액은 「국유재산법 시행령」 제42조를 준용하여 산출하되, 당해 철도시설의 가액은 산출 후 3년 이내에 한하여 적용한다.

100 다음 중 국가에 무상으로 양도하거나 제공하기 위한 시설물을 설치하기 위하여 점용허가를 받은 경우의 점용료 감면 범위로 맞는 것은?

① 해당 철도시설 부지에 대하여 국토교통부령으로 정하는 기준에 따른 점용료를 감면
② 해당기간의 점용료 전액을 감면
③ 전체 점용허가 면적에서 국가에 제공하는 시설의 면적 비율에 따라 해당 기간 동안의 점용료를 감면
④ 전체 시설물 중 국가에 무상으로 양도하거나 제공하기 위한 시설물의 비율에 해당하는 점용료를 감면

101 다음 중 당해연도 점용료의 선납기간으로 맞는 것은?

① 매년 1월 말까지
② 매년 2월 말까지
③ 매년 5월 말까지
④ 매년 10월 말까지
⑤ 매년 12월 31일까지

> **해설** 시행령 제14조(점용료)
>
> ④ 점용료는 매년 1월 말까지 당해연도 해당분을 선납하여야 한다. 다만, 국토교통부장관은 부득이한 사유로 선납이 곤란하다고 인정하는 경우에는 그 납부기한을 따로 정할 수 있다.

102 다음 중 구체적인 점용료 산정기준을 정하는 자로 맞는 것은?

① 국유재산관리청
② 대통령
③ 국토교통부장관
④ 기획재정부장관
⑤ 공정거래위원회

> **해설** 시행령 제14조(점용료)
>
> ① 법 제44조 제1항의 규정에 의한 점용료는 점용허가를 할 철도시설의 가액과 점용허가를 받아 행하는 사업의 매출액을 기준으로 하여 산출하되, 구체적인 점용료 산정기준에 대하여는 국토교통부장관이 정한다.

99 ③ 100 ④ 101 ① 102 ③ **정답**

103 다음 중 점용허가를 받지 아니하고 철도시설을 점용한 자에 대하여 국토교통부장관이 변상금으로 징수할 수 있는 금액으로 맞는 것은?

① 점용료의 100분의 10
② 점용료의 100분의 20
③ 점용료의 100분의 50
④ 점용료의 100분의 120
⑤ 점용료의 100분의 150

> **해설** 법 제44조의2(변상금의 징수)
> 국토교통부장관은 제42조 제1항에 따른 점용허가를 받지 아니하고 철도시설을 점용한 자에 대하여 제44조 제1항에 따른 점용료의 100분의 120에 해당하는 금액을 변상금으로 징수할 수 있다. 이 경우 변상금의 징수에 관하여는 제44조 제3항을 준용한다.

104 다음 중 빈칸에 들어갈 말을 순서대로 나열한 것은?

> 점용허가로 인하여 발생한 권리와 의무를 이전하려는 경우에는 (　　　)으로 정하는 바에 따라 (　　　)의 인가를 받아야 한다.

① 대통령령, 대통령
② 대통령령, 국토교통부장관
③ 국토교통부령, 대통령
④ 국토교통부령, 국토교통부장관
⑤ 국유재산법, 국토교통부장관

> **해설** 법 제45조(권리와 의무의 이전)
> 제42조에 따른 점용허가로 인하여 발생한 권리와 의무를 이전하려는 경우에는 대통령령으로 정하는 바에 따라 국토교통부장관의 인가를 받아야 한다.

105 다음 중 빈칸에 들어갈 말로 알맞은 것은?

> 법 제42조의 규정에 의하여 점용허가를 받은 자가 법에 의하여 그 권리와 의무의 이전에 대하여 인가를 받고자 하는 때에는 국토교통부령이 정하는 신청서에 서류를 첨부하여 권리와 의무를 이전하고자 하는 날 (　　　) 전까지 국토교통부장관에게 제출하여야 한다.

① 1월　　　　　② 2월
③ 3월　　　　　④ 6월
⑤ 1년

> **해설** 시행령 제15조(권리와 의무의 이전)
> ① 법 제42조의 규정에 의하여 점용허가를 받은 자가 법 제45조의 규정에 의하여 그 권리와 의무의 이전에 대하여 인가를 받고자 하는 때에는 국토교통부령이 정하는 신청서에 다음 각 호의 서류를 첨부하여 권리와 의무를 이전하고자 하는 날 3월 전까지 국토교통부장관에게 제출하여야 한다.

106 다음 중 점용허가를 받은 자가 원상회복을 하지 아니하는 경우에 「행정대집행법」에 따라 시설물을 철거하거나 그 밖에 필요한 조치를 할 수 있는 자로 맞는 것은?

① 대통령
② 국토교통부장관
③ 국유재산관리청
④ 국가철도공단
⑤ 시설관리공단

> **해설** 법 제46조(원상회복의무)
> 국토교통부장관은 점용허가를 받은 자가 제1항 본문에 따른 원상회복을 하지 아니하는 경우에는 「행정대집행법」에 따라 시설물을 철거하거나 그 밖에 필요한 조치를 할 수 있다.

정답 103 ④　104 ②　105 ③　106 ②

107 다음 중 빈칸에 들어갈 단어로 알맞은 것은?

> 국토교통부장관은 원상회복의무를 면제하는 경우에는 해당 철도 재산에 설치된 시설물 등의 (　　　　)(을)를 조건으로 할 수 있다.

① 전체 처분　　② 전체 경매
③ 담보　　　　④ 전체 철거 및 신축
⑤ 무상 국가귀속

해설 법 제46조(원상회복의무)
③ 국토교통부장관은 제1항 단서에 따라 원상회복의무를 면제하는 경우에는 해당 철도 재산에 설치된 시설물 등의 무상 국가귀속을 조건으로 할 수 있다.

108 다음 중 철도시설의 점용허가를 받은 자가 점용허가받은 철도시설을 원상으로 회복하여야 하는 기간으로 맞는 것은? (단, 원상회복 기간을 연장하는 경우는 고려하지 않는다.)

① 점용허가기간이 만료되거나 점용을 폐지한 날부터 1월 이내
② 점용허가기간이 만료되거나 점용을 폐지한 날부터 3월 이내
③ 점용허가기간이 만료되거나 점용을 폐지한 날부터 5월 이내
④ 점용허가기간이 만료되거나 점용을 폐지한 날부터 6월 이내
⑤ 점용허가기간이 만료되거나 점용을 폐지한 날부터 1년 이내

해설 시행령 제16조(원상회복의무)
① 법 제42조 제1항의 규정에 의하여 철도시설의 점용허가를 받은 자는 점용허가기간이 만료되거나 점용을 폐지한 날부터 3월 이내에 점용허가받은 철도시설을 원상으로 회복하여야 한다. 다만, 국토교통부장관은 불가피하다고 인정하는 경우에는 원상회복 기간을 연장할 수 있다.

109 다음 중 빈칸에 들어갈 단어로 알맞은 것은?

> 국토교통부장관은 점용허가를 받은 자의 면제신청을 받은 경우 또는 직권으로 철도시설의 일부 또는 전부에 대한 원상회복의무를 면제하고자 하는 경우에는 원상회복의무를 면제하는 부분을 명시하여 점용허가를 받은 자에게 점용허가 기간의 만료일 또는 점용 폐지일까지 (　　　)(으)로 통보하여야 한다.

① 구두　　　　② 공문
③ 서면　　　　④ 유선
⑤ 우편

해설 시행령 제16조(원상회복의무)
③ 국토교통부장관은 제2항의 규정에 의한 점용허가를 받은 자의 면제신청을 받은 경우 또는 직권으로 철도시설의 일부 또는 전부에 대한 원상회복의무를 면제하고자 하는 경우에는 원상회복의무를 면제하는 부분을 명시하여 점용허가를 받은 자에게 점용허가 기간의 만료일 또는 점용 폐지일까지 서면으로 통보하여야 한다.

110 다음 중 국가귀속된 시설물을 국유재산법에 따라 사용허가하려는 경우 그 허가 기간으로 맞는 것은?

① 1년 이내　　② 2년 이내
③ 3년 이내　　④ 5년 이내
⑤ 10년 이내

해설 법 제46조의2
(국가귀속 시설물의 사용허가기간 등에 관한 특례)
① 제46조 제3항에 따라 국가귀속된 시설물을 「국유재산법」에 따라 사용허가하려는 경우 그 허가의 기간은 같은 법 제35조에도 불구하고 **10년 이내**로 한다.

111 다음 중 점용료를 감면할 수 있는 경우로 틀린 것은?

① 국가에 무상으로 양도하거나 제공하기 위한 시설물을 설치하기 위하여 점용허가를 받은 경우

② 시설물을 설치하기 위한 경우로서 점용허가를 받거나 신호 제어설비를 정비하기 위하여 점용허가를 받은 경우

③ 「공공주택 특별법」에 따른 공공주택을 건설하기 위하여 점용허가를 받은 경우

④ 재해, 그 밖의 특별한 사정으로 본래의 철도 점용 목적을 달성할 수 없는 경우

⑤ 국민경제에 중대한 영향을 미치는 공익사업으로서 대통령령으로 정하는 사업을 위하여 점용허가를 받은 경우

해설 법 제44조(점용료)

② 제1항에도 불구하고 점용허가를 받은 자가 다음 각 호에 해당하는 경우에는 대통령령으로 정하는 바에 따라 점용료를 감면할 수 있다.

1. 국가에 무상으로 양도하거나 제공하기 위한 시설물을 설치하기 위하여 점용허가를 받은 경우
2. 제1호의 시설물을 설치하기 위한 경우로서 공사기간 중에 점용허가를 받거나 임시 시설물을 설치하기 위하여 점용허가를 받은 경우
3. 「공공주택 특별법」에 따른 공공주택을 건설하기 위하여 점용허가를 받은 경우
4. 재해, 그 밖의 특별한 사정으로 본래의 철도 점용 목적을 달성할 수 없는 경우
5. 국민경제에 중대한 영향을 미치는 공익사업으로서 대통령령으로 정하는 사업을 위하여 점용허가를 받은 경우

제6장 보칙

112 다음 중 빈칸에 들어갈 말로 알맞은 것은?

이 법에 따른 면허·인가를 받으려는 자, 등록·신고를 하려는 자, 면허증·인가서·등록증·인증서 또는 허가서의 재발급을 신청하는 자는 국토교통부령으로 정하는 (   )를 내야 한다.

① 발급비
② 대행료
③ 신청서
④ 증명서
⑤ 수수료

해설 법 제48조(수수료)

이 법에 따른 면허·인가를 받으려는 자, 등록·신고를 하려는 자, 면허증·인가서·등록증·인증서 또는 허가서의 재발급을 신청하는 자는 **국토교통부령**으로 정하는 **수수료**를 내야 한다.

113 다음 중 규제의 재검토는 2014년 1월 1일을 기준으로 몇 년마다 타당성을 검토하여야 하는가?

① 1년
② 2년
③ 3년
④ 4년
⑤ 5년

해설 법 제48조의2(규제의 재검토)

국토교통부장관은 다음 각 호의 사항에 대하여 2014년 1월 1일을 기준으로 3년마다(매 3년이 되는 해의 기준일과 같은 날 전까지를 말한다) 그 타당성을 검토하여 개선 등의 조치를 하여야 한다.

정답 111 ② 112 ⑤ 113 ③

114 다음 중 2년 이하의 징역 또는 2천만 원 이하의 벌금에 해당하는 자가 아닌 것은?

① 면허를 받지 아니하고 철도사업을 경영한 자

② 거짓이나 그 밖의 부정한 방법으로 철도사업의 면허를 받은 자

③ 사업정지처분기간 중에 철도사업을 경영한 자

④ 사업계획의 변경명령을 위반한 자

⑤ 거짓이나 그 밖의 부정한 방법으로 전용철도의 등록을 한 자

> **해설**
> - 5번 선지의 경우 1년 이하의 징역 또는 1천만 원 이하의 벌금에 해당된다. 쉽게 생각하면 철도사업 쪽은 2년/2천만 원이고 전용철도 쪽은 1년/1천만 원이다.
> - **제49조(벌칙)** ① 다음 각 호의 어느 하나에 해당하는 자는 **2년 이하의 징역 또는 2천만 원 이하의 벌금에** 처한다.
>   1. 제5조 제1항에 따른 면허를 받지 아니하고 철도사업을 경영한 자
>   2. 거짓이나 그 밖의 부정한 방법으로 제5조 제1항에 따른 철도사업의 면허를 받은 자
>   3. 제16조 제1항에 따른 사업정지처분기간 중에 철도사업을 경영한 자
>   4. 제16조 제1항에 따른 사업계획의 변경명령을 위반한 자
>   5. 제23조(제41조에서 준용하는 경우를 포함한다)를 위반하여 타인에게 자기의 성명 또는 상호를 대여하여 철도사업을 경영하게 한 자
>   6. 제31조를 위반하여 철도사업자의 공동 활용에 관한 요청을 정당한 사유 없이 거부한 자

115 다음 중 벌칙의 종류가 다른 것은?

① 면허를 받지 아니하고 철도사업을 경영한 자

② 등록을 하지 아니하고 전용철도를 운영한 자

③ 사업계획의 변경명령을 위반한 자

④ 타인에게 자기의 성명 또는 상호를 대여하여 철도사업을 경영하게 한 자

⑤ 철도사업자의 공동 활용에 관한 요청을 정당한 사유 없이 거부한 자

> **해설** 114번 해설 참조

116 다음 중 과태료 종류가 다른 것은?

① 여객 운임·요금의 신고를 하지 아니한 자

② 철도사업약관을 신고하지 아니하거나 신고한 철도사업약관을 이행하지 아니한 자

③ 인가를 받지 아니하거나 신고를 하지 아니하고 사업계획을 변경한 자

④ 상습 또는 영업으로 승차권 또는 이에 준하는 증서를 자신이 구입한 가격을 초과한 금액으로 다른 사람에게 판매하거나 이를 알선한 자

⑤ 사업용 철도차량의 표시를 하지 아니한 철도사업자

> **해설** 법 제51조(과태료)
> ① 다음 각 호의 어느 하나에 해당하는 자에게는 1천만 원 이하의 과태료를 부과한다.
> 1. 제9조 제1항에 따른 여객 운임·요금의 신고를 하지 아니한 자
> 2. 제11조 제1항에 따른 철도사업약관을 신고하지 아니하거나 신고한 철도사업약관을 이행하지 아니한 자
> 3. 제12조에 따른 인가를 받지 아니하거나 신고를 하지 아니하고 사업계획을 변경한 자
> 4. 제10조의2를 위반하여 상습 또는 영업으로 승차권 또는 이에 준하는 증서를 자신이 구입한 가격을 초과한 금액으로 다른 사람에게 판매하거나 이를 알선한 자

114 ⑤ 115 ② 116 ⑤ **정답**

117 다음 중 100만 원 이하의 과태료를 부과하여야 되는 자로 맞는 것은?

① 철도운수종사자의 준수사항을 위반한 자
② 회계를 구분하여 경리하지 아니한 자
③ 정당한 사유 없이 명령을 이행하지 아니하거나 검사를 거부한 자
④ 철도사업자의 준수사항을 위반한 자
⑤ 철도사업약관을 신고하지 아니하거나 신고한 철도사업약관을 이행하지 아니한 자

해설 **법 제51조(과태료)**
③ 다음 각호의 어느 하나에 해당하는 자에게는 **100만 원 이하의 과태료**를 부과한다.
1. 제20조 제2항부터 제4항까지에 따른 (철도사업자)준수사항을 위반한 자

118 다음 중 과태료를 부과·징수하는 자로 맞는 것은?

① 대통령
② 국토교통부장관
③ 국가철도공단
④ 한국철도공사
⑤ 한국교통안전공단

해설 **법 제51조(과태료)**
⑤ 제1항부터 제4항까지의 규정에 따른 과태료는 **대통령령**으로 정하는 바에 따라 **국토교통부장관이 부과·징수**한다.

119 다음 중 철도운수종사자가 부당한 운임 또는 요금을 요구하거나 받는 행위를 했을 경우 과태료로 맞는 것은?

① 50만 원
② 100만 원
③ 200만 원
④ 300만 원
⑤ 500만 원

해설 **시행령 [별표 2]**
과태료의 부과기준(제17조 관련) 중 2. 개별기준

위반행위	근거 법조문	과태료 금액
아. 법 제22조에 따른 철도운수종사자의 준수사항을 위반한 경우	법 제51조 제4항	50만 원

120 다음 중 정당한 사유 없이 국토교통부장관의 서류 제출 명령을 이행하지 않은 자의 과태료로 맞는 것은?

① 50만 원
② 100만 원
③ 200만 원
④ 300만 원
⑤ 500만 원

해설 **시행령 [별표 2]**
과태료의 부과기준(제17조 관련) 중 2. 개별기준

위반행위	근거 법조문	과태료 금액
타. 정당한 사유 없이 법 제47조제1항에 따른 명령을 이행하지 않거나, 법 제47조 제2항에 따른 검사를 거부·방해 또는 기피한 경우	법 제51조 제2항 제4호	300만 원

정답 117 ④ 118 ② 119 ① 120 ④

로 하지 아니하고 자신의 수요에 따라 특수 목적을 수행하기 위하여 설치하거나 운영하는 철도를 말한다.

제1장 총칙

01 다음 중 「철도사업법」의 목적으로 틀린 것은?

① 철도사업에 관한 질서 확립
② 철도사업에 관한 효율적인 운영 여건 조성
③ 철도 이용자의 편의 도모
④ 철도사업의 전문성 향상
⑤ 국민경제의 발전에 이바지

해설 법 제1조(목적)
이 법은 철도사업에 관한 질서를 확립하고 효율적인 운영 여건을 조성함으로써 철도사업의 건전한 발전과 철도 이용자의 편의를 도모하여 국민경제의 발전에 이바지함을 목적으로 한다.

02 다음 정의 중 틀린 것은?

① "사업용 철도"란 철도사업을 목적으로 설치하거나 운영하는 철도를 말한다.
② "전용철도"란 다른 사람의 수요에 따른 영업을 목적으로 설치하거나 운영하는 철도를 말한다.
③ "철도사업"이란 다른 사람의 수요에 응하여 철도차량을 사용하여 유상으로 여객이나 화물을 운송하는 사업을 말한다.
④ "철도운수종사자"란 철도운송과 관련하여 승무 및 역무서비스를 제공하는 직원을 말한다.
⑤ "철도사업자"란 「한국철도공사법」에 따라 설립된 한국철도공사 및 철도사업 면허를 받은 자를 말한다.

해설 법 제2조(정의)
5. "전용철도"란 다른 사람의 수요에 따른 영업을 목적으

03 다음 정의 중 틀린 것을 모두 고른 것은?

> ㉠ "사업용 철도"란 철도사업을 목적으로 설치하거나 운영하는 철도를 말한다.
> ㉡ "전용철도"란 다른 사람의 수요에 따른 영업을 목적으로 하지 아니하고 자신의 수요에 따라 특수 목적을 수행하기 위하여 설치하거나 운영하는 철도를 말한다.
> ㉢ "철도사업"이란 다른 사람의 수요에 응하여 철도차량을 사용하여 무상으로 여객이나 화물을 운송하는 사업을 말한다.
> ㉣ "철도운수종사자"란 철도운송과 관련하여 승무(동력차 운전과 열차 내 승무를 말한다. 이하 같다) 및 역무 서비스를 제공하는 직원을 말한다.
> ㉤ "전용철도운영자"란 법에 따라 전용철도 면허를 받은 자를 말한다.

① ㉡, ㉢   ② ㉡, ㉣   ③ ㉡, ㉤
④ ㉢, ㉣   ⑤ ㉢, ㉤

해설 법 제2조(정의)
이 법에서 사용하는 용어의 뜻은 다음과 같다.
6. "철도사업"이란 다른 사람의 수요에 응하여 철도차량을 사용하여 유상(有償)으로 여객이나 화물을 운송하는 사업을 말한다.
9. "전용철도운영자"란 제34조에 따라 전용철도 등록을 한 자를 말한다.

01 ④ 02 ② 03 ⑤ 정답

04 다음 중 국토교통부장관이 지정, 고시하여야 되는 사업용 철도노선 사항으로 틀린 것은?

① 노선번호　　　　② 노선분류

③ 기점　　　　　　④ 종점

⑤ 정차역을 포함한 중요경과지

해설 법 제4조(사업용 철도노선의 고시 등)
① 국토교통부장관은 사업용 철도노선의 노선번호, 노선명, 기점, 종점, 중요 경과지(정차역을 포함한다)와 그 밖에 필요한 사항을 국토교통부령으로 정하는 바에 따라 지정·고시하여야 한다.

05 다음 중 A와 B에 들어갈 단어로 알맞은 것은?

사업용철도노선의 (A)(와)과 (B)에 따른 분류
· 간선철도　　　　· 지선철도

ㄱ 운행방식　ㄴ 운행지역　ㄷ 운행속도
ㄹ 운행거리　ㅁ 운임요금

① ㄱ, ㄴ　　② ㄱ, ㄹ　　③ ㄴ, ㄷ
④ ㄴ, ㄹ　　⑤ ㄹ, ㅁ

해설 법 제4조(사업용철도노선의 고시 등)
② 국토교통부장관은 제1항에 따라 사업용철도노선을 지정·고시하는 경우 사업용철도노선을 다음 각 호의 구분에 따라 분류할 수 있다.
1. 운행지역과 운행거리에 따른 분류
　가. 간선(幹線)철도　　　나. 지선(支線)철도

06 다음 철도사업과 관련된 내용 중 틀린 것은?

① 국토교통부장관은 사업용 철도노선을 지정·고시하는 경우 운행지역과 운행거리에 따라 간선철도와 지선철도로 분류할 수 있다.

② 사업용 철도노선 분류의 기준이 되는 운행지역, 운행거리 및 운행속도는 국토교통부령으로 정한다.

③ 철도사업을 경영하려는 자는 지정·고시된 사업용 철도노선을 정하여 국토교통부장관의 면허를 받아야 한다.

④ 국토교통부장관은 철도의 공공성과 안전을 강화하고 이용자 편의를 증진시키기 위하여 대통령령으로 정하는 바에 따라 철도사업을 경영하려는 자에게 필요한 부담을 붙일 수 있다.

⑤ 철도사업의 면허를 받을 수 있는 자는 법인으로 한다.

해설 법 제5조(면허 등)
① 철도사업을 경영하려는 자는 제4조 제1항에 따라 지정·고시된 사업용 철도노선을 정하여 **국토교통부장관의 면허**를 받아야 한다. 이 경우 국토교통부장관은 철도의 공공성과 안전을 강화하고 이용자 편의를 증진시키기 위하여 국토교통부령으로 정하는 바에 따라 필요한 부담을 붙일 수 있다.

07 다음 중 국토교통부령으로 운행속도에 따라 분류할 수 있는 철도차량의 유형으로 맞는 것을 모두 고른 것은?

ㄱ 고속철도차량　ㄴ 준고속철도차량
ㄷ 중속철도차량　ㄹ 저속철도차량
ㅁ 특수철도차량　ㅂ 일반철도차량

① ㄱ, ㄴ, ㄹ　　　　② ㄱ, ㄴ, ㅁ

③ ㄱ, ㄴ, ㅂ　　　　④ ㄴ, ㄹ, ㅂ

⑤ ㄷ, ㅁ, ㅂ

해설 법 제4조의2(철도차량의 유형 분류)
국토교통부장관은 철도 운임 상한의 산정, 철도차량의 효율적인 관리 등을 위하여 철도차량을 국토교통부령으로 정하는 운행속도에 따라 다음 각 호의 구분에 따른 유형으로 분류할 수 있다.
1. 고속철도차량　2. 준고속철도차량　3. 일반철도차량

[24년 하반기 기출변형]

08 다음 법인의 임원 중 철도사업 면허 결격사유로 틀린 것은?

① 피성년후견인

② 피한정후견인

③ 파산선고를 받은 사람

④ 이 법 또는 대통령령으로 정하는 철도 관계 법령을 위반하여 금고 이상의 실형을 선고받고 그 집행이 끝나거나 면제된 날부터 2년이 지나지 아니한 사람

⑤ 이 법 또는 대통령령으로 정하는 철도 관계 법령을 위반하여 금고 이상의 형의 집행유예를 선고받고 그 유예 기간 중에 있는 사람

해설 법 제7조(결격사유)

다음 각 호의 어느 하나에 해당하는 법인은 철도사업의 면허를 받을 수 없다.
1. 법인의 임원 중 다음 각 목의 어느 하나에 해당하는 사람이 있는 법인

  가. 피성년후견인 또는 피한정후견인

  나. 파산선고를 받고 복권되지 아니한 사람

  다. 이 법 또는 대통령령으로 정하는 철도 관계 법령을 위반하여 금고 이상의 실형을 선고받고 그 집행이 끝나거나(끝난 것으로 보는 경우를 포함한다) 면제된 날부터 2년이 지나지 아니한 사람

  라. 이 법 또는 **대통령령**으로 정하는 철도 관계 법령을 위반하여 금고 이상의 형의 집행유예를 선고받고 그 유예 기간 중에 있는 사람

09 다음 중 빈칸에 들어갈 단어로 알맞은 것은?

> 철도사업의 면허를 받으려는 자는 국토교통부령으로 정하는 바에 따라 (　　　)(을)를 첨부한 면허신청서를 국토교통부장관에게 제출하여야 한다.

① 임원자격서　　　② 사업자등록증

③ 등기부등본　　　④ 정관

⑤ 사업계획서

해설 법 제5조(면허 등)

② 면허를 받으려는 자는 국토교통부령으로 정하는 바에 따라 사업계획서를 첨부한 면허신청서를 국토교통부장관에게 제출하여야 한다.

10 다음 중 철도 관계 법령에 해당되지 않는 것은?

① 철도산업발전기본법

② 철도의 건설 및 철도시설 유지관리에 관한 법률

③ 도시철도법

④ 한국철도공사법

⑤ 철도안전법

해설 시행령 제2조(철도관계법령)

「철도사업법」(이하 "법"이라 한다) 제7조 제1호 다목 및 라목에서 "대통령령으로 정하는 철도 관계 법령"이란 각각 다음 각 호의 법령을 말한다.
1. 「철도산업발전 기본법」
2. 「철도안전법」
3. 「도시철도법」
4. 「국가철도공단법」
5. 「한국철도공사법」

※ **한번 짚고 넘어가기!** 「철도안전법」과 비교했을 때 「건널목 개량촉진법」, 「철도의 건설 및 철도시설 유지관리에 관한 법률」 상기 두 법령이 없으므로 주의해야 한다.

11 다음 중 철도사업자가 신고한 여객 운임, 요금을 게시하여야 되는 곳이 아닌 것은?

① 인터넷 홈페이지　　② 관계 역

③ 영업소　　　　　　④ 사업소

⑤ 여행사

해설 법 제9조(여객 운임·요금의 신고 등)

⑤ 철도사업자는 제1항에 따라 신고 또는 변경신고를 한 여객 운임·요금을 그 시행 1주일 이전에 인터넷 홈페이지, 관계 역·영업소 및 사업소 등 일반인이 잘 볼 수 있는 곳에 게시하여야 한다.

08 ③　09 ⑤　10 ②　11 ⑤　정답

12 다음 중 빈칸에 들어갈 문장으로 알맞은 것은?

> 철도사업자는 여객 운임·요금을 (   ).
> 이를 변경하려는 경우에도 같다.

① 국토교통부장관의 인가를 받아야 한다.
② 국토교통부장관의 승인을 받아야 한다.
③ 국토교통부장관에게 신고하여야 한다.
④ 국토교통부상관에게 통보하여야 한다.
⑤ 국토교통부장관에게 보고하여야 한다.

해설 법 제9조(여객 운임·요금의 신고 등)
① 철도사업자는 여객에 대한 운임·요금(이하 "여객 운임·요금"이라 한다)을 국토교통부장관에게 **신고**하여야 한다. 이를 변경하려는 경우에도 같다.

13 다음 내용 중 틀린 것은?

① 철도사업자는 국토교통부장관이 지정하는 날 또는 기간에 운송을 시작하여야 한다. 다만, 천재지변이나 그 밖의 불가피한 사유로 철도사업자가 국토교통부장관이 지정하는 날 또는 기간에 운송을 시작할 수 없는 경우에는 국토교통부장관의 승인을 받아 날짜를 연기하거나 기간을 연장할 수 있다.
② 철도사업자는 법에 따라 여객 운임·요금신고를 위해 국토교통부장관에게 여객 운임·요금신고서를 제출할 때 여객 운임·요금신고서에 여객 운임·요금표만 첨부하면 된다.
③ 국토교통부장관은 여객 운임의 상한을 지정하려면 미리 기획재정부장관과 협의하여야 한다.
④ 국토교통부장관은 법에 따라 어객에 대한 운임의 상한을 지정하는 때에는 물가상승률, 원가수준, 다른 교통수단과의

형평성, 사업용 철도노선의 분류와 법에 따른 철도차량의 유형 등을 고려하여야 하며, 여객 운임의 상한을 지정한 경우에는 이를 관보에 고시하여야 한다.
⑤ 국토교통부장관은 여객 운임·요금 신고나 변경신고를 수리할 때 원가와 버스 등 다른 교통수단의 여객 운임·요금과의 형평성 등을 고려하여야 한다. 이 경우 여객에 대한 운임은 법에 따른 사업용 철도노선의 분류, 철도차량의 유형 등을 고려하여 국토교통부장관이 지정·고시한 상한을 초과하여서는 아니 된다.

해설 법 제9조(여객 운임·요금의 신고 등)
② 철도사업자는 여객 운임·요금을 정하거나 변경하는 경우에는 원가(原價)와 버스 등 다른 교통수단의 여객 운임·요금과의 형평성 등을 고려하여야 한다. 이 경우 여객에 대한 운임은 제4조 제2항에 따른 사업용 철도노선의 분류, 제4조의2에 따른 철도차량의 유형 등을 고려하여 국토교통부장관이 지정·고시한 상한을 초과하여서는 아니 된다.

14 다음 중 빈칸에 들어갈 말로 알맞은 것은?

> [대통령령으로 정하는 사업계획 중요 변경사항]
> • 사업용철도노선별로 여객열차의 정차역을 신설 또는 폐지하거나 (   ) 이상 변경하는 경우

① 10분의 1   ② 10분의 2
③ 10분의 3   ④ 10분의 4
⑤ 절반

해설 시행령 제5조(사업계획의 중요한 사항의 변경)
법 제12조 제1항 단서에서 "대통령령으로 정하는 중요사항을 변경하려는 경우"란 다음 각 호의 어느 하나에 해당하는 경우를 말한다.

정답 12 ③   13 ⑤   14 ②

15 다음 중 부가 운임의 징수 내용으로 틀린 것은?

① 철도사업자는 열차를 이용하는 여객이 정당한 운임·요금을 지급하지 아니하고 열차를 이용한 경우에는 부족 운임 외에 그의 30배의 범위에서 부가 운임을 징수할 수 있다.

② 철도사업자는 송하인(送荷人)이 운송장에 적은 화물의 품명·중량·용적 또는 개수에 따라 계산한 운임이 정당한 사유 없이 정상 운임보다 적은 경우에는 송하인에게 그 부족 운임 외에 그 부족 운임의 5배의 범위에서 부가 운임을 징수할 수 있다.

③ 철도사업자는 법에 따른 부가 운임을 징수하려는 경우에는 사전에 부가 운임의 징수 대상 행위, 열차의 종류 및 운행 구간 등에 따른 부가 운임 산정기준을 정하고 법에 따른 철도사업약관에 포함하여 국토교통부장관에게 신고하여야 한다.

④ 국토교통부장관은 부가 운임 징수 신고를 받은 날부터 3일 이내에 신고수리 여부를 신고인에게 통지하여야 한다.

⑤ 부가 운임의 징수 대상자는 이를 성실하게 납부하여야 한다.

해설 법 제10조(부가 운임의 징수)
① 철도사업자는 열차를 이용하는 여객이 정당한 운임·요금을 지급하지 아니하고 열차를 이용한 경우에는 승차 구간에 해당하는 운임 외에 그의 **30배**의 범위에서 부가 운임을 징수할 수 있다.

16 다음 중 빈칸에 들어갈 말을 순서대로 나열한 것은?

[철도사업법 시행령 제5조]
법 제12조 제1항 단서에서 "대통령령으로 정하는 중요 사항을 변경하려는 경우"란 다음 각 호의 어느 하나에 해당하는 경우를 말한다.
[중략]
4. 여객열차의 경우에 한하여 사업용 철도노선별로 (   )이상의 운행횟수의 변경. 다만, 공휴일·방학기간 등 수송수요와 열차운행계획상의 수송력과 현저한 차이가 있는 경우로서 (   ) 이내의 기간동안 운행횟수를 변경하는 경우를 제외한다.

① 10분의 1, 1월　　② 10분의 1, 3월
③ 10분의 1, 6월　　④ 10분의 2, 3월
⑤ 10분의 2, 6월

해설 시행령 제5조(사업계획의 중요한 사항의 변경)
법 제12조 제1항 단서에서 "대통령령으로 정하는 중요 사항을 변경하려는 경우"란 다음 각 호의 어느 하나에 해당하는 경우를 말한다.
1. 철도이용수요가 적어 수지균형의 확보가 극히 곤란한 벽지 노선으로서 「철도산업발전기본법」 제33조 제1항에 따라 공익서비스비용의 보상에 관한 계약이 체결된 노선의 철도운송서비스(철도여객운송서비스 또는 철도화물운송서비스를 말한다)의 종류를 변경하거나 다른 종류의 철도운송서비스를 추가하는 경우
2. 운행구간의 변경(**여객열차의 경우에 한한다**)
3. 사업용철도노선별로 여객열차의 정차역을 신설 또는 폐지하거나 10분의 2 이상 변경하는 경우
4. 사업용철도노선별로 **10분의 1** 이상의 운행횟수의 변경(**여객열차의 경우에 한한다**). 다만, 공휴일·방학기간 등 수송수요와 열차운행계획상의 수송력과 현저한 차이가 있는 경우로서 **3월 이내의 기간동안 운행횟수를 변경하는 경우를** 제외한다.

15 ① 　16 ② 　정답

17 다음 대통령령으로 정하는 중요한 사업계획 사항 중 여객열차의 경우에 한하는 것을 모두 고른 것은?

> ㉠ 철도이용수요가 적어 수지균형의 확보가 극히 곤란한 벽지 노선으로서 「철도산업발전기본법」에 따라 공익서비스비용의 보상에 관한 계약이 체결된 노선의 철도운송서비스의 종류를 변경하거나 다른 종류의 철도운송서비스를 추가하는 경우
> ㉡ 운행구간의 변경
> ㉢ 사업용철도노선별로 여객열차의 정차역을 신설 또는 폐지하거나 10분의 2이상 변경하는 경우
> ㉣ 사업용철도노선별로 10분의 1이상의 운행횟수의 변경. 다만, 공휴일·방학기간 등 수송수요와 열차운행계획상의 수송력과 현저한 차이가 있는 경우로서 3월 이내의 기간동안 운행횟수를 변경하는 경우를 제외한다.

① ㉠, ㉡   ② ㉠, ㉣   ③ ㉡, ㉢
④ ㉡, ㉣   ⑤ ㉢, ㉣

해설 **해설 시행령 제5조(사업계획의 중요한 사항의 변경)**
법 제12조 제1항 단서에서 "대통령령으로 정하는 중요 사항을 변경하려는 경우"란 다음 각 호의 어느 하나에 해당하는 경우를 말한다.
1. 철도이용수요가 적어 수지균형의 확보가 극히 곤란한 벽지 노선으로서 「철도산업발전기본법」 제33조 제1항에 따라 공익서비스비용의 보상에 관한 계약이 체결된 노선의 철도운송서비스(철도여객운송서비스 또는 철도화물운송서비스를 말한다)의 종류를 변경하거나 다른 종류의 철도운송서비스를 추가하는 경우
2. 운행구간의 변경(**여객열차의 경우에 한한다**)
3. 사업용철도노선별로 여객열차의 정차역을 신설 또는 폐지하거나 **10분의 2 이상 변경**하는 경우

4. 사업용철도노선별로 10분의 1 이상의 운행횟수의 변경(여객열차의 경우에 한한다). 다만, 공휴일·방학기간 등 수송수요와 열차운행계획상의 수송력과 현저한 차이가 있는 경우로서 3월 이내의 기간동안 운행횟수를 변경하는 경우를 제외한다.

18 다음 중 빈칸에 들어갈 단어를 순서대로 나열한 것으로 알맞은 것은?

> 사업계획의 변경을 제한할 수 있는 철도사고의 기준은 사업계획의 변경을 신청한 날이 포함된 연도의 직전 연도의 열차운행거리 (㉠)당 철도사고로 인한 사망자수 또는 철도사고의 발생횟수가 최근(직전연도를 제외한다) (㉡)간 평균 보다 (㉢)한 경우를 말한다.

① ㉠ : 10만 킬로미터
　㉡ : 2년
　㉢ : 10분의 1 이상 감소
② ㉠ : 10만 킬로미터
　㉡ : 5년
　㉢ : 10분의 1 이상 증가
③ ㉠ : 100만 킬로미터
　㉡ : 1년
　㉢ : 10분의 2 이상 감소
④ ㉠ : 100만 킬로미터
　㉡ : 2년
　㉢ : 10분의 2 이상 증가
⑤ ㉠ : 100만 킬로미터
　㉡ : 5년
　㉢ : 10분의 2 이상 증가

해설 시행령 제6조
(사업계획의 변경을 제한할 수 있는 철도사고의 기준)
법 제12조 제2항 제4호에서 "대통령령으로 정하는 기

정답 17 ④　18 ⑤

준"이란 사업계획의 변경을 신청한 날이 포함된 연도의 직전 연도의 열차운행거리 **100만 킬로미터**당 철도사고(철도사업자 또는 그 소속 종사자의 고의 또는 과실에 의한 철도사고를 말한다. 이하 같다)로 인한 사망자수 또는 철도사고의 발생횟수가 최근(직전연도를 제외한다) 5년간 평균 보다 **10분의 2 이상 증가**한 경우를 말한다.

19 다음 내용 중 틀린 것은?

① 철도사업자는 다른 철도사업자와 공동 경영에 관한 계약이나 그 밖의 운수에 관한 협정을 체결하거나 변경하려는 경우에는 국토교통부령으로 정하는 바에 따라 국토교통부장관의 인가를 받아야 한다. 다만, 국토교통부령으로 정하는 경미한 사항을 변경하려는 경우에는 국토교통부령으로 정하는 바에 따라 국토교통부장관에게 신고하여야 한다.

② 국토교통부장관은 공동운수협정을 인가하려면 미리 기획재정부장관과 협의하여야 한다.

③ 국토교통부장관은 공동운수협정 변경신고를 받은 날부터 3일 이내에 신고수리 여부를 신고인에게 통지하여야 한다.

④ 철도사업자는 그 철도사업을 양도·양수하려는 경우에는 국토교통부장관의 인가를 받아야 한다. 인가를 받은 경우 철도사업을 양수한 자는 철도사업을 양도한 자의 철도사업자로서의 지위를 승계한다.

⑤ 철도사업자는 다른 철도사업자 또는 철도사업 외의 사업을 경영하는 자와 합병하려는 경우에는 국토교통부장관의 인가를 받아야 한다. 인가를 받은 경우 합병으로 설립되거나 존속하는 법인은 합병으로 소멸되는 법인의 철도사업자로서의 지위를 승계한다.

해설 법 제13조(공동운수협정)
② 국토교통부장관은 제1항 본문에 따라 공동운수협정을 인가하려면 미리 **공정거래위원회**와 협의하여야 한다.

20 다음 중 사업의 휴업·폐업에 대한 내용으로 틀린 것은?

① 철도사업자가 그 사업의 전부 또는 일부를 휴업 또는 폐업하려는 경우에는 국토교통부령으로 정하는 바에 따라 국토교통부장관의 허가를 받아야 한다.

② 철도차량의 개량 등으로 휴업하는 경우에는 국토교통부장관에게 신고하여야 하며, 사유가 발생한 즉시 휴업 내용을 게시하여야 한다.

③ 허가를 받거나 신고한 휴업기간 중이라도 휴업 사유가 소멸된 경우에는 국토교통부장관에게 신고하고 사업을 재개할 수 있다.

④ 선로의 파괴로 휴업하는 경우 휴업기간이 6개월 넘을 수 있다.

⑤ 철도사업자는 철도사업의 전부 또는 일부를 휴업 또는 폐업하려는 경우에는 국토교통부령으로 정하는 바에 따라 휴업 또는 폐업하는 사업의 내용과 그 기간 등을 인터넷 홈페이지, 관계 역·영업소 및 사업소 등 일반인이 잘 볼 수 있는 곳에 게시하여야 한다.

해설 법 제15조(사업의 휴업·폐업)
⑤ 철도사업자는 철도사업의 전부 또는 일부를 휴업 또는 폐업하려는 경우에는 대통령령으로 정하는 바에 따라 휴업 또는 폐업하는 사업의 내용과 그 기간 등을 인터넷 홈페이지, 관계 역·영업소 및 사업소 등 일반인이 잘 볼 수 있는 곳에 게시하여야 한다.
※ 선로 또는 교량의 파괴, 철도시설의 개량 등으로 휴업하는 경우 예외 단서에 해당되며, 휴업기간 6개월을 넘을 수 있다.

19 ② 20 ⑤ 정답

21 다음 중 빈칸에 들어갈 말로 알맞은 것은?

> 철도사업자는 법에 따라 철도사업의 휴업 또는 폐업의 허가를 받은 때에는 그 허가를 받은 날부터 7일 이내에 법제에 따라 다음 각 호의 사항을 철도사업자의 인터넷 홈페이지, 관계 역·영업소 및 사업소 등 일반인이 잘 볼 수 있는 곳에 게시하여야 한다.
> 1. 휴업 또는 폐업하는 철도사업의 내용 및 그 사유
> 2. 휴업의 경우 그 기간
> 3. (   )
> 4. 그 밖에 휴업 또는 폐업과 관련하여 철도사업자가 공중에게 알려야 할 필요성이 있다고 인정하는 사항이 있는 경우 그에 관한 사항

① 보상방법 안내
② 사업재개 시기
③ 대체교통수단 안내
④ 게시기간
⑤ 불편접수처 및 담당자

해설 시행령 제7조(사업의 휴업·폐업 내용의 게시)

철도사업자는 법 제15조 제1항에 따라 철도사업의 휴업 또는 폐업의 허가를 받은 때에는 그 허가를 받은 날부터 **7일 이내**에 법 제15조 제4항에 따라 다음 각 호의 사항을 철도사업자의 인터넷 홈페이지, 관계 역·영업소 및 사업소 등 일반인이 잘 볼 수 있는 곳에 게시하여야 한다. 다만, 법 제15조 제1항 단서에 따라 휴업을 신고하는 경우에는 해당 사유가 발생한 때에 즉시 다음 각 호의 사항을 게시하여야 한다.
1. 휴업 또는 폐업하는 철도사업의 내용 및 그 사유
2. 휴업의 경우 그 기간
3. 대체교통수단 안내
4. 그 밖에 휴업 또는 폐업과 관련하여 철도사업자가 공중에게 알려야 할 필요성이 있다고 인정하는 사항이 있는 경우 그에 관한 사항

22 다음 중 철도사업 면허를 취소하여야 되는 경우로 맞는 것은?

① 면허받은 사항을 정당한 사유 없이 시행하지 아니한 경우
② 사업 경영의 불확실 또는 자산상태의 현저한 불량이나 그 밖의 사유로 사업을 계속하는 것이 적합하지 아니할 경우
③ 중대한 과실에 의한 철도사고로 1회 철도사고로 사망자가 3명 발생하게 된 경우
④ 철도사업의 면허기준에 미달하게 된 경우
⑤ 거짓이나 그 밖의 부정한 방법으로 법에 따른 철도사업의 면허를 받은 경우

해설

• 취소할 수 있는/하여야 하는 구분 문제이다. 법 제16조(면허의 취소 등) 후단에 보면 면허를 취소하여야 되는(의무)사항이 명시되어 있으므로 전단에서 언급하는 "면허를 취소하거나 사업 정지 명하거나"처럼 정도에 따라 처벌하는 것이 아닌 사업 정지 및 사업계획 변경조치 없이 바로 취소되는 사항이다.
• **제16조(면허취소 등)** ① 국토교통부장관은 철도사업자가 다음 각 호의 어느 하나에 해당하는 경우에는 면허를 취소하거나, **6개월 이내**의 기간을 정하여 사업의 전부 또는 일부의 정지를 명하거나, 노선 운행중지·운행제한·감차 등을 수반하는 사업계획의 변경을 명할 수 있다. **다만, 제4호 및 제7호의 경우에는 면허를 취소하여야 한다.**
  4. 거짓이나 그 밖의 부정한 방법으로 제5조에 따른 철도사업의 면허를 받은 경우

23 다음 중 면허취소 등의 처분에 해당되는 경우로 틀린 것은?

① 사업 경영의 불확실 또는 자산상태의 현저한 불량이나 그 밖의 사유로 사업을 계속하는 것이 적합하지 아니할 경우
② 면허에 붙인 부담을 위반한 경우
③ 철도사업의 면허기준에 미달하게 된 경우. 다만, 3개월 이내에 그 기준을 충족시킨 경우에는 예외로 한다.

④ 국토교통부장관이 지정한 날 또는 기간에 운송을 시작하지 아니한 경우

⑤ 철도사업자의 준수사항을 1년 이내에 2회 이상 위반한 경우

해설 법 제16조(면허취소 등)
① 국토교통부장관은 철도사업자가 다음 각 호의 어느 하나에 해당하는 경우에는 면허를 취소하거나, **6개월 이내의** 기간을 정하여 사업의 전부 또는 일부의 정지를 명하거나, 노선 운행중지·운행제한·감차 등을 수반하는 사업계획의 변경을 명할 수 있다. 다만, 제4호 및 제7호의 경우에는 면허를 취소하여야 한다.
10. 제20조 제1항에 따른 **철도사업자의** 준수사항을 1년 이내에 3회 이상 위반한 경우

24 다음 중 과징금처분에 대한 내용으로 틀린 것은?

① 국토교통부장관은 법에 따라 철도사업자에게 사업정지처분을 하여야 하는 경우로서 그 사업정지처분이 그 철도사업자가 제공하는 철도서비스의 이용자에게 심한 불편을 주거나 그 밖에 공익을 해칠 우려가 있을 때에는 그 사업정지처분을 갈음하여 1억원 이하의 과징금을 부과·징수할 수 있다.

② 과징금을 부과하는 위반행위의 종류, 과징금의 부과기준·징수방법 등 필요한 사항은 국토교통부령으로 정한다.

③ 국토교통부장관은 과징금 부과처분을 받은 자가 납부기한까지 과징금을 내지 아니하면 국세 체납처분의 예에 따라 징수한다.

④ 징수한 과징금은 철도사업의 경영개선이나 그 밖에 철도사업의 발전을 위하여 필요한 사업용도로 사용할 수 있다.

⑤ 국토교통부장관은 과징금으로 징수한 금액의 운용계획을 수립하여 시행하여야 한다.

해설 법 제17조(과징금처분)
② 제1항에 따라 과징금을 부과하는 위반행위의 종류, 과징금의 부과기준·징수방법 등 필요한 사항은 대통령령으로 정한다.

25 다음 중 면허를 취소하거나, 6개월 이내의 기간을 정하여 사업의 전부 또는 일부의 정지를 명하거나, 노선 운행중지·운행제한·감차 등을 수반하는 사업계획의 변경을 명할 수 있는 경우로 틀린 것은?

① 고의 또는 중대한 과실에 의한 철도사고로 국토교통부령으로 정하는 다수의 부상자가 발생한 경우

② 면허받은 사항을 정당한 사유 없이 시행하지 아니한 경우

③ 철도사업의 면허기준에 미달하게 된 경우(다만, 3개월 이내에 그 기준을 충족시킨 경우에는 예외로 한다.)

④ 휴업 또는 폐업의 허가를 받지 아니하거나 신고를 하지 아니하고 영업을 하지 아니한 경우

⑤ 국토교통부장관의 철도사업 개선명령을 위반한 경우

해설 법 제16조(면허취소 등)
① 국토교통부장관은 철도사업자가 다음 각 호의 어느 하나에 해당하는 경우에는 면허를 취소하거나, **6개월 이내의** 기간을 정하여 사업의 전부 또는 일부의 정지를 명하거나, 노선 운행중지·운행제한·감차 등을 수반하는 사업계획의 변경을 명할 수 있다. 다만, 제4호 및 제7호의 경우에는 면허를 취소하여야 한다.
3. 고의 또는 중대한 과실에 의한 철도사고로 **대통령령**으로 정하는 다수의 사상자(死傷者)가 발생한 경우

24 ② 25 ① 정답

26 다음 중 과징금 처분 등에 대한 내용으로 틀린 것은?

① 국토교통부장관은 철도사업자의 사업규모, 사업지역의 특수성, 철도사업자 또는 그 종사자의 과실의 정도와 위반행위의 내용 및 횟수 등을 고려하여 과징금 금액의 2분의 1 범위에서 그 금액을 줄이거나 늘릴 수 있다. 다만, 과징금 금액의 상한을 넘을 수 없다.

② 과징금 사용의 절차, 운용계획의 수립·시행에 관한 사항과 그 밖에 필요한 사항은 국토교통부령으로 정한다.

③ 징수한 과징금은 철도사업 종사자의 양성·교육훈련이나 그 밖의 자질향상을 위한 시설 및 철도사업 종사자에 대한 지도업무의 수행을 위한 시설의 건설·운영에 사용할 수 없다.

④ 통지를 받은 자는 20일 이내에 과징금을 국토교통부장관이 지정한 수납기관에 납부해야 한다.

⑤ 과징금의 납부를 받은 수납기관은 납부자에게 영수증을 교부하여야 한다.

> **해설** 법 제17조(과징금처분)
> ④ 제1항에 따라 징수한 과징금은 다음 각 호 외의 용도로는 사용할 수 없다.
> 1. 철도사업 종사자의 양성·교육훈련이나 그 밖의 자질 향상을 위한 시설 및 철도사업 종사자에 대한 지도업무의 수행을 위한 시설의 건설·운영

27 다음 중 과징금 금액이 500만 원인 위반행위로 맞는 것은?

① 면허를 받은 사항을 정당한 사유 없이 시행하지 않은 경우

② 사업경영의 불확실 또는 자산상태의 현저한 불량이나 그 밖의 사유로 사업을 계속하는 것이 적합하지 않은 경우

③ 면허에 붙인 부담을 위반한 경우

④ 휴업 또는 폐업의 허가를 받지 않거나 신고를 하지 않고 영업을 하지 않은 경우

⑤ 국토교통부장관의 개선명령을 위반한 경우

> **해설** 시행령 [별표 1] 철도사업자에 대한 과징금의 부가기준(제9조 관련) 중 2. 개별기준

위반행위	근거 법조문	과징금 금액
나. 사업경영의 불확실 또는 자산상태의 현저한 불량이나 그 밖의 사유로 사업을 계속하는 것이 적합하지 않은 경우	법 제16조 제1항 제2호	500만 원

28 다음 중 철도사업자의 중대한 과실에 의하여 1회 철도사고로 인한 사망자가 20명인 경우 과징금 금액으로 맞는 것은?

① 300만 원 ② 500만 원
③ 1,000만 원 ④ 2,000만 원
⑤ 5,000만 원

> **해설** 시행령 [별표 1] 철도사업자에 대한 과징금의 부가기준(제9조 관련) 중 2. 개별기준

위반행위	근거 법조문	과징금 금액
다. 철도사업자 또는 그 소속 종사자의 고의 또는 중대한 과실에 의하여 다음 각 목의 사고가 발생한 경우	법 제16조 제1항 제3호	
1) 1회의 철도사고로 인한 사망자가 40명 이상인 경우		5,000만 원
2) 1회의 철도사고로 인한 사망자가 20명 이상 40명 미만인 경우		2,000만 원
3) 1회의 철도사고로 인한 사망자가 10명 이상 20명 미만인 경우		1,000만 원

> ※ 20명의 경우 20명 이상에 해당되므로 2천만 원이다.

정답 26 ③ 27 ② 28 ④

29 다음 위반행위 중 과징금 금액이 다른 하나는?

① 면허를 받은 사항을 정당한 사유 없이 시행하지 않은 경우
② 국토교통부장관이 지정한 날 또는 기간에 운송을 시작하지 않은 경우
③ 법에 따른 휴업 또는 폐업의 허가를 받지 않거나 신고를 하지 않고 영업을 하지 않은 경우
④ 법에 따른 명의대여 금지를 위반한 경우
⑤ 법에 따른 철도사업의 면허기준에 미달하게 된 때부터 3개월이 경과된 후에도 그 기준을 충족시키지 않은 경우

해설 시행령 [별표 1] 철도사업자에 대한 과징금의 부가기준(제9조 관련) 중 2. 개별기준

위반행위	근거 법조문	과징금 금액
마. 법 제6조에 따른 철도사업의 면허기준에 미달하게 된 때부터 **3개월**이 경과된 후에도 그 기준을 충족시키지 않은 경우	법 제16조 제1항 제6호	1,000만 원

※ 나머지 보기는 전부 300만 원 과징금 금액에 해당된다.

30 다음 중 철도사업자의 준수사항에 대한 내용으로 아닌 것은?

① 철도사업자는 국토교통부령으로 정하는 바에 따라 실무수습 이수를 받지 아니한 자가 운전업무에 종사하게 하여서는 아니 된다.
② 철도사업자는 사업계획을 성실하게 이

행하여야 하며, 부당한 운송 조건을 제시하거나 정당한 사유 없이 운송계약의 체결을 거부하는 등 철도운송 질서를 해치는 행위를 하여서는 아니 된다.
③ 철도사업자는 승차권 또는 할인권·교환권 등 승차권에 준하는 증서를 상습 또는 영업으로 원래 가격을 초과한 금액으로 다른 사람에게 판매하거나 이를 알선하여서는 아니 된다.
④ 철도사업자는 여객 운임표, 여객 요금표, 감면 사항 및 철도사업약관을 인터넷 홈페이지에 게시하고 관계 역·영업소 및 사업소 등에 갖추어 두어야 하며, 이용자가 요구하는 경우에는 제시하여야 한다.
⑤ 운송의 안전과 여객 및 화주(貨主)의 편의를 위하여 철도사업자가 준수하여야 할 사항은 국토교통부령으로 정한다.

해설
• 3번 선지 내용은 존재하지 않는다. 유사한 내용은 법 제10조의2(승차권 등 부정판매의 금지)이며, 철도사업자에 준수사항에 해당되지 않는다.
• **제20조(철도사업자의 준수사항)**
• ① 철도사업자는 「철도안전법」 제21조에 따른 요건을 갖추지 아니한 사람을 운전업무에 종사하게 하여서는 아니 된다. → **국토교통부령으로 정하는 바에 따라 실무수습 이수자가 운전업무에 종사할 것**
② 철도사업자는 사업계획을 성실하게 이행하여야 하며, 부당한 운송 조건을 제시하거나 정당한 사유 없이 운송계약의 체결을 거부하는 등 철도운송 질서를 해치는 행위를 하여서는 아니 된다.
③ 철도사업자는 여객 운임표, 여객 요금표, 감면 사항 및 철도사업약관을 인터넷 홈페이지에 게시하고 관계 역·영업소 및 사업소 등에 갖추어 두어야 하며, 이용자가 요구하는 경우에는 제시하여야 한다.
④ 제1항부터 제3항까지에 따른 준수사항 외에 운송의 안전과 여객 및 화주(貨主)의 편의를 위하여 철도사업자가 준수하여야 할 사항은 국토교통부령으로 정한다.

29 ⑤ 30 ③ 정답

31 다음 중 국토교통부장관이 할 수 있는 사업의 개선명령 사항으로 틀린 것은?

① 철도운수종사자의 양성 및 자질향상을 위한 교육
② 안전운송의 확보 및 서비스의 향상을 위하여 필요한 조치
③ 공동운수협정의 체결
④ 철도사업약관의 변경
⑤ 운임·요금 책정 방식의 개선

해설 법 제21조(사업의 개선명령)
국토교통부장관은 원활한 철도운송, 서비스의 개선 및 운송의 안전과 그 밖에 공공복리의 증진을 위하여 필요하다고 인정하는 경우에는 철도사업자에게 다음 각 호의 사항을 명할 수 있다.
3. 운임·요금 징수 방식의 개선

32 다음 중 「철도사업법」 내용으로 틀린 것은?

① 철도사업자는 철도사업에 사용되는 철도차량에 철도사업자의 명칭과 그 밖에 국토교통부령으로 정하는 사항을 표시하여야 한다.
② 철도사업자의 화물의 멸실·훼손 또는 인도의 지연에 대한 손해배상책임에 관하여는 「상법」을 준용한다.
③ 철도사업에 종사하는 철도운수종사자는 부당한 운임 또는 요금을 요구하거나 받는 행위를 하여서는 아니된다.
④ 철도사업자는 타인에게 자기의 성명 또는 상호를 사용하여 철도사업을 경영하게 하여서는 아니 된다.
⑤ 철도사업자의 화물이 인도 기한을 지난 후 3개월 이내에 인도되지 아니한 경우에는 그 화물은 훼손된 것으로 본다.

해설 법 제24조(철도화물 운송에 관한 책임)
② 제1항을 적용할 때에 화물이 인도 기한을 지난 후 3개월 이내에 인도되지 아니한 경우에는 그 화물은 멸실된 것으로 본다.

33 다음 중 여객운임 상한 지정 시 고려 사항으로 틀린 것은?

① 물가상승률
② 원가수준
③ 다른 교통수단과의 형평성
④ 사업용 철도노선의 분류
⑤ 철도차량의 길이

해설 시행령 제4조(여객 운임의 상한 지정 등)
국토교통부장관은 법 제9조 제2항 후단에 따라 여객에 대한 운임(이하 "여객 운임"이라 한다)의 상한을 지정하는 때에는 물가상승률, 원가수준, 다른 교통수단과의 형평성, 법 제4조 제2항에 따른 사업용 철도노선(이하 "사업용 철도노선"이라 한다)의 분류와 법 제4조의2에 따른 철도차량의 유형 등을 고려하여야 하며, 여객 운임의 상한을 지정한 경우에는 이를 관보에 고시하여야 한다.

34 다음 중 국토교통부장관에게 신고하여야 되는 사항으로 맞는 것은?

① 천재지변이나 그 밖의 불가피한 사유로 철도사업자가 국토교통부장관이 지정하는 날 또는 기간에 운송을 시작할 수 없는 경우
② 철도청장 또는 고속철도건설공단이사장이 철도부채를 인계하고자 하는 때
③ 철도사업자가 그 사업의 전부 또는 일부를 휴업 또는 폐업하려는 경우
④ 여객열차의 경우 한하여 운행구간을 변경한 경우
⑤ 전용철도운영자가 그 운영의 전부 또는 일부를 휴업 또는 폐업한 경우

정답 31 ⑤   32 ⑤   33 ⑤   34 ⑤

- 「철도산업발전기본법」, +「철도사업법」복합문제이다.
- 3번 선지와 5번 선지 헷갈림에 주의해야 하며 4번 선지의 경우 대통령령으로 정하는 중요사항이기에 해당 사항 변경 시에는 국토교통부장관의 "인가"를 받아야 한다. 중요사항을 제외하고 사업계획을 변경하려는 경우 철도사업자 → 국토교통부장관에게 신고해야 한다.

35 다음 중 여객 운임, 요금 신고서에 첨부하여야 되는 서류로 맞는 것은?

① 여객 운임, 요금 신·구대비표
② 여객 운임, 요금표
③ 여객 운임, 요금 변경사유를 기재한 서류
④ 철도사업 면허증
⑤ 여객 운임, 요금 책정 기준

해설 시행령 제3조(여객 운임·요금의 신고)
① 철도사업자는 법 제9조 제1항에 따라 여객에 대한 운임·요금(이하 "여객 운임·요금"이라 한다)의 신고 또는 변경신고를 하려는 경우에는 국토교통부령으로 정하는 여객 운임·요금신고서 또는 변경신고서에 다음 각 호의 서류를 첨부하여 국토교통부장관에게 제출하여야 한다.
1. 여객 운임·요금표
2. 여객 운임·요금 신·구대비표 및 변경사유를 기재한 서류(여객 운임·요금을 변경하는 경우에 한정한다)

제2장의 2 **민자철도 운영의 감독·관리 등**

36 다음 중 빈칸에 들어갈 단어로 알맞은 것은?

> 국토교통부장관은 민자철도의 유지·관리 및 운영에 관한 기준에 따라 매년 소관 민자철도에 대하여 (   )를 실시하여야 한다.

① 품질평가
② 운영평가

③ 실지조사
④ 실태조사
⑤ 예산투자

해설 법 제25조
(민자철도의 유지·관리 및 운영에 관한 기준 등)
③ 국토교통부장관은 제1항에 따른 민자철도의 유지·관리 및 운영에 관한 기준에 따라 매년 소관 민자철도에 대하여 운영평가를 실시하여야 한다.

37 다음 중 민자철도 사업에 대한 과징금 처분 등에 대한 내용으로 틀린 것은?

① 민자철도사업자가 민자철도의 유지·관리 및 운영에 관한 기준을 준수하지 아니한 경우 1억 원 이하의 과징금을 부과·징수할 수 있다.
② 민자철도사업자가 국토교통부장관의 명령을 이행하지 아니한 경우 과징금을 부과할 수 있다.
③ 과징금을 부과하는 위반행위의 종류와 위반 정도 등에 따른 과징금의 금액 및 징수방법 등에 필요한 사항은 대통령령으로 정한다.
④ 국토교통부장관은 법에 따라 과징금 부과처분을 받은 자가 납부기한까지 과징금을 내지 아니하면 국세체납처분의 예에 따라 징수한다.
⑤ 국토교통부장관은 징수한 과징금의 운용계획을 수립하여 시행하여야 한다.

해설
- 국세체납처분의 예 → 철도사업자의 과징금 처분
- 국세강제징수의 예 → 민자철도사업자에 대한 과징금 처분
- 제25조의2(민자철도사업자에 대한 과징금 처분)
  ③ 국토교통부장관은 제1항에 따라 과징금 부과처분을 받은 자가 납부기한까지 과징금을 내지 아니하면 **국세강제징수의 예**에 따라 징수한다.

35 ② 36 ② 37 ④ 정답

38 다음 중 민자철도사업자에 대한 과징금의 부과기준으로 틀린 것은?

① 하나의 행위가 둘 이상의 위반행위에 해당하는 경우에는 그중 무거운 과징금의 부과기준에 따른다.

② 부과권자는 위반행위가 사소한 부주의나 오류로 인한 것으로 인정되는 경우에는 개별기준에 따른 과징금의 2분의 1 범위에서 그 금액을 줄여 부과할 수 있다. 다만, 과징금을 체납하고 있는 위반행위자에 대해서는 그렇지 않다.

③ 법 위반상태의 기간이 6개월 이상인 경우 개별기준에 따른 과징금의 2분의 1 범위에서 그 금액을 늘려 부과할 수 있다.

④ 과징금을 늘려 부과하는 경우에는 1억 원을 넘을 수 있다.

⑤ 민자철도의 유지·관리 및 운영에 관한 기준을 준수하지 않아 해당 철도에서 사고가 발생했거나 운행에 위험을 초래하는 결과가 발생한 경우 과징금 금액은 1,000만원이다.

> **해설** 시행령 별표 [1의2] 민자철도사업자에 대한 과징금의 부과기준(제10조의2 관련)
>
> 다. 부과권자는 다음의 어느 하나에 해당하는 경우에는 제2호의 개별기준에 따른 과징금의 2분의 1 범위에서 그 금액을 늘려 부과할 수 있다. 다만, 늘려 부과하는 경우에도 법 제25조의2 제1항에 따른 과징금의 상한을 넘을 수 없다.

39 다음 중 민자철도의 유지·관리 및 운영에 관한 기준을 준수하지 않아 철도의 일부 또는 전체의 기능을 상실한 기간이 7일 이상 15일 미만인 경우 경우 과징금 금액으로 맞는 것은?

① 1천만 원   ② 2천만 원

③ 3천만 원   ④ 4천만 원

⑤ 5천만 원

> **해설** 시행령 별표[1의2] 민자철도사업자에 대한 과징금의 부가기준(제10조의 2관련) 중 2. 개별기준

위반행위	근거 법조문	과징금 금액
가. 법 제25조 제2항을 위반하여 민자철도의 유지·관리 및 운영에 관한 기준을 준수하지 않은 경우 1) 철도의 일부 또는 전체의 기능을 상실한 경우	법 제25조의2 제1항 제1호	
나) 철도의 일부 또는 전체의 기능을 상실한 기간이 7일 이상 15일 미만인 경우		4,000만 원

40 다음 중 민자철도의 유지·관리 및 운영에 관한 기준을 준수하지 않아 철도의 일부 또는 전체의 기능을 상실한 기간이 30일 이상인 경우 경우 과징금 금액으로 맞는 것은?

① 1천만 원   ② 2천만 원

③ 4천만 원   ④ 5천만 원

⑤ 1억 원

> **해설** 시행령 별표[1의2] 민자철도사업자에 대한 과징금의 부가기준(제10조의2관련) 중 2. 개별기준

위반행위	근거 법조문	과징금 금액
가. 법 제25조제2항을 위반하여 민자철도의 유지·관리 및 운영에 관한 기준을 준수하지 않은 경우 1) 철도의 일부 또는 전체의 기능을 상실한 경우	법 제25조의2 제1항 제1호	
다) 철도의 일부 또는 전체의 기능을 상실한 기간이 15일 이상인 경우		10,000만 원

41 다음 중 교통여건이 현저히 변화되는 등 실시협약의 기초가 되는 사실 또는 상황에 중대한 변경이 생긴 경우로서 대통령령으로 정하는 경우로 틀린 것은? (단, 모든 보기의 경우로 인하여 연간 실제 교통량이 실시협약에서 정한 교통량의 100분의 30 이상 변경된 경우로 가정한다.)

① 해당 민자철도의 실시협약 체결 당시 예상되지 않았던 다른 철도가 연결되는 경우
② 해당 민자철도의 운영 여건 변화로 이용자의 안전 및 편의 등 민자철도의 기능에 심각한 지장이 초래된 경우
③ 해당 민자철도가 「국가통합교통체계효율화법 시행령」에 따른 연계교통체계 영향권의 설정 범위에 포함된 경우
④ 관련 법령이 개정되거나 민자철도에 관한 정책이 변경된 경우
⑤ 그 밖에 국토교통부장관이 인정하는 교통 여건이 현저히 변화된 경우

해설 **시행령 제10조의4**

(사정변경 등에 따른 실시협약의 변경 요구 등)
③ 법 제25조의3 제1항 제3호에서 "대통령령으로 정하는 경우"란 「사회기반시설에 대한 민간투자법」 제2조 제7호에 따른 실시협약(이하 이 항에서 "실시협약"이라 한다)의 체결 이후 다음 각 호의 경우로 인하여 연간 실제 교통량이 실시협약에서 정한 교통량의 **100분의 30** 이상 변경된 경우를 말한다.
1. 해당 민자철도의 실시협약 체결 당시 예상되지 않았던 다른 철도가 연결되는 경우
2. 해당 민자철도의 운영 여건 변화로 이용자의 안전 및 편의 등 민자철도의 기능에 심각한 지장이 초래된 경우
3. 해당 민자철도가 「국가통합교통체계효율화법 시행령」 제36조 제1항에 따른 연계교통체계 영향권의 설정 범위에 포함된 경우
4. 관련 법령이 개정되거나 민자철도에 관한 정책이 변경된 경우
5. 그 밖에 제1호부터 제4호까지에 준하는 사유로 교통 여건이 현저히 변화된 경우

42 다음 중 민자철도 사업자가 국토교통부장관이 요구하는 소명을 하지 아니한 경우 국토교통부장관이 실시협약의 변경 등을 요구하기 위해 자문을 거치는 곳으로 맞는 것은?

① 철도산업위원회
② 민자철도 관리지원센터
③ 민자철도 약관관리센터
④ 철도기술연구원
⑤ 철도협회

해설 **법 제25조의3**

(사정변경 등에 따른 실시협약의 변경 요구 등)
③ 국토교통부장관은 다음 각 호의 어느 하나에 해당하는 경우 제25조의5에 따른 민자철도 관리지원센터의 자문을 거쳐 실시협약의 변경 등을 요구할 수 있다.
1. 민자철도사업자가 제2항에 따른 소명을 하지 아니하거나 그 소명이 충분하지 아니한 경우
2. 민자철도 사업자가 제2항에 따른 해소 대책을 수립하지 아니한 경우
3. 제2항에 따른 해소 대책으로는 제1항에 따른 사유를 해소할 수 없거나 해소하기 곤란하다고 판단되는 경우

43 다음 중 관리지원센터의 수행 업무가 아닌 것은?

① 민자철도의 교통수요 예측 지원
② 민자철도의 유지·관리 및 운영에 관한 기준과 관련한 자문 및 지원
③ 실시협약 변경 등의 요구와 관련한 자문 및 지원
④ 실시협약에 따른 보조금 및 재정지원금의 지급 업무
⑤ 운영평가와 관련한 자문 및 지원

해설 **법 제25조의5(민자철도 관리지원센터의 지정 등)**
② 관리지원센터는 다음 각 호의 업무를 수행한다.
1. 민자철도의 교통수요 예측, 적정 요금 또는 운임 및 운영비 산출과 관련한 자문 및 지원
2. 제25조 제1항에 따른 민자철도의 유지·관리 및 운영에 관한 기준과 관련한 자문 및 지원
3. 제25조 제3항에 따른 운영평가와 관련한 자문 및 지원
4. 제25조의3 제3항에 따른 실시협약 변경 등의 요구와 관련한 자문 및 지원
5. 제5항에 따라 국토교통부장관이 위탁하는 업무
6. 그 밖에 이 법에 따른 민자철도에 관한 감독 지원을 위하여 국토교통부령으로 정하는 업무

42 ② 43 ④ **정답**

44 다음 중 관리지원센터 지정을 취소하여야 되는 경우로 맞는 것은?

① 거짓이나 그 밖의 부정한 방법으로 지정을 받은 경우

② 지정받은 사항을 위반하여 업무를 수행한 경우

③ 거짓이나 그 밖의 부정한 방법으로 지원을 받은 경우

④ 국토교통부장관의 요청에도 불구하고 자료를 제출하지 않은 경우

⑤ 민자철도와 관련하여 비위사실이 있는 경우

> **해설** 법 제25조의5(민자철도 관리지원센터의 지정 등)
> ④ 국토교통부장관은 관리지원센터가 다음 각 호의 어느 하나에 해당하는 경우에는 지정을 취소할 수 있다. 다만, 제1호에 해당하는 경우에는 지정을 취소하여야 한다.
> 1. 거짓이나 그 밖의 부정한 방법으로 지정을 받은 경우
> 2. 지정받은 사항을 위반하여 업무를 수행한 경우

45 다음 중 빈칸에 들어갈 단어로 알맞은 것은?

> 국토교통부장관은 「사회기반시설에 대한 민간투자법」에 따라 국가가 재정을 지원한 (   )를 작성하여 매년 5월 31일까지 국회 소관 상임위원회에 제출하여야 한다.

① 민자철도의 건설 및 유지·관리 현황에 관한 보고서

② 민자철도의 업무 현황에 관한 보고서

③ 민자철도의 업무 추진 및 개발에 관한 보고서

④ 민자철도의 수익과 투자비용에 관한 보고서

⑤ 민자철도의 개빌 및 업무 추진서

> **해설** 법 제25조의6(국회에 대한 보고 등)
> ① 국토교통부장관은 「사회기반시설에 대한 민간투자법」 제53조에 따라 국가가 재정을 지원한 민자철도의 건설 및 유지·관리 현황에 관한 보고서를 작성하여 **매년 5월 31일까지** 국회 소관 상임위원회에 제출하여야 한다.

제3장 **철도서비스 향상 등**

46 다음 중 철도서비스의 품질평가 등에 관한 내용으로 틀린 것은?

① 국토교통부장관은 공공복리의 증진과 철도서비스 이용자의 권익보호를 위하여 철도사업자가 제공하는 철도서비스에 대하여 적정한 철도서비스 기준을 정하고, 그에 따라 철도사업자가 제공하는 철도서비스의 품질을 평가하여야 한다.

② 철도서비스의 기준, 품질평가의 항목·절차 등에 필요한 사항은 국토교통부령으로 정한다.

③ 국토교통부장관은 철도서비스의 품질을 평가한 경우에는 그 평가 결과를 국토교통부령으로 정하는 바에 따라 신문 등 대중매체를 통하여 공표하여야 한다.

④ 국토교통부장관은 철도서비스의 품질 평가 결과에 따라 사업 개선명령 등 필요한 조치를 할 수 있다.

⑤ 국토교통부장관은 철도서비스의 품질 평가결과가 우수한 철도사업자 및 그 소속 종사자에게 예산의 범위 안에서 포상 등 지원시책을 시행할 수 있다.

> **해설** 법 제27조(평가 결과의 공표 및 활용)
> ① 국토교통부장관은 제26조에 따른 철도서비스의 품질을 평가한 경우에는 그 평가 결과를 **대통령령**으로 정하는 바에 따라 신문 등 대중매체를 통하여 공표하여야 한다.

정답 44 ① 45 ① 46 ③

47 다음 중 빈칸에 들어갈 철도서비스의 품질 평가결과 공표사항으로 알맞은 것은?

> 1. 평가지표별 평가결과
> 2. 철도서비스의 품질 향상도
> 3. (　　　　　)
> 4. 그 밖에 철도서비스에 대한 품질평가결과 국토교통부장관이 공표가 필요하다고 인정하는 사항

① 철도서비스의 만족도
② 철도사업자별 평가순위
③ 에너지효율성 순위
④ 품질평가기준
⑤ 우수 서비스 분야

해설 **시행령 제11조(평가결과의 공표)**
① 국토교통부장관이 법 제27조의 규정에 의하여 철도서비스의 품질평가결과를 공표하는 경우에는 다음 각 호의 사항을 포함하여야 한다.
1. 평가지표별 평가결과
2. 철도서비스의 품질 향상도
3. 철도사업자별 평가순위
4. 그 밖에 철도서비스에 대한 품질평가결과 국토교통부장관이 공표가 필요하다고 인정하는 사항

---

48 다음 중 우수 철도서비스 인증에 대한 내용으로 틀린 것은?

① 국토교통부장관은 공정거래위원회와 협의하여 철도사업자 간 경쟁을 제한하지 아니하는 범위에서 철도서비스의 질적 향상을 촉진하기 위하여 우수 철도서비스에 대한 인증을 할 수 있다.
② 인증을 받은 철도사업자는 그 인증의 내용을 나타내는 표지를 철도차량, 역 시설 또는 철도 용품 등에 붙이거나 인증 사실을 홍보할 수 있다.

③ 인증을 받은 자가 아니면 우수서비스마크 또는 이와 유사한 표지를 철도차량, 역 시설 또는 철도 용품 등에 붙이거나 인증 사실을 홍보하여서는 아니 된다.
④ 우수 철도서비스 인증의 절차, 인증기준, 우수서비스마크, 인증의 사후관리에 관한 사항과 그 밖에 인증에 필요한 사항은 대통령령으로 정한나.
⑤ 국토교통부장관은 필요한 경우에는 관계 전문기관 등에 우수 철도서비스 인증에 필요한 심사업무를 위탁할 수 있다.

해설 **법 제28조(우수 철도서비스 인증)**
④ 우수 철도서비스 인증의 절차, 인증기준, 우수서비스마크, 인증의 사후관리에 관한 사항과 그 밖에 인증에 필요한 사항은 **국토교통부령**으로 정한다.

---

49 다음 중 빈칸에 들어갈 말로 알맞은 것은?

> 국토교통부장관이나 평가업무 등을 위탁받은 자는 철도서비스의 평가 등을 할 때 철도사업자에게 관련 자료 또는 의견 제출 등을 요구하거나 철도서비스에 대한 (　　　)를 할 수 있다.

① 실태조사　　　　② 실지조사
③ 설문조사　　　　④ 매체조사
⑤ 서류조사

해설
• 실태조사는 특정 노선 폐지에서 실시한다.
• 실지조사는 서비스에 해당된다.
• **법 제30조(자료 등의 요청)** 국토교통부장관이나 제29조에 따라 평가업무 등을 위탁받은 자는 철도서비스의 평가 등을 할 때 철도사업자에게 관련 자료 또는 의견 제출 등을 요구하거나 철도서비스에 대한 실지조사(實地調査)를 할 수 있다.

47 ②　**48** ④　**49** ②　**정답**

50 공동 사용시설을 관리하는 자는 철도사업자가 그 시설의 공동 활용에 관한 요청을 하는 경우 협정을 체결하여 이용할 수 있게 하여야한다. 다음 중 공동 사용시설로 틀린 것은?

① 철도역 및 역 시설(물류시설, 환승시설 및 편의시설 등을 포함한다)

② 철도차량의 조성 또는 분리 등을 위한 시설

③ 철도차량의 정비·검사·점검·보관 등 유지관리를 위한 시설

④ 사고의 복구 및 구조·피난을 위한 설비

⑤ 철도 운영에 필요한 정보통신 설비

해설 법 제31조(철도시설의 공동 활용)

공공교통을 목적으로 하는 선로 및 다음 각 호의 공동 사용시설을 관리하는 자는 철도사업자가 그 시설의 공동 활용에 관한 요청을 하는 경우 협정을 체결하여 이용할 수 있게 하여야 한다.

1. 철도역 및 역 시설(물류시설, 환승시설 및 편의시설 등을 포함한다)
2. 철도차량의 정비·검사·점검·보관 등 유지관리를 위한 시설
3. 사고의 복구 및 구조·피난을 위한 설비
4. 열차의 조성 또는 분리 등을 위한 시설
5. 철도 운영에 필요한 정보통신 설비

51 다음 중 철도서비스의 품질평가에 대한 내용으로 틀린 것은?

① 국토교통부장관은 공공복리의 증진과 철도서비스 이용자의 권익보호를 위하여 철도사업자가 제공하는 철도서비스에 대하여 적정한 철도서비스 기준을 정하고, 그에 따라 철도사업자가 제공하는 철도서비스의 품질을 평가하여야 한다.

② 철도서비스의 기준, 품질평가의 항목·절차 등에 필요한 사항은 국토교통부령으로 정한다.

③ 국토교통부장관은 철도서비스의 품질을 평가한 경우에는 그 평가 결과를 대통령령으로 정하는 바에 따라 신문 등 대중매체를 통하여 공표하여야 한다.

④ 국토교통부장관이 철도서비스의 품질 평가결과가 우수한 철도사업자 및 그 소속 종사자를 정할 때는 미리 공정거래위원회와 협의하여야 한다.

⑤ 국토교통부장관은 철도서비스의 품질 평가결과가 우수한 철도사업자 및 그 소속 종사자에게 예산의 범위 안에서 포상 등 지원시책을 시행할 수 있다.

해설

• 철도서비스 품질평가에 대해 묻는 문제다. 공정거래위원회는 우수철도서비스 인증에 해당된다. 품질평가와 헷갈리지 않도록 주의해야 한다.

• **제28조(우수 철도서비스 인증)** 국토교통부장관은 공정거래위원회와 협의하여 철도사업자 간 경쟁을 제한하지 아니하는 범위에서 철도서비스의 질적 향상을 촉진하기 위하여 우수철도서비스에 대한 인증을 할 수 있다.

제4장 **전용철도**

52 다음 중 전용철도 등록사항의 경미한 변경의 경우로 틀린 것은?

① 운행시간을 연장 또는 단축한 경우

② 배차간격 또는 운행횟수를 단축 또는 연장한 경우

③ 10분의 1의 범위 안에서 철도차량 대수를 변경한 경우

④ 주사무소·철도차량기지를 제외한 운송 관련 부대시설을 변경한 경우

⑤ 1년의 범위 안에서 전용철도 건설기간을 조정한 경우

해설 시행령 제12조

(전용철도 등록사항의 경미한 변경 등)

① 법 제34조 제1항 단서에서 "대통령령으로 징하는 경

정답 50 ② 51 ④ 52 ⑤

미한 변경의 경우"란 다음 각 호의 어느 하나에 해당하는 경우를 말한다.
1. 운행시간을 연장 또는 단축한 경우
2. 배차간격 또는 운행횟수를 단축 또는 연장한 경우
3. 10분의 1의 범위 안에서 철도차량 대수를 변경한 경우
4. 주사무소·철도차량기지를 제외한 운송관련 부대시설을 변경한 경우
5. 임원을 변경한 경우(**법인에 한한다**)
6. 6월의 범위 안에서 전용철도 건설기간을 조정한 경우

53 다음 중 전용철도 등록사항에서 대통령령으로 정하는 경미한 사항이 아닌 것은?

① 운행시간을 연장 또는 단축한 경우
② 20% 범위 안에서 철도차량 대수를 변경한 경우
③ 배차간격 또는 운행횟수를 단축 또는 연장한 경우
④ 주사무소·철도차량기지를 제외한 운송관련 부대시설을 변경한 경우
⑤ 6월의 범위 안에서 전용철도 건설기간을 조정한 경우

해설 **시행령 제12조**
(전용철도 등록사항의 경미한 변경 등)
① 법 제34조 제1항 단서에서 "대통령령으로 정하는 경미한 변경의 경우"란 다음 각 호의 어느 하나에 해당하는 경우를 말한다.
1. 운행시간을 연장 또는 단축한 경우
2. 배차간격 또는 운행횟수를 단축 또는 연장한 경우
3. 10분의 1의 범위 안에서 철도차량 대수를 변경한 경우
4. 주사무소·철도차량기지를 제외한 운송관련 부대시설을 변경한 경우
5. 임원을 변경한 경우(**법인에 한한다**)
6. 6월의 범위 안에서 전용철도 건설기간을 조정한 경우

54 다음 중 전용철도 결격사유로 틀린 것은?

① 파산선고를 받고 복권되지 아니한 사람
② 철도사업법을 위반하여 금고 이상의 실형을 선고받고 그 집행이 끝난 것으로 보는 날부터 2년이 지나지 아니한 사람
③ 피한정후견인
④ 피성년후견인

⑤ 철도사업법에 따라 전용철도의 등록이 취소된 후 그 취소일부터 2년이 지나지 아니한 자

해설 **법 제35조(결격사유)**
다음 각 호의 어느 하나에 해당하는 자는 전용철도를 등록할 수 없다. 법인인 경우 그 임원 중에 다음 각 호의 어느 하나에 해당하는 자가 있는 경우에도 같다.
1. 제7조 제1호 각 목의 어느 하나에 해당하는 사람
2. 이 법에 따라 전용철도의 등록이 취소된 후 그 취소일부터 1년이 지나지 아니한 자

55 다음 중 전용철도 운영의 양도·양수 등에 관한 내용으로 틀린 것은?

① 전용철도의 운영을 양도·양수하려는 자는 국토교통부령으로 정하는 바에 따라 국토교통부장관에게 신고하여야 한다.
② 전용철도의 등록을 한 법인이 합병하려는 경우에는 국토교통부령으로 정하는 바에 따라 국토교통부장관에게 신고하여야 한다.
③ 국토교통부장관은 전용철도 운영의 양도·양수, 합병 신고를 받은 날부터 10일 이내에 신고수리 여부를 신고인에게 통지하여야 한다.
④ 전용철도 운영의 양도·양수, 합병신고가 수리된 경우 전용철도의 운영을 양수한 자는 전용철도의 운영을 양도한 자의 전용철도운영자로서의 지위를 승계하며, 합병으로 설립되거나 존속하는 법인은 합병으로 소멸되는 법인의 전용철도운영자로서의 지위를 승계한다.
⑤ 전용철도 운영의 양도·양수, 합병 신고에 관하여는 전용철도 등록의 결격사유를 준용한다.

해설 **법 제36조(전용철도 운영의 양도·양수 등)**
③국토교통부장관은 제1항 및 제2항에 따른 신고를 받은 날부터 30일 이내에 신고수리 여부를 신고인에게 통지하여야 한다.

56 다음 중 전용철도 등록사항을 변경할 때 국토교통부장관에게 운영계획서를 첨부하지 않아도 되는 경우로 틀린 것은?

① 운행시간을 연장 또는 단축한 경우

② 배차간격 또는 운행횟수를 단축 또는 연장한 경우

③ 10분의 1의 범위 안에서 운영예산을 변경한 경우

④ 주사무소·철도차량기지를 제외한 운송관련 부대시설을 변경한 경우

⑤ 6월의 범위 안에서 전용철도 건설기간을 조정한 경우

해설 시행령 제12조
(전용철도 등록사항의 경미한 변경 등)
3. 10분의 1의 범위 안에서 철도차량 대수를 변경한 경우

57 다음 중 전용철도 운영에 관한 내용으로 틀린 것은?

① 전용철도운영자가 사망한 경우 상속인이 그 전용철도의 운영을 계속하려는 경우에는 피상속인이 사망한 날부터 3개월 이내에 국토교통부장관에게 신고하여야 한다.

② 국토교통부장관은 신고를 받은 날부터 10일 이내에 신고수리 여부를 신고인에게 통지하여야 한다.

③ 신고가 수리된 경우 상속인은 피상속인의 전용철도운영자로서의 지위를 승계하며, 피상속인이 사망한 날부터 신고가 수리된 날까지의 기간 동안은 피상속인의 전용철도 등록은 상속인의 등록으로 본다.

④ 신고에 관하여는 전용철도 등록의 결격사유 준용한다. 다만, 전용철도 등록의

결격사유 어느 하나에 해당하는 상속인이 피상속인이 사망한 날부터 3개월 이내에 그 전용철도의 운영을 다른 사람에게 양도한 경우 피상속인의 사망일부터 양도일까지의 기간에 있어서 피상속인의 전용철도 등록은 상속인의 등록으로 본다.

⑤ 전용철도운영자가 그 운영의 전부 또는 일부를 휴업 또는 폐업한 경우에는 10일 이내에 국토교통부장관에게 신고하여야 한다.

해설 법 제38조(전용철도 운영의 휴업·폐업)
전용철도운영자가 그 운영의 전부 또는 일부를 휴업 또는 폐업한 경우에는 **1개월 이내**에 국토교통부장관에게 신고하여야 한다.

58 다음 중 국토교통부장관이 전용철도 운영의 건전한 발전을 위하여 필요하다고 인정하는 경우에 전용철도운영자에게 명할 수 있는 사항을 모두 고른 것은?

> ㉠ 전용철도 운영계획서의 변경
> ㉡ 전용철도 등록기준의 개선
> ㉢ 사업장의 이전
> ㉣ 시설 또는 운영의 개선
> ㉤ 철도차량 및 철도사고에 관한 손해배상을 위한 보험에의 가입

① ㉠, ㉡   ② ㉡, ㉤

③ ㉢, ㉣   ④ ㉠, ㉡, ㉤

⑤ ㉢, ㉣, ㉤

해설 법 제39조(전용철도 운영의 개선명령)
국토교통부장관은 전용철도 운영의 건전한 발전을 위하여 필요하다고 인정하는 경우에는 전용철도운영자에게 다음 각 호의 사항을 명할 수 있다.
1. 사업장의 이전
2. 시설 또는 운영의 개선

정답 56 ③   57 ⑤   58 ③

59 다음 중 전용철도 등록을 취소하거나 1년 이내의 기간을 정하여 그 운영의 전부 또는 일부의 정지를 명할 수 있는 경우로 아닌 것은?

① 거짓이나 그 밖의 부정한 방법으로 전용철도 등록을 한 경우
② 전용철도 등록기준에 미달한 경우
③ 전용철도 등록기준을 적용할 때 붙인 부담을 이행하지 아니한 경우
④ 전용철도 운영의 개선명령을 이행하지 아니한 경우
⑤ 휴업신고나 폐업신고를 하지 아니하고 3개월 이상 전용철도를 운영하지 아니한 경우

해설 법 제40조(등록의 취소·정지)

국토교통부장관은 전용철도운영자가 다음 각 호의 어느 하나에 해당하는 경우에는 그 등록을 취소하거나 **1년 이내**의 기간을 정하여 그 운영의 전부 또는 일부의 정지를 명할 수 있다. 다만, 제1호에 해당하는 경우에는 등록을 취소하여야 한다.
1. 거짓이나 그 밖의 부정한 방법으로 제34조에 따른 등록을 한 경우
2. 제34조 제2항에 따른 등록기준에 미달하거나 같은 조 제3항에 따른 부담을 이행하지 아니한 경우
3. 휴업신고나 폐업신고를 하지 아니하고 3개월 이상 전용철도를 운영하지 아니한 경우

60 다음 중 전용철도와 관련한 내용으로 틀린 것은?

① 전용철도운영자가 그 운영의 전부를 휴업한 경우에는 1개월 이내에 국토교통부장관에게 신고하여야 한다.
② 전용철도운영자가 사망한 경우 상속인이 그 전용철도 운영을 계속하려는 경우에는 피상속인이 사망한 날로부터 3개월 이내에 국토교통부장관에게 신고하여야 한다.
③ 전용철도의 등록이 취소된 후 그 취소일로부터 1년이 지나지 않았으면 전용철도를 등록할 수 없다.

④ 「도시철도법」을 위반하여 금고 이상의 형을 집행유예를 선고받고 유예 기간이 끝나거나 면제된 날부터 2년이 지나지 않은 사람이 임원으로 있는 법인은 전용철도 등록 결격사유에 해당된다.
⑤ 폐업신고를 하지 아니하고 3개월 이상 전용철도를 운영하지 아니한 경우 1년 이내의 기간을 정하여 국토교통부장관이 운영의 전부 또는 일부의 정지를 명할 수 있다.

해설 법 제35조(결격사유)

제7조 제1항을 준용, 금고 이상의 실형은 끝나거나 면제로부터 2년이지만 집행유예는 유예기간 끝날 때까지 적용된다.
※ **한번 짚고 넘어가기!** 대통령령으로 정하는 철도관련 법령에 「도시철도법」이 속하므로 「도시철도법」 때문에 틀린 보기는 아니므로 해당 이유로 체크한 학습자는 반드시 제35조 내용을 다시 찾아보도록 한다.

61 다음 중 민감정보 및 고유식별정보의 처리를 할 수 있는 사무로 틀린 것은?

① 철도사업면허에 관한 사무
② 사업의 양도·양수 등에 관한 사무
③ 철도사업의 상속에 관한 사무
④ 철도사업면허취소 등에 관한 사무
⑤ 전용철도 등록의 취소에 관한 사무

해설

• 철도사업의 경우 상속이 없다.
• **시행령 제16조의2(민감정보 및 고유식별정보의 처리)**
국토교통부장관은 다음 각 호의 사무를 수행하기 위하여 불가피한 경우 「개인정보 보호법 시행령」 제18조 제2호에 따른 범죄경력 자료에 해당하는 정보나 같은 영 제19조 제1호, 제2호 또는 제4호에 따른 주민등록번호, 여권번호 또는 외국인등록번호가 포함된 자료를 처리할 수 있다.
1. 법 제5조에 따른 면허에 관한 사무
2. 법 제14조에 따른 사업의 양도·양수 등에 관한 사무
3. 법 제16조에 따른 면허취소 등에 관한 사무
4. 법 제34조에 따른 전용철도 등록에 관한 사무
5. 법 제36조에 따른 전용철도 운영의 양도·양수 등에 관한 사무
6. 법 제37조에 따른 전용철도 운영의 상속에 관한 사무
7. 법 제40조에 따른 전용철도 등록의 취소에 관한 사무

59 ④ **60** ④ **61** ③ **정답**

62 다음 중 국가가 소유·관리하는 철도시설에 대한 국토교통부장관의 점용허가를 받을 수 있는 자로 맞는 것은?

① 전용철도운영자

② 전용철도 등록을 한 자

③ 철도시설관리사

④ 철도운영자

⑤ 철도사업자

해설 **법 제42조(점용허가)**

② 제1항에 따른 점용허가는 철도사업자와 철도사업자가 출자·보조 또는 출연한 사업을 경영하는 자에게만 하며, 시설물의 종류와 경영하려는 사업이 철도사업에 지장을 주지 아니하여야 한다.

63 다음 중 점용허가신청서에 첨부하여야 되는 서류로 틀린 것은?

① 사업개요에 관한 서류

② 수지전망에 관한 서류

③ 자금조달계획에 관한 서류

④ 설치하고자 하는 시설물의 조감도

⑤ 시설물의 건설계획 및 사용계획에 관한 서류

해설 **시행령 제13조**

(점용허가의 신청 및 점용허가기간)

① 법 제42조 제1항의 규정에 의하여 국가가 소유·관리하는 철도시설의 점용허가를 받고자 하는 자는 국토교통부령이 정하는 점용허가신청서에 다음 각 호의 서류를 첨부하여 국토교통부장관에게 제출하여야 한다. 이 경우 국토교통부장관은 「전자정부법」 제36조 제1항에 따른 행정정보의 공동이용을 통하여 법인 등기사항증명서(**법인인 경우로 한정한다**)를 확인하여야 한다.

1. 사업개요에 관한 서류

2. 시설물의 건설계획 및 사용계획에 관한 서류

3. 자금조달계획에 관한 서류

4. 수지전망에 관한 서류

5. 법인의 경우 정관

6. 설치하고자 하는 시설물의 설계도서(시방서·위치도·평면도 및 주단면도를 말한다)

7. 그 밖에 참고사항을 기재한 서류

64 다음 중 국가가 소유·관리하는 철도시설의 점용허가를 받고자 하는 자가 법인인 경우에만 점용허가신청서에 첨부하여야 되는 서류로 맞는 것은?

① 자금조달계획에 관한 서류

② 수지전망에 관한 서류

③ 정관

④ 설치하고자 하는 시설물의 설계도서

⑤ 그 밖에 참고사항을 기재한 서류

해설 63번 해설 참조

65 다음 중 국가가 소유·관리하는 철도시설의 점용허가를 받고자 하는 자가 법인인 경우에 점용허가신청서 제출 시 국토교통부장관이 행정정보의 공동이용을 통하여 확인하여야 되는 것으로 맞는 것은?

① 법인의 정관

② 법인의 약관

③ 법인의 임원

④ 법인 등기사항증명서

⑤ 법인 사업자등록증

해설 **시행령 제13조**

(점용허가의 신청 및 점용허가기간)

① 법 제42조 제1항의 규정에 의하여 국가가 소유·관리하는 철도시설의 점용허가를 받고자 하는 자는 국토교통부령이 정하는 점용허가신청서에 다음 각 호의 서류를 첨부하여 국토교통부장관에게 제출하여야 한다. 이 경우 국토교통부장관은 「전자정부법」 제36조 제1항에 따른 행정정보의 공동이용을 통하여 법인 등기사항증명서(**법인인 경우로 한정한다**)를 확인하여야 한다.

정답 **62** ⑤ **63** ④ **64** ③ **65** ④

66 다음 중 국토교통부장관이 국가가 소유·관리하는 철도시설에 대한 점용허가를 하고자 하는 때 초과할 수 없는 기간으로 맞는 것은? (단, 철골조·철근콘크리트조·석조 또는 이와 유사한 견고한 건물 외의 건물의 축조를 목적으로 하는 경우로 가정한다.)

① 5년   ② 10년
③ 15년   ④ 30년
⑤ 50년

해설 **시행령 제13조**
(점용허가의 신청 및 점용허가기간)
② 국토교통부장관은 법 제42조 제1항의 규정에 의하여 국가가 소유·관리하는 철도시설에 대한 점용허가를 하고자 하는 때에는 다음 각 호의 기간을 초과하여서는 아니된다. 다만, 건물 그 밖의 시설물을 설치하는 경우 그 공사에 소요되는 기간은 이를 산입하지 아니한다.
2. 제1호 외의 건물의 축조를 목적으로 하는 경우에는 15년

67 다음 중 점용허가신청서 첨부서류에서 설치하고자 하는 시설물의 설계도서에 해당되지 않는 것은?

① 시방서   ② 위치도
③ 전개도   ④ 평면도
⑤ 주단면도

해설 **시행령 제13조(점용허가의 신청 및 점용허가기간)**
① 법 제42조 제1항의 규정에 의하여 국가가 소유·관리하는 철도시설의 점용허가를 받고자 하는 자는 국토교통부령이 정하는 점용허가신청서에 다음 각 호의 서류를 첨부하여 국토교통부장관에게 제출하여야 한다. 이 경우 국토교통부장관은 「전자정부법」 제36조 제1항에 따른 행정정보의 공동이용을 통하여 법인 등기사항증명서(법인인 경우로 한정한다)를 확인하여야 한다.

6. 설치하고자 하는 시설물의 설계도서(시방서·위치도·평면도 및 주단면도를 말한다)
※ 한번 짚고 넘어가기! 입면도·단면도·전개도 및 각부상세도, 설비도, 공사용 도면, 구조 계산서는 해당되지 않는다.

68 다음 중 점용허가를 취소할 수 있는 경우로 틀린 것은?

① 점용허가 목적과 다른 목적으로 철도시설을 점용한 경우
② 시설물의 종류와 경영하는 사업이 철도사업에 지장을 주게 된 경우
③ 점용허가를 받은 자가 스스로 점용허가의 취소를 신청하는 경우
④ 점용허가를 받은 날부터 2년 이내에 해당 점용허가의 목적이 된 공사에 착수하지 아니한 경우. 다만, 정당한 사유가 있는 경우에는 2년의 범위에서 공사의 착수기간을 연장할 수 있다.
⑤ 점용료를 납부하지 아니하는 경우

해설 **법 제42조의2(점용허가의 취소)**
① 국토교통부장관은 제42조 제1항에 따른 점용허가를 받은 자가 다음 각 호의 어느 하나에 해당하면 그 점용허가를 취소할 수 있다.
1. 점용허가 목적과 다른 목적으로 철도시설을 점용한 경우
2. 제42조 제2항을 위반하여 시설물의 종류와 경영하는 사업이 철도사업에 지장을 주게 된 경우
3. 점용허가를 받은 날부터 1년 이내에 해당 점용허가의 목적이 된 공사에 착수하지 아니한 경우. 다만, 정당한 사유가 있는 경우에는 1년의 범위에서 공사의 착수기간을 연장할 수 있다.
4. 제44조에 따른 점용료를 납부하지 아니하는 경우
5. 점용허가를 받은 자가 스스로 점용허가의 취소를 신청하는 경우

69 다음 중 점용료를 감면할 수 있는 경우로 틀린 것은?

① 국가에 무상으로 양도하거나 제공하기 위한 시설물을 설치하기 위하여 점용허가를 받은 경우

② 국가에 무상으로 양도하거나 제공하는 시설물을 설치하기 위한 경우로서 공사기간 중에 점용허가를 받거나 임시 시설물을 설치하기 위하여 점용허가를 받은 경우

③ 「공공주택 특별법」에 따른 공공주택을 건설하기 위하여 점용허가를 받은 경우

④ 재해, 그 밖의 특별한 사정으로 본래의 철도 점용 목적을 달성할 수 없는 경우

⑤ 국민경제에 중대한 영향을 미치는 공익사업으로서 국토교통부령으로 정하는 사업을 위하여 점용허가를 받은 경우

해설 법 제44조(점용료)
① 국토교통부장관은 **대통령령**으로 정하는 바에 따라 점용허가를 받은 자에게 점용료를 부과한다.
② 제1항에도 불구하고 점용허가를 받은 자가 다음 각 호에 해당하는 경우에는 대통령령으로 정하는 바에 따라 점용료를 감면할 수 있다.
1 국가에 무상으로 양도하거나 제공하기 위한 시설물을 설치하기 위하여 점용허가를 받은 경우
2. 제1호의 시설물을 설치하기 위한 경우로서 공사기간 중에 점용허가를 받거나 임시 시설물을 설치하기 위하여 점용허가를 받은 경우
3. 「공공주택 특별법」에 따른 공공주택을 건설하기 위하여 점용허가를 받은 경우
4. 재해, 그 밖의 특별한 사정으로 본래의 철도 점용 목적을 달성할 수 없는 경우
5. 국민경제에 중대한 영향을 미치는 공익사업으로서 **대통령령**으로 정하는 사업을 위하여 점용허가를 받은 경우

70 다음 중 해당 기간의 점용료 전액을 감면할 수 있는 사항으로 맞는 것은?

① 국가에 무상으로 양도하거나 제공하기 위한 시설물을 설치하기 위하여 점용허가를 받은 경우

② 국가에 무상으로 양도하거나 제공하는 시설물을 설치하기 위한 경우로서 공사기간 중에 점용허가를 받거나 임시 시설물을 설치하기 위하여 점용허가를 받은 경우

③ 재해로 점용허가 받은 시설의 전부를 사용하지 못해 본래의 철도 점용 목적을 달성하지 못한 경우

④ 「공공주택 특별법」에 따른 공공주택을 건설하기 위하여 점용허가를 받은 경우

⑤ 국민경제에 중대한 영향을 미치는 공익사업으로서 대통령령으로 정하는 사업을 위하여 점용허가를 받은 경우

해설 시행령 제14조(점용료)
③ 법 제44조 제2항에 따른 점용료의 감면은 다음 각 호의 구분에 따른다.
1. 법 제44조 제2항 제1호 및 제2호에 해당하는 경우 : 전체 시설물 중 국가에 무상으로 양도하거나 제공하기 위한 시설물의 비율에 해당하는 점용료를 감면
2. 법 제44조 제2항 제3호에 해당하는 경우 : 해당 철도시설의 부지에 대하여 국토교통부령으로 정하는 기준에 따른 점용료를 감면
3. 법 제44조 제2항 제4호에 해당하는 경우 : 다음 각 목의 구분에 따른 점용료를 감면
　가. 점용허가를 받은 시설의 전부를 사용하지 못한 경우 : 해당 기간의 점용료 전액을 감면
　나. 점용허가를 받은 시설의 일부를 사용하지 못한 경우 : 전체 점용허가 면적에서 사용하지 못한 시설의 면적 비율에 따라 해당 기간 동안의 점용료를 감면

71 다음 중 점용허가에 대하여 틀린 것은?

① 국토교통부장관은 점용허가를 받은 자가 설치하려는 시설물의 전부 또는 일

부가 철도시설 관리에 관계되는 경우에
는 점용허가를 받은 자의 부담으로 그
의 위탁을 받아 시설물을 직접 설치하
거나 국가철도공단으로 하여금 설치하
게 할 수 있다.

② 점용허가를 할 철도시설의 가액은 국유
재산법 시행령 중 처분재산의 예정가격
을 준용하여 산출하되, 당해 철도시설
의 가액은 산출 후 3년 이내에 한하여
적용한다.

③ 국토교통부장관은 대통령령으로 정하
는 바에 따라 점용허가를 받은 자에게
점용료를 부과한다.

④ 공공주택을 건설하기 위하여 점용허가
를 받은 경우 해당 철도시설의 부지에
대하여 국토교통부령으로 정하는 기준
에 따른 점용료를 감면할 수 있다.

⑤ 대통령은 점용허가를 받은 자가 점용료
를 내지 아니하면 국세 체납처분의 예
에 따라 징수한다.

해설 법 제44조(점용료)
④ 국토교통부장관은 점용허가를 받은 자가 제1항에 따
른 점용료를 내지 아니하면 국세 체납처분의 예에 따라
징수한다.

72 다음 중 점용허가에 대한 내용으로 틀린 것은?

① 국토교통부장관이 「철도산업발전기본
법」이 따라 철도시설의 건설 및 관리
등에 관한 업무의 일부를 국가철도공단
으로 하여금 대행하게 한 경우 점용료
징수에 관한 업무를 위탁할 수 있다.

② 당해 철도시설의 가액은 산출 후 3년
이내에 한하여 적용한다.

③ 점용료는 매년 1월 말까지 당해 연도
해당 분을 선납하여야 한다.

④ 국토교통부장관은 점용허가를 받지 아
니하고 철도시설을 점용한 자에 대하여
점용료의 100분의 120에 해당하는 금
액을 과징금으로 징수할 수 있다.

⑤ 점용허가를 받은 자가 그 권리와 의무
의 이전에 대하여 인가를 받고자 하는
때에는 이전계약서 사본, 이전가격의
명세서를 첨부하여 권리와 의무를 이전
하고자 하는 날 3월 전까지 국토교통부
장관에게 제출하여야 한다.

해설
과징금 → 변상금

73 다음 중 점용허가를 받은 자가 그 권리와 의무의 이전에 대하여 인가를 받고자 하는 때에 국토교통부령으로 정하는 신청서에 첨부하여야 되는 서류를 모두 고른 것은?

ㄱ 이전계약서 사본
ㄴ 이전범위
ㄷ 이전자격을 증명할 수 있는 서류
ㄹ 이전가격의 명세서

① ㄱ, ㄴ   ② ㄱ, ㄷ
③ ㄱ, ㄹ   ④ ㄴ, ㄹ
⑤ ㄷ, ㄹ

해설 시행령 제15조(권리와 의무의 이전)
① 법 제42조의 규정에 의하여 점용허가를 받은 자가
법 제45조의 규정에 의하여 그 권리와 의무의 이전에
대하여 인가를 받고자 하는 때에는 국토교통부령이 정
하는 신청서에 다음 각 호의 서류를 첨부하여 권리와 의
무를 이전하고자 하는 날 **3월** 전까지 국토교통부장관에
게 제출하여야 한다.
1. 이전계약서 사본 2. 이전가격의 명세서

72 ④ 73 ③ **정답**

74 다음 중 점용허가 원상회복과 관련하여 틀린 것은?

① 점용허가를 받은 자는 점용허가기간이 만료되거나 점용허가가 취소된 경우에는 점용허가된 철도 재산을 원상으로 회복하여야 한다. 다만, 국토교통부장관은 원상으로 회복할 수 없거나 원상회복이 부적당하다고 인정하는 경우에는 원상회복의무를 면제할 수 있다.

② 국토교통부장관은 점용허가를 받은 자가 원상회복을 하지 아니하는 경우에는 「행정대집행법」에 따라 시설물을 철거하거나 그 밖에 필요한 조치를 할 수 있다.

③ 국토교통부장관은 원상회복의무를 면제하는 경우에는 해당 철도 재산에 설치된 시설물 등의 무상 국가귀속을 조건으로 할 수 있다.

④ 법에 의하여 철도시설의 점용허가를 받은 자는 점용허가기간이 만료되거나 점용을 폐지한 날부터 3월 이내에 점용허가받은 철도시설을 원상으로 회복하여야 한다. 다만, 국토교통부장관은 불가피하다고 인정하는 경우에는 원상회복 기간을 단축할 수 있다.

⑤ 국토교통부장관은 점용허가를 받은 자의 면제신청을 받은 경우 또는 직권으로 철도시설의 일부 또는 전부에 대한 원상회복의무를 면제하고자 하는 경우에는 원상회복의무를 면제하는 부분을 명시하여 점용허가를 받은 자에게 점용허가 기간의 만료일 또는 점용 폐지일까지 서면으로 통보하여야 한다.

해설 **시행령 제16조(원상회복의무)**
① 법 제42소 제1항의 규정에 의하여 철노시설의 점용

허가를 받은 자는 점용허가기간이 만료되거나 점용을 폐지한 날부터 3월 이내에 점용허가받은 철도시설을 원상으로 회복하여야 한다. 다만, 국토교통부장관은 불가피하다고 인정하는 경우에는 원상회복 기간을 연장할 수 있다.

75 다음 중 점용허가를 받은 자가 철도시설의 전부 또는 일부에 대한 원상회복의무를 면제받고자 하는 경우에 국토교통부장관에게 신청서 제출기한으로 맞는 것은?

① 점용허가기간의 만료일 또는 점용폐지일 1월 전까지

② 점용허가기간의 만료일 또는 점용폐지일 2월 전까지

③ 점용허가기간의 만료일 또는 점용폐지일 3월 전까지

④ 점용허가기간의 만료일 또는 점용폐지일 5월 전까지

⑤ 점용허가기간의 만료일 또는 점용폐지일 6월 전까지

해설 **시행령 제16조(원상회복의무)**
② 점용허가를 받은 자가 그 점용허가기간의 만료 또는 점용의 폐지에도 불구하고 법 제46조 제1항 단서의 규정에 의하여 당해 철도시설의 전부 또는 일부에 대한 원상회복의무를 면제고자 하는 경우에는 그 점용허가기간의 만료일 또는 점용폐지일 3월 전까지 그 사유를 기재한 신청서를 국토교통부장관에게 제출하여야 한다.

76 다음 중 점용허가에 대한 내용으로 틀린 것은?

① 점용허가를 받은 자는 점용허가기간이 만료되거나 점용허가가 취소된 경우에는 점용허가된 철도 재산을 원상으로 회복하여야 한다. 다만, 국토교통부장관은 원상으로 회복할 수 없거나 원상회복이 부적당하다고 인정하는 경우에는 원상회복의무를 면제할 수 있다.

정답 74 ④   75 ③   76 ④

② 국토교통부장관은 원상회복의무를 면제하는 경우에는 해당 철도 재산에 설치된 시설물 등의 무상 국가귀속을 조건으로 할 수 있다.

③ 국가귀속된 시설물을 「국유재산법」에 따라 사용허가하려는 경우 그 허가의 기간은 국유재산법에도 불구하고 10년 이내로 한다.

④ 허가기간이 끝난 시설물에 대해서는 예외로 허가기간 10년 이후에도 1회에 한하여 사용허가를 갱신할 수 있다.

⑤ 사용허가를 받은 자는 「국유재산법」에도 불구하고 그 사용허가의 용도나 목적에 위배되지 않는 범위에서 국토교통부장관의 승인을 받아 해당 시설물의 일부를 다른 사람에게 사용·수익하게 할 수 있다.

해설 **법 제46조의2**
(국가귀속 시설물의 사용허가기간 등에 관한 특례)
② 제1항에 따른 허가기간이 끝난 시설물에 대해서는 10년을 초과하지 아니하는 범위에서 **1회에 한하여 종전의 사용허가를 갱신**할 수 있다.

77 다음 중 점용허가를 취소할 수 있는 경우로 틀린 것은?

① 점용허가 목적과 다른 목적으로 철도시설을 점용한 경우

② 시설물의 종류와 경영하는 사업이 철도차량 운행에 지장을 주게 된 경우

③ 정당한 사유 없이 점용허가를 받은 날부터 1년 이내에 해당 점용허가의 목적이 된 공사에 착수하지 아니한 경우

④ 점용료를 납부하지 아니하는 경우

⑤ 점용허가를 받은 자가 스스로 점용허가의 취소를 신청하는 경우

해설 **법 제42조의2(점용허가의 취소)**
① 국토교통부장관은 제42조 제1항에 따른 점용허가를 받은 자가 다음 각 호의 어느 하나에 해당하면 그 점용허가를 취소할 수 있다.
1. 점용허가 목적과 다른 목적으로 철도시설을 점용한 경우
2. 제42조 제2항을 위반하여 시설물의 종류와 경영하는 사업이 철도사업에 지장을 주게 된 경우
3. 점용허가를 받은 날부터 1년 이내에 해당 점용허가의 목적이 된 공사에 착수하지 아니한 경우. 다만, 정당한 사유가 있는 경우에는 1년의 범위에서 공사의 착수기간을 연장할 수 있다.
4. 제44조에 따른 점용료를 납부하지 아니하는 경우
5. 점용허가를 받은 자가 스스로 점용허가의 취소를 신청하는 경우

78 다음 중 점용허가에 대하여 틀린 것은?

① 국토교통부장관은 국가가 소유·관리하는 철도시설에 건물이나 그 밖의 시설물을 설치하려는 자에게 대통령령으로 정하는 바에 따라 시설물의 종류 및 기간 등을 정하여 점용허가를 할 수 있다.

② 점용허가는 철도사업자와 철도사업자가 출자·보조 또는 출연한 사업을 경영하는 자에게만 한다.

③ 점용허가신청서가 제출되면 국토교통부장관은 행정정보 공동이용을 통하여 법인에 한하여 법인 등기사항증명서를 확인하여야 한다.

④ 국토교통부장관은 대통령령으로 정하는 바에 따라 점용허가를 받은 자에게 점용료를 부과한다.

⑤ 점용허가 취소의 절차 및 방법은 대통령령으로 정한다.

해설 **법 제42조의2(점용허가의 취소)**
5번 선지에서 대통령령 → 국토교통부령

79 다음 내용 중 틀린 것은?

① 국토교통부장관은 필요하다고 인정하면 철도사업자와 전용철도운영자에게 해당 철도사업 또는 전용철도의 운영에 관한 사항이나 철도차량의 소유 또는 사용에 관한 사항에 대하여 보고나 서류 제출을 명할 수 있다.

② 국토교통부장관은 필요하다고 인정하면 소속 공무원으로 하여금 철도사업자 및 전용철도운영자의 장부, 서류, 시설 또는 그 밖의 물건을 검사하게 할 수 있다.

③ 검사를 하는 공무원은 그 권한을 표시하는 증표를 지니고 이를 관계인에게 보여 주어야 한다.

④ 공무원의 증표에 관하여 필요한 사항은 대통령령으로 정한다.

⑤ 이 법에 따른 면허·인가를 받으려는 자, 등록·신고를 하려는 자, 면허증·인가서·등록증·인증서 또는 허가서의 재발급을 신청하는 자는 국토교통부령으로 정하는 수수료를 내야 한다.

해설 **제47조(보고·검사 등)**
④ 제3항에 따른 증표에 관하여 필요한 사항은 국토교통부령으로 정한다.

80 다음 중 규제의 재검토 사항으로 아닌 것은?

① 여객 운임·요금의 신고 등
② 부가 운임의 상한
③ 사업의 개선명령
④ 전용철도 운영의 개선명령
⑤ 점용료의 상한

해설 **법 제48조의2(규제의 재검토)**
국토교통부장관은 다음 각 호의 사항에 대하여 2014년 1월 1일을 기준으로 3년마다(매 3년이 되는 해의 기준일과 같은 날 전까지를 말한다) 그 타당성을 검토하여 개선 등의 조치를 하여야 한다.
1. 제9조에 따른 여객 운임·요금의 신고 등
2. 제10조 제1항 및 제2항에 따른 부가 운임의 상한
3. 제21조에 따른 사업의 개선명령
4. 제39조에 따른 전용철도 운영의 개선명령

81 다음 중 승차권 부정판매의 금지 의무를 위반하였다고 의심할만한 상당한 이유가 있는 자에 대하여 요청할 수 있는 정보로 아닌 것은?

① 성명
② 주민등록번호
③ 주소 및 휴대전화번호
④ 승차권
⑤ 승차권 구매이력

해설 **제47조의2(정보 제공 요청)**
① 국토교통부장관은 제10조의2에 따른 승차권 등 부정판매의 금지를 위하여 필요한 경우 관계 중앙행정기관의 장, 지방자치단체의 장, 「공공기관의 운영에 관한 법률」 제4조에 따른 공공기관의 장, 법인·단체의 장, 개인에게 승차권 등 부정판매의 금지 의무를 위반하였거나, 위반하였다고 의심할만한 상당한 이유가 있는 자에 대한 다음 각 호의 정보 제공을 요청할 수 있다.
1. 성명, 「주민등록법」 제7조의2 제1항에 따른 주민등록번호, 주소 및 전화번호(휴대전화번호를 포함한다) 등 인적사항
2. 승차권 구매이력

정답 **79 ④ 80 ⑤ 81 ④**

82 다음 중 1천만 원 이하의 벌금에 해당되는 자를 모두 고른 것은?

> ㉠ 여객 운임·요금의 신고를 하지 아니한 자
> ㉡ 철도사업약관을 신고하지 아니하거나 신고한 철도사업약관을 이행하지 아니한 자
> ㉢ 국토교통부장관의 인가를 받지 아니하고 공동운수협정을 체결하거나 변경한 자
> ㉣ 우수서비스마크 또는 이와 유사한 표지를 철도차량 등에 붙이거나 인증 사실을 홍보한 자

① ㉠, ㉡   ② ㉠, ㉢
③ ㉡, ㉢   ④ ㉡, ㉣
⑤ ㉢, ㉣

해설
• ㉠과 ㉡은 1천만 원 이하의 과태료에 해당된다.
• **제49조(벌칙)** ③ 다음 각 호의 어느 하나에 해당하는 자는 1천만 원 이하의 벌금에 처한다.
  1. 제13조를 위반하여 국토교통부장관의 인가를 받지 아니하고 공동운수협정을 체결하거나 변경한 자
  2. 삭제
  3. 제28조 제3항을 위반하여 우수서비스마크 또는 이와 유사한 표지를 철도차량 등에 붙이거나 인증 사실을 홍보한 자

83 다음 중 1년 이하의 징역 또는 1천만 원 이하의 벌금에 처하는 자로 맞는 것은?

① 사업정지처분기간 중에 철도사업을 경영한 자
② 국토교통부장관의 인가를 받지 아니하고 공동운수협정을 체결하거나 변경한 자
③ 철도사업자의 공동 활용에 관한 요청을 정당한 사유 없이 거부한 자
④ 등록을 하지 아니하고 전용철도를 운영한 자
⑤ 면허를 받지 아니하고 철도사업을 경영한 자

해설 법 제49조(벌칙)
② 다음 각 호의 어느 하나에 해당하는 자는 **1년 이하의 징역 또는 1천만 원 이하**의 벌금에 처한다.
1. 제34조 제1항을 위반하여 등록을 하지 아니하고 전용철도를 운영한 자

84 다음 중 양벌규정을 적용하는 위반행위자로 아닌 것은?

① 철도사업자의 공동 활용에 관한 요청을 정당한 사유 없이 거부한 자
② 거짓이나 그 밖의 부정한 방법으로 전용철도의 등록을 한 자
③ 국토교통부장관의 인가를 받지 아니하고 공동운수협정을 체결하거나 변경한 자
④ 부당한 운임을 받는 행위를 한 철도운수종사자
⑤ 사업계획의 변경명령을 위반한 자

해설
• 양벌규정은 법 제49조(벌칙)의 위반행위에 적용한다. 제49조(벌칙)에 해당되지 않는 4번 선지는 과태료이므로 제외이다.
• **제50조(양벌규정)** 법인의 대표자나 법인 또는 개인의 대리인, 사용인, 그 밖의 종업원이 그 법인 또는 개인의 업무에 관하여 제49조의 위반행위를 하면 그 행위자를 벌하는 외에 그 법인 또는 개인에게도 해당 조문의 벌금형을 과(科)한다. 다만, 법인 또는 개인이 그 위반행위를 방지하기 위하여 해당 업무에 관하여 상당한 주의와 감독을 게을리하지 아니한 경우에는 그러하지 아니하다.

82 ⑤   83 ④   84 ④   **정답**

85 다음 중 인가를 받지 않거나 신고를 하지 않고 사업계획을 변경한 경우 과태료의 상한 금액으로 맞는 것은?

① 3천만 원　　② 2천만 원

③ 1천만 원　　④ 5백만 원

⑤ 3백만 원

해설

- **시행령[별표 2] 과태료의 부과기준(제17조 관련)**
  1. 일반기준
  나. 국토교통부장관은 다음의 어느 하나에 해당하는 경우에는 제2호의 개별기준에 따른 과태료 금액의 2분의 1 범위에서 그 금액을 늘릴 수 있다. 다만, **과태료 금액의 총액은 법 제51조 제1항부터 제4항까지의 규정에 따른 과태료 금액의 상한을 넘을 수 없다.**
  → 제51조 제1항의 경우 1천만 원이 금액의 상한이다.
- **법 제51조(과태료)** ① 다음 각 호의 어느 하나에 해당하는 자에게는 **1천만 원 이하의 과태료**를 부과한다.
  3. 제12조에 따른 인가를 받지 아니하거나 신고를 하지 아니하고 사업계획을 변경한 자

86 다음 중 「철도사업법」에서 1천만 원 이하의 과태료를 부과해야 되는 자가 아닌 것은?

① 여객 운임·요금의 신고를 하지 아니한 자

② 철도사업약관을 신고하지 아니하거나 신고한 철도사업약관을 이행하지 아니한 자

③ 인가를 받지 아니하거나 신고를 하지 아니하고 사업계획을 변경한 자

④ 상습 또는 영업으로 승차권 또는 이에 준하는 증서를 자신이 구입한 가격을 초과한 금액으로 다른 사람에게 판매하거나 이를 알선한 자

⑤ 국토교통부장관의 철도이용의 제한 또는 금지 조치를 위반한 자

해설

- 5번 선지는 「철도산업발전기본법」에서 1천만 원 이하의 과태료 부과 대상이다.
- **법 제51조(과태료)** ① 다음 각 호의 어느 하나에 해당하는 자에게는 **1천만 원 이하의 과태료**를 부과한다.
  1. 제9조 제1항에 따른 여객 운임·요금의 신고를 하지 아니한 자
  2. 제11조 제1항에 따른 철도사업약관을 신고하지 아니하거나 신고한 철도사업약관을 이행하지 아니한 자
  3. 제12조에 띠른 인가를 받지 아니히기나 신고를 히지 아니하고 사업계획을 변경한 자
  4. 제10조의2를 위반하여 상습 또는 영업으로 승차권 또는 이에 준하는 증서를 자신이 구입한 가격을 초과한 금액으로 다른 사람에게 판매하거나 이를 알선한 자

87 다음 중 사업용 철도차량의 표시를 하지 않은 경우 과태료로 맞는 것은?

① 50만 원　　② 100만 원

③ 200만 원　　④ 300만 원

⑤ 500만 원

해설

- **시행령 [별표 2] 과태료의 부과기준(제17조 관련)** 중 2. 개별기준

위반행위	근거 법조문	과태료 금액
바. 법 제18조에 따른 사업용 철도차량의 표시를 하지 않은 경우	법 제51조 제2항 제1호	200만 원

- 500만 원 이하의 과태료 부과 → 상한선
- 개별기준에서 (1회) 200만 원

88 다음 중 철도사업자가 부당한 운송조건을 제시한 경우 과태료로 맞는 것은?

① 50만 원　　② 100만 원

③ 200만 원　　④ 300만 원

⑤ 500만 원

정답 85 ③　86 ⑤　87 ③　88 ②

해설 시행령 [별표 2]

과태료의 부과기준(제17조 관련) 중 2. 개별기준

위반행위	근거 법조문	과태료 금액
사. 법 제20조 제2항부터 제4항까지의 규정에 따른 철도사업자의 준수사항을 위반한 경우	법 제51조 제3항 제1호	100만 원

89 다음 중 철도사업약관을 신고하지 않은 경우 과태료로 맞는 것은?

① 50만 원 ② 100만 원
③ 200만 원 ④ 300만 원
⑤ 500만 원

해설 시행령 [별표 2]

과태료의 부과기준(제17조 관련) 중 2. 개별기준

위반행위	근거 법조문	과태료 금액
라. 법 제11조 제1항에 따른 철도사업약관을 신고하지 않거나 신고한 철도사업약관을 이행하지 않은 경우	법 제51조 제1항 제2호	500만 원

90 다음 중 여객 운임·요금의 신고를 하지 않은 경우 과태료로 맞는 것은?

① 50만 원 ② 100만 원
③ 200만 원 ④ 300만 원
⑤ 500만 원

해설 시행령 [별표 2]

과태료의 부과기준(제17조 관련) 중 2. 개별기준

위반행위	근거 법조문	과태료 금액
가. 법 제9조 제1항에 따른 여객 운임·요금의 신고를 하지 않은 경우	법 제51조 제1항 제1호	500만 원

91 다음 중 부당한 운임을 받은 철도운수종사자가 소속된 철도사업자의 과태료로 맞는 것은? (단, 단위는 만 원으로 한다.)

① 50만 원 ② 100만 원
③ 200만 원 ④ 300만 원
⑤ 500만 원

해설 시행령 [별표 2]

과태료의 부과기준(제17조 관련) 중 2. 개별기준

위반행위	근거 법조문	과태료 금액
아. 법 제22조에 따른 철도운수종사자의 준수사항을 위반한 경우	법 제51조 제4항	50만 원

89 ⑤   90 ⑤   91 ①   정답

제1장 총칙

01 다음 중 「철도사업법」에서 사용하는 용어와 뜻으로 맞는 것은?

① 철도사업자 : 「한국철도공사법」에 따라 설립된 철도공사 및 철도사업 면허를 등록한 자

② 사업용 철도 : 다른 사람의 수요에 응하여 철도차량을 사용하여 유상으로 여객이나 화물을 운송하는 사업을 목적으로 설치하거나 운영하는 철도

③ 전용철도 : 다른 사람의 수요에 따른 영업을 목적으로 하지 아니하고 자신의 수요에 따라 여객이나 화물을 운송하기 위하여 설치하거나 운영하는 철도

④ 철도운수종사자 : 철도운송과 관련하여 승무(열차 운전과 객차 내 승무를 말한다) 및 역무서비스를 제공하는 직원

⑤ 공익서비스 : 철도운영자가 영리목적의 영업활동과 관계없이 국가 또는 지방자치단체의 정책이나 공공목적 등을 위하여 제공하는 철도서비스

해설 법 제2조(정의)

제2장 철도사업의 관리

02 다음 내용 중 틀린 것은?

① 국토교통부장관은 사업용 철도노선의 노선번호, 노선명, 기점, 종점, 중요 경과지(정차역을 포함한다)와 그 밖에 필요한 사항을 국토교통부령으로 정하는 바에 따라 지정·고시하여야 한다.

② 국토교통부장관은 철도 운임 상한의 산정, 철도차량의 효율적인 관리 등을 위하여 철도차량을 국토교통부령으로 정하는 운행속도에 따라 고속철도차량, 준고속철도차량, 일반철도차량으로 분류할 수 있다.

③ 철도사업을 경영하려는 자는 지정·고시된 사업용 철도노선을 정하여 국토교통부장관의 승인을 받아야 한다. 이 경우 국토교통부장관은 철도의 공공성과 안전을 강화하고 이용자 편의를 증진시키기 위하여 국토교통부령으로 정하는 바에 따라 필요한 부담을 붙일 수 있다.

④ 면허를 받으려는 자는 국토교통부령으로 정하는 바에 따라 사업계획서를 첨부한 면허신청서를 국토교통부장관에게 제출하여야 한다.

⑤ 철도사업의 면허를 받을 수 있는 자는 법인으로 한다.

해설 법 제5조(면허 등)

정답 01 ② 02 ③

03 다음 중 철도사업의 면허기준으로 맞는 것은?

① 해당 사업의 시작으로 철도차량의 안전에 지장을 줄 염려가 없을 것
② 해당 사업의 운행계획이 그 운행 구간의 철도 수송 수요와 수송력 공급 및 이용자의 편의에 적합할 것
③ 신청자가 해당 사업을 수행할 수 있는 자격을 갖출 것
④ 해당 사업에 사용할 철도차량의 대수, 사용연한 및 규격이 대통령령으로 정하는 기준에 맞을 것
⑤ 해당 사업으로 철도교통흐름에 불편과 방해를 주지 않을 것

해설 법 제6조(면허의 기준)

[24년 하반기 기출변형]
04 다음 중 철도사업 면허의 결격사유에 해당되는 것으로 모두 고른 것은?

> ㉠ 법인의 임원 중 피한정후견인이 있는 경우
> ㉡ 파산선고를 받고 복권된지 2년이 지나지 아니한 사람이 임원인 법인
> ㉢ 철도안전법을 위반하여 금고 이상의 실형을 선고받고 1년이 지난 임원이 있는 법인
> ㉣ 철도사업의 면허가 만료된 후 만료일부터 2년이 지나지 아니한 법인

① ㉠, ㉡   ② ㉠, ㉢
③ ㉠, ㉣   ④ ㉡, ㉢
⑤ ㉡, ㉣

해설 법 제7조(결격사유)

05 다음 중 대통령령으로 정하는 철도관계법령에 해당되는 것을 모두 고른 것은?

> Ⓐ 철도건설법
> Ⓑ 국가철도공단법
> Ⓒ 도시철도 운전규칙
> Ⓓ 한국철도공사법
> Ⓔ 한국교통안전공단법

① Ⓐ, Ⓑ   ② Ⓐ, Ⓓ
③ Ⓑ, Ⓓ   ④ Ⓑ, Ⓔ
⑤ Ⓓ, Ⓔ

해설 시행령 제2조(철도관계법령)

06 다음 철도사업 내용 중 맞는 것은?

① 철도사업자는 철도사업계획서를 적어 국토교통부장관에게 신고하여야 한다.
② 여객열차의 경우에 한하여 사업용철도노선별로 10분의 2 이상의 정차역을 폐지하는 경우 국토교통부장관에게 신고하여야 한다.
③ 철도사업자의 임원 중 결격사유에 해당될 때 사업계획의 변경을 제한할 수 있다.
④ 사업계획 변경의 절차, 기준과 그 밖에 필요한 사항은 대통령령으로 정한다.
⑤ 사업계획의 변경을 신청한 날이 포함된 연도의 직전 연도의 열차운행거리 100만 킬로미터당 철도사고로 인한 사망자 수 또는 국토교통부령으로 정하는 철도사고의 발생횟수가 최근 5년간 평균 보다 10분의 2 이상 증가한 경우 사업계획의 변경을 제한할 수 있다.

해설 시행령 제6조
(사업계획의 변경을 제한할 수 있는 철도사고의 기준)

07 다음 내용 중 틀린 것은?

① 철도사업자는 국토교통부장관이 지정하는 날 또는 기간에 운송을 시작하여야 한다. 다만, 천재지변이나 그 밖의 불가피한 사유로 철도사업자가 국토교통부장관이 지정하는 날 또는 기간에 운송을 시작할 수 없는 경우에는 국토교통부장관의 승인을 받아 날짜를 연기하거나 기간을 연장할 수 있다.

② 철도사업자는 사업용 철도를 「도시철도법」에 의한 도시철도운영자가 운영하는 도시철도와 연결하여 운행하려는 때에는 법에 따라 여객 운임·요금의 신고 또는 변경신고를 하기 전에 여객 운임·요금 및 그 변경시기에 관하여 미리 당해 도시철도운영자와 협의하여야 한다.

③ 국토교통부장관은 여객 운임의 상한을 지정하기 위하여 「철도산업발전기본법」에 따른 철도산업위원회 또는 철도나 교통 관련 전문기관 및 전문가의 의견을 들을 수 있다.

④ 국토교통부장관이 여객 운임의 상한을 지정하려는 때에는 철도사업자로 하여금 원가계산 그 밖에 여객 운임의 산출기초를 기재한 서류를 제출하게 할 수 있다.

⑤ 국토교통부장관은 사업용 철도노선과 「도시철도법」에 의한 도시철도가 연결되어 운행되는 구간에 대하여 여객 운임의 상한을 지정하는 경우에는 「도시철도법」에 따라 지방자치단체가 정하는 도시철도 운임의 범위와 조화를 이루도록 하여야 한다.

해설 시행령 제4조(여객 운임의 상한지정 등)

08 다음 부가 운임의 징수 등에 관한 내용 중 맞는 것은?

① 철도사업자는 열차를 이용하는 여객이 정당한 운임·요금을 지급하지 아니하고 열차를 이용한 경우에는 승차 구간에 해당하는 운임 외에 그의 5배의 범위에서 부가 운임을 징수할 수 있다.

② 철도사업지는 송하인(送荷人)이 운송장에 적은 화물의 품명·중량·용적 또는 개수에 따라 계산한 운임이 정당한 사유 없이 정상 운임보다 적은 경우에는 송하인에게 그 부족 운임 외에 그 부족 운임의 30배의 범위에서 부가 운임을 징수할 수 있다.

③ 철도사업자는 부가 운임을 징수하려는 경우에는 사전에 부가 운임의 징수 대상 행위, 열차의 종류 및 운행 구간 등에 따른 부가 운임 산정기준을 정하고 법에 따른 철도사업약관에 포함하여 국토교통부장관에게 신고하여야 한다.

④ 국토교통부장관은 부가운임 신고를 받은 날부터 3일 이내에 신고수리 여부를 관보에 고시하여야 한다.

⑤ 부가운임의 징수방법, 절차 등 필요한 사항은 국토교통부령으로 정한다.

해설 법 제10조(부가 운임의 징수)

정답 07 ⑤ 08 ③

09 다음 중 빈칸에 들어갈 단어로 알맞은 것은?

> 철도사업자는 철도사업약관을 정하여 국토교통부장관에게 ( )하여야 한다. 이를 변경하려는 경우에도 같다.

① 보고   ② 신고
③ 허가   ④ 인가
⑤ 통보

해설 법 제11조(철도사업약관)

10 다음 공동운수협정 및 사업의 양도 등에 관한 내용 중 맞는 것은?

① 철도사업자는 공동운수협정을 체결하거나 변경하려는 경우에는 대통령령으로 정하는 바에 따라 국토교통부장관의 승인을 받아야 한다.
② 공동운수협정에 관하여 대통령령으로 정하는 경미한 사항을 변경하려는 경우에는 국토교통부장관에게 신고하여야 한다.
③ 국토교통부장관은 공동운수협정 체결 신청 시 3일 이내에 공정거래위원회와 협의하여야 한다.
④ 철도사업자는 그 철도사업을 양도·양수하려는 경우에는 국토교통부장관의 인가를 받아야 한다.
⑤ 철도사업자는 다른 철도사업자 또는 철도사업 외의 사업을 경영하는 자와 합병하려는 경우에는 국토교통부장관의 허가를 받아야 한다.

해설 법 제13조(공동운수협정), 제14조(사업의 양도· 양수 등)

11 다음 중 사업의 휴업·폐업에 관하여 맞는 것은?

① 철도사업자가 그 사업의 전부 또는 일부를 휴업 또는 폐업하려는 경우에는 국토교통부령으로 정하는 바에 따라 국토교통부장관의 승인을 받아야 한다.
② 휴업기간은 어떤 경우에도 6개월을 넘을 수 없다.
③ 허가를 받거나 신고한 휴업기간 중이라도 휴업 사유가 소멸된 경우에는 국토교통부장관에게 통보하고 사업을 재개할 수 있다.
④ 국토교통부장관은 선로 또는 교량의 파괴로 인한 휴업신고를 받은 날부터 3일 이내에 신고수리 여부를 신고인에게 통지하여야 한다.
⑤ 철도사업자는 철도사업의 전부 또는 일부를 휴업 또는 폐업하려는 경우에는 대통령령으로 정하는 바에 따라 휴업 또는 폐업하는 사업의 내용과 그 기간 등을 인터넷 홈페이지, 관계 역·영업소 및 사업소 등 일반인이 잘 볼 수 있는 곳에 게시하여야 한다.

해설 법 제16조(면허취소 등)

12 다음 중 면허를 취소하거나, 6개월 이내의 기간을 정하여 사업의 전부 또는 일부의 정지를 명하거나, 노선 운행중지·운행제한·감차 등을 수반하는 사업계획의 변경을 명할 수 있는 경우로 맞는 것은?

① 사업 경영의 불확실 또는 자산상태의 현저한 불량이나 그 밖의 사유로 사업을 계속하는 것이 적합하지 아니할 경우. 다만, 3개월 이내에 그 기준을 충족시킨 경우에는 예외로 한다.

② 철도사업자의 임원 중 어느 하나의 결격사유에 해당하게 된 사람이 있는 경우. 다만, 6개월 이내에 그 임원을 바꾸어 임명한 경우에는 예외로 한다.

③ 고의에 의한 철도사고로 1회로 부상자가 10명 발생한 경우

④ 국토교통부장관이 지정한 날 또는 기간에 휴업 또는 폐업을 시작하지 아니한 경우

⑤ 철도사업자의 준수사항을 1년 이내에 5회 위반한 경우

해설 법 제16조(면허취소 등)

13 다음의 과징금 금액을 모두 합한 것으로 맞는 것은?

- 면허에 붙인 부담을 위반한 경우
- 국토교통부장관의 개선명령을 위반한 경우
- 사업경영의 불확실 또는 자산상태의 현저한 불량으로 사업을 계속하는 것이 적합하지 않은 경우

① 1,100만 원 ② 1,300만 원
③ 1,800만 원 ④ 2,100만 원
⑤ 2,500만 원

해설 시행령 [별표 1] 철도사업자에 대한 과징금의 부과기준(제9조 관련) 중 2. 개별기준

[NCS 복합문제–신유형대비]
14 다음 표를 읽고 ㉠–㉡ 금액으로 맞는 것은?

㉠ 철도사업자 또는 그 소속 종사자의 고의 또는 중대한 과실에 의하여 1회의 철도사고로 인한 사망자가 30명인 경우

㉡ 철도사업의 면허기준에 미달하게 된 때부터 3개월이 경과된 후에도 그 기준을 충족시키지 않은 경우

① 3,000만 원 ② 1,700만 원
③ 1,500만 원 ④ 1,000만 원
⑤ 700만 원

해설 시행령 [별표1] 철도사업자에 대한 과징금의 부과기준(제9조 관련) 중 2. 개별기준

[NCS 수리 복합문제–신유형대비]
15 다음을 참고하였을 때 과징금 금액에 대하여 올바른 것은?

Ⓐ 국토교통부장관이 지정한 날 또는 기간에 운송을 시작하지 않은 경우

Ⓑ 철도사업자의 중대한 과실에 의하여 1회의 철도사고로 인한 사망자가 10명인 경우

Ⓒ 면허에 붙인 부담을 위반한 경우

① (Ⓐ + Ⓑ) 〈 Ⓒ   ② (Ⓐ + Ⓒ) 〉 Ⓑ
③ (Ⓑ − Ⓒ) 〉 Ⓐ   ④ (Ⓒ + Ⓐ) = Ⓑ
⑤ (Ⓒ − Ⓑ) = Ⓐ

해설 시행령 [별표1] 철도사업자에 대한 과징금의 부과기준(세9소 관련) 중 2. 개별기순

정답 12 ⑤ 13 ③ 14 ④ 15 ②

16 다음 내용 중 틀린 것은?

① 철도사업자는 철도사업에 사용되는 철도차량 및 철도시설에 철도사업자의 명칭과 그 밖에 국토교통부령으로 정하는 사항을 표시하여야 한다.

② 철도사업자는 여객 또는 화물 운송에 부수하여 우편물과 신문 등을 운송할 수 있다.

③ 철도사업자는「철도안전법」에 따른 요건을 갖추지 아니한 사람을 운전업무에 종사하게 하여서는 아니 된다.

④ 철도사업자는 사업계획을 성실하게 이행하여야 하며, 부당한 운송 조건을 제시하거나 정당한 사유 없이 운송계약의 체결을 거부하는 등 철도운송 질서를 해치는 행위를 하여서는 아니 된다.

⑤ 철도사업자는 여객 운임표, 여객 요금표, 감면 사항 및 철도사업약관을 인터넷 홈페이지에 게시하고 관계 역·영업소 및 사업소 등에 갖추어 두어야 하며, 이용자가 요구하는 경우에는 제시하여야 한다.

해설 법 제18조(철도차량 표시)

17 다음 중 국토교통부장관은 원활한 철도운송, 서비스의 개선 및 운송의 안전과 그 밖에 공공복리의 증진을 위하여 필요하다고 인정하는 경우 철도사업자에게 명할 수 있는 사항으로 맞는 것은?

① 사업계획의 개선

② 철도시설에 관한 손해배상을 위한 보험에의 가입

③ 안전운송의 확보 및 서비스의 향상을 위하여 필요한 조치

④ 철도사업자 자질향상을 위한 교육

⑤ 철도차량 및 운송 관련 장비·시설의 변경

해설 법 제21조(사업의 개선명령)

18 다음 내용 중 맞는 것은?

① 국토교통부장관은 사업의 개선명령으로 운임, 요금의 변경을 명할 수 있다.

② 철도사업에 종사하는 철도운수종사자는 안전운행과 여객 및 화주의 편의를 위하여 철도운수종사자가 준수하여야 할 사항으로서 국토교통부령으로 정하는 사항을 위반하는 행위를 하여서는 아니 된다.

③ 철도운수종사자는 타인에게 자기의 성명 또는 상호를 사용하여 철도운수에 종사하게 하여서는 아니 된다.

④ 철도사업자의 화물의 멸실·훼손 또는 인도의 지연에 대한 손해배상책임에 관하여는「민법」을 준용한다.

⑤ 철도사업자의 화물이 인도 기한을 지난 후 3개월 이내에 인도되지 아니한 경우에는 그 화물을 배상하고 다시 운송을 완료할 책임이 있다.

해설 법 제21조(사업의 개선명령), 제22조(철도운수종사자의 준수사항), 제23조(명의대여의 금지), 제24조(철도화물 운송에 관한 책임)

16 ① 17 ③ 18 ② 정답

19 다음 중 민자철도의 유지·관리 및 운영에 관한 기준 등에 관한 내용으로 틀린 것은?

① 국토교통부장관은 고속철도, 광역철도 및 일반철도로서 민자철도의 관리운영권을 민자철도 사업자가 해당 민자철도를 안전하고 효율적으로 유지·관리할 수 있도록 민자철도의 유지·관리 및 운영에 관한 기준을 정하여 고시하여야 한다.

② 민자철도사업자는 민자철도의 안전하고 효율적인 유지·관리와 이용자 편의를 도모하기 위하여 법에 따라 고시된 기준을 준수하여야 한다.

③ 국토교통부장관은 법에 따른 민자철도의 유지·관리 및 운영에 관한 기준에 따라 5년마다 소관 민자철도에 대하여 운영평가를 실시하여야 한다.

④ 국토교통부장관은 운영평가 결과에 따라 민자철도에 관한 유지·관리 및 체계 개선 등 필요한 조치를 민자철도 사업자에게 명할 수 있다.

⑤ 운영평가의 절차, 방법 및 그 밖에 필요한 사항은 국토교통부령으로 정한다.

20 다음 중 국토교통부장관이 민자철도사업자에게 그 사유를 소명하거나 해소 대책을 수립할 것을 요구할 수 있는 경우로 틀린 것은?

① 민자철도사업자가 실시협약에서 정한 자기자본의 비율을 민간투자 사업기본계획에 따라 민자철도 사업자가 유지해야 하는 자기자본의 비율 미만으로 변경한 경우

② 민자철도사업자가 연 20% 초과한 이자율로 자금을 차입한 경우

③ 해당 민자철도의 실시협약 체결 당시 예상되었던 다른 철도가 연결되는 경우로 인하여 연간 실제 교통량이 실시협약에서 정한 교통량의 100분의 30 이상 변경된 경우

④ 해당 민자철도의 운영 여건 변화로 이용자의 안전 및 편의 등 민자철도의 기능에 심각한 지장이 초래된 경우로 인하여 연간 실제 교통량이 실시협약에서 정한 교통량의 100분의 30 이상 변경된 경우

⑤ 관련 법령이 개정되거나 민자철도에 관한 정책이 변경된 경우로 인하여 연간 실제 교통량이 실시협약에서 정한 교통량의 100분의 30 이상 변경된 경우

해설 법 제25조의3(사정변경 등에 따른 실시협약의 변경 요구 등)

21 다음 중 민자철도사업자가 아래의 위반행위를 하였을 때 부과하는 과징금 금액으로 맞는 것은?

> 1. 민자철도의 유지·관리 및 운영에 관한 기준을 준수하지 않고 철도의 일부의 기능을 상실한 기간이 15일인 경우
> 2. 민자철도의 유지관리 및 운영에 관한 기준을 준수하지 않아 운행에 위험을 초래하는 결과가 발생한 경우

① 2천만 원　　② 3천만 원
③ 5천만 원　　④ 1억 원
⑤ 1억 1천만 원

정답 19 ③　20 ③　21 ④

※ 한번 짚고 넘어가기! 과징금의 상한금액 잊지 말아야 한다.

22 다음 내용 중 맞는 것은?

① 국가는 민자철도사업자가 국토교통부장관의 민자철도사업자의 위법한 행위 발생으로 소명 요구에 따르지 아니하는 경우 정부지급금, 실시협약에 따른 보조금 및 재정지원금의 전부 또는 일부를 지급하지 아니할 수 있다.

② 국가는 정책의 변경 또는 법령의 개정 등으로 인하여 민자철도 사업자가 부담하여야 하는 비용이 추가로 발생하는 경우 그 비용의 전부 또는 일부를 지원할 수 있다.

③ 국토교통부장관은 관리지원센터가 업무를 수행하는 데에 필요한 비용의 전부 또는 일부를 예산의 범위에서 지원할 수 있다.

④ 관리지원센터가 지정받은 사항을 위반하여 업무를 수행한 경우 국토교통부장관은 지정을 취소할 수 있다.

⑤ 민자철도사업자는 「사회기반시설에 대한 민간투자법」에 따라 국가가 재정을 지원한 민자철도의 건설 및 유지·관리 현황에 관한 보고서를 작성하여 매년 5월 31일까지 국토교통부장관에게 제출하여야 한다.

해설 법 제25조의3(사정변경 등에 따른 실시협약의 변경 요구 등), 제25조의4(민자철도사업자에 대한 지원), 제25조의5(민자철도 관리지원센터의 지정 등), 제25조의6(국회에 대한 보고 등)

제3장 철도서비스 향상 등

23 다음 철도서비스의 품질평가 등에 관한 내용 중 맞는 것은?

① 국토교통부장관은 공공성 향상과 철도서비스 품질향상 및 발전을 위하여 철도사업자가 제공하는 철도서비스에 대하여 적정한 철도서비스 기준을 정하고, 그에 따라 철도사업자가 제공하는 철도서비스의 품질을 평가하여야 한다.

② 국토교통부장관은 철도서비스의 품질을 평가한 경우에는 그 평가 결과를 대통령에게 보고하여야 한다.

③ 국토교통부장관이 철도서비스의 품질평가결과를 공표하는 경우에는 평가지표별 평가결과, 철도서비스의 품질 향상도 등을 포함하여야 한다.

④ 철도서비스의 항목, 품질평가의 기준·절차 등에 필요한 사항은 국토교통부령으로 정하여 관보에 고시하여야 한다.

⑤ 국가는 철도서비스의 품질평가결과가 우수한 철도사업자 및 그 소속 종사자에게 예산의 범위 안에서 포상 등 지원 시책을 시행할 수 있다.

해설 법 제26조(철도서비스의 품질평가 등), 제27조(평가 결과의 공표 및 활용), 시행령 제11조(철도사업약관)

22 ④   23 ③   정답

24 다음 중 우수 철도서비스 인증 등에 대한 내용으로 맞는 것은?

① 국토교통부장관은 공정거래위원회와 협의하여 철도사업자 간 경쟁을 제한하는 범위에서 철도서비스의 질적 향상을 촉진하기 위하여 우수 철도서비스에 대한 인증을 할 수 있다.

② 인증을 받은 철도사업자는 우수서비스마크를 철도시설, 차량기지, 승차권 또는 철도 용품 등에 붙이거나 인증 사실을 홍보할 수 있다.

③ 우수 철도서비스마크의 기준, 우수서비스마크의 사후관리에 관한 사항과 그 밖에 인증에 필요한 사항은 국토교통부령으로 정한다.

④ 국토교통부장관은 필요한 경우에는 관계 전문기관 등에 우수 철도서비스 인증에 필요한 심사업무를 위탁할 수 있다.

⑤ 인증을 받은 자는 예산의 범위 안에서 포상 등을 지원받을 수 있다.

해설 법 제28조(우수 철도서비스 인증), 제29조(평가업무 등의 위탁)

25 다음 중 공동 활용에 해당되는 철도시설로 맞는 것은?

① 철도시설의 검사 등 유지관리를 위한 시설

② 철도용품의 보관 등 유지관리를 위한 시설

③ 열차 운전에 필요한 정보통신 설비

④ 열차의 정비 또는 분리 등을 위한 시설

⑤ 사고의 복구 및 구조·피난을 위한 설비

해설 법 제31소(철도시설의 공동 활용)

26 다음 중 철도사업자가 공동 활용에 관한 요청을 할 수 있는 관리 시설로 틀린 것은?

① 철도역 및 역 시설(물류시설, 환승시설 및 편의시설 등을 포함한다)

② 선로의 정비·검사·점검·보관 등 유지관리를 위한 시설

③ 사고의 복구 및 구조·피난을 위한 설비

④ 열차의 조성 또는 분리 등을 위한 시설

⑤ 철도 운영에 필요한 정보통신 설비

해설 제31조(철도시설의 공동 활용)

철도차량의 정비이다.

※ 열차 혹은 선로로 나올 수 있으니 주의해야 한다.

제4장 **전용철도**

27 다음 중 전용철도에 대한 내용으로 맞는 것은?

① 전용철도를 운영하려는 자는 대통령령으로 정하는 바에 따라 전용철도의 건설·운전·보안 및 운송에 관한 사항이 포함된 운영계획서를 첨부하여 국토교통부장관에게 등록을 하여야 한다. 등록사항을 변경하려는 경우에도 같다.

② 법인의 경우 임원을 변경한 경우 국토교통부장관에게 등록하지 않아도 된다.

③ 전용철도의 등록기준과 등록절차 등에 관하여 필요한 사항은 대통령령으로 정한다.

④ 국토교통부장관은 등록기준을 적용할 때에 환경오염, 주변 여건 등 지역적 특성을 고려할 필요가 있거나 그 밖에 공익상 필요하다고 인정하는 경우에는 등록을 취소시킬 수 있다.

정답 24 ④ 25 ⑤ 26 ② 27 ②

⑤ 전용철도운영자는 법에 따라 전용철도
운영의 전부 또는 일부를 휴업 또는 폐
업하는 경우, 휴업 또는 폐업으로 인하
여 철도교통에 지장을 초래하지 아니하
도록 하는 조치를 하여야 한다.

해설 법 제34조(등록), 시행령 제12조(전용철도 등
록사항의 경미한 변경 등)

28 다음 중 전용철도에 대한 내용으로 맞는 것은?

① 파산선고를 받고 복권된 날부터 2년이
지나지 아니한 사람이 임원으로 있는
법인은 전용철도 등록을 할 수 없다.

② 전용철도의 운영을 양도·양수하려는
자는 국토교통부령으로 정하는 바에 따
라 국토교통부장관에게 인가를 받아야
한다.

③ 철도사업법에 따라 전용철도 등록이 취
소된 후 그 취소일부터 1년이 지나지
아니한 자의 상속인이 피상속인이 사망
한 날부터 3개월 이내에 그 전용철도의
운영을 다른 사람에게 양도한 경우 피
상속인의 사망일부터 양도일까지의 기
간에 있어서 피상속인의 전용철도 등록
은 상속인의 등록으로 본다.

④ 전용철도운영자가 그 운영의 전부 또는
일부를 휴업 또는 폐업한 경우에는 지
체없이 국토교통부장관에게 신고하여
야 한다.

⑤ 국토교통부장관은 전용철도 상속 신고
를 받은 날부터 1개월 이내에 신고수리
여부를 신고인에게 통지하여야 한다.

해설 법 제35조(결격사유), 제36조(전용철도 운영의
양도·양수 등), 제37조(전용철도 운영의 상속), 제
38조(전용철도 운영의 휴업·폐업)

29 다음 전용철도에 대한 내용 중 틀린 것은?

① 국토교통부장관은 전용철도 운영의 건
전한 발전을 위하여 필요하다고 인정하
는 경우에는 전용철도운영자에게 사업
장의 이전, 시설 또는 운영의 개선을 명
할 수 있다.

② 거짓이나 그 밖의 부정한 방법으로 등
록을 한 경우 등록을 취소하여야 한다.

③ 전용철도 등록기준에 미달한 경우 그
운영의 일부 정지를 명할 수 있다. 다
만, 3개월 이내에 기준을 충족한 경우
는 예외로 한다.

④ 공익상 필요하여 전용철도 등록에 붙인
부담을 이행하지 않은 경우 1년 이내의
기간을 정하여 그 운영의 전부 정지를
명할 수 있다.

⑤ 휴업신고나 폐업신고를 하지 아니하고
6개월 전용철도를 운영하지 아니한 경
우 그 등록을 취소하거나 1년 이내의
기간을 정하여 그 운영의 전부 또는 일
부의 정지를 명할 수 있다.

해설 법 제39조(전용철도 운영의 개선명령), 제40조
(등록의 취소·정지)

28 ③ 29 ③ **정답**

30 다음 점용허가 내용 중 틀린 것은?

① 국토교통부장관은 국가가 소유·관리하는 철도시설에 건물이나 그 밖의 시설물을 설치하려는 자에게 「국유재산법」에도 불구하고 대통령령으로 정하는 바에 따라 시설물의 종류 및 기간 등을 정하여 점용허가를 할 수 있다.

② 점용허가는 철도사업자와 철도사업자가 출자·보조 또는 출연한 사업을 경영하는 자에게만 하며, 시설물의 종류와 경영하려는 사업이 철도사업에 지장을 주지 아니하여야 한다.

③ 국가가 소유·관리하는 철도시설의 점용허가를 받고자 하는 자는 대통령령으로 정하는 점용허가신청서를 국토교통부장관에게 제출하여야 한다.

④ 법인이 점용허가신청서를 제출하는 경우 법인 등기사항증명서를 확인하여야 되며, 점용허가신청서에는 추가로 정관을 첨부하여야 한다.

⑤ 국토교통부장관은 법에 의하여 철골조·철근콘크리트조·석조 또는 이와 유사한 견고한 건물의 축조를 목적으로 국가가 소유·관리하는 철도시설에 대한 점용허가를 하고자 하는 때에 50년을 초과하여서는 아니 된다.

해설 법 제42조(점용허가) 및 시행령 제13조(점용허가의 신청 및 점용허가기간)

31 다음 중 점용허가신청서의 첨부서류에서 설치하고자 하는 시설물의 설계도서에 해당되는 것을 모두 고른 것은?

㉠ 시방서	㉡ 위치도
㉢ 평면도	㉣ 입면도
㉤ 단면도	

① ㉠, ㉡, ㉢   ② ㉠, ㉡, ㉤
③ ㉠, ㉢, ㉤   ④ ㉡, ㉢, ㉣
⑤ ㉡, ㉢, ㉤

해설 시행령 제13조(점용허가의 신청 및 점용허가 기간)

32 다음 중 점용허가를 취소할 수 있는 경우로 맞는 것은?

① 점용허가 신청을 하지 아니하고 철도시설을 점용한 경우

② 시설물의 종류와 경영하는 사업이 점용허가 신청서와 상이한 경우

③ 점용허가를 받은 날부터 1년이 경과되어도 정당한 사유 없이 해당 점용허가의 목적이 된 공사에 착수하지 아니한 경우

④ 부정한 방법으로 점용료를 납부하지 아니하는 경우

⑤ 점용허가를 받은 자가 스스로 점용을 수행하는 것이 곤란하다고 의사를 밝히는 경우

해설 법 제42조의2(점용허가의 취소)

정답 30 ③   31 ①   32 ③

33 다음 점용허가에 관한 내용 중 틀린 것은?

① 국토교통부장관은 점용허가를 받지 아니하고 철도시설을 점용한 자에 대하여 점용료의 100분의 120에 해당하는 금액을 변상금으로 징수할 수 있다.

② 국가철도공단이 철도시설의 건설 및 관리 등에 관한 업무의 일부를 대행하고 있는 경우 변상금의 징수에 관하여는 국가철도공단에 위탁할 수 있다.

③ 점용허가로 인하여 발생한 권리와 의무를 이전하려는 경우에는 대통령령으로 정하는 바에 따라 국토교통부장관의 인가를 받아야 한다.

④ 법에 의하여 점용허가를 받은 자가 법에 의하여 그 권리와 의무의 이전에 대하여 인가를 받고자 하는 때에는 국토교통부령이 정하는 신청서에 이전계약서 사본과 이전가격의 명세서를 첨부하여 권리와 의무를 이전하고자 하는 날 3월 전까지 국토교통부장관에게 제출하여야 한다.

⑤ 법에 의하여 국토교통부장관의 인가를 받아 철도시설의 점용허가로 인하여 발생한 권리와 의무를 이전한 경우 당해 권리와 의무를 이전받은 자의 점용허가기간은 새로 갱신한다.

해설 법 제44조의2(변상금의 징수), 제45조(권리와 의무의 이전), 시행령 제15조(권리와 의무의 이전)

34 다음 중 점용허가에 대하여 틀린 것은?

① 법에 의하여 철도시설의 점용허가를 받은 자는 점용허가기간이 만료되거나 점용을 폐지한 날부터 3월 이내에 점용허가 받은 철도시설을 원상으로 회복하여야 한다. 다만, 국토교통부장관은 불가피하다고 인정하는 경우에는 원상회복 기간을 연장할 수 있다.

② 국토교통부장관은 점용허가를 받은 자가 원상회복을 하지 아니하는 경우에는 「국유재산법」에 따라 시설물을 철거하거나 그 밖에 필요한 조치를 할 수 있다.

③ 국토교통부장관이 원상회복의무를 면제하는 경우에는 해당 철도 재산에 설치된 시설물 등의 무상 국가귀속을 조건으로 할 수 있다.

④ 국가귀속된 시설물을 「국유재산법」에 따라 사용허가하려는 경우 그 허가의 기간은 10년 이내로 한다. 허가기간이 끝난 시설물에 대해서는 10년을 초과하지 아니하는범위에서 1회에 한하여 종전의 사용허가를 갱신할 수 있다.

⑤ 국가귀속된 시설물 사용허가를 받은 자는 그 재산을 다른사람에게 사용·수익하게 하여서는 아니 되지만 그 사용허가의 용도나 목적에 위배되지 않는 범위에서 국토교통부장관의 승인을 받아 해당 시설물의 일부를 다른 사람에게 사용·수익하게 할 수 있다.

해설 법 제46조(원상회복의무), 제46조의2(국가귀속 시설물의 사용허가기간 등에 관한 특례)

33 ⑤ 34 ② 정답

35 다음 점용에 대한 내용 중 맞는 것은?

① 국토교통부장관은 국토교통부령으로 정하는 바에 따라 점용허가를 받은 자에게 점용료를 부과한다.

② 점용허가 취소의 절차 및 방법은 대통령령으로 정한다.

③ 국토교통부장관은 점용허가를 받은 자가 점용료를 내지 아니하면 국세강제징수의 예에 따라 징수한다.

④ 점용료는 매년 5월말까지 당해연도 해당 분을 선납하여야 한다. 다만, 국토교통부장관은 부득이한 사유로 선납이 곤란하다고 인정하는 경우에는 그 납부기한을 따로 정할 수 있다.

⑤ 국토교통부장관이 「철도산업발전기본법」에 따라 철도시설의 건설 및 관리 등에 관한 업무의 일부를 「국가철도공단법」에 따른 국가철도공단으로 하여금 대행하게 한 경우 점용료 징수에 관한 업무를 위탁할 수 있다.

> **해설** 법 제43조(시설물 설치의 대행), 제44조(점용료), 시행령 제14조(점용료)

제6장 **보칙**

36 다음 내용 중 맞는 것은?

① 국토교통부장관은 필요하다고 인정하면 철도사업자와 전용철도운영자에게 해당 철도사업 또는 전용 철도의 운영에 관한 사항이나 철도차량의 소유 또는 사용에 관한 사항에 대하여 보고나 서류 제출을 명하여야 한다.

② 국토교통부장관은 국토교통부령으로 정하는 바에 따라 소속 공무원으로 하여금 철도사업자 및 전용철도운영자의 장부, 서류, 시설 또는 그 밖의 물건을 검사하여야 한다.

③ 검사를 하는 공무원은 그 권한을 표시하는 증표를 지니고 이를 관계인에게 보여 주어야 하며, 증표에 관하여 필요한 사항은 국토교통부령으로 정한다.

④ 이 법에 따른 면허·인가를 받으려는 자, 등록·신고를 하려는 자, 면허증·인가서·등록증·인증서 또는 허가서의 재발급을 신청하는 자는 대통령령으로 정하는 수수료를 내야 한다.

⑤ 국토교통부장관은 매년 철도사업의 개선명령에 대하여 그 타당성을 검토하여 개선 등의 조치를 하여야 한다.

> **해설**
> • '할 수 있는/해야 하는'을 구분하는 고난이도 문제이다.
> • 법 제47조(보고·검사 등), 제48조의2(규제의 재검토)

37 다음 중 규제의 재검토 기준일로 맞는 것은?

① 2012년 1월 1일

② 2014년 1월 1일

③ 2017년 1월 1일

④ 2020년 1월 1일

⑤ 2023년 1월 1일

> **해설** 법 제48조의2(규제의 재검토)

정답 35 ⑤ 36 ③ 37 ②

38 다음 중 과태료의 금액이 가장 큰 위반행위로 맞는 것은?

① 회계를 구분하여 경리하지 않은 경우
② 사업용 철도차량의 표시를 하지 않은 경우
③ 철도사업자의 준수사항을 위반한 경우
④ 영업으로 승차권 또는 이에 준하는 증서를 자신이 구입한 가격을 초과한 금액으로 다른 사람에게 판매하는 행위를 알선한 경우
⑤ 법에 따른 공무원의 검사를 거부·방해 또는 기피한 경우

해설 시행령 [별표 2]
과태료의 부과기준(제17조관련) 중 2. 개별기준

[고난이도 NCS 수리영역 복합문제]

39 다음을 보고 맞는 내용을 고르면?

> Ⓐ 회계를 구분하여 경리하지 아니한 경우
> Ⓑ 철도사업자가 철도사업약관을 인터넷 홈페이지에 게시하지 아니한 경우
> Ⓒ 신고를 하지 않고 사업계획을 변경한 경우
> Ⓓ 법에 따른 공무원의 검사를 거부·방해 또는 기피한 경우

① Ⓑ의 과태료는 Ⓐ의 과태료보다 크다.
② Ⓒ의 과태료와 Ⓓ의 과태료의 차는 Ⓑ의 과태료와 같다.
③ Ⓓ의 과태료는 Ⓐ와 Ⓑ의 과태료의 합보다 적다.

④ Ⓒ와 Ⓓ의 과태료를 합쳐도 Ⓑ의 과태료보다 적다.
⑤ Ⓐ와 Ⓓ의 과태료의 합은 Ⓒ의 과태료와 같다.

해설 시행령 [별표 2] 과태료의 부과기준(제17조관련) 중 2. 개별기준

[신유형 대비 – 2가지 법 복합문제]

40 다음 벌칙 중 벌금의 경우 가장 무거운 처벌로 맞는 것은?

> ㉠ 국토교통부장관의 승인을 얻지 아니하고 특정 노선 및 역을 폐지하거나 철도서비스를 제한 또는 중지한 자
> ㉡ 거짓이나 그 밖의 부정한 방법으로 철도시설 사용 허가를 받은 자
> ㉢ 사업정지처분기간 중에 철도사업을 경영한 자
> ㉣ 등록을 하지 아니하고 전용철도를 운영한 자
> ㉤ 타인에게 자기의 성명 또는 상호를 대여하여 철도사업을 경영하게 한 자

① ㉠ ② ㉡ ③ ㉢ ④ ㉣ ⑤ ㉤

해설
• 벌금 기준이 아래와 같으므로 ㉠이 가장 비싸고 무거운 처벌에 해당된다.
• ㉠ 철도산업발전기본법 벌칙 – 3년 이하의 징역 또는 5천만 원 이하의 벌금
• ㉡ 철도산업발전기본법 벌칙 – 2년 이하의 징역 또는 3천만 원 이하의 벌금
• ㉢, ㉣ 철도사업법 벌칙 – 2년 이하의 징역 또는 2천만 원 이하의 벌금
• ㉤ 철도사업법 벌칙 – 1년 이하의 징역 또는 1천만 원 이하의 벌금

38 ④ 39 ⑤ 40 ① 정답

41 다음 중 벌칙이 다른 하나는?

① 거짓이나 그 밖의 부정한 방법으로 철도시설 사용 허가를 받은 자

② 허가를 받지 아니하고 철도시설을 사용한 자

③ 국토교통부장관의 천재지변의 발생으로 임시열차의 편성 및 운행 조치를 위반한 자

④ 한국철도공사에서 근무 중 알게된 비밀을 누설한 임직원

⑤ 거짓이나 부정한 방법으로 철도사업의 면허를 받은 자

해설

「한국철도공사법」과 「철도산업발전기본법」 벌칙에 해당되는 1~4번 선지는 2년 이하의 징역 또는 3천만 원 이하의 벌금에 해당되지만 5번 선지만 「철도사업법」으로서 2년 이하의 징역 또는 2천만 원 이하의 벌금에 해당된다.

PART III

한국철도공사법

01 한국철도공사법

한국철도공사법 : [시행 2019. 3. 14.] [법률 제15460호, 2018. 3. 13., 타법개정]
한국철도공사법 시행령 : [시행 2025. 1. 31.] [대통령령, 제35228호, 2025. 1. 21., 일부개정]
한국철도공사법령 구성 : 20조 22령 0칙

01 한국철도공사법

제1조(목적)

이 법은 한국철도공사를 설립하여 철도 운영의 전문성과 효율성을 높임으로써 철도산업과 국민경제의 발전에 이바지함을 목적으로 한다.

TIP 법의 목적 정리
1. 철도 운영의 전문성 향상
2. 철도 운영의 효율성 향상
3. 철도산업 발전에 이바지
4. 국민경제의 발전에 이바지

● 시행령 제1조(목적)

이 영은 한국철도공사법에서 위임된 사항과 그 시행에 관하여 필요한 사항을 규정함을 목적으로 한다.

제2조(법인격)

한국철도공사(이하 "공사"라 한다)는 법인으로 한다.

제3조(사무소)

① 공사의 주된 사무소의 소재지는 정관으로 정한다.
② 공사는 업무수행을 위하여 필요하면 이사회의 의결을 거쳐 필요한 곳에 하부조직을 둘 수 있다.

제4조(자본금 및 출자)

① 공사의 자본금은 22조 원으로 하고, 그 전부를 정부가 출자한다.
② 제1항에 따른 자본금의 납입 시기와 방법은 기획재정부장관이 정하는 바에 따른다.
③ 국가는 「국유재산법」에도 불구하고 「철도산업발전 기본법」 제22조 제1항 제1호에 따른 운영자산을 공사에 현물로 출자한다.

[제22조(철도자산의 구분 등)]

① 국토교통부장관은 철도산업의 구조개혁을 추진하는 경우 철도청과 고속철도건설공단의 철도자산을 다음 각 호와 같이 구분하여야 한다.

  1. 운영자산 : 철도청과 고속철도건설공단이 철도운영 등을 주된 목적으로 취득하였거나 관련 법령 및 계약 등에 의하여 취득하기로 한 재산·시설 및 그에 관한 권리

④ 제3항에 따라 국가가 공사에 출자를 할 때에는 「국유재산의 현물출자에 관한 법률」에 따른다.

제5조(등기)

① 공사는 주된 사무소의 소재지에서 설립등기를 함으로써 성립한다.
② 제1항에 따른 공사의 설립등기와 하부조직의 설치·이전 및 변경 등기, 그 밖에 공사의 등기에 필요한 사항은 대통령령으로 정한다.
③ 공사는 등기가 필요한 사항에 관하여는 등기하기 전에는 제3자에게 대항하지 못한다.

● 시행령 제2조(설립등기)

「한국철도공사법」(이하 "법"이라 한다) 제5조 제2항의 규정에 의한 한국철도공사(이하 "공사"라 한다)의 설립등기사항은 다음 각 호와 같다.

1. 설립목적
2. 명칭
3. 주된 사무소 및 하부조직의 소재지
4. 자본금
5. 임원의 성명 및 주소
6. 공고의 방법

● 시행령 제3조(하부조직의 설치등기)

공사는 하부조직을 설치한 경우에는 설치 후 2주일 이내에 주된 사무소의 소재지에서 설치된 하부조직의 명칭, 소재지 및 설치 연월일을 등기해야 한다.
[25. 1. 21. 개정, 시행일 : 2025. 1. 31.]

● 시행령 제4조(이전등기)

① 공사는 주된 사무소를 이전한 경우에는 이전 후 2주일 이내에 종전 소재지 또는 새 소재지에서 새 소재지와 이전 연월일을 등기해야 한다.

② 공사는 하부조직을 이전한 경우에는 이전 후 2주일 이내에 주된 사무소의 소재지에서 새 소재지와 이전 연월일을 등기해야 한다. [25. 1. 21. 개정, 시행일: 2025. 1. 31.]

● 시행령 제5조(변경등기)

공사는 제2조 각 호 또는 제3조의 등기사항이 변경된 경우(제4조에 따른 이전등기에 해당하는 경우는 제외한다)에는 변경 후 2주일 이내에 주된 사무소의 소재지에서 변경사항을 등기해야 한다. [25. 1. 21 개정, 시행일: 2025. 1. 31.]

※ 제2조=설립등기사항, 제3조=하부조직의 설치등기

제6조 삭제 〈2009. 3. 25.〉

제7조(대리 · 대행)

정관으로 정하는 바에 따라 사장이 지정한 공사의 직원은 사장을 대신하여 공사의 업무에 관한 재판상 또는 재판 외의 모든 행위를 할 수 있다.

● 시행령 제6조(대리·대행인의 선임등기)

① 공사는 사장이 법 제7조에 따라 사장을 대신해 공사의 업무에 관한 재판상 또는 재판 외의 행위를 할 수 있는 직원(이하 "대리·대행인"이라 한다)을 선임한 경우에는 선임 후 2주일 이내에 주된 사무소의 소재지에서 다음 각 호의 사항을 등기해야 한다. 등기한 사항이 변경된 경우에도 또한 같다.

1. 대리·대행인의 성명 및 주소
2. 대리·대행인을 둔 주된 사무소 또는 하부조직의 명칭 및 소재지
3. 대리·대행인의 권한을 제한한 때에는 그 제한의 내용

② 공사는 사장이 법 제7조에 따라 선임한 대리·대행인을 해임한 경우에는 해임 후 2주일 이내에 주된 사무소의 소재지에서 그 해임한 뜻을 등기해야 한다.

[25. 1. 21. 개정, 시행일: 2025. 1. 31.]

● 시행령 제7조(등기신청서의 첨부서류)

제2조 내지 제6조의 규정에 의한 각 등기의 신청서에는 다음 각 호의 구분에 따른 서류를 첨부하여야 한다.

1. 제2조의 규정에 의한 공사의 설립등기의 경우에는 공사의 정관, 자본금의 납입액 및 임원의 자격을 증명하는 서류
2. 제3조의 규정에 의한 하부조직의 설치등기의 경우에는 하부조직의 설치를 증명하는 서류
3. 제4조의 규정에 의한 이전등기의 경우에는 주된 사무소 또는 하부조직의 이전을 증명하는 서류
4. 제5조의 규정에 의한 변경등기의 경우에는 그 변경된 사항을 증명하는 서류
5. 제6조의 규정에 의한 대리·대행인의 선임·변경 또는 해임의 등기의 경우에는 그 선임·변경 또는 해임이 법 제7조의 규정에 의한 것임을 증명하는 서류와 대리·대행인이 제6조 제1항 제3호의 규정에 의하여 그 권한이 제한된 때에는 그 제한을 증명하는 서류

제8조(비밀 누설·도용의 금지)

공사의 임직원이거나 임직원이었던 사람은 그 직무상 알게 된 비밀을 누설하거나 도용하여서는 아니 된다.

제8조의2(유사명칭의 사용금지)

이 법에 따른 공사가 아닌 자는 한국철도공사 또는 이와 유사한 명칭을 사용하지 못한다.

제9조(사업)

① 공사는 다음 각 호의 사업을 한다.
  1. 철도여객사업, 화물운송사업, 철도와 다른 교통수단의 연계운송사업
  2. 철도 장비와 철도용품의 제작·판매·정비 및 임대사업
  3. 철도 차량의 정비 및 임대사업
  4. 철도시설의 유지·보수 등 국가·지방자치단체 또는 공공법인 등으로부터 위탁받은 사업
  5. 역세권 및 공사의 자산을 활용한 개발·운영 사업으로서 대통령령으로 정하는 사업
  6. 「철도의 건설 및 철도시설 유지관리에 관한 법률」 제2조 제6호 가목의 역 시설 개발 및 운영사업으로서 대통령령으로 정하는 사업

> **[철도의 건설 및 철도시설 유지관리에 관한 법률 제2조 제6호 가목]**
>
> 철도의 선로(선로에 딸리는 시설을 포함한다), 역 시설(물류시설, 환승 시설 및 역사
> (驛舍)와 같은 건물에 있는 판매시설·업무시설·근린생활시설·숙박시설·문화 및 집
> 회시설 등을 포함한다) 및 철도 운영을 위한 건축물·건축설비
>
> 　7.「물류정책기본법」에 따른 물류사업으로서 대통령령으로 정하는 사업
>
> 　8.「관광진흥법」에 따른 관광사업으로서 대통령령으로 정하는 사업
>
> 　9. 제1호부터 제8호까지의 사업과 관련한 조사·연구, 정보화, 기술 개발 및 인력 양성에
> 　　관한 사업
>
> 　10. 제1호부터 제9호까지의 사업에 딸린 사업으로서 대통령령으로 정하는 사업
>
> ② 공사는 국외에서 제1항 각호의 사업을 할 수 있다.
>
> ③ 공사는 이사회의 의결을 거쳐 예산의 범위에서 공사의 업무와 관련된 사업에 투자·융
> 자·보조 또는 출연할 수 있다.

● 시행령 제7조의2(역세권 개발·운영 사업 등)

① 법 제9조 제1항 제5호에서 "대통령령으로 정하는 사업"이란 다음 각 호에 따른 사업을 말한다.

　1. 역세권 개발·운영 사업 :「역세권의 개발 및 이용에 관한 법률」제2조 제2호에 따른 역세
　　권개발사업 및 운영 사업

　2. 공사의 자산을 활용한 개발·운영 사업 : 철도이용객의 편의를 증진하기 위한 시설의 개
　　발·운영 사업

② 법 제9조 제1항 제6호에서 "대통령령으로 정하는 사업"이란 다음 각 호의 시설을 개발·운영
하는 사업을 말한다.

　1.「물류정책기본법」제2조 제1항 제4호의 물류시설 중 철도운영이나 철도와 다른 교통수단
　　과의 연계운송을 위한 시설

　2.「도시교통정비 촉진법」제2조제3호에 따른 환승시설

참고　"환승시설"이란 교통수단의 이용자가 다른 교통수단을 편리하게 이용할 수 있게 하기 위하여 철도역·도시철
　　　　도역·정류소·여객자동차터미널 및 화물터미널 등의 기능을 복합적으로 제공하는 시설을 말한다.

　3. 역사와 같은 건물 안에 있는 시설로서「건축법 시행령」제3조의5에 따른 건축물 중 제1종
　　근린생활시설, 제2종 근린생활시설, 문화 및 집회시설, 판매시설, 운수시설, 의료시설, 운
　　동시설, 업무시설, 숙박시설, 창고시설, 자동차관련시설, 관광휴게시설과 그 밖에 철도이
　　용객의 편의를 증진하기 위한 시설

③ 법 제9조 제1항 제7호에서 "대통령령으로 정하는 사업"이란「물류정책기본법」제2조 제1항
제2호의 물류사업 중 다음 각 호의 사업을 말한다.

1. 철도운영을 위한 사업

2. 철도와 다른 교통수단과의 연계운송을 위한 사업

3. 다음 각목의 자산을 이용하는 사업으로서 「물류정책기본법 시행령」 별표 1의 물류시설 운영업 및 물류서비스업

　　가. 「철도산업발전기본법」 제3조 제2호의 철도시설(이하 "철도시설"이라 한다) 또는 철도부지

　　나. 그 밖에 공사가 소유하고 있는 시설, 장비 또는 부지

④ 법 제9조 제1항 제8호에서 "대통령령으로 정하는 사업"이란 「관광진흥법」 제3조에서 정한 관광사업(카지노업은 제외한다)으로서 철도운영과 관련된 사업을 말한다.

⑤ 법 제9조 제1항 제10호에서 "대통령령으로 정하는 사업"이란 다음 각 호의 사업을 말한다.

1. 철도시설 또는 철도부지나 같은 조 제4호의 철도차량 등을 이용하는 광고사업

2. 철도시설을 이용한 정보통신 기반시설 구축 및 활용 사업

3. 철도운영과 관련한 엔지니어링 활동

4. 철도운영과 관련한 정기간행물 사업, 정보매체 사업

5. 다른 법령의 규정에 따라 공사가 시행할 수 있는 사업

6. 그 밖에 철도운영의 전문성과 효율성을 높이기 위하여 필요한 사업

　참고 물류정책기본법 제2조(정의), 물류정책기본법 시행령[별표1] – 물류사업의 범위 (제3조관련), 건축법 시행령[별표1] – 용도별 건축물의 종류(건축법 제3조의5 관련), 관광진흥법 제3조(관광사업의 종류)에 관한 참고내용은 부록에 수록되어 있다.

제10조(손익금의 처리)

① 공사는 매 사업연도 결산 결과 이익금이 생기면 다음 각 호의 순서로 처리하여야 한다.

　1. 이월결손금의 보전(補塡)

　2. 자본금의 **2분의 1**이 될 때까지 이익금의 **10분의 2 이상**을 이익준비금으로 적립

　3. 자본금과 같은 액수가 될 때까지 이익금의 **10분의 2 이상**을 사업확장적립금으로 적립

　4. 국고에 납입

② 공사는 매 사업연도 결산 결과 손실금이 생기면 제1항 제3호에 따른 사업확장적립금으로 보전하고 그 적립금으로도 부족하면 같은 항 제2호에 따른 이익준비금으로 보전하되, 보전미달액은 다음 사업연도로 이월(移越)한다.

③ 제1항 제2호 및 제3호에 따른 이익준비금과 사업확장적립금은 대통령령으로 정하는 바에 따라 자본금으로 전입할 수 있다.

● 시행령 제8조(이익준비금 등의 자본금전입)

① 법 제10조 제3항의 규정에 의하여 이익준비금 또는 사업확장적립금을 자본금으로 전입하고 자 하는 때에는 이사회의 의결을 거쳐 기획재정부장관의 승인을 얻어야 한다.

② 제1항의 규정에 의하여 이익준비금 또는 사업확장적립금을 자본금에 전입한 때에는 공사는 그 사실을 국토교통부장관에게 보고하여야 한다.

제11조(사채의 발행 등)

① 공사는 이사회의 의결을 거쳐 사채를 발행할 수 있다.

② 사채의 발행액은 공사의 자본금과 적립금을 합한 금액의 **5배**를 초과하지 못한다.

③ 국가는 공사가 발행하는 사채의 원리금 상환을 보증할 수 있다.

④ 사채의 소멸시효는 원금은 **5년**, 이자는 **2년**이 지나면 완성한다.

⑤ 공사는 「공공기관의 운영에 관한 법률」 제40조 제3항에 따라 예산이 확정되면 **2개월** 이내에 해당 연도에 발행할 사채의 목적·규모·용도 등이 포함된 사채발행 운용계획을 수립하여 이사회의 의결을 거쳐 국토교통부장관의 승인을 받아야 한다. 운용계획을 변경하려는 경우에도 또한 같다.

● 시행령 제9조(사채의 발행방법)

공사가 법 제11조 제1항의 규정에 의하여 사채를 발행하고자 하는 때에는 모집·총액인수 또는 매출의 방법에 의한다.

● 시행령 제10조(사채의 응모 등)

① 사채의 모집에 응하고자 하는 자는 사채청약서 2통에 그 인수하고자 하는 사채의 수·인수가 액과 청약자의 주소를 기재하고 기명날인하여야 한다. 다만, 사채의 최저가액을 정하여 발행하는 경우에는 그 응모가액을 기재하여야 한다.

② 사채청약서는 사장이 이를 작성하고 다음 각 호의 사항을 기재해야 한다.

1. 공사의 명칭
2. 사채의 발행총액
3. 사채의 종류별 액면금액
4. 사채의 이율
5. 사채상환의 방법 및 시기
6. 이자지급의 방법 및 시기
7. 사채의 발행가액 또는 그 최저가액
8. 이미 발행한 사채중 상환되지 아니한 사채가 있는 때에는 그 총액
9. 사채모집의 위탁을 받은 회사가 있을 때에는 그 상호 및 주소

● 시행령 제11조(사채의 발행총액)

공사가 법 제11조 제1항의 규정에 의하여 사채를 발행함에 있어서 실제로 응모된 총액이 사채 청약서에 기재한 사채발행총액에 미달하는 때에도 사채를 발행한다는 뜻을 사채청약서에 표시 할 수 있다. 이 경우 그 응모총액을 사채의 발행총액으로 한다.

● 시행령 제12조(총액인수의 방법 등)

공사가 계약에 의하여 특정인에게 사채의 총액을 인수시키는 경우에는 제10조의 규정을 적용 하지 아니한다. 사채모집의 위탁을 받은 회사가 사채의 일부를 인수하는 경우에는 그 인수분에 대하여도 또한 같다.

● 시행령 제13조(매출의 방법)

공사가 매출의 방법으로 사채를 발행하는 경우에는 매출기간과 제10조 제2항 제1호·제3호 내 지 제7호의 사항을 미리 공고하여야 한다.

● 시행령 제14조(사채인수가액의 납입 등)

① 공사는 사채의 응모가 완료된 때에는 지체없이 응모자가 인수한 사채의 전액을 납입시켜야 한다.
② 사채모집의 위탁을 받은 회사는 자기명의로 공사를 위하여 제1항 및 제10조 제2항의 규정에 의한 행위를 할 수 있다.

● 시행령 제15조(채권의 발행 및 기재사항)

① 채권은 사채의 인수가액 전액이 납입된 후가 아니면 이를 발행하지 못한다.
② 채권에는 다음 각 호의 사항을 기재하고, 사장이 기명날인하여야 한다. 다만, 매출의 방법에 의하여 사채를 발행하는 경우에는 제10조 제2항 제2호의 사항은 이를 기재하지 아니한다.
　1. 제10조 제2항 제1호 내지 제6호의 사항 (※ 내지 : ~부터)

　　1. 공사의 명칭
　　2. 사채의 발행총액
　　3. 사채의 종류별 액면금액
　　4. 사채의 이율
　　5. 사채상환의 방법 및 시기
　　6. 이자지급의 방법 및 시기

　2. 채권번호
　3. 채권의 발행연월일

● 시행령 제16조(채권의 형식)

채권은 무기명식으로 한다. 다만, 응모자 또는 소지인의 청구에 의하여 기명식으로 할 수 있다.

● 시행령 제17조(사채원부)

① 공사는 주된 사무소에 사채원부를 비치하고, 다음 각 호의 사항을 기재해야 한다.
　1. 채권의 종류별 수와 번호
　2. 채권의 발행연월일
　3. 제10조 제2항 제2호 내지 제6호 및 제9호의 사항

> **2. 사채의 발행총액**
> **3. 사채의 종류별 액면금액**
> **4. 사채의 이율**
> **5. 사채상환의 방법 및 시기**
> **6. 이자지급의 방법 및 시기**
> **9. 사채모집의 위탁을 받은 회사가 있을 때는 그 상호 및 주소**

② 채권이 기명식인 때에는 사채원부에 제1항 각호의 사항 외에 다음 각 호의 사항을 기재해야 한다.
　1. 채권소유자의 성명과 주소
　2. 채권의 취득연월일
③ 채권의 소유자 또는 소지인은 공사의 근무시간 중 언제든지 사채원부의 열람을 요구할 수 있다.

● 시행령 제18조(이권흠결의 경우의 공제)

① 이권(利券)이 있는 무기명식의 사채를 상환하는 경우에 이권이 흠결된 때에는 그 이권에 상당한 금액을 상환액으로부터 공제한다.
② 제1항의 규정에 의한 이권소지인은 그 이권과 상환으로 공제된 금액의 지급을 청구할 수 있다.

● 시행령 제19조(사채권자 등에 대한 통지 등)

① 사채를 발행하기 전의 그 응모자 또는 사채를 교부받을 권리를 가진 자에 대한 통지 또는 최고는 사채청약서에 기재된 주소로 하여야 한다. 다만, 따로 주소를 공사에 통지한 경우에는 그 주소로 하여야 한다.
② 기명식채권의 소유자에 대한 통지 또는 최고는 사채원부에 기재된 주소로 하여야 한다. 다만, 따로 주소를 공사에 통지한 경우에는 그 주소로 하여야 한다.

③ 무기명식채권의 소지자에 대한 통지 또는 최고는 공고의 방법에 의한다. 다만, 그 소재를 알 수 있는 경우에는 이에 의하지 아니할 수 있다.

제12조(보조금 등)

국가는 공사의 경영 안정 및 철도 차량·장비의 현대화 등을 위하여 재정 지원이 필요하다고 인정하면 예산의 범위에서 사업에 필요한 비용의 일부를 보조하거나 재정자금의 융자 또는 사채 인수를 할 수 있다.

제13조(역세권 개발사업)

공사는 철도사업과 관련하여 일반업무시설, 판매시설, 주차장, 여객자동차터미널 및 화물 터미널 등 철도 이용자에게 편의를 제공하기 위한 역세권 개발사업을 할 수 있고, 정부는 필요한 경우에 행정적·재정적 지원을 할 수 있다.

제14조(국유재산의 무상대부 등)

① 국가는 다음 각 호의 어느 하나에 해당하는 공사의 사업을 효율적으로 수행하기 위하여 국토교통부장관이 필요하다고 인정하면 「국유재산법」에도 불구하고 공사에 국유재산 (물품을 포함한다. 이하 같다)을 무상으로 대부(貸付)하거나 사용·수익하게 할 수 있다.

1. 제9조 제1항 제1호부터 제4호까지의 규정에 따른 사업

   1. 철도여객사업, 화물운송사업, 철도와 다른 교통수단의 연계운송사업
   2. 철도 장비와 철도용품의 제작·판매·정비 및 임대사업
   3. 철도 차량의 정비 및 임대사업
   4. 철도시설의 유지·보수 등 국가·지방자치단체 또는 공공법인 등으로부터 위탁받은 사업

2. 「철도산업발전 기본법」 제3조 제2호 가목의 역시설의 개발 및 운영사업

   가. 철도의 선로(선로에 부대되는 시설을 포함한다), 역시설(물류시설·환승시설 및 편의시설 등을 포함한다) 및 철도운영을 위한 건축물·건축설비

② 국가는 「국유재산법」에도 불구하고 제1항에 따라 대부하거나 사용·수익을 허가한 국유 재산에 건물이나 그 밖의 영구시설물을 축조하게 할 수 있다.

③ 제1항에 따른 대부 또는 사용·수익 허가의 조건 및 절차에 관하여 필요한 사항은 대통령 령으로 정한다.

● 시행령 제20조(국유재산의 무상대부 등)

① 법 제14조 제1항의 규정에 의한 국유재산의 무상사용·수익은 당해 국유재산관리청의 허가에 의하며, 무상대부의 조건 및 절차 등에 관하여는 당해 국유재산관리청과 공사간의 계약에 의한다.

② 국유재산의 무상대부 또는 무상사용·수익에 관하여 법 및 이 영에 규정된 것 외에는 국유재산법의 규정에 의한다.

제15조(국유재산의 전대 등)

① 공사는 제9조에 따른 사업을 효율적으로 수행하기 위하여 필요하면 제14조에 따라 대부받거나 사용·수익을 허가받은 국유재산을 전대(轉貸)할 수 있다.

② 공사는 제1항에 따른 전대를 하려면 미리 국토교통부장관의 승인을 받아야 한다. 이를 변경하려는 경우에도 또한 같다.

③ 제1항에 따라 전대를 받은 자는 재산을 다른 사람에게 대부하거나 사용·수익하게 하지 못한다.

④ 제1항에 따라 전대를 받은 자는 해당 재산에 건물이나 그 밖의 영구시설물을 축조하지 못한다. 다만, 국토교통부장관이 행정 목적 또는 공사의 사업 수행에 필요하다고 인정하는 시설물의 축조는 그러하지 아니하다.

● 시행령 제21조(국유재산의 전대의 절차 등)

공사는 법 제14조 제1항의 규정에 의하여 대부받거나 사용·수익의 허가를 받은 국유재산을 법 제15조 제1항의 규정에 의하여 전대(轉貸)하고자 하는 경우에는 다음 각 호의 사항이 기재된 승인신청서를 국토교통부장관에게 제출하여야 한다.

1. 전대재산의 표시(도면을 포함한다)
2. 전대를 받을 자의 전대재산 사용목적
3. 전대기간
4. 사용료 및 그 산출근거
5. 전대를 받을 자의 사업계획서

● 시행령 제22조 삭제 〈2017. 6. 13.〉

제16조(지도·감독)

국토교통부장관은 공사의 업무 중 다음 각 호의 사항과 그와 관련되는 업무에 대하여 지도·감독한다.

1. 연도별 사업계획 및 예산에 관한 사항
2. 철도서비스 품질 개선에 관한 사항
3. 철도사업계획의 이행에 관한 사항
4. 철도시설·철도차량·열차운행 등 철도의 안전을 확보하기 위한 사항
5. 그 밖에 다른 법령에서 정하는 사항

제17조(자료제공의 요청)

① 공사는 업무상 필요하다고 인정하면 관계 행정기관이나 철도사업과 관련되는 기관·단체 등에 자료의 제공을 요청할 수 있다.

② 제1항에 따라 자료의 제공을 요청받은 자는 특별한 사유가 없으면 그 요청에 따라야 한다.

제18조(등기 촉탁의 대위)

공사가 제9조 제1항 제4호에 따라 국가 또는 지방자치단체로부터 위탁받은 사업과 관련하여 국가 또는 지방자치단체가 취득한 부동산에 관한 권리를 「부동산등기법」 제98조에 따라 등기하여야 하는 경우 공사는 국가 또는 지방자치단체를 대위(代位)하여 등기를 촉탁할 수 있다.

> ※ 타 법 인용부분에 대한 이해를 돕기 위한 참고내용이며, 암기사항이 아니므로 단순 참고용으로 활용한다.
>
> **[부동산등기법 제98조 (관공서의 촉탁에 따른 등기)]**
>
> ① 국가 또는 지방자치단체가 등기권리자인 경우에는 국가 또는 지방자치단체는 등기의무자의 승낙을 받아 해당 등기를 지체 없이 등기소에 촉탁하여야 한다.
>
> ② 국가 또는 지방자치단체가 등기의무자인 경우에는 국가 또는 지방자치단체는 등기권리자의 청구에 따라 지체 없이 해당 등기를 등기소에 촉탁하여야 한다.

제19조(벌칙)

제8조 〈비밀 누설·도용의 금지〉를 위반한 자는 2년 이하의 징역 또는 2천만 원 이하의 벌금에 처한다.

[제8조(비밀 누설·도용의 금지)]
공사의 임직원이거나 임직원이었던 사람은 그 직무상 알게 된 비밀을 누설하거나 도용하여서는 아니 된다.

제20조(과태료)

① 제8조의2 〈유사명칭의 사용금지〉를 위반한 자에게는 500만 원 이하의 과태료를 부과한다.

[제8조의2(유사명칭의 사용금지)]
이 법에 따른 공사가 아닌 자는 한국철도공사 또는 이와 유사한 명칭을 사용하지 못한다.

② 제1항에 따른 과태료는 국토교통부장관이 부과·징수한다.

한국철도공사법 복/습/노/트

· 정답 402페이지 수록

[법 제1조(목적)]　이 법은 한국철도공사를 설립하여 철도 운영의 ⁰¹[전문성/공익성]과 ⁰²[환경친화성/효율성]을 높임으로써 ⁰³[철도운영/철도산업]과 ⁰⁴[국민편의/국민경제]의 발전에 이바지함을 목적으로 한다.

[시행령 제1조(목적)]　이 영은 「한국철도공사법」에서 위임된 사항과 그 시행에 관하여 필요한 사항을 규정함을 목적으로 한다.

[법 제2조(법인격)]　한국철도공사(이하 "공사"라 한다)는 ⁰⁵[법인/기업]으로 한다.

[법 제3조(사무소)]　① 공사의 주된 사무소의 소재지는 ⁰⁶[약관/정관]으로 정한다.
② 공사는 업무수행을 위하여 필요하면 ⁰⁷[국회/이사회]의 의결을 거쳐 필요한 곳에 하부조직을 둘 수 있다.

[법 제4조(자본금 및 출자)]　① 공사의 자본금은 22조 원으로 하고, 그 전부를 ⁰⁸[정부/기획재정부]가 출자한다.
② 제1항에 따른 자본금의 납입 시기와 방법은 ⁰⁹[국토교통부장관/기획재정부장관]이 정하는 바에 따른다.
③ 국가는 「국유재산법」에도 불구하고 「철도산업발전 기본법」 제22조 제1항 제1호에 따른 운영자산을 공사에 ¹⁰[사채/현물]로 출자한다.
④ 제3항에 따라 ¹¹[국가/정부]가 공사에 출자를 할 때에는 「국유재산의 현물출자에 관한 법률」에 따른다.

[법 제5조(등기)]　① 공사는 ¹²[하부조직/주된 사무소]의 소재지에서 설립등기를 함으로써 성립한다.
② 제1항에 따른 공사의 설립등기와 하부조직의 설치·이전 및 변경 등기, 그 밖에 공사의 등기에 필요한 사항은 ¹³[국토교통부령/대통령령]으로 정한다.
③ 공사는 등기가 필요한 사항에 관하여는 ¹⁴[등기/소송]하기 전에는 제3자에게 대항하지 못한다.

[시행령 제2조(설립등기)]　「한국철도공사법」(이하 "법"이라 한다) 제5조 제2항의 규정에 의한 한국철도공사(이하 "공사"라 한다)의 설립등기사항은 다음 각 호와 같다.
1. 설립목적
2. 명칭

3. 주된 사무소 및 하부조직의 소재지

4. 자본금

5. [15][사장/임원]의 성명 및 주소

6. 공고의 방법

[시행령 제3조(하부조직의 설치등기)] 공사는 하부조직을 설치한 경우에는 설치 후 [16][2주일/3주일] 이내에 주된 사무소의 소재지에서 설치된 하부조직의 명칭, 소재지 및 설치 연월일을 등기해야 한다.

[시행령 제4조(이전등기)] ① 공사는 주된 사무소를 이전한 경우에는 이전 후 [17][2주일/3주일] 이내에 종전 소재지 또는 새 소재지에서 새 소재지와 이전 연월일을 등기해야 한다.
② 공사는 하부조직을 이전한 경우에는 이전 후 [18][2주일/3주일] 이내에 [19][주된 사무소/하부조직]의 소재지에서 새 소재지와 이전 연월일을 등기해야 한다.

[시행령 제5조(변경등기)] 공사는 제2조 각 호 또는 제3조의 등기사항이 변경된 경우(제4조에 따른 이전등기에 해당하는 경우 [20][를 포함한다/는 제외한다])에는 변경 후 [21][2주일/3주일] 이내에 [22][주된 사무소/하부조직]의 소재지에서 변경사항을 등기해야 한다.

[법 제6조] 삭제 〈2009. 3. 25.〉

[법 제7조(대리·대행)] 정관으로 정하는 바에 따라 사장이 지정한 공사의 직원은 사장을 대신하여 공사의 업무에 관한 재판상 또는 재판 외의 모든 행위를 할 수 있다.

[시행령 제6조(대리·대행인의 선임등기)] ① 공사는 사장이 법 제7조에 따라 사장을 대신해 공사의 업무에 관한 재판상 또는 재판 외의 행위를 할 수 있는 직원(이하 "대리·대행인"이라 한다)을 선임한 경우에는 선임 후 [23][2주일/3주일] 이내에 [24][주된 사무소/하부조직]의 소재지에서 다음 각 호의 사항을 등기해야 한다. 등기한 사항이 [25][삭제/변경]된 경우에도 또한 같다.

1. 대리·대행인의 성명 및 주소

2. 대리·대행인을 둔 주된 사무소 또는 하부조직의 명칭 및 소재지

3. 대리·대행인의 권한을 제한한 때에는 그 제한의 내용

② 공사는 사장이 법 제7조에 따라 선임한 대리·대행인을 해임한 경우에는 해임 후 26 [2주일/3주일] 이내에 27 [주된 사무소의 소재지/주된 사무소 또는 하부조직의 소재지]에서 그 해임한 뜻을 등기해야 한다.

[시행령 제7조(등기신청서의 첨부서류)] 제2조 내지 제6조의 규정에 의한 각 등기의 신청서에는 다음 각 호의 구분에 따른 서류를 첨부하여야 한다.
1. 제2조의 규정에 의한 공사의 설립등기의 경우에는 공사의 28 [정관/약관], 29 [투자금/자본금]의 납입액 및 30 [임원/법인]의 자격을 증명하는 서류
2. 제3조의 규정에 의한 하부조직의 설치등기의 경우에는 하부조직의 설치를 증명하는 서류
3. 제4조의 규정에 의한 이전등기의 경우에는 주된 사무소 또는 하부조직의 이전을 증명하는 서류
4. 제5조의 규정에 의한 변경등기의 경우에는 그 변경된 사항을 증명하는 서류
5. 제6조의 규정에 의한 대리·대행인의 선임·변경 또는 해임의 등기의 경우에는 그 선임·변경 또는 해임이 법 제7조의 규정에 의한 것임을 증명하는 서류와 대리·대행인이 제6조 제1항 제3호의 규정에 의하여 그 권한이 제한된 때에는 그 제한을 증명하는 서류

[법 제8조(비밀 누설·도용의 금지)] 공사의 임직원이거나 임직원이었던 사람은 그 직무상 알게 된 31 [비밀/사실]을 누설하거나 32 [유출/도용]하여서는 아니 된다.

[법 제8조의2(유사명칭의 사용금지)] 이 법에 따른 공사가 아닌 자는 한국철도공사 또는 이와 유사한 33 [기호/명칭]을 사용하지 못한다.

[법 제9조(사업)] ① 공사는 다음 각 호의 사업을 한다.
1. 철도 34 [운송/여객]사업, 35 [여객/화물]운송사업, 철도와 다른 교통수단의 연계운송사업
2. 철도 36 [시설과/장비와] 철도 37 [차량/용품]의 제작·판매·정비 및 임대사업
3. 철도 38 [차량/시설]의 정비 및 임대사업
4. 철도 39 [차량/시설]의 유지·보수 등 국가·지방자치단체 또는 공공법인 등으로부터 위탁받은 사업
5. 역세권 및 공사의 자산을 활용한 개발·운영 사업으로서 40 [국토교통부령/대통령령]으로 정하는 사업
6. 「철도의 건설 및 철도시설 유지관리에 관한 법률」 제2조 제6호 가목의 역 시설 개발 및 운영 사업으로서 41 [국토교통부령/대통령령]으로 정하는 사업
7. 「물류정책기본법」에 따른 물류사업으로서 42 [국토교통부령/대통령령]으로 정하는 사업
8. 「관광진흥법」에 따른 관광사업으로서 43 [국토교통부령/대통령령]으로 정하는 사업

9. 제1호부터 제8호까지의 사업과 관련한 조사·연구, 정보화, ⁴⁴[인재/기술] 개발 및 인력 양성에 관한 사업

10. 제1호부터 제9호까지의 사업에 딸린 사업으로서 ⁴⁵[국토교통부령/대통령령]으로 정하는 사업

② 공사는 ⁴⁶[국내/국외]에서 제1항 각 호의 사업을 할 수 있다.

③ 공사는 ⁴⁷[국토교통부장관의 승인을 받아/이사회의 의결을 거쳐] 예산의 범위에서 공사의 업무와 관련된 사업에 투자·융자·보조 또는 출연할 수 있다.

[시행령 제7조의2(역세권 개발·운영 사업 등)] ① 법 제9조 제1항 제5호에서 "대통령령으로 정하는 사업"이란 다음 각 호에 따른 사업을 말한다.

1. 역세권 개발·운영 사업 : 「역세권의 개발 및 이용에 관한 법률」 제2조 제2호에 따른 역세권 개발사업 및 운영 사업

2. 공사의 자산을 활용한 개발·운영 사업 : 철도이용객의 편의를 증진하기 위한 시설의 개발·운영 사업

② 법 제9조 제1항 제6호에서 "대통령령으로 정하는 사업"이란 다음 각 호의 시설을 개발·운영하는 사업을 말한다.

1. 「물류정책기본법」 제2조 제1항 제4호의 물류시설 중 철도운영이나 철도와 다른 교통수단과의 연계운송을 위한 시설

2. 「도시교통정비 촉진법」 제2조 제3호에 따른 ⁴⁸[역 시설/환승시설]

3. 역사와 같은 건물 안에 있는 시설로서 「건축법 시행령」 제3조의5에 따른 건축물 중 제1종 근린생활시설, 제2종 근린생활시설, 문화 및 집회시설, 판매시설, 운수시설, 의료시설, 운동시설, 업무시설, 숙박시설, 창고시설, 자동차관련시설, 관광휴게시설과 그 밖에 철도이용객의 편의를 증진하기 위한 시설

③ 법 제9조 제1항 제7호에서 "대통령령으로 정하는 사업"이란 「물류정책기본법」 제2조 제1항 제2호의 물류사업 중 다음 각 호의 사업을 말한다.

1. 철도운영을 위한 사업

2. 철도와 다른 교통수단과의 연계운송을 위한 사업

3. 다음 각 목의 자산을 이용하는 사업으로서 「물류정책기본법 시행령」 별표 1의 물류시설운영업 및 물류서비스업

> 가. 「철도산업발전기본법」 제3조 제2호의 철도시설(이하 "철두시설"이라 한다) 또는 철도 부지
>
> 나. 그 밖에 공사가 소유하고 있는 시설, 장비 또는 부지

④ 법 제9조 제1항 제8호에서 "대통령령으로 정하는 사업"이란 「관광진흥법」 제3조에서 정한 관광사업 ⁴⁹([   ]은 제외한다)으로서 철도운영과 관련된 사업을 말한다.

⑤ 법 제9조 제1항 제10호에서 "대통령령으로 정하는 사업"이란 다음 각 호의 사업을 말한다.

1. 철도시설 또는 철도부지나 같은 조 제4호의 철도차량 등을 이용하는 ⁵⁰[운송/광고]사업

2. 철도시설을 이용한 ⁵¹[정보통신/편의제공] 기반시설 구축 및 활용 사업

3. 철도운영과 관련한 엔지니어링 활동

4. 철도운영과 관련한 정기간행물 사업, 정보매체 사업

5. 다른 법령의 규정에 따라 공사가 시행할 수 있는 사업

6. 그 밖에 철도운영의 ⁵²[공익성/전문성]과 ⁵³[효율성/이용성]을 높이기 위하여 필요한 사업

[법 제10조(손익금의 처리)] ① 공사는 매 사업연도 결산 결과 ⁵⁴[상여금/이익금]이 생기면 다음 각 호의 순서로 처리하여야 한다.

1. ⁵⁵[국고/이월결손금]의 보전(補塡)

2. 자본금 ⁵⁶[의 2분의 1이/과 같은 액수가]될 때까지 이익금의 10분의 2 이상을 ⁵⁷[이익준비금/사업확장적립금]으로 적립

3. 자본금 ⁵⁸[의 2분의 1이/과 같은 액수가]될 때까지 이익금의 10분의 2 이상을 ⁵⁹[이익준비금/사업확장적립금]으로 적립

4. ⁶⁰[자본금/국고]에 납입

② 공사는 매 사업연도 결산 결과 손실금이 생기면 제1항 제3호에 따른 ⁶¹[이익준비금/사업확장적립금]으로 보전하고 그 적립금으로도 부족하면 같은 항 제2호에 따른 ⁶²[이익준비금/사업확장적립금]으로 보전하되, ⁶³[국고잔여금/보전미달액]은 다음 사업연도로 이월(移越)한다.

③ 제1항 제2호 및 제3호에 따른 이익준비금과 사업확장적립금은 ⁶⁴[대통령령/국토교통부령]으로 정하는 바에 따라 ⁶⁵[이월결손금/자본금]으로 전입할 수 있다.

[시행령 제8조(이익준비금 등의 자본금전입)] ① 법 제10조 제3항의 규정에 의하여 이익준비금 또는 사업확장적립금을 자본금으로 전입하고자 하는 때에는 이사회의 의결을 거쳐 ⁶⁶[국토교통부장관/기획재정부장관]의 승인을 얻어야 한다.

② 제1항의 규정에 의하여 이익준비금 또는 사업확장적립금을 자본금에 전입한 때에는 공사는 그 사실을 ⁶⁷[국토교통부장관/기획재정부장관]에게 보고하여야 한다.

[법 제11조(사채의 발행 등)] ① 공사는 ⁶⁸[이사회의 의결을 거쳐/기획재정부장관의 승인을 받아] 사채를 발행할 수 있다.

② 사채의 발행액은 공사의 자본금과 ⁶⁹[투자금/적립금]을 합한 금액의 ⁷⁰[   ]배를 초과하지 못한다.

③ 71 [국가/정부]는 공사가 발행하는 사채의 원리금 상환을 보증할 수 있다.

④ 사채의 소멸시효는 원금은 72 [   ]년, 이자는 73 [   ]년이 지나면 완성한다.

⑤ 74 [국가/공사]는 「공공기관의 운영에 관한 법률」 제40조 제3항에 따라 예산이 확정되면 75 [2개월/3개월] 이내에 해당 연도에 발행할 사채의 목적·규모·용도 등이 포함된 사채발행 운용계획을 수립하여 이사회의 의결을 거쳐 76 [기획재정부장관/국토교통부장관]의 승인을 받아야 한다. 운용계획을 변경하려는 경우에도 또한 같다.

[시행령 제9조(사채의 발행방법)] 공사가 법 제11조 제1항의 규정에 의하여 사채를 발행하고자 하는 때에는 모집·총액인수 또는 77 [공고/매출]의 방법에 의한다.

[시행령 제10조(사채의 응모 등)] ① 사채의 모집에 응하고자 하는 자는 사채청약서 78 [   ]통에 그 인수하고자 하는 사채의 수·인수가액과 79 [대표자/청약자]의 주소를 기재하고 80 [전자서명/기명날인]하여야 한다. 다만, 사채의 최저가액을 정하여 발행하는 경우에는 그 81 [최저가액/응모가액]을 기재하여야 한다.

② 사채청약서는 82 [청약자/사장]이 이를 작성하고 다음 각 호의 사항을 기재해야 한다.

1. 공사의 83 [명칭/주소]

2. 사채의 84 [최저가액/발행총액]

3. 사채의 종류별 85 [액면금액/발행금액]

4. 사채의 이율

5. 사채상환의 방법 및 시기

6. 이자지급의 방법 및 시기

7. 사채의 발행가액 또는 그 최저가액

8. 이미 발행한 사채 중 상환되지 아니한 사채가 있는 때에는 그 총액

9. 사채모집의 위탁을 받은 회사가 있을 때에는 그 상호 및 주소

[시행령 제11조(사채의 발행총액)] 공사가 법 제11조 제1항의 규정에 의하여 사채를 발행함에 있어서 실제로 응모된 총액이 사채청약서에 기재한 사채발행총액에 미달하는 때에도 사채를 발행한다는 뜻을 86 [발행 보증서/사채청약서]에 표시할 수 있다. 이 경우 그 87 [발행가액/응모총액]을 사채의 발행총액으로 한다.

[시행령 제12조(총액인수의 방법 등)] 공사가 계약에 의하여 특정인에게 사채의 총액을 인수시키는 경우에는 제10조의 규정을 적용하지 아니한다. 사채모집의 위탁을 받은 회사가 사채의 일부를 인수하는 경우에는 그 인수분에 대하여도 또한 같다.

[시행령 제13조(매출의 방법)]   공사가 매출의 방법으로 사채를 발행하는 경우에는 88[모집기간/
매출기간]과 제10조 제2항 제1호·제3호 내지 제7호의 사항을 미리 89[공고/통지]하여야 한다.

[시행령 제14조(사채인수가액의 납입 등)]   ① 공사는 사채의 응모가 완료된 때에는 지체없이
응모자가 인수한 사채의 90[일부를/전액을] 납입시켜야 한다.
② 사채모집의 위탁을 받은 회사는 91[타인명의/자기명의]로 공사를 위하여 제1항 및 제10조
제2항의 규정에 의한 행위를 할 수 있다.

[시행령 제15조(채권의 발행 및 기재사항)]   ① 채권은 사채의 인수가액 92[선금/전액]이 납입
된 후가 아니면 이를 발행하지 못한다.
② 채권에는 다음 각 호의 사항을 기재하고, 93[사장/임원]이 94[서명날인/기명날인]하여야 한
다. 다만, 매출의 방법에 의하여 사채를 발행하는 경우에는 제10조 제2항 제2호의 사항은 이를
기재하지 아니한다.
1. 제10조 제2항 제1호 내지 제6호의 사항

> [제10조 제2항 사채청약서 기재사항]
>
> 1. 공사의 명칭   2. 사채의 발행총액
> 3. 사채의 종류별 액면금액   4. 사채의 이율
> 5. 사채상환의 방법 및 시기   6. 이자지급의 방법 및 시기

2. 채권번호
3. 채권의 95[발행연월일/발행번호]

[시행령 제16조(채권의 형식)]   채권은 96[기명식/무기명식]으로 한다. 다만, 응모자 또는 97[채
권단/소지인]의 청구에 의하여 98[기명식/무기명식]으로 할 수 있다.

[시행령 제17조(사채원부)]   ① 공사는 주된 사무소에 99[청약서/사채원부]를 비치하고, 다음
각 호의 사항을 기재해야 한다.
1. 채권의 종류별 수와 번호
2. 채권의 100[발행연월일/취득연월일]
3. 제10조 제2항 제2호 내지 제6호 및 제9호의 사항

[제10조 제2항 사채청약서 기재사항]

2. 사채의 발행총액　　　　　　　　3. 사채의 종류별 액면금액

4. 사채의 이율　　　　　　　　　　5. 사채상환의 방법 및 시기

6. 이자지급의 방법 및 시기

9. 사채모집의 위탁을 받은 회사가 있을 때에는 그 상호 및 주소

② 채권이 101[기명식/무기명식]인 때에는 사채원부에 제1항 각 호의 사항 외에 다음 각 호의 사항을 기재해야 한다.

1. 채권소유자의 성명과 주소

2. 채권의 102[발행연월일/취득연월일]

③ 채권의 소유자 또는 소지인은 공사의 근무시간 중 언제든지 사채원부의 열람을 요구할 수 있다.

[시행령 제18조(이권흠결의 경우의 공제)]　① 이권(利券)이 있는 103[기명식/무기명식]의 사채를 상환하는 경우에 이권이 흠결된 때에는 그 이권에 상당한 금액을 104[자본금/상환액]으로부터 공제한다.

② 제1항의 규정에 의한 이권소지인은 그 이권과 상환으로 공제된 금액의 지급을 청구할 수 있다.

[시행령 제19조(사채권자 등에 대한 통지 등)]　① 사채를 발행하기 전의 그 응모자 또는 사채를 교부받을 권리를 가진 자에 대한 통지 또는 최고는 사채청약서에 기재된 주소로 하여야 한다. 다만, 따로 주소를 공사에 통지한 경우에는 그 주소로 하여야 한다.

② 기명식채권의 소유자에 대한 통지 또는 최고는 사채원부에 기재된 주소로 하여야 한다. 다만, 따로 주소를 공사에 통지한 경우에는 그 주소로 하여야 한다.

③ 무기명식채권의 소지자에 대한 통지 또는 최고는 105[주소/공고]의 방법에 의한다. 다만, 그 소재를 알 수 있는 경우에는 이에 의하지 아니할 수 있다.

[법 제12조(보조금 등)]　106[국가/정부]는 공사의 경영 안정 및 철도 차량·장비의 현대화 등을 위하여 재정 지원이 필요하다고 인정하면 예산의 범위에서 사업에 필요한 비용의 일부를 보조하거나 재정자금의 융자 또는 107[사채/채권] 인수를 할 수 있다.

[법 제13조(역세권 개발사업)]　공사는 108[철도운영/철도사업]과 관련하여 일반업무시설, 판매시설, 주차장, 여객자동차터미널 및 화물터미널 등 철도 이용자에게 편의를 제공하기 위한 역세권개발사업을 할 수 있고, 109[국가/정부]는 필요한 경우에 행정적·재정적 지원을 할 수 있다.

[법 제14조(국유재산의 무상대부 등)] ① 110 [국가/정부]는 다음 각 호의 어느 하나에 해당하는 공사의 111 [사업을/업무를] 효율적으로 수행하기 위하여 112 [대통령/국토교통부장관]이 필요하다고 인정하면 「국유재산법」에도 불구하고 공사에 국유재산(물품을 포함한다. 이하 같다)을 113 [무상/유상]으로 대부(貸付)하거나 사용·수익하게 할 수 있다.

1. 제9조 제1항 제1호부터 제4호까지의 규정에 따른 사업

> **[법 제9조(사업)]**
> ① 공사는 다음 각 호의 사업을 한다.
> 1. 철도여객사업, 화물운송사업, 철도와 다른 교통수단의 연계운송사업
> 2. 철도 장비와 철도용품의 제작·판매·정비 및 임대사업
> 3. 철도 차량의 정비 및 임대사업
> 4. 철도시설의 유지·보수 등 국가·지방자치단체 또는 공공법인 등으로부터 위탁받은 사업

2. 「철도산업발전 기본법」 제3조 제2호 가목의 역시설의 개발 및 운영사업
② 국가는 「국유재산법」에도 불구하고 제1항에 따라 대부하거나 사용·수익을 허가한 국유재산에 건물이나 그 밖의 영구시설물을 축조하게 할 수 있다.
③ 제1항에 따른 대부 또는 사용·수익 허가의 조건 및 절차에 관하여 필요한 사항은 114 [대통령령/국토교통부령]으로 정한다.

[시행령 제20조(국유재산의 무상대부 등)] ① 법 제14조 제1항의 규정에 의한 국유재산의 무상사용·수익은 당해 115 [정부/국유재산관리청]의 허가에 의하며, 무상대부의 조건 및 절차 등에 관하여는 당해 116 [국가와/국유재산관리청과] 공사간의 계약에 의한다.
② 국유재산의 무상대부 또는 무상사용·수익에 관하여 법 및 이 영에 규정된 것외에는 117 [철도산업발전기본법/국유재산법]의 규정에 의한다.

[시행령 제21조(국유재산의 전대의 절차 등)] 공사는 법 제14조 제1항의 규정에 의하여 대부받거나 사용·수익의 허가를 받은 국유재산을 법 제15조 제1항의 규정에 의하여 전대하고자 하는 경우에는 다음 각 호의 사항이 기재된 승인신청서를 118 [국유재산관리청/국토교통부장관]에게 제출하여야 한다.
1. 전대재산의 표시 119 ([   ]을 포함한다)
2. 전대를 받을 자의 전대재산 사용목적
3. 120 [전대방법/전대기간]
4. 사용료 및 그 산출근거
5. 전대를 받을 자의 121 [사용계획서/사업계획서]

[시행령 제22조] 삭제 〈2017. 6. 13〉

[법 제15조(국유재산의 전대 등)] ① 공사는 제9조에 따른 사업을 효율적으로 수행하기 위하여 필요하면 제14조에 따라 대부받거나 사용·수익을 허가받은 국유재산을 전대(轉貸)할 수 있다.
② 공사는 제1항에 따른 전대를 하려면 미리 122[국유재산관리청/국토교통부장관]의 승인을 받아야 한다. 이를 변경하려는 경우에도 또한 같다.
③ 제1항에 따라 전대를 받은 자는 재산을 다른 사람에게 대부하거나 사용·수익하게 123[할 수 있다./하지 못한다.]
④ 제1항에 따라 전대를 받은 자는 해당 재산에 건물이나 그 밖의 영구시설물을 축조 124[할 수 있다./하지 못한다.] 다만, 125[대통령/국토교통부장관]이 행정 목적 또는 공사의 사업 수행에 필요하다고 인정하는 시설물의 축조는 그러하지 아니하다.

[법 제16조(지도·감독)] 국토교통부장관은 공사의 업무 중 다음 각 호의 사항과 그와 관련되는 업무에 대하여 126[   ]한다.
1. 연도별 사업계획 및 예산에 관한 사항
2. 127[공익서비스/철도서비스] 품질 개선에 관한 사항
3. 철도사업계획의 이행에 관한 사항
4. 철도시설·철도차량·열차운행 등 철도의 안전을 확보하기 위한 사항
5. 그 밖에 다른 법령에서 정하는 사항

[법 제17조(자료제공의 요청)] ① 공사는 업무상 필요하다고 인정하면 관계 행정기관이나 128[철도운영/철도사업]과 관련되는 기관·단체 등에 자료의 제공을 요청할 수 있다.
② 제1항에 따라 자료의 제공을 요청받은 자는 특별한 사유가 없으면 그 요청에 따라야 한다.

[법 제18조(등기 촉탁의 대위)] 공사가 제9조 제1항 제4호에 따라 국가 또는 지방자치단체로부터 위탁받은 사업과 관련하여 국가 또는 지방자치단체가 취득한 부동산에 관한 권리를 「부동산등기법」 제98조에 따라 등기하여야 하는 경우 공사는 국가 또는 지방자치단체를 대위(代位)하여 등기를 촉탁할 수 있다.

[법 제19조(벌칙)] 제8조를 위반한 자는 129[1년/2년] 이하의 징역 또는 130[1천만 원/2천만 원] 이하의 벌금에 처한다.

[제8조(비밀 누설·도용의 금지)]
공사의 임직원이거나 임직원이었던 사람은 그 직무상 알게 된 비밀을 누설하거나 도용하여서는 아니 된다.

[법 제20조(과태료)] ① 제8조의2를 위반한 자에게는 131[300만 원/500만 원] 이하의 과태료를 부과한다.

> [법 제8조의2(유사명칭의 사용금지)]
> 이 법에 따른 공사가 아닌 자는 한국철도공사 또는 이와 유사한 명칭을 사용하지 못한다.

② 제1항에 따른 과태료는 132[기획재정부장관/국토교통부장관]이 부과·징수한다.

01 다음 중 「한국철도공사법」의 구성으로 맞는 것은?

① 국토교통부령이다.

② 18조로 구성되어 있다.

③ 20령으로 구성되어 있다.

④ 시행규칙 없이 법과 시행령으로만 구성되어 있다.

⑤ 부칙이 존재하지 않는다.

해설
• 「한국철도공사법」은 법률, 시행령은 대통령령이다.
• 20조 22령(시행령)으로 구성되어 있으며 시행규칙은 없다.
• 모든 법에 부칙은 존재한다.

02 다음 중 「한국철도공사법」의 목적으로 맞는 것은?

① 철도안전에 이바지

② 국민안전에 기여

③ 철도산업의 발전에 이바지

④ 철도 운영의 발전

⑤ 공익성 향상

해설 법 제1조(목적)
이 법은 한국철도공사를 설립하여 철도 운영의 전문성과 효율성을 높임으로써 철도산업과 국민경제의 발전에 이바지함을 목적으로 한다.

03 다음 중 빈칸에 들어갈 단어로 알맞은 것은?

> 한국철도공사는 (   )으로 한다.

① 기업   ② 법인

③ 조직   ④ 협회

⑤ 단체

해설 법 제2조(법인격)
한국철도공사(이하 "공사"라 한다)는 법인으로 한다.

04 다음 중 공사의 주된 사무소 소재지를 정하는 법으로 맞는 것은?

① 약관   ② 규정

③ 정관   ④ 의결

⑤ 등기

해설 법 제3조(사무소)
① 공사의 주된 사무소의 소재지는 정관으로 정한다.

05 다음 중 공사의 자본금으로 맞는 것은?

① 5조 원   ② 10조 원

③ 22조 원   ④ 34조 원

⑤ 50조 원

06 다음 중 공사의 자본금 전부를 출자하는 주체로 맞는 것은?

① 정부

② 기획재정부

③ 국토교통부

④ 국회

⑤ 대통령

해설 법 제4조(자본금 및 출자)
① 공사의 자본금은 22조 원으로 하고, 그 전부를 정부가 출자한다.

07 다음 중 빈칸에 들어갈 단어로 알맞은 것은?

> 공사의 자본금의 납입 시기와 방법은 (   )이 정하는 바에 따른다.

정답 **01** ④ **02** ③ **03** ② **04** ③ **05** ③ **06** ① **07** ③

① 대통령
② 국토교통부장관
③ 기획재정부장관
④ 국유재산법
⑤ 철도산업발전기본법

> **해설** 법 제4조(자본금 및 출자)
> • ① 공사의 자본금은 22조 원으로 하고, 그 전부를 정부가 출자한다.
> • ② 제1항에 따른 자본금의 납입 시기와 방법은 기획재정부장관이 정하는 바에 따른다.

08 다음 중 운영자산을 출자하는 주체로 맞는 것은?

① 국가　　　　　② 정부
③ 대통령　　　　④ 국토교통부장관
⑤ 기획재정부장관

> **해설** 법 제4조(자본금 및 출자)
> ③ 국가는 「국유재산법」에도 불구하고 「철도산업발전기본법」 제22조 제1항 제1호에 따른 운영자산을 공사에 현물로 출자한다.

09 다음 중 공사가 성립되는 조건으로 맞는 것은?

① 하부조직을 설치한다.
② 하부조직이 설치된 소재지에서 설립등기를 한다.
③ 주된 사무소의 소재지에서 신규등기를 한다.
④ 주된 사무소의 소재지에서 설립등기를 한다.
⑤ 주된 사무소의 소재지에서 하부조직의 설치등기를 한다.

> **해설** 법 제5조(등기)
> ① 공사는 주된 사무소의 소재지에서 설립등기를 함으로써 성립한다.

10 다음 중 하부조직의 설치 등기에 필요한 사항을 정하는 주체로 맞는 것은?

① 정부　　　　　② 이사회의 의결
③ 대통령령　　　④ 국토교통부령
⑤ 기획재정부령

> **해설** 법 제5조(등기)
> ② 제1항에 따른 공사의 설립등기와 하부조직의 설치·이전 및 변경 등기, 그 밖에 공사의 등기에 필요한 사항은 대통령령으로 정한다.

11 다음 중 설립등기사항으로 틀린 것은?

① 설립목적
② 명칭
③ 주된 사무소 및 하부조직의 소재지
④ 자본금
⑤ 설립의 방법

> **해설** 시행령 제2조(설립등기)
> 「한국철도공사법」(이하 "법"이라 한다) 제5조 제2항의 규정에 의한 한국철도공사(이하 "공사"라 한다)의 설립등기사항은 다음 각 호와 같다.
> 1. 설립목적
> 2. 명칭
> 3. 주된 사무소 및 하부조직의 소재지
> 4. 자본금
> 5. 임원의 성명 및 주소
> 6. 공고의 방법

12 다음 중 하부조직의 설치등기사항으로 틀린 것은?

① 명칭　　　　　② 소재지
③ 설치 연월일　　④ 설치 목적
⑤ 2주일 이내에 등기하여야 함

> **해설** 시행령 제3조(하부조직의 설치등기)
> 공사는 하부조직을 설치한 경우에는 설치 후 2주일 이내에 주된 사무소의 소재지에서 설치된 하부조직의 명칭, 소재지 및 설치 연월일을 등기해야 한다.

13 다음 내용 중 틀린 것은?

① 공사는 하부조직을 설치한 경우에는 설치 후 2주일 이내에 주된 사무소의 소재지에서 설치된 하부조직의 명칭, 소재지 및 설치 연월일을 등기해야 한다.

② 공사는 주된 사무소를 이전한 경우에는 이전 후 2주일 이내에 종전 소재지 또는 새 소재지에서 새 소재지와 이전 연월일을 등기해야 한다.

③ 공사는 하부조직을 이전한 경우에는 이전 후 2주일 이내에 주된 사무소의 소재지에서 새 소재지와 이전 연월일을 등기해야 한다.

④ 공사는 이전등기에 따라 등기사항이 변경된 경우에는 변경 후 2주일 이내에 주된 사무소의 소재지에서 변경사항을 등기해야 한다.

⑤ 공사는 사장이 법에 따라 사장을 대신해 공사의 업무에 관한 재판상 또는 재판 외의 행위를 할 수 있는 직원을 선임한 경우에는 선임 후 2주일 이내에 주된 사무소의 소재지에서 대리·대행인의 선임등기사항을 등기해야 한다.

해설 **시행령 제5조(변경등기)**
공사는 제2조 각 호 또는 제3조의 등기사항이 변경된 경우(제4조에 따른 이전등기에 해당하는 경우는 제외한다)에는 변경 후 2주일 이내에 주된 사무소의 소재지에서 변경사항을 등기해야 한다.

14 다음 중 하부조직의 설치등기사항이 변경된 경우 변경사항 등기기한으로 맞는 것은?

① 1주일 이내   ② 2주일 이내
③ 3주일 이내   ④ 1개월 이내
⑤ 3개월 이내

해설 **시행령 제5조(변경등기)**
공사는 제2조 각 호 또는 제3조의 등기사항이 변경된 경우(제4조에 따른 이전등기에 **해당하는 경우는 제외한다**)에는 변경 후 **2주일 이내**에 주된 사무소의 소재지에서 변경사항을 등기해야 한다.

15 다음 중 빈칸에 들어갈 단어로 알맞은 것은?

> (   )(으)로 정하는 바에 따라 사장이 지정한 공사의 직원은 사장을 대신하여 공사의 업무에 관한 재판상 또는 재판 외의 모든 행위를 할 수 있다.

① 이사회의 의결   ② 대통령령
③ 국토교통부령   ④ 정관
⑤ 규정

해설 **법 제7조(대리·대행)**
정관으로 정하는 바에 따라 사장이 지정한 공사의 직원은 사장을 대신하여 공사의 업무에 관한 재판상 또는 재판 외의 모든 행위를 할 수 있다.

16 다음 중 대리·대행인의 선임등기사항에 해당되지 않는 것은?

① 대리·대행인의 성명
② 대리·대행인의 주소
③ 대리·대행인을 둔 하부조직의 명칭
④ 대리·대행인의 권한을 제한한 때에는 그 제한의 내용
⑤ 대리·대행인의 업무범위

해설 **시행령 제6조(대리·대행인의 선임등기)**
① 공사는 사장이 법 제7조에 따라 사장을 대신해 공사의 업무에 관한 재판상 또는 재판 외의 행위를 할 수 있는 직원(이하 "대리·대행인"이라 한다)을 선임한 경우에는 선임 후 2주일 이내에 주된 사무소의 소재지에서 다음 각 호의 사항을 등기해야 한다. 등기한 사항이 변경된 경우에도 또한 같다.
1. 대리·대행인의 성명 및 주소
2. 대리·대행인을 둔 주된 사무소 또는 하부조직의 명칭 및 소재지
3. 대리·대행인의 권한을 제한한 때에는 그 제한의 내용

정답 13 ④   14 ②   15 ④   16 ⑤

17 다음 중 빈칸에 들어갈 단어로 알맞은 것은?

> 등기의 신청서에는 다음 서류를 첨부하여야 한다.
> – 공사의 설립등기의 경우에는 (   )을 증명하는 서류

① 공사의 운영규정
② 임원의 결격사유
③ 주된 사무소의 소재지
④ 공사의 설립
⑤ 자본금의 납입액

해설 **시행령 제7조(등기신청서의 첨부서류)**
제2조 내지 제6조의 규정에 의한 각 등기의 신청서에는 다음 각 호의 구분에 따른 서류를 첨부하여야 한다.
1. 제2조의 규정에 의한 공사의 설립등기의 경우에는 공사의 정관, 자본금의 납입액 및 임원의 자격을 증명하는 서류

18 다음 중 공사의 사업범위로 틀린 것은?

① 철도 차량의 정비 및 임대사업
② 철도여객사업, 화물운송사업, 철도와 다른 교통수단의 연계운송사업
③ 철도 장비와 철도용품의 제작·판매·정비 및 임대사업
④ 철도시설의 유지·보수 등 국가·지방자치단체 또는 공공법인 등으로부터 위탁받은 사업
⑤ 역세권 및 공사의 자산을 활용한 개발·운영 사업으로서 국토교통부령으로 정하는 사업

해설 **법 제9조(사업)**
① 공사는 다음 각 호의 사업을 한다.
1. 철도여객사업, 화물운송사업, 철도와 다른 교통수단의 연계운송사업
2. 철도 장비와 철도용품의 제작·판매·정비 및 임대사업

3. 철도 차량의 정비 및 임대사업
4. 철도시설의 유지·보수 등 국가·지방자치단체 또는 공공법인 등으로부터 위탁받은 사업
5. 역세권 및 공사의 자산을 활용한 개발·운영 사업으로서 **대통령령**으로 정하는 사업
6. 「철도의 건설 및 철도시설 유지관리에 관한 법률」 제2조 제6호 가목의 역 시설 개발 및 운영사업으로서 **대통령령**으로 정하는 사업
7. 「물류정책기본법」에 따른 물류사업으로서 **대통령령**으로 정하는 사업
8. 「관광진흥법」에 따른 관광사업으로서 **대통령령**으로 정하는 사업
9. 제1호부터 제8호까지의 사업과 관련한 조사·연구, 정보화, 기술 개발 및 인력 양성에 관한 사업
10. 제1호부터 제9호까지의 사업에 딸린 사업으로서 **대통령령**으로 정하는 사업
※ 사업범위는 전부 다 대통령령이다.

19 다음 중 대통령령으로 정하는 사업으로 틀린 것은?

① 철도시설 또는 철도부지를 이용하는 광고사업
② 철도시설을 이용한 정보통신 기반시설 구축 및 활용 사업
③ 철도운영과 관련한 정기간행물 사업, 정보매체 사업
④ 철도차량과 관련한 엔지니어링 활동
⑤ 다른 법령의 규정에 따라 공사가 시행할 수 있는 사업

해설 **시행령 제7조의2(역세권 개발·운영 사업 등)**
⑤ 법 제9조 제1항 제10호에서 "대통령령으로 정하는 사업"이란 다음 각 호의 사업을 말한다.
1. 철도시설 또는 철도부지나 같은 조 제4호의 철도차량 등을 이용하는 광고사업
2. 철도시설을 이용한 정보통신 기반시설 구축 및 활용 사업
3. 철도운영과 관련한 엔지니어링 활동
4. 철도운영과 관련한 정기간행물 사업, 정보매체 사업
5. 다른 법령의 규정에 따라 공사가 시행할 수 있는 사업
6. 그 밖에 철도운영의 전문성과 효율성을 높이기 위하여 필요한 사업

17 ⑤ 18 ⑤ 19 ④ 정답

20 다음 중 공사가 사업연도 결산 결과 이익금이 생겼을 때 처리순서 첫 번째로 맞는 것은?

① 국고에 납입

② 자본금과 같은 액수가 될 때까지 이익금의 10분의 2 이상을 사업확장적립금으로 적립

③ 자본금의 2분의 1이 될 때까지 이익금의 10분의 2 이상을 이익준비금으로 적립

④ 이월결손금의 보전

⑤ 이사회 의결결과에 따라 처리

> **해설** 법 제10조(손익금의 처리)
> ① 공사는 매 사업연도 결산 결과 이익금이 생기면 다음 각 호의 순서로 처리하여야 한다.
> 1. 이월결손금의 보전(補塡)
> 2. 자본금의 2분의 1이 될 때까지 이익금의 10분의 2 이상을 이익준비금으로 적립
> 3. 자본금과 같은 액수가 될 때까지 이익금의 10분의 2 이상을 사업확장적립금으로 적립
> 4. 국고에 납입

21 다음 중 공사가 사업연도 결산 결과 손실금 발생 시 보전방법의 첫 번째에 해당하는 것은?

① 이익준비금으로 보전

② 사업확장적립금으로 보전

③ 국고에서 보전

④ 예산으로 보전

⑤ 다음 사업연도의 자본금으로 보전

> **해설** 법 제10조(손익금의 처리)
> ② 공사는 매 사업연도 결산 결과 손실금이 생기면 제1항 제3호에 따른 사업확장적립금으로 보전하고 그 적립금으로도 부족하면 같은 항 제2호에 따른 이익준비금으로 보전하되, 보전미달액은 다음 사업연도로 이월(移越)한다.

22 다음 중 빈칸에 들어갈 말로 알맞은 것은?

> 법에 의하여 이익준비금 또는 사업확장적립금을 자본금으로 전입하고자 하는 때에는 이사회의 의결을 거쳐 (   )의 승인을 얻어야 한다.

① 정부   ② 국가

③ 대통령   ④ 국토교통부장관

⑤ 기획재정부장관

> **해설** 시행령 제8조(이익준비금 등의 자본금전입)
> ① 법 제10조 제3항의 규정에 의하여 이익준비금 또는 사업확장적립금을 자본금으로 전입하고자 하는 때에는 이사회의 의결을 거쳐 기획재정부장관의 승인을 얻어야 한다.

23 다음 중 빈칸에 들어갈 말로 알맞은 것은?

> [제10조(손익금의 처리)]
> ① 공사는 매 사업연도 결산 결과 이익금이 생기면 다음 각 호의 순서로 처리하여야 한다.
> 1. 이월결손금의 보전
> 2. 자본금의 2분의 1이 될 때까지 이익금의 (   )이상을 이익준비금으로 적립
> [중략]

① 10분의 1   ② 10분의 2

③ 10분의 3   ④ 10분의 4

⑤ 절반

> **해설** 법 제10조(손익금의 처리)
> ① 공사는 매 사업연도 결산 결과 이익금이 생기면 다음 각 호의 순서로 처리하여야 한다.
> 1. 이월결손금의 보전(補塡)
> 2. 자본금의 2분의 1이 될 때까지 이익금의 10분의 2 이상을 이익준비금으로 적립
> 3. 자본금과 같은 액수가 될 때까지 이익금의 10분의 2 이상을 사업확장적립금으로 적립
> 4. 국고에 납입

정답 20 ④ 21 ② 22 ⑤ 23 ②

24 다음 중 이익준비금을 자본금에 전입한 때에 공사는 그 사실을 누구에게 보고 하여야 되는지 맞는 것은?

① 정부 ② 이사회
③ 대통령 ④ 국토교통부장관
⑤ 기획재정부장관

해설 시행령 제8조(이익준비금 등의 자본금전입)
② 제1항의 규정에 의하여 이익준비금 또는 사업확장적립금을 자본금에 전입한 때에는 공사는 그 사실을 국토교통부장관에게 보고하여야 한다.

25 다음 중 빈칸에 들어갈 말로 알맞은 것은?

> 사채의 발행액은 공사의 자본금과 적립금을 합한 금액의 ( )를 초과하지 못한다.

① $\frac{1}{2}$배 ② 2배
③ 3배 ④ 5배
⑤ 10배

해설 법 제11조(사채의 발행 등)
② 사채의 발행액은 공사의 자본금과 적립금을 합한 금액의 5배를 초과하지 못한다.

26 다음 중 사채 원금의 소멸시효로 맞는 것은?

① 1년 ② 2년
③ 3년 ④ 4년
⑤ 5년

해설 법 제11조(사채의 발행 등)
④ 사채의 소멸시효는 원금은 5년, 이자는 2년이 지나면 완성한다.

27 다음 중 공사가 발행하는 사채의 원리금 상환을 보증할 수 있는 자로 맞는 것은?

① 국가 ② 대통령

③ 국토교통부장관 ④ 기획재정부장관
⑤ 한국은행

해설 법 제11조(사채의 발행 등)
③ 국가는 공사가 발행하는 사채의 원리금 상환을 보증할 수 있다.

28 다음 중 빈칸에 들어갈 말로 알맞은 것은?

> 공사는 「공공기관의 운영에 관한 법률」 제40조 제3항에 따라 예산이 확정되면 ( ) 이내에 해당 연도에 발행할 사채의 목적·규모·용도 등이 포함된 사채발행 운용계획을 수립하여 이사회의 의결을 거쳐 국토교통부장관의 승인을 받아야 한다. 운용계획을 변경하려는 경우에도 또한 같다.

① 1개월 ② 2개월
③ 3개월 ④ 6개월
⑤ 1년

해설 법 제11조(사채의 발행 등)
⑤ 공사는 「공공기관의 운영에 관한 법률」 제40조 제3항에 따라 예산이 확정되면 2개월 이내에 해당 연도에 발행할 사채의 목적·규모·용도 등이 포함된 사채발행 운용계획을 수립하여 이사회의 의결을 거쳐 국토교통부장관의 승인을 받아야 한다. 운용계획을 변경하려는 경우에도 또한 같다.

29 공사의 사채 발행방법으로 맞는 것은?

① 전환사채 ② 액면
③ 할인 ④ 할증
⑤ 매출

해설 시행령 제9조(사채의 발행방법)
공사가 법 제11조 제1항의 규정에 의하여 사채를 발행하고자 하는 때에는 모집·총액인수 또는 매출의 방법에 의한다.

24 ④ 25 ④ 26 ⑤ 27 ① 28 ② 29 ⑤ **정답**

30 다음 중 빈칸에 들어갈 말을 순서대로 나열한 것은?

> 사채의 모집에 응하고자 하는 자는 사채청약서 ( )에 그 인수하고자 하는 사채의 수·인수가액과 청약자의 주소를 기재하고 ( )하여야 한다.

① 1통, 기명날인 ② 2통, 기명날인
③ 1통, 서명날인 ④ 2통, 서명날인
⑤ 2통, 전자서명

해설 시행령 제10조(사채의 응모 등)
① 사채의 모집에 응하고자 하는 자는 사채청약서 2통에 그 인수하고자 하는 사채의 수·인수가액과 청약자의 주소를 기재하고 기명날인하여야 한다. 다만, 사채의 최저가액을 정하여 발행하는 경우에는 그 응모가액을 기재하여야 한다.
※ 사채와 채권 모두 서명날인이 아닌 기명날인이다.

31 다음 중 사채청약서 기재사항으로 틀린 것은?

① 공사의 명칭
② 공사의 소재지
③ 사채의 종류별 액면금액
④ 사채의 이율
⑤ 사채의 발행총액

해설 시행령 제10조(사채의 응모 등)
② 사채청약서는 사장이 이를 작성하고 다음 각 호의 사항을 기재해야 한다.
1. 공사의 명칭
2. 사채의 발행총액
3. 사채의 종류별 액면금액
4. 사채의 이율
5. 사채상환의 방법 및 시기
6. 이자지급의 방법 및 시기
7. 사채의 발행가액 또는 그 최저가액
8. 이미 발행한 사채 중 상환되지 이니한 사채가 있는 때에는 그 총액
9. 사채모집의 위탁을 받은 회사가 있을 때에는 그 상호 및 주소

32 다음 중 사채청약서 작성자로 맞는 것은?

① 국토교통부장관 ② 정부
③ 청약자 ④ 이사회
⑤ 사장

해설 시행령 제10조(사채의 응모 등)
② 사채청약서는 사장이 이를 작성하고 기재해야 한다.

33 다음 중 공사가 매출의 방법으로 사채를 발행하는 경우에 미리 공고하여야 되는 사항으로 틀린 것은?

① 공사의 명칭
② 사채의 발행총액
③ 사채의 종류별 액면금액
④ 사채의 이율
⑤ 사채상환의 방법 및 시기

해설 시행령 제13조(매출의 방법)
• 공사가 매출의 방법으로 사채를 발행하는 경우에는 매출기간과 제10조 제2항 제1호·제3호 내지 제7호의 사항을 미리 공고하여야 한다. (※ 내지 : ~부터)
  1. 공사의 명칭
  3. 사채의 종류별 액면금액
  4. 사채의 이율
  5. 사채상환의 방법 및 시기
  6. 이자지급의 방법 및 시기
  7. 사채의 발행가액 또는 그 최저가액
• **사채의 발행총액은 2호의 내용이므로 해당되지 않는다.**

34 다음 중 채권의 기재사항으로 틀린 것은?

① 사채의 이율
② 채권의 발행연월일
③ 사채의 발행총액
④ 채권번호
⑤ 사채의 발행가액 또는 그 최저가액

해설 시행령 제15조(채권의 발행 및 기재사항)
• ② 채권에는 다음 각 호의 사항을 기재하고, 사장이 기명날인하여야 한다. 다만, 매출의 방법에 의하여 사

채를 발행하는 경우에는 제10조 제2항 제2호의 사항
은 이를 기재하지 아니한다.
1. 제10조 제2항 제1호 내지 제6호의 사항 (※ 내지
: ~부터)

> 1. 공사의 명칭
> 2. 사채의 발행총액
> 3. 사채의 종류별 액면금액
> 4. 사채의 이율
> 5. 사채상환의 방법 및 시기
> 6. 이자지급의 방법 및 시기
> 7. 사채의 발행가액 또는 그 최저가액

2. 채권번호
3. 채권의 발행연월일
• 사채의 발행가액 또는 그 최저가액은 7호의 내용으로
채권 기재사항에 해당되지 않는다.

35 다음 중 일반적인 채권의 형식으로 맞는 것은?

① 기명식　　　　② 무기명식
③ 서명식　　　　④ 무서명식
⑤ 전자식

해설 **시행령 제16조(채권의 형식)**
채권은 무기명식으로 한다. 다만, 응모자 또는 소지인의
청구에 의하여 기명식으로 할 수 있다.

36 다음 중 공사가 사채원부를 비치하여야 되는 곳으로 맞는 것은?

① 주된 사무소　　② 하부조직
③ 등기사무소　　④ 법원
⑤ 기획재정부

해설 **시행령 제17조(사채원부)**
① 공사는 주된 사무소에 사채원부를 비치하고, 기재사
항을 기재해야 한다.

37 다음 중 사채원부에 기재하여야 되는 사항으로 틀린 것은?

① 채권의 종류별 수
② 채권번호

③ 채권의 발행연월일
④ 사채모집의 위탁을 받은 회사가 있을
때에는 그 상호 및 주소
⑤ 사채의 발행가액 또는 그 최저가액

해설 **시행령 제17조(사채원부)**
• ① 공사는 주된 사무소에 사채원부를 비치하고, 다음
각 호의 사항을 기재해야 한다.
1. 채권의 종류별 수와 번호
2. 채권의 발행연월일
3. 제10조 제2항 제2호 내지 제6호 및 제9호의 사항
(※ 내지 : ~부터)

> 2. 사채의 발행총액
> 3. 사채의 종류별 액면금액
> 4. 사채의 이율
> 5. 사채상환의 방법 및 시기
> 6. 이자지급의 방법 및 시기
> 9. 사채모집의 위탁을 받은 회사가 있을 때에는
> 　그 상호 및 주소

• 사채의 발행가액 또는 그 최저가액은 7호의 내용으로
해당되지 않는다.

38 다음 중 빈칸에 들어갈 말을 순서대로 나열한 것은?

> 이권이 있는 (　　　)의 사채를 상환하
> 는 경우에 이권이 흠결된 때에는 그 이
> 권에 상당한 금액을 (　　)으로부터 공
> 제한다.

① 기명식, 상환액
② 기명식, 응모가액
③ 무기명식, 상환액
④ 무기명식, 응모가액
⑤ 무기명식, 모집가액

해설 **시행령 제18조(이권흠결의 경우의 공제)**
① 이권(利券)이 있는 무기명식의 사채를 상환하는 경우
에 이권이 흠결된 때에는 그 이권에 상당한 금액을 상환
액으로부터 공제한다.

39 다음 중 무기명식채권의 소지자에 대한 최고 방법으로 맞는 것은?

① 주소   ② 유선

③ 서면   ④ 공고

⑤ 서류

해설 **시행령 제19조(사채권자 등에 대한 통지 등)**

③ 무기명식채권의 소지자에 대한 통지 또는 최고는 공고의 방법에 의한다. 다만, 그 소재를 알 수 있는 경우에는 이에 의하지 아니할 수 있다.

40 다음 중 빈칸에 들어갈 단어로 적절하지 않은 것은?

> **[제13조(역세권 개발사업)]**
> 공사는 철도사업과 관련하여 (   ) 등 철도 이용자에게 편의를 제공하기 위한 역세권 개발사업을 할 수 있고, 정부는 필요한 경우에 행정적·재정적 지원을 할 수 있다.

① 일반업무시설

② 판매시설

③ 일반음식점

④ 주차장

⑤ 여객자동차터미널

해설 **법 제13조(역세권 개발사업)**

공사는 철도사업과 관련하여 일반업무시설, 판매시설, 주차장, 여객자동차터미널 및 화물터미널 등 철도 이용자에게 편의를 제공하기 위한 역세권 개발사업을 할 수 있고, 정부는 필요한 경우에 행정적·재정적 지원을 할 수 있다.

41 다음 중 국가가 공사에 국유재산을 무상으로 대부할 수 있는 경우에 해당되는 사업으로 틀린 것은?

① 철도차량의 정비 및 임대사업

② 철도 장비와 철도용품의 제작·판매·정비 및 임대사업

③ 철도시설의 유지·보수 등 국가·지방자치단체 또는 공공법인 등으로부터 위탁받은 사업

④ 역세권 및 공사의 자산을 활용한 개발·운영 사업

⑤ 철도여객사업, 화물운송사업, 철도와 다른 교통수단의 연계운송사업

해설 **법 제14조(국유재산의 무상대부 등)**

① 국가는 다음 각 호의 어느 하나에 해당하는 공사의 사업을 효율적으로 수행하기 위하여 국토교통부장관이 필요하다고 인정하면 「국유재산법」에도 불구하고 공사에 국유재산(물품을 포함한다. 이하 같다)을 무상으로 대부(貸付)하거나 사용·수익하게 할 수 있다.

1. 제9조 제1항 제1호부터 제4호까지의 규정에 따른 사업

> **[제9조(사업)]**
> ① 공사는 다음 각 호의 사업을 한다.
> 1. 철도여객사업, 화물운송사업, 철도와 다른 교통수단의 연계운송사업
> 2. 철도 장비와 철도용품의 제작·판매·정비 및 임대사업
> 3. 철도 차량의 정비 및 임대사업
> 4. 철도시설의 유지·보수 등 국가·지방자치단체 또는 공공법인 등으로부터 위탁받은 사업

42 다음 중 국유재산의 무상사용·수익을 허가해주는 주체로 맞는 것은?

① 국가   ② 대통령

③ 국토교통부장관   ④ 국유재산관리청

⑤ 시·도지사

정답 39 ④   40 ③   41 ④   42 ④

해설 시행령 제20조(국유재산의 무상대부 등)

① 법 제14조 제1항의 규정에 의한 국유재산의 무상사용·수익은 당해 국유재산관리청의 허가에 의하며, 무상대부의 조건 및 절차 등에 관하여는 당해 국유재산관리청과 공사 간의 계약에 의한다.

43 다음 중 빈칸에 들어갈 단어로 알맞은 것은?

> 국유재산의 무상대부 또는 무상사용·수익에 관하여 한국철도공사법 및 한국철도공사법 시행령에 규정된 것 외에는 (   )의 규정에 의한다.

① 철도산업발전기본법
② 국유재산법
③ 국유재산의 현물출자에 관한 법률
④ 재산관리법
⑤ 철도사업법

해설 시행령 제20조(국유재산의 무상대부 등)

② 국유재산의 무상대부 또는 무상사용·수익에 관하여 법 및 이 영에 규정된 것외에는 「국유재산법」의 규정에 의한다.

44 다음 중 국유재산 전대 승인신청서 기재사항으로 틀린 것은?

① 전대재산의 표시(도면은 제외한다)
② 전대를 받을 자의 전대재산 사용목적
③ 전대기간
④ 사용료 및 그 산출근거
⑤ 전대를 받을 자의 사업계획서

해설 시행령 제21조(국유재산의 전대의 절차 등)

공사는 법 제14조 제1항의 규정에 의하여 대부받거나 사용·수익의 허가를 받은 국유재산을 법 제15조 제1항의 규정에 의하여 전대하고자 하는 경우에는 다음 각 호의 사항이 기재된 승인신청서를 국토교통부장관에게 제출하여야 한다.

1. 전대재산의 표시(도면을 포함한다)
2. 전대를 받을 자의 전대재산 사용목적
3. 전대기간
4. 사용료 및 그 산출근거
5. 전대를 받을 자의 사업계획서

45 다음 중 국유재산의 전대 등에 대하여 틀린 것은?

① 공사는 법에 따른 사업을 효율적으로 수행하기 위하여 필요하면 국유재산의 무상대부 등에 따라 대부받거나 사용·수익을 허가받은 국유재산을 전대(轉貸)할 수 있다.
② 공사는 법에 따른 전대를 하려면 미리 국유재산관리청의 승인을 받아야 한다.
③ 법에 따라 전대를 받은 자는 재산을 다른 사람에게 대부하거나 사용·수익하게 하지 못한다.
④ 법에 따라 전대를 받은 자는 해당 재산에 건물이나 그 밖의 영구시설물을 축조하지 못한다.
⑤ 국토교통부장관이 행정 목적 또는 공사의 사업 수행에 필요하다고 인정하는 시설물의 축조는 전대를 받은 자가 할 수 있다.

해설 법 제15조(국유재산의 전대 등)

① 공사는 제9조에 따른 사업을 효율적으로 수행하기 위하여 필요하면 제14조에 따라 대부받거나 사용·수익을 허가받은 국유재산을 전대(轉貸)할 수 있다.
② 공사는 제1항에 따른 전대를 하려면 미리 국토교통부장관의 승인을 받아야 한다. 이를 변경하려는 경우에도 또한 같다.

43 ② 　44 ① 　45 ② 　**정답**

46 다음 중 국토교통부장관이 지도·감독하는 공사의 업무 사항으로 틀린 것은?

① 연도별 사업계획 및 예산에 관한 사항
② 철도서비스 품질 개선에 관한 사항
③ 철도운영계획의 이행에 관한 사항
④ 철도시설·철도차량·열차운행 등 철도의 안전을 확보하기 위한 사항
⑤ 그 밖에 다른 법령에서 정하는 사항

> **해설** 법 제16조(지도·감독)
> 국토교통부장관은 공사의 업무 중 다음 각 호의 사항과 그와 관련되는 업무에 대하여 지도·감독한다.
> 1. 연도별 사업계획 및 예산에 관한 사항
> 2. 철도서비스 품질 개선에 관한 사항
> 3. 철도사업계획의 이행에 관한 사항
> 4. 철도시설·철도차량·열차운행 등 철도의 안전을 확보하기 위한 사항
> 5. 그 밖에 다른 법령에서 정하는 사항

47 다음 중 과태료를 부과·징수하는 자로 맞는 것은?

① 국세청
② 경찰청
③ 한국교통안전공단
④ 한국철도공사
⑤ 국토교통부장관

> **해설** 법 제20조(과태료)
> ② 제1항에 따른 과태료는 국토교통부장관이 부과·징수한다.

48 다음 중 공사의 임직원이 직무상 알게 된 비밀을 누설하였을 때 벌칙으로 맞는 것은?

① 1년 이하의 징역 또는 1천만 원 이하의 벌금
② 2년 이하의 징역 또는 2천만 원 이하의 벌금
③ 2년 이하의 징역 또는 3천만 원 이하의 벌금
④ 3년 이하의 징역 또는 5천만 원 이하의 벌금
⑤ 3년 이하의 징역 또는 5천만 원 이하의 벌금

> **해설** 법 제19조(벌칙)
> 제8조를 위반한 자는 2년 이하의 징역 또는 2천만 원 이하의 벌금에 처한다.
>
> **[제8조(비밀 누설·도용의 금지)]**
> 공사의 임직원이거나 임직원이었던 사람은 그 직무상 알게 된 비밀을 누설하거나 도용하여서는 아니 된다.

정답 46 ③ 47 ⑤ 48 ②

354 원큐패스 코레일 한국철도공사 철도관련법령

01 다음 중 「한국철도공사법」의 목적으로 맞는 것은?

① 철도운영의 확립
② 철도운영의 경쟁력 향상
③ 철도운영의 공익성 향상
④ 철도 이용자의 편의도모
⑤ 철도산업 발전에 이바지

[해설] 법 제1조(목적)
이 법은 한국철도공사를 설립하여 철도 운영의 전문성과 효율성을 높임으로써 철도산업과 국민경제의 발전에 이바지함을 목적으로 한다.

02 다음 중 「한국철도공사법」 설명에 대하여 틀린 것은?

① 공사는 법인으로 한다.
② 공사의 주된 사무소의 소재지는 정관으로 정한다.
③ 공사는 업무수행을 위하여 필요하면 이사회의 의결을 거쳐 필요한 곳에 하부조직을 둘 수 있다.
④ 공사의 자본금은 22조 원으로 하고, 그 전부를 정부가 출자한다.
⑤ 법에 따른 자본금의 납입 시기와 방법은 대통령이 정하는 바에 따른다.

[해설] 법 제4조(자본금 및 출자)
① 공사의 자본금은 22조 원으로 하고, 그 전부를 정부가 출자한다.
② 제1항에 따른 자본금의 납입 시기와 방법은 기획재정부장관이 정하는 바에 따른다.

03 다음 중 등기에 대한 설명으로 틀린 것은?

① 공사는 하부조직을 설치한 경우에는 설치 후 2주일 이내에 주된 사무소의 소재지에서 설치된 하부조직의 명칭, 소재지 및 설치 연월일을 등기해야 한다.
② 공사는 주된 사무소를 이전한 경우에는 이전 후 2주일 이내에 종전 소재지 또는 새 소재지에서 새 소재지와 이전 연월일을 등기해야 한다.
③ 공사는 하부조직을 이전한 경우에는 이전 후 2주일 이내에 주된 사무소의 소재지에서 새 소재지와 이전 연월일을 등기해야 한다.
④ 공사는 하부조직의 설치등기사항이 변경된 경우에는 변경 후 2주일 이내에 하부조직의 소재지에서 변경사항을 등기해야 한다.
⑤ 공사는 사장이 법에 따라 선임한 대리·대행인을 해임한 경우에는 해임 후 2주일 이내에 주된 사무소의 소재지에서 그 해임한 뜻을 등기해야 한다.

[해설] 시행령 제5조(변경등기)
공사는 제2조 각 호 또는 제3조의 등기사항이 변경된 경우(제4조에 따른 이전등기에 해당하는 경우는 제외한다)에는 변경 후 2주일 이내에 주된 사무소의 소재지에서 변경사항을 등기해야 한다.

01 ⑤ 02 ⑤ 03 ④ 정답

04 다음 중 등기에 대한 설명으로 틀린 것은?

① 공사는 주된 사무소의 소재지에서 설립등기를 함으로써 성립한다.

② 공사의 설립등기와 하부조직의 설치·이전 및 변경 등기, 그 밖에 공사의 등기에 필요한 사항은 이사회의 의결을 거쳐 정한다.

③ 공사는 등기가 필요한 사항에 관하여는 등기하기 전에는 제3자에게 대항하지 못한다.

④ 설립등기사항은 6개 사항이 있다.

⑤ 설립등기사항에 임원의 성명 및 주소가 있다.

해설 법 제5조(등기)
② 제1항에 따른 공사의 설립등기와 하부조직의 설치·이전 및 변경 등기, 그 밖에 공사의 등기에 필요한 사항은 대통령령으로 정한다.

05 다음 중 「한국철도공사법」에서 등기에 대한 내용으로 틀린 것은?

① 공사의 설립등기 신청서에 첨부하여야 되는 서류에는 공사의 정관, 자본금의 납입액을 증명하는 서류가 있다.

② 공사는 사장이 법에 따라 선임한 대리·대행인을 해임한 경우에는 해임 후 2주일 이내에 주된 사무소의 소재지에서 그 해임한 뜻을 등기해야 한다.

③ 공사는 등기가 필요한 사항에 관하여는 등기하기 전에는 제3자에게 대항하지 못한다.

④ 대리·대행인의 선임의 등기의 경우에는 등기의 신청서에 선임이 법에 의한 것임을 증명하는 서류와 대리·대행인이 규정에 의하여 그 권한이 제한된 때

에는 그 제한을 증명하는 서류 둘 다 첨부하여야 한다.

⑤ 공사는 하부조직을 이전한 경우에는 이전 후 2주일 이내에 하부조직의 소재지에서 새 소재지와 이전 연월일을 등기해야 한다.

해설 시행령 제5조(변경등기)
공사는 제2조 각 호 또는 제3조이 등기사항이 변경된 경우(제4조에 따른 **이전등기에 해당하는 경우는 제외한다**)에는 변경 후 **2주일 이내**에 주된 사무소의 소재지에서 변경사항을 등기해야 한다.

[24년 하반기 기출변형]

06 다음 중 틀린 것은?

① 국가가 운영자산을 출자를 할 때에는 현물로 하며, 「국유재산의 현물출자에 관한 법률」에 따른다.

② 공사는 주된 사무소의 소재지에서 설립등기를 함으로써 성립한다.

③ 정관으로 정하는 바에 따라 사장이 지정한 공사의 직원은 사장을 대신하여 공사의 업무에 관한 재판을 제외한 모든 행위를 할 수 있다.

④ 공사의 임직원이거나 임직원이었던 사람은 그 직무상 알게 된 비밀을 누설하거나 도용하여서는 아니 된다.

⑤ 이 법에 따른 공사가 아닌 자는 한국철도공사 또는 이와 유사한 명칭을 사용하지 못한다.

해설 법 제7조(대리·대행)
정관으로 정하는 바에 따라 사장이 지정한 공사의 직원은 사장을 대신하여 공사의 업무에 관한 재판상 또는 재판 외의 모든 행위를 할 수 있다.

정답 04 ② 05 ⑤ 06 ③

07 다음 중 공사의 사업에 대하여 틀린 것은?

① 공사는 국외에서 철도 차량의 정비 및 임대사업을 할 수 있다.

② 철도여객사업, 화물운송사업, 철도와 다른 교통수단의 연계운송사업을 한다.

③ 철도 장비와 철도용품의 제작·판매·정비 및 임대사업과 관련한 조사·연구, 정보화, 기술 개발 및 인력 양성에 관한 사업은 사업범위에 속한다.

④ 철도이용객의 편의를 증진하기 위한 시설의 개발·운영 사업을 한다.

⑤ 국가는 예산의 범위에서 공사의 업무와 관련된 사업에 투자·융자·보조 또는 출연할 수 있다.

해설 법 제9조(사업)
③ 공사는 이사회의 의결을 거쳐 예산의 범위에서 공사의 업무와 관련된 사업에 투자·융자·보조 또는 출연할 수 있다.

08 다음 중 공사의 사업에 해당되지 않는 것은?

① 철도운영을 위한 사업

② 카지노업을 포함한 관광사업으로서 철도운영과 관련된 사업

③ 철도운영과 관련한 엔지니어링 활동

④ 철도시설을 이용한 정보통신 기반시설 구축 및 활용 사업

⑤ 철도차량 등을 이용하는 광고사업

해설
• 시행령 제7조의2(역세권 개발·운영 사업 등) 참고
• 카지노업 제외

09 다음 중 공사의 매 사업연도 결산 결과 이익금 발생 시 처리 순서 두 번째로 맞는 것은?

① 이월결손금의 보전

② 자본금과 같은 액수가 될 때까지 이익

금의 10분의 2 이상을 사업확장적립금으로 적립

③ 자본금의 2분의 1이 될 때까지 이익금의 10분의 2 이상을 이익준비금으로 적립

④ 국고에 납입

⑤ 자본금으로 전입

해설 법 제10조(손익금의 처리)
① 공사는 매 사업연도 결산 결과 이익금이 생기면 다음 각 호의 순서로 처리하여야 한다.
1. 이월결손금의 보전(補塡)
2. 자본금의 2분의 1이 될 때까지 이익금의 10분의 2 이상을 이익준비금으로 적립
3. 자본금과 같은 액수가 될 때까지 이익금의 10분의 2 이상을 사업확장적립금으로 적립
4. 국고에 납입

10 다음 내용 중 틀린 것은?

① 공사는 매 사업연도 결산 결과 손실금이 생기면 사업확장적립금으로 보전하고 그 적립금으로도 부족하면 이익준비금으로 보전한다.

② 공사는 매 사업연도 결산 결과 손실금을 이익준비금으로 보전해도 미달된 경우 다음 사업연도로 이월한다.

③ 이익준비금과 사업확장적립금은 국토교통부령으로 정하는 바에 따라 자본금으로 전입할 수 있다.

④ 이익준비금 또는 사업확장적립금을 자본금으로 전입하고자 하는 때에는 이사회의 의결을 거쳐 기획재정부장관의 승인을 얻어야 한다.

⑤ 이익준비금 또는 사업확장적립금을 자본금에 전입한 때에는 공사는 그 사실을 국토교통부장관에게 보고하여야 한다.

해설 법 제10조(손익금의 처리)
③ 제1항 제2호 및 제3호에 따른 이익준비금과 사업확장적립금은 대통령령으로 정하는 바에 따라 자본금으로 전입할 수 있다.

11 다음 중 적립금이 8조 원일 때, 사채의 발행액 상한금액으로 맞는 것은?

① 40조 원 ② 60조 원
③ 90조 원 ④ 100조 원
⑤ 150조 원

해설 **법 제11조(사채의 발행 등)**
② 사채의 발행액은 공사의 자본금과 적립금을 합한 금액의 5배를 초과하지 못한다.
※ 공사의 자본금 = 22조 원(법 제4조), 적립금 = 8조 원이므로 합쳐서 30조 원의 5배인 150조 원을 초과할 수 없다. 즉, 상한금액은 150조 원이다.

12 다음 중 빈칸에 들어갈 말을 순서대로 나열한 것은?

> 사채의 소멸시효는 이자는 (   )년, 원금은 (   )년이 지나면 완성한다.

① 1, 2 ② 2, 1
③ 2, 5 ④ 5, 1
⑤ 5, 2

해설 **법 제11조(사채의 발행 등)**
④ 사채의 소멸시효는 원금은 5년, 이자는 2년이 지나면 완성한다.

13 다음 중 사채의 발행 등에 대하여 틀린 것은?

① 공사는 이사회의 의결을 거쳐 기획재정부의 승인을 받아 사채를 발행할 수 있다.
② 사채의 발행액은 공사의 자본금과 적립금을 합한 금액의 5배를 초과하지 못한다.
③ 국가는 공사가 발행하는 사채의 원리금 상환을 보증할 수 있다.
④ 사채의 소멸시효는 원금은 5년, 이자는 2년이 지나면 완성한다.

⑤ 공사는 「공공기관의 운영에 관한 법률」에 따라 예산이 확정되면 2개월 이내에 해당 연도에 발행할 사채의 목적·규모·용도 등이 포함된 사채발행 운용계획을 수립하여 이사회의 의결을 거쳐 국토교통부장관의 승인을 받아야 한다.

해설 **법 제11조(사채의 발행 등)**
① 공사는 이사회의 의결을 거쳐 사채를 발행할 수 있다. 운용계획을 변경하려는 경우에도 또한 같다.

14 다음 중 사채청약서의 기재사항이 아닌 것은?

① 사채의 수
② 인수가액
③ 응모가액
④ 발행가액
⑤ 청약자의 주소

해설 **시행령 제10조(사채의 응모 등)**
① 사채의 모집에 응하고자 하는 자는 사채청약서 2통에 그 인수하고자 하는 사채의 수·인수가액과 청약자의 주소를 기재하고 기명날인하여야 한다. 다만, 사채의 최저가액을 정하여 발행하는 경우에는 그 응모가액을 기재하여야 한다.

15 다음 중 사채청약서 기재사항으로 틀린 것은?

① 사채의 발행총액
② 사채의 종류별 액면금액
③ 사채상환의 방법 및 시기
④ 이자지급의 방법 및 시기
⑤ 사채의 발행시기

정답 **11** ⑤ **12** ③ **13** ① **14** ④ **15** ⑤

해설 시행령 제10조(사채의 응모 등)

② 사채청약서는 사장이 이를 작성하고 다음 각 호의 사항을 기재해야 한다.

1. 공사의 명칭
2. 사채의 발행총액
3. 사채의 종류별 액면금액
4. 사채의 이율
5. 사채상환의 방법 및 시기
6. 이자지급의 방법 및 시기
7. 사채의 발행가액 또는 그 최저가액
8. 이미 발행한 사채 중 상환되지 아니한 사채가 있는 때에는 그 총액
9. 사채모집의 위탁을 받은 회사가 있을 때에는 그 상호 및 주소

16 다음 중 사채청약서의 기재사항이 아닌 것은?

① 공사의 주소

② 사채의 발행총액

③ 사채의 이율

④ 이미 발행한 사채 중 상환되지 아니한 사채가 있는 때에는 그 총액

⑤ 사채모집의 위탁을 받은 회사가 있을 때에는 그 상호 및 주소

해설 시행령 제10조(사채의 응모 등)

② 사채청약서는 사장이 이를 작성하고 다음 각 호의 사항을 기재해야 한다.

1. 공사의 명칭
2. 사채의 발행총액
3. 사채의 종류별 액면금액
4. 사채의 이율
5. 사채상환의 방법 및 시기
6. 이자지급의 방법 및 시기
7. 사채의 발행가액 또는 그 최저가액
8. 이미 발행한 사채중 상환되지 아니한 사채가 있는 때에는 그 총액
9. 사채모집의 위탁을 받은 회사가 있을 때에는 그 상호 및 주소

17 다음 중 실제로 응모된 총액이 사채청약서에 기재한 사채발행총액에 미달하는 때 사채의 발행총액으로 맞는 것은?

① 응모총액   ② 응모가액

③ 최저가액   ④ 액면금액

⑤ 표준가액

해설 시행령 제11조(사채의 발행총액)

공사가 법 제11조 제1항의 규정에 의하여 사재를 발행함에 있어서 실제로 응모된 총액이 사채청약서에 기재한 사채발행총액에 미달하는 때에도 사채를 발행한다는 뜻을 사채청약서에 표시할 수 있다. 이 경우 그 응모총액을 사채의 발행총액으로 한다.

18 다음 중 공사가 매출의 방법으로 사채를 발행하는 경우 미리 공고하여야 되는 것으로 맞는 것은?

① 임원의 성명과 주소

② 사채의 발행총액

③ 매출기간

④ 이미 발행한 사채 중 상환되지 아니한 사채가 있는 때에는 그 총액

⑤ 사채모집의 위탁을 받은 회사가 있을 때에는 그 상호 및 주소

해설

- **시행령 제13조(매출의 방법)** 공사가 매출의 방법으로 사채를 발행하는 경우에는 **매출기간**과 제10조 제2항 제1호·제3호 내지 제7호의 사항을 미리 공고하여야 한다. (※ 내지 : ~부터)
  1. 공사의 명칭
  3. 사채의 종류별 액면금액
  4. 사채의 이율
  5. 사채상환의 방법 및 시기
  6. 이자지급의 방법 및 시기
  7. 사채의 발행가액 또는 그 최저가액
- 2번 선지의 사채의 발행총액은 2호에 해당되고 4, 5번 선지는 8호 및 9호에 해당됨으로 미리 공고하여야 되는 사항이 아니다. 1번 선지의 경우 사채와 무관한 보기(시행령 제2조 설립등기 사항이다. 잊지 않도록 유의해야 한다.)이므로 정답은 3번이다.

19 다음 중 채권의 기재사항으로 틀린 것은?

① 공사의 명칭

② 사채의 발행총액

③ 사채의 종류별 액면금액

④ 사채의 이율

⑤ 사채모집의 위탁을 받은 회사가 있을 때에는 그 상호 및 주소

20 다음 중 매출의 방법에 의하여 사채를 발행하는 경우 채권의 기재사항으로 아닌 것은?

① 채권번호

② 채권의 발행연월일

③ 공사의 명칭

④ 사채의 발행총액

⑤ 이자지급의 방법 및 시기

해설 **시행령 제15조(채권의 발행 및 기재사항)**
② 채권에는 다음 각 호의 사항을 기재하고, 사장이 기명날인하여야 한다. 다만, **매출의 방법에 의하여 사채를 발행하는 경우에는 제10조 제2항 제2호의 사항은 이를 기재하지 아니한다.**
1. 제10조 제2항 제1호 내지 제6호의 사항

> 1. 공사의 명칭
> 2. 사채의 발행총액
> 3. 사채의 종류별 액면금액
> 4. 사채의 이율
> 5. 사채상환의 방법 및 시기
> 6. 이자지급의 방법 및 시기

2. 채권번호
3. 채권의 발행연월일

21 다음 중 기명식 채권의 사채원부 기재사항으로 아닌 것은?

① 채권소유자의 성명과 주소

② 채권의 취득연월일

③ 채권의 종류별 수와 번호

④ 채권의 발행연월일

⑤ 공사의 명칭

해설 **시행령 제17조(사채원부)**
② 채권이 기명식인 때에는 사채원부에 제1항 각 호의 사항 외에 다음 각 호의 사항을 기재해야 한다.
1. 채권소유자의 성명과 주소
2. 채권의 취득연월일

22 다음 중 빈칸에 들어갈 단어를 순서대로 나열한 것으로 맞는 것은?

> **[제16조(채권의 형식)]**
> 채권은 (　　)으로 한다. 다만, 응모자 또는 소지인의 청구에 의하여 (　　) 으로 할 수 있다.

① 기명식, 무기명식

② 무기명식, 기명식

③ 기명날인, 서명날인

④ 서명날인, 서명날인

⑤ 기명날인, 기명날인

해설 **시행령 제16조(채권의 형식)**
채권은 무기명식으로 한다. 다만, 응모자 또는 소지인의 청구에 의하여 기명식으로 할 수 있다.

23 다음 중 사채원부의 기재사항으로 아닌 것은?

① 채권의 종류별 수와 번호

② 채권의 발행연월일

③ 사채의 발행가액 또는 그 최저가액

④ 사채모집의 위탁을 받은 회사기 있을 때에는 그 상호 및 주소

⑤ 사채의 종류별 액면금액

정답 **19** ⑤　**20** ④　**21** ⑤　**22** ②　**23** ③

시행령 제17조(사채원부)

① 공사는 주된 사무소에 사채원부를 비치하고, 다음 각 호의 사항을 기재해야 한다.

1. 채권의 종류별 수와 번호
2. 채권의 발행연월일
3. 제10조 제2항 제2호 내지 제6호 및 제9호의 사항

> 2. 사채의 발행총액
> 3. 사채의 종류별 액면금액
> 4. 사채의 이율
> 5. 사재상환의 방법 및 시기
> 6. 이자지급의 방법 및 시기
> 9. 사채모집의 위탁을 받은 회사가 있을 때에는 그 상호 및 주소

24 다음 중 사채, 채권에 대한 내용으로 틀린 것은?

① 채권의 소유자 또는 소지인은 공사의 근무시간 중 언제든지 사채원부의 열람을 요구할 수 있다.

② 채권은 사채의 인수가액 전액이 납입된 후가 아니면 이를 발행하지 못한다.

③ 사채를 발행하기 전의 그 응모자 또는 사채를 교부받을 권리를 가진 자에 대한 통지 또는 최고는 사채청약서에 기재된 주소로 하여야 한다. 다만, 따로 주소를 공사에 통지한 경우에는 그 주소로 하여야 한다.

④ 기명식채권의 소유자에 대한 통지 또는 최고는 사채원부에 기재된 주소로 하여야 한다. 다만, 따로 주소를 공사에 통지한 경우에는 그 주소로 하여야 한다.

⑤ 무기명식채권의 소지자에 대한 통지 또는 최고는 공고의 방법에 의한다. 다만, 따로 주소를 공사에 통지한 경우에는 그 주소로 하여야 한다.

시행령 제19조(사채권자 등에 대한 통지 등)

③ 무기명식채권의 소지자에 대한 통지 또는 최고는 공고의 방법에 의한다. 다만, 그 소재를 알 수 있는 경우에는 이에 의하지 아니할 수 있다.

25 다음 내용 중 틀린 것은?

① 공사가 법에 의하여 사채를 발행함에 있어서 실제로 응모된 총액이 사채청약서에 기재한 사채발행총액에 미달하는 때에도 사채를 발행한다는 뜻을 사채청약서에 표시할 수 있다. 이 경우 그 응모총액을 사채의 발행총액으로 한다.

② 공사가 계약에 의하여 특정인에게 사채의 총액을 인수시키는 경우에는 사채의 응모 등 규정을 적용하지 아니한다. 사채모집의 위탁을 받은 회사가 사채의 일부를 인수하는 경우에는 그 인수분에 대하여도 또한 같다.

③ 공사는 사채의 응모가 완료된 때에는 1개월 이내에 응모자가 인수한 사채의 전액을 납입시켜야 한다.

④ 사채모집의 위탁을 받은 회사는 자기명의로 공사를 위하여 규정에 의한 사채청약서 작성행위를 할 수 있다.

⑤ 국가는 공사의 경영 안정 및 철도 차량·장비의 현대화 등을 위하여 재정 지원이 필요하다고 인정하면 예산의 범위에서 사업에 필요한 비용의 일부를 보조하거나 재정자금의 융자 또는 사채 인수를 할 수 있다.

시행령 제14조(사채인수가액의 납입 등)

① 공사는 사채의 응모가 완료된 때에는 지체없이 응모자가 인수한 사채의 전액을 납입시켜야 한다.

26 다음 중 빈칸에 들어갈 말로 알맞은 것은?

> 공사는 「공공기관의 운영에 관한 법률」에 따라 예산이 확정되면 2개월 이내에 해당 연도에 발행할 사채의 목적·규모·용도 등이 포함된 사채발행 운용계획을 수립하여 이사회의 의결을 거쳐 (   )의 승인을 받아야 한다.

① 정부   ② 국가
③ 대통령   ④ 국토교통부장관
⑤ 기획재정부장관

해설 법 제11조(사채의 발행 등)
⑤ 공사는 「공공기관의 운영에 관한 법률」 제40조 제3항에 따라 예산이 확정되면 2개월 이내에 해당 연도에 발행할 사채의 목적·규모·용도 등이 포함된 사채발행 운용계획을 수립하여 이사회의 의결을 거쳐 국토교통부장관의 승인을 받아야 한다.

27 다음 「한국철도공사법」 내용 중 틀린 것은?

① 국가는 공사의 경영 안정 및 철도 차량·장비의 현대화 등을 위하여 재정 지원이 필요하다고 인정하면 예산의 범위에서 사업에 필요한 비용의 일부를 보조하거나 재정자금의 융자 또는 사채 인수를 할 수 있다.

② 공사는 철도사업과 관련하여 일반업무시설, 판매시설, 주차장, 여객자동차터미널 및 화물터미널 등 철도 이용자에게 편의를 제공하기 위한 역세권 개발사업을 할 수 있고, 정부는 필요한 경우에 행정적·재정적 지원을 할 수 있다.

③ 국가는 「국유재산법」에도 불구하고 법에 따라 대부하거나 사용·수익을 허가한 국유재산에 건물이나 그 밖의 영구시설물을 축조하게 할 수 있다.

④ 법에 따른 대부 또는 사용·수익 허가의 조건 및 절차에 관하여 필요한 사항은 국토교통부령으로 정한다.

⑤ 법에 의한 국유재산의 무상사용·수익은 당해 국유재산관리청의 허가에 의하며, 무상대부의 조건 및 절차 등에 관하여는 당해 국유재산관리청과 공사간의 계약에 의한다.

해설 법 제14조(국유재산의 무상대부 등)
③ 제1항에 따른 대부 또는 사용·수익 허가의 조건 및 절차에 관하여 필요한 사항은 대통령령으로 정한다.

28 다음 중 국유재산의 전대승인 신청서의 기재사항으로 틀린 것은?

① 도면을 포함한 전대재산의 표시
② 전대를 받을 자의 전대재산 사용목적
③ 신청사유
④ 사용료 및 그 산출근거
⑤ 전대를 받을 자의 사업계획서

해설 시행령 제21조(국유재산의 전대의 절차 등)
공사는 법 제14조 제1항의 규정에 의하여 대부받거나 사용·수익의 허가를 받은 국유재산을 법 제15조 제1항의 규정에 의하여 전대하고자 하는 경우에는 다음 각 호의 사항이 기재된 승인신청서를 국토교통부장관에게 제출하여야 한다.
1. 전대재산의 표시(도면을 포함한다)
2. 전대를 받을 자의 전대재산 사용목적
3. 전대기간
4. 사용료 및 그 산출근거
5. 전대를 받을 지의 사업계획시

정답 26 ④   27 ④   28 ③

29 다음 국유재산의 전대 등에 대한 내용 중 틀린 것은?

① 환승시설의 개발사업을 효율적으로 수행하기 위하여 국토교통부장관이 필요하다고 인정하면 공사에 물품을 제외한 국유재산을 무상으로 대부하거나 사용·수익하게 할 수 있다.

② 공사는 사업을 효율적으로 수행하기 위하여 필요하면 대부받거나 사용·수익을 허가받은 국유재산을 전대할 수 있다.

③ 공사는 전대를 하려면 미리 국토교통부장관의 승인을 받아야 한다. 이를 변경하려는 경우에도 또한 같다.

④ 전대를 받은 자는 재산을 다른 사람에게 대부하거나 사용·수익하게 하지 못한다.

⑤ 전대를 받은 자는 해당 재산에 건물이나 그 밖의 영구시설물을 축조하지 못한다. 다만, 국토교통부장관이 행정 목적 또는 공사의 사업 수행에 필요하다고 인정하는 시설물의 축조는 그러하지 아니하다.

해설 **법 제14조(국유재산의 무상대부 등)**
① 국가는 다음 각 호의 어느 하나에 해당하는 공사의 사업을 효율적으로 수행하기 위하여 국토교통부장관이 필요하다고 인정하면 「국유재산법」에도 불구하고 공사에 국유재산(물품을 포함한다. 이하 같다)을 무상으로 대부(貸付)하거나 사용·수익하게 할 수 있다.
1. 제9조 제1항 제1호부터 제4호까지의 규정에 따른 사업
2. 「철도산업발전기본법」 제3조 제2호 가목의 역시설의 개발 및 운영사업

30 다음 중 국토교통부장관이 지도·감독하는 공사의 업무로 틀린 것은?

① 연도별 사업계획 및 예산에 관한 사항
② 철도차량의 품질 개선에 관한 사항
③ 철도사업계획의 이행에 관한 사항

④ 철도시설·철도차량·열차운행 등 철도의 안전을 확보하기 위한 사항
⑤ 그 밖에 다른 법령에서 정하는 사항

해설 **법 제16조(지도·감독)**
국토교통부장관은 공사의 업무 중 다음 각 호의 사항과 그와 관련되는 업무에 대하여 지도·감독한다.
1. 연도별 사업계획 및 예산에 관한 사항
2. 철도서비스 품질 개선에 관한 사항
3. 철도사업계획의 이행에 관한 사항
4. 철도시설·철도차량·열차운행 등 철도의 안전을 확보하기 위한 사항
5. 그 밖에 다른 법령에서 정하는 사항

31 다음 중 틀린 것은?

① 공사는 업무상 필요하다고 인정하면 관계 행정기관이나 철도사업과 관련되는 기관·단체 등에 자료의 제공을 요청할 수 있다.

② 자료의 제공을 요청받은 자는 특별한 사유가 없으면 그 요청에 따라야 한다.

③ 공사가 국가 또는 지방자치단체로부터 위탁받은 사업과 관련하여 국가 또는 지방자치단체가 취득한 부동산에 관한 권리를 「부동산등기법」에 따라 등기하여야 하는 경우 공사는 국가 또는 지방자치단체를 대위하여 등기를 촉탁할 수 있다.

④ 한국철도공사가 아닌 자가 유사한 명칭을 사용하면 2년 이하의 징역 또는 2천만원 이하의 벌금에 처한다.

⑤ 과태료는 국토교통부장관이 부과·징수한다.

해설
• **제20조(과태료)** ① 제8조의2를 위반한 자에게는 500만 원 이하의 과태료를 부과한다.
• **제8조의2(유사명칭의 사용금지)** 이 법에 따른 공사가 아닌 자는 한국철도공사 또는 이와 유사한 명칭을 사용하지 못한다.

29 ① 30 ② 31 ④ 정답

32 다음 중 국토교통부장관이 지도·감독하는 공사의 업무로 틀린 것은?

① 연도별 사업계획 및 예산에 관한 사항
② 철도서비스 품질 개선에 관한 사항
③ 철도사업계획의 이행에 관한 사항
④ 열차운영의 안전진단 등 예방조치 및 사고조사 등 철도운영의 안전확보하기 위한 사항
⑤ 그 밖에 다른 법령에서 정하는 사항

> **해설** 법 제16조(지도·감독)
> • 4. 철도시설·철도차량·열차운행 등 철도의 안전을 확보하기 위한 사항
> • 「철도산업발전기본법」 제21조(철도운영) ② 국토교통부장관은 철도운영에 대한 다음 각 호의 시책을 수립·시행한다.
> 1. 철도운영부문의 경쟁력 강화
> 2. 철도운영서비스의 개선
> 3. 열차운영의 안전진단 등 예방조치 및 사고조사 등 철도운영의 안전확보
> 4. 공정한 경쟁여건의 조성
> 5. 그 밖에 철도이용자 보호와 열차운행원칙 등 철도운영에 필요한 사항

33 다음 중 한국철도공사가 아닌 자가 유사한 명칭을 사용하였을 때 부과할 수 있는 과태료로 맞는 것은?

① 1000만 원 이하
② 500만 원 이하
③ 300만 원 이하
④ 200만 원 이하
⑤ 100만 원 이하

> **해설**
> • 제20조(과태료) ① 제8조의2를 위반한 자에게는 500만 원 이하의 과태료를 부과한다.
> • 제8조의2(유사명칭의 사용금지) 이 법에 따른 공사가 아닌 자는 한국철도공사 또는 이와 유사한 명칭을 사용하지 못한다.

34 다음 중 이사회의 의결을 거치지 않아도 되는 것은?

① 공사가 예산의 범위에서 공사의 업무와 관련된 사업에 투자·융자·보조 또는 출연할 때
② 이익준비금 또는 사업확장적립금을 자본금으로 전입하고자 하는 때
③ 공사가 사채를 발행할 때
④ 공사가 철도사업과 관련하여 철도 이용자에게 편의를 제공하기 위한 역세권 개발사업을 할 때
⑤ 예산이 확정되어 2개월 이내에 공사가 해당 연도에 발행할 사채의 목적·규모·용도 등이 포함된 사채발행 운용계획을 수립 시

> **해설**
> • 제13조(역세권 개발사업) 공사는 철도사업과 관련하여 일반업무시설, 판매시설, 주차장, 여객자동차터미널 및 화물터미널 등 철도 이용자에게 편의를 제공하기 위한 역세권 개발사업을 할 수 있고, 정부는 필요한 경우에 행정적·재정적 지원을 할 수 있다.
> • 제9조(사업) 공사는 이사회의 의결을 거쳐 예산의 범위에서 공사의 업무와 관련된 사업에 투자·융자·보조 또는 출연할 수 있다.
> • 시행령 제8조(이익준비금 등의 자본금전입) ① 법 제10조 제3항의 규정에 의하여 이익준비금 또는 사업확장적립금을 자본금으로 전입하고자 하는 때에는 이사회의 의결을 거쳐 기획재정부장관의 승인을 얻어야 한다.
> • 제11조(사채의 발행 등) ① 공사는 이사회의 의결을 거쳐 사채를 발행할 수 있다.
> ⑤ 공사는 「공공기관의 운영에 관한 법률」 제40조 제3항에 따라 예산이 확정되면 2개월 이내에 해당 연도에 발행할 사채의 목적·규모·용도 등이 포함된 사채발행 운용계획을 수립하여 이사회의 의결을 거쳐 국토교통부장관의 승인을 받아야 한다. 운용계획을 변경하려는 경우에도 또한 같다.

정답 32 ④ 33 ② 34 ④

35 다음 중 국유재산과 관련한 내용으로 틀린 것은?

① 정부는 필요한 경우에 역세권 개발사업과 관련하여 행정적, 재정적 지원을 할 수 있다.

② 국가는 국유재산법에도 불구하고 대부하거나 사용·수익을 허가한 국유재산에 건물이나 그 밖의 영구시설물을 축조하게 할 수 있다.

③ 국유재산의 무상사용·수익은 당해 국유재산관리청의 허가에 의하며, 무상대부의 조건 및 절차 등에 관하여는 당해 국유재산관리청과 공사간의 계약에 의한다.

④ 대부 또는 사용·수익 허가의 조건 및 절차에 관하여 필요한 사항은 대통령령으로 정한다

⑤ 공사는 대부받거나 사용·수익의 허가를 받은 국유재산을 전대하고자 하는 경우에는 승인신청서를 철도시설관리자에게 제출하여야 한다.

해설 **시행령 제21조(국유재산의 전대의 절차 등)**
승인신청서를 국토교통부장관에게 제출한다.

STEP 3 한국철도공사법 예상 및 기출문제

01 다음 중 「한국철도공사법」에 대하여 틀린 것은?

① 이 법은 한국철도공사를 설립하여 철도 운영의 전문성과 효율성을 높임으로써 철도산업과 국민경제의 발전에 이바지 함을 목적으로 한다.

② 한국철도공사는 법인으로 한다.

③ 공사의 주된 사무소의 소재지는 정관으로 정한다.

④ 공사의 자본금 전부를 정부가 출자하며, 그 금액은 22조 원이다.

⑤ 국가가 공사에 출자를 할 때에는 「철도산업발전기본법」에 따른다.

해설 법 제4조(자본금 및 출자) 제3항, 제4항

02 다음 중 「한국철도공사법령」의 내용으로 틀린 것은?

① 공사는 업무수행을 위하여 필요하면 이 사회의 의결을 거쳐 필요한 곳에 하부조직을 둘 수 있다.

② 자본금의 납입 시기와 방법은 기획재정부장관이 정하는 바에 따른다.

③ 국가는 「국유재산법」에도 불구하고 「철도산업발전 기본법」에 따른 운영자산을 공사에 채권으로 출자한다.

④ 공사의 설립등기와 하부조직의 설치·이전 및 변경 등기, 그 밖에 공사의 등기에 필요한 사항은 대통령령으로 정한다.

⑤ 공사는 등기가 필요한 사항에 관하여는 등기하기 전에는 제3자에게 대항하지 못한다.

해설 법 제4조(자본금 및 출자) 제3항

03 다음 중 맞는 것은?

① 주된 사무소의 소재지에 공사가 하부조직을 설치한 때에는 2주일 이내에 신규 등기사항을 등기하여야 한다.

② 공사가 주된 사무소 또는 하부조직을 다른 등기소의 관할구역으로 이전한 때에는 구소재지에 있어서는 3주일 이내에 그 이전한 뜻을 등기하여야 한다.

③ 동일한 등기소의 관할구역안에서 주된 사무소 또는 하부조직을 이전한 때에는 3주일 이내에 그 이전의 뜻만을 등기하여야 한다.

④ 공사는 하부조직을 이전한 경우에는 이전 후 2주일 이내에 주된 사무소의 소재지에서 새 소재지와 이전 연월일을 등기해야 한다.

⑤ 공사는 주된 사무소를 이전한 경우에는 이전 후 3주일 이내에 종전 소재지 또는 새 소재지에서 새 소재지와 이전 연월일을 등기해야 한다.

해설 시행령 제3조(하부조직의 설치등기), 제4조(이전등기), 제5조(변경등기)

※ 1.31. 시행 법령으로 1~3번 선지는 구 법령 즉, 틀린 선지에 해당됨

04 다음 중 한국철도공사의 설립등기사항에 해당되지 않는 것으로 모두 고른 것은?

> ㉠ 설립목적
> ㉡ 준비금
> ㉢ 대표자의 성명 및 주소
> ㉣ 공고의 방법
> ㉤ 명칭

정답 01 ⑤ 02 ③ 03 ④ 04 ①

① ㉡, ㉢　　　　　　② ㉡, ㉣
③ ㉢, ㉣　　　　　　④ ㉠, ㉣, ㉤
⑤ ㉡, ㉣, ㉤

해설 시행령 제2조(설립등기)

05 다음 중 등기에 대한 내용으로 맞는 것은?
① 공사는 사장이 법 제7조에 따라 사장을 대신해 공사의 업무에 관한 재판상 또는 재판 외의 행위를 할 수 있는 직원을 선임한 경우에는 선임 후 2주일 이내에 주된 사무소 또는 하부조직의 소재지에서 대리·대행인이 성명 및 주소를 등기하여야 한다.
② 공사는 설립등기사항에 변경이 있는 때에는 변경 후 2주일 이내에 주된 사무소의 소재지에서 변경사항을 등기해야 한다.
③ 공사의 설립등기의 경우에는 설립을 증명하는 서류를 등기의 신청서에 첨부하여야 한다.
④ 하부조직의 설치등기의 경우에는 하부조직의 소재지를 증명하는 서류를 등기의 신청서에 첨부하여야 한다.
⑤ 이전등기의 경우에는 주된 사무소 또는 하부조직의 변경을 증명하는 서류를 등기의 신청서에 첨부하여야 한다.

해설 시행령 제6조(대리·대행인의 선임등기), 제7조(등기신청서의 첨부서류)

06 다음 중 공사가 하는 사업으로 틀린 것은?
① 철도 장비와 철도용품의 제작·판매·정비 및 임대사업
② 철도시설을 이용한 정보통신 기반시설 구축 및 활용 사업
③ 철도운영과 관련한 정기간행물 사업, 정보매체 사업
④ 「도시교통정비 촉진법」에 따른 환승시설을 운영하는 사업
⑤ 철도 시설의 정비 및 임대사업

해설 법 제9조(사업) 제1항 및 시행령 제7조의2(역세권 개발·운영 사업 등)

07 다음 중 공사의 사업에 해당되지 않는 것은?
① 철도운영과 관련한 기술 개발 사업
② 철도차량을 통하여 화물을 운송하는 화물운송사업
③ 역시설을 이용한 화물의 하역업
④ 역사와 같은 건물 안에 있는 휴게음식점
⑤ 여행업으로서 철도운영과 관련된 사업

해설 시행령 제7조의2(역세권 개발·운영 사업 등)

08 다음 중 손익금 처리 등에 대한 내용으로 맞는 것은?
① 공사는 매 사업연도 결산 결과 이익금이 생기면 자본금과 같은 액수가 될 때까지 이익금의 10분의 2 이상을 이익준비금으로 적립한다.
② 공사는 매 사업연도 결산 결과 손실금이 생기면 우선 이익준비금으로 보전한다.
③ 이익준비금 또는 사업확장적립금을 자본금으로 전입하고자 하는 때에는 기획재정부장관에게 보고하여야 한다.
④ 이익준비금 또는 사업확장적립금을 자본금에 전입한 때에는 공사는 그 사실을 국토교통부장관의 승인을 얻어야 한다.
⑤ 이익금 발생 시 우선 이월결손금의 보전을 하여야 한다.

해설 법 제10조(손익금의 처리), 시행령 제8조(이익준비금 등의 자본금전입)

05 ② 　06 ⑤ 　07 ① 　08 ⑤ 　정답

09 다음 중 사채의 발행 등에 대하여 맞는 것은?

① 공사는 이사회의 의결을 거쳐 기획재정부장관의 승인을 얻어야 사채를 발행할 수 있다.

② 사채의 발행액은 공사의 자본금 금액의 5배를 초과하지 못한다.

③ 국토교통부장관은 공사가 발행하는 사채의 원리금 상환을 보증할 수 있다.

④ 공사는 「공공기관의 운영에 관한 법률」에 따라 예산이 확정되면 2개월 이내에 해당 연도에 발행할 사채의 목적·규모·용도 등이 포함된 사채발행 운용계획을 수립하여 철도산업위원회의 심의를 거쳐야 한다.

⑤ 사채의 소멸시효는 이자는 2년, 원금은 5년이 지나면 완성한다.

해설 **법 제11조(사채의 발행 등)**

10 다음 중 사채청약서의 기재사항으로 맞는 것을 모두 고르면?

> ㉠ 사채의 종류별 발행총액
> ㉡ 이미 발행한 사채 중 상환된 사채가 있는 때에는 그 총액
> ㉢ 이자상환의 방법 및 시기
> ㉣ 사채의 최저가액
> ㉤ 사채모집의 위탁을 받은 회사가 있을 때에는 그 상호 및 주소

① ㉣, ㉤

② ㉠, ㉡, ㉢

③ ㉠, ㉢, ㉣, ㉤

④ ㉠, ㉡, ㉢, ㉤

⑤ ㉠, ㉡, ㉢, ㉣, ㉤

해설 **시행령 제10조(사채의 응모 등)**

11 다음 사채에 대항 내용 중 틀린 것은?

① 사채모집의 위탁을 받은 회사가 사채의 일부를 인수하는 경우에는 그 인수분에 대하여 사채의 응모 등 규정을 적용하지 않는다.

② 공사가 법에 의하여 사채를 발행함에 있어서 실제로 응모된 총액이 사채청약서에 기재한 사채발행총액에 미달하는 때에도 사채를 발행한다는 뜻을 사채청약서에 표시할 수 있다. 이 경우 그 응모총액을 사채의 발행총액으로 한다.

③ 사채모집의 위탁을 받은 회사는 자기명의로 공사를 위하여 법률행위를 할 수 있다.

④ 채권은 무기명식으로 한다. 다만, 응모자 또는 소지인의 청구에 의하여 기명식으로 할 수 있다.

⑤ 공사는 주된 사무소에 사채원부를 비치하여야 한다.

해설 **시행령 제14조(사채인수가액의 납입 등)**

12 다음 중 서류의 공통 기재사항이 아닌 것은?

> • 사채청약서
> • 매출의 방법으로 사채발행 시 채권
> • 사채원부

① 사채의 발행총액
② 사채의 종류별 액면금액
③ 사채의 이율
④ 사채상환의 방법 및 시기
⑤ 이자지급의 방법 및 시기

해설 시행령 제10조(사채의 응모 등), 제13조(매출의 방법), 제15조(채권의 발행 및 기재사항), 제17조(사채원부)

13 다음 중 사채 등에 대한 내용으로 틀린 것은?

① 채권이 기명식인 때에는 사채원부에 채권소유자의 성명과 주소, 채권의 취득 연월일을 추가로 기재해야 한다.
② 이권이 있는 무기명식의 사채를 상환하는 경우에 이권이 흠결된 때에는 그 이권에 상당한 금액을 상환액으로부터 공제한다.
③ 이권소지인은 그 이권과 상환으로 공제된 금액의 지급을 청구할 수 있다.
④ 사채를 발행하기 전의 그 응모자 또는 사채를 교부받을 권리를 가진 자에 대한 통지 또는 최고는 사채청약서에 기재된 주소로 하여야 한다. 다만, 따로 주소를 공사에 통지한 경우에는 그 주소로 하여야 한다.

⑤ 무기명식채권의 소지자에 대한 통지 또는 최고는 공고의 방법에 의한다. 다만, 그 소재를 알 수 없는 경우에는 이에 의하지 아니할 수 있다.

해설 시행령 제19조(사채권자 등에 대한 통지 등)

14 다음 중 공사의 업무범위로 틀린 것은?

① 철도여객사업, 화물운송사업, 철도와 다른 교통수단의 연계운송사업
② 철도 시설과 철도용품의 제작·판매·정비 및 임대사업
③ 철도 차량의 정비 및 임대사업
④ 철도시설의 유지·보수 등 국가·지방자치단체 또는 공공법인 등으로부터 위탁받은 사업
⑤ 역세권 및 공사의 자산을 활용한 개발·운영 사업으로서 대통령령으로 정하는 사업과 관련한 조사·연구, 정보화, 기술개발 및 인력 양성에 관한 사업

해설 법 제9조(사업)
철도시설 ×, 철도 장비 ○

15 다음 중 국유재산 전대 신청서 기재사항으로 틀린 것은?

① 전대재산의 표시(도면을 포함한다)
② 전대를 해주는 자의 전대재산 사용목적
③ 전대기간
④ 사용료 및 그 산출근거
⑤ 전대를 받을 자의 사업계획서

해설 시행령 제21조(국유재산의 전대의 절차 등)
전대를 받을 자의 전대재산 사용목적

16 다음 중 국유재산에 대하여 맞는 것은?

① 국유재산의 무상사용·수익은 당해 국가의 허가에 의하며, 무상대부의 조건 및 절차 등에 관하여는 당해 국가와 공사간의 계약에 의한다.

② 공사는 전대를 하려면 미리 국토교통부장관의 승인을 받아야 한다. 이를 변경하려는 경우에도 또한 같다.

③ 전대를 받은 자는 해당 재산에 건물이나 그 밖의 영구시설물을 축조하지 못한다. 다만, 대통령이 행정 목적 또는 공사의 사업 수행에 필요하다고 인정하는 시설물의 축조는 그러하지 아니하다.

④ 국가는 철도시설의 유지·보수 등 국가·지방자치단체 또는 공공법인 등으로부터 위탁받은 사업을 효율적으로 수행하기 위하여 국토교통부장관이 필요하다고 인정하면 「국유재산법」에도 불구하고 공사에 국유재산을 유상으로 대부하거나 사용·수익하게 할 수 있다.

⑤ 대부 또는 사용·수익 허가의 조건 및 절차에 관하여 필요한 사항은 이사회의 의결을 거쳐 국토교통부장관의 승인을 받아야 한다.

해설 법 제14조(국유재산의 무상대부 등), 제15조(국유재산의 전대 등), 시행령 제20조(국유재산의 무상대부 등)

17 다음 중 국토교통부장관이 공사의 업무에서 지도·감독하는 사항으로 맞는 것은?

① 연도별 사업현황 및 실적에 관한 사항

② 공익서비스 품질 개선에 관한 사항

③ 철도사업계획의 추진방향에 관한 사항

④ 철도시설·철도차량·열차운행 등 철도의 안전을 확보하기 위한 사항

⑤ 그 밖에 국토교통부령으로 정하는 사항

해설 법 제16조(지도·감독)

18 다음 내용 중 맞는 것은?

① 공사는 업무상 필요하다고 인정하면 관계 행정기관이나 철도사업과 관련되는 기관·단체 등에 자료의 제공을 요청할 수 있다.

② 자료의 제공을 요청받은 자는 지체없이 그 요청에 따라야 한다.

③ 공사가 국가 또는 지방자치단체로부터 위탁받은 사업과 관련하여 국가 또는 지방자치단체가 취득한 부동산에 관한 권리를 「부동산등기법」에 따라 등기하여야 하는 경우 공사는 대리인으로부터 등기를 촉탁할 수 있다.

④ 한국철도공사와 유사한 명칭을 사용한 자는 2년 이하의 징역 또는 2천만 원 이하의 벌금에 처한다.

⑤ 비밀 누설 금지 조항을 위반한 자에게는 500만 원 이하의 과태료를 부과한다.

해설 법 제17조(자료제공의 요청), 제18조(등기 촉탁의 대위), 제19조(벌칙), 제20조(과태료)

정답 16 ② 17 ④ 18 ①

QPASS

코레일
한국철도공사

2025 -최신판-

철도관련법령

정가 **30,000원**

13360

9788927773443
ISBN 978-89-277-7344-3

(주)다락원 경기도 파주시 문발로 211
📞 (02)736-2031 (내용문의: 내선 291~296 / 구입문의: 내선 250~252)
🖨 (02)732-2037
🖱 www.darakwon.co.kr
☕ http://cafe.naver.com/1qpass
출판등록 1977년 9월 16일 제406-2008-000007호

- **최신 개정법령 완벽반영** [2025.1.31. 시행]
- 시험범위에 해당하는 **법 및 시행령 핵심이론**
- 난이도에 따른 **단계별 문제**
- 최신 기출복원문제 **1회** + 실전모의고사 **5회**
- 암기한 법조문을 정리할 수 있는 **복습노트**

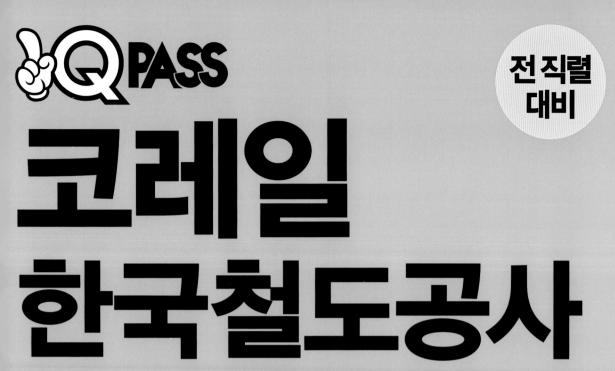

$\stackrel{\text{✌}}{\text{Q}}$PASS

코레일
한국철도공사

국내 최초 철도취업커뮤니티 드림레일 편저

철도산업발전기본법 + 철도사업법 + 한국철도공사법

2025
-최신판-

철도관련법령

- **최신 개정법령 완벽반영** [2025.1.31. 시행]
- 시험범위에 해당하는 **법 및 시행령 핵심이론**
- 난이도에 따른 **단계별 문제**
- 최신 기출복원문제 **1회** + 실전모의고사 **5회**
- 암기한 법조문을 정리할 수 있는 **복습노트**

$\stackrel{\text{✔}}{\text{다락원}}$ 다락원

부록 I

01 다음 중 「철도산업발전기본법」상 정의로 틀린 것은?

① "철도"라 함은 여객 또는 화물을 운송하는 데 필요한 철도시설과 철도차량 및 이와 관련된 운영·지원체계가 유기적으로 구성된 운송체계를 말한다.

② "공익서비스"라 함은 철도운영자가 영리목적의 영업활동과 관계없이 국가 또는 지방자치단체의 정책이나 공공목적 등을 위하여 제공하는 철도서비스를 말한다.

③ "철도차량"이라 함은 선로를 운행할 목적으로 제작된 동력차·객차·화차를 말하며, 특수차는 제외한다.

④ "철도시설의 유지보수"라 함은 기존 철도시설의 현상유지 및 성능향상을 위한 점검·보수·교체·개량 등 일상적인 활동을 말한다.

⑤ "철도산업"이라 함은 철도운송·철도시설·철도차량 관련 산업과 철도기술개발 관련 산업 그 밖에 철도의 개발·이용·관리와 관련된 산업을 말한다.

02 다음 빈칸에 들어갈 단어를 순서대로 나열한 것은?

- (   ) : 철도청과 고속철도건설공단이 철도운영 등을 주된 목적으로 취득하였거나 관련 법령 및 계약 등에 의하여 취득하기로 한 재산·시설 및 그에 관한 권리
- (   ) : 철도청과 고속철도건설공단이 철도의 기반이 되는 시설의 건설 및 관리를 주된 목적으로 취득하였거나 관련 법령 및 계약 등에 의하여 취득하기로 한 재산·시설 및 그에 관한 권리

① 철도자산, 시설자산   ② 운영자산, 시설자산

③ 운영자산, 유지자산   ④ 시설자산, 철도자산

⑤ 시설자산, 운영자산

03 다음 중 철도사업 면허를 받으려는 법인의 임원 결격사유로 틀린 것은?

① 피한정후견인

② 피성년후견인

③ 파산선고를 받고 복권되지 아니한 사람

④ 철도 관계 법령을 위반하여 금고 이상의 형의 집행유예를 선고받고 그 유예 기간 중에 있는 사람 및 자연인

⑤ 철도사업의 면허가 취소된 후 그 취소일부터 2년이 지나지 아니한 법인

04 다음 중 빈칸에 들어갈 말로 알맞은 것은?

> [철도산업발전기본법 시행령 제4조]
> 철도산업발전 기본계획의 경미한 변경은 다음과 같다.
> 1. 철도시설투자사업 규모의 100분의 1의 범위 안에서의 변경
> 2. 철도시설투자사업 총투자비용의 100분의 1의 범위 안에서의 변경
> 3. 철도시설투자사업 기간의 (   )의 기간 내에서의 변경

① 1개월   ② 3개월

③ 6개월   ④ 1년

⑤ 2년

05 다음 중 철도공사의 손익금 처리 순서를 올바르게 나열한 것은?

> ㉠ 국고에 납입
> ㉡ 자본금의 2분의 1이 될 때까지 이익금의 10분의 2 이상을 이익준비금으로 적립
> ㉢ 자본금과 같은 액수가 될 때까지 이익금의 10분의 2 이상을 사업확장적립금으로 적립
> ㉣ 이월결손금의 보전

① ㉠ → ㉡ → ㉢ → ㉣   ② ㉠ → ㉢ → ㉡ → ㉣

③ ㉣ → ㉠ → ㉡ → ㉢   ④ ㉣ → ㉡ → ㉢ → ㉠

⑤ ㉣ → ㉢ → ㉡ → ㉠

06 다음 중 「한국철도공사법」 내용으로 틀린 것은?

① 한국철도공사는 법인으로 한다.

② 공사의 주된 사무소의 소재지는 정관으로 정한다.

③ 공사의 자본금은 22조 원으로 하고, 그 전부를 정부가 출자한다.

④ 공사는 등기가 필요한 사항에 관하여는 등기하기 전에는 제3자에게 대항하지 못한다.

⑤ 정관으로 정하는 바에 따라 사장이 지정한 공사의 직원은 사장을 대신하여 공사의 업무에 관한 재판을 포함한 모든 행위를 할 수 있다.

07 다음 정의에 해당되는 것으로 맞는 것은?

> 철도사업을 목적으로 설치하거나 운영하는 철도

① 전용철도　　　　　　　　② 사업용철도
③ 특수철도　　　　　　　　④ 관광철도
⑤ 유상철도

08 다음 중 빈칸에 들어갈 단어로 맞는 것은?

> [철도사업법 제12조]
> 국토교통부장관은 철도사업자가 다음 각 호의 어느 하나에 해당하는 경우에는 사업계획의 변경을 제한할 수 있다.
> 1. 제8조에 따라 국토교통부장관이 지정한 날 또는 기간에 운송을 시작하지 아니한 경우
> 2. 제16조에 따라 노선 운행중지, 운행제한, 감차(減車) 등을 수반하는 사업계획 변경명령을 받은 후 (　　)이 지나지 아니한 경우
> 3. 생략

① 1개월　　　　　　　　② 3개월
③ 6개월　　　　　　　　④ 1년
⑤ 2년

09 다음 중 빈칸에 들어갈 말로 알맞은 것은?

> 사채의 발행액은 공사의 자본금과 적립금을 합한 금액의 (　　)를 초과하지 못한다.

① 2배　　　　　　　　② 3배
③ 5배　　　　　　　　④ 10배
⑤ 30배

10 다음 중 벌칙(형벌)에 해당되는 것으로 맞는 것은?
① 면허를 받지 아니하고 철도사업을 경영한 자
② 여객 운임·요금의 신고를 하지 아니한 자
③ 철도사업약관을 신고하지 않은 경우
④ 신고를 하지 않고 사업계획을 변경한 경우
⑤ 사업용 철도차량의 표시를 하지 않은 경우

1회 실전모의고사

01 다음 중 「철도산업발전기본법」 정의에 대한 내용으로 틀린 것은?

① "철도"라 함은 여객 또는 화물을 운송하는 데 필요한 철도시설과 철도차량 및 이와 관련된 운영·지원체계가 유기적으로 구성된 운송체계를 말한다.

② "철도차량"이라 함은 선로를 운행할 목적으로 제작된 동력차·객차·화차 및 특수차를 말한다.

③ "선로"라 함은 철도차량을 운행하기 위한 궤도와 이를 받치는 노반 또는 공작물로 구성된 시설을 말한다.

④ "철도산업"이라 함은 철도운송·철도시설·철도차량 관련 산업과 철도기술개발 관련 산업 그 밖에 철도의 개발·이용·관리와 관련된 산업을 말한다.

⑤ "공익서비스"라 함은 국토교통부장관이 영리목적의 영업활동과 관계없이 국가 또는 지방 자치단체의 정책이나 공공목적 등을 위하여 제공하는 철도서비스를 말한다.

02 다음 중 빈칸에 들어갈 말로 알맞은 것은?

> 국토교통부장관은 철도산업의 육성과 발전을 촉진하기 위하여 (   )단위로 철도산업발 전 기본계획을 수립하여 시행하여야 한다.

① 1년 ② 2년
③ 3년 ④ 5년
⑤ 10년

03 다음 빈칸에 들어갈 말로 알맞은 것은?

> 선로 등 사용계약을 체결하려는 경우에는 사용기간이 (   )을 초과하지 않아야 한다.

① 1년 ② 5년
③ 10년 ④ 20년
⑤ 30년

04 다음 중 국가부담비용을 지급하는 자로 맞는 것은?

① 국가 ② 대통령
③ 국토교통부장관 ④ 기획재정부장관
⑤ 철도운영자

05 다음 「철도사업법」 정의 중 틀린 것은?

① "사업용 철도"란 철도사업을 목적으로 설치하거나 운영하는 철도를 말한다.

② "전용철도"란 다른 사람의 수요에 따른 영업을 목적으로 하지 아니하고 자신의 수요에 따라 특수 목적을 수행하기 위하여 설치하거나 운영하는 철도를 말한다.

③ "철도사업"이란 다른 사람의 수요에 응하여 철도차량을 사용하여 유상으로 여객이나 화물을 운송하는 사업을 말한다.

④ "철도운수종사자"란 역무서비스를 제외한 철도운송과 관련하여 승무 서비스를 제공하는 직원을 말한다.

⑤ "철도사업자"란 「한국철도공사법」에 따라 설립된 한국철도공사 및 철도사업 면허를 받은 자를 말한다.

06 다음 중 국토교통부장관이 지정·고시하여야 하는 사업용 철도노선 사항으로 틀린 것은?

① 노선지역   ② 노선명

③ 기점   ④ 종점

⑤ 정차역을 포함한 중요 경과지

07 다음 중 철도사업자가 재해복구를 위한 긴급지원을 위해 여객 운임, 요금을 감면하고자 하는 경우 며칠 전까지 게시하여야 하는지에 대해 맞는 것은?

① 시행 1일 이전

② 시행 3일 이전

③ 시행 5일 이전

④ 시행 7일 이전

⑤ 시행 10일 이전

08 다음 중 500만 원 이하의 과태료를 부과하여야 하는 자로 맞는 것은?

① 철도사업약관을 신고하지 아니하거나 신고한 철도사업약관을 이행하지 아니한 자

② 회계를 구분하여 경리하지 아니한 자

③ 상습 또는 영업으로 승차권 또는 이에 준하는 증서를 자신이 구입한 가격을 초과한 금액으로 다른 사람에게 판매하거나 이를 알선한 자

④ 부당한 운임 또는 요금을 요구하거나 받는 행위를 한 철도운수종사자

⑤ 여객 운임표를 인터넷 홈페이지에 게시하지 않은 철도사업자

09 다음 중「한국철도공사법」내용으로 틀린 것은?

① 공사의 자본금은 22조 원으로 한다.

② 자본금의 납입 시기와 방법은 기획재정부장관이 정하는 바에 따른다.

③ 이 법에 따른 공사가 아닌 자는 한국철도공사 또는 이와 유사한 명칭을 사용하지 못한다.

④ 공사의 설립등기와 하부조직의 설치·이전 및 변경 등기, 그 밖에 공사의 등기에 필요한 사항은 이사회의 의결을 거쳐 정한다.

⑤ 공사는 하부조직을 이전한 경우에는 이전 후 2주일 이내에 주된 사무소의 소재지에서 새 소재지와 이전 연월일을 등기해야 한다.

10 다음 중「한국철도공사법」내용으로 틀린 것은?

① 공사는 이사회의 의결을 거쳐 사채를 발행할 수 있다.

② 사채의 발행액은 공사의 자본금과 적립금을 합한 금액의 5배를 초과하지 못한다.

③ 국가는 공사가 발행하는 사채의 원리금 상환을 보증할 수 있다.

④ 사채의 소멸시효는 원금은 5년, 이자는 2년이 지나면 완성한다.

⑤ 공사는 예산이 확정되면 6개월 이내에 해당 연도에 발행할 사채의 목적·규모·용도 등이 포함된 사채발행 운용계획을 수립하여 이사회의 의결을 거쳐 국토교통부장관의 승인을 받아야 한다.

01 다음 중 빈칸에 들어갈 말을 순서대로 나열한 것으로 알맞은 것은?

> 실무위원회는 위원장을 포함한 (   ) 이내의 위원으로 구성하고 위원의 임기는 (   )으로 한다.

① 20인, 1년   ② 20인, 2년

③ 20인, 5년   ④ 25인, 1년

⑤ 25인, 2년

02 다음 중 철도산업정보화 기본계획에 포함되어야 하는 사항이 아닌 것은?

① 철도산업정보화의 여건 및 전망

② 철도산업정보화에 필요한 비용

③ 철도산업정보화에 필요한 인력조정·재원확보대책의 수립

④ 철도산업정보의 수집 및 조사계획

⑤ 철도산업정보의 유통 및 이용활성화에 관한 사항

03 다음 중 국토교통부장관이 사업계획의 변경을 제한할 수 있는 경우로 틀린 것은?

① 국토교통부장관이 지정한 날 또는 기간에 운송을 시작하지 아니한 경우

② 노선 운행중지, 운행제한, 감차 등을 수반하는 사업계획 변경명령을 받은 후 1년이 지나지 아니한 경우

③ 제21조에 따른 개선명령을 받고 이행하지 아니한 경우

④ 철도사고의 규모 또는 발생 빈도가 사업계획의 변경을 신청한 날이 포함된 연도의 직전 연도의 열차운행거리 100만 킬로미터당 철도사고로 인한 사망자수 또는 철도사고의 발생횟수가 최근(직전연도를 제외한다) 5년간 평균 보다 10분의 2 이상 증가한 경우

⑤ 면허에 붙인 부담을 위반한 경우

04 다음 중 보상계약체결에 관하여 원인제공자와 철도운영자의 협의가 성립되지 아니하는 때에 이를 조정할 수 있는 자로 맞는 것은?

① 국가   ② 대통령

③ 국토교통부장관   ④ 기획재정부장관

⑤ 철도산업위원회

05 다음 중 「한국철도공사법」 내용으로 틀린 것은?

① 사채의 모집에 응하고자 하는 자는 사채청약서 2통에 그 인수하고자 하는 사채의 수·인수가액과 청약자의 주소를 기재하고 기명날인하여야 한다. 다만, 사채의 최저가액을 정하여 발행하는 경우에는 그 응모가액을 기재하여야 한다.

② 공사가 사채를 발행함에 있어서 실제로 응모된 총액이 사채청약서에 기재한 사채 발행 총액에 미달하는 때에도 사채를 발행한다는 뜻을 사채청약서에 표시할 수 있다. 이 경우 그 응모총액을 사채의 발행 총액으로 한다.

③ 공사는 사채의 응모가 완료된 때에는 지체없이 응모자가 인수한 사채의 전액을 납입시켜야 한다.

④ 채권은 사채의 인수가액 전액이 납입된 후가 아니면 이를 발행하지 못한다.

⑤ 채권은 기명식으로 한다. 다만, 응모자 또는 소지인의 청구에 의하여 무기명식으로 할 수 있다.

06 다음 중 국토교통부장관이 6개월 이내의 기간을 정하여 사업의 전부 또는 일부의 정지를 명할 수 있는 경우로 틀린 것은?

① 국토교통부장관이 지정한 날 또는 기간에 운송을 시작하지 아니한 경우
② 휴업 또는 폐업의 허가를 받지 아니하거나 신고를 하지 아니하고 영업을 하지 아니한 경우
③ 면허에 붙인 부담을 위반한 경우
④ 노선 운행중지, 운행제한, 감차(減車) 등을 수반하는 사업계획 변경명령을 위반한 경우
⑤ 명의 대여 금지를 위반한 경우

07 다음 중 국토교통부장관이 철도사업자에게 명할 수 있는 것으로 틀린 것은?

① 다른 교통수단과의 연계수송의 개선
② 철도차량 및 운송 관련 장비·시설의 개선
③ 철도사업약관의 변경
④ 공동운수협정의 체결
⑤ 철도운수종사자의 양성 및 자질향상을 위한 교육

08 다음 중 민자철도 관리지원 센터의 수행 업무로 틀린 것은?

① 민자철도의 교통수요 예측, 적정 요금 또는 운임 및 운영비 산출과 관련한 자문 및 지원
② 민자철도의 유지·관리 및 운영에 관한 기준과 관련한 자문 및 지원
③ 운영평가와 관련한 자문 및 지원
④ 실시협약 변경 등의 요구와 관련한 자문 및 지원
⑤ 민자철도의 인력 양성 및 기술개발과 관련한 자문 및 지원

09 다음 중 철도사업자가 공동 활용에 관한 요청을 하는 경우 협정을 체결하여 이용할 수 있게 하여야 하는 시설로 틀린 것은?

① 철도역 및 역 시설(물류시설, 환승시설 및 편의시설 등을 포함한다)

② 철도차량의 정비·검사·점검·보관 등 유지관리를 위한 시설

③ 사고 발생 시 사고복구 지시 등 안전과 질서를 유지하기 위한 철도교통 관제시설

④ 열차의 조성 또는 분리 등을 위한 시설

⑤ 철도 운영에 필요한 정보통신 설비

10 다음 중 1년 이하의 징역 또는 1천만 원 벌금 처분을 하여야 되는 자로 맞는 것은?

① 사업계획의 변경명령을 위반한 자

② 거짓이나 그 밖의 부정한 방법으로 철도사업의 면허를 받은 자

③ 거짓이나 그 밖의 부정한 방법으로 따른 전용철도의 등록을 한 자

④ 면허를 받지 아니하고 철도사업을 경영한 자

⑤ 국토교통부장관의 인가를 받지 아니하고 공동운수협정을 체결하거나 변경한 자

01 다음 중 기본계획에 포함되어야 하는 사항으로 틀린 것은?

① 철도시설의 투자·건설·유지보수 및 이를 위한 재원확보에 관한 사항

② 철도기술의 개발 및 활용에 관한 사항

③ 철도운영체계의 개선에 관한 사항

④ 철도산업 전문인력의 양성에 관한 사항

⑤ 철도시설관리자와 철도운영자간 상호협력 및 조정에 관한 사항

02 다음 중 철도산업구조개혁에 대한 내용으로 틀린 것은?

① 국가철도공단은 철도시설의 안전을 위하여 대통령이 정하는 업무를 대행할 수 있으며, 이 때 철도의 관리청으로 본다.

② 철도산업구조개혁 기본계획 추진기간 6개월 변경은 행정기관의 장과 협의할 필요가 없다.

③ 관계행정기관의 장은 전년도 철도산업구조개혁 시행계획의 추진실적을 매년 2월 말까지 국토교통부장관에게 제출하여야 한다.

④ 국토교통부장관은 철도요금·철도시설사용료 등 가격정책에 관한 사항을 변경한 때에는 관보에 고시하여야 한다.

⑤ 철도산업의 구조개혁을 추진하는 경우 철도시설 및 철도운영 관련사업은 국가가 소유하는 것을 원칙으로 한다.

03 다음 중 아래의 서류를 첨부하여야 하는 문서로 맞는 것은?

- 국가부담비용 지급 신청액 및 산정내역서
- 당해 연도의 예상수입·지출명세서
- 최근 2년간 지급받은 국가부담비용내역서
- 원가계산서

① 국가부담비용 지급신청서　　　　② 국가부담비용 정산서

③ 보상계약 신청서　　　　　　　　④ 국가부담비용 추정서

⑤ 국가부담비용 계산서

04 다음 중 빈칸에 들어갈 말을 순서대로 나열한 것으로 알맞은 것은?

[철도시설관리자와 철도운영자가 특정 노선 폐지 등의 승인신청서를 제출할 때 첨부 서류]
- 향후 (㉠) 동안의 (㉡) 평균 철도서비스 수요에 대한 전망
- 과거 (㉢) 이상의 기간 동안의 수입·비용 및 영업손실액에 관한 회계보고서 국토교통부 장관은 특정 노선 폐지 등의 승인을 할 때에는 그 승인이 있은 날부터 (㉣) 이내에 폐지 되는 특정 노선 및 역 또는 제한·중지되는 철도서비스의 내용과 그 사유를 국토교통부 령이 정하는 바에 따라 공고하여야 한다.

	㉠	㉡	㉢	㉣
①	1년	1일	6월	6월
②	1년	1일	1년	1월
③	5년	1일	1년	1월
④	5년	1일	1년	3월
⑤	5년	1일	5년	1월

05 다음 중 보기에 대한 벌칙으로 맞는 것은?

관리청의 허가를 받지 아니하고 철도시설을 이용한 자

① 3년 이하의 징역 또는 5천만 원 이하의 벌금에 처한다.
② 3년 이하의 징역 또는 3천만 원 이하의 벌금에 처한다.
③ 3년 이하의 징역 또는 2천만 원 이하의 벌금에 처한다.
④ 2년 이하의 징역 또는 3천만 원 이하의 벌금에 처한다.
⑤ 2년 이하의 징역 또는 2천만 원 이하의 벌금에 처한다.

06 다음 중 철도사업의 면허기준으로 틀린 것은?
① 해당 사업의 시작으로 철도교통의 안전에 지장을 줄 염려가 없을 것
② 해당 사업의 운행계획이 그 운행 구간의 철도 수송 수요와 수송력 공급 및 이용자의 편의에 적합할 것
③ 신청자가 해당 사업을 수행할 수 있는 재정적 능력이 있을 것
④ 해당 사업에 사용할 철도차량의 대수, 사용연한 및 규격이 국토교통부령으로 정하는 기준에 맞을 것
⑤ 그 밖에 철도사업에 필요한 국토교통부령으로 정하는 기준에 맞을 것

07 다음 중 여객 운임·요금의 신고에 대한 내용으로 틀린 것은?

① 철도사업자는 사업용 철도를 도시철도법에 의한 도시철도운영자가 운영하는 도시철도와 연결하여 운행하려는 때에는 법에 따라 여객 운임·요금의 신고 또는 변경신고를 하기 전에 여객 운임·요금 및 그 변경시기에 관하여 미리 당해 기획재정부장관과 협의하여야 한다.

② 국토교통부장관은 법에 따라 여객에 대한 운임의 상한을 지정하는 때에는 물가상승률, 원가수준, 다른 교통수단과의 형평성, 사업용 철도노선의 분류와 법에 따른 철도차량의 유형 등을 고려하여야 하며, 여객 운임의 상한을 지정한 경우에는 이를 관보에 고시하여야 한다.

③ 국토교통부장관은 여객 운임의 상한을 지정하기 위하여 「철도산업발전기본법」에 따른 철도산업위원회 또는 철도나 교통 관련 전문기관 및 전문가의 의견을 들을 수 있다.

④ 국토교통부장관이 여객 운임의 상한을 지정하려는 때에는 철도사업자로 하여금 원가계산 그 밖에 여객 운임의 산출기초를 기재한 서류를 제출하게 할 수 있다.

⑤ 국토교통부장관은 사업용 철도노선과 「도시철도법」에 의한 도시철도가 연결되어 운행되는 구간에 대하여 여객 운임의 상한을 지정하는 경우에는 「도시철도법」에 따라 특별시장·광역시장·특별자치시장·도지사 또는 특별자치도지사가 정하는 도시철도 운임의 범위와 조화를 이루도록 하여야 한다.

08 다음 중 국토교통부장관이 지정한 날 또는 기간에 운송을 시작하지 않은 경우 과징금으로 맞는 것은?

① 5천만 원　　　　　　　　　② 2천만 원
③ 1천만 원　　　　　　　　　④ 500만 원
⑤ 300만 원

09 다음 중 국토교통부장관이 전용철도 운영의 건전한 발전을 위하여 필요하다고 인정하는 경우 전용철도운영자에게 명할 수 있는 사항으로 맞는 것은?

① 사업계획 변경　　　　　　　② 철도사업약관의 변경
③ 철도차량 및 운송 관련 장비·시설의 개선　　④ 사업장의 이전
⑤ 안전운송의 확보 및 서비스의 향상을 위하여 필요한 조치

10 다음 중 빈칸에 들어갈 단어를 순서대로 나열한 것으로 알맞은 것은?

> • 사채의 발행액은 공사의 자본금과 적립금을 합한 금액의 (　)를 초과하지 못한다.
> • 사채의 소멸시효는 원금은 (　), 이자는 (　)이 지나면 완성한다.

① 2배, 5년, 2년　　　　　　　② 5배, 5년, 2년
③ 2배, 2년, 5년　　　　　　　④ 5배, 2년, 5년
⑤ 30배, 5년, 2년

01 다음 중 철도산업시책에 관한 내용으로 틀린 것은?

① 국토교통부장관은 위원회의 회의를 소집하고 그 의장이 된다.

② 국토교통부장관은 회의록을 작성·비치하여야 한다.

③ 위원회에 간사 1인을 두되, 간사는 국토교통부장관이 국토교통부 소속 공무원 중에서 지명한다.

④ 실무위원회에 간사 1인은 예산의 범위 안에서 수당·여비 그 밖의 필요한 경비를 지급받지 못한다.

⑤ 위원회 및 실무위원회의 운영에 관하여 필요한 사항은 위원회의 의결을 거쳐 국토교통부장관이 정한다.

02 다음 중 선로와 관련한 내용으로 맞는 것을 모두 고른 것은?

> ㉠ 철도시설관리자와 철도운영자는 선로배분지침을 작성하여 정기적으로 이를 교환하고, 이를 변경한 때에는 즉시 통보하여야 한다.
>
> ㉡ 선로 등 사용계약을 체결하려는 경우 사용기간이 5년을 초과해서는 안 된다.
>
> ㉢ 선로 등 사용계약에는 사용기간, 사용조건 및 사용료가 포함되어야 한다.
>
> ㉣ 선로 등 사용계약을 체결하여 사용하고 있는 자가 계속 사용하고자 하는 경우에는 사용기간이 만료되기 10월 전까지 선로 등 사용계약의 갱신을 신청하여야 하며, 철도시설관리자는 우선적으로 협의하여야 한다.

① ㉠, ㉡   ② ㉠, ㉢

③ ㉡, ㉢   ④ ㉡, ㉣

⑤ ㉡, ㉢, ㉣

03 다음 중 철도시설관리자와 철도운영자가 제출하여야 하는 특정 노선 폐지 등의 승인신청서의 첨부서류로 맞는 것은?

① 지역별·노선별·수송대상별 철도차량의 운행빈도, 역수, 종사자수 등 운영현황

② 과거 1년 이상의 기간 동안의 1일 평균 철도서비스 수요

③ 향후 5년 동안의 수입, 비용 및 영업손실액에 관한 회계보고서

④ 과거 5년 동안의 공익서비스 비용의 전체규모 및 법에 의한 원인 제공자가 부담한 공익서비스 비용의 규보

⑤ 대체수송수단의 확보

04 다음 「철도산업발전기본법」 내용 중 맞는 것은?

① 국토교통부장관은 철도부채 인계 승인신청서를 받았을 때 기획재정부장관과 협의하여 그 결과를 통보하여야 한다.

② 공사는 철도청 직원 중 철도공사 직원으로 고용이 승계되는 자에 대하여는 근로여건 및 퇴직급여의 불이익이 발생하지 않도록 필요한 조치를 한다.

③ 국가부담비용을 지급받는 철도운영자는 법 에 의한 노선 및 역에 대한 회계를 다른 회계와 함께 경리하여야 한다.

④ 원인제공자는 철도운영자와 보상계약을 체결하기 전에 계약내용에 관하여 국토교통부장관 및 기획재정부장관과 미리 협의하여야 한다.

⑤ 철도공사는 특정 노선 및 역을 폐지하거나 철도서비스의 제한·중지 등의 조치를 취하고자 하는 때에는 대통령령으로 정하는 바에 의하여 대체수송수단의 마련 등 필요한 조치를 하여야 한다.

05 다음 내용은 「철도사업법」 제10조의 내용 일부이다. 빈칸에 들어갈 말을 순서대로 나열한 것으로 알맞은 것은?

① 철도사업자는 열차를 이용하는 여객이 정당한 운임·요금을 지급하지 아니하고 열차를 이용한 경우에는 승차 구간에 해당하는 운임 외에 그의 (   )배의 범위에서 부가 운임을 징수할 수 있다.

② 철도사업자는 송하인(送荷人)이 운송장에 적은 화물의 품명·중량·용적 또는 개수에 따라 계산한 운임이 정당한 사유 없이 정상 운임보다 적은 경우에는 송하인에게 그 부족 운임 외에 그 부족 운임의 (   )배의 범위에서 부가 운임을 징수할 수 있다.

③ 철도사업자는 제1항 및 제2항에 따른 부가 운임을 징수하려는 경우에는 사전에 부가 운임의 징수 대상 행위, 열차의 종류 및 운행 구간 등에 따른 부가 운임 산정기준을 정하고 제11조에 따른 철도사업약관에 포함하여 국토교통부장관에게 신고하여야 한다.

④ 국토교통부장관은 제3항에 따른 신고를 받은 날부터 (   ) 이내에 신고수리 여부를 신고인에게 통지하여야 한다.

① 5, 10, 3일   ② 5, 30, 7일

③ 30, 5, 3일   ④ 30, 5, 7일

⑤ 50, 5, 7일

06 다음 중 면허를 취소하거나 6개월 이내의 기간을 정하여 사업의 전부 또는 일부의 정지를 명하거나 노선 운행중지·운행제한·감차 등을 수반하는 사업계획의 변경을 명할 수 있는 경우로 틀린 것은?

① 국토교통부장관이 지정한 날 또는 기간에 운송을 시작하지 아니한 경우

② 사업 경영의 불확실 또는 자산상태의 현저한 불량이나 그 밖의 사유로 사업을 계속하는 것이 적합하지 아니할 경우

③ 고의 또는 중대한 과실에 의한 1회 철도사고로 사망자 10명이 발생하게 된 경우

④ 철도사업의 면허기준에 미달하게 된 경우. 다만, 6개월 이내에 그 기준을 충족시킨 경우에는 예외로 한다.

⑤ 1년 이내에 3회 이상 사업계획을 성실하게 이행하지 않은 경우

07 다음 중 민자철도 사업자에 관하여 틀린 것은?

① 민자철도 사업자는 민자철도의 안전하고 효율적인 유지·관리와 이용자 편의를 도모하기 위하여 고시된 기준을 준수하여야 한다.

② 국토교통부장관은 민자철도의 유지·관리 및 운영에 관한 기준에 따라 매년 소관 민자철도에 대하여 철도서비스의 품질평가를 실시하여야 한다.

③ 해당 민자철도의 실시협약 체결 당시 예상되지 않았던 다른 철도가 연결되는 경우로 인하여 연간 실제 교통량이 실시협약에서 정한 교통량의 100분의 30 이상 변경된 경우 민자철도 사업자에게 그 사유를 소명하거나 해소 대책을 수립할 것을 요구할 수 있다.

④ 국토교통부장관은 정책의 변경 또는 법령의 개정 등으로 인하여 민자철도 사업자가 부담하여야 하는 비용이 추가로 발생하는 경우 그 비용의 전부 또는 일부를 지원할 수 있다.

⑤ 국토교통부장관은 민자철도 사업자가 실시협약의 변경 등 요구에 따르지 아니하는 경우 정부지급금, 실시협약에 따른 보조금 및 재정지원금의 전부 또는 일부를 지급하지 아니할 수 있다.

08 다음 중 채권이 기명식인 때에만 사채원부에 기재하여야 되는 사항으로 맞는 것은?

① 채권의 발행연월일   ② 채권종류

③ 채권의 취득연월일   ④ 채권의 종류별 수와 번호

⑤ 공사의 명칭

09 다음 중 빈칸에 들어갈 주체가 다른 하나는?

> • 국토교통부장관은 제26조에 따른 철도서비스의 품질을 평가한 경우에는 그 평가 결과를 (①)으로 정하는 바에 따라 신문 등 대중매체를 통하여 공표하여야 한다.
> • 철도서비스의 기준, 품질평가의 항목·절차 등에 필요한 사항은 (②)으로 정한다.
> • 철도사업자는 철도운영의 효율화와 회계처리의 투명성을 제고하기 위하여 (③)으로 정하는 바에 따라 철도사업의 종류별·노선별로 회계를 구분하여 경리하여야 한다.
> • 전용철도를 운영하려는 자는 (④)으로 정하는 바에 따라 전용철도의 건설·운전·보안 및 운송에 관한 사항이 포함된 운영계획서를 첨부하여 국토교통부장관에게 등록을 하여야 한다. 등록사항을 변경하려는 경우에도 같다. 다만 대통령령으로 정하는 경미한 변경의 경우에는 예외로 한다.
> • 전용철도의 운영을 양도·양수하려는 자는 (⑤)으로 정하는 바에 따라 국토교통부장관에게 신고하여야 한다.

10 다음 중 빈칸에 들어갈 단어를 순서대로 나열한 것으로 맞는 것은?

> [한국철도공사법 제10조]
> ① 공사는 매 사업연도 결산 결과 이익금이 생기면 다음 각 호의 순서로 처리하여야 한다.
> 1. 이월결손금의 보전(補塡)
> 2. 자본금의 2분의 1이 될 때까지 이익금의 10분의 2 이상을 (   )으로 적립
> 3. 자본금과 같은 액수가 될 때까지 이익금의 10분의 2 이상을 (   )으로 적립
> 4. 국고에 납입
> ② 공사는 매 사업연도 결산 결과 손실금이 생기면 우선, (   )으로 보전한다.

① 이익준비금, 사업확장적립금, 사업확장 적립금
② 사업확장적립금, 이익준비금, 이익준비금
③ 이익준비금, 사업확장적립금, 이익준비금
④ 사업확장 적립금, 사업확장적립금, 사업확장 적립금
⑤ 사업확장적립금, 이익준비금, 사업확장 적립금

01 다음 중 철도자산, 부채에 대한 내용으로 틀린 것은?

① 국가는 국유재산법에도 불구하고 철도자산처리계획에 의하여 철도공사에 운영자산을 현물 출자한다.

② 건설 중인 시설자산을 제외하고 철도청의 시설자산은 국가철도공단에 이관한다.

③ 국토교통부장관은 철도청의 기타자산을 상법에 의하여 설립된 주식회사에 사용하게 할 수 있다.

④ 국토교통부장관은 철도자산과 철도부채를 기획재정부장관과 미리 협의하여 구분하여야 한다.

⑤ 공무원 신분을 계속 유지하는 자는 철도공사가 고용승계하지 않는다.

02 다음 중 비상사태 시 국토교통부장관이 조정, 명령 그 밖의 필요한 조치를 할 수 있는 사항으로 모두 고른 것은?

> ㉠ 지역별·노선별·수송대상별 수송 우선순위 부여 등 수송통제
> ㉡ 철도시설·철도차량 또는 설비의 가동 및 조업
> ㉢ 대체수송수단의 운행횟수 증대, 노선조정 또는 추가투입
> ㉣ 철도서비스 인력의 투입
> ㉤ 대체수송에 필요한 재원조달
> ㉥ 철도차량의 운행시간대 및 운행횟수 조정
> ㉦ 철도이용의 제한 또는 금지

① ㉠, ㉡, ㉣
② ㉠, ㉡, ㉢, ㉣
③ ㉠, ㉡, ㉣, ㉦
④ ㉠, ㉡, ㉢, ㉣, ㉦
⑤ ㉠, ㉡, ㉢, ㉣, ㉥, ㉦

03 다음 중 철도의 전체 기능을 상실한 기간이 7일인 경우 과징금 금액으로 맞는 것은?

① 1천만 원
② 2천만 원
③ 4천만 원
④ 5천만 원
⑤ 1억 원

04 다음 중 여객운임, 요금의 신고 등에 대하여 틀린 것은?

① 철도사업자는 여객에 대한 운임(여객운송에 대한 직접적인 대가를 말하며, 여객운송과 관련된 설비·용역에 대한 대가는 제외한다. 이하 같다)·요금을 국토교통부장관에게 신고하여야 한다.

② 철도사업자는 여객 운임·요금을 정하거나 변경하는 경우에는 원가와 버스 등 다른 교통수단의 여객 운임·요금과의 형평성 등을 고려하여야 한다.

③ 국토교통부장관은여객 운임의 상한을 지정하려면 미리 기획재정부장관과 협의하여야 한다.

④ 국토교통부상관은 신고 또는 변경신고를 받은 날부터 3일 이내에 신고수리 여부를 신고인에게 통지하여야 한다.

⑤ 철도사업자는 신고 또는 변경신고를 한 여객 운임·요금을 그 시행 3일 이전에 인터넷 홈페이지, 관계 역·영업소 및 사업소 등 일반인이 잘 볼 수 있는 곳에 게시하여야 한다.

05 다음 중 공동운수협정을 인가하는 자로 맞는 것은?

① 대통령 　　　　　　　　　② 국토교통부장관
③ 기획재정부장관 　　　　　④ 공정거래위원회
⑤ 철도시설관리자

06 다음은 「철도산업발전기본법」 내용 중 일부이다. 빈칸에 들어갈 숫자의 합으로 맞는 것은?

- 국가부담비용을 지급받은 철도운영자는 당해 반기가 끝난 후 (　)일 이내에 국가부담비용 정산서를 국토교통부장관에게 제출하여야 한다.
- 국토교통부장관은 규정에 의하여 과태료를 부과하고자 하는 때에는 (　)일 이상의 기간을 정하여 과태료 처분 대상자에게 구술 또는 서면에 의한 의견진술의 기회를 주어야 한다. 이 경우 지정된 기일까지 의견진술이 없는 때에는 의견이 없는 것으로 본다.

① 10　　　② 12　　　③ 14　　　④ 30　　　⑤ 40

07 다음 중 빈칸에 들어갈 말로 맞는 것은?

국토교통부장관은 「사회기반시설에 대한 민간투자법」 제53조에 따라 국가가 재정을 지원한 민자철도의 건설 및 유지·관리 현황에 관한 보고서를 작성하여 매년 (　　)까지 국회 소관 상임위원회에 제출하여야 한다.

① 2월 말 　　　　　　　　　② 5월 31일
③ 10월 말 　　　　　　　　④ 11월 말
⑤ 12월 31일

08 다음 중 빈칸에 들어갈 말을 순서대로 나열한 것으로 맞는 것은?

> • 규정에 의한 철도시설의 가액은 「국유재산법 시행령」 제42조를 준용하여 산출하되, 당해 철도시설의 가액은 산출 후 (   ) 이내에 한하여 적용한다.
> • 점용료는 매년 (   )까지 당해 연도 해당분을 선납하여야 한다. 다만, 국토교통부장관은 부득이한 사유로 선납이 곤란하다고 인정하는 경우에는 그 납부기한을 따로 정할 수 있다.
> • 철도시설의 점용허가를 받은 자는 점용허가기간이 만료되거나 점용을 폐지한 날부터 (   ) 이내에 점용허가 받은 철도시설을 원상으로 회복하여야 한다. 다만, 국토교통부장관은 불가피하다고 인정하는 경우에는 원상회복 기간을 연장할 수 있다.

① 1년, 1월 말, 3월
② 1년, 5월 말, 6월
③ 3년, 1월 말, 3월
④ 3년, 1월 말, 6월
⑤ 3년, 5월 말, 3월

09 다음 중 근무 중 알게된 사실을 누설한 자의 처분으로 맞는 것은?
① 3년 이하의 징역 또는 2천만 원 이하의 벌금
② 3년 이하의 징역 또는 3천만 원 이하의 벌금
③ 2년 이하의 징역 또는 3천만 원 이하의 벌금
④ 2년 이하의 징역 또는 2천만 원 이하의 벌금
⑤ 1년 이하의 징역 또는 1천만 원 이하의 벌금

10 다음 중 국토교통부장관이 공사의 업무 중에서 지도·감독하는 사항으로 틀린 것을 모두 고른 것은?

> ㉠ 연도별 사업계획 및 예산에 관한 사항
> ㉡ 운임·요금 징수 방식의 개선에 관한 사항
> ㉢ 철도서비스 품질 개선에 관한 사항
> ㉣ 철도서비스 인력의 투입
> ㉤ 철도사업계획의 이행에 관한 사항
> ㉥ 철도시설·철도차량·열차운행 등 철도의 안전을 확보하기 위한 사항
> ㉦ 철도운영서비스의 개선에 관한 사항

① ㉠, ㉢, ㉤, ㉥
② ㉡, ㉣, ㉦
③ ㉡, ㉣, ㉤, ㉥
④ ㉡, ㉢, ㉥, ㉦
⑤ ㉣, ㉤, ㉦

부록II

제1장 총칙

01	경쟁력	06	한국고속철도건설공단	11	포함	16	차량, 차량유치	21	선로
02	발전기반	07	국가철도공단 및 한국철도공사	12	물류, 환승, 편의	17	철도기술	22	동력차·객차·화차 및 특수차
03	효율성	08	운송	13	철도운영	18	대통령령	23	철도차량을
04	공익성	09	운영·지원	14	선로 및 철도차량	19	철도 여객 및 화물	24	직선화·전철화·복선화 및 현대화
05	국민경제	10	포함	15	선로	20	철도차량, 열차	25	개량

26	성능향상	31	철도운영자
27	국토교통부장관	32	사업기간
28	국가철도공단	33	국토교통부장관
29	철도시설관리권		
30	한국철도공사		

제2장 철도산업 발전기반의 조성

[제1절 철도산업시책의 수립 및 추진체제]

01	효율성	06	5년	11	중기	16	국토교통부 장관	21	100분의 1
02	공익적	07	기본방향	12	행정기관의 장과	17	대통령령	22	2년
03	효율성, 환경친화성, 수송효율성	08	철도시설	13	철도산업 위원회	18	목표	23	11월 말
04	국가는	09	철도운영 체계	14	변경은 제외	19	국토교통부 장관	24	2월 말
05	국토교통부 장관은	10	대통령령	15	관계행정 기관의 장	20	100분의 1	25	25인

26	분과위원회	31	과반수	36	3급	41	국토교통부 장관이		
27	대통령령	32	출석위원	37	2년	42	국토교통부 장관이		
28	국토교통부 장관	33	1인	38	있다.	43	공무원이 아닌		
29	2년	34	실무위원회	39	간사	44	국토교통부 장관		
30	있다	35	20인	40	1인, 단원으로				

01	철도시설	06	국토교통부장관은	11	국토교통부장관은	16	국가는	21	사단법인
02	높아지도록	07	국토교통부장관은	12	여건 및 전망	17	법인		
03	국가 및 지방자치단체는	08	국가는	13	국토교통부장관	18	국토교통부장관		
04	국토교통부장관은	09	한국철도기술연구원	14	위원회의 심의를 거쳐야	19	정관, 국토교통부장관		
05	국가는	10	대통령령	15	국토교통부장관은	20	대통령령		

제3장 철도안전 및 이용자 보호

01	철도시설관리자	06	시책						
02	제조	07	국토교통부령						
03	국가는	08	국가는						
04	철도운영자								
05	국토교통부장관은								

제4장 철도산업구조개혁의 추진

[제1절 기본시책]

01	대통령령	06	철도교통관제시설	11	관보에 고시	16	국토교통부장관	21	국가
02	업무절차서	07	추진방안	12	대통령령	17	국가철도공단	22	국가 외의 자가 영위하는 것을
03	합동점검을	08	대통령령	13	구조개편	18	대통령령	23	경쟁력
04	작업시간	09	행정기관의 장	14	중장기	19	본다.	24	철도운영서비스
05	철도차량	10	제외	15	1년	20	국토교통부장관	25	경쟁여건

[제2절 자산·부채 및 인력의 처리]

01	국토교통부장관은	06	현물	11	처리방향	16	포함	21	제외
02	운영	07	건설 중인 시설자산은 제외한다	12	비영리	17	국토교통부장관	22	철도공사
03	시설	08	건설	13	상법	18	운영	23	국가철도공단
04	기타	09	국토교통부장관의	14	주식회사	19	시설	24	일반회계
05	위원회의 심의를 거쳐	10	대통령령	15	철도자산	20	기타	25	국토교통부장관의

26	대통령령
27	제외

[제3절 철도시설관리권 등]

01	국토교통부 장관	06	물권	11	관리대장	16	대통령령	21	100분의 60
02	철도시설 관리권	07	동의가 없으면 처분할 수 없다.	12	국토교통부령	17	사회경제적 편익	22	조치사항
03	대통령령	08	국토교통부	13	대통령령	18	대통령령	23	비밀누설금지
04	국토교통부 장관	09	철도시설 관리권등록부	14	관리청	19	국유재산법	24	5년
05	변경	10	대통령령	15	사용료	20	1년	25	종류 및 길이

26	철도운영	31	운행시간대 및 운행횟수	36	철도시설 관리자와				
27	철도시설 관리자는	32	계획서	37	철도시설 관리자				
28	전액을	33	1월						
29	제외	34	국토교통부 장관						
30	종류 및 중량	35	10월						

[제4절 공익적 기능의 유지]

01	3월 말	06	원가계산서	11	국토교통부 장관 및 기획 재정부장관	16	관보에 공고	21	5년
02	국토교통부 장관	07	30일	12	국토교통부령	17	대통령령	22	이용가능성
03	관계행정기관의 장	08	현금흐름표	13	위원회	18	6월	23	실태조사
04	계상	09	전문기관	14	공익서비스 비용을 부담	19	1년	24	위원회
05	2년	10	구분	15	원인제공자 및 관계 행정 기관의 장	20	5년	25	1월

26	국토교통부령	31	지체없이						
27	경쟁								
28	국토교통부령								
29	및 수송로								
30	대통령령								

제5장 보칙 및 제6장 벌칙

01	신청	06	3년	11	국토교통부 장관				
02	철도공사	07	5천만 원	12	서면으로				
03	국가철도공단	08	3천만 원	13	10일				
04	국가철도공단	09	1천만 원	14	국토교통부 장관				
05	청문을	10	대통령령	15	국토교통부령				

PART Ⅱ 철도사업법 복습노트 정답 및 해설

제1장 총칙

01	효율적인 운영 여건	06	동력차
02	건전한	07	역무서비스를 제공하는
03	국민경제의 발전	08	전용철도 등록을 한 자
04	철도사업	09	국제철도
05	유상		

제2장 철도사업의 관리

01	국토교통부장관은	06	국토교통부령	11	안전	16	철도교통	21	대통령령
02	정차역을 포함	07	철도차량을	12	편의를 증진시키기	17	재정적 능력	22	2년
03	국토교통부령	08	운행속도	13	부담	18	대수	23	대통령령
04	운행지역, 운행거리	09	국토교통부장관	14	사업계획서	19	국토교통부령	24	2년
05	운행속도	10	공공성	15	법인	20	피성년후견인	25	도시철도법

26	국토교통부장관	31	기획재정부장관과	36	물가상승률	41	30배	46	국토교통부장관
27	국토교통부장관	32	3일	37	원가수준	42	5배	47	국토교통부령
28	직접	33	1주일	38	철도산업위원회	43	철도사업약관	48	국토교통부장관

29	는 제외한다	34	변경	39	특별시장·광역시장·특별자치시장·도지사 또는 특별자치도 지사가	44	3일	49	국토교통부 장관
30	원가	35	도시철도 운영자외	40	감면	45	증서	50	대통령령

51	인가를	56	여객열차	61	여객열차	66	제외	71	인가
52	제한	57	여객열차	62	3월	67	5년	72	국토교통부령
53	1년	58	정차역	63	운행횟수	68	10분의 2	73	신고
54	대통령령	59	10분의 2	64	100만	69	공동운수협정	74	공정거래 위원회와
55	국토교통부령	60	10분의 1	65	사망자수	70	국토교통부령	75	3일

76	국토교통부 장관의 인가를 받아야 한다.	81	신고하고	86	3개월	91	5명	96	국토교통부령
77	국토교통부령	82	60일	87	3개월	92	1억 원	97	300
78	허가	83	대통령령	88	3회	93	대통령령	98	5,000
79	국토교통부령	84	6개월	89	국토교통부령	94	국토교통부 장관은	99	500
80	6개월	85	대통령령	90	청문을	95	없다	100	서면으로

101	20일	106	변경
102	국토교통부령	107	철도운수 종사자
103	우편물과 신문	108	국토교통부령
104	운전	109	철도사업
105	국토교통부령	110	3개월

제2장의 2 민자철도 운영의 감독·관리 등

01	운영평가	06	대통령령	11	민자철도 관리지원센터	16	5월 31일		
02	운영평가	07	국세강제 징수의 예	12	국토교통부 장관	17	민자철도 사업자		
03	보고	08	10,000	13	100분의 30				
04	국토교통부령	09	미만	14	국토교통부 장관은				
05	보고하지 아니한	10	30일	15	국토교통부령				

제3장 철도서비스 향상 등

01	국토교통부령	06	철도차량	11	철도차량				
02	대통령령	07	우수서비스 마크	12	구분				
03	평가순위	08	심사	13	투명성				
04	국토교통부 장관	09	실지조사	14	국토교통부령				
05	공정거래 위원회와	10	포함	15	공무원				

제4장 전용철도

01	등록을	06	6월	11	3개월	16	3개월		
02	대통령령	07	건설	12	10일				
03	제한	08	1년	13	1개월				
04	철도차량 대수를	09	국토교통부령	14	이전				
05	법인	10	30일	15	부담				

제5장 국유철도시설의 활용·지원 등

01	대통령령	06	정관	11	1년	16	대통령령	21	100분의 120
02	철도사업자	07	50년	12	스스로	17	국가철도공단으로	22	대통령령
03	철도사업자	08	15년	13	국토교통부령	18	국세 체납처분의	23	3월
04	국토교통부령	09	5년	14	국가철도공단	19	3년	24	원상
05	법인	10	1년	15	대통령령	20	1월말	25	무상 국가귀속

26	3월								
27	3월								
28	10년								
29	10년								

제6장 보칙 및 제7장 벌칙

01	국토교통부 장관은	06	3년	11	500				
02	를 포함한다	07	표시	12	200				
03	승차권 구매이력	08	철도사업자	13	300				
04	국토교통부령	09	대통령령						
05	3년	10	6개월						

PART Ⅲ 한국철도공사법 복습노트 　정답 및 해설

01	전문성	06	정관	11	국가	16	2주일	21	2주일
02	효율성	07	이사회	12	주된 사무소	17	2주일	22	주된 사무소
03	철도산업	08	정부	13	대통령령	18	2주일	23	2주일
04	국민경제	09	기획재정부 장관	14	등기	19	주된 시무소	24	주된 사무소
05	법인	10	현물	15	임원	20	는 제외한다.	25	변경

26	2주일	31	비밀	36	장비와	41	대통령령	46	국외
27	주된 사무소의 소재지	32	도용	37	용품	42	대통령령	47	이사회의 의결을 거쳐
28	정관	33	명칭	38	차량	43	대통령령	48	환승시설
29	자본금	34	여객	39	시설	44	기술	49	카지노업
30	임원	35	화물	40	대통령령	45	대통령령	50	광고

51	정보통신	56	의 2분의 1이	61	사업확장 적립금	66	기획재정부 장관	71	국가
52	전문성	57	이익준비금	62	이익준비금	67	국토교통부 장관	72	5
53	효율성	58	과 같은 액수가	63	보전미달액	68	이사회의 의결을 거쳐	73	2
54	이익금	59	사업확장 적립금	64	대통령령	69	적립금	74	공사
55	이월결손금	60	국고	65	자본금	70	5	75	2개월

76	국토교통부 장관	81	응모가액	86	사채청약서	91	자기명의	96	무기명식
77	매출	82	사장	87	응모총액	92	전액	97	소지인
78	2	83	명칭	88	매출기간	93	사장	98	기명식
79	청약자	84	발행총액	89	공고	94	기명날인	99	사채원부
80	기명날인	85	액면금액	90	전액을	95	발행연월일	100	발행연월일

101	기명식	106	국가	111	사업을	116	국유재산 관리청과	121	사업계획서
102	취득연월일	107	사채	112	국토교통부 장관	117	국유재산법	122	국토교통부 장관
103	무기명식	108	철도사업	113	무상	118	국토교통부 장관	123	하지 못한다.
104	상환액	109	정부	114	대통령령	119	도면	124	하지 못한다.
105	공고	110	국가	115	국유재산 관리청	120	전대기간	125	국토교통부 장관

126	지도·감독	131	500만 원						
127	철도서비스	132	국토교통부 장관						
128	철도사업								
129	2년								
130	2천만 원								

01 ③ 「철도산업발전기본법」 제3조

"철도차량"이라 함은 선로를 운행할 목적으로 제작된 동력차·객차·화차 및 특수차를 말한다.

※ 한번 짚고 넘어가기! **기관차, 자동차, 정비차, 제설차, 유치차, 설비차** 등 법령과 다른 단어에 주의하기!

02 ② 「철도산업발전기본법」 제22조(철도자산의 구분 등) 참고

03 ④ 「철도사업법」 제7조(결격사유)

다음 각 호의 어느 하나에 해당하는 법인은 철도사업의 면허를 받을 수 없다.

1. 법인의 임원 중 다음 각 목의 어느 하나에 해당하는 사람이 있는 법인

> 가. 피성년후견인 또는 피한정후견인
> 나. 파산선고를 받고 복권되지 아니한 사람
> 다. 이 법 또는 대통령령으로 정하는 철도 관계 법령을 위반하여 금고 이상의 실형을 선고받고 그 집행이 끝나거나(끝난 것으로 보는 경우를 포함한다) 면제된 날부터 2년이 지나지 아니한 사람
> 라. 이 법 또는 대통령령으로 정하는 철도 관계 법령을 위반하여 금고 이상의 형의 집행유예를 선고받고 그 유예 기간 중에 있는 사람

2. 제16조 제1항에 따라 철도사업의 면허가 취소된 후 그 취소일부터 2년이 지나지 아니한 법인. 다만, 제1호 가목 또는 나목에 해당하여 철도사업의 면허가 취소된 경우는 제외한다.

04 ⑤ 「철도산업발전기본법 시행령」 제4조(철도산업발전기본계획의 경미한 변경)

법 제5조 제4항 후단에서 "대통령령이 정하는 경미한 변경"이라 함은 다음 각 호의 변경을 말한다.

> 1. 철도시설투자사업 규모의 100분의 1의 범위 안에서의 변경
> 2. 철도시설투자사업 총투자비용의 100분의 1의 범위 안에서의 변경
> 3. 철도시설투자사업 기간의 2년의 기간 내에서의 변경

05 ④ 「한국철도공사법」 제10조(손익금의 처리) 제1항

① 공사는 매 사업연도 결산 결과 이익금이 생기면 다음 각 호의 순서로 처리하여야 한다.

> 1. 이월결손금의 보전(補塡)
> 2. 자본금의 2분의 1이 될 때까지 이익금의 10분의 2 이상을 이익준비금으로 적립
> 3. 자본금과 같은 액수가 될 때까지 이익금의 10분의 2 이상을 사업확장 적립금으로 적립
> 4. 국고에 납입

06 ⑤ 「한국철도공사법」

- 제7조(대리·대행) 정관으로 정하는 바에 따라 사장이 지정한 공사의 직원은 사장을 대신하여 공사의 업무에 관한 재판상 또는 재판 외의 모든 행위를 할 수 있다.

※ 한번 짚고 넘어가기! 꼭 해당 법령을 다시 정독하도록 한다.

- 제2조(법인격) 한국철도공사(이하 "공사"라 한다)는 법인으로 한다.
- 제3조(사무소) ① 공사의 주된 사무소의 소재지는 정관으로 정한다.
- 제4조(자본금 및 출자) ① 공사의 자본금은 22조 원으로 하고, 그 전부를 정부가 출자한다.
- 제5조(등기) ③ 공사는 등기가 필요한 사항에 관하여는 등기하기 전에는 제3자에게 대항하지 못한다.

07 ② 「철도사업법」 제2조(정의)

4. "사업용 철도"란 철도사업을 목적으로 설치하거나 운영하는 철도를 말한다.

08 ④ 「철도사업법」 제12조(사업계획의 변경)

① 철도사업자는 사업계획을 변경하려는 경우에는 국토교통부장관에게 신고하여야 한다. 다만, 대통령령으로 정하는 중요 사항을 변경하려는 경우에는 국토교통부장관의 인가를 받아야 한다.

② 국토교통부장관은 철도사업자가 다음 각 호의 어느 하나에 해당하는 경우에는 제1항에 따른 사업계획의 변경을 제한할 수 있다.

> 1. 제8조에 따라 국토교통부장관이 지정한 날 또는 기간에 운송을 시작하지 아니한 경우
> 2. 제16조에 따라 노선 운행중지, 운행제한, 감차(減車) 등을 수반하는 사업계획 변경명령을 받은 후 1년이 지나지 아니한 경우
> 3. 제21조에 따른 개선명령을 받고 이행하지 아니한 경우
> 4. 철도사고(「철도안전법」 제2조 제11호에 따른 철도사고를 말한다. 이하 같다)의 규모 또는 발생 빈도가 대통령령으로 정하는 기준 이상인 경우

09 ③ 「한국철도공사법」 제11조(사채의 발행 등)

① 공사는 이사회의 의결을 거쳐 사채를 발행할 수 있다.

② 사채의 발행액은 공사의 자본금과 적립금을 합한 금액의 5배를 초과하지 못한다.

③ 국가는 공사가 발행하는 사채의 원리금 상환을 보증할 수 있다.

④ 사채의 소멸시효는 원금은 5년, 이자는 2년이 지나면 완성한다.

※ 한번 짚고 넘어가기! **제2항과 제4항이 출제되기 쉬운 포인트**이므로 꼭 숙지하도록 한다.

10 ① 「철도사업법」

• 제49조(벌칙) ① 다음 각 호의 어느 하나에 해당하는 자는 2년 이하의 징역 또는 2천만 원 이하의 벌금에 처한다.

> 1. 제5조 제1항에 따른 면허를 받지 아니하고 철도사업을 경영한 자

※ 한번 짚고 넘어가기! 꼭 해당 법령을 다시 정독하도록 한다.

• 제51조(과태료) ① 다음 각 호의 어느 하나에 해당하는 자에게는 1천만 원 이하의 과태료를 부과한다.

> 1. 제9조 제1항에 따른 여객 운임·요금의 신고를 하지 아니한 자
> 2. 제11조 제1항에 따른 철도사업약관을 신고하지 아니하거나 신고한 철도사업약관을 이행하지 아니한 자
> 3. 제12조에 따른 인가를 받지 아니하거나 신고를 하지 아니하고 사업계획을 변경한 자

② 다음 각 호의 어느 하나에 해당하는 자에게는 500만 원 이하의 과태료를 부과한다.

> 1. 제18조에 따른 사업용 철도차량의 표시를 하지 아니한 철도사업자

01 ⑤ 「철도산업발전기본법」 제3조(정의)

11. "공익서비스"라 함은 철도운영자가 영리목적의 영업활동과 관계없이 국가 또는 지방자치단체의 정책이나 공공목적 등을 위하여 제공하는 철도서비스를 말한다.

02 ④ 「철도산업발전기본법」 제5조(철도산업발전기본계획의 수립 등) 제1항

국토교통부장관은 철도산업의 육성과 발전을 촉진하기 위하여 5년 단위로 철도산업발전기본계획(이하 "기본계획"이라 한다)을 수립하여 시행하여야 한다.

03 ② 「철도산업발전기본법 시행령」 제35조(철도시설의 사용계약)

② 법 제3조 제2호 가목부터 라목까지에서 규정한 철도시설(이하 "선로 등"이라 한다)에 대한 법 제31조 1항에 따른 사용계약(이하 "선로 등 사용계약"이라 한다)을 체결하려는 경우에는 다음 각 호의 기준을 모두 충족해야 한다.

> 1. 해당 선로 등을 여객 또는 화물운송 목적으로 사용하려는 경우일 것
> 2. 사용기간이 5년을 초과하지 않을 것

04 ③ 「철도산업발전기본법 시행령」 제41조(국가부담비용의 지급)

② 국토교통부장관은 제1항의 규정에 의하여 국가부담비용 지급신청서를 제출받은 때에는 이를 검토하여 매 반기마다 반기 초에 국가부담비용을 지급하여야 한다.

05 ④ 「철도사업법」 제2조(정의)

"철도운수종사자"란 철도운송과 관련하여 승무(乘務, 동력차 운전과 열차 내 승무를 말한다. 이하 같다) 및 역무서비스를 제공하는 직원을 말한다.

06 ① 「철도사업법」 제4조(사업용철도노선의 고시 등) 제1항

> 1. 노선번호
> 2. 노선명
> 3. 기점
> 4. 종점
> 5. 정차역을 포함한 중요 경과지

07 ② 「철도사업법」 제9조의2(여객 운임·요금의 감면)

철도사업자는 제1항에 따라 여객 운임·요금을 감면하는 경우에는 그 시행 **3일 이전**에 감면 사항을 인터넷 홈페이지, 관계 역·영업소 및 사업소 등 일반인이 잘 볼 수 있는 곳에 게시하여야 한다. 다만, 긴급한 경우에는 미리 게시하지 아니할 수 있다.

08 ② 「철도사업법」 제51조(과태료)

② 다음 각 호의 어느 하나에 해당하는 자에게는 500만 원 이하의 과태료를 부과한다.

> 1. 제18소에 따른 사업용 철도차량의 표시(철도사업자는 철도사업에 사용되는 철도차량에 철도사업자의 명칭과 그 밖에 국토교통부령으로 정하는 사항을 표시)를 하지 아니한 철도사업자
> 2. 삭제
> 3. 제32조 제1항 또는 제2항을 위반하여 회계를 구분하여 경리하지 아니한 자

09 ④ 「한국철도공사법」 제5조(등기)

공사의 설립등기와 하부조직의 설치·이전 및 변경 등기, 그 밖에 공사의 등기에 필요한 사항은 대통령령으로 정한다.

10 ⑤ 「한국철도공사법」 제11조(사채의 발행 등)

⑤ 공사는 「공공기관의 운영에 관한 법률」 제40조 제3항에 따라 예산이 확정되면 **2개월** 이내에 해당 연도에 발행할 사채의 목적·규모·용도 등이 포함된 사채발행 운용계획을 수립하여 이사회의 의결을 거쳐 국토교통부장관의 승인을 받아야 한다. 운용계획을 변경하려는 경우에도 또한 같다.

01 ② 「철도산업발전기본법 시행령」 제10조(실무위원회 구성 등)

실무위원회는 위원장을 포함한 20인 이내의 위원으로 구성한다. 규정에 의한 위원의 임기는 2년으로 하되, 연임할 수 있다.

02 ③ 「철도산업발전기본법 시행령」 제15조(철도산업정보화기본계획의 내용 등)

① 법 제12조 제1항의 규정에 의한 철도산업정보화기본계획에는 다음 각 호의 사항이 포함되어야 한다.

> 1. 철도산업정보화의 여건 및 전망
> 2. 철도산업정보화의 목표 및 단계별 추진계획
> 3. 철도산업정보화에 필요한 비용
> 4. 철도산업정보의 수집 및 조사계획
> 5. 철도산업정보의 유통 및 이용활성화에 관한 사항
> 6. 철도산업정보화와 관련된 기술개발의 지원에 관한 사항
> 7. 그 밖에 국토교통부장관이 필요하다고 인정하는 사항

※ 철도산업구조개혁과 관련된 인력조정·재원확보대책의 수립은 철도산업구조개혁기획단의 업무다.

03 ⑤

- 「철도사업법」 제12조(사업계획의 변경) ② 국토교통부장관은 철도사업자가 다음 각 호의 어느 하나에 해당하는 경우에는 제1항에 따른 사업계획의 변경을 제한할 수 있다.

> 1. 제8조에 따라 국토교통부장관이 지정한 날 또는 기간에 운송을 시작하지 아니한 경우
> 2. 제16조에 따라 노선 운행중지, 운행제한, 감차(減車) 등을 수반하는 사업계획 변경명령을 받은 후 1년이 지나지 아니한 경우
> 3. 제21조에 따른 개선명령을 받고 이행하지 아니한 경우
> 4. 철도사고(「철도안전법」 제2조 제11호에 따른 철도사고를 말한다. 이하 같다)의 규모 또는 발생 빈도가 대통령령으로 정하는 기준 이상인 경우

- 5번 선지는 철도사업계획에 존재하지 않음, 면허에 부담을 붙이는 것은 전용철도 등록 사항이다.

04 ⑤ 「철도산업발전기본법」 제33조(공익서비스 제공에 따른 보상계약의 체결)

⑤ 보상계약체결에 관하여 원인제공자와 철도운영자의 협의가 성립되지 아니하는 때에는 원인제공자 또는 철도운영자의 신청에 의하여 위원회가 이를 조정할 수 있다.

05 ⑤ 「한국철도공사법 시행령」 제16조(채권의 형식)

채권은 무기명식으로 한다. 다만, 응모자 또는 소지인의 청구에 의하여 기명식으로 할 수 있다.

06 ④ 「철도사업법」 제16조(면허취소 등)

① 국토교통부장관은 철도사업자가 다음 각 호의 어느 하나에 해당하는 경우에는 면허를 취소하거나, 6개월 이내의 기간을 정하여 사업의 전부 또는 일부의 정지를 명하거나, 노선 운행중지·운행제한·감차 등을 수반하는 사업계획의 변경을 명할 수 있다. 다만, 제4호 및 제7호의 경우에는 면허를 취소하여야 한다.

> 1. 면허받은 사항을 정당한 사유 없이 시행하지 아니한 경우
> 2. 사업 경영의 불확실 또는 자산상태의 현저한 불량이나 그 밖의 사유로 사업을 계속하는 것이 적합하지 아니할 경우
> 3. 고의 또는 중대한 과실에 의한 철도사고로 대통령령으로 정하는 다수의 사상자(死傷者)가 발생한 경우
> 4. 거짓이나 그 밖의 부정한 방법으로 제5조에 따른 철도사업의 면허를 받은 경우
> 5. 제5조 제1항 후단에 따라 면허에 붙인 부담을 위반한 경우
> 6. 제6조에 따른 철도사업의 면허기준에 미달하게 된 경우. 다만, 3개월 이내에 그 기준을 충족시킨 경우에는 예외로 한다.
> 7. 철도사업자의 임원 중 제7조 제1호 각목의 어느 하나의 결격사유에 해당하게 된 사람이 있는 경우. 다만, 3개월 이내에 그 임원을 바꾸어 임명한 경우에는 예외로 한다.
> 8. 제8조를 위반하여 국토교통부장관이 지정한 날 또는 기간에 운송을 시작하지 아니한 경우
> 9. 제15조에 따른 휴업 또는 폐업의 허가를 받지 아니하거나 신고를 하지 아니하고 영업을 하지 아니한 경우
> 10. 제20조 제1항에 따른 준수사항을 1년 이내에 3회 이상 위반한 경우
> 11. 제21조에 따른 개선명령을 위반한 경우
> 12. 제23조에 따른 명의 대여 금지를 위반한 경우

07 ① 「철도사업법」 제21조(사업의 개선명령)

국토교통부장관은 원활한 철도운송, 서비스의 개선 및 운송의 안전과 그 밖에 공공복리의 증진을 위하여 필요하다고 인정하는 경우에는 철도사업자에게 다음 각 호의 사항을 명할 수 있다.

> 1. 사업계획의 변경
> 2. 철도차량 및 운송 관련 장비·시설의 개선
> 3. 운임·요금 징수 방식의 개선
> 4. 철도사업약관의 변경
> 5. 공동운수협정의 체결
> 6. 철도차량 및 철도사고에 관한 손해배상을 위한 보험에의 가입
> 7. 안전운송의 확보 및 서비스의 향상을 위하여 필요한 조치
> 8. 철도운수종사자의 양성 및 자질향상을 위한 교육

08 ⑤ 「철도사업법」 제25조의5(민자철도 관리지원센터의 지정 등)

관리지원센터는 다음 각 호의 업무를 수행한다.

> 1. 민자철도의 교통수요 예측, 적정 요금 또는 운임 및 운영비 산출과 관련한 자문 및 지원
> 2. 제25조 제1항에 따른 민자철도의 유지·관리 및 운영에 관한 기준과 관련한 자문 및 지원
> 3. 제25조 제3항에 따른 운영평가와 관련한 자문 및 지원
> 4. 제25조의3 제3항에 따른 실시협약 변경 등의 요구와 관련한 자문 및 지원
> 5. 제5항에 따라 국토교통부장관이 위탁하는 업무
> 6. 그 밖에 이 법에 따른 민자철도에 관한 감독 지원을 위하여 국토교통부령으로 정하는 업무

09 ③ 「철도사업법」 제31조(철도시설의 공동 활용)

공공교통을 목적으로 하는 선로 및 다음 각 호의 공동 사용시설을 관리하는 자는 철도사업자가 그 시설의 공동 활용에 관한 요청을 하는 경우 협정을 체결하여 이용할 수 있게 하여야 한다.

1. 철도역 및 역 시설(물류시설, 환승시설 및 편의시설 등을 포함한다)

2. 철도차량의 정비·검사·점검·보관 등 유지관리를 위한 시설

3. 사고의 복구 및 구조·피난을 위한 설비

4. 열차의 조성 또는 분리 등을 위한 시설

5. 철도 운영에 필요한 정보통신 설비

10 ③

- 전용철도는 1년/1천만 원
- 철도사업자는 2년/2천만 원

제3회 실전 모의고사 정답 및 해설

01 ⑤

- 철도시설관리자와 철도운영자 간 상호협력 및 조정에 관한 사항 → 위원회의 심의 사항

※ 한번 짚어보기! 꼭 해당 법령을 다시 찾아보도록 한다.

- 「철도산업발전기본법」 제5조(철도산업발전기본계획의 수립 등) 제2항

② 기본계획에는 다음 각 호의 사항이 포함되어야 한다.

> 1. 철도산업 육성시책의 기본방향에 관한 사항
> 2. 철도산업의 여건 및 동향전망에 관한 사항
> 3. 철도시설의 투자·건설·유지보수 및 이를 위한 재원확보에 관한 사항
> 4. 각종 철도 간의 연계수송 및 사업조정에 관한 사항
> 5. 철도운영체계의 개선에 관한 사항
> 6. 철도산업 전문인력의 양성에 관한 사항
> 7. 철도기술의 개발 및 활용에 관한 사항
> 8. 그 밖에 철도산업의 육성 및 발전에 관한 사항으로서 대통령령으로 정하는 사항

02 ⑤ 「철도산업발전기본법」 제21조(철도운영)

철도산업의 구조개혁을 추진하는 경우 철도운영 관련 사업은 시장경제원리에 따라 국가 외의 자가 영위하는 것을 원칙으로 한다.

03 ① 「철도산업발전기본법 시행령」 제41조(국가부담비용의 지급)

① 철도운영자는 국가부담비용의 지급을 신청하고자 하는 때에는 국토교통부장관이 지정하는 기간 내에 국가부담비용지급신청서에 다음 각 호의 서류를 첨부하여 국토교통부장관에게 제출하여야 한다.

> 1. 국가부담비용 지급 신청액 및 산정내역서
> 2. 당해 연도의 예상수입·지출명세서
> 3. 최근 2년간 지급받은 국가부담비용내역서
> 4. 원가계산서

04 ③ 「철도산업발전기본법 시행령」 제44조(특정 노선 폐지 등의 승인신청서의 첨부서류)

철도시설관리자와 철도운영자가 법 제34조 제2항의 규정에 의하여 국토교통부장관에게 승인신청서를 제출하는 때에는 다음 각 호의 사항을 기재한 서류를 첨부하여야 한다.

> 1. 승인신청 사유
> 2. 등급별·시간대별 철도차량의 운행빈도, 역수, 종사자수 등 운영현황
> 3. **과거 6월 이상**의 기간 동안의 1일 평균 철도서비스 수요
> 4. **과거 1년 이상**의 기간 동안의 수입·비용 및 영업손실액에 관한 회계보고서
> 5. **향후 5년 동안**의 1일 평균 철도서비스 수요에 대한 전망
> 6. **과거 5년 동안**의 공익서비스비용의 전체규모 및 법 제32조 제1항의 규정에 의한 원인제공자가 부담한 공익서비스 비용의 규모
> 7. 대체수송수단의 이용가능성

05 ④ 「철도산업발전기본법」 제40조(벌칙)

② 다음 각 호의 어느 하나에 해당하는 자는 2년 이하의 징역 또는 3천만 원 이하의 벌금에 처한다.

> 2. 제31조 제1항에 따른 허가를 받지 아니하고 철도시설을 사용한 자

06 ⑤ 「철도사업법」 제6조(면허의 기준)

철도사업의 면허기준은 다음 각 호와 같다.

> 1. 해당 사업의 시작으로 철도교통의 안전에 지장을 줄 염려가 없을 것
> 2. 해당 사업의 운행계획이 그 운행 구간의 철도 수송 수요와 수송력 공급 및 이용자의 편의에 적합할 것
> 3. 신청자가 해당 사업을 수행할 수 있는 재정적 능력이 있을 것
> 4. 해당 사업에 사용할 철도차량의 대수(臺數), 사용연한 및 규격이 국토교통부령으로 정하는 기준에 맞을 것

07 ① 「철도사업법 시행령」 제3조(여객 운임·요금의 신고)

철도사업자는 사업용 철도를 「도시철도법」에 의한 도시철도운영자가 운영하는 도시철도와 연결하여 운행하려는 때에는 법 제9조 제1항에 따라 여객 운임·요금의 신고 또는 변경신고를 하기 전에 여객 운임·요금 및 그 변경시기에 관하여 미리 당해 도시철도운영자와 협의하여야 한다.

08 ⑤ 「철도사업법 시행령」 별표 1 참고

한번 짚고 넘어가기! → **과징금의 상한 = 1억 원**

09 ④ 「철도사업법」 제39조(전용철도 운영의 개선명령)

국토교통부장관은 전용철도 운영의 건전한 발전을 위하여 필요하다고 인정하는 경우에는 전용철도운영자에게 다음 각 호의 사항을 명할 수 있다.

> 1. 사업장의 이전
> 2. 시설 또는 운영의 개선

10 ② 「한국철도공사법」 제11조(사채의 발행 등)

① 공사는 이사회의 의결을 거쳐 사채를 발행할 수 있다.

② 사채의 발행액은 공사의 자본금과 적립금을 합한 금액의 5배를 초과하지 못한다.

③ 국가는 공사가 발행하는 사채의 원리금 상환을 보증할 수 있다.

④ 사채의 소멸시효는 원금은 5년, 이자는 2년이 지나면 완성한다.

⑤ 공사는 「공공기관의 운영에 관한 법률」 제40조 제3항에 따라 예산이 확정되면 2개월 이내에 해당 연도에 발행할 사채의 목적·규모·용도 등이 포함된 사채발행 운용계획을 수립하여 이사회의 의결을 거쳐 국토교통부장관의 승인을 받아야 한다. 운용계획을 변경하려는 경우에도 또한 같다.

01 ② 「철도산업발전기본법 시행령」

- 제8조(회의) ① 위원회의 위원장은 위원회의 회의를 소집하고, 그 의장이 된다.

  ※ 위원장 → 국토교통부장관

  ③ 위원회는 회의록을 작성·비치하여야 한다.
- 제13조(수당 등) 위원회와 실무위원회의 위원 중 공무원이 아닌 위원 및 위원회와 실무위원회에 출석하는 관계전문가에 대하여는 예산의 범위 안에서 수당·여비 그 밖의 필요한 경비를 지급할 수 있다. → 간사는 국토교통부 소속 공무원이므로 경비 지급받지 못함
- 제14조(운영세칙) 이 영에서 규정한 사항 외에 위원회 및 실무위원회의 운영에 관하여 필요한 사항은 위원회의 의결을 거쳐 위원회의 위원장이 정한다.

02 ④ 「철도산업발전기본법 시행령」 제35조(철도시설의 사용계약)

- ㉠ 업무절차서를 정기적으로 교환하여야 한다.
- ㉢ 철도시설 사용계약에 사용기간, 대상시설, 사용조건 및 사용료가 포함되어야 한다.

03 ④

- 지역별·노선별·수송대상별 수송 우선순위 부여 등 수송통제 및 대체수송수단의 확보는 국토교통부장관의 비상사태 시 처분에 해당된다.
- 「철도산업발전기본법 시행령」 제44조(특정 노선 폐지 등의 승인신청서의 첨부서류)
- 철도시설관리자와 철도운영자가 법 제34조 제2항의 규정에 의하여 국토교통부장관에게 승인신청서를 제출하는 때에는 다음 각 호의 사항을 기재한 서류를 첨부하여야 한다.

> 1. 승인신청 사유
> 2. 등급별·시간대별 철도차량의 운행빈도, 역수, 종사자수 등 운영현황
> 3. **과거 6월 이상**의 기간 동안의 1일 평균 철도서비스 수요
> 4. **과거 1년 이상**의 기간 동안의 수입·비용 및 영업손실액에 관한 회계보고서
> 5. **향후 5년 동안**의 1일 평균 철도서비스 수요에 대한 전망
> 6. **과거 5년 동안**의 공익서비스비용의 전체규모 및 법 제32조 제1항의 규정에 의한 원인제공자가 부담한 공익서비스 비용의 규모
> 7. 대체수송수단의 이용가능성

04 ④ 「철도산업발전기본법」 제23조~25조, 제33조~34조

- **제25조(고용승계 등)**

  ② 국가는 제1항에 따라 철도청 직원 중 철도공사 및 국가철도공단 직원으로 고용이 승계되는 자에 대하여는 근로여건 및 퇴직급여의 불이익이 발생하지 않도록 필요한 조치를 한다.

- **제33조(공익서비스 제공에 따른 보상계약의 체결)**

  ③ 원인제공자는 철도운영자와 보상계약을 체결하기 전에 계약내용에 관하여 국토교통부장관 및 기획재정부장관과 미리 협의하여야 한다.

- **제34조(특정 노선 폐지 등의 승인)**

  ④ 국토교통부장관 또는 관계행정기관의 장은 승인신청자가 제1항에 따라 특정 노선 및 역을 폐지하거나 철도서비스의 제한·중지 등의 조치를 취하고자 하는 때에는 대통령령으로 정하는 바에 의하여 대체수송수단의 마련 등 필요한 조치를 하여야 한다.

05 ③ 「철도사업법」 제10조(부가 운임의 징수)

- 철도사업자는 여객에게 30배 범위에서 부가 운임 징수 가능
- 송하인에게는 부족 운임의 5배 범위에서 부가 운임 징수 가능
- 부가 운임 징수 기준을 철도사업약관에 포함시켜 국토교통부장관에게 신고, 3일 이내에 국토부장관은 신고수리 여부 통지

06 ④ 「철도사업법」 제16조(면허 취소 등) 제1항

6. 제6조에 따른 철도사업의 면허기준에 미달하게 된 경우. 다만, 3개월 이내에 그 기준을 충족시킨 경우에는 예외로 한다.

※ 한번 짚고 넘어가기! 6개월이 아니라 3개월이다.

07 ② 「철도사업법」 제25조(민자철도의 유지·관리 및 운영에 관한 기준 등)

③ 국토교통부장관은 제1항에 따른 민자철도의 유지·관리 및 운영에 관한 기준에 따라 매년 소관 민자철도에 대하여 운영평가를 실시하여야 한다.

※ 한번 짚고 넘어가기! 운영평가, 품질평가, 철도서비스의 품질평가, 공익서비스 비용의 평가 헷갈림에 주의하도록 한다.

08 ③ 「한국철도공사법 시행령」 제17조(사채원부)

채권이 기명식인 때에는 사채원부에 제1항 각 호의 사항 외에 다음 각 호의 사항을 기재해야
한다.

1. 채권소유자의 성명과 주소
2. 채권의 취득연월일

[제1항 각호의 사항]

1. 채권의 종류별 수와 번호
2. 채권의 발행연월일
3. 제10조 제2항 제2호 내지 제6호 및 제9호의 사항

> 2. **사채의 발행총액**
> 3. **사채의 종류별 액면금액**
> 4. **사채의 이율**
> 5. **사채상환의 방법 및 시기**
> 6. **이자지급의 방법 및 시기**

9. 사채모집의 위탁을 받은 회사가 있을 때는 그 상호 및 주소

09 ① 「철도사업법」 제27조(평가 결과의 공표 및 활용)

① 국토교통부장관은 제26조에 따른 철도서비스의 품질을 평가한 경우에는 그 평가 결과를
대통령령으로 정하는 바에 따라 신문 등 대중매체를 통하여 공표하여야 한다. 나머지는 국
토교통부령이다.

10 ① 「한국철도공사법」 제10조(손익금의 처리)

> 1. 이월결손금의 보전(補塡)
> 2. 자본금의 2분의 1이 될 때까지 이익금의 10분의 2 이상을 이익준비금으로 적립
> 3. 자본금과 같은 액수가 될 때까지 이익금의 10분의 2 이상을 사업확장적립금으로 적립
> 4. 국고에 납입

① 공사는 매 사업연도 결산 결과 이익금이 생기면 다음 각 호의 순서로 처리하여야 한다.
② 공사는 매 사업연도 결산 결과 손실금이 생기면 제1항 제3호에 따른 사업확장적립금으로
보전하고 그 적립금으로도 부족하면 같은 항 제2호에 따른 이익준비금으로 보전하되, 보전
미달액은 다음 사업연도로 이월(移越)한다.

01 ②

- 철도청의 시설자산(건설 중인 시설자산은 제외한다)은 국토교통부장관에게 이관가능, 이 관받은 국토교통부장관은 국가철도공단, 철도공사, 관련 기관 및 단체 또는 대통령령으로 정하는 민간법인에 위탁하거나 사용, 수익하게 할 수 있다.
- 대통령령으로 정하는 민간법인

> - 민법에 의하여 설립된 비영리 법인
> - 상법에 의하여 설립된 주식회사
> - 국가철도공단은 철도청이 건설 중인 시설자산과 그 권리와 의무를 포괄하여 승계, 완공 되면 국가에 귀속

02 ③

- 「철도산업발전기본법」 제36조 참고
- 「철도산업발전기본법 시행령」 제47조
- 특정 노선 폐지 등에 따른 수송대책 포함 사항

> 2. 대체수송수단의 운행횟수 증대, 노선조정 또는 추가투입
> 3. 대체수송에 필요한 재원조달

- 철도차량의 운행시간대 및 운행횟수 → 선로 등 사용료 정할 때 고려 사항

03 ③ 「철도사업법 시행령」 [별표 1의2] 참고

- 7일 이상~15일 미만은 4천만 원이다.
- 이상이므로 7일은 포함된다.

04 ⑤ 「철도산업발전기본법」 제9조(여객 운임·요금의 신고 등)

> [게시하여야하는 곳 정리]
> 1. 인터넷 홈페이지   2. 관계 역
> 3. 영업소   4. 사업소

⑤ 철도사업자는 제1항에 따라 신고 또는 변경신고를 한 여객 운임·요금을 그 시행 **1주일** 이전에 인터넷 홈페이지, 관계 역·영업소 및 사업소 등 일반인이 잘 볼 수 있는 곳에 게시하여야 한다.

05 ② **「철도사업법」 제13조(공동운수협정)**

① 철도사업자는 다른 철도사업자와 공동경영에 관한 계약이나 그 밖의 운수에 관한 협정(이하 "공동운수협정"이라 한다)을 체결하거나 변경하려는 경우에는 국토교통부령으로 정하는 바에 따라 국토교통부장관의 인가를 받아야 한다. 다만, 국토교통부령으로 정하는 경미한 사항을 변경하려는 경우에는 국토교통부령으로 정하는 바에 따라 국토교통부장관에게 신고하여야 한다.

② 국토교통부장관은 제1항 본문에 따라 공동운수협정을 인가하려면 미리 공정거래위원회와 협의하여야 한다.

06 ⑤

- 「철도산업발전기본법 시행령」 제42조(국가부담비용의 정산)

① 제41조 제2항의 규정에 의하여 국가부담비용을 지급받은 철도운영자는 당해 반기가 끝난 후 30일 이내에 국가부담비용 정산서에 다음 각 호의 서류를 첨부하여 국토교통부장관에게 제출하여야 한다.

- 「철도산업발전기본법 시행령」 제51조(과태료)

② 국토교통부장관은 제1항의 규정에 의하여 과태료를 부과하고자 하는 때에는 **10일** 이상의 기간을 정하여 과태료 처분 대상자에게 구술 또는 서면에 의한 의견진술의 기회를 주어야 한다. 이 경우 지정된 기일까지 의견진술이 없는 때에는 의견이 없는 것으로 본다.

07 ② **「철도사업법」 제25조의6(국회에 대한 보고 등)**

① 국토교통부장관은 「사회기반시설에 대한 민간투자법」 제53조에 따라 국가가 재정을 지원한 민자철도의 건설 및 유지·관리 현황에 관한 보고서를 작성하여 매년 5월 31일까지 국회 소관 상임위원회에 제출하여야 한다.

08 ③ **「철도사업법 시행령」**

- 제14조(점용료) ① 법 제44조 제1항의 규정에 의한 점용료는 점용허가를 할 철도시설의 가액과 점용허가를 받아 행하는 사업의 매출액을 기준으로 하여 산출하되, 구체적인 점용료 산정기준에 대하여는 국토교통부장관이 정한다.

  ② 제1항의 규정에 의한 철도시설의 가액은 「국유재산법 시행령」 제42조를 준용하여 산출하되, 당해 철도시설의 가액은 산출 후 3년 이내에 한하여 적용한다.

④ 점용료는 매년 1월말까지 당해연도 해당분을 선납하여야 한다. 다만, 국토교통부장관은 부득이한 사유로 선납이 곤란하다고 인정하는 경우에는 그 납부기한을 따로 정할 수 있다.

• 제16조(원상회복의무) ① 법 제42조 제1항의 규정에 의하여 철도시설의 점용허가를 받은 자는 점용허가기간이 만료되거나 점용을 폐지한 날부터 3월 이내에 점용허가받은 철도시설을 원상으로 회복하여야 한다. 다만, 국토교통부장관은 불가피하다고 인정하는 경우에는 원상회복 기간을 연장할 수 있다.

09 ④ 「한국철도공사법」 제19조(벌칙)

제8조(비밀 누설·도용의 금지))를 위반한 자는 2년 이하의 징역 또는 2천만 원 이하의 벌금에 처한다.

10 ② 「한국철도공사법」 제16조(지도·감독)

국토교통부장관은 공사의 업무 중 다음 각 호의 사항과 그와 관련되는 업무에 대하여 지도·감독한다.

1. 연도별 사업계획 및 예산에 관한 사항
2. 철도서비스 품질 개선에 관한 사항
3. 철도사업계획의 이행에 관한 사항
4. 철도시설·철도차량·열차운행 등 철도의 안전을 확보하기 위한 사항
5. 그 밖에 다른 법령에서 정하는 사항

[벌칙 관련] 핵/심/정/리/노/트

※ 철도산업발전기본법과 철도사업법은 양벌규정 공통 적용
→ 양벌규정은 벌칙(n년 이하 징역 또는 n천만원 벌금형)에만 적용하며, 과태료 부과행위에는 적용하지 않음

01 양벌규정

법인의 대표자나 법인 또는 개인의 대리인, 사용인, 그 밖의 종업원이 그 법인 또는 개인의 업무에 관하여 위반행위를 하면 그 행위자를 벌하는 외에 그 법인 또는 개인에게도 해당 조문의 벌금형을 과(科)한다. 다만, 법인 또는 개인이 그 위반행위를 방지하기 위하여 해당 업무에 관하여 상당한 주의와 감독을 게을리하지 아니한 경우에는 그러하지 아니하다.

02 3년 이하의 징역 또는 5천만원 이하의 벌금

제34조의 규정을 위반하여 국토교통부장관의 승인을 얻지 아니하고 특정 노선 및 역을 폐지하거나 철도서비스를 제한 또는 중지한 자「**철도산업발전기본법**」

03 2년 이하의 징역 또는 3천만원 이하의 벌금

• 거짓이나 그 밖의 부정한 방법으로 제31조 제1항에 따른 허가를 받은 자「**철도산업발전기본법**」

> **[제31조(철도시설 사용료)]**
> ① 철도시설을 사용하고자 하는 자는 대통령령으로 정하는 바에 따라 관리청의 허가를 받거나 철도시설관리자와 시설사용계약을 체결하거나 그 시설사용계약을 체결한 자(이하 "시설사용계약자"라 한다)의 승낙을 얻어 사용할 수 있다.

• 제31조 제1항에 따른 허가를 받지 아니하고 철도시설을 사용한 자「**철도산업발전기본법**」
• 제36조 제1항 제1호부터 제5호까지 또는 제7호에 따른 조정·명령 등의 조치를 위반한 자「**철도산업발전기본법**」

> **[제36조(비상사태시 처분)]**
> ① 국토교통부장관은 천재·지변·전시·사변, 철도교통의 심각한 장애 그 밖에 이에 준하는 사태의 발생으로 인하여 철도서비스에 중대한 차질이 발생하거나 발생할 우려가 있다고 인정하는 경우에는 필요한 범위안에서 철도시설관리자·철도운영자 또는 철도이용자에게 다음 각 호의 사항에 관한 조정·명령 그 밖의 필요한 조치를 할 수 있다.

1. 지역별·노선별·수송대상별 수송 우선순위 부여 등 수송통제

2. 철도시설·철도차량 또는 설비의 가동 및 조업

3. 대체수송수단 및 수송로의 확보

4. 임시열차의 편성 및 운행

5. 철도서비스 인력의 투입

6. 철도이용의 제한 또는 금지

7. 그 밖에 철도서비스의 수급안정을 위하여 대통령령으로 정하는 사항

- 제8조〈비밀 누설·도용의 금지〉를 위반한 자 「**한국철도공사법**」

04 2년 이하의 징역 또는 2천만원 이하의 벌금

- 제5조 제1항에 따른 면허를 받지 아니하고 철도사업을 경영한 자 「**철도사업법**」
- 거짓이나 그 밖의 부정한 방법으로 제5조 제1항에 따른 철도사업의 면허를 받은 자 「**철 도사업법**」
- 제16조 제1항에 따른 사업정지처분기간 중에 철도사업을 경영한 자 「**철도사업법**」
- 제16조 제1항에 따른 사업계획의 변경명령을 위반한 자 「**철도사업법**」
- 제23조(제41조에서 준용하는 경우를 포함한다)를 위반하여 타인에게 자기의 성명 또는 상호를 대여하여 철도사업을 경영하게 한 자 「**철도사업법**」
- 제31조를 위반하여 철도사업자의 공동 활용에 관한 요청을 정당한 사유 없이 거부한 자 「**철도사업법**」

[제31조(철도시설의 공동 활용)]

공공교통을 목적으로 하는 선로 및 다음 각 호의 공동 사용시설을 관리하는 자는 철도 사업자가 그 시설의 공동 활용에 관한 요청을 하는 경우 협정을 체결하여 이용할 수 있 게 하여야 한다.

1. 철도역 및 역 시설(물류시설, 환승시설 및 편의시설 등을 포함한다)

2. 철도차량의 정비·검사·점검·보관 등 유지관리를 위한 시설

3. 사고의 복구 및 구조·피난을 위한 설비

4. 열차의 조성 또는 분리 등을 위한 시설

5. 철도 운영에 필요한 정보통신 설비

05 1년 이하의 징역 또는 1천만 원 이하의 벌금

- 제34조 제1항을 위반하여 등록을 하지 아니하고 전용철도를 운영한 자 「**철도사업법**」
- 거짓이나 그 밖의 부정한 방법으로 제34조 제1항에 따른 전용철도의 등록을 한 자 「**철도사업법**」

06 1천만 원 이하의 벌금

- 제13조를 위반하여 국토교통부장관의 인가를 받지 아니하고 공동운수협정을 체결하거나 변경한 자 「**철도사업법**」
- 제28조 제3항을 위반하여 우수서비스마크 또는 이와 유사한 표지를 철도차량 등에 붙이거나 인증 사실을 홍보한 자 「**철도사업법**」

07 1천만 원 이하의 과태료

※ 과태료는 대통령령으로 정하는 바에 따라 국토교통부장관이 부과·징수한다.

- 제36조 제1항 제6호의 규정을 위반한 자 「**철도산업발전기본법**」

> [제36조(비상사태 시 처분)]
> 국토교통부장관은 천재·지변·전시·사변, 철도교통의 심각한 장애 그 밖에 이에 준하는 사태의 발생으로 인하여 철도서비스에 중대한 차질이 발생하거나 발생할 우려가 있다고 인정하는 경우에는 필요한 범위 안에서 철도시설관리자·철도운영자 또는 철도이용자에게 다음 사항에 관한 조정·명령 그 밖에 필요한 조치를 할 수 있다.
> 6. 철도이용의 제한 또는 금지

상기 사항의 과태료는 대통령령으로 정하는 바에 따라 국토교통부장관이 부과·징수한다.

> [시행령 제51조(과태료)]
> ① 국토교통부장관이 법 제42조 제2항의 규정에 의하여 과태료를 부과하는 때에는 당해 위반행위를 조사·확인한 후 위반사실·과태료 금액·이의제기의 방법 및 기간 등을 서면으로 명시하여 이를 납부할 것을 과태료 처분 대상자에게 통지하여야 한다.
> ② 국토교통부장관은 제1항의 규정에 의하여 과태료를 부과하고자 하는 때에는 10일 이상의 기간을 정하여 과태료 처분 대상자에게 구술 또는 서면에 의한 의견진술의 기회를 주어야 한다. 이 경우 지정된 기일까지 의견진술이 없는 때에는 의견이 없는 것으로 본다.

③ 국토교통부장관은 과태료의 금액을 정함에 있어서는 당해 위반행위의 동기·정도·횟수 등을 참작하여야 한다.

④ 과태료의 징수절차는 국토교통부령으로 정한다.

- 제9조 제1항에 따른 여객 운임·요금의 신고를 하지 아니한 자「**철도사업법**」
- 제11조 제1항에 따른 철도사업약관을 신고하지 아니하거나 신고한 철도사업약관을 이행하지 아니한 자「**철도사업법**」
- 제12조에 따른 인가를 받지 아니하거나 신고를 하지 아니하고 사업계획을 변경한 자「**철도사업법**」
- 제10조의2를 위반하여 상습 또는 영업으로 승차권 또는 이에 준하는 증서를 자신이 구입한 가격을 초과한 금액으로 다른 사람에게 판매하거나 이를 알선한 자「**철도사업법**」

08 500만 원 이하의 과태료

- 제18조에 따른 사업용 철도차량의 표시〈철도사업자는 철도사업에 사용되는 철도차량에 철도사업자의 명칭과 그 밖에 국토교통부령으로 정하는 사항을 표시〉를 하지 아니한 철도사업자「**철도사업법**」
- 삭제
- 제32조 제1항 또는 제2항을 위반하여 회계를 구분하여 경리하지 아니한 자「**철도사업법**」
- 정당한 사유 없이 제47조 제1항에 따른 명령을 이행하지 아니하거나 제47조 제2항에 따른 검사를 거부·방해 또는 기피한 자「**철도사업법**」
- 제8조의2〈유사명칭의 사용금지〉를 위반한 자「**한국철도공사법**」

09 100만원 이하의 과태료

1. 제20조 제2항부터 제4항까지에 따른 준수사항을 위반한 자「**철도사업법**」

[제20조(철도사업자의 준수사항)]

② 철도사업자는 사업계획을 성실하게 이행하여야 하며, 부당한 운송 조건을 제시하거나 정당한 사유 없이 운송계약의 체결을 거부하는 등 철도운송 질서를 해치는 행위를 하여서는 아니 된다.

③ 철도사업자는 여객 운임표, 여객 요금표, 감면 사항 및 철도사업약관을 인터넷 홈페이지에 게시하고 관계 역·영업소 및 사업소 등에 갖추어 두어야 하며, 이용자가 요구하는 경우에는 제시하여야 한다.

④ 제1항부터 제3항까지에 따른 준수사항 외에 운송의 안전과 여객 및 화주(貨主)의 편의를 위하여 철도사업자가 준수하여야 할 사항은 국토교통부령으로 정한다.

2. 삭제

10 50만 원 이하의 과태료

- 제22조를 위반한 철도운수종사자 및 그가 소속된 철도사업자 「**철도사업법**」

[제22조(철도운수종사자의 준수사항)]

철도사업에 종사하는 철도운수종사자는 다음 각 호의 어느 하나에 해당하는 행위를 하여서는 아니 된다.

1. 정당한 사유 없이 여객 또는 화물의 운송을 거부하거나 여객 또는 화물을 중도에서 내리게 하는 행위

2. 부당한 운임 또는 요금을 요구하거나 받는 행위

3. 그 밖에 안전운행과 여객 및 화주의 편의를 위하여 철도운수종사자가 준수하여야 할 사항으로서 국토교통부령으로 정하는 사항을 위반하는 행위

과태료 부과기준 (철도사업법 시행령 별표2)

과태료의 부과기준(제17조 관련)

1. 일반기준

가. 국토교통부장관은 다음의 어느 하나에 해당하는 경우에는 제2호의 개별기준에 따른 과태료 금액의 2분의 1 범위에서 그 금액을 줄일 수 있다. 다만, 과태료를 체납하고 있는 위반행위자의 경우에는 그렇지 않다.

1) 위반행위자가 「질서위반행위규제법 시행령」 제2조의2 제1항 각호의 어느 하나에 해당하는 경우

2) 위반행위가 사소한 부주의나 오류 등 과실로 인한 것으로 인정되는 경우

3) 위반행위자가 법 위반상태를 시정하거나 해소하기 위하여 노력한 사실이 인정되는 경우

4) 그 밖에 위반행위의 정도, 횟수, 동기와 그 결과 등을 고려하여 과태료의 금액을 줄일 필요가 있다고 인정되는 경우

나. 국토교통부장관은 다음의 어느 하나에 해당하는 경우에는 제2호의 개별기준에 따른 과태료 금액의 2분의 1 범위에서 그 금액을 늘릴 수 있다. 다만, 과태료 금액의 총액은 법 제51조 제1항부터 제4항까지의 규정에 따른 과태료 금액의 상한(1천만 원, 500만 원, 100만 원, 50만 원)을 넘을 수 없다.

1) 위반의 내용·정도가 중대하여 소비자 등에게 미치는 피해가 크다고 인정되는 경우
2) 법 위반상태의 기간이 6개월 이상인 경우
3) 그 밖에 위반행위의 정도, 위반행위의 동기와 그 결과 등을 고려하여 가중할 필요가 있다고 인정되는 경우

2. 개별기준 (과태료 순서 별 정리)

(단위 : 만원)

위반행위	근거 법조문	과태료 금액
가. 법 제9조 제1항에 따른 여객 운임·요금의 신고를 하지 않은 경우	법 제51조 제1항 제1호	500
나. 법 제10조의2를 위반하여 상습 또는 영업으로 승차권 또는 이에 준하는 증서를 자신이 구입한 가격을 초과한 금액으로 다른 사람에게 판매한 경우	법 제51조 제1항 제4호	500
다. 법 제10조의2를 위반하여 상습 또는 영업으로 승차권 또는 이에 준하는 증서를 자신이 구입한 가격을 초과한 금액으로 다른 사람에게 판매하는 행위를 알선한 경우	법 제51조 제1항 제4호	500
라. 법 제11조 제1항에 따른 철도사업약관을 신고하지 않거나 신고한 철도사업약관을 이행하지 않은 경우	법 제51조 제1항 제2호	500
마. 법 제12조에 따른 인가를 받지 않거나 신고를 하지 않고 사업계획을 변경한 경우	법 제51조 제1항 제3호	500
타. 정당한 사유 없이 법 제47조 제1항에 따른 명령을 이행하지 않거나, 법 제47조 제2항에 따른 검사를 거부·방해 또는 기피한 경우	법 제51조 제2항 제4호	300
바. 법 제18조에 따른 사업용 철도차량의 표시를 하지 않은 경우	법 제51조 제2항 제1호	200
카. 법 제32조 제1항 또는 제2항을 위반하여 회계를 구분하여 경리하지 않은 경우	법 제51조 제2항 제3호	200
사. 법 제20조 제2항부터 제4항까지의 규정에 따른 철도사업자의 준수사항을 위반한 경우	법 제51조 제3항 제1호	100
아. 법 제22조에 따른 철도운수종사자의 준수사항을 위반한 경우	법 제51조 제4항	50
자. 삭제 〈2019. 6. 4.〉		
차. 삭제 〈2019. 6. 4.〉		

※ 타 법 인용부분에 대한 이해를 돕기 위한 참고내용이며, 암기사항이 아니므로 단순 참고용으로 활용한다.

01 물류정책기본법 제2조(정의)

2. "물류사업"이란 화주(貨主)의 수요에 따라 유상(有償)으로 물류활동을 영위하는 것을 업(業)으로 하는 것으로 다음 각 목의 사업을 말한다.

> 가. 자동차·철도차량·선박·항공기 또는 파이프라인 등의 운송수단을 통하여 화물을 운송하는 화물운송업
> 나. 물류터미널이나 창고 등의 물류시설을 운영하는 물류시설운영업
> 다. 화물운송의 주선(周旋), 물류장비의 임대, 물류정보의 처리 또는 물류컨설팅 등의 업무를 하는 물류서비스업
> 라. 가목부터 다목까지의 물류사업을 종합적·복합적으로 영위하는 종합물류서비스업

4. "물류시설"이란 물류에 필요한 다음 각목의 시설을 말한다.

> 가. 화물의 운송·보관·하역을 위한 시설
> 나. 화물의 운송·보관·하역 등에 부가되는 가공·조립·분류·수리·포장·상표부착·판매·정보통신 등을 위한 시설
> 다. 물류의 공동화·자동화 및 정보화를 위한 시설
> 라. 가목부터 다목까지의 시설이 모여 있는 물류터미널 및 물류단지

02 물류정책기본법 시행령[표1] – 물류사업의 범위(제3조 관련)

대분류	세분류	세세분류
화물 운송업	육상화물운송업	화물자동차운송사업, 화물자동차운송가맹사업, 철도사업
	해상화물운송업	외항정기화물운송사업, 외항부정기화물운송사업, 내항화물운송사업
	항공화물운송업	정기항공운송사업, 부정기항공운송사업, 상업서류송달업
	파이프라인운송업	파이프라인운송업

	창고업	일반창고업, 냉장 및 냉동 창고업, 농·수산물 창고업, 위험물품보관업, 그 밖의 창고업
물류시설 운영업	(공동집배송센터 운영업 포함)	복합물류터미널, 일반물류터미널, 해상터미널, 공항화물터미널, 화물차전용터미널, 컨테이너화물조작장(CFS), 컨테이너장치장(CY), 물류단지, 집배송단지 등 물류시설의 운영업
	물류터미널운영업	화물의 하역, 포장, 가공, 조립, 상표부착, 프로그램 설치, 품질검사 등 부가적인 물류업
	화물취급업(하역업 포함)	국제물류주선업, 화물자동차운송주선사업
물류 서비스업	화물주선업	운송장비임대업, 산업용 기계·장비 임대업, 운반용기 임대업, 화물자동차임대업, 화물선박임대업, 화물항공기임대업, 운반·적치·하역장비 임대업, 컨테이너·파렛트 등 포장용기 임대업, 선박대여업
	물류장비임대업	물류정보 데이터베이스 구축, 물류지원 소프트웨어 개발·운영, 물류 관련 전자문서 처리업
	물류정보처리업	물류 관련 업무프로세스 개선 관련 컨설팅,
물류 서비스업	물류컨설팅업	자동창고, 물류자동화 설비 등 도입 관련 컨설팅, 물류 관련 정보시스템 도입 관련 컨설팅
	해운부대사업	해운대리점업, 해운중개업, 선박관리업
	항만운송관련업	항만용역업, 선용품공급업, 선박연료공급업, 선박수리업, 컨테이너수리업, 예선업
	항만운송사업	항만하역사업, 검수사업, 감정사업, 검량사업
종합물류 서비스업	종합물류서비스업	종합물류서비스업

03 건축법 시행령[별표 1] – 용도별 건축물의 종류(건축법 제3조의 5 관련)

3. 제1종 근린생활시설

가. 식품·잡화·의류·완구·서적·건축자재·의약품·의료기기 등 일용품을 판매하는 소매점으로서 같은 건축물(하나의 대지에 두 동 이상의 건축물이 있는 경우에는 이를 같은 건축물로 본다. 이하 같다)에 해당 용도로 쓰는 바닥면적의 합계가 1천 제곱미터 미만인 것

나. 휴게음식점, 제과점 등 음료·차(茶)·음식·빵·떡·과자 등을 조리하거나 제조하여 판매하는 시설(제4호 너목 또는 제17호에 해당하는 것은 제외한다)로서 같은 건축물에 해당 용도로 쓰는 바닥면적의 합계가 300제곱미터 미만인 것

다. 이용원, 미용원, 목욕장, 세탁소 등 사람의 위생관리나 의류 등을 세탁·수선하는 시설 (세탁소의 경우 공장에 부설되는 것과 「대기환경보전법」, 「물환경보전법」 또는 「소음·진동관리법」에 따른 배출시설의 설치 허가 또는 신고의 대상인 것은 제외한다)

라. 의원, 치과의원, 한의원, 침술원, 접골원(接骨院), 조산원, 안마원, 산후조리원 등 주민의 진료·치료 등을 위한 시설

마. 탁구장, 체육도장으로서 같은 건축물에 해당 용도로 쓰는 바닥면적의 합계가 500제곱미터 미만인 것

바. 지역자치센터, 파출소, 지구대, 소방서, 우체국, 방송국, 보건소, 공공도서관, 건강보험공단 사무소 등 주민의 편의를 위하여 공공업무를 수행하는 시설로서 같은 건축물에 해당 용도로 쓰는 바닥면적의 합계가 1천 제곱미터 미만인 것

사. 마을회관, 마을공동작업소, 마을공동구판장, 공중화장실, 대피소, 지역아동센터(단독주택과 공동주택에 해당하는 것은 제외한다) 등 주민이 공동으로 이용하는 시설

아. 변전소, 도시가스배관시설, 통신용 시설(해당 용도로 쓰는 바닥면적의 합계가 1천제곱미터 미만인 것에 한정한다), 정수장, 양수장 등 주민의 생활에 필요한 에너지공급·통신서비스제공이나 급수·배수와 관련된 시설

자. 금융업소, 사무소, 부동산중개사무소, 결혼상담소 등 소개업소, 출판사 등 일반업무시설로서 같은 건축물에 해당 용도로 쓰는 바닥면적의 합계가 30제곱미터 미만인 것

차. 전기자동차 충전소(해당 용도로 쓰는 바닥면적의 합계가 1천제곱미터 미만인 것으로 한정한다)

카. 동물병원, 동물미용실 및 「동물보호법」 제73조 제1항 제2호에 따른 동물위탁관리업을 위한 시설로서 같은 건축물에 해당 용도로 쓰는 바닥면적의 합계가 300제곱미터 미만인 것

4. 제2종 근린생활시설

가. 공연장(극장, 영화관, 연예장, 음악당, 서커스장, 비디오물감상실, 비디오물소극장, 그 밖에 이와 비슷한 것을 말한다. 이하 같다)으로서 같은 건축물에 해당 용도로 쓰는 바닥면적의 합계가 500제곱미터 미만인 것

나. 종교집회장[교회, 성당, 사찰, 기도원, 수도원, 수녀원, 제실(祭室), 사당, 그 밖에 이와 비슷한 것을 말한다. 이하 같다]으로서 같은 건축물에 해당 용도로 쓰는 바닥면적의 합계가 500제곱미터 미만인 것

다. 자동차영업소로서 같은 건축물에 해당 용도로 쓰는 바닥면적의 합계가 1천제곱미터 미만인 것

라. 서점(제1종 근린생활시설에 해당하지 않는 것)

마. 총포판매소

바. 사진관, 표구점

사. 청소년게임제공업소, 복합유통게임제공업소, 인터넷컴퓨터게임시설제공업소, 가상현실체험 제공업소, 그 밖에 이와 비슷한 게임 및 체험 관련 시설로서 같은 건축물에 해당 용도로 쓰는 바닥면적의 합계가 500제곱미터 미만인 것

아. 휴게음식점, 제과점 등 음료·차(茶)·음식·빵·떡·과자 등을 조리하거나 제조하여 판매하는 시설(너목 또는 제17호에 해당하는 것은 제외한다)로서 같은 건축물에 해당 용도로 쓰는 바닥면적의 합계가 300제곱미터 이상인 것

자. 일반음식점

차. 장의사, 동물병원, 동물미용실, 「동물보호법」 제73조제1항제2호에 따른 동물위탁관리업을 위한 시설, 그 밖에 이와 유사한 것(제1종 근린생활시설에 해당하는 것은 제외한다)

카. 학원(자동차학원·무도학원 및 정보통신기술을 활용하여 원격으로 교습하는 것은 제외한다), 교습소(자동차교습·무도교습 및 정보통신기술을 활용하여 원격으로 교습하는 것은 제외한다), 직업훈련소(운전·정비 관련 직업훈련소는 제외한다)로서 같은 건축물에 해당 용도로 쓰는 바닥면적의 합계가 500제곱미터 미만인 것

타. 독서실, 기원

파. 테니스장, 체력단련장, 에어로빅장, 볼링장, 당구장, 실내낚시터, 골프연습장, 놀이형시설(「관광진흥법」에 따른 기타유원시설업의 시설을 말한다. 이하 같다) 등 주민의 체육 활동을 위한 시설(제3호마목의 시설은 제외한다)로서 같은 건축물에 해당 용도로 쓰는 바닥면적의 합계가 500제곱미터 미만인 것

하. 금융업소, 사무소, 부동산중개사무소, 결혼상담소 등 소개업소, 출판사 등 일반업무시설로서 같은 건축물에 해당 용도로 쓰는 바닥면적의 합계가 500제곱미터 미만인 것(제1종 근린생활시설에 해당하는 것은 제외한다)

거. 다중생활시설(「다중이용업소의 안전관리에 관한 특별법」에 따른 다중이용업 중 고시원업의 시설로서 국토교통부장관이 고시하는 기준과 그 기준에 위배되지 않는 범위에서 적정한 주거환경을 조성하기 위하여 건축조례로 정하는 실별 최소 면적, 창문의 설치 및 크기 등의 기준에 적합한 것을 말한다. 이하 같다)로서 같은 건축물에 해당 용도로 쓰는 바닥면적의 합계가 500제곱미터 미만인 것

너. 제조업소, 수리점 등 물품의 제조·가공·수리 등을 위한 시설로서 같은 건축물에 해당 용

도로 쓰는 바닥면적의 합계가 500제곱미터 미만이고, 다음 요건 중 어느 하나에 해당하는 것

> 1) 「대기환경보전법」, 「물환경보전법」 또는 「소음·진동관리법」에 따른 배출시설의 설치 허가 또는 신고의 대상이 아닌 것
> 2) 「물환경보전법」 제33조 제1항 본문에 따라 폐수배출시설의 설치 허가를 받거나 신고해야 하는 시설로서 발생되는 폐수를 전량 위탁처리하는 것

더. 단란주점으로서 같은 건축물에 해당 용도로 쓰는 바닥면적의 합계가 150제곱미터 미만인 것

러. 안마시술소, 노래연습장

머. 「물류시설의 개발 및 운영에 관한 법률」 제2조 제5호의2에 따른 주문배송시설로서 같은 건축물에 해당 용도로 쓰는 바닥면적의 합계가 500제곱미터 미만인 것(같은 법 제21조의2 제1항에 따라 물류창고업 등록을 해야 하는 시설을 말한다)

5. 문화 및 집회시설

가. 공연장으로서 제2종 근린생활시설에 해당하지 아니하는 것

나. 집회장[예식장, 공회당, 회의장, 마권(馬券) 장외 발매소, 마권 전화투표소, 그 밖에 이와 비슷한 것을 말한다]으로서 제2종 근린생활시설에 해당하지 아니하는 것

다. 관람장(경마장, 경륜장, 경정장, 자동차 경기장, 그 밖에 이와 비슷한 것과 체육관 및 운동장으로서 관람석의 바닥면적의 합계가 1천 제곱미터 이상인 것을 말한다)

라. 전시장(박물관, 미술관, 과학관, 문화관, 체험관, 기념관, 산업전시장, 박람회장, 그 밖에 이와 비슷한 것을 말한다)

마. 동·식물원(동물원, 식물원, 수족관, 그 밖에 이와 비슷한 것을 말한다)

7. 판매시설

가. 도매시장(「농수산물유통 및 가격안정에 관한 법률」에 따른 농수산물도매시장, 농수산물공판장, 그 밖에 이와 비슷한 것을 말하며, 그 안에 있는 근린생활시설을 포함한다)

나. 소매시장(「유통산업발전법」 제2조 제3호에 따른 대규모 점포, 그 밖에 이와 비슷한 것을 말하며, 그 안에 있는 근린생활시설을 포함한다)

다. 상점(그 안에 있는 근린생활시설을 포함한다)으로서 다음의 요건 중 어느 하나에 해당하는 것

> 1) 제3호 가목에 해당하는 용도(서점은 제외한다)로서 제1종 근린생활시설에 해당하지 아니하는 것
> 2) 「게임산업진흥에 관한 법률」 제2조 제6호의2 가목에 따른 청소년게임제공업의 시설, 같은 호 나목에 따른 일반게임제공업의 시설, 같은 조 제7호에 따른 인터넷컴퓨터게임시설제공업의 시설 및 같은 조 제8호에 따른 복합유통게임제공업의 시설로서 제2종 근린생활시설에 해당하지 아니하는 것

8. 운수시설

가. 여객자동차터미널   나. 철도시설

다. 공항시설   라. 항만시설

마. 그 밖에 가목부터 라목까지의 규정에 따른 시설과 비슷한 시설

9. 의료시설

가. 병원(종합병원, 병원, 치과병원, 한방병원, 정신병원 및 요양병원을 말한다)

나. 격리병원(전염병원, 마약진료소, 그 밖에 이와 비슷한 것을 말한다)

10. 교육연구시설(제2종 근린생활시설에 해당하는 것은 제외한다)

가. 학교(유치원, 초등학교, 중학교, 고등학교, 전문대학, 대학, 대학교, 그 밖에 이에 준하는 각종 학교를 말한다)

나. 교육원(연수원, 그 밖에 이와 비슷한 것을 포함한다)

다. 직업훈련소(운전 및 정비 관련 직업훈련소는 제외한다)

라. 학원(자동차학원·무도학원 및 정보통신기술을 활용하여 원격으로 교습하는 것은 제외한다), 교습소(자동차교습·무도교습 및 정보통신기술을 활용하여 원격으로 교습하는 것은 제외한다)

마. 연구소(연구소에 준하는 시험소와 계측계량소를 포함한다)

바. 도서관

13. 운동시설

가. 탁구장, 체육도장, 테니스장, 체력단련장, 에어로빅장, 볼링장, 당구장, 실내낚시터, 골프연습장, 놀이형시설, 그 밖에 이와 비슷한 것으로서 제1종 근린생활시설 및 제2종 근린생활시설에 해당하지 아니하는 것

나. 체육관으로서 관람석이 없거나 관람석의 바닥면적이 1천 제곱미터 미만인 것

다. 운동장(육상장, 구기장, 볼링장, 수영장, 스케이트장, 롤러스케이트장, 승마장, 사격장, 궁도장, 골프장 등과 이에 딸린 건축물을 말한다)으로서 관람석이 없거나 관람석의 바닥면적이 1천 제곱미터 미만인 것

14. 업무시설

가. 공공업무시설 : 국가 또는 지방자치단체의 청사와 외국공관의 건축물로서 제1종 근린
생활시설에 해당하지 아니하는 것

나. 일반업무시설 : 다음 요건을 갖춘 업무시설을 말한다.

> 1) 금융업소, 사무소, 결혼상담소 등 소개업소, 출판사, 신문사, 그 밖에 이와 비슷한
> 것으로서 제1종 근린생활시설 및 제2종 근린생활시설에 해당하지 않는 것
> 2) 오피스텔(업무를 주로 하며, 분양하거나 임대하는 구획 중 일부 구획에서 숙식을 할
> 수 있도록 한 건축물로서 국토교통부장관이 고시하는 기준에 적합한 것을 말한다)

15. 숙박시설

가. 일반숙박시설 및 생활숙박시설(「공중위생관리법」 제3조 제1항 전단에 따라 숙박업 신
고를 해야 하는 시설로서 국토교통부장관이 정하여 고시하는 요건을 갖춘 시설을 말
한다)

나. 관광숙박시설(관광호텔, 수상관광호텔, 한국전통호텔, 가족호텔, 호스텔, 소형호텔,
의료관광호텔 및 휴양 콘도미니엄)

다. 다중생활시설(제2종 근린생활시설에 해당하지 아니하는 것을 말한다)

라. 그 밖에 가목부터 다목까지의 시설과 비슷한 것

18. 창고시설(제2종 근린생활시설에 해당하는 것과 위험물 저장 및 처리 시설 또는 그 부속용도에 해당하는 것은 제외한다)

가. 창고(물품저장시설로서 「물류정책기본법」에 따른 일반창고와 냉장 및 냉동 창고를 포
함한다)

나. 하역장

다. 「물류시설의 개발 및 운영에 관한 법률」에 따른 물류터미널

라. 집배송 시설

20. 자동차 관련 시설(건설기계 관련 시설을 포함한다)

가. 주차장　　　　나. 세차장　　　　다. 폐차장

라. 검사장　　　　마. 매매장　　　　바. 정비공장

사. 운전학원 및 정비학원(운전 및 정비 관련 직업훈련시설을 포함한다)

아. 「여객자동차 운수사업법」, 「화물자동차 운수사업법」 및 「건설기계관리법」에 따른 차
고 및 주기장(駐機場)

자. 전기자동차 충전소로서 제1종 근린생활시설에 해당하지 않는 것

27. 관광 휴게시설

가. 야외음악당

나. 야외극장

다. 어린이회관

라. 관망탑

마. 휴게소

바. 공원·유원지 또는 관광지에 부수되는 시설

04 관광진흥법 제3조(관광사업의 종류)

① 관광사업의 종류는 다음 각 호와 같다.

1. 여행업 : 여행자 또는 운송시설·숙박시설, 그 밖에 여행에 딸리는 시설의 경영자 등을 위하여 그 시설 이용 알선이나 계약 체결의 대리, 여행에 관한 안내, 그 밖의 여행 편의를 제공하는 업

2. 관광숙박업 : 다음 각 목에서 규정하는 업

> 가. 호텔업 : 관광객의 숙박에 적합한 시설을 갖추어 이를 관광객에게 제공하거나 숙박에 딸리는 음식·운동·오락·휴양·공연 또는 연수에 적합한 시설 등을 함께 갖추어 이를 이용하게 하는 업
>
> 나. 휴양 콘도미니엄업 : 관광객의 숙박과 취사에 적합한 시설을 갖추어 이를 그 시설의 회원이나 소유자 등, 그 밖의 관광객에게 제공하거나 숙박에 딸리는 음식·운동·오락·휴양·공연 또는 연수에 적합한 시설 등을 함께 갖추어 이를 이용하게 하는 업

3. 관광객 이용시설업 : 다음 각 목에서 규정하는 업

> 가. 관광객을 위하여 음식·운동·오락·휴양·문화·예술 또는 레저 등에 적합한 시설을 갖추어 이를 관광객에게 이용하게 하는 업
>
> 나. 대통령령으로 정하는 2종 이상의 시설과 관광숙박업의 시설(이하 "관광숙박시설"이라 한다) 등을 함께 갖추어 이를 회원이나 그 밖의 관광객에게 이용하게 하는 업
>
> 다. 야영장업: 야영에 적합한 시설 및 설비 등을 갖추고 야영편의를 제공하는 시설(「청소년활동 진흥법」 제10조 제1호 마목에 따른 청소년야영장은 제외한다)을 관광객에게 이용하게 하는 업

4. 국제회의업 : 대규모 관광 수요를 유발하여 관광산업 진흥에 기여하는 국제회의(세미나·토론회·전시회·기업회의 등을 포함한다. 이하 같다)를 개최할 수 있는 시설을 설치·운영하거나 국제회의의 기획·준비·진행 및 그 밖에 이와 관련된 업무를 위탁받아 대행하는 업

5. 카지노업 : 전문 영업장을 갖추고 주사위·트럼프·슬롯머신 등 특정한 기구 등을 이용하여 우연의 결과에 따라 특정인에게 재산상의 이익을 주고 다른 참가자에게 손실을 주는 행위 등을 하는 업

6. 테마파크업 : 테마파크시설을 갖추어 이를 관광객에게 이용하게 하는 업(다른 영업을 경영하면서 관광객의 유치 또는 광고 등을 목적으로 테마파크시설을 설치하여 이를 이용하게 하는 경우를 포함한다)

7. 관광 편의시설업 : 제1호부터 제6호까지의 규정에 따른 관광사업 외에 관광 진흥에 이바지할 수 있다고 인정되는 사업이나 시설 등을 운영하는 업

② 제1항 제1호부터 제4호까지, 제6호 및 제7호에 따른 관광사업은 대통령령으로 정하는 바에 따라 세분할 수 있다.

memo

memo